Sibylle Plogstedt
Knastmauke

Forschung Psychosozial

Sibylle Plogstedt

Knastmauke

Das Schicksal von politischen Häftlingen der DDR nach der deutschen Wiedervereinigung

Psychosozial-Verlag

Gefördert mit freundlicher Unterstützung der Hans-Böckler-Stiftung
und der Bundesstiftung Aufarbeitung

Hans **Böckler**
Stiftung

Fakten für eine faire Arbeitswelt.

BUNDESSTIFTUNG
AUFARBEITUNG

Die Veröffentlichung dieses Werkes erfolgt auf Vermittlung von BookaBook,
der Literarischen Agentur Elmar Klupsch, Stuttgart

Bibliografische Information der Deutschen Nationalbibliothek
Die Deutsche Nationalbibliothek verzeichnet diese Publikation
in der Deutschen Nationalbibliografie; detaillierte bibliografische Daten
sind im Internet über http://dnb.d-nb.de abrufbar.

Originalausgabe

Walltorstr. 10, D-35390 Gießen
Fon: 06 41 - 96 99 78 - 18; Fax: 06 41 - 96 99 78 - 19
E-Mail: info@psychosozial-verlag.de
www.psychosozial-verlag.de

Umschlagabbildung: COL Gedenkstätte Bautzen II,
ehemaliges Gefängnis der Staatssicherheit:
Blick durch ein Gitter in den Hauptzellentrakt –
29.04.2001 © ullstein bild – ddp Nachrichtenagentur 2010
Foto der Autorin auf der Buchrückseite: © Eva Hehemann,
www.hehemann-fotografie.de, 2010
Umschlaggestaltung & Satz: Hanspeter Ludwig, Gießen
www.imaginary-art.net
Druck: Majuskel Medienproduktion GmbH, Wetzlar
www.majuskel.de
Printed in Germany
ISBN 978-3-8379-2094-9

Inhalt

Teil V Traumafolgen in Zahlen: Die Essener Studie

Teil VI Nach der Wende

Anlagen

Eine persönliche Vorbemerkung – Was ist politische Haft?

> *»Wenn wir Gefangene, die wir jahrelang als politische Häftlinge in Gewahrsam gewesen sind, mal unter uns sind, machen wir uns manchmal lustig: Guck mal, der weiß auch nicht, dass er eine Mauke hat. Im Gefängnis sagte man Knastmauke, um diesen besonderen psychischen Zustand zu umschreiben« (Horst Hennig).*

Als ich vor zwei Jahren mit der vorliegenden Studie begann, hatte ich eine innere Hierarchie im Kopf. Ich ging davon aus, dass politische Haft aus der illegalen Aktion herrührt und dass es nur dann wahre politische Haft war, wenn Oppositionelle sich im Untergrund zu Gruppen zusammengeschlossen und illegal Flugblätter gedruckt und verteilt oder Demonstrationen organisiert bzw. daran teilgenommen haben. So war meine eigene Haftgeschichte in Prag verlaufen nach dem Einmarsch der Truppen des Warschauer Pakts.

Die Bürgerrechtler kamen meinen Vorstellungen am nächsten. Ein Teil der Befragten dieser Studie sind als Studenten inhaftiert worden. Sie haben den späteren Bürgerrechtlern nahegestanden. Aber unter den Interviewten waren auch Studenten aus den Anfängen der Deutschen Demokratischen Republik (DDR), die sich nach ihrer Verhaftung plötzlich in Workuta wiederfanden. Die Verwandtschaft zwischen beiden politischen Gruppierungen hat mich überrascht. Zu Beginn der DDR wie zu Zeiten der Bürgerrechtler setzten sich Studenten massiv für eine Demokratisierung ein bzw. leisteten Widerstand gegen jeden neuen Totalitarismus. Menschen, die in den Anfängen der DDR aus politischen Gründen festgenommen wurden, bekamen häufig hohe Strafen dafür, dass sie Informationen an die Westmedien weitergaben oder kritisch mit westlichen Freunden über die Entwicklung in der DDR diskutierten.

Mir war klar, dass die politischen Gefangenen der DDR ein umfassenderes Spektrum beinhalteten. Da sind die immensen Flüchtlingsströme vor dem Bau der Mauer – Menschen, die in den Westen gingen und dies damals auch noch relativ ungehindert tun konnten. Ich sprach mit Menschen, die auch nach dem Bau der Mauer die Flucht versuchten und deshalb inhaftiert wurden.

Es entstand eine Vielzahl von Protokollen, in denen geradlinige Menschen zu Wort kamen, Arbeiter, Bauarbeiter, Friseusen oder Postangestellte, die einfach gegen die Mauer angingen. Die rüber wollten, weil sie unbedingt die Rolling Stones in Westberlin erleben wollten und dafür unter dem Stacheldraht durchkrochen oder über ein Minenfeld robbten. Oder, weil sie Sehnsucht nach ihrem Vater verspürten, der bereits drüben lebte. Oder, weil sie zu einem Westler wollten, den sie kennen- und lieben gelernt hatten – Menschen, die sich aus Liebe ins Gefängnis einliefern ließen in der Hoffnung, dass sie vom Westen freigekauft würden. Und die sich dieses Menschen gewiss sein mussten, für den sie das alles auf sich nahmen.

Ich erkannte: Der Widerstand war vor allem dann unbezähmbar, wenn er auf Gefühlen basierte. Die Macht der Gefühle schuf die Bereitschaft, ein lebensgefährliches Wagnis einzugehen. Eines, in das Kinder einbezogen wurden – zum Beispiel im Kofferraum eines Autos. Die Macht der Gefühle wurde zur Macht des Widerstands.

Eine Vielzahl weiterer Motive konnte ich unter den ehemaligen politischen Häftlingen ausmachen. Da waren diejenigen, die sich aus ökonomischen Gründen in die Prozedur des Freikaufs begeben hatten. Der Mensch ist ein Homo oeconomicus, sein wirtschaftliches Handeln ist immer auch politisch. Davon ist hier nur am Rande die Rede, zum Beispiel, wenn einer der ehemaligen, explizit politisch orientierten Gefangenen erzählt, dass zu seiner Haftzeit vor allem Zahnärzte im Gefängnis saßen. Aber auch die Ärzte waren natürlich im fachlichen Austausch mit Westkollegen eingeschränkt. Reiseerlaubnisse zu Kongressen im westlichen Ausland erhielten bekanntlich vor allem diejenigen, die linientreu waren.

Berichtet wird auch über die Repression gegen die Religionsfreiheit. Den Zeugen Jehovas wurde sehr schnell das Recht auf Religionsfreiheit genommen. Und in Kontinuität zum Nationalsozialismus wurden sie erneut für lange Jahre weggesperrt. Wegen Wehrdienstverweigerung und weil sie Gespräche über die Bibel geführt haben. Auch davon zeugt ein Protokoll. Wie auch von der ungeheuren Aufrichtigkeit, mit der die Betroffene ihre Haft durchgestanden hat; mit weniger psychischen Schäden als manch andere übrigens. Der Glaube gab ihr den Halt.

Die Rede ist auch von Spionen. Viele Häftlinge wurden der Spionage verdächtigt, ohne sie je begangen zu haben. Ein Standardvorwurf gegen Unbequeme, die man längere Zeit wegsperren wollte. In den 50er Jahren war das eine gängige Deliktkonstruktion. Die stalinistischen Prozesse zeugten davon. Doch es gab natürlich auch wirkliche Spione, die in der DDR aktiv waren. Manche von ihnen begannen ihre Arbeit aus explizit politischer Opposition, so wie es im vorliegenden Gespräch der Fall war. Manche gerieten aber auch aus Abenteuerlust oder aus Dankbarkeit nach gelungener Flucht in die Fänge eines Geheimdienstes. Wie leicht konnten ehemalige Häftlinge, die es geschafft hatten, in den Westen zu fliehen, dort an einen Geheimdienst geraten. Manche wurden von diesem mit einem Gegenauftrag wieder in die DDR zurückgeschickt. Und gingen damit extreme Risiken ein, am Ende in Haft zu geraten. Die Angehörigen von Geheimdiensten sind übrigens aus der Förderung durch die Häftlingshilfestiftung ausgeschlossen, weil sie von selbst das Risiko ihrer Tätigkeit auf sich genommen hatten.

Zu den Gefangenen, die bisher in der Berichterstattung zu kurz kamen, gehören die Frauen. Sie gehören allen Gruppen an: den Verliebten, den Rockfans, den Religiösen. Und viele bezahlen mit Krankheit und leben am Rande des Existenzminimums. Bis heute, 20 Jahre nach der Wende. Auch die Mütter, die für ihre Kinder eine andere Bildung suchten und denen nach einem missglückten Fluchtversuch nicht selten das Sorgerecht abgesprochen wurde.

Eine Gruppe unter den Frauen kannte ich gut aus meiner Zeit im Gefängnis: Menschen, die keiner geregelten Arbeit nachgingen und die dafür inhaftiert wurden. In Prag saßen diese Frauen als sogenannte Schmarotzerinnen. Ein Teil von ihnen waren Prostituierte im Westmilieu und arbeiteten auch immer wieder im Auftrag der tschechoslowakischen Staatssicherheit. Wenn die Frauen nicht so spurten, wie sie sollten, wurden sie von der dortigen Stasi mitgenommen.

Das Recht auf Arbeit wurde in der DDR weitgehend zu einer strafbewehrten Pflicht. Das Recht der freien Berufswahl beinhaltet dagegen auch das Recht, nur Gelegenheitsjobs anzunehmen oder »nur« als Hausfrau zu leben. Natürlich war nicht jede, die zu Hause blieb, automatisch eine »Asoziale«[1], wie das in der DDR hieß. Und nicht jede, die sich ausschließlich um ihr Kind kümmern wollte und dabei von einem Mann im Westen finanziell unterstützt wurde, war eine Prostituierte. Strafrechtlich wurde das in der DDR aber so gehandhabt.

Annegret Stephan, Gründerin der Gedenkstätte Moritzplatz in Magdeburg, meint, diese Frauen hätten nicht verurteilt werden dürfen. Sie schlägt vor, sich auf das Thema der Asozialen zu konzentrieren. »Ich würde Dir raten, lass die Prostitution raus. Ich kenne eine Frau, die im Jugendwerkhof missbraucht und danach in den Akten als HWG[2]-Person bezeichnet und während des Prozesses als Prostituierte bezeichnet wurde. Sie protestierte dagegen lautstark, aber ergebnislos. Später sagte sie zu mir: ›Ich war nie eine Prostituierte, aber ich hatte niemanden, der sich um mich kümmerte und keine Verwandten im Westen. Zur Leipziger Messe habe ich dann mal den einen oder anderen mit ins Bett genommen, wenn ich wusste, er kauft mir am anderen Tag im Intershop

1 Prostitution wurde in der DDR im §249 des Strafgesetzbuches unter dem Titel »Gefährdung der öffentlichen Ordnung durch asoziales Verhalten« verfolgt (vgl. http://www.verfassungen.de/de/ddr/strafgesetzbuch68.htm)

2 Häufig wechselnder Geschlechtsverkehr

Klamotten. Wenn man auf alles verzichten muss, wenn man für viele der letzte Dreck ist, was spielt es dann für eine Rolle? Wenn die Kerle ihren Spaß haben wollen, dann sollen sie auch was für mich tun!‹«

Darüber hinaus gab es die Edelnutten in den Interhotels. »Wenn du auf die Edelnutten abzielst, dann ist Vorsicht geboten, da sie ›Genehmigte‹ waren, nicht selten im Auftrag des MfS[3] ›Liebe‹ gaben und dafür nicht in Haft kamen. Das ist ein weites Feld und ein sumpfiges, in dem man leicht stecken bleiben kann.«

In den Protokollen habe ich am Ende gar keine Wahl. Gemeldet haben sich Frauen, die als Asoziale verurteilt wurden. Bei einigen hat die Staatssicherheit sexuelle Übergriffe inszeniert, unter denen die Frauen bis heute leiden. Ihre Geschichten sprechen für sich.

Des Weiteren gibt es die große Gruppe der Angehörigen der Gefangenen, die oft genug mittraumatisiert worden sind. Und die unter den Nachwirkungen der Haft ihrer Partner, ihrer Eltern oder ihrer Kinder litten. Hilfe für sie gibt es erst, wenn die ehemaligen Häftlinge verstorben sind. Insofern tauchen sie in den Protokollen nur als Witwen und Waisen auf.

In dieser Studie geht es mir um den Preis, den alle diese Menschen für die Freiheit gezahlt haben, die sie erringen wollten. Es geht mir um die Beziehungen, die durch die Haft kaputtgingen, weil die Partner unter Druck gesetzt wurden, sich zu trennen, und um die Langzeitfolgen der Haft. Es geht mir um die heute noch bestehenden psychischen und physischen Belastungen, vor denen sich weder Arbeiter noch Intellektuelle, weder Männer noch Frauen, Junge noch Alte schützen konnten. Langzeitwirkungen, die im Vorhinein in all ihren Ausprägungen niemand kannte und die bis heute unerkannt sind oder verkannt werden. Und es geht mir um den Preis, den die ehemaligen Häftlinge in beruflicher Hinsicht auf sich nahmen. Sie haben nicht geahnt, dass die Haft sie ihr Leben lang sozial herabstufen würde. Entweder, weil sie in der DDR blieben, oder, weil ihre Kraft für den normalen beruflichen Stress nicht ausreichte.

Die Traumaforschung ist ja noch relativ jung. Dass die Folgen von Haft, Lebensgefahr, Folter oder des Verlusts von nahen Menschen 30 Jahre und mehr anhalten und oft erst im Alter, wenn die Kraft nachlässt, virulent werden, wusste damals noch niemand und dies wird bis heute – trotz besseren Wissens – noch immer infrage gestellt.

In meiner Studie geht es mir auch um die Haftbedingungen, die zu unterschiedlichen Jahrzehnten angewandt wurden. Bedingungen, die möglicherweise auch zu unterschiedlichen Ausprägungen in den Traumata geführt

3 Ministerium für Staatssicherheit

haben. Von einem deutlichen Unterschied in den psychischen Erkrankungen sprechen ExpertInnen in Bezug auf die Zeiten, in denen die Haft stattfand. Da ist einmal die Haftphase, während der in DDR-Gefängnissen wie in denen der Sowjetunion überwiegend körperlich gefoltert wurde. Dem stehen die Haftmethoden der 70er und 80er Jahre gegenüber, als überwiegend psychische Folter praktiziert wurde.[4]

Auch der Bau der Mauer bildete im Haftgeschehen eine Zäsur. Danach wurden die Haftstrafen plötzlich kürzer, die physische Folter nahm ab zugunsten einer nicht minder effektiven psychischen. Es scheint, als ob die Repression in die Betriebe vorverlagert wurde.

In den Gesprächen mit den Häftlingen und den ExpertInnen geht es mir um die Art, wie mit den ehemaligen politischen Gefangenen heute umgegangen wird. Die Einheit Deutschlands beruht auf dem Widerstand der ehemaligen politischen Häftlinge. Ein Widerstand, der immer neu aufflammte. Die Einheit beruht weniger auf den Künsten und Schachzügen der Politiker als vielmehr auf diesem umfassenden politischen und persönlichen Widerstand. Dessen letzter Baustein war das Entern der bundesrepublikanischen Botschaften in Budapest und Prag. Und sie beruht auf den Menschenmengen, die mit großem Mut auf die Straßen gingen oder mit solcher Macht durch die Mauer drängten, dass klar war: Die würden sich nie wieder zurückdrängen lassen und zwar an keinem einzigen Ort und an keinem Übergang.

Die Psychiaterin und Psychotherapeutin Ruth Ebbinghaus sagt in dem Gespräch, das ich mit ihr geführt habe: »Ich hatte eigentlich erwartet, dass meine Generation – ich bin jetzt Anfang 50 – die sich eingesetzt hat für die Belange von Nazi-Opfern und sich für ihre Behandlung auch nach dem Krieg geschämt hat, bemüht wäre, zu verhindern, dass Opfern noch einmal das Gleiche passiert. Deswegen habe ich mich all die Jahre bereitwillig engagiert. Aber das ist so nicht eingetreten. Das ist schon ein Trauerspiel.« Ich stimme Ruth Ebbinghaus zu.

Dank

Das Projekt fand einen Platz am Essener Kolleg für Geschlechterforschung (EKfG) an der Universität Duisburg-Essen. Das EKfG befasst sich fächerübergreifend mit Geschlechter- und Menschenrechtsfragen und ist auch im Bereich der Gendermedizin engagiert. Das EKfG verfolgt das Ziel, gender-

4 Auch wenn das noch nicht anhand von Stasidokumenten belegt wurde, spricht der Gesundheitszustand der Gefangenen dafür.

relevante Fragestellungen in allen Disziplinen anzustoßen. Es ist international ausgerichtet. Alle Themen werden dort sowohl aus der Perspektive der Frauen- wie auch der Männerforschung bearbeitet. Frau Prof. Dr. Doris Janshen hat diese Arbeit als Ordinaria für Soziologie begleitet. Kurz vor Abschluss des Projekts ist sie im Februar 2009 unerwartet verstorben. Insofern kann ich ihr nur noch posthum für ihr Engagement danken. In den Dank eingeschlossen sind alle Mitarbeiterinnen und Mitarbeiter des Essener Kollegs für Geschlechterforschung. Für seine Hilfe und Unterstützung danke ich David Freydank, der für die statistischen Arbeiten zuständig war.

Des Weiteren danke ich Annegret Stephan und Ruth Ebbinghaus für ihre Beratung. Edith Berchem hat alle Interviews transkribiert und Franziska Groszer hat mich bei der Bearbeitung des Manuskripts unterstützt. Beate Ziegler und Elsbeth Zylla haben nachgefeilt. Ich bedanke mich auch ausdrücklich bei Christian T. Flierl, dem freundlichen Lektor vom Psychosozial-Verlag.

Vor allem aber danke ich den drei Stiftungen: der Hans-Böckler-Stiftung und der Stiftung Aufarbeitung, dass sie durch finanzielle Förderung diese Arbeit haben möglich werden lassen, und der Häftlingshilfestiftung, dass sie ehemalige Häftlinge, die dort Anträge gestellt haben, angeschrieben und ihnen den Fragebogen beigelegt hat. Insbesondere geht mein Dank an Hanna Siegel-Mackensen, die in ihrer Zeit als Geschäftsführerin der HHG-Stiftung, die Studie ermöglicht und begleitet hat. Gleichermaßen geht Dank an die Gefangenenorganisation UOKG (Union der Opferverbände kommunistischer Gewaltherrschaft), die den Fragebogen dem Verbandsblatt *Der Stacheldraht* beigelegt hat. Dadurch gelang es, eine hohe Zahl der ehemaligen politischen Häftlinge zu erreichen.

Bonn, im Juli 2010
Sibylle Plogstedt

Teil I

Zur heutigen Situation der Häftlinge

Die Ausgangslage der Essener Studie

In der vorliegenden Essener Studie geht es um die soziale Situation[5] von ehemaligen politischen Häftlingen der DDR. Projektiert wurde diese Untersuchung, nachdem in den Koalitionsvereinbarungen des Jahres 2005 von CDU und SPD die Verbesserung der Situation von politischen Häftlingen aus der DDR-Zeit als Ziel vereinbart worden war. Heraus kam die Häftlings- oder Opferrente von 250,00 Euro, die Betroffene als »Ehrenrente« bezeichnen.

Die Bundesregierung hatte mit dem Thema Häftlingsrente zunächst ein Problem: Niemand wusste genau, wie viele ehemalige politische Häftlinge es tatsächlich gibt. Bis 1989/90 wurden die Daten über die Ankerkennung politischer Häftlinge zentral in Friedland erfasst. Danach wurden die Daten regional unterschiedlich registriert, und es ist ungewiss, ob die Daten nach der Wende weiterhin nach Friedland gemeldet worden sind.

Aktuelle Schätzungen gehen von 200.000 bis 250.000 politischen Häftlingen zwischen 1949 und 1989 aus (vgl. Werkentin 1998, S. 152). Die als Straftaten bewerteten Vergehen, die heute als politische Haft anerkannt werden, sind je nach Zeitraum unterschiedlich. Zum Beispiel gehören Häftlinge des 17. Juni 1953 dazu, Protestierende und natürlich viele Republikflüchtige und Ausreisewillige. Aber auch Menschen, die keiner Berufstätigkeit nachgingen, sind verurteilt worden, andere wegen »Vandalismus«. Darüber hinaus gab es politische Häftlinge aus Deutschland, die in anderen Ländern Osteuropas verurteilt wurden und deswegen bislang nicht oder nur unzureichend finanziell entschädigt worden sind.

Die Diskussion, die um die Häftlingsrente entbrannte, zeigt, wie wichtig die Frage nach der sozialen Lage der Häftlinge heute ist. Und sie wirft die Frage auf, warum diejenigen, die die deutsche Einheit erkämpft haben, zu Menschen wurden, denen es heute besonders schlecht geht. Des Weiteren muss gefragt werden, ob es vielleicht noch andere politische Häftlinge gibt, die bislang nicht oder nur unzureichend wahrgenommen worden sind, und welche Maßnahmen angemessen wären, um die politischen Träger der Wende und des Widerstands nicht nur politisch, sondern auch sozial zu rehabilitieren.

Hinter all dem steht die Frage, inwieweit die schlechte soziale Situation auf den traumatischen Störungen als Folge der Haft beruht. Hängt die soziale

---

5 Erst Ende 2008 erschien die erste Studie zur sozialen Situation von Häftlingen in Thüringen (vgl. Best/Hofmann 2008).

Situation möglicherweise davon ab, ob die ehemaligen politischen Häftlinge in den 50er Jahren, den 70er oder den 80er Jahren in Gewahrsam waren und von den zu diesen Zeiten jeweils praktizierten Haftbedingungen?

Eine weitere Frage: Was folgte daraus, ob ein Häftling in den Osten oder in den Westen entlassen wurde? Hatte er bzw. sie im Westen bessere Lebenschancen? Nahm die DDR-Regierung nach der Haftentlassung in die DDR Einfluss auf das weitere berufliche Leben? Und wenn ja, in welcher Weise?

Über die Ausreisewilligen der DDR ist bekannt, dass den meisten, nachdem sie ihren Antrag eingereicht hatten, die Arbeitsstelle gekündigt wurde bzw. ein Aufhebungsvertrag für ihre Arbeit oder für den Studienplatz eine Exmatrikulation aufgezwungen wurde, wenn sie sich nicht für die DDR zurückgewinnen ließen. 29% der Befragten nannten diese Folge in der Studie von Bertram, Planer-Friedrich und Sarstedt (2003, S. 55).

Gefragt wird deshalb auch, ob die psychischen Folgen der politischen Haft nach der Entlassung in den Westen weiterhin Einfluss auf die Lebensgestaltung hatten, ob den Entlassenen der Berufsstart dort erschwert wurde und ob die soziale Lage der ehemaligen politischen Häftlinge langfristig gestört war.

Nach Horst-Eberhard Richter beginnt der psychische Stress, der zu einer Traumatisierung führen kann, schon sehr früh. In seinem Buch *Flüchten oder Standhalten* schrieb er:

> »Die Psychiatrie kennt eine Form von Depression, die durch einen ganz banalen Umzug ausgelöst wird und spricht in diesem Fall von einer ›Umzugsdepression‹. Hierbei handelt es sich ebenfalls um eine Verunsicherung durch ein Isolationserlebnis, die bei manchen Personen eben das extreme Ausmaß von einer regelrechten depressiven Verstimmung annimmt: Jemand verzieht in eine ihm bis dahin völlig unbekannte Gegend, in der alles anders ist als in seiner bisherigen Wohnwelt. […] Man vermißt plötzlich eine Fülle von bekannten Leuten, Gegenständen, Geräuschen, von denen man bisher umgeben war. […] Alle Einzelheiten der ehemaligen Umgebung hatten zusammen so etwas wie eine mütterliche Welt gebildet, in der man sich geschützt gewußt hatte. Die Verläßlichkeit und Berechenbarkeit der äußeren Welt hatte geholfen, daß man sich auch selbst stabil und verläßlich fühlen konnte« (Richter 1976, S. 45).

Für die Häftlinge, die in den Westen gegangen sind, gab es neben dem Freiheitsgewinn und dem an persönlicher und politischer Sicherheit zwangsläufig den belastenden Verlust: den der alten Umgebung, der Angehörigen und von Freunden. Und nicht selten gab es Schuldgefühle, weil den in der DDR Zurückgelassenen politische und soziale Probleme nicht erspart blieben.

Die Forschung über Arbeitslosigkeit hat in den vergangenen Jahrzehnten immer wieder herausgefunden, dass bereits einfache Arbeitslosigkeit depressive Verstimmungen auslösen kann. Arbeitslosigkeit zählt generell zu den stressenden Faktoren (Lilienthal 2005, S. 79). Dieser Einfluss ist im Fall von ehemaligen politischen Häftlingen noch stärker zu bewerten.

Im Behandlungszentrum für Folteropfer wurden politische Flüchtlinge aus aller Welt, die aufgrund von Folter, Haft und Flucht zu etwa einem Drittel traumatisiert sind, auf das Arbeitsverbot während der Zeit des Asylverfahrens hin untersucht. Die interviewten ehemaligen Häftlinge beschrieben einen Zusammenhang zwischen der Arbeitslosigkeit und ihrer Gesundheit. Sie führten an, dass sie ohne Beschäftigung mehr über ihre vergangene und aktuelle Lebenssituation grübelten. »Sie brachten das Weiterbestehen ihrer posttraumatischen Beschwerden mit den Folgen von Untätigkeit und finanzieller Abhängigkeit in Verbindung« (Lilienthal 2005, S. 85). In Skandinavien konnte in einer Studie mit 966 Flüchtlingen ein positiver Einfluss der Lohnarbeit auf die Gesundheit von Flüchtlingen belegt werden (vgl. Lie 2002). Aufgrund der Ergebnisse beider Befragungen kann von einem relevanten Einfluss von Arbeitslosigkeit auf die Symptomausbildung der Traumata gesprochen werden.

Die hier vorliegenden Protokolle mit Häftlingen und Angehörigen sind in Form von Icherzählungen bearbeitet. In den Gesprächen ging es sowohl um die Behandlung während der Haft und um den aktuellen Gesundheitszustand als auch um die aktuelle soziale Situation sowie gegebenenfalls um die Berufssituation der ehemaligen Häftlinge.

Gegliedert sind die Fallgeschichten nach dem Jahrzehnt der Inhaftierung. Diese Gliederung ermöglicht es den Lesenden, die unterschiedlichen Behandlungsmethoden während der Haft zu verschiedenen Zeiten selbst zu vergleichen.

Die qualitativen Interviews

Die vorliegende »Essener Studie« besteht aus einem quantitativen und einem qualitativen Teil.

Der qualitative Teil mit 30 Interviews wurde von der Stiftung Aufarbeitung gefördert. Die Gespräche wurden mithilfe von qualitativen Frageleitfäden durchgeführt (siehe Anhang). Außerdem wurden gesonderte Frageleitfäden für Häftlinge, für Angehörige und für Experten entwickelt (siehe Anhang).

Die Interviews fanden meist bei den Häftlingen und den Angehörigen zu Hause statt. In zwei Fällen wurde von den Betroffenen ein anderer Ort – ein Restaurant bzw. ein Hotel – gewählt. Während der Interviews wurden die Fragen des Leitfadens an den Gesprächsfluss angepasst und von der Reihenfolge her frei angewandt. Die Gespräche dauerten zwischen 60 und 120 Minuten. In drei Fällen wurden die Interviews per E-Mail geführt, zum Teil verbunden mit Telefonaten, um nachzufragen.

Insgesamt konnten 23 Interviews mit ehemaligen politischen Häftlingen realisiert werden. Davon wurden 21 für dieses Buch ausgewählt.

16 Befragte befanden sich im Antragsverfahren bei der Stiftung für politische Häftlinge, zwei waren dort früher schon einmal Antragsteller. Acht weitere Gespräche kamen im Schneeballverfahren durch Empfehlungen zustande – unabhängig von der Häftlingshilfestiftung.

Die Befragten, die sich im Antragsverfahren bei der Stiftung für ehemalige politische Häftlinge befanden, wurden von der Stiftung angeschrieben, wobei ein Brief der Universität Duisburg-Essen beigelegt wurde (siehe Anhang). Sie meldeten sich von selbst, indem sie einen Adressenabschnitt abtrennten und an die Universität schickten. Zuvor fragte eine Reihe von ehemaligen politischen Häftlingen telefonisch bei mir an, ehe sie den Abschnitt losschickten.

Das Besondere an der Auswahl der Befragten besteht darin, dass mehr als die Hälfte Arbeiter, Handwerker oder Putzfrauen waren und alle als politische Häftlinge rehabilitiert worden sind. Ihre Sicht auf die DDR als Arbeiter- und Bauernstaat ist von besonderer Bedeutung. Sie waren zum Zeitpunkt der Befragung auf die Unterstützung durch die Stiftung für ehemalige politische Häftlinge[6] angewiesen.

Von denen, die sich über die Häftlingshilfestiftung meldeten, sind nur einige im klassischen Sinne Bürgerrechtler gewesen. Deshalb habe ich eine Reihe von ehemaligen politischen Häftlingen aus der Bürgerrechtsbewegung gezielt

6 Umgangssprachlich hier meist als Häftlingshilfestiftung bezeichnet oder mit den Kürzeln Stiftung HHG bzw. HHG-Stiftung.

angesprochen. Dasselbe gilt für die Häftlinge der Sowjetischen Militärtribunale in der Sowjetischen Besatzungszone.

Interviewt wurden auch drei Angehörige von verstorbenen Häftlingen. Sie befanden sich ebenfalls im Antragsverfahren bei der HHG-Stiftung, von der sie nach dem Tod ihres Angehörigen eine Förderung erhielten. Da der Schwerpunkt der Essener Studie nicht auf den Angehörigen lag, wurden nur drei befragt. Zwei waren Töchter, eine die Ehefrau eines ehemaligen Häftlings.

Während der Gespräche mit den Häftlingen waren in einer Reihe von Fällen die Ehepartner anwesend und haben in das Gespräch eingegriffen, zum Beispiel dann, wenn der ehemalige Häftling die eigene gesundheitliche Situation beschönigte. In einem Fall war der ehemalige politische Häftling die Ehefrau, der West-Ehemann ist aber ebenfalls kurz inhaftiert gewesen.

Als dritte Gruppe habe ich drei Expertinnen zur Situation der politischen Häftlinge befragt. Sie haben mir viel erklärt und sie können auch den Lesern und Leserinnen viel erklären. Die drei Expertinnen sind zum einen Annegret Stephan, erste Leiterin einer MfS-Gedenkstätte in Magdeburg, die 16 Jahre lang dort gearbeitet hat, zum anderen Ruth Ebbinghaus, die Würzburger Traumatherapeutin, die als unabhängige Außengutachterin für Thüringen aktiv ist.[7] Zum Dritten handelt es sich um Hanna Siegel-Mackensen, die als Geschäftsführerin der Häftlingshilfestiftung in Bonn die Notsituation der Häftlinge besonders gut kennt.

7 Ruth Ebbinghaus ist bundesweit tätig.

Die quantitative Studie

In einem weiteren Teil der Essener Studie geht es um eine quantitative Untersuchung. Dieser Teil wurde von der Hans-Böckler-Stiftung gefördert.

Für diesen Teil der Untersuchung wurde von mir in Zusammenarbeit mit Prof. Doris Janshen ein sechsseitiger Fragebogen mit 45 Fragen entwickelt und getestet. Er ist von 802 politischen Häftlingen beantwortet worden.

Während im qualitativen Verfahren die Haftgeschichte eine große Rolle spielte, wurde im quantitativen Teil der Essener Studie vor allem die materielle Lebenssituation der ehemaligen politischen Gefangenen, ihre Berufs-, Erwerbs-, Renten- und Entschädigungsbiografie erkundet. In beiden Befragungsabschnitten ging es um den Gesundheitszustand und um die soziale und berufliche Lebenssituation.

Auch die Genderfrage hat bei der Erhebung einen hohen Stellenwert: sowohl in Bezug auf die Hafterlebnisse, die gesundheitlichen Haftfolgen und die soziale Situation als auch in Bezug auf die Frage der Gewalt während der Haft. Mit der Genderfrage betritt diese Untersuchung Neuland.

Die Stichprobe

1.000 Fragebögen wurden mithilfe der Häftlingshilfestiftung an die dortigen Antragsteller verschickt. Zum Zeitpunkt des Versandes der Fragebögen war die Stiftung in sozialen Fragen die Haupthilfeorganisation. Die Aussendung begann, noch ehe die Häftlingsrente in Kraft war. Weitere 8.500 Fragebögen wurden im Herbst 2007 der Zeitschrift *Der Stacheldraht* beigelegt.

Insgesamt haben 802 ehemalige politische Häftlinge der DDR (sowie der vom Gebiet der DDR in die Sowjetunion »Verschleppten«[8]) den Fragebogen ausgefüllt. Der Rücklauf betrug somit 8,44%.

Über den *Stacheldraht* kamen 590 Fragebögen ausgefüllt zurück, über den Direktversand durch die Häftlingshilfestiftung waren es 212. Insgesamt haben 115 Frauen den Fragebogen ausgefüllt und 686 Männer. In einem Fall wurde die Angabe des Geschlechts verweigert.

8 Siehe Kapitel zur Ehrenrente

Alter und Geschlecht

20 Jahre nach der Einheit sind auch die ehemaligen politischen Gefangenen gealtert. Entsprechend gehört ein Großteil der Befragten inzwischen einer höheren Altersgruppe an. Selbst die damals mit 20 oder 30 Jahren noch jung Inhaftierten von 1989 sind heute bereits 40 bis 50 Jahre alt. Entsprechend lag der Anteil der Häftlinge unter 40 Jahren, die den Fragebogen ausgefüllt haben, nur bei 0,5%. Weniger als 50 Jahre alt waren 7,4%, weniger als 60 Jahre waren 19,6%, unter 70 Jahre sogar 27,7% und unter 80 Jahre 34,7%. Älter als 80 Jahre alt waren immerhin 9,1%.

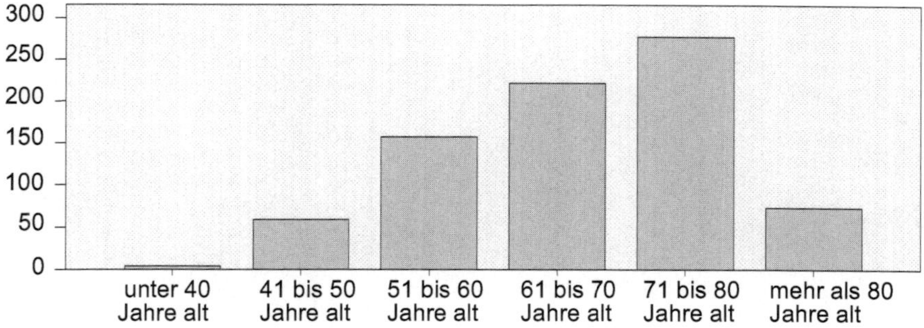

Grafik 1: Befragte nach Alter

Auffällig an der Auswahl ist, dass diejenigen, die über die Häftlingshilfestiftung in die Untersuchung gekommen sind, zu 83,9% keiner Häftlingsorganisation angehören und zum Teil noch nicht einmal von diesen Organisationen wussten. Von denen, die über den *Stacheldraht* den Fragebogen erhielten und ausfüllten, sind 74,8% Mitglied einer der Organisationen ehemaliger politischer Gefangener. Der Anteil der Frauen, die den Fragebogen beantwortet haben, betrug 14,34%, der der Männer 85,54%.

Der Fragebogen war mit seinen 45 Fragen für die Älteren und Kränkeren zum Teil zu lang. Eine Reihe von Fragebögen kam deshalb unvollständig ausgefüllt an die Universität zurück. Möglicherweise hatten nicht alle ehemaligen Häftlinge die Kraft, sich lange genug zu konzentrieren, um alle Fragen zu beantworten. Dass sie es dennoch versucht haben, ist als ein Zeichen ihres hohen Engagements zu bewerten.

TEIL II
DIE EXPERTINNEN

Annegret Stephan und die erste Gedenkstätte

»In den neuen Bundesländern hat sich die Erinnerung an die DDR nach 20 Jahren neu geformt: Es war ein Land, in dem es schön war, in dem man gut leben konnte. Ein Land, in dem es soziale Sicherheit gab und wo jeder einen Arbeitsplatz hatte.« So beschreibt Annegret Stephan die Sicht einer Vielzahl ehemaliger DDR-Bürger. Für die Leiterin der ersten Stasi-Gedenkstätte sind dies »verklärende Erinnerungen, Vorurteile und Mythen, die alle nur eine Botschaft haben: Wer in der DDR ordentlich und fleißig war und sich nichts zuschulden kommen ließ, ist auch nicht in Haft gekommen.«

Für Annegret Stephan sind das die »Rückblicke der angepassten Mehrheit«. Es handle sich um eine Legende. Ihr Nachteil bestehe darin: »Opfer sind in diesem Bild hässliche Kratzer. Die kommen nicht vor.«

Natürlich habe der eloquente Markus Wolf angenehm gewirkt, wenn er in seinen Maßanzügen auftrat. »Dann hörten wir die deutsche Mentalität sprechen: Wir haben doch nur unsere Pflicht getan. Wie schnell übernahmen dann auch andere die Meinung: Die haben doch bloß ihre Pflicht getan. Und schnell wurde es wieder die Meinung ›der Gesellschaft‹.«

Kein Wunder, wenn die Opfer gegen diese Art von DDR-Geschichtsblick angehen, insbesondere dann, wenn er auch noch von einem SPD-Ministerpräsidenten übernommen wird, und wenn es heißt: »Es war doch nicht alles schlecht.« Die Opfer halten dagegen. »Mensch, wir haben für euch die Knochen hingehalten. Ihr könnt doch jetzt nicht so tun, als sei das alles nicht gewesen. Ich bin in den Knast gekommen, weil ich mich gewehrt habe«, erzählt Stephan. Dafür bekämen die Opfer heute aber keine Wertschätzung. Stattdessen heiße es: »Du Idiot, hättest du doch bloß die Finger davon gelassen. Du bist ja selbst Schuld, dass du in den Knast gekommen bist.« Diese Schuldzuweisungen hätte es immer gegeben. »Sie waren nie weg. Sie waren nur ein bisschen leiser geworden.« Stephan folgert: »Böse und polemisch ausgedrückt heißt die Konsequenz eigentlich, dass man den Nachkommenden, den Enkelkindern sagen müsste: Schätzchen, wenn wieder eine Diktatur kommen sollte, dann sei vorne dran; Mitmacher und Schrittmacher sein, aber werde bloß nie ein Opfer!«

Bekannte Statistiken

Neben den bereits zitierten Hochrechnungen des ehemaligen stellvertretenden Leiters des *Berliner Landesbeauftragten für die Unterlagen der Staatssicherheit*, Falco Werkentin, die von 200.000 bis 250.000 politischen Häftlingen zwischen 1949 und 1989 ausgehen (vgl. Werkentin 1998, S. 152), gibt es in der Literatur eine Reihe weiterer Schätzungen wie die von Klaus Dieter Müller, zurzeit kommissarischer Direktor der *Sächsischen Gedenkstättenstiftung* (vgl. Tabelle 1; nach Müller 2004, S. 170).

Häftlingskategorie	Anzahl	während der Haft verstorben, zum Teil hingerichtet
Speziallagerhäftlinge (nicht verurteilt)	mind. 127.000 (laut Schätzungen bis zu 200.000)	mind. 43.000 (laut Schätzungen bis zu 80.000)
Deportierte in die Sowjetunion aus Osteuropa, Ostdeutschland und aus Speziallagern	mind. 230.000	etwa ein Drittel
durch SMT* verurteilte Zivilisten	30.000 bis 40.000	bisher nicht bekannt
durch SMT verurteilte Soldaten	mehr als 30.000	bisher nicht bekannt
Verurteilte durch DDR-Gerichte	ca. 200.000	vermutlich mehrere Tausend

* SMT: Sowjetische Militärtribunale

Tabelle 1: Zahl der Verstorbenen in der politischen Haft in der DDR und in Speziallagern (geschätzt)[9]

Nach Müller sind dies relativ gesicherte Mindestangaben. Er fügt aber hinzu, dass die Opferverbände von höheren Belegzahlen der Gefängnisse und Lager ausgehen und auch von höheren Sterbezahlen (ebd.). Allein beim Suchdienst

9 Die verhafteten und deportierten Zivilpersonen sind zahlenmäßig schwer zu bestimmen.

des Deutschen Roten Kreuzes gelten mehr als 160.000 Zivilisten aus dieser Zeit noch immer als vermisst. Auffallend ist der hohe Anteil der auf die Kriegsfolgen zurückgehenden Inhaftierten und Deportierten. Dem gegenüber steht die Zahl der politisch Verfolgten aus der DDR-Zeit (vgl. Tabelle 2; nach Müller/Stephan 1998, S. 25).

Zeitraum	Anzahl politischer Gefangener	Anteil politischer Gefangener pro Jahr an der Gesamtzahl aller Häftlinge (Schätzung)
1950–1955	ca. 11.000 bis 14.000	ca. 1/3
1956–1964	ca. 6.000 bis 7.000	ca. 1/5 bis knapp 1/4
1965–1969	7.570	ca. 1/3
1970–1974	5.826	ca. 1/4
1975–1979	4.200	ca. 1/4 bis 1/5
1980–1984	4.448	ca. 1/5
1985–1988	3.862	ca. 1/6

Tabelle 2: Geschätzte Zahl der politischen Häftlinge (nach Jahr)[10]

10 Die Zahl der Verurteilten im Jahresmittel für die Jahre 1970–1988 nach Raschke (1977, S. 25).

Die lange Aufarbeitung der politischen Verfolgung

Nach der Wende ist Annegret Stephan die Arbeit mit den politischen Häftlingen regelrecht zugefallen. »Ich hatte mich bei dem Kulturamt der Stadt beworben mit guten Referenzen. In Leipzig, wo ich neun Jahre lebte und in der Hochschule für Grafik und Buchkunst arbeitete, gehörte ich zur Nikolaikirche, in Magdeburg zur Domgemeinde. Im September 1990 erhielt ich ein Schreiben der Stadtverwaltung mit der Bitte um ein Gespräch. Als ich dort ankam, fand ich einen Riesentisch mit Vertretern der Stadt, des Bürgerkomitees, des Vereins ›Memorial‹ und der Kirche vor. Mir wurde mitgeteilt, dass die Absicht bestünde, am Moritzplatz eine Gedenkstätte zu errichten. ›Wollen Sie das machen?‹ Dass ich so schnell Ja gesagt habe, hat mich später selbst verwundert.«

16 Jahre lang hat Annegret Stephan die Gedenkstätte am Moritzplatz in Magdeburg geleitet. Sie wurde im Dezember 1990 eröffnet. Der Moritzplatz war die erste MfS-Haftanstalt, die als Gedenkstätte eingerichtet wurde. Im Gegensatz zu anderen DDR-Gefängnissen stand die separat liegende kleine Haftanstalt der Stasi damals gerade leer. »Deshalb war ein so frühes Einziehen der Bürgerbewegten möglich.«

Die ersten Kontakte der MitarbeiterInnen der Gedenkstätte zu den politischen Häftlingen fanden zu einer Zeit statt, in der alles zugleich aufbrach. »Es war wie ein Schnellkochtopf, alles kochte hoch, alles kam in Bewegung.« Die ersten Häftlinge, die sich damals in die Gedenkstätte wagten, taten dies ganz vorsichtig. »Sie sind wie Motten um das Licht herumgeflogen. Sie haben erst einmal uns und die Gedenkstätte umschwirrt, ehe sie Mut fassten, Kontakt zu uns aufzunehmen. Nicht selten mussten wir erst einmal stundenlang unseren eigenen Werdegang in der DDR erzählen, ehe sie begannen, uns zu vertrauen.«

Annegret Stephan erzählte, dass sie selbst nicht zu den Bürgerrechtlern gehörte. Sie habe nie an einen »Sozialismus mit menschlichem Antlitz« geglaubt. Dass ihre Mutter nach der Zwangsvereinigung von SPD und KPD aus der SED ausgeschlossen wurde und sie selbst mit 17 Jahren nach einer Protestflucht in den Westen zurück in den Osten geholt wurde, weil auf die Familie Druck ausgeübt und ihrer Schwester mit der Exmatrikulation vom Psychologiestudium gedroht wurde.

Anfangs hatte Annegret Stephan keine Vorstellung davon, was ihr an Leidensgeschichten in den Gesprächen mit den Häftlingen entgegenkommen würde. »Wir sind damals von der Opferproblematik einfach überrollt worden. Wenn ich jetzt auf die 16 Jahre zurückblicke, würde ich sagen, wir haben zu 80% Trauerarbeit geleistet.«

Anfangs haben Annegret Stephan und ein Mitarbeiter am Moritzplatz beraten, später waren sie sogar zu viert. »Erst haben wir nur den Arm um sie gelegt oder ihre aufgeregten Hände gehalten und zugehört. Wir konnten nicht einmal etwas aufschreiben. Sobald ich einen Zettel in die Hand nahm, kam das Gespräch ins Stocken. In Erinnerung kam den ehemaligen Häftlingen plötzlich die Verhörsituation, wo auch aufgeschrieben wurde. Wir haben ganz viel über Learning by Doing machen müssen. Bis die Menschen reden und in Worte fassen konnten, was ihnen widerfahren war, das dauerte. Das ging nicht beim ersten Mal, nicht beim zweiten Mal, das ging aber nach dem zehnten oder dem 15. Mal. Die ehemaligen Häftlinge kamen immer wieder und haben neue Bruchstücke hinzugefügt oder neue Begriffe für das gefunden, was sie nur schwer ausdrücken konnten.« In der Beratung hat Annegret Stephan gesehen, wie viel Misstrauen in den Häftlingen bis heute geblieben ist. »Ihnen ist ja das Urvertrauen gestohlen worden«, meint Stephan.

Oft genug haben Stephan und ihr Team selber Blockaden durchlebt, weil das, was sie hörten, nur schwer zu fassen war. »Mir die gesamte Bösartigkeit des Systems auch nur vorzustellen, hätte mir mein gesunder Menschenverstand verboten.« Als Annegret Stephan dann aber die Geschichte der Häftlinge erfuhr, weil sie ihr Vertrauen erworben hatte, übernahm sie auch die Verantwortung, die dieses Wissen bedeutete. Sie hat in ihrer Arbeit alles getan, um die Situation der ehemaligen Häftlinge zu verbessern.

Als Beispiel nennt Stephan die Geschichte der ehemaligen politischen Gefangenen Melanie Kollatzsch, die 15 Jahre lang in Haft war und bis zum Jahr 1989 immer weiter bespitzelt wurde. Der Grund für ihre lange Haft bestand allein darin, dass ihr Freund Major der englischen Armee war. Das hatte ausgereicht, ihr schwere Spionage zu unterstellen. Von den Russen war sie zu 25 Jahren Haft verurteilt worden, 15 Jahre davon hat sie in elf Haftanstalten der DDR verbüßt. »Hass«, hat Melanie gesagt, »ist nicht mein Charakter. In der Haft habe ich sehr viel Hass empfunden. Da habe ich gedacht: Wenn ich den später mal wiedersehe! Aber heute hasse ich ihn nicht. Ich verachte ihn.«

»Wie diese Menschen trotz ihrer Verwundungen mit Würde in Bezug auf die Täter umgegangen sind, das hat etwas ganz Großes für mich«, meint Annegret Stephan. Immerhin hätten die Opfer ja auch durchdrehen oder zur Waffe greifen können. »Durch die Arbeit mit den Opfern habe ich unheimlich viel gelernt. Ich habe auch einen neuen Blick auf die Würde von Menschen bekommen, wie sie mir vorher gar nicht so bewusst war. Wie viel Boshaftigkeit und Niedertracht ihnen auch entgegengebracht worden war, sie kämpften immer wieder und nicht selten mit letzter Kraft um jedes Stückchen Menschenwürde.«

Vor allem im Herbst 1989 verging ein halbes Jahr lang kein Abend, an dem das Fernsehen nicht über Haft und Repression und Verfolgung in der DDR berichtet hätte. Noch zu DDR-Zeiten hat die lange Aufarbeitung der politischen Verfolgung begonnen. Auch das Erste Rehabilitierungsgesetz ist noch ein Beschluss der Ersten Volkskammer. 1992, also nach der Vereinigung, kam dann das Erste SED-Unrechtsbereinigungsgesetz dazu.

»Wir hatten die Enquetekommission des Bundestages. Die Stiftung zur Aufarbeitung war da. Die Gedenkstätten ebenfalls. Die Voraussetzungen für die politische Aufarbeitung der SED-Diktatur waren positiv. Für die juristische Aufarbeitung, das heißt für die Rehabilitierung der Opfer, gab es die Neufassung des alten Häftlingshilfegesetzes und die neu entstandenen Gesetze. Auch hier war der Anfang Erfolg versprechend.«

Zu den Instrumenten der Lustration, das heißt zur Reinigung und Sühne der Gesellschaft, zählt Stephan die Gauck-Behörde, die Reha-Gesetze, die beiden SED-Unrechtsbereinigungsgesetze mit ihren Rehabilitierungsgesetzen zur verwaltungsrechtlichen, beruflichen und gesundheitlichen Rehabilitierung. Stephan: »Am Ende der ersten Gerichtsverfahren, denn über die Rehabilitierung entschieden Gerichte, war ein Teil der ehemaligen politischen Häftlinge rehabilitiert, ein anderer Teil dagegen noch nicht. Die Urteile der nicht rehabilitierten politischen Häftlinge wurden dann als Kassationsantrag an das Gericht weitergeleitet. Später wurde die Kassation[11] durch einen weiter gesteckten Rahmen im Zweiten Unrechtsbereinigungsgesetz überflüssig.«

---

11 Kassation ist die Aufhebung eines Urteils.

Das Volk bockt

Die Entschädigungsfrage für die Opfer totalitärer Regime zieht sich durch die Geschichte der Bundesrepublik. Als Erstes wurde am 26. April 1949 vom Süddeutschen Länderrat der amerikanischen Zone im Nachkriegsdeutschland das »Gesetz zur Wiedergutmachung national-sozialistischen Unrechts« erlassen. Es wurden Gesetze in Bayern, Bremen, Baden-Württemberg und in Hessen verabschiedet.[12] Mit der Gründung der Bundesrepublik wurden diese Ländergesetze als Bundesrecht übernommen. Der Artikel 125 des Grundgesetzes regelte die Übernahme der Gesetze aus den alliierten Zonen in Bundesrecht.

Kaum war der Anfang in der Entschädigungsfrage gemacht, blieb die Wiedergutmachung erst einmal stecken. In der Bevölkerung war die Frage alles andere als populär. Viele Deutsche fingen damals an, sich vor allem selbst als Opfer zu sehen, als Opfer von Krieg und Vertreibung, und das eigene Leiden über das der Verfolgten des Nationalsozialismus zu stellen. »Was soll man tun, wenn ein ganzes Volk bockt«, klagte damals der CDU-Politiker Franz Böhm, der in den Entschädigungsgesprächen als Verhandlungsführer die Bundesrepublik vertrat.[13] Lediglich die Entschädigung der Sinti und Roma, der Zwangssterilisierten, der Homosexuellen und der Zwangsarbeiter war noch weniger akzeptiert als die der Juden.

Auch wenn das Volk bockte, Adenauer hat damals die Verhandlungen mit Israel zur Chefsache gemacht.[14] Er erklärte im Bundestag die Bereitschaft der Bundesrepublik Deutschland, Entschädigungen zu zahlen. Damals unterstützte die SPD-Bundestagsfraktion Adenauer, während ihm eine Anzahl ranghoher CDU-Politiker die Gefolgschaft verweigerte.

Allen Widerständen zum Trotz konnten im Luxemburger Abkommen die Entschädigungen geregelt werden. 1953 lag das Vertragswerk vor, ein Regelwerk aus 113 Paragrafen, in dem die Personengruppen, die Schadenstatbestände und die zuständigen Behörden festgelegt worden waren (BEG, BGBl. I, S. 1387). Das Gesetz wurde in den folgenden Jahren erweitert und 1956 durch das Bundesentschädigungsgesetz abgelöst.

Das Gesetz von 1953 umfasste die Wiedergutmachung in folgenden Bereichen:

---

12 http://de.wikipedia.org/wiki/Bundesentsch%%C3%%A4digungsgesetz (Stand: 29.04.2007).

13 http://www.shoa.de/content/view/132/184/ (Stand: 29.04.2007).

14 http://de.wikipedia.org/wiki/Bundesentsch%%C3%%A4digungsgesetz (Stand: 29.04.2007).

1. Rückerstattung von Vermögenswerten,
2. Sonderregelungen für den Öffentlichen Dienst und die Sozialversicherung,
3. Juristische Rehabilitierung zur Beseitigung von Unrechtsurteilen wie Ausbürgerung oder Aberkennung akademischer Grade,
4. Eingriffe in die Lebenschancen, Verlust an Freiheit, gesundheitliche Schäden, berufliche Nachteile.

Aufgrund dieser Entschädigungsregelungen wurden noch im Jahr 2000 etwa 90.000 Renten gezahlt (vgl. Arnold/Hadzic 1986).[15]

Sonderregelungen gab es für Displaced Persons (DP), für Heimkehrer, Vertriebene und Flüchtlinge aus der Sowjetischen Besatzungszone. Nach und nach wurden immer neue Personengruppen aufgenommen (vgl. Lehmann 2004, S. 93)[16].

Entschädigungsgesetze

Seit dem ersten Bundestag gibt es eine Vielzahl von Unterstützungsmaßnahmen, die Heimkehrer, Soldaten, Vertriebene, den Lastenausgleich und die Opfer des Holocaust betrafen. Mit dem Einigungsvertrag kamen die Opfer des DDR-Regimes hinzu.

26. April 1949	»Gesetz zur Wiedergutmachung national-sozialistischen Unrechts«
1949	Asylrecht im Grundgesetz verankert
1950	Gesetz über die Opfer des Krieges, Bundesverordnungsgesetz (Beihilfen für Kriegsbeschädigte)
1950	Unterhaltsbeihilfegesetz (UBG)
1950	Bundesnotaufnahmegesetz (über die Aufnahme von Deutschen)
1952	Luxemburger Abkommen mit Israel über Entschädigungszahlungen
1952	Lastenausgleichsgesetz LAG
1952	Bundesvertriebenengesetz

15 http://www.shoa.de/index2.php?option=com_content&do_pdf=1&id=132 (Stand 29.04.2007).

16 Lehmann war von 1970 bis 2004 Vorsitzender der Stiftung für ehemalige politische Häftlinge.

	Artikel 16 Abs. 2 regelt Aufnahme für SBZ-Flüchtlinge
1952	Fremdrentengesetz
1953	BEG Bundesergänzungsgesetz
1954	Kriegsgefangenenentschädigungsgesetz (KgfEG)
1955	Gesetz über Hilfsmaßnahmen für Heimkehrer (HkG)
1955	Häftlingshilfegesetz (HHG)
1956	Bundesentschädigungsgesetz
1965	BEG-Schlussgesetz
1965/1971	Flüchtlingshilfegesetz
1969	Bundesversorgungsgesetz
1992	1. SED-Unrechtsbereinigungsgesetz: Strafrechtliches Rehabilitierungsgesetz (StrRehaG); Entschädigungen für gesundheitliche Schäden
1994	2. SED-Unrechtsbereinigungsgesetz: Verwaltungsrechtliches Rehabilitierungsgesetz (VwRehaG); Gesetz über den Ausgleich beruflicher Benachteiligungen (BerRehaG)
1999	Novellierung des strafrechtlichen Rehabilitierungsgesetzes, Gleichstellung der westlichen Häftlinge mit denen aus dem Osten
2007	3. SED-Unrechtsbereinigungsgesetz: Enthält die Opfer bzw. Häftlingsrente

Die berufliche Rehabilitierung beinhaltete einen Ausgleich für politisch motivierte Eingriffe in den Beruf oder in eine berufsbezogene Ausbildung. Dazu gehörten

- zu Unrecht erlittener Freiheitsentzug,
- verfolgungsbedingte Verweise von der Fach- oder Hochschule,
- rechtsstaatswidriger Entzug einer Gewerbeerlaubnis oder eines Seefahrtsbuches,
- verfolgungsbedingte Minderverdienste,
- die Kündigung eines Arbeitsverhältnisses wegen politischer oder religiöser Überzeugung, Kritik am System der DDR, wegen eines Ausreiseantrags oder verbotener Westkontakte.

Schwierigkeiten bei der Anwendung der Gesetze

Sobald die ehemaligen Häftlinge die neuen Gesetze nutzen wollten, gerieten sie in Schwierigkeiten. Annegret Stephan hat dies erfahren: »Für die Betroffenen waren das kaum zu durchschauende Strukturen. Uns war klar geworden, dass wir so etwas wie der Mund und der Arm der Betroffenen werden mussten. Viele baten uns um Hilfe bei der Rehabilitierung; zum einen war die Angst vor den Behörden da, zum anderen befürchteten sie, bei dem Stress ohne Hilfe zu versagen. Ich merkte natürlich auch, dass der Umgang der Behörden mit uns ein anderer war als der mit den Opfern, die oftmals sehr erregt und empört auf die nüchterne Verwaltungssprache reagierten. Ein ehemaliger politischer Häftling kam in einem Amt zum Beispiel nicht an der Sekretärin vorbei, die auf dem ›Dienstweg‹ beharrte und ihren Chef vor der unangemeldeten und wütenden Person schützen wollte. Der heftig ausgetragene Disput war dem Anliegen des Betroffenen keineswegs dienlich. Ich konnte in diesem und anderen Fällen als Leiterin der Gedenkstätte den Chef der Einrichtung direkt ansprechen, die Wogen glätten und mit sachlicher Distanz das Problem klären. Oftmals haben wir erreicht, was ein Betroffener allein nicht erreichen konnte.«

Stephan nutzte die Institution Gedenkstätte, um Öffentlichkeit herzustellen. Sie ist in die Beiräte berufen worden, die für die Aufarbeitung geschaffen wurden. »1993 bin ich bereits in einen Beirat des Bundesjustizministeriums berufen worden und lernte durch diese Arbeit kompetente Juristen, namhafte Kenner der politischen DDR-Justiz wie Karl Wilhelm Fricke, Falco Werkentin und Wolfgang Schuller kennen.« Die fragte sie und holte sich von ihnen Rat. »Wenn mir mein Gefühl sagte, hier stimmt etwas nicht, bin ich nicht gleich losgeschossen, sondern habe die Fachleute erst einmal gebeten, sich den Fall anzugucken, ehe ich den Betroffenen geraten habe, gegen juristische Fehlentscheidungen Widerspruch einzulegen. Das war eminent wichtig, alles andere wäre leichtfertig gewesen.«

Für das Rehabilitationsbegehren brauchten zum Glück nur Teile der Fakten zusammengetragen zu werden. »Keiner der Betroffenen hatte ja sein Urteil oder seine Anklageschrift ausgehändigt bekommen. Nach dem Rehabilitierungsgesetz reichte es aber aus, den Namen und das Geburtsdatum zu nennen, den Haftgrund und Dauer und Ort der Haft anzugeben. Da mussten keine Paragrafen angeführt werden; nicht einmal den genauen Tag der Verhaftung zu nennen war wichtig. Eine einfache Erklärung genügte, und die Gerichte waren daraufhin zur Amtsermittlung verpflichtet.«

Heute ist Annegret Stephan zufrieden: »Rückblickend kann ich sagen, dass die juristische Rehabilitierung der SED-Opfer im Großen und Ganzen positiv verlaufen ist – jedenfalls für die Mehrheit der Antragsteller. Problematisch wurden die Fälle, wo das MfS Delikte konstruiert hatte. Da waren viele Kämpfe notwendig, die die Antragsteller in unzumutbarer Weise zusätzlich belasteten.« Lediglich die Form, in der die Rehabilitierung dann erfolgte, moniert sie: »Anfangs war es nur ein Wisch, den die Häftlinge bekamen. Diese Form habe ich als unpassend empfunden.«

Rückblickend stellt sie fest: »Ich habe damals so viel gearbeitet wie nie zuvor in meinem Leben. Was wusste ich vorher schon über die Justiz im Staate SED? Sie war uns ja verborgen geblieben. Wir kannten nur die Auswirkungen. Also musste ich sehr viel ›büffeln‹, tauchte tief in geschriebenes und praktiziertes ›sozialistisches Recht‹ ein und lernte immer mehr über den Zynismus hinter der SED-Behauptung: ›Im Mittelpunkt steht der Mensch‹.«

Ein Problem bei den Rehabilitierungen waren die sogenannten Deliktkonstruktionen. Wenn also die Beschuldigen nichts getan hatten, aber während der Verhöre dazu gebracht wurden, ein Geständnis zu unterschreiben.

Was schon damals nicht klappte, war der Umgang der Fachleute mit den Akten. Zumeist erwartet man, dass es die östlichen Fachleute waren, die danebengriffen. Das ist offensichtlich falsch. Zumindest für die Zeit kurz nach der Wende. »Es waren vorwiegend westliche Juristen, die eine wahnsinnige Aktengläubigkeit zeigten. Das hat mich zutiefst erschüttert. Die östlichen Juristen – ich habe überhaupt nur zwei kennengelernt – waren vorsichtig, dass man ihnen keine Systemnähe unterstellte. Das heißt, ihre Urteile fielen deutlich anders aus als die der westlichen Juristen. Die westlichen Juristen sind an die Haftthematik mit einer unglaublichen Naivität herangegangen. Was in deren Schriftsätzen an Formulierungen stand und immer noch steht, da kann man nur die Hände über dem Kopf zusammenschlagen. Wenn es zum Beispiel um Deliktkonstruktionen des MfS ging, haben die doch wirklich in den Stasiakten nachgeschaut und festgestellt, dass im Vernehmungsprotokoll überhaupt nichts darüber stehe, dass im Verhör Druck auf den Häftling ausgeübt worden sei. Diese Juristen hatten nie gelernt, mit dieser Thematik umzugehen. Sie dachten: Der Delinquent lügt. Und sie orientierten sich offenbar an dem Satz: im Zweifel gegen den Angeklagten. Die haben nicht begriffen, dass hier die Stasi angeklagt war.«

Wenn Annegret Stephan die Sicht der Juristen monierte, setzten die sich zur Wehr: »Hören Sie bloß auf mit solchem Gequatsche. Wir leben im Rechtsstaat, nicht in einem Gerechtigkeitsstaat.«

Viel habe eigentlich nicht dazu gehört, die Akten richtig zu lesen, meint Stephan: »Wenn ich als Nichtjuristin in den Unterlagen ohne Probleme Hinweise finde, dass es sich bei der Anklage um eine Deliktkonstruktion handelt, müssten die Juristen, die per Gesetz dazu verpflichtet sind, diese eigentlich noch eher finden.« Die haben das aber nicht gesehen, mit der Folge, dass der ehemalige politische Häftling nach der Einheit Juristen begegnete, »die wieder sagten, er selbst sei schuld! Damals gab es ganz schwere Abstürze bei den ehemaligen Häftlingen.«

»Wenn ich als Außenstehende schon solch eine Wut entwickle, wie mag es erst denen ergangen sein, die selbst betroffen sind?« Wut war ein Motor, der bei Annegret Stephan immer wieder angeworfen worden ist. »Die Menschen selbst waren dazu nicht mehr in der Lage. Wenn sie diesem Vorurteil wieder einmal begegneten, lagen die flach. Dann haben wir gesagt, an der Stelle machen *wir* weiter. Wir haben das als unsere Verpflichtung angesehen.«

Langzeitschäden und Gutachten – Ruth Ebbinghaus

Anders als bei den Rehabilitierungen verlaufen die Einzelfallprüfungen zur Anerkennung von Haftfolgeschäden. Dort hat Annegret Stephan nur Negatives kennengelernt. Die Art, in der das geschehe, sei unglaublich verletzend. »Wenn ich nicht wüsste, dass die Opfer, um die es geht, sowieso schon völlig desolat sind, würde ich heute noch gegen bestimmte Leute Strafanzeige einreichen.«

Es geht nicht um Einzelfälle. Das ist angesichts der hohen Zahl an Haftschäden auch nicht zu erwarten. Die Union der Opferverbände Kommunistischer Gewaltherrschaft (UOKG), einer der großen Häftlingsverbände (gegründet 1950), gibt an, dass nur 17% der ehemaligen politischen Häftlinge keinen Schaden aus ihrer Haft davongetragen hätten. 36% geben Langzeitschäden an. Bei 44% wird von einem Tod im Lager ausgegangen. Diese Daten beruhen auf der Auskunft von 1.377 ehemaligen politischen Häftlingen (Müller 2004, S. 172).

Müller fügt hinzu: »Geschuldet den schlimmen Verhör- und Unterbringungsmethoden sind Herz-Kreislauf, Ernährungs- und rheumatische Erkrankungen am stärksten vertreten« (ebd.).

Als körperliche Langzeitschäden nannten die Betroffenen damals die Lunge (173 Häftlinge oder 34,9%), das Herz (114 oder 23% der Häftlinge) und die Psyche (96 Häftlinge oder 19,4%). Groß ist der Anteil auch bei folgenden Erkrankungen: Wirbel 13,7%, Magen 13,3%, Rheuma 9,7%, Nieren 6,5%, Leber 5,75% und die Zähne 5,3% (vgl. ebd.)[17].

Zu den Verhör- und Unterbringungsmethoden, durch die die Schäden hervorgerufen sein könnten, gehört nach der von Müller zitierten Untersuchung des Bundesministeriums des Inneren die Einzelhaft – sie wird von fast 80% der befragten Häftlinge genannt. Es folgt die Erpressung mit fast 60%, die Desinformation mit fast 39%, Verbote (Rauchen, Besuch, Post) mit mehr als 30%, Verhöre (lang, ständig, nachts) mit mehr als 20%, Erniedrigung und Demütigung mit etwa 10% und Bespitzelung mit fast 10% (BMI-Projekt, zit. nach Müller 2004, S. 175).

Erwartungsgemäß treten nach der Haft aber in hohem Maße auch psychi-

17 Die übrigen körperlichen Schädigungen betreffen den HNO-Bereich 4,0%, die Gliedmaßen 4%, die Augen 3,6%, eine Gehbehinderung 1,8%, die Haut 1,6%, den Stoffwechsel 1,6%, Narben 1,4% und die Muskeln 1,2%.

sche Schäden auf. Zu diesem Thema hat sich eine Reihe von Therapeuten und Therapeutinnen geäußert.

»Es war mehr oder weniger Zufall, dass ich während meiner Arbeit in der Abteilung für Sozialpsychiatrie an der Freien Universität zu diesem Thema kam«, berichtete die Ärztin und Psychotherapeutin Ruth Ebbinghaus im Rahmen der Essener Studie aus den Anfängen ihrer Arbeit mit politischen Häftlingen. »Etwa im Jahr 1992 hat mein damaliger Chef Prof. Stefan Priebe angefangen, erste Studien zum Thema ›Politische Häftlinge‹ durchzuführen. Das fing an mit Häftlingen, die freigekauft worden sind. Sie waren die Ersten, die damals schon vor Ort waren. Außerdem arbeiteten wir mit denen, die eine gelungene Flucht hinter sich hatten und um eine Behandlung nachsuchten.«

In der Abteilung für Sozialpsychotherapie der Freien Universität Berlin wurden viele Gutachten zu psychischen Gesundheitsschäden aufgrund von politischer Verfolgung in der SBZ bzw. DDR durchgeführt. Ebbinghaus: »Wir waren zu der Zeit vor allem zwei Kolleginnen, Doris Denis und ich. Mit Doris Denis habe ich damals eine Sprechstunde für Traumafolgen aufgemacht und an einem Projekt für ›Indirekte Hilfe für Opfer politischer Verfolgung‹ mitgearbeitet. Wir haben die Gutachten bearbeitet. Wir haben solange zusammengearbeitet, bis die Abteilung geschlossen wurde. Wir sind auch herumgereist und haben für die Gerichte und die Versorgungsämter bundesweit Informationsveranstaltungen zum Thema Begutachtung gemacht.«

1999 ging Ruth Ebbinghaus aus familiären Gründen nach Würzburg, mit Doris Denis hat sie noch bis zum Jahr 2000 zusammengearbeitet. Im Jahr 2001 erhielt sie den Anruf der Leiterin des ärztlichen Versorgungsamts in Thüringen. Dort werde eine Gutachterin für die Beurteilung von Haftschäden gebraucht. Man habe sie schon gesucht, sie würde für weitere Gutachten gebraucht.[18] Ebbinghaus wurde unter Vertrag genommen. Thüringen war damals das einzige Bundesland, das sich eine feste Außengutachterin geleistet hat. Das bedeutet, die Thüringer Versorgungsämter beurteilen psychische Haftschäden nicht selbst, sondern geben den Auftrag an Ruth Ebbinghaus weiter. Etwa 50 bis 80 Gutachten macht sie pro Jahr. Später ist Sachsen dem Beispiel Thüringens gefolgt, wenn auch in geringerem Umfang.

In Thüringen ist die Ablehnungsquote niedriger als in anderen Bundesländern. Was die übrigen Bundesländer betrifft, so beurteilt Ruth Ebbinghaus die Herangehensweise der Gutachter ähnlich wie Annegret Stephan. Ebbinghaus: »Häufig ist es katastrophal, wie die Vorgutachten ablaufen. Von einigen Kollegen wird immer noch negativ entschieden, mit Argumenten, die seit Anfang der 90er Jahre überholt sind. Seit damals hat sich die Forschung über

18 Das Institut an der FU wurde später aufgrund von Sparmaßnahmen abgewickelt.

Traumafolgestörungen erweitert, neue Erkenntnisse über die Entstehung und den Verlauf müssen berücksichtigt werden.«

Ebbinghaus moniert, dass die Versorgungsämter in der Regel selbst entscheiden dürfen, wen sie mit den Gutachten beauftragen. Oft genug lassen sie die Gutachten von ihrem eigenen ärztlichen Dienst durchführen, sodass die Gutachter mit der Thematik nicht immer ausreichend vertraut sind. »Das sind dann Kollegen, die irgendwo ärztlich tätig sind. Oder Psychologen. Oft sind es Klinikärzte, Chefärzte oder Professoren an Universitäten. Die Professoren überlassen aus Zeitmangel den Großteil der Durchführung von Gutachten ihren Assistenten, und verschaffen sich nur kurz einen eigenen Eindruck. Das ist ja bekannt, dass die es in der Regel nicht selbst machen können, weil sie keine Zeit dazu haben. Bei der Vergabe wird zudem nicht explizit darauf geachtet, dass die Gutachter mit der Verfolgungszeit und mit den Traumafolgestörungen vertraut sind.«

Annegret Stephan sind die Ärzte aufgefallen. »Die Ärzte gehen oft mit einer unglaublichen Unkenntnis über die Verfolgung in der DDR an die Dinge heran. Wenn ich so ein Gutachten auf den Tisch bekomme, da geht es zum Beispiel um die Frage des posttraumatischen Belastungssyndroms. Da stellt der Gutachter die traumatische Belastung in Abrede. In dem Gutachten heißt es zwar, es sei unstrittig, dass der zu Begutachtende in Haft war. Dann heißt es aber weiter, dass der Nachweis, es habe dabei mehrere belastende Erlebnisse gegeben, nicht erbracht worden sei.«

Während Psychiater und Psychologen lange annahmen, dass ein posttraumatisches Belastungssyndrom nur zwei Jahre anhalte und dann ausheile, weiß man heute, dass es chronifizieren und Jahrzehnte lang anhalten kann. Stephan klagt: »Wenn sich dann solch ein Arzt und Gutachter mit der neueren Forschung nicht befasst hat, kommt er zu dem Schluss, da das Ereignis schon jahrzehntelang zurückliegt, könne es heute nicht mehr wirken. Manche von denen, die den Auftrag für ein Gutachten annehmen, sind ja nicht einmal bereit, sich die neuesten Forschungstrends überhaupt anzugucken.«

Wenn ihre Hausärztin sich eine so gravierende Fehldiagnose bei ihr leisten würde, könnte sie zivilrechtlich gegen sie vorgehen, meint Stephan. »Was aber diese sogenannten Gutachter oder Mitarbeiter in den Ämtern an erneutem Schaden anrichten, sollte mittlerweile als Körperverletzung strafrechtlich relevant sein. Aber ich kann doch zu denen, die unter ihren Haftfolgen bis heute leiden, nicht sagen: Los, los, jetzt ziehen wir gegen die schlechten Gutachten zu Felde! Zum Schutze dieser Menschen kann ich es nicht machen. Ich sehe doch, welche neuen Wunden durch die vergeblichen Bemühungen zur Anerkennung von Haftfolgeschäden entstanden sind.«

Auch Ruth Ebbinghaus hat immer wieder mit derartigen Fehlgutachten zu tun. Bedauerlicherweise sei festzustellen, dass viele Gutachter über kein ausreichendes Hintergrundwissen über die DDR verfügen. »Sie wissen nicht, was in den Haftanstalten los war und wie die Verfolgung aussah, und zweifeln oftmals an, dass es wirklich so schlimm gewesen ist. Hin und wieder kommt es sogar vor, dass ein Gutachter kein ausreichendes Wissen über Traumafolgestörungen hat und die notwendige Diagnostik nicht beherrscht und stattdessen andere Persönlichkeitsstörungen oder Neurosen diagnostiziert.«

Dies hat zur Folge, dass der Antrag abschlägig beschieden wird. Dann wird im Widerspruchsverfahren ein Zweitgutachten notwendig. »Ich muss dann Stellung zu den Gutachten beziehen. Im schlimmsten Fall kommt heraus, dass das Vorgutachten völlig anders ausgefallen ist als meines. Vor Kurzem hatte ich so einen Fall. Da standen zwei gegensätzliche Meinungen einander gegenüber. Auch wenn ich mein Gutachten noch so gut begründe, der Richter im Sozialgericht weiß dann immer noch nicht, wie er sich entscheiden soll. Er verfügt ja selber nicht über medizinische Fachkenntnisse. Es dauert dann manchmal Monate, sogar Jahre, bis es weitergeht. Und im genannten Fall wollte der Richter sogar den Häftling vorladen und seine Glaubwürdigkeit selbst überprüfen. Da habe ich ihm geschrieben, ich könne mir nicht vorstellen, wie er als Richter das verantworten wolle, er habe ja keine Ausbildung dafür. Und zweitens wäre es enorm schädigend für die Person, weil sie dem gleichen Problem gegenüberstünde wie während des Haftprozesses in der DDR, als man ihr ebenfalls nicht glaubte. Nun würde ihr erneut Unrecht geschehen. Am Ende habe ich vorgeschlagen, ein Drittgutachten einzuholen von jemandem, der über große Erfahrung mit Traumapatienten verfügt. Nach langem Kampf hat der Richter dem zugestimmt. Das neue Gutachten ist nun genauso wie meins ausgefallen. Unter den Gutachten gab es nun ein Verhältnis 2:1. Trotzdem wurde lange Zeit wieder keine Entscheidung gefällt. Letztlich hat das Versorgungsamt ein Einsehen gehabt und den beiden Gutachten zugestimmt, sodass am Ende die Entscheidung des Richters nicht mehr notwendig war.«

Inzwischen hatte der betroffene Häftling Ruth Ebbinghaus schon zweimal angerufen und ihr mitgeteilt, dass er eine Therapie brauche, weil er das alles nicht mehr aushielte. »Dem geht es durch das Hin und Her schlechter als vor dem Antrag. Bei ihm ist eine Reaktivierung des Traumas eingetreten.« In der Psychotraumatologie spricht man von einer Reaktivierung – im Unterschied zu einer Retraumatisierung –, die dann eintritt, wenn ein neues Trauma erlebt wird.

Mit Vertretern des Bundestages hat Annegret Stephan fünf Jahre lang nach einer Lösung gesucht. »Wir haben in den Gutachten negative Beurteilungen in Mengen gehabt. Selbst die Bundestagsabgeordneten waren entsetzt, weil sie nicht gewusst haben, wie viel Inkompetenz und Ignoranz in diesem Bereich existiert. In der Regel müssen die Gutachter ja die Literatur angeben, auf die sie sich stützen. Wir haben also genügend Beweise gehabt, was die für Literatur herangezogen haben. Oft genug war nicht eine einzige neuere Veröffentlichung aufgeführt, die es heute zu dieser Thematik gibt.«

Bislang sind all die intensiven Bemühungen vergeblich, die Missstände bei der beruflichen oder gesundheitlichen Rehabilitation zu lösen. »Die Opfer haben nun mal keine Lobby«, meint Stephan. Dabei hatten sie und die mit ihnen Verbündeten eine richtig gute Idee. Sie wollten kein neues Gesetz, das hätten sie nicht durchbekommen, sondern sie wollten den Instanzenweg ändern. Diese Lösung hätte bedeutet, dass alle Anträge, die bisher abgelehnt wurden, neu eingereicht werden könnten.

Als wären das alles nicht schon genügend Missstände: Annegret Stephan hat aber sogar Hinweise darauf, dass es Versorgungsämter geben könnte, die nur eine bestimmte Quote von Haftfolgeschäden im Anerkennungsverfahren durchlassen. Informell ist sie darüber auf einer bundesweiten Tagung in Magdeburg informiert worden. »Damals sind die Mitarbeiter einiger Versorgungsämter nach meinem Vortrag zu mir gekommen und haben gesagt, ich hätte mit meinem Ansatz vollkommen recht. Wenn sie aber mehr Fälle anerkennen und es so machen würden, wie sie es für richtig empfänden, käme der gesamte Vorgang von der Leitung zurück. Wer in seiner Arbeit zu empathisch auf der Seite der Opfer stehe, würde zurückgepfiffen. Man dürfe nicht zu opferfreundlich sein.« Wenn ein Antrag abgelehnt würde, heiße die Botschaft für die Betroffenen: Du bist ein Simulant und versuchst, mithilfe von Lügen an materielle Güter zu kommen. »Also steht derjenige, der abgelehnt wird, am Ende als Lügner da.«

Doris Denis, die einst mit Ruth Ebbinghaus an der Freien Universität begonnen hat, hat weiter über politische Häftlinge der DDR publiziert, dann aber auch über Traumata im Alltag: über Fahrgastunfälle bei U-Bahnfahrern und die Traumaverarbeitung der Lokführer.

Was unter einer Extrembelastung zu einer Traumatisierung gehört und damit zu einer Veränderung der Persönlichkeit des Opfers führt, hat Denis gemäß der internationalen Klassifizierung ICD-10[19] aufgelistet. Voraussetzung für die Diagnose ist, dass die Symptomatik mindestens zwei Jahre besteht und zuvor keine Persönlichkeitsstörung vorlag (Denis 2004b, S. 157). *Beispiele einer Extrembelastung* sind KZ-Haft, Folter, Naturkatastrophen und andauernde lebensbedrohliche Situationen, die zu einer *Persönlichkeitsänderung mit dem*

19 Die Abkürzung ICD steht für »International Statistical Classification of Diseases and Related Health Problems«, die Ziffer 10 bezeichnet die 10. Revision der Klassifikation (http://www.dimdi.de/static/de/klassi/diagnosen/icd10/; Stand: 04.03.2007).

Versuch einer fremdanamnestischen Bestätigung führen. Zu den Charakteristika gehören unter anderem:

- andauernd unflexibles und unangepasstes Verhalten,
- Beeinträchtigung sozialer und beruflicher Beziehungen,
- sozialer Rückzug,
- feindliche oder misstrauische Haltung der Welt gegenüber,
- Gefühl der Leere oder Hoffnungslosigkeit,
- chronisches Gefühl von Nervosität wie bei ständigem Bedrohtsein und
- Entfremdung.[20]

Bei der Definition von Folter bezieht sich Doris Denis auf die Festlegungen der Antifolterkonvention der UN.[21]

Für politische Häftlinge ist es immens wichtig zu wissen, dass Unrecht an ihnen begangen wurde, dass das, was ihnen geschah, Folter war und dass diese Folter gegen internationales Recht verstieß. Bei ihren Befragungen fand Doris Denis heraus, inwieweit die DDR in der Behandlung der politischen Häftlinge Verstöße gegen die Antifolterkonvention der UN begangen hat.

---

20 Ein PTSF-Trauma-Syndrom muss nicht obligat vorausgehen.

21 Die UN-Antifolterkonvention von 1987 wurde zunächst von 20 Mitgliedstaaten unterzeichnet. Ende 2007 hatten 145 UN-Staaten das Übereinkommen ratifiziert. Die Bundesrepublik Deutschland hat das Abkommen kurz nach der deutschen Einheit unterzeichnet. Das Datum weist zeitlich auf den engen Zusammenhang zu den Haft- und Verhörbedingungen der DDR hin. Als Folter wird in der UN-Konvention jede Handlung bezeichnet, »durch die einer Person vorsätzlich große körperliche oder seelische Schmerzen oder Leiden zugefügt werden, zum Beispiel um von ihr oder einem Dritten eine Aussage oder ein Geständnis zu erlangen, um sie für eine tatsächlich oder mutmaßlich von ihr oder einem Dritten begangene Tat zu bestrafen oder um sie oder einen Dritten einzuschüchtern oder zu nötigen, oder aus einem anderen, auf irgendeiner Art von Diskriminierung beruhenden Grund, wenn diese Schmerzen oder Leiden von einem Angehörigen des öffentlichen Dienstes oder einer anderen in amtlicher Eigenschaft handelnden Person, auf deren Veranlassung oder mit deren ausdrücklichem oder stillschweigendem Einverständnis verursacht werden« (Artikel 1).

Außergewöhnliche Umstände wie Krieg oder Kriegsgefahr, innenpolitische Instabilität oder ein sonstiger öffentlicher Notstand dürfen nicht als Rechtfertigung für Folter geltend gemacht werden. Eine von einem Vorgesetzten oder einem Träger öffentlicher Gewalt erteilte Weisung darf nicht als Rechtfertigung für Folter geltend gemacht werden« (Artikel 2–4). Das Vertragswerk wird überwacht durch den Anti-Folter-Ausschuss. (http://de.wikipedia.org/wiki/Anti-Folter-Konvention; Stand: 04.03.2007). Die Antifolterkonvention ist völkerrechtlich verbindlich. Sie ergänzt die Allgemeine Erklärung der Menschenrechte von 1948 und die Genfer Konventionen. (http://de.wikipedia.org/wiki/Anti-Folter-Konvention; Stand: 04.03.2007).

Demnach hatten die 54 Befragten folgende Behandlungen zu ertragen (vgl. Denis 2004b, S 161):

- Schlechte Unterbringung und Versorgung (89%)
- Psychische Folter (72%)
- Physische Misshandlungen (52%)
- Schikanen von Wärtern und Verhörern (41%)
- Arbeitsmöglichkeiten[22] (41%)
- Kontaktsperre und Zensur (30%)
- Zellenüberwachung und Bespitzelung (26%)
- Drohung mit Repressalien und Gewaltanwendung (17%)
- Vergewaltigung (7%)
- Nichteinhaltung von Rechten während der Verhöre und des Prozesses (6%)

55 ehemalige politische Häftlinge gaben folgende subjektive Belastungen aufgrund der Haftbedingungen an (vgl. ebd., S. 164):

- Hilflosigkeit gegen Diskriminierung (35%)
- Einzelhaft (25%)
- Ungewissheit (22%)
- Intrigen unter Mithäftlingen (20%)
- Keine Kontakte zur Außenwelt (20%)
- Schuldlos-Eingesperrtsein (20%)
- Zellenüberwachung und Bespitzelung (26%)
- Allgemeine Schikanen (18%)
- Alles (18%)
- Enge Räume (16%)
- Zusammensein mit Kriminellen (13%)
- Schlechte Ernährung/Hygienische Bedingungen (11%)

Die Haftbedingungen hatten für eine lange Zeit psychische Beschwerden zur Folge. Denis erfragt, ab wann es diese Belastungen gab. Und ob die bereits vor der Haft da waren, ob sie während der Haft auftraten oder erst nach der Haft einsetzten, und ob sie zum Zeitpunkt der Untersuchung immer noch eine Rolle spielten (ebd., S. 165; vgl. Tabelle 3).

22 Das beinhaltet, während oder nach der Haft keine Arbeitsmöglichkeit zu haben, aber auch die Verrichtung von Schwerstarbeit im Lager.

	vor der Haft	während der Haft	nach der Haft	zum Zeitpunkt der Untersuchung
Depressive Verstimmung	20	62	55	44
Schlafstörungen	5	56	55	51
Allgemeine Angst	15	36	45	42
Allgemeine Nervosität	4	22	31	18
Innere Unruhe	2	25	27	15
Misstrauen	2	4	25	18
Albträume	0	13	20	20
Kopfschmerzen	0	11	20	20
Konzentrationsschwierigkeiten	2	13	18	11
Gereiztheit	2	11	24	24
Kontaktschwierigkeiten	4	4	22	22
Suizidgedanken	0	15	9	7
Aggressivität	2	7	18	13
Mattigkeit	2	7	22	22
Magenbeschwerden	5	4	15	9
Platzangst	0	4	16	13
Beschleunigter Puls	5	4	9	7
Grübeln	2	7	11	9
Soziale Isolation	5	4	11	9
Appetitlosigkeit	0	0	7	5
Schweißausbrüche	0	4	15	11

Tabelle 3: Psychische Haftfolgen nach Denis

Laut Denis zeigte sich, dass viele der Symptome während der Haft erstmals auftraten und auch noch lange nach der Haft bis in die Gegenwart weiterwirkten.

Schlafstörungen zum Beispiel, die während der Haft begannen, hielten oft an, bis in die Gegenwart. Auch Mattigkeit und Albträume verstärkten sich. Lediglich Suizidgedanken nahmen mit der Zeit etwas ab.[23]

Vor der Haft waren lediglich bei einem Teil der Befragten Depressionen und allgemeine Ängste vorhanden. Der Anteil der ehemaligen politischen Häftlinge, die sie als Haftfolgen anführen, steigt auf mehr als das Doppelte an.

Ruth Ebbinghaus, die Häftlinge nach dem Auftreten solcher Symptome zu begutachten hat, beschreibt das Verfahren: »Ich lade die Antragsteller zur Begutachtung in meine Würzburger Praxis ein. Eher selten fahre ich auch zu ihnen hin, wenn sie nicht in der Lage sind, so eine Fahrt auf sich zu nehmen. Ich bin gewissermaßen die Vermittlerin zwischen den Opfern und dem Versorgungsamt.« Letztlich bleibt das Entscheidungsrecht natürlich bei den Versorgungsämtern. Aber die Grundlage für die Entscheidung stammt von Ruth Ebbinghaus. »Und in der Regel folgen die die dem Gutachten dann auch«, meint Ebbinghaus. »Kritische Auseinandersetzungen kommen vor, sie sind manchmal sogar notwendig und für beide Seiten fruchtbar.«

»Ich mache erst einmal eine sehr ausführliche Anamnese. Die ehemaligen Häftlinge erzählen mir mehrere Stunden lang ihre Geschichte von der Geburt an bis zu dem Tag, an dem sie vor mir sitzen. Wie lange diese Phase dauert, kommt auf die Menschen an. Es kommt auch darauf an, was mit ihnen während der Haft alles passiert ist. Manchen fällt es sehr schwer, zu erzählen. Ich habe natürlich Übung, strukturiere das Gehörte ein bisschen. Ich weiß ja, welche Störungsbilder typisch sind. Ich achte also darauf, ob irgendetwas geschildert wird, das auf diese Störungen hinweist, oder ob im Verhalten des Häftlings etwas davon zu erkennen ist. Wenn ich den Eindruck habe, da könnte mehr sein, er redet aber nicht von sich aus darüber, fange ich an, genauer nachzuhaken. Das tue ich aber erst, wenn ich die Häftlinge selbst habe berichten lassen. Danach frage ich speziell nach Symptomen, von denen ich weiß, dass sie vorkommen können. Ich halte die Fragen immer etwas offen, damit sich die Antwort nicht automatisch aus der Frage ergibt. Wichtig ist, dass man Beispiele kriegt. Also wenn mir einer sagt, er habe Albträume, reicht es mir nicht aus, dass er das sagt, dann frage ich nach: Was träumen Sie denn? Wie oft träumen sie das denn? Ich lasse mir auch die Inhalte genau schildern. Wenn ich

---

23 Die Klassifizierung von Denis wird für diese Untersuchung leicht abgewandelt übernommen, und zwar sowohl in den Einzelinterviews wie auch im Fragebogen (siehe Fragebögen im Anhang).

den Befund erhoben habe und die Geschichte kenne, führe ich Testverfahren durch. Dafür gibt es gute Untersuchungsbögen. Man stellt Fragen nach einem festen Schema, und anhand der Antworten wird ausgewertet, ob die Symptome vorhanden sind und wie schlimm sie sind. Zusätzlich gibt es ein Selbstinterview, in dem die Betroffenen die Fragen selber lesen und dann ankreuzen. Ich nutze beide Methoden, sitze aber daneben, wenn der ehemalige Häftling seine Kreuze macht. Dabei sehe ich auch, ob die Fragen verstanden werden. Und ob es Differenzen gibt zwischen dem, was er mir vorher erzählt hat, und dem, was angekreuzt wurde. Manches vergisst einer ja auch zu erzählen.« Am Ende bewertet Ruth Ebbinghaus alles.

Nicht alle Häftlinge reagieren auf der psychischen Ebene. Die Liste der Krankheiten hatte bereits gezeigt, wie oft körperliche Störungen vorkommen. Die somatische Ebene ist nun aber in Gutachten nicht leicht zu fassen. Ebbinghaus meint, in Thüringen bemerkten sie den Zusammenhang von Haft und somatischen Störungen, weil sie dort ein waches Auge darauf haben: »In den Fortbildungen haben wir besprochen, dass sich manche Schwierigkeiten in somatischen Störungen ausdrücken. Aufgrund von Stressreaktionen kommt es dazu, dass die Häftlinge auch Magen- und Darmbeschwerden, Kopfschmerzen usw. kriegen können, Schmerzen jeder Art gehören dazu.[24] Man muss immer dann darauf achten, wenn in einem Befund steht, dass bei körperlichen Untersuchungen nichts entdeckt worden ist, was die Störung erklären kann; spätestens dann muss man besonders aufmerksam werden und nach möglichen psychischen Ursachen suchen.«

Ebbinghaus hat auch viele und lange Diskussionen über das Thema Herzerkrankungen als mögliche Haftschäden geführt, weil inzwischen in mehreren Studien an Vietnamsoldaten nachgewiesen worden ist, dass Stress zu erhöhten Herzfrequenzraten führt und dass dadurch das Herz geschädigt werden und hoher Blutdruck entstehen kann. »In der Nachweisführung ist das nach wie vor ein schwieriges Kapitel. Bei einigen wenigen wurde ein Zusammenhang zwischen der Haft und einer Herzerkrankung anerkannt. Aber häufig ist das schwierig, weil die körperliche Erkrankung erst nach zehn, zwölf Jahren manifest wird. Wir haben uns auch über das Thema Suchtmittel als mögliche Haftschäden auseinandergesetzt, das heißt vor allem über Alkohol und andere Suchtmittel. In den Anhaltspunkten für ärztliche Gutachtertätigkeit, nach der sich die Gutachter richten müssen, heißt es, dass Süchte nur dann als Traumafolge anerkannt werden, wenn sie im Rahmen einer Posttraumatischen Belastungsstörung sekundär auftreten. Gemäß der Lehrmeinung wird eine Sucht als genetisch bedingt angesehen. Das heißt, sie wird durch andere Faktoren

24 Ruth Ebbinghaus hat nach eigenen Angaben eine Broschüre zum Thema erstellt.

mitbedingt. Wenn aber eine Posttraumatische Belastungsstörung vorliegt, kann die Entwicklung einer Sucht – etwa der Missbrauch von Alkohol – im Sinne einer Selbstmedikation ausgelöst werden. Das heißt, die Opfer brauchen die Suchtmittel, um ihre Traumasymptome nicht zu spüren. Es gibt inzwischen Studien, die eine deutliche Erhöhung der Suchtgefahr bei Traumaopfern festgestellt haben und zwar um das zwei- bis vierfache. Häufig werden Süchte von den Ämtern als Haftfolge wegen der Formulierung in den Anhaltspunkten abgelehnt. In Thüringen haben wir das Problem jedoch anhand einiger Fälle beispielhaft diskutiert. Deshalb wird immer der Einzelfall geprüft und nicht mehr prinzipiell eine ablehnende Haltung eingenommen.«

Bei Körperschäden stellte sich die Frage, ob jeder andere Mensch diese Krankheiten auch bekommen könnte, ohne in politischer Haft gewesen zu sein. »Wie soll ich diese Wahrscheinlichkeit aber belegen? Bei den Nazi-Opfern ist dieser Nachweis leichter. Da musste die Behörde beweisen, dass eine Krankheit nicht Folge der Haft ist. Das ist das umgekehrte Verfahren, wie es gegenüber den Häftlingen der DDR angewandt wird.« Eine Beweislastumkehr wäre für die Gutachter der DDR-Opfer, aber auch für die Versorgungsämter sehr viel einfacher.

Die soziale Situation der Betroffenen sei auch von ihrer psychischen Situation abhängig, fährt Ebbinghaus fort. »Ein Großteil der politischen Häftlinge der DDR hat in den ersten Jahren nach der politischen Verfolgungszeit so gelitten, dass sie einen deutlichen Einbruch hatten. Es ging ihnen psychisch nicht gut, sie waren nicht belastbar. Oft ging es ihnen so schlecht, dass sie ihre Karriere nicht fortführen konnten. Sie wurden nach der Haftentlassung weiterhin politisch verfolgt oder vonseiten des Staates nicht zu einem angemessenen Beruf zugelassen. Viele bekamen ja in der DDR ihre Arbeit samt Arbeitsplatzanbindung zugewiesen. Manche haben es erst nach Jahren geschafft, wieder in ihren alten Beruf zurückzukehren und sich dort zu behaupten. Wenn die Betroffenen dann älter werden, kommen als Stressfaktoren weitere Krankheiten hinzu. Dann merkten die einstigen Häftlinge allmählich, dass sie weniger belastbar sind als andere Menschen. Sie können das Erlebte und die psychischen Probleme dann nicht mehr so gut kompensieren. Es entsteht eine Symptomverstärkung und die Krankheiten brechen durch. Manche entwickeln erst 20 oder 30 Jahre nach dem ursprünglichen politischen Drama die für die Haft typischen Symptome, die auch inhaltlich mit ihrer Haft stehen in Zusammenhang stehen. Bis dahin wurden sie verdrängt, nun aber schaffen die ehemaligen Häftlinge das plötzlich nicht mehr, weil sie nicht mehr genug Kraft dafür besitzen. Die Betroffenen nehmen ihre Symptome lange nicht wahr und haben sie auch nicht nach außen sichtbar werden lassen. Das finde ich recht oft, dass sich Symptome erst im Alter verstärkt zeigen. Bis dahin war noch genügend Kraft da, alles beiseitezuschieben. Sie haben sich in ihre Arbeit gestürzt, haben eine Familie gegründet und haben versucht, Karriere zu machen. Sie haben sie selbst abgelenkt, sodass sich diese Menschen nicht behandeln ließen. Wenn dann aber irgendetwas abbröckelte, die Kinder aus dem Haus waren, die Frau gestorben ist, der Arbeitsplatz verloren ging oder sie in Rente gingen, brachen sie plötzlich zusammen. Nicht zuletzt deshalb, weil die Partnerin immer eine wichtige Stütze war und sie als Einzige die ganze Geschichte kannte. Mit ihrem Tod brach dann ein Stück ab.«

Auch wenn jemand in Rente oder in Pension geht, kann es problematisch werden. »Wenn die Leute plötzlich mehr Zeit haben, weil sie nicht mehr arbeiten, fangen viele an, an die Vergangenheit zu denken und sich ständig mit ihr zu beschäftigen. Und plötzlich verfestigen sich diese Themen noch einmal.« Den wenigsten Häftlingen gelingt der ganz normale Lebensrückblick, wie ihn jeder ab einem gewissen Alter vollführt. »Wenn alles gut läuft, schafft man es, negative Erfahrungen im Leben zu integrieren. Dann sagt man, okay, manches ist schiefgegangen, aber im Prinzip kann ich mit mir zufrieden sein. Eine Lebensbilanz zu ziehen, ist für Opfer einer politischen Verfolgung schwerer als für andere, denn wie soll man die Erfahrung, dass man sinnlos jahrelang weggesperrt oder gequält wurde, im Nachhinein positiv einordnen? Das fällt den meisten ausgesprochen schwer. Dann kommen die Rückerinnerung und Ärger, Zorn, ja Wut hoch. Viele sind sehr wütend.«

Auch Annegret Stephan kennt Menschen, die geglaubt hatten, sie hätten ihre Haft verarbeitet. »Aber dann kam eben doch ein Todesfall in der Familie und riss alles wieder auf. Es gibt Leute, die die Kompensation geschafft haben. Aber das Gros derer, mit denen ich zu tun habe, hat es nicht geschafft. Sie sind heute nach wie vor die Verlierer.«

Ärger, Zorn und Wut kamen jahrelang nicht zum Tragen. Ruth Ebbinghaus: »Die Häftlinge sind nun aber auf den Staat wütend, weil der sie aus ihrer Sicht nicht genügend unterstützt und anerkannt hat. Auf den damaligen sind sie auch wütend, aber den gibt es ja nicht mehr. Ihre Wut richtet sich auf den jetzigen. Bestimmt sind 60 bis 70% der Leute wütend auf den Staat und auf die Demokratie. Sie hatten gehofft, dass die Täter nach der Wende zur Rechenschaft gezogen würden. Und dass das Unrecht an ihnen publik gemacht würde. Und dass die Täter schlechter dastünden, als es heute der Fall ist. Dass die Täter finanzielle Nachteile hätten, während sie selber besser gestellt sein würden. Dann haben sie das Gegenteil erlebt und ich muss ihnen recht geben: So ist es.«

Wenn man sagt, wir rehabilitieren, dann gehören das Erkennen des Unrechts und der Versuch der Wiedergutmachung dazu. »Mit zu der Unzufriedenheit trägt bei, dass das Unrecht an ihnen scheinbar immer von Geisterhand ausgeübt worden ist«, meint Annegret Stephan. »Wenn gesagt wird, du bist zu Unrecht verurteilt gewesen, muss es doch auch irgendwo einen Schuldigen gegeben haben. Das ist ja nicht nur eine Opferneurose, sondern eine ganz gesunde Erwartung. Wenn mich jemand zu Unrecht in Haft gebracht hat, wer ist dann bitte der Täter? Es gehört aber auch die Bestrafung der Täter dazu. Und die hat es nicht gegeben.«

Ruth Ebbinghaus fürchtet um die Häftlinge. Die Wut der ehemaligen Häftlinge wird wahrgenommen. Sie läuft Gefahr, ausgenutzt zu werden. »Ich mache mir Sorgen um einige Betroffene, dass ihre nachvollziehbare Enttäuschung, die sich in Wut und Ärger auf den heutigen Staat äußert, von bestimmten politischen Gruppierungen ausgenutzt wird. Frau Gaebler von der Uni Dresden hat an Haftopfern der DDR untersucht, dass Wut und Ärgergefühle dazu führen können, dass sich ihre Symptomatik verschlechtert. Nach Jahrzehnten kann es noch zu Neuerkrankungen kommen. Die negativen Gefühle verstärken die Probleme der Opfer. Es wäre deshalb wichtig, solche negativen Gefühle nicht noch zu verstärken. Das sollte auch die Politik berücksichtigen, indem sie den negativen Gefühlen gegen den Staat entgegenwirkt.«

Annegret Stephan hat während der langen Zeit ihrer Arbeit überhaupt nur einen einzigen Häftling aus der rechten Szene kennengelernt. »Mit ihm hatte ich auch meine Probleme. Aber ich habe mir gesagt, ich höre mir das einmal an. Er sagte, ›Jude hätte ich sein sollen. Dann würde es mir heute besser gehen.‹ Ich habe dann versucht, ihm die Absurdität und das Amoralische seiner Äußerung klarzumachen, aber ich glaube, er hat nur deshalb zugestimmt, weil er um meine Sympathie fürchtete. Er hat dann zwar nie wieder Ähnliches verlauten lassen, aber ob ich ihn wirklich zu einem anderen Denken anregen konnte, wage ich zu bezweifeln.«

In Magdeburg gab es zur Zeit unseres Interviews gerade einen Aufschrei der Opferverbände gegen ein Transparent am Dom. Darauf stand: »Rechtsradikalismus und christlicher Glaube sind unvereinbar.« Die Opferverbände forderten, das Wort *rechts* zu streichen, sodass es hieße: »Radikalismus und christlicher Glaube ist unvereinbar.« Es ging den Häftlingen darum, gegen jede Form von Radikalismus vorzugehen, natürlich auch gegen die Rechten. Dazu erklärt Annegret Stephan: »Wenn alle nur gegen die Rechten vorgehen und zu den linken Tätern nichts sagen, fühlen sich die Häftlinge der DDR als Opfer zweiter Klasse.«

Zur Begutachtung bei Ruth Ebbinghaus kommen die Häftlinge, die in ihrem Antrag angegeben haben, dass sie unter psychischen Folgen leiden. »Manche drücken das sehr allgemein aus und sagen einfach, ihre Nerven seien schlecht. Andere geben konkrete Beschwerden an und sagen, sie hätten Depressionen oder eine posttraumatische Störung. Das habe ihnen irgendein Arzt mal gesagt. Von den Häftlingen, die ich sehe, hat ein sehr großer Teil psychische Beschwerden, die so ausgeprägt sind, dass ich ihnen eine krankheitswertige Störung mit erheblichen Einschränkungen im sozialen und im Erwerbsleben bescheinigen kann. Ich würde den Anteil auf 50 bis 70% der Antragsteller für ein Gutachten schätzen. Die Zahl ist so hoch, weil die Häftlinge ohne Gesundheitsstörungen erst gar keinen Antrag stellen. Sie haben eine ausgeprägte klinische Symptomatik. Ihre Funktionsfähigkeit ist so eingeschränkt, dass dies in ihr Alltagsleben, ins Sozialeben oder auch im Beruflichen eingreift. Deswegen bekommen sie ja die Entschädigung. Nur: Die Entschädigungssummen, die dabei herauskommen, sind sehr gering. Es sind zurzeit 123 Euro im Monat bei 30-prozentiger Minderung der Erwerbsfähigkeit und etwas mehr bei 40 Prozent. Ob sie am Ende das Geld bekommen, entscheiden die Versorgungsämter. Das bestimme nicht mehr ich.« Ruth Ebbinghaus kann nur versuchen, die Weichen für die Entscheidung zu stellen. Von der Entschädigung kann niemand leben.

Wenn zu Stephan nach der Begutachtung Betroffene kamen, so waren es hauptsächlich Männer, die sich »schrecklich schämten, weil sie die Fassung verloren hatten. Es kränkt ihr männliches Selbstverständnis, wenn sie sich schwach zeigen. Die Anerkennung von Haftfolgeschäden ist nicht nur, aber besonders bei Männern auf der einen Seite ein großes Bedürfnis, auf der anderen Seite aber mit dem Wunsch verbunden, die Quadratur des Kreises zu schaffen. ›Ich muss auf den Gutachter wie eine Heulsuse gewirkt haben, und dabei hatte ich mir fest vorgenommen, stark zu sein.‹ Und wenn dann noch ein weiteres Gutachten zum Beispiel für das Sozialgericht gefordert wird, geben nicht wenige Antragsteller auf. ›Diese Prozedur mache ich nicht noch einmal mit!! Ich habe Wochen gebraucht, um wieder ins Lot zu kommen.‹«

Eine weitere Befragung zur gesundheitlichen Situation stammt vom dem *Projekt Haftfolgestörung*, das die Sächsischen Gedenkstätten zur Erinnerung an die Opfer politischer Gewaltherrschaft und die Union der Opferverbände der Kommunistischen Gewaltherrschaft (UOKG) durchgeführt haben. Die Befragten sollten Auskunft über ihre psychischen und gesundheitlichen Störungen nach der Haft geben und darlegen, wie die Landesversorgungsämter ihre Erkrankungen bewerteten (Müller 2004, S. 167).

Das Ergebnis: 471 ehemalige politische Häftlinge oder 59% der Befragten haben eine Minderung der Erwerbsfähigkeit bei den Versorgungsämtern angemeldet. 41% haben keine Ansprüche in dieser Hinsicht an die Versorgungsämter gerichtet. In 259 Fällen oder 55% wurde eine Minderung der Erwerbsfähigkeit anerkannt. Von den 55%, deren Anspruch anerkannt wurde, legten 45% Widerspruch ein gegen die Höhe der Minderung der Erwerbsfähigkeit. Klaus Dieter Müller hebt hervor:

»Auffällig ist die Tatsache, dass lediglich ca. die Hälfte der ehemaligen politischen Häftlinge überhaupt einen Antrag auf Minderung der Erwerbsfähigkeit gestellt hat. Das ist möglicherweise eine Bestätigung für die Vermutung, dass ein enormer Anteil der ehemaligen politischen Häftlinge an ihre Leidenszeit einfach nicht mehr erinnert werden möchte. Gerade diese Abwehr verweist auf die Nachhaltigkeit des psychischen Verdrängungsprozesses als Folge der erlittenen Haftschäden« (ebd., S. 169).

Die Anerkennung von Haftfolgeschäden ist wie die Rehabilitierung wichtig für die mentale Situation der Betroffenen und bis heute ein Beitrag zur Heilung. Annegret Stephan hat immer wieder erfahren, »dass die Familien den ehemaligen Häftlingen, die in den Anfängen der DDR lange in Haft waren, einfach nicht glauben wollten, dass sie unschuldig waren. Irgendwas mussten sie doch gemacht haben, sonst wären sie ja nicht in Haft gekommen. Da ist die Rehabilitierung etwas ganz Wesentliches. Die Freude und diese enorme Erleichterung über die Rehabilitierung habe ich immer wieder erlebt.«

Die Bedeutung der Rehabilitierung reicht weit über die Familie hinaus. Mit dem Dokument haben die Opfer ein Urteil in der Hand, in dem belegt wird, was junge Leute sonst gar nicht glauben würden. Stephan: »Die Dokumente belegen, dass das, was die ehemaligen Häftlinge erzählen, keine wilden Fantasien von Opfern sind. Im Gegenteil, die ehemaligen Häftlinge können sagen, hier sind die Beweise. Auch gegen den schönen Schein der Diktatur sind die Rehabilitierungen in Verbindung mit den Akten der Gauck-Behörde so wichtig.«

Immerhin: »Die Rehabilitierungen sind bei 80% der Häftlingen gut gelaufen, wenngleich die Ermittlung der Täter und die Bestrafung der Täter nie erfolgt sind.« Gerade für die, die in den 50er Jahren in Haft waren, ist das von Bedeutung. Stephan: »Wenn man eine der Urteilsbegründungen von damals liest, muss man schon sehr aufpassen, dass das nicht zu einer Kabarettnummer wird. Ich kenne Urteile aus der ›Aktion Rose‹, der Enteignungskampagne von Grundstücken an der Ostseeküste.[25] Da mussten die DDR-Behörden kriminelle Handlungen erfinden, um die Enteignung zu rechtfertigen. Einer der Hausbesitzer hat Gänsefedern zu seinen Verwandten nach Westberlin gebracht. Und dann steht in den Akten, das hätte er getan, damit die Imperialisten besser schlafen könnten, um den Weltkrieg vorzubereiten. Heute klingt das vollkommen absurd und lächerlich. Aber wenn man die Auswirkungen auf die Betroffenen erfährt, bleibt das Lachen im Halse stecken. Genau deswegen ist es so wichtig, die Berichte von Zeitzeugen und die Akten als Belege zu haben.«

25 Am 10. Februar 1953 wurden an der Ostseeküste, vor allem auf Rügen, alle Hotels, Taxi- und Dienstleistungsgewerbe verstaatlicht (http://de.wikipedia.org/wiki/Aktion_Rose; Stand: 11.30.2009).

Soziale Unterschiede zwischen den Häftlingen

Wohlhabende Leute findet man unter den Häftlingen selten. Aber immerhin wohnen doch einige der Häftlinge, die im Rahmen der Essener Studie interviewt wurden, im eigenen Haus. Mehrere fand ich unter den »Workutanern«, die während der Anfänge der DDR gesessen haben. Eine Frau hat ihr Haus wieder verkaufen müssen, um ihren Betrieb aufrechterhalten zu können.

Es ist die Frage, ob sie deshalb etwas Vermögen erwerben konnten, weil viel Zeit seit dem Trauma vergangen ist? Oder liegt es – wie etwa bei den Workuta-Häftlingen – daran, dass es sich bei der Gefangenenzeit um eine Haft in einem fremden Machtbereich handelte?

Ruth Ebbinghaus ist ebenfalls eine Reihe von Gründen für die Unterschiede bei den Häftlingen aufgefallen. Die haben sie von Anfang an verwundert. »Ich kannte mehrere Häftlinge, die ganz früh noch während der SBZ in ehemaligen KZs in Haft waren und die in die Sowjetunion in wirklich schlimme Lager wie Workuta verschleppt wurden. Die hatten einen gewissen Umgang mit ihrer Haft gefunden. Obwohl natürlich auch die Häftlinge aus Workuta unter einer posttraumatischen Belastungsstörung litten, so war doch die Wirkung bei einigen dieser Häftlinge auffallend anders als bei denen, die in der DDR gesessen hatten. Und das, obwohl sie in Workuta sehr lange inhaftiert waren, schwere Strafen und unmenschliche Bedingungen zu verkraften hatten. Aber unter den Häftlingen dort gab es einen Zusammenhalt. Die haben sich untereinander sehr unterstützt und hatten nicht das Gefühl, es wäre der eigene Staat, der sie fertigmacht. Sie hatten ein anderes Feindbild.«

Die Tatsache, dass die Täter einer fremden Macht angehörten und es einen Zusammenhalt der Häftlinge gab, habe andere Symptome hervorgebracht als eine Haft in der DDR. Ebbinghaus: »Ich habe das Gefühl, dass sich ein Teil dieser Sibirien-Häftlinge – wenn auch mit vielen Symptomen – später im Leben ganz gut arrangiert hat. Aber die praktizierten so eine Art doppelte innere Buchführung: Es gibt diese ganz schlimme Lebensseite, die können sie aber irgendwie wegpacken. Aber sie haben auch eine zweite Lebensseite, in der sie sich als sehr erfahren, gelassen und kompetent erleben. Darüber habe ich mich oft gewundert.«

Die Nachfrage, die Annegret Stephan hier sofort anschließt, lautet: »Haben die im Osten oder haben die im Westen gelebt? Im Osten ist es nämlich für alle schwer gewesen, sich Wohlstand zu erarbeiten. Wer im Westen lebte, wie Hennig, Bude oder Fricke, hatte die Möglichkeit zu einer beruflichen

Entwicklung. Wenn einer dagegen in den frühen Jahren in Haft war, hat er es nachher im Osten nicht mehr zu einem Hochschulstudium oder zu einer großen Karriere gebracht. Denn wer einmal in der DDR aus dem politischen Blechnapf gefressen hatte, hatte keine Aufstiegschancen.«

Tatsächlich lebte die Mehrzahl derer, die ich in ihren Häuschen aufsuchen konnte, im Westen und hatte mithilfe von Ratenzahlungen zu Besitz kommen können. Nur einer bewohnte ein Häuschen im Osten, und der war Bauarbeiter und konnte es sich selbst ausbauen. Zwei Frauen, eine im Westen, eine in den neuen Ländern, haben ihre Entschädigung in das Haus ihres Partners gesteckt. In einem Fall ging das so aus: Als der Mann tot war, musste sie auf Druck der Stiefkinder ausziehen. Damit war auch die Entschädigung fort.

Bei der Frage nach dem Wohlstand ehemaliger Häftlinge gibt es auch unter den ehemaligen Häftlingen aus Workuta eine Trennung in Ost und West. Annegret Stephan ist einmal ins Mansfelder Land eingeladen worden. »Da sollte eine Gedenktafel enthüllt werden, und es kamen viele alte Herren vom Opferverband. Deutlich waren einige von ihnen als Bayern zu erkennen. Sie gehörten diesem Opferverband an, weil sie in dieser Gegend vordem gelebt hatten und dort auch verhaftet worden waren.«

Nachdem Annegret Stephan alle über ihre Ansprüche auf Entschädigung aufgeklärt hatte, stellte sich folgendes Gefühl ein: Ich kam »mir vor, als wäre ich eine Schallplatte, weil ich jeden Einzelnen auffordern musste, die ihm per Gesetz zur Verfügung stehenden Möglichkeiten auszuschöpfen. Ein Mann – im Outfit Bayer – erzählte mir leise, dass er acht Jahre in Workuta war. Und dann vertraute er mir an, es war ihm sogar ein bisschen peinlich, und es durfte niemand sonst hören: ›Wir sind ja damals wirklich gesegnet gewesen, als wir aus Workuta zurückgekommen sind. Damals haben wir eine hohe Eingliederungshilfe gekriegt. Das waren damals 3.000 Mark, das war zu der Zeit viel Geld. Die, die im Osten geblieben waren, bekamen ja nichts.‹ Dann habe ich ihm aber ausgerechnet, wie viel er heute zusätzlich noch bekäme. Das waren 80.000 Mark insgesamt, nur die Eingliederungshilfe wurde wieder abgezogen. Er war auf einmal ganz aufgeregt und fing an zu zittern. Da habe ich gedacht, was mache ich jetzt bloß, wenn er einen Herzkasper kriegt? Aber er zog los und kam mit drei weiteren Herren zurück. Es dauerte nicht lange, und ich hatte fünf ältere Männer bei mir am Tisch, die alle von den neuen Möglichkeiten der Haftentschädigung nichts wussten, die sich aber nun schwer taten, die Anträge dafür zu stellen. Für den Fall, dass jemand meinte, er brauche das Geld nicht, hatte ich ein Argument, das immer zog. Das half auch hier: ›Sie müssen es ja nicht nehmen, sagte ich. Stiften Sie es. Aber wenn Sie es nicht beantragen, kriegen es die Täter.‹ Und das sollte keinesfalls passieren. Ein halbes Jahr später bekam ich einen zauberhaften Brief: ›Liebe Frau Stephan, ich sitze gerade hier mit meiner Frau. Draußen ist es bitterkalt. Und wir denken so viel an Sie. Sie glauben es gar nicht, aber jeden Tag denke ich an Sie. Wissen Sie was, wir haben uns von dem Geld eine neue Heizung einbauen lassen in unserem Haus. Und es ist herrlich warm und so einfach. Und es vergeht kein Tag, an dem wir nicht sagen, Mensch, wenn uns die Frau Stephan nicht den Tipp gegeben hätte!‹«

»Also 80.000 Mark sind heute schon ein mittlerer Wohlstand«, meint Stephan. »Wenn wir einmal Melanie Kollatzsch angucken, die hat mit ihren 15 Jahren Haft auch so eine hohe Haftentschädigung bekommen. Aber sie hat im Osten gelebt, unvorstellbar wenig verdient und demzufolge eine winzige Rente bekommen; eine eigene Familie, die sie stützen konnte, blieb ihr verwehrt. Sie hatte wirklich bis zu dieser Haftentschädigung nichts. Erst nach 1990 hat sie eine eigene Wohnung bekommen. Ihre Haftentschädigung verwendete sie für ihre ersten eigenen Möbel, für das, was man zum Leben braucht – vom eigenen Kochtopf bis zum Besteck. Luxus war nicht dabei, weil sie das Geld auch für den täglichen Bedarf benötigte. Denn ihr verblieben von ihrer damaligen kargen Rente nur 25 Mark nach Abzug der laufenden Kosten zum Leben übrig.« Neulich hat Stephan sie getroffen. »Da kommt sie und sagt, das ist eine neue Bluse, die ich mir gerade geleistet habe. Die habe ich mir bei *Job* geholt. Aber das darfst du keinem sagen. Und dann strahlte sie. Also dieser Reichtum, den sie durch die Haftentschädigung bekommen hatte, war wie ein Stück Himmel, der auf einmal über sie kam. Die Häftlinge sind sehr, sehr dankbar.«

Eine Interviewpartnerin erzählte in unseren Protokollen: »Ich habe meine Haftentschädigung und zwei Mal eine Unterstützung von der *Häftlingshilfestiftung* bekommen. Das habe ich alles hier in die Wohnung gesteckt, damit ich es wenigstens hier gemütlich habe.« Einen sicheren und angenehmen Ort im Leben zu haben, ist zentral.

Trotz der Haftentschädigung – nicht alle Geflohenen, Umgesiedelten oder Freigekauften konnten im Westen einfach durchstarten. Ebbinghaus meint, auch darin gebe es einen Unterschied, je nachdem, was die ehemaligen Häftlinge erlebt haben. »Da gibt es Menschen, die schwer gequält wurden. Und es gibt solche, die zwar ihrer Freiheit beraubt worden waren, aber relativ wenig schlimme Einzelereignisse durchmachen mussten. Das ist ein Unterschied, und den erkennt man. Dann gibt es solche, die in den Westen kamen und hier etwas aufbauen konnten, nachdem sie freigekauft worden sind. Ich habe aber auch viele erlebt, die im Westen massiv gescheitert sind, weil sie mit dieser anderen Form der Gesellschaft nicht zurechtkamen, und die große Sehnsucht nach ihrer Familie hatten und nach ihren Freunden. Die haben ja alle menschlichen Bezüge verloren. Das muss man sich einmal vorstellen: Die haben alles riskiert und sind völlig gescheitert. Sie sind übrigens nach der Wende fast alle in die neuen Länder zurückgezogen. Und in Thüringen oder in Sachsen sind sie nun mit dem Alten konfrontiert und haben wieder ein Problem. Im Grunde wissen sie gar nicht mehr, wo sie hingehören.« Sie fühlen sich auch in der alten Heimat nicht wohl, weil sie das Gefühl hätten, es sei alles wie früher. So viel hätte sich gar nicht verändert. »Da sitzt immer noch der Typ von der Stasi in der Stadtbücherei oder im Amt. Und den sehe ich jeden Tag.« Ebbinghaus: »Die ehemaligen Häftlinge hatten immer Angst zu sagen, dass sie in Haft waren. In den neuen Bundesländern sind nämlich viele bis heute der Ansicht: Wenn einer in Haft war, dann muss da schon etwas dran gewesen sein.« Dass die DDR auch viele Kriminelle freikaufen ließ, war eine gezielte Fehlinformation.

Kommt dann noch der Verlust des Arbeitsplatzes als Stressfaktor hinzu, tritt in der Regel eine Verschlechterung des Gesamtzustands ein, weiß Ebbinghaus. »Für viele war die Arbeit der einzige Ausgleich, sich ein neues Selbstbewusstsein aufzubauen. Der Arbeitsplatz war die Bestätigung, dass sie es geschafft haben, dass sie etwas können und Anerkennung von der Gesellschaft erhalten.« Wenn die Arbeit als Ausgleich wegfiel, schwand die Selbstbestätigung. »Viele der Häftlinge sind in die Arbeit geflüchtet. Wenn man als Häftling ohne Arbeit mit mehr Zeit lebt, bekommt man weniger Anerkennung und hat dadurch weniger Selbstwertgefühl. Plötzlich werden die alten Symptome wieder deutlicher. Wenn aber wichtige Kompensationsmöglichkeiten – wie die Arbeit – wegfallen, werden die psychischen Probleme häufig erst sichtbar. Die Folgestörungen nach der Haft sind nicht immer gleich, sie verändern sich im jahrelangen Verlauf, je nachdem welche Belastungen noch hinzutreten oder welche Möglichkeiten zum Auffangen wegfallen. Es ist ein Prozess, der nicht starr ist. Das wird auch von den Gutachtern nicht immer beachtet. Trotzdem: Die Ursache für die Symptome bleibt die Haft. Der Grund ist nicht der Wegfall der Arbeit. Der hat nur die alten Wunden wieder aufgerissen, die vernarbt, aber nicht geheilt waren.«

Im Grunde kennt das auch sonst jeder Mensch: »Zur Kompensation von Streß und Ärger muss man entweder zu Hause gut zurechtkommen oder auf der Arbeit. Wenn man zu Hause Ärger hat, flüchtet man in die Arbeit. Hat man auf der Arbeit Ärger, flüchtet man nach Hause. Wenn eines von beiden nicht mehr richtig funktioniert, wird es schwierig.« Dann geht es einem nicht gut.

Drei Extremtypen von ehemals Inhaftierten hat Ebbinghaus ausgemacht. »Da sind die großen Verdränger. Die haben versucht, nach außen hin möglichst normal weiterzuleben. Sie haben Familie, gehen arbeiten, wollen nicht darüber reden und lassen sich nichts anmerken. Sie sind angepasst, vielleicht sogar geduckt und wollen möglichst nicht auffallen. Sie wollen immer Ja sagen, völlig unpolitisch werden und sich nirgendwo mehr einmischen. Die in der zweiten

Gruppe sind nur ärgerlich und wütend. Sie sind Dauerprotestierer, sind wütend auf den Staat und alles andere. Die gehen allen auf die Nerven, schreiben ständig irgendwo hin, rufen an, geben nie auf, wollen immer weitermachen, machen alle verrückt, einschließlich der eigenen Familie. Die reden nur von der Ungerechtigkeit und befinden sich ausschließlich in der Opferrolle.« Dazwischen gibt es eine dritte Gruppe, in die es nur sehr wenige schaffen. Bei denen sind die Gefühle relativ ausgeglichen. »Die haben den richtigen Weg gefunden. Sie sind zwar auch zu Recht ein bisschen ärgerlich, vermeiden auch mal Konflikte, haben aber doch zu einer gewissen inneren Zufriedenheit gefunden. In allen drei Gruppen gibt es – selbst bei denen, denen es besser geht – eine völlige Veränderung in der Sicht auf die Welt. Die besagt: Die Welt ist nicht sicher, sie wird auch nie mehr sicher sein. Ich muss immer aufpassen. Die Menschen können böse sein, ich muss den Menschen gegenüber immer auf der Hut sein. Ich muss alles vorausplanen und darf nichts dem Zufall überlassen. Die sind sowieso alle gegen mich. Ich kann machen, was ich will, ich schaffe es nicht, da durchzukommen. Ich werde mich nicht ausreichend zur Wehr setzen können.« Solche Symptome zeigen laut Ebbinghaus ganz viele.

Berufliche Rehabilitierung

Die Gesetze sind für die Opfer gemacht worden. Zum Beispiel das Gesetz zur beruflichen Rehabilitierung. Wenn ein Betroffener nachweisen konnte, dass er aus politischen Gründen beruflich herabgesetzt worden war, konnte die Benachteiligung ausgeglichen werden. Damit sollten die sozialen Abstiegsschäden ausgeglichen werden.

Bei der beruflichen Rehabilitation ist genau das in der Realität nicht so einfach. Man müsse im Vorhinein den Aufwand und den Nutzen abschätzen, meint Stephan, ehe man eine berufliche Rehabilitation einreiche. Bei einer ihrer Freundinnen war das Ergebnis nicht absehbar. »Ihr hatten sie bei der ›Aktion Rose‹ das Kinderheim weggenommen. Damals hat sie es sich wieder erkämpft, durfte es aber nicht mehr leiten. Sie durfte nicht einmal mehr Umgang mit den Kindern haben. Am Ende war sie in der Küche tätig, in ihrem eigenen Haus. Wir mussten einen wahnsinnigen Aufwand für ihre berufliche Rehabilitation betreiben. Am Ende hat sie auch eine Rentenerhöhung gekriegt. Die betrug ganze drei Mark.« So ist es auch vielen anderen ergangen.

»Da ist die Geschichte von Achim Beier, einem der Werdauer Oberschüler,[26] der von der Schulbank weg verhaftet worden ist. Als verfolgter Schüler kam er gar nicht erst in den Genuss einer beruflichen Rehabilitierung. Währenddessen sind seine Klassenkameraden anerkannt worden. Der Unterschied: Sie sind kurz vor ihm aus der Schule rausgeschmissen worden und hatten alle noch vier Wochen in einem Betrieb gearbeitet, ehe sie verhaftet wurden.«

Die engen Grenzen des Gesetzes haben immer wieder zu Problemen geführt. »Wenn eine Frau die Tochter vom Pastor war, hat sie gar nicht erst den Antrag gestellt, zur Oberschule zu kommen. Sie sagte zu Recht: Ich wäre nie an die Oberschule gekommen, weil mein Vater Pastor war. Auch sie hat keine Möglichkeiten, von der beruflichen Reha anerkannt zu werden. Hätte sie damals den Antrag gestellt und stünde in den Stasiakten der Vermerk: ›Die auf keinen Fall‹, hätte sie heute einen Anspruch.«

Auch der Nachweis selbst wird so manches Mal zum Problem. Sind die Akten vernichtet oder verschwunden, so geht dies zulasten des Betroffenen. Stephan: »Ich habe schon viele Betroffene gesehen, denen es nicht gelungen ist, ihre Benachteiligung nachzuweisen. Die waren von Kopf bis Fuß voller Leid.«

Die berufliche Rehabilitierung endete übrigens mit dem Überschreiten

---

26 Zum Werdauer Oberschulprozess vgl.: http://de.wikipedia.org/wiki/werdauer_oberschülerprozess (Stand: 11.03.2009).

der Grenze zur Bundesrepublik. Wer also freigekauft wurde und dann im Westen war, hat ab dem Eintreffen im Westen keinen Anspruch mehr auf die berufliche Rehabilitierung. Für die Zeit davor sehr wohl. Die berufliche Rehabilitierung gilt nur für ein Leben bis zum letzten Tag in der DDR. Auch die sogenannten Verschleppten[27] sind nicht in der DDR geblieben und haben dementsprechend keine Chance.

Eine Ungleichbehandlung gab es auch bei der Haftentschädigung. Die hat regelrecht für Unfrieden unter den Häftlingen gesorgt. Stephan: »Gefangene, die nach ihrer Entlassung in die Bundesrepublik gegangen sind, bekamen nur die Hälfte der Haftentschädigung. Den vollen Betrag erhielten nur diejenigen, die in der DDR geblieben waren. Das führte zu einer Opferkonkurrenz, die nicht gut war.« Später wurde das geändert. »Dann gab es für alle die 600 D-Mark bzw. später 304 Euro pro Haftmonat.«[28] Diese Regelung gilt bis heute.

Stephan sieht durchaus Gründe dafür, warum die Besserstellung der Häftlinge, die im Osten geblieben sind, richtig war. Sie führt an, dass Häftlinge, die in den Westen gegangen waren, die Möglichkeit hatten, Kuren und Therapien in Anspruch zu nehmen, und dass sie über ihre Haft reden konnten – so sie im Westen jemanden fanden, der verstand, wovon sie sprachen. Das machte gewiss einen Unterschied. Ebenso die Tatsache, dass sie die Chance hatten, sich noch einmal beruflich zu verankern und zu entwickeln. Stephan: »All das war denen im Osten ja verwehrt. Aber trotz allem: Generell halte ich die Ungleichbehandlung unter dem Strich für vollkommen falsch. Die ehemaligen politischen Gefangenen haben ohnehin nur eine geringe Lobby. Da ist es das Schlimmste, was ihnen passieren kann, wenn ein Keil zwischen die Opfer getrieben wird.«

Stephan hat beobachtet, dass der Streit, der damals unter den ehemaligen Häftlingen ausbrach, ab dem Zeitpunkt keine Rolle mehr spielte, als gegen Ende der 90er Jahre die Stasioffiziere und Systemnahen vor dem Bundesverfassungsgericht hohe Rentennachzahlungen erstritten hatten.[29] Aufgrund des Urteils bekamen die Täter Rentennachzahlungen in Höhe von 20 Millionen Mark zugesprochen. »Auf die ehemaligen Häftlinge wirkte es, als sei das, was den Opfern bis dahin zugutegekommen war, null und nichtig im Verhältnis zur Höhe der Entschädigung für die Täter. Und als damals mit einem Mal 20 Millionen ausgezahlt wurden, standen die Betroffenen plötzlich im Regen. Die hatten doch gedacht: Jetzt komme ich erst einmal dran – und nicht schon

27 Vgl. das Kapitel zur Häftlingshilfestiftung.

28 Die Kapitalentschädigung wird einmalig für jeden angebrochenen Haftmonat gezahlt.

29 Das Bundesverfassungsgericht und vorher das Bundessozialgericht gingen davon aus, dass im Einheitsvertrag die Renten der Stasiangehörigen zu pauschal gekürzt wurden.

wieder die anderen.« Die Opfer haben das folgendermaßen erlebt: »Die Bonzen, die verhindert haben, dass sie beruflich aufsteigen konnten, wurden jetzt sogar dafür belohnt, dass die ihren beruflichen Aufstieg verhindert hatten. Und dann bekamen sie noch eine Superrente. Und das alles zu einer Zeit, als die Betroffenen sich innerhalb der Gesellschaft überhaupt nicht mehr angenommen fühlten. Damals kam für sie ein Schlag nach dem anderen. Während viele der ehemaligen politischen Häftlinge nur bedingt arbeitsfähig oder den Anforderungen der Leistungsgesellschaft aufgrund psychischer Probleme nicht gewachsen waren oder mit einer geringen Rente leben mussten, sahen sie, wie ehemalige Täter und Systemnahe ihr Lebensniveau ständig verbessern konnten, und fühlten sich als Verlierer. Und zu alledem gab es noch von vielen Seiten die Aufforderung an die Opfer, dass sie nun aber bitte mal verzeihen sollten.«

Wahrscheinlich sei es heute rechtlich unmöglich, die Ungleichstellung von Tätern und Opfern wieder rückgängig zu machen, meint Ebbinghaus. »Sicherlich wäre es schwierig, diesen Tätern wieder etwas wegzunehmen. Das ist sicher kein einfaches Kapitel, denen zu sagen, sie hätten zwar normalerweise einen Anspruch auf 2.000 Euro Rente, kriegten aber jetzt nur noch 500 Euro. Aber ich finde, zumindest in der Öffentlichkeit sollte die Leistung der politischen Häftlinge viel deutlicher herausgestellt werden.«

Stephan mahnt: »Wenn man alles einmal aus dem Blickwinkel der Opfer betrachtet, kann man deren Blick auf die Täter nicht auslassen. Wenn der Staat schon die große Strafverfolgung durch die Gesetze unmöglich gemacht hat, sollten die Täter zumindest materiell ein bisschen benachteiligt werden. Aber das geschah ja nicht. Durch den PDS-Filz waren die sehr schnell wieder integriert, und einige haben es sogar wieder bis zum Minister geschafft.«

Das soziale Gefälle moniert auch Ebbinghaus. »Am Anfang habe ich es nicht so überblickt, aber mittlerweile sehe ich, dass die Täter früher in Jobs kamen, die besser dotiert waren, und dass sie am Ende gute Renten bekamen. Die Opfer aber waren nach der Haft teilweise eingeschränkt oder nicht mehr arbeitsfähig. Sie schafften es nicht mehr aufzusteigen, weil sie gesundheitlich geschädigt waren oder, wenn sie nach der Haft in die DDR entlassen wurden, weil der Staat ihnen dies aus politischen Gründen verwehrte. Die haben jetzt die niedrigsten Renten. Manchmal sind es gerade 300 Euro, die sie bekommen. Oder sie leben, wenn sie jünger sind, als Sozialfälle von Hartz IV.«

Von allen Häftlingen, mit denen ich im Rahmen der Essener Studie gesprochen habe, traf ich nur zwei an ihrem Arbeitsplatz. Eine Frau arbeitete weit über ihre Altersgrenze hinaus. Auch im Rahmen der vorliegenden Befragung äußerten sich Opfer über ihre soziale Lage wie folgt: »Ich würde sagen, bescheiden schön. Ich will nicht sagen beschissen.« Oder: »Mein Leben: Keller, Untergeschoss.«

Gerade weil ihre Lebensbedingungen so katastrophal sind, gab es ehemalige Häftlinge, die auf eine direkte Frage nach dem Einkommen gar nicht reagierten. Auf die indirekte Frage nach der sozialen Situation gab es vage, fast einsilbige Antworten. Die politischen Gefangenen kämpften um ihre Würde und gaben sie nicht preis. So verfuhren sie seit ihrer Haft. Geld hatte in der DDR eine andere Bedeutung als im westlichen System. In den 70er Jahren hieß arm sein in der Künstlerszene auch rein sein. Reinheit als eine andere Form des Reichtums. Für manche ist es bis heute dabei geblieben.

Die Höhe der Haftentschädigung machte noch keine Lebenschancen aus, zumal wenn das Geld erst spät im Leben gezahlt wurde. Annegret Stephan weiß: »Melanie Kollatzsch wollte im Osten nach ihrer Haft den Meister machen, weil man sie an eine Werkbank gestellt hatte, obwohl sie vor ihrer Haft das Abitur ablegte und über gute Sprachkenntnisse verfügte. Da hat sie vielleicht etwas zu hören gekriegt. »Sie können dankbar sein, überhaupt in einem volkseigenen Betrieb arbeiten zu dürfen – das ist schon eine Gnade, die wir Ihnen zukommen lassen trotz Ihrer Feindseligkeit, die Sie gegen unser sozialistisches Lager hatten.« Kollatzsch hatte keine Chance. Wolfgang Stiehl (vgl. das entsprechende Protokoll) hingegen hat seinen Ingenieur damals noch machen können. Er war aber eine der ganz seltenen Ausnahmen. Das hing, wie er sagt, mit seinem Chef zusammen, der ihn damals gefördert hat. »Normalerweise gab es in der DDR diese Möglichkeit nicht. In der Regel hieß es nach der Haft: ›Sie haben sich zu bewähren!‹ Und wenn Sie sich bewährt hatten, hieß es: ›Wieso Sie? Andere haben es doch eher verdient.‹ Ein materieller Wohlstand war in der DDR für jeden schwer zu erringen gewesen. Aber für die, die in Haft waren, war das besonders schwer.«

Was die finanziellen Entschädigungen und die fehlende Anerkennung betrifft, ist Ruth Ebbinghaus enttäuscht von unserem Staat. »Wenn die Häftlinge in das Antragsverfahren geraten, sitze ich da und höre zu, was sie Schlimmes erlebt haben.« Bevor es die Opferrente gab und nur die Entschädigung für gesundheitliche Schäden, mußte Ruth Ebbinghaus den Opfern erklären, dass das, was sie erlebt haben, nicht entschädigt werden wird. »Sie bekommen nur etwas, wenn noch ein Schaden da ist. Und auch dann nur geringe Summen. Viele glauben, dass ihr erlebtes Leid für die Entschädigung ausschlaggebend sei. Dann sind sie natürlich sehr enttäuscht, denn wenn es ihnen gut geht, bekommen sie nichts. Jetzt gibt es immerhin die Opferrente, aber wieder nicht für alle Betroffenen. Das finde ich sehr schwierig, aber ich versuche ihnen immer wieder Mut zu machen, dass sie sowohl etwas verloren wie auch etwas an Freiheiten gewonnen haben. Ich bin eine Verteidigerin dieser Demokratie.«

Partnerschaften und Angehörige

Annegret Stephan hat oft mit Eltern gesprochen: »Die sind bis heute in hohem Maße traumatisiert. Was haben die Eltern damals im Fall von Achim Beier, dem Werdauer Oberschüler, nicht alles unternommen, um ihn wieder aus dem Gefängnis rauszukriegen. Und was die gelitten haben!«

In die Beratungsstelle am Moritzplatz kamen die ehemaligen Häftlinge häufig gemeinsam mit ihren Frauen. »Dann sprachen die Männer über ihre Haft. Wenn ich aber mal draußen war und die Ehefrauen mich allein sprechen konnten, sagten sie oft, sie hätten natürlich in dieser Zeit auch Schlimmes erlebt.« Wenn man von den Angehörigen spreche, müsse man das Umfeld verstehen, das vom MfS geschaffen wurde, meint Stephan. »Über die verhafteten Ehepartner ist ja nie öffentlich gesagt worden, der oder die ist in Haft gekommen, weil er oder sie Flugblätter gedruckt hat. Im Gegenteil: Verbreitet durch das MfS wurde eine Desinformation. Die lautete dann zum Beispiel so: Der ist in Haft gekommen, weil er in Berlin eine Frau vergewaltigen wollte. Und damit mussten die Ehefrauen dann leben. Es sind gezielt kriminelle Spuren gelegt worden, sodass der Verurteilte dann am Ende von der Gesellschaft abgelehnt wurde. Er sollte auf Dauer isoliert werden – das erkennt man aus den Stasianweisungen. Hätte das MfS nämlich die Wahrheit gesagt, hätten sie damit rechnen müssen, dass es Sympathiekundgebungen für den Verhafteten gegeben hätte. Oder Nachahmungshandlungen, vor denen sie sich immens gefürchtet haben.«

Ein prominentes Beispiel: »Als Max Fechner, der als Justizminister anlässlich des 17. Juni 1953[30] in Haft kam, ist ihm Homosexualität als strafverschärfend angerechnet worden. Er sollte angeblich seinen Fahrer sexuell belästigt haben.«[31]

Nicht nur die Ehepartner haben mit solchen Verleumdungen leben müssen, vor allen Dingen auch die Kinder, denen in der Schule dann zu verstehen gegeben wurde, dass der Papa etwas ganz Schlimmes gemacht habe.

Annegret Stephan haben die Häftlinge auch intime Dinge anvertraut. »Mir haben sie erzählt von der Sexualität in der Haft.« Natürlich hat es dann auch nach der Haft Probleme gegeben. »Einer der Häftlinge, die sehr früh verhaftet wurden, hat zu mir gesagt: Wir sind so verroht gewesen, als wir rausgekommen

---

30 Max Fechner wurde 1955 zu acht Jahren Haft verurteilt, weil er sich 1953 als DDR-Justizminister gegen die Bestrafung der streikenden Arbeiter ausgesprochen hatte (vgl. http://de.wikipedia.org/wiki/Max_Fechner; Stand: 12.03.2009).

31 In der Bundesrepublik gab es noch 1983 die Kiessling-Affäre: General Kiessling musste wegen angeblicher Homosexualität zurücktreten.

sind. Dass wir überhaupt noch eine Frau gefunden haben, ist ein Wunder.« Stephan: »Ich habe manche Frau bewundert, mit wie viel Verständnis und Verzeihen ihre Beziehung verbunden war.«

Ziel der Haft war ja, den Häftling als vermeintlichen Gegner kleinzukriegen. Es ist fast ausgeschlossen, dass jemand nach der Haft mit einem guten Selbstwertgefühl in die Ehe zurückkam oder eine neue Beziehung einging. Das Leben mit den Partnerinnen nach der Haft kam in den Beratungen mit Stephan nur selten zur Sprache. Ein Teil der Häftlinge akzeptierte eine bestimmende Rolle der Partnerin. Stephan: »Ich kann mir vorstellen, dass viele Männer durch ihr angeschlagenes Selbstvertrauen ihre Rolle in der Familie nicht mehr fanden. Manche haben sich auch ganz gern leiten lassen. Von den Frauen hörte ich manchmal den Satz: ›Über seine eigentlichen Probleme redet er ja nicht. Das darf keiner wissen. Aber ich leide sehr darunter.‹ Was ich aber auch erleben durfte, ist ein sehr liebevoller Umgang untereinander. Wenn zum Beispiel beide Ehepartner bei mir in der Beratung wegen der Rehabilitierung des Mannes waren, konnte es vorkommen, dass es ihm dabei nicht gut ging. Dann kam die Frau auch allein wieder und machte mit uns weiter.«

Oft genug ist eine Suchtthematik bei den ehemaligen Häftlingen entstanden. Dann kamen die Frauen mit ihren Männern nicht mehr klar. Stephan: »Das wirklich Schlimme war eine Alkoholabhängigkeit. Auch Tabletten spielten eine große Rolle. Die Frauen hatten einen Mann zurückbekommen, der psychische Probleme hatte, der oft nicht einsatzfähig war oder sich aus dem Familienverbund wegstahl, der viel lieber isoliert gelebt hätte, als zu Familienfeiern zu gehen. Er war einer geworden, der nie sprach. Oder aber 1989, als alles aufbrach, anfing zu reden und nicht mehr aufhören konnte.« Und dann auch von nichts anderem mehr redete als von der Haft.

»Richtig dramatische Partnerprobleme sind bei uns selten thematisiert worden. Ich glaube, dass es diesen Partnerinnen schwergefallen wäre, den Weg zur Gedenkstätte zu finden, wo ja die Opfer nun mal eine so besondere Rolle spielten, und dann zu sagen: ›Wissen Sie, mein Mann ist zwar Opfer, aber als Ehemann unerträglich.‹ Das ist schwer vorstellbar. Dafür müssten besondere Beratungsstellen geschaffen werden. Die Gedenkstätte ist dafür ungeeignet.«

Als Klagemauer hilft die Gedenkstätte dagegen sehr wohl, wenn es schwierig wird, in der Familie zu reden. Stephan: »Einmal kam ein Mann zu mir mit einem jungen Mädchen an der Hand. Beide waren ganz zärtlich zueinander. Er war ein gut aussehender Mann, einer von denen, die nie alt werden. Etwas jung für dich, das Mädchen, dachte ich noch. Ihn kannte ich schon aus früheren Beratungen. Er lebte weit entfernt in den alten Bundesländern. Nach einer Weile stellte er mir das junge Mädchen als seine Tochter vor. Auf einmal erzählte er, dass er als fast 19-Jähriger in Cottbus von den Küchenbullen immer wieder vergewaltigt worden war. Die Tochter war natürlich schockiert. Bei all dem hielt er ihre Hand und sie seine. Er sagte zu ihr: ›Diesen Dreck konnte ich dir doch nicht zu Hause erzählen.‹ Eigens dafür ist er mit seiner Tochter von ganz weit zu uns gefahren, damit er den Schmutz hier loswerden konnte.«

Den Druck des Staates auf Angehörige hat Annegret Stephan auch am eigenen Leib erfahren. Mit 17 Jahren hatte sie eine Aufenthaltsbeschränkung für Magdeburg bekommen. Die Gefahr lag nahe, dass sie beim nächsten Vorfall ins Gefängnis wandern würde. »Das wusste meine Mutter, und daraufhin haben wir uns entschieden, dass ich in den Westen abhaue. Meine Schwester studierte damals schon Psychologie an der Humboldt-Universität. Im Rektorat sagte man ihr, wenn sie nicht in der Lage wäre, ihre minderjährige Schwester aus dem Westen zurückzuholen, sei das Fachgebiet Psychologie für sie nicht geeignet. Es war die Zeit vor dem Mauerbau und das politische Klima sehr angeheizt. Und weil ich wahnsinnig unter Heimweh litt und weil mir zugesichert wurde, es passiere nichts, bin ich zurückgegangen. Danach habe ich den Studienplatz an der Arbeiter- und Bauernfakultät, den ich eigentlich haben wollte, nicht gekriegt. Ich willigte ein, ein Fachschulstudium zu machen, mit dem ich dann ja auch die Hochschulreife erlangt hätte. Aber bald gab es auch hier große Probleme, denn es war die Zeit, als die Notare in die Schule kamen, um die Kirchenaustritte zu beurkunden. Das konnte und wollte ich als Christin nicht mitmachen. Und obwohl ich ein Leistungsstipendium erhielt, erklärte man mir, ich würde nie eine sozialistische Erzieherpersönlichkeit sein. Schließlich wäre ich ja mal republikflüchtig gewesen. Später habe ich verstanden, dass ich den Beruf der Pädagogin sowieso nie hätte ausüben können.« Im Nachhinein war Annegret Stephan froh über die Exmatrikulation. Sie arbeitete als Quereinsteigerin in verschiedenen Bereichen und lernte Menschen kennen, die ihr als Lehrerin versagt geblieben wären. »Ich wusste, dass ich latent auf der Abschussliste stand. Also musste ich besser sein als andere. Das hat mir nicht geschadet, im Gegenteil: Es stärkte mein Selbstvertrauen.«

Haftfolgen und Geschlecht

Ob Männer und Frauen unterschiedlich mit ihrer Haft umgehen, darüber gibt es laut Ruth Ebbinghaus bis heute keine ausreichenden Studien. »Ich stelle bei Männern und Frauen keinen Unterschied fest«, sagt sie aus ihrer Praxis. »Außer vielleicht den, dass Frauen eher und schneller über ihre Gefühle zur Haft reden. Aber ich kann nicht feststellen, dass sie kränker als Männer sind oder in der Haft schneller krank werden. Aber auch nicht langsamer.«

Klassisch ist das Stereotyp, Frauen seien belastbarer als Männer. »Es kommt darauf an. Es kann sein, dass eine Frau lange nicht zum Arzt geht, weil sie sich auf ihre Familie konzentriert und nach der Haft endlich für sie da sein wollte. Aber die Symptome hatte sie schon. Auch die Albträume. Sie hat sich nur nicht darum gekümmert. Deutlich ist der Unterschied aber auch bei denen, die zum Zeitpunkt ihrer Haft besonders jung waren. Wenn ihre Persönlichkeit noch nicht ausgereift war, als sie in Haft kamen, ist die Möglichkeit einer Persönlichkeitsveränderung besonders groß. Auch nach der Pubertät spielt das bei noch jungen Erwachsenen eine große Rolle.«

Natürlich kommt es darauf an, wie die Vorpersönlichkeit aussah, das heißt, wie ein Mensch war, ehe er in Haft kam. »Es ist ein Unterschied, ob ich ein aktiver Mensch war, der viele Bewältigungsmöglichkeiten hatte, oder einer, der schon in der Kindheit eine schwierige Zeit durchgemacht hat oder der vorher oft krank war, also vorbelastet war. Es können aber durch die Haft – und das ist ganz eindeutig so – völlig gesunde, aktive, optimistische Menschen krank werden. Die sind dann so gebrochen, dass es keine Rolle spielt, wie stark sie vorher waren. Man hat sie so lange mit Isolierung gequält und mit anderen psychischen Methoden, die die Persönlichkeit zerstören, dass sie nachher auch wirklich kaputt waren.«

Auch in der Folter gibt es Unterschiede. Bis zum Bau der Mauer gab es die ganz brutale körperliche Folter. Mit den 60er Jahren veränderte sich das langsam. Sogenannte subtile Formen entwickelten sich. Druck im Beruf und auf die Angehörigen spielte eine große Rolle. Und mit den 70ern setzte in den Gefängnissen die psychische Zersetzung ein, folgt man den Berichten der ehemaligen politischen Häftlinge in dieser Untersuchung. Kommen die Opfer der physischen Folter leichter damit klar als die Opfer der psychischen?

Ruth Ebbinghaus reibt sich nicht an dem Begriff der psychischen Folter. Im Gegenteil: »Ich habe den Eindruck, dass eine wirklich schwere körperliche Folter, sofern sie nicht zu ganz schweren Gesundheitsstörungen geführt hat, die mit dauerhaften Verletzungen verbunden sind, von manchen besser verarbeitet werden kann als die psychische Folter. Die körperliche Folter ist eindeutiger. Die Gefangenen wissen: Ich wurde geschlagen oder mit irgendetwas gequält. Das habe ich direkt gespürt. Alles war klar: Ich habe es gesehen, ich habe es gespürt. Das Psychische dagegen ist immer uneindeutig passiert. Die psychische Folter war für die Opfer selber so subtil, dass sie oft gar nicht wahrnehmen konnten, was mit ihnen geschah. Sie konnten es im Nachhinein auch nicht zuordnen, wenn sie Symptome hatten. Sie wussten nicht, inwieweit ihre Symptome mit der Behandlung im Gefängnis zusammenhingen. Psychische Folter ist eine ganz andere Art, einen mürbezumachen. Ich glaube manchmal, sie ist nachhaltiger. Psychische Folter wirkt häufig im Innern weiter auf alle persönlichen Überzeugungen, auf das Selbstbild und den Blick auf die Welt, auf alle bisherigen Werte und Normen, auf das Vertrauen in die eigenen Fähigkeiten und in die Welt. Und sie bestimmt fortan das gesamte weitere Verhalten.«

Die physische Folter hat demgegenüber einen klaren Anfang und ein klares Ende. Ebbinghaus: »Die Häftlinge wurden massiv geschlagen und bedroht. Sie haben in Workuta gehungert oder haben Verschüttungen erlebt im Bergbau. Oder sind auf den Transporten fast verdurstet. Sie haben ebenfalls erhebliche Symptome und Einschränkungen. In den 70er Jahren änderten sich die Foltermethoden. Es gab weniger körperliche, dafür aber extreme psychische Foltermethoden. Lange wurde die körperliche Misshandlung als schwerer eingeschätzt und die psychische Folter als nicht so schlimm bewertet. Das war ein Irrtum, psychische Folter ist nur anders. Sie kann genauso schlimme Folgen oder sogar noch schlimmere auslösen wie die körperliche. Ab den 70er Jahren wurde nur noch selten körperlich misshandelt, die Gefangenen mussten auch nicht hungern. Dafür wurden sie mit Schlafentzug gefoltert, mit Verhören, Isolation, Drohungen traktiert oder dem Versuch, sie als IM anzuwerben, kaputtgemacht. Oder auch mit dem Versuch, ihnen einzureden, dass sie selbst schuld daran seien, dass sie im Gefängnis sitzen und dass ihre Familie jetzt ebenfalls bedroht sei. Derweil wurden die Angehörigen zur Scheidung oder zu einem Kontaktabbruch gezwungen.«

Der Druck, sich scheiden zu lassen, wurde bei Männern wie bei Frauen angewandt. Hatten sie Kinder, war es das Schlimmste, ihnen damit zu drohen, dass ihre Kinder ins Heim kommen würden. Ebbinghaus: »Die Frauen, denen das passiert ist, sind bis heute alle schwer gestört. Die haben unglaublich große Schuldgefühle und Schamgefühle.[32] Denen geht es noch immer schlecht, weil die das Gefühl haben, sie haben ihre Kinder da mit hineingezogen. Auch dieser Druck wurde auf Männer wie Frauen angewandt. Vor allem, wenn beide in Haft waren; es war ja nicht selten, dass beide zugleich in Haft kamen. Die

32 Vgl. die Protokolle in Teil III des vorliegenden Buches

Frauen hatten, vor allem wenn die Kinder klein waren, einen engeren Bezug zu den Kindern. Für die war es noch schlimmer.«

Ruth Ebbinghaus bestätigt den statistischen Befund dieser Arbeit, dass Frauen heftiger als Männer darunter litten, wenn ihnen die Kinder entzogen werden sollten.[33] Sie erzählt, sie habe aber auch oft von Männern gehört, dass sie es mit als das Schlimmste empfanden, wenn ihnen im Verhör gedroht wurde, sie müssten länger bleiben, wenn sie nicht aussagten, und ihre Kinder würden zur Adoption freigegeben, wenn sie nicht auspackten. Die Folgen dieses Druckes waren auch bei den Männern gravierend.

Ebbinghaus: »Ich hatte mal einen Mann bei mir, dessen Frau in Haft gekommen war, nachdem er einen Fluchtversuch angezettelt hatte. Er ist relativ schnell wieder herausgekommen. Dagegen musste sie sehr lange sitzen. Der Mann hat nun größte Schuldgefühle gehabt. Und das MfS wusste genau, dass sie ihn damit klein kriegenkonnten, wenn sie ihm seine Frau vor Augen hielten. Bis heute kann er sich nicht davon lösen, dass er schuld ist an der langen Haft seiner Frau.«

Diese Methode hatte etwas ganz Subtiles, meint Ruth Ebbinghaus.

33 Vgl. den Statistikteil über die Familie

Umgang mit den Tätern

Die Sozialwissenschaftlerin Claudia Heyne (1993, S. 51) konstatiert über die Geschichte der Revolutionen, »dass irgendwann noch jede der Bewegungen, die einmal angetreten waren, das Zusammenleben der Menschen gerechter zu gestalten, mit eben den Methoden um die Konsolidierung ihrer neu gewonnenen Macht gekämpft hat, die einmal Anlass und Ursache ihres Widerstandes, ihres Kampfes um Befreiung waren«. Dabei entstehe eine Bereitschaft, »sich ›des Schlechten‹ zu entledigen, indem man es nun seinerseits unterdrückt, dezimiert oder ausrottet – werden doch alle VertreterInnen der als ›unwert‹ angesehenen Gruppen zu Un-Menschen erklärt, mit denen folglich nicht nach menschlichen Maßstäben zu verfahren ist«.

Dabei kommt es zu einem Wechsel von Opfer- und Täter Positionen. Jurek Becker nennt in *Bronsteins Kinder* (Frankfurt/M. 1986) das Beispiel von drei KZ-Insassen, die einen ehemaligen Lageraufseher misshandeln. »Sie, die Überlebenden, glaubten eine Legitimation für ihr Handeln zu besitzen, wie sie nur Opfern zusteht« (zit. nach Heyne 1993, S. 51). Heyne folgert aus dem Beispiel, dass diese »Legitimation« bewirkt, »dass die Opfer den Tätern immer ähnlicher werden.«

Opfer haben Täteranteile. Das weiß auch Michaela Huber, Traumatherapeutin, aus ihrer Behandlung von Missbrauchsopfern. Und da es in ihrer Klientel um aktive Gewaltverhältnisse gehen kann, setzt sie eindeutig als Primat, erst einmal die Täterschaft zu beenden und nicht zu warten, bis ein Opfer irgendwann einmal bereit ist, die eigene Täterschaft aufzuarbeiten (vgl. Huber 2003, S. 201). Vielleicht ist es daher kein Wunder, wenn ein Teil der Opfer des Faschismus in der DDR die Seite gewechselt hat und sich in den Dienst des DDR-Staats stellte und unbewusst auch sehr verzweifelt darum kämpfte, nicht noch einmal in die Opferposition zu geraten.

Wenn die Opfer des DDR-Regimes nun gegen eine Bevorzugung der Täter vorgehen, versuchen sie ebenfalls, den Status des Opfers loszuwerden. Dass damit erneut der Kreislauf zu einer Täterschaft begonnen würde, ist im Augenblick nicht zu befürchten. Grundsätzlich könnte solch ein Wandel in einem Teil der Opfer aber angelegt sein.

Annegret Stephan meint, dass nur ein Teil der Täter umgedacht hat und unter einem schlechten Gewissen leidet. »Das mag so sein, wenn irgendwo ein Massenmord stattgefunden hat und der Täter nicht mehr darum herumkommt und selbst Hand an sich legt. Aber bei Schreibtischtätern – suchen Sie mal einen, der ein schlechtes Gewissen hat.« Claudia Heyne (1993, S. 59) bestätigt dies: »Die Täter und Täterinnen sind die letzten, die dies zu sehen imstande wären.« Täter sind dann besonders uneinsichtig, wenn es sich um kollektive Täterstrukturen handelt und wenn die Täter meinen, mit ihrem Handeln hoheitliche Aufgaben wahrgenommen zu haben. Das erklärt in Teilen die kastenhafte Selbstverteidigung der Täter des MfS.

Ein Opfer-Tätergespräch ohne Einsicht des Täters hat Annegret Stephan nur ein einziges Mal versucht. »Das war so schlimm, dass ich mir gesagt habe, ich würde nie wieder jemanden dazu auffordern, wenn der Täter nicht von sich aus das Gespräch sucht. Auf das Leugnen des Täters zu stoßen ist die größte Gefahr, in die ein Opfer hineingehen kann.« Seither hat sie sich das Schuldeingeständnis der Täter als Leitlinie für den Umgang mit ihnen genommen.

Ein Beispiel: »Ich war allein in der Gedenkstätte. Da kamen mit schnellen Schritten zwei Männer, beide stellten sich als Pastoren vor. Sie wären gerade von einer kirchlichen Veranstaltung gekommen und wollten sich das Gefängnis angucken. Der eine Amtsbruder war am Moritzplatz inhaftiert gewesen. Er machte einen ganz stabilen Eindruck, guckte und suchte, wo seine Zelle gewesen sein könnte. Wir sind gemeinsam hochgegangen zu den Zellen. Auf einmal brach dieser Mann zusammen. Ich habe noch nie einen Menschen so schrecklich weinen, ja schreien hören. Er klang wie ein Tier, lag am Boden und schrie und schrie. Sein Amtsbruder und ich waren erstmal völlig hilflos. Es gelang uns dann, den Mann vom Boden aufzuheben. Wir haben danach noch zwei, drei Stunden zusammengesessen. Der Mann sagte immer wieder, das müsse er aufarbeiten und er würde auf jeden Fall wieder auf mich zukommen. Dann hörte ich lange nichts von ihm und bekam schon ein schlechtes Gewissen und dachte, ich müsste mich bei ihm mal melden. Nach einem halben oder dreiviertel Jahr bekam ich einen Brief von ihm. In dem Brief stand, dass er in der Haft umgedreht worden sei. Er hätte bis 1989 für das MfS gearbeitet, was wir, sein ihn damals begleitenden Amtsbruder und ich, nicht wussten. Jetzt stand ich da. Ich habe ganz spontan die Entscheidung getroffen, dass er ein Opfer sei, dass ich ihn wie ein Opfer behandeln würde. Das war auch gut so, denn er brauchte unsere Hilfe sehr. Er hatte sich gegen den Willen seiner Amtskirche in der Presse geoutet. Und er erlebte viel Gehässigkeit.«

Stephan erläutert, sie habe ihre Position damals ganz schnell gefunden. »Es hing damit zusammen, wie er selbst mit der Geschichte umgegangen ist. Er hat sofort alle Menschen aufgesucht, über die er berichtet hatte. Er hatte einen Amtsbruder in Westberlin, der ihn bei dieser Aufarbeitung begleitete. Hätte er sich – wie es ein anderer Pfarrer getan hat – herausgeredet, er hätte das alles nur für seine Gemeinde getan und er habe der Gemeinde damit gute Dienste geleistet, hätte ich ihm nicht helfen können. Dann wäre er für mich ein Täter gewesen.«

Wenn Annegret Stephan mit solch einer Art von Tätern konfrontiert wird, spricht sie von seiner ersten und von seiner zweiten Schuld. »Wenn er die erste Schuld leugnet und die Opfer wie Lügner behandelt oder sie sogar angreift, habe ich keine Handlungsoption. Ich kann den ja nicht umdrehen. Dazu fehlen mir die Möglichkeiten – und auch die Kraft. Wenn aber einer darunter leidet und ehrlich bereut, wird er von mir alle Hilfe bekommen, die notwendig ist.«

Auch im Rahmen der Essener Studie hat eine Frau bekannt, dass sie als IM registriert war. Stephan: »Hätte ich sie gehabt, hätte ich versucht, ihr Mut zu machen, damit offensiv umzugehen. Wenn sie das nicht gekonnt hätte, hätte ich ihre Geschichte nicht an die Öffentlichkeit gebracht. Weil ich glaube, dass Schuld nicht von außen aufgedrückt werden soll, wenn sie nicht selber empfunden wird.«

Annegret Stephan hat viele IM-Geschichten gehört. »Ein Mann hat mir von seiner MfS-Rekrutierung erzählt. Er war ein ganz pfiffiger Hund, ein richtiger Schwejk. Er war 23 Jahre alt, als das MfS zu ihm kam und von Mitarbeit sprach. Damals hatte er Ja gesagt. Dann bekam er seinen Auftrag; er sollte einen Kollegen aus Westdeutschland, der in die DDR gekommen war, bespitzeln. Das hat ihn erschreckt. Daraufhin ist er zu diesem Kollegen gegangen und hat gesagt, dass er ihn im Auftrag der Stasi bespitzeln sollte. Beide haben dann hin und her überlegt, wie sie da wieder rauskommen könnten. Sie haben das Richtige gemacht: Seine Frau war damals schwanger. Also hat er eine Eingabe geschrieben: Seine Frau wäre ja nun im 7. Monat schwanger, und sie hätten keine eigene Wohnung, obwohl er doch für die Stasi arbeite. Und schwupp, war der Junge aus dem Rennen, denn er hatte das getan, was für das MfS untragbar war: Er hatte sich enttarnt, im MfS-Jargon ›dekonspiriert‹. Er hat trotzdem seine neue Wohnung gekriegt. Später kam er aber in Haft. Ich kenne übrigens mehrere, die für das MfS gearbeitet haben, die irgendwann in Haft gekommen sind, nachdem sie aus dem Verein ausgetreten waren. Die Rache von ›Schild und Schwert der Partei‹ war allgegenwärtig.«

In der Gedenkstätte ist es vorgekommen, dass sich ein inoffizieller Mitarbeiter des MfS auf einer Veranstaltung outete. »Wir fanden das gut, dass er soviel Mut hatte. Hinterher ist er zu mir gekommen und hat erzählt, dass er ein Riesenproblem hätte. Wenn Bilder vom Herbst 89 über die Mattscheibe flimmerten, sagten seine pubertierenden Söhne, ›Mensch, Vater, da warst du doch auch dabei?‹ Und er hat bis jetzt immer nur Ja gesagt. Aber nicht, in welcher Mission er dabei war.«

Natürlich hatte er wahnsinnige Angst vor dem Outing. Annegret Stephan hat ihm das Gespräch angeboten, die Hilfe, weil es ja schon ein Schuldeingeständnis war, dass er seine Mitarbeit zugab.

Teil III

Protokolle: Das Leben danach

Haftzeit zwischen 1945 und 1949

Roland Bude: Abscheu vor der Leere

Bude bedeutet auf Tschechisch: Es wird sein. Roland Bude ist 1926 geboren, ist Sudetendeutscher, und stammt aus Gablonz (heute: Jablonec nad Nisou) an der tschechisch-polnischen Grenze. 1944 macht er das Notabitur und wird noch in die deutsche Wehrmacht eingezogen. Nach Kriegsende wird er bis 1946 in der Tschechoslowakei interniert. Von dort ist er nach Zittau in die sowjetisch besetzte Zone gekommen. Seine Heimatstadt Gablonz ist nur 40 Kilometer von Zittau entfernt.

Ich bin 1946 aus der tschechischen Internierung geflohen. Ich bin Sudetendeutscher und war in der Tschechoslowakei interniert. Da konnte ich mich herausschwindeln und bin nach Zittau gekommen in die Zone. Dort hatte ich das erste Aha-Erlebnis mit dem Charakter dieses Systems. In Zittau wurde mir gesagt: »Wenn du hierbleiben willst, gibt es nur einen, der helfen kann. Das ist der Vorsitzende der kommunistischen Partei. Da geh mal hin.« Das war ein Herr von Sanden. Der empfing mich und hielt mir einen großen Vortrag über die nationale Haltung der KPD. Er sagte: »Wir können versuchen, Ihnen zu helfen, wenn Sie bereit sind, in die KPD einzutreten.« Da bin ich wieder gegangen.

Weil er fliehen musste, hat Bude keine Papiere, keine Zeugnisse mehr. Wie soll er beweisen, dass er das Abitur gemacht hat? Aber er hat Glück: In Arnstadt läuft gerade ein Lehrgang für Kriegsteilnehmer, die das Abitur nachholen wollen. Die Prüfung soll von der Universität zur Immatrikulation anerkannt werden. In der Schule wird er von einem Studienrat aus seiner Gablonzer Schule erkannt. Daraufhin darf er an dem Kurs teilnehmen.

Gleichzeitig meldete ich mich beim Arbeitsamt und bekundete, dass ich Jura studieren möchte. Dort fragte man mich: »Was war Ihr Vater?« Der Vater war Angestellter, Buchhalter. »Das kommt nicht infrage. Wir brauchen hier die fortschrittlichen Kinder von den fortschrittlichen Gesellschaftsgruppen der Arbeiter oder der Bauern. Also schlagen Sie sich das aus dem Kopf. In der Justiz brauchen wir fortschrittliche Leute.« – »Dann melden Sie mich für Deutsch und Geschichte.« Ich durfte mich in Jena vorstellen. Da waren drei Professoren und zwei gesellschaftliche Vertreter. Man gab mir schon bald die Hand und gratulierte mir, dass ich angenommen wäre. Dann kam aber das offizielle Ergebnis. Der Mann vom FDGB setzte sich durch. Mangels sozialer Voraussetzungen wurde ich nicht zum Studium zugelassen.

1946 war ich 20. Und ich hatte schon in der Tschechoslowakei Tschechisch gelernt und hatte während der Internierung von Mai 45 bis Februar 46 bei Russen gearbeitet. Und damals hatte ich mir die Zeitung genommen und angefangen, Russisch zu lernen und zu lesen. Ein Mithäftling aus Serbien, die Serben schreiben ja auch in der kyrillischen Schrift, brachte mir die Schrift bei. Als ich im April nach Arnstadt kam, las ich: Halbjähriger Lehrgang zur Ausbildung von Russischlehrern. Da bin ich reingegangen. Die machten eine kurze Prüfung. Ja, der bringt genügend mit. Der kann nicht nur das Alphabet lesen, sondern versteht auch schon was, Tschechisch kann er auch. Also das geht. So legte ich, gleichzeitig mit dem Abitur, die Prüfung ab zur Verwendung als Sprachhilfslehrer für Russisch und wurde zum 1. Dezember 1946 eingestellt. Das war meine Rettung.

Als Bude Papiere vom Kreisschulamt vorlegen kann, in denen sein Einsatz als Russischlehrer belegt ist, wird er zum Wintersemester 1947/48 doch noch und unter der Bedingung immatrikuliert, dass er bereit ist, Russisch als Hauptfach zu studieren. Bude ist einverstanden. Während seines Studiums in Jena trifft Bude eine Bekannte aus Gablonz wieder, die ebenfalls Russisch studiert. Sie heiraten und sind seit 1948 ein Ehepaar. Beide gehen nach Rostock, als der in Jena ungekündigte Slawist in den Westen geht. Rostock hat damals den Ruf, dass sie dort in der Parteipolitik nicht so scharf seien.

Damit ich in Rostock zum Studium zugelassen wurde, musste ich wie jeder andere den Nachweis über die Beteiligung am Aufbau des demokratischen Lebens beibringen. Also war ich eingetreten, gleich im März 1946, in die FDJ. Die war ja damals noch eine überparteiliche Organisation mit mehreren Leuten aus dem Westen im Vorstand. Ich engagierte mich in der FDJ und wurde im Februar 1950 zur Wahl in den Studentenrat vorgeschlagen. Und das war die letzte Persönlichkeitswahl. Jedenfalls dachten wir damals, dass es eine würde.

Während des Verfahrens zeigte sich aber, dass es nur noch eine Einheitsliste gab. Ich wurde in den Studentenrat gewählt. Gleichzeitig merkten wir aber, dass die SED Druck machte. Man musste bereits den wissenschaftlichen Marxismus belegen, egal ob man Theologe war oder Landwirt. Wir versuchten, gegen diese Parteiausrichtung zu opponieren. In den Sitzungen stimmten wir dagegen, was dazu führte, dass die Ersten verhaftet wurden. Einige hauten auch ab nach Westberlin. Und so nahm ich 1950 Kontakt zu den Vorgängern von mir im Studentenrat auf. Ich hatte es da einfach. Wir wohnten in Gotha. Wenn ich nach Hause fuhr, fuhr ich über Berlin.

1949 wird Budes Kommilitone Arno Esch verhaftet. Er hat wie Bude in Rostock studiert und wird 1949 in den Zentralvorstand der Liberal-Demokratischen Partei Deutschlands (LDPD) gewählt. Der Pazifist, der zu den Autoren des »Eisenacher Programms« der LDPD gehört, wird 1950 vor einem sowjetischen Militärtribunal in Schwerin wegen angeblicher Spionage zum Tode verurteilt. 1951 wird Esch in der Lubjanka in Moskau hingerichtet.[34]

Nach der Verhaftung von Arno Esch und einigen anderen im November 1949 nahm ich Kontakt zu einigen Freunden auf, die bereits nach Westberlin gegangen waren. Da war auch einer von der LDP und einer von der CDU. Und denen sagte man so einige Dinge. Die waren interessiert, die brachten es auch immer im RIAS. Das war für uns das Dolle, dass die SED immer so perplex war, wenn etwas im RIAS gekommen war. Zum Beispiel, wenn es um die Vergabe von Stipendien ging oder um die Zulassung zum Studium. Dass es nicht nach der Leistung, nicht nach dem Abiturzeugnis ging, sondern um den sozialen Proporz, ob jemand Arbeiter- und Bauernkind war. Und da waren wir dagegen. Wir plädierten dafür, dass jeder studieren können sollte. Selbstverständlich sollten Arbeiterkinder studieren können. Nur sollte man die, ehe man sie an die Universität lässt, erst einmal vorbereiten. Die sollten das Abitur machen, damit sie die gleichen Voraussetzungen hatten wie diejenigen, die in die Oberschule gegangen sind. Da haben wir damals lebhaft protestiert.

In Rostock konnten wir erreichen, dass wir im Zulassungsausschuss und im Stipendienausschuss die Mehrheit hatten. Wir, das waren die Nicht-SED-Leute. Im Studentenrat hatten wir zwar nicht die Mehrheit, aber es bestand ein Stimmenverhältnis von 12:11. Und wir fanden immer unter den Genossen im vertraulichen Gespräch ein, zwei Leute, die mit uns stimmen wollten. Dann beantragte einer – meistens ich – die geheime Abstimmung. Das war damals noch möglich. In der geheimen Abstimmung haben dann zwei SED-Mitglieder für unseren Antrag gestimmt. Die SED führte Untersuchungen mit hochnotpeinlichen Befragungen in den eigenen Reihen durch. Ein halbes Jahr oder anderthalb Semester konnten wir diese Opposition durchhalten, aber länger nicht.

34 Zu Arno Esch vgl.: http://de.Wikipedia.org/wiki/Arno_Esch (Stand 15.11.2008). 1990 wird Esch durch den Obersten Gerichtshof der Sowjetunion rehabilitiert.

Das Deutschlandtreffen

Im Mai 1950 fand das Deutschlandtreffen der Jugend statt, das von der FDJ organisiert worden war. An dem Treffen nahmen 700.000 Jugendliche teil. Wir wurden in Güterwaggons, in richtigen Massentransporten, nach Berlin gebracht und dort in Schulen untergebracht. Das Wichtigste war, dass alle in den blauen FDJ-Hemden kamen. Und für uns war das wichtigste Kleidungsstück demnach ein weißes Hemd. Denn wo es nur ging, zogen alle ihr blaues Hemd aus und ein weißes Hemd an. Jeder wollte mal in den Westsektor fahren und sehen, was es da gab. Und dort waren in diesen Tagen die Kinos umsonst.

Stasihaft

Die »Kampfgruppe gegen Unmenschlichkeit«[35] suchte während dieses Treffens wirklich Kontakte mit Rostock. Sie suchten jemanden, der ihre Flugblätter dorthin brachte. Ein Rostocker hatte sich bei denen eingeschlichen. Er besuchte dieselben Bekannten wie ich. Von denen hat er einen Koffer Literatur mitgenommen und ihn als Bahngepäck aufgegeben. Als er in Rostock ankam und den Koffer in Empfang nehmen wollte, wartete die Polizei schon auf ihn. Er wurde also befragt, wer noch Kontakte zu der Gruppe hatte. Offensichtlich hat man ihm gesagt, er müsse keine Konsequenzen fürchten, wenn er aussage; also nannte er einige Namen, unter anderem auch meinen.

Ich ging am 13. Juli 1953 wie jeden Tag in das Gebäude, in dem die Mensa war. Dort waren auch das Büro des Studentenrats und das Büro der FDJ und des FDGB. Da hieß es, ich solle zum Verwaltungsdirektor kommen. Ich bin erst zum Mittagessen und danach zum Verwaltungsdirektor gegangen. Da verschlug es mir allerdings die Sprache: Mich erwarteten dort drei Volkspolizisten und vier Leute in Zivil. Von ihnen kannte ich nur den Verwaltungsdirektor und den Studentendekan. Der Studentendekan bestätigte, dass ich Roland Bude sei, der, den sie suchten. Dann wurde ich mit dem Vorwurf konfrontiert, ich sei an Buntmetallschmuggel beteiligt. Ich sagte, »ich kann Kupfer nicht von Messing unterscheiden. Was soll der Quatsch? Ich bekomme ein Stipendium, ich bin nicht ein Mensch, der Geschäfte macht.« Sagten die, es gebe jemanden, der die Anschuldigung bestätige. Sag ich, na gut, dann machen Sie doch eine Gegenüberstellung.

35 Antikommunistische Widerstandsgruppe bis 1959, gegründet unter anderem von Rainer Hildebrandt und Ernst Benda (vgl. mit Stand 15.7.2010: http://de.wikipedia.org/wiki/Kampfgruppe_gegen_Unmenschlichkeit).

Wenn ich cleverer gewesen wäre und der Schreck mir nicht so in die Glieder gefahren wäre, hätte ich vielleicht noch versucht wegzurennen, was einem anderen übrigens tatsächlich gelungen ist.

Ich wurde ins Stasigebäude gebracht und wartete auf die Gegenüberstellung. Mir wurde ein Foto gezeigt. »Kenne ich nicht«, sagte ich. Ein Oberst Bruhns – Name und Dienstgrad erfuhr ich damals schon, Dienstgrad sah ich ja, seinen Namen nannte er – zeigte mir einen Brotbeutel von der Wehrmacht: Ob ich den kenne? Sicher kannte ich den, ich war doch Soldat im Krieg. Dann zeigte er mir Westberliner Zeitungen. Genau an diesem Tag hatte ich mittags in der Toilette von einem Bekannten dessen Exemplar der *Tarantel* bekommen. Die *Tarantel* war eine satirische Zeitschrift, die sich lustig machte über die politischen Verhältnisse in der DDR und in der SED und allgemein über den Kommunismus. So was interessierte mich immer, und ich hatte die noch hinten in der Gesäßtasche. Nun war ich also völlig in Not. Sag ich, »selbstverständlich kenne ich die. Wenn ich nach Gotha fahre und die Bahn über Berlin geht, dann hält der Zug auch am Bahnhof Zoo. Da werden die Zeitungen an uns aus der Zone, die wir kein Westgeld haben, umsonst verteilt. Zu Hause habe ich noch die eine oder andere.«

Ein guter Freund hatte meiner Frau telegrafiert, sie solle sofort nach Rostock kommen. Meine Frau war gerade im Mutterschafts-Freisemester. Sie kam. Und ich wurde eines Tages aus dem Keller geholt. Meine Frau ist Arbeiterkind, ihr Vater war Bergmann, sie kommt aus einer alten sozialdemokratischen Familie. Und sie war Mitglied der SED. Aber sie hat immer viel schärfer kritisiert als ich. Das konnte sie sich als Arbeiterkind erlauben. Trotzdem hatte ich immer Angst um sie. Und während der Begegnung sagte ich zu ihr: »Ich habe dich nie hintergangen, ich war immer ehrlich zu dir. Aber in dem Punkt, in dem hier entscheidenden Punkt habe ich dir nicht die volle Wahrheit gesagt, dass ich nämlich die SED ablehne und dieses System nicht mag.« Daraufhin ließ man sie wieder laufen, und sie schaffte es, nach Westberlin zu kommen. Das erfuhr ich aber erst später. Während der Verhöre war immer wieder gesagt worden: »Wir wissen alles. Wir haben Ihre Familie in unserer Hand.« Ich bin nur froh, dass ich nicht zu den Grüblern gehörte. Denn derjenige, der grübelte, der machte sich selber kaputt. Man musste die Situation nehmen wie sie war und damit zurechtkommen.

Mehrmals wurde ich von der Stasi gefragt, ob ich nicht mit ihnen zusammenarbeiten wolle. Sagte ich: »Hören Sie mal, ich habe mit dem Oberst Bruhns diskutiert. Wenn ich rauskomme und bin nun plötzlich *für* die SED, trete sogar in die SED ein, dann glaubt das doch kein Mensch.« Daraufhin er: »Uns kommt es überhaupt nicht darauf an, ob das Ihre Meinung ist. Worauf es uns ankommt, ist, dass jedermann sieht, wir sind stärker, und dass wir auch so einen wie Sie gebrochen haben und auf unsere Seite rüberziehen konnten.«

Da kriegte ich es erst recht mit der Angst zu tun. Ich dachte, wenn ich jetzt etwas unterschreibe, kriege ich Aufträge, die ich nicht erfüllen kann. Dass ich die nicht ausführen würde, war für mich völlig klar. Ich lehnte ab. »Wir haben Zeit«, sagte der Oberst. »Sie werden schon merken, dass wir am längeren Hebel sitzen.« Am nächsten Tag kam ich zu den Russen, das heißt zum sowjetischen Militärtribunal in Schwerin.

Außer mir waren noch zwei weitere Studenten verhaftet worden. Wir drei wurden in einem gemeinsamen Prozess der antisowjetischen Propaganda, der illegalen Gruppenbildung und der Spionage angeklagt. Der Vorwurf der Spionage wurde ganz schlicht konstruiert: Mein Bekannter lebte in Westberlin im amerikanischen Sektor. Ein Student, der aus Rostock in den amerikanischen Sektor von Berlin geflüchtet ist, war demnach ein Spion der Amerikaner. Verurteilt wurde ich vom sowjetischen Militärtribunal in Schwerin. Alle drei bekamen wir 25 Jahre. Ich bekam gleich zweimal 25 Jahre. Verurteilt wurde ich am 31. Oktober 1950, und entlassen bin ich worden am 16. Oktober 1955 nach Adenauers Verhandlungen.

Russisches Gefängnis

Zu den Methoden in der Haft gehörte die Beschimpfung. »Solche wie Sie«, sagte der Vernehmungsoffizier zu mir, »landen auf dem Kehrichthaufen der Geschichte.« Es gab schon damals so etwas wie psychische Folter, zum Beispiel die schlimmen Spielchen mit Kettengerassel. Man hörte die Ketten, und dann kam man mit Häftlingen zusammen, die das schon erlebt hatten. Mein bester Freund hat mir gesagt, die hätten ihn zwei Tage und zwei Nächte so zusammengeschlagen und geprügelt, dass er alles unterschrieben habe. Er hat überhaupt nicht mehr hingehört, er hat nur noch Ja gesagt. Wenn man das hört, hat man natürlich immer Angst. Jeder Mensch hat das. Das ist schon eine psychische Belastung. Wer ist schon unempfindlich gegen Schmerzen? An physischer Folter habe ich aber höchstens erlebt, wie mir jemand das Lineal unter die Rippen bohrte oder auf die Finger haute. Ich wusste, andere hatten mehr hinter sich.

Eine Gefängnisordnung hing nicht aus, weder im deutschen noch im russischen Gefängnis in Schwerin. Wir erhielten keine Regelung, von wann bis wann Ruhe zu halten war. Wir hatten keinen Rechtsanwalt, konnten keinen Kontakt mit irgendjemandem aufnehmen und auch keinen Entlastungszeugen benennen. Das heißt, wir konnten ihn benennen, aber es hat nichts genützt. Er wurde nicht hinzugezogen. Es ist diese Rechtlosigkeit und Ohnmacht, die dem Gefangenen zu schaffen machte. Weil man gar nicht wusste, nach welchen Regeln geht das vor sich. Ich habe mich nach einer Haftverfügung und nach der Verfassung erkundigt. Da hat der Vernehmer zu mir gesagt: »Unsere Verfassung gilt nicht für Leute wie Sie. Es ist unsere Sache, wie wir unsere Verfassung auslegen.« Wir waren ihnen schon vorher, als wir noch in Stasihaft waren, auf Gedeih und Verderb ausgeliefert.

Zwei von uns wurden über Brest-Litowsk und Moskau nach Workuta gebracht. Der Dritte blieb in der Zone, die damals schon DDR hieß. Erst später, als ich meine Stasiakte gelesen habe, habe ich begriffen, wie manipulativ wir damals behandelt worden sind. Ich habe festgestellt, dass schon in Schwerin feststand, dass ich nach Workuta in dieses strenge Straflager komme und dort bis zum Ende meiner Haft schuften sollte. Das wurde mir aber nie gesagt.

Nach Russland

Als wir losfuhren, wussten wir noch immer nicht, wohin die Fahrt ging. Mir hat noch im Gefängnis in Schwerin einer Prügel angeboten, als ich gesagt hab, heute könne doch keiner mehr nach Russland kommen. Da würde der Westen doch ein Trara machen. Als wir dann unterwegs hörten: »Frankfurt/Oder, Frankfurt/Oder« – die Eisenbahner waren so clever, den Namen der Station so oft wie möglich auszurufen – und als wir dann merkten, dass wir über die Oder fuhren, da kam das totale Down.

Durchgangsgefängnis

Im Januar 1951 kam ich nach Moskau in ein Durchgangsgefängnis. Wir Deutschen waren höchstens zehn Prozent aller Gefangenen. Die anderen waren alles Sowjetbürger, zum Teil echte Verbrecher. Solche, die sechs Leute umgebracht haben. Die wurden ja aufgerufen, und die Strafe wurde vorgelesen. Ich kriegte das alles mit. Ich konnte ja Russisch.

Als Erstes kamen wir in eine Zelle in dem Durchgangsgefängnis bei der Peresilka Krasnaja Presnja in Moskau. Und da hing endlich eine Zeitung aus. Wir waren ja alle verhaftet worden zwischen Mai und August 1950, als der Koreakrieg begann. Wir wollten also wissen, wie steht das in dem Koreakrieg. Ich fing an, laut vorzulesen. Und da kam gleich einer und stieß mich so zur Seite, dass ich am Boden liegen blieb. Erst habe ich gedacht, der wollte das selber lesen. Er sprach mich auf Russisch an: »Sind Sie Deutscher?« – »Ja.« – »Sie sprechen Russisch?« –»Ja.« – »Also, ich gebe Ihnen den guten Rat, lesen Sie nie etwas in Deutsch vor, was Sie da in Russisch lesen. Wenn Sie jemand etwas mitteilen wollen, gucken Sie sich die Leute an, nehmen Sie die beiseite und übersetzen Sie heimlich. Sonst kann etwas konstruiert werden zu Ihren Ungunsten. Schon, wenn einer lacht oder schreit, und dann fällt vielleicht gerade der Name einer Sowjetgröße, dann sind Sie dran und kriegen einen neuen Prozess wegen Verhöhnung der sowjetischen Autoritäten.« Die Warnung habe ich begriffen. Ich hielt mich zurück.

Workuta – Arbeit im Schacht

In Lebensgefahr bin ich einmal geraten, als ich im Schacht einen Unfall hatte. Im Schacht war man eigentlich immer in Lebensgefahr. Denn erstens entsprachen die Kohlegrubenanlagen nicht unserem heutigen oder auch dem damaligen technischen und Sicherheitsstandard, und zweitens versucht der Häftling, der Zwangsarbeiter, es sich leichter zu machen. Er erfüllt die strenge Norm nicht. Er kann die Norm nicht schaffen. Ich musste Holz in den Förderkorb reichen. Wir hatten ein Flöz von 4,80 Metern. Das waren also Stämme von mehr als 4,80 Meter Länge. Das hieß, die musste ich tragen. Nach der Norm sollten die einen Durchmesser von 20 Zentimetern haben. Dann haben wir die aber nicht im Abstand von 70 auf 70 gesetzt, sondern von 90 auf 90 oder sogar von 120 auf 120. Dafür hatten wir immer einen gehabt, der gehorcht hat. Und wenn etwas war, wenn er hörte, jetzt knistert es, weil die schwachen Stämme das nicht mehr hielten, schrie er eben »Raus!« Unser Brigadier war ein Ukrainer – der konnte nur die ersten fünf Buchstaben von seinem Namen schreiben. Aber das war ein Brigadier! Bei dem kam keiner zu Schaden. Bei dem erfüllte auch jeder die Norm. Das verstand der. Es ist immer eine Gratwanderung; man kann Pech haben im Schacht oder nicht.

Wenn man vorne im Flöz war, hörte man ein Zischen. Das war das Methan. Das war dort eine ganz junge Kohle. Die hat noch unheimlich viel Gas gehabt. Das war gefährlich.

Für mich ist wichtig gewesen, dass ich nicht in den schlimmsten Lumpen rumlaufen musste. Und ich habe zugesehen, dass ich in eine Brigade kam, die ihre Arbeitsleistung erfüllte. Dann hatte ich Ruhe. Und wenn die Schicht vorbei war, suchte ich mir vernünftige Leute, mit denen ich mich verstand. Provokationen waren immer gefährlich. Und ich galt ja auch in Workuta als Spion. Als ich 1993 noch einmal nach Workuta zurückkehrte, fand ich im Lagerbüro meine Karteikarte. Da stand: Bude, Roland, Spion Ameriki.

Entlassung

Durch russische Zeitungen haben wir erfahren, dass die Japaner und die Italiener wegen ihrer Kriegsgefangenen viel unternahmen. Und dass auch in Deutschland Politiker wegen der letzten Kriegsgefangenen aktiv waren. Aber wir waren doch keine Kriegsgefangenen. Was ist denn mit uns? In Deutschland hat nie jemand von den Zivildeportierten oder Zivilverurteilten gesprochen. Waren wir vergessen?

Ich glaube, die schlimmste psychische Belastung haben wir erlebt, als wir einfach verschwanden. Ich habe im Dezember 1953 das erste Mal aus Russland schreiben dürfen. Bis dahin wussten unsere Angehörigen nichts von uns, und wir wussten nichts von ihnen. Wir sind einfach vergessen worden. Die ersten Antworten kamen im Februar 1954. Wir kriegten diese Rot-Kreuz-Karten. Die Russen waren viel ängstlicher als wir. Die fragten wir: »Was sollen wir denn schreiben?« – »Schreibt nur, ihr seid gesund.« Einige konnten das nicht, dann schrieb man denen die Briefe. Das ging so: »Guten Tag, liebe Mutter oder Ehefrau«, und dann wurden sie alle aufgeführt, die Verwandten, alle. »Ich freue mich, dass ich Euch mitteilen kann, dass ich nach wie vor am Leben und gesund und munter bin.« Und wir kriegten dann denselben Brief. Und wir bekamen auch Pakete nach Workuta. Da verbesserte sich unsere Situation.

Mein Vater und meine Frau hatten Kontakt mit dem Verband deutscher Studentenschaften und mit der Kirche. Und dann haben sie an den Bischof geschrieben, dass sie sich nach mir erkundigen. Und diese Stellen fingen nun an, Pakete zu schicken. Von vielen Leuten kriegte man nun Pakete. Bei uns gab es diese blauen Trainingsanzüge. Jeder kriegte die. Ich kriegte gleich dreimal solch einen Trainingsanzug. Den verkaufte ich für 150 Rubel, das war der Durchschnittsverdienst eines Monats, den ich dadurch zusätzlich hatte. Am Ende liefen alle Ingenieure des Schachtes in den blauen Trainingsanzügen der politischen Häftlinge rum, die die aus Deutschland gekriegt haben. Was haben wir gelacht!

1955 fuhr Konrad Adenauer nach Moskau. Wir waren gespannt. Als er dann sagte: »Es geht uns um die Deutschen, die noch in Ihrer Hand sind«, haben wir gedacht, damit könnten wir gemeint sein. Sonst hätte er von den ehemaligen Kriegsgefangenen gesprochen. Von uns war nie die Rede bis zu der Erklärung von Adenauer. Nach gut fünf Jahren wurde ich aufgrund von Adenauers Intervention am 16. Oktober 1955 entlassen.

Zurück in Deutschland

Zurück in Deutschland, diesmal in der Bundesrepublik bei Frau und Kind, hieß es, sich ins zivile Leben wieder einzugewöhnen. Plötzlich war ich da als ein zusätzlicher Esser in der Familie. Für mein Studium gab es damals noch kein BAföG. Sechs Semester lang bekam ich einen Zuschuss von 72 D-Mark. Das Schlimmste war, dass unserem Kind und der Familie das normale Familienleben und dem Kind die Kindheit zerstört worden ist. Das Kind hat nicht Mutter und Vater gemeinsam erlebt. Mit dem Sohn hatten wir dann auch Schwierigkeiten. Es dauerte, bis wir ihn in Bonn zu uns nehmen konnten. Der Sohn lebte im Internat. Es war damals nicht leicht, eine Wohnung zu bekommen. Meine Frau hat die ganzen Jahre allein mit dem Kind gelebt, als junge Frau von 24 Jahren mit einem 18 Monate alten Kind. Wenn da der Mann plötzlich verschwindet, muss man das erstmal verkraften. Sie musste als Dienstmädchen bei einer amerikanischen Offiziersfamilie arbeiten. Auch in der Produktion hat sie gearbeitet. Und bei der Caritas. Als ich zurückkam, bekam sie immerhin ein mittleres Einkommen.

Hilfe und Entschädigung

Ich wurde als politischer Häftling nach dem Häftlingshilfegesetz in der Bundesrepublik anerkannt. Ich bin ja Ende 1955 gekommen, da war das Häftlingshilfegesetz gerade neu verabschiedet.[36] Ich habe also von der damaligen ersten Ausgleichszahlung von 3.250 D-Mark zunächst nichts bekommen. Da meine Frau verdiente und ich 72 D-Mark pro Semester erhielt, ergab das zusammen vier Mark im Monat mehr, als die damalige Obergrenze des zulässigen Einkommens der Antragsteller betrug. Damals wurde von den Betroffenen ganz gewaltig interveniert. So wie mich traf es ja viele. Das Gesetz wurde dann geändert. Ich bekam das Geld auch nicht sofort, sondern erst 1958. Da war ich schon zweieinhalb Jahre hier. Ich hätte die 3.000 Mark allerdings damals am Anfang gebraucht. Wir haben uns mächtig durchbeißen müssen.

Nach meiner Rückkehr habe ich mein Studium in München fortgesetzt. Ich habe Slawistik und Osteuropäische Geschichte ab dem Sommersemester 1956 belegt und war, wie man damals sagte, ein Werkstudent. Ich bin vom Osteuropa-Institut in München zu verschiedenen Forschungsvorhaben herangezogen worden, und ich war auch ein paar Monate im Presseamt in Bonn.

Ich bin krank zurückgekommen und bin als behindert anerkannt. Zunächst waren es 50%. Ich hatte Leberzellenschaden und Herzmuskelbeeinträchtigung, und vor allen Dingen hatte ich durch einen Unfall im Schacht im rechten Knie eine Absplitterung der Gelenkkapsel. Zweimal musste ich am Knie operiert werden. Danach machten Hüfte und das Kreuz Probleme. Ich bin von einem

36 Das HHG-Gesetz ist am 6. August 1955 in Kraft getreten.

Arzt zum anderen gelaufen. Und immer, wenn ich eine Kur beantragt habe, wurde neu untersucht. So ist die Behinderung von 50% auf 80% angehoben worden.

Mit dem Versorgungsamt hatte ich teilweise Glück. Als ich nach München kam, hatte ich einen Arzt, der in der internistischen Klinik auch NS-Verfolgte auf ihre Gesundheitsschäden untersucht hatte. Und so konnte ich das mit seiner Hilfe richtig darstellen. Für meine Behinderung erhalte ich heute 248 Euro monatlich. Leben hätte ich davon allerdings nicht gekonnt.

Wegen eines Unfalls während meiner Haft musste ich auch jahrelang gegen das Versorgungsamt prozessieren. Bei dem Unfall war eine Platte verrutscht, die ich trug. Seither habe ich immer wieder Hexenschuss und Ischias gehabt. Ich konnte beweisen, dass ich das bis dahin nie hatte, auch im Lager nicht. Die Kameraden bestätigten das. Sie waren bei dem Unfall dabei gewesen. Mir wurde gesagt, ich hätte ja auch auf einer Bananenschale ausrutschen können oder mir den Rücken verreißen, davon hätte ich den Hexenschuss ebenfalls bekommen können. Ich bin dann vor Gericht gezogen, habe aber den Prozess verloren. Die Versorgungsämter haben oft nicht das notwendige Einfühlungsvermögen.

Ein Freund aus der Rostocker Zeit hat mir empfohlen, mich im gesamtdeutschen Ministerium zu bewerben. Und so bin ich dann am 1. Juni 1959 als abgebrochener Student gleich in den höheren Dienst eingestellt worden, im »Verein zur Förderung der Wiedervereinigung Deutschlands«. Das war eine Einrichtung, die sogenannte Wiedervereinigungspropaganda betrieben hat. Für das Haus »Einheit in Freiheit« mit Ausstellung, Bibliothek, Filmsaal usw. wurde ein Leiter gesucht. Ich bewarb mich und wurde Leiter dieses Hauses in Bonn. 1962 wurde ich dann ins Ministerium geholt.

Lange habe ich nicht wahrhaben wollen, dass der Osten Deutschlands verloren war und man dorthin nicht mehr zurückkommt. Die Festlegung der Ostgrenze, so war es im Potsdamer Abkommen aufs Papier gebracht worden, sollte erst nach einem Friedensvertrag erfolgen. Anfang der 60er Jahre hat auch Willy Brandt noch gesagt, Verzicht sei Verrat. 1965 ist die Denkschrift der EKD erschienen, die sich die SPD schnell zu eigen gemacht hat. Seit 1968 hat Willy Brandt die Anerkennung der Oder-Neiße-Grenze gefordert. Das war ein schreckliches Erwachen für viele Vertriebene. Von den Vertriebenensprechern hatte damals niemand den Mut zu einem Kompromiss: auf Ostpreußen und einen Teil von Hinterpommern zu verzichten, wenn damit Schlesien erhalten wird. Ich bin damals zum damaligen Vorsitzenden der Vertriebenen, Reinhold Rehs, gegangen, um ihn zu einer Kompromisslinie zu bewegen und zum Eingeständnis der eigenen Schuld. Aber ich fand keinen, der den Mut dazu aufbrachte.

Roland Bude ist von 1992 bis 1995 Vorsitzender der Union der Opferverbände kommunistischer Gewaltherrschaft (UOKG) gewesen und seit 1998 Vizepräsident der Internationalen Assoziation ehemals politischer Gefangener und Opfer des Kommunismus. Ab Mitte der 90er Jahre war er zunächst Vorstandsvorsitzender und dann Vorstandsmitglied der Häftlingshilfestiftung in Bonn. Außerdem gehört er dem losen Zusammenschluss der »Workutaner«[37] an. Zeitweise war er ihr Sprecher. Roland Bude hat eine Vielzahl von Funktionen inne und sagt dennoch, er habe sich in den Häftlingsverbänden erst sehr spät engagiert. Wenn er etwas mache, mache er es entweder gründlich oder gar nicht. Und die Zeit, sich dieser Arbeit richtig zu widmen, hatte er erst nach seiner Pensionierung. Roland Bude ist im Bundesministerium für Inneres tätig gewesen.

Rehabilitierung

Ich habe Kontakt mit den Leuten gehabt, durch deren Aussagen ich verhaftet worden bin. Ich habe gewusst, dass meine Kontakte zum RIAS zu einer Verhaftung führen können. Die in Berlin haben mir ja gesagt, ich solle nicht zurück, ich solle dableiben. Aber ich wollte nicht. Ich sagte, »mir kann nichts passieren. Kein Mensch vermutet was. Ich bin so vorsichtig wie sonst niemand.« Der, der mich verpfiffen hat, ist damals schon in der Verurteiltenzelle auf mich zugekommen: »Roland, ich bin überzeugt, dass es notwendig und richtig ist, dass wir diesen Weg gehen.« Sage ich: »Alfred, du dummes Schwein. Ich habe Frau und Kind. Hau ab mit diesen blöden Reden. Sonst – ich bin stärker als du – schlag ich dich zusammen.«

Es gab noch einen anderen. Der sagt: »Herr Bude, es tut mir schrecklich leid. Ich glaube, ich habe es mitverschuldet, dass Sie verhaftet wurden. Aber Sie wissen, ich kann mich schwer verstellen. Ich kann nicht lügen – bin praktizierender evangelischer Christ. Offensichtlich haben die meine Äußerung so verstanden, dass Sie nicht voll und ganz hinter den politischen Zielen stehen. Das tut mir schrecklich leid.« Mit dem bin ich nicht gerade befreundet, aber wir haben nach wie vor freundschaftlichen Kontakt. Das war für mich eben Schicksal.

Mit dem Ersten hatte ich nach meiner Entlassung noch einmal zu tun. 1957 wurde ich von der Kriminalpolizei in München angerufen. Die fragen mich, ob ich den Soundso kenne. Sage ich: »Ja, den kenne ich. Was will der?« Der hatte krumme Dinger gedreht, Unterschlagungen und Betrügereien. Er meinte nun, ich könnte bezeugen, dass er eine sehr schwere Zeit mitgemacht hat in Workuta. Er führte sein Fehlverhalten auf die psychischen Schädigungen der

37 Häftlinge, die in Workuta in der Sowjetunion inhaftiert waren.

Haft zurück. Na, ich war entsetzt, dass ich für den, der mich verpfiffen und geschädigt hat, auch noch aussagen sollte. Ich sagte nur, er hat es halt versucht. Das ist ein charakterlich schwacher Mensch.

Für die Rehabilitierung durch Russland habe ich selbst den Antrag gestellt. Wir wurden dazu aufgefordert. Ich war zuerst dagegen. Aber dann haben mich andere überzeugt und haben argumentiert: »Uns liegt doch daran, dass die Russen zugeben, zu welchem Prozentsatz die Urteile ungesetzlich gewesen sind.« Den Urteilen lagen ja keine Straftaten zugrunde, sondern es waren Urteile aus rein politischen Gründen gefällt worden. Und als Ergebnis hieß es dann 1993 lapidar: »Die Überprüfung des Verfahrens hat ergeben, dass kein Straftatbestand vorlag. Er ist voll rehabilitiert.«

Solch eine Begründung kriegen dann auch die Angehörigen der Leute, die sie erschossen haben. Da geht es auch so lapidar zu. Wie zum Beispiel bei Arno Esch, unserem Freund in Rostock. Als Genscher Außenminister war, haben sich seine Freunde an ihn gewandt, ebenso an Gorbatschow. Arno Esch ist daraufhin schon 1991 rehabilitiert worden. Auch da heißt es: »Die Überprüfung des Verfahrens hat ergeben, dass kein Straftatbestand vorlag. Arno Esch ist voll rehabilitiert.«

Heute sehen wir, dass 80% aller Antragsteller rehabilitiert wurden. Allein aufgrund der Akten. Für die ehemaligen Häftlinge war das wichtig, denn es zeigt, wie fadenscheinig die Verfahren waren. Mit einer Haftentschädigung ist die Aufhebung der Urteile nicht verbunden. Es gab auch keine Entschuldigung und kein Dankeschön. Es läuft alles frei nach dem Motto: Wir bedauern nichts.

Als Bude seine heutige soziale Lage einschätzen soll, sagt er, sie sei sehr gut. Seine Frau ist stets berufstätig gewesen und durch die Zeit, die sie bei der UNO-Flüchtlingskommission beschäftigt war, hat sie einen eigenen Pensionsanspruch. Vorher war sie Angestellte, bezieht also eine eigene Rente. Bude sagt, sie seien beide sparsam. Seine Frau hat bis zum Alter von 79 Jahren keine Hilfe im Haus geduldet. Das Haus, das sie für wenig Geld gekauft haben, ist abbezahlt. Mit ihrem Geld unterstützen sie den Sohn oder beschenken die Enkelkinder; das macht ihnen die größte Freude.

Was Nachwirkungen betrifft, das können andere natürlich besser beurteilen. Meine Frau meint immer, ich sei zu sehr fixiert auf mein Schicksal und alles, was damit zusammenhängt. Das stimmt. Ich bin interessiert an dem Komplex Deutsche und Russen. Aber es ist nicht so, dass ich da monoman reagiere und nur davon rede. Außer wenn ich danach gefragt werde. Ich habe genügend Zirkel von Menschen, mit denen ich das diskutieren kann. Das muss nicht zu Hause passieren.

Als er die Liste möglicher Traumafolgen durchschaut, entdeckt er eine ganze Reihe seiner gesundheitlichen Störungen.

Bluthochdruck: Ja. Rückenprobleme: Ja. Auch die Herzprobleme sind durch das Lager gekommen. Es waren dort klimatisch äußerst schwierige Verhältnisse. Gesund wurden nur die Leute, die TBC hatten. Das Klima ist ein hochprozentiges Davos. Kälte und Sonnenschein. Leute mit Magenproblemen wurden auch gesund. Schlimm waren die dran, die Gelbsucht kriegten. Schlimm war auch, wenn drei Wochen lang 20 Grad Kälte und Windstille herrschten und plötzlich die Temperatur innerhalb von acht Stunden auf plus 4 Grad hochging, verbunden mit einem nassen Schneesturm. Da kriegten die Leute 220 Bluthochdruck. Schlafstörungen? Ja. Es gab immer Gerüchte. Wenn mir einer erzählt hat, die Amerikaner stünden vor Warschau und Ähnliches, lag ich schlaflos und träumte, dass sie mit MGs am Boden lägen und das Lager gegen die Bewacher verteidigten. Nervosität, Angst und Depression spielen bei mir keine Rolle. Allgemeine Angst auch nicht. Im Gegenteil. Ich bin eher leichtsinnig. Das war ich auch im Schacht.

Beziehungs- und Verlustangst kenne ich auch nicht. Die Beziehungen, die ich aufrechterhalten möchte, da weiß ich, dass ich etwas dafür tun muss. Die gehen mir dann auch nicht verlustig.

Albträume? Natürlich. Die Wende hat bis in meine Träume hineingereicht. Damit hatte man ja nicht mehr gerechnet. Ich träume seither immer mal wieder, ich bin auf der Flucht und stürze einen Abgrund hinunter. Beim Packen kriege ich meinen Kram nicht zusammen, die Hälfte ist weg, ist geklaut. Schlafstörungen? Die habe ich auch durch berufliche Belastungen gehabt. Das liegt vielleicht auch an meiner Uneinsichtigkeit.

Allgemeine Nervosität: Ja, die kenne ich, der werde ich nicht Herr; ich kriege sofort Schweißausbrüche. Und das nicht nur bei körperlicher Anstrengung, sondern auch, wenn mich irgendetwas ärgert oder freut. Wenn ich Fußball sehe – hält der den Elfmeter oder nicht – dann bin ich schweißgebadet. Das habe ich bis heute noch. Das hatte ich vorher nie.

Misstrauen? Ach, ich bin bis heute viel zu vertrauensselig. Aber Konzentrationsprobleme habe ich. Mich langweilt eine Sache schnell, da werde ich ungeduldig und gereizt.

Kontaktprobleme habe ich nie gehabt. Platzangst auch nicht. Aber Aggressivität ist ein Thema. Es gibt Menschen, die mir sagen, ich sei sehr aggressiv. Ich bin mir dessen aber nicht bewusst. In Diskussionen kommt es vor, dass Freunde mir hinterher sagen: »Mensch, musstest du denen so zusetzen?« Dabei meine ich, ich habe nur ganz normal argumentiert.

Mattigkeit kenne ich neuerdings. Ich bin oft müde, schlafe tagsüber ein. Aber das hat vielleicht mit der Haft wenig zu tun.

Eigentlich sollte ich das alles aufschreiben, viele raten mir dazu. Das wäre doch ein interessantes Buch. Aber ich bin auch bequem.

Was geblieben ist: Ich habe den Horror Vacui.

Horst Hennig: Wer mal auf der Pritsche lag …

Horst Hennig wurde 1926 im Mansfelder Seekreis geboren. Am Ende des Krieges ist er 19 Jahre alt und in amerikanischer Kriegsgefangenschaft in England. 1946 bringt ihn ein Lazarettschiff nach Deutschland zurück – sein rechter Arm ist gelähmt, deshalb wird er früh entlassen. An der Zonengrenze warnen die Briten die Gefangenen: Geht nicht in die sowjetische Besatzungszone. Wenn ihr Pech habt, schicken euch die Russen gleich weiter in ein Lager in Russland. Hennig hat diese Warnung in den Wind geschlagen. Er benötigt, um sich niederlassen zu können, von der russischen Kommandantur einen Unbedenklichkeitsstempel auf seinem Entlassungsschein. Sein Vater kann ihm dabei helfen, weil er weder im Krieg noch in der NSDAP gewesen ist. Es scheint alles gut zu gehen, und Hennig beginnt in Halle mit dem Medizinstudium.

Verhaftung

Nach der Erfahrung mit dem Nationalsozialismus wussten wir 1948/49 an der Universität: Wer eine Diktatur erkennt und sich ihr unterwirft, macht sich mitschuldig. Und wir Studenten der juristischen, der medizinischen, aber auch der landwirtschaftlichen Fakultät sagten, es ist ein Fehler, wenn wir die Dinge nicht beim Namen nennen. Damals finden gerade Studentenratswahlen statt. Uns werden Namen vorgegeben, die zu wählen sind. Niemand kannte diese Kandidaten für die Studentenvertretung, sie waren von einer übergeordneten Parteiorganisation benannt worden. Da haben wir gesagt: »Was ist denn hier demokratisch an dieser Wahl? Das ist doch wieder etwas Diktatorisches.« Das wurde offensichtlich den Russen zugetragen. Und die haben uns sechs Wochen nach der »Wahl« verhaftet.

Der *Rote Ochse* in Halle ist ein großes Zuchthaus, fast 100 Jahre alt. Unmittelbar nach dem Krieg haben die Sowjets jeden dorthin gebracht, der für sie undurchsichtig war oder der nicht nachweisen konnte, wo er herkam. Als ich 1950 verhaftet wurde, war nur noch der Block A des Zuchthauses als Untersuchungsgefängnis der MGB, das heißt der sowjetischen Militärgerichtsbarkeit, in Betrieb. Die übrigen Teile sind Mitte der 50er Jahre der kasernierten Volkspolizei übergeben worden, also den Organen des späteren Ministers Mielke.

Ich bin am 10. März 1950, dem Tag meiner Verhaftung, von 23 Uhr an von Untersuchungsoffizieren, die sich gegenseitig abgelöst haben, verhört worden. Das Verhör dauerte 17 Stunden. Die ersten zwei, drei Stunden habe ich das alles noch amüsant gefunden, absurd, was die mir vorgeworfen haben. Aber dann merkte ich, dass es doch ernst war und dass es um Tod und Leben ging. Es gab kaum Ruhezeiten. Man wurde in den Keller gebracht, nackte Wände, Inschriften, ein Bettgestell mit blutverschmierter Matratze. Das war geeignet, einen über das eigene Schicksal nachdenken zu lassen. Ich wusste, wo ich mich befand und was ich zu erwarten hatte und habe mir gesagt, die können mit dir tun und lassen, was sie wollen. Egal, was du sagst, egal, was die von dir denken, es liegt nicht mehr in deiner Hand. Du musst einfach versuchen, zu überleben.

Ich war am Ende der Vernehmungen bei dieser Operativgruppe mit Erpressung, Schlägen und mit Drohungen konfrontiert, man wolle meine Familienangehörigen verhaften. Daran denke ich ungern. Nichts ist so anstrengend, wie, ohne zu trinken, antworten zu müssen und sich zu konzentrieren.

Ich erinnerte mich, dass ich von etwas Derartigem als Schüler schon einmal gelesen hatte, in Emigrantenromanen, heute würde ich sagen in Tatsachenromanen darüber, was Menschen nach Lenins Revolution erlebt hatten. Die habe ich als Abenteuerromane gelesen. Ich konnte mir nicht vorstellen, dass das etwas mit der Wirklichkeit zu tun haben könnte. Plötzlich wusste ich aber genau, wo ich war, was mit mir passierte, wie die Verhöre liefen, dass ich bezichtigt werden würde und auch worden bin, Dinge getan zu haben, die mit der Realität nichts zu tun hatten.

Untersuchungshaft

Ich sollte Verbrechen gestehen, die ich als Spion, als antisowjetischer Propagandist und als Mitglied einer illegalen Organisation an der Universität begangen haben sollte.

»Spione« – ich habe in der Zeit meines Zwangsaufenthalts in den Gefängnissen der sowjetischen Besatzungszone und der Sowjetunion nur fünf oder sechs wirkliche Spione kennengelernt. Unter Tausenden. Die Beschuldigungen waren an den Haaren herbeigezogen. Sie sollten eine Verurteilung durch das sowjetische Militärtribunal ermöglichen. Die Sowjetunion brauchte Zwangsarbeiter.

Der Höhepunkt bei dieser Operativgruppe war, dass ich dem Leiter, einem Oberst, gegenübergestellt worden bin. Ich sah ihm ins Gesicht, insbesondere in die Augen, und ich bemerkte, dass er sich ein Bild von meiner Person machen wollte. Dieser Mann war der Inbegriff terroristischer Macht. Er hielt eine Philippika auf mich und alle anderen, die der Sowjetunion gefährlich werden würden, und sagte: »Wir werden euch vernichten.« Ich hielt ihm entgegen, dass ich überhaupt nichts gegen die Sowjetunion hätte, dass ich mit keinem Sowjetbürger in der sowjetischen Besatzungszone je Kontakt hatte und dass ich gar nicht wisse, was man mir vorwerfe. Er sagte nur: »Das wird sich schon noch herausstellen.«

Diese Begegnung bedeutete für mich die größte Gefahr. Diese Operativgruppen standen mit ihren übergeordneten Befehlsstellen über Berlin-Karlshorst mit Moskau in Verbindung und gaben Meldungen ab: Der und der ist verhaftet worden, aus den und den Gründen. Und von Moskau aus wurde dann entschieden, wie der jeweilige Fall zu behandeln sei. Auf die gerichtliche Verhandlung kam es nicht mehr an. Das Urteil stand fest.

In den Verhören wurde nach der »Kampfgruppe gegen Unmenschlichkeit«, der sogenannten KGU, gefragt. Wir wussten, was das war, aber die spielte bei uns keine Rolle. Irgendwer hat die mal kennengelernt, weil er öfter nach Berlin fuhr. Ich war damit nicht befasst. Das spielte aber in der Anklage gegen die übrigen sechs Studenten und eine Studentin eine Rolle.

Die Erfahrung zeigt, dass in jenen Jahren die Leute oft willkürlich zu einer Gruppe zusammengeworfen wurden. Die Russen nannten das »zusammennähen«, so wie auch die Akten damals noch zusammengenäht wurden. Dabei war bei uns Hallenser Studenten der Bezug untereinander noch relativ eng. Wir kannten uns zumindest aus den Vorlesungen. Aber wie beweist man einem sowjetischen Untersuchungsführer, dass es sich nicht um eine Gruppe, sondern einfach um Mitstudenten handelt? Tatsächlich haben wir nie als Widerstandsgruppe agiert. Dennoch war klar, dass wir uns keiner fremden Ideologie unterwerfen wollten. Das hat noch nichts mit Widerstand zu tun. Das ist eine Meinung. Wenn du sagst, das gefällt mir nicht, da mache ich nicht mit, ist das deine Meinung. Natürlich haben wir die freie Meinungsäußerung für uns gefordert. Aber deshalb kann ich mich doch nicht als Widerstandskämpfer bezeichnen oder als Gegner des Regimes. Es ist das Regime, dem das nicht passt und das definiert. Wer ist dann der, der Gewalt ausübt? Doch nicht ich, weil ich mich frei äußere. Wir haben die bürgerlichen Rechte für uns eingefordert. Das hat denen nicht gefallen.

Inzwischen habe ich die Akten in Moskau einsehen können. Das war teuflisch. Ein Beispiel. Frage des Untersuchungsrichters: »Erzählen Sie mir über Ihre terroristischen Aktivitäten.« Oder: »Erzählen Sie mir, wann haben Sie sich mit Ihren Mittätern zusammengerottet?« Damit meint er, wann ich meine Mitstudenten getroffen habe. Da musste man dem erst erklären, dass das keine Zusammenrottung war, sondern ein normales Studium. Es war also ein völliges Aneinander-Vorbeireden. Das Verhör schrieb er in russischer Schreibschrift mit, und man musste jede einzelne Seite unten unterschreiben. Ich habe mir jetzt diese Seiten übersetzen lassen. Die Übersetzerin, eine Russin, sagte über den Stil des Untersuchungsführers, sie hätte niemals solch ein primitives Russisch kennengelernt wie das in diesen Vernehmungsprotokollen. Während der Verhöre war nie ein Dolmetscher anwesend. Aber in den Akten findet sich der Vermerk: Der Dolmetscher soundso war zugegen, er wurde belehrt, dass er richtig übersetzen soll. Was in diesen Akten steht, ist einfach falsch.

Urteil und Verschleppung

25 Jahre Zwangsarbeit. Das klingt hart, aber wenn man nichts oder wenig getan hatte, gab es nur dieses Urteil. Für die anderen, die wirklich etwas getan hatten, gab es die Todesstrafe[38]. Ob es die Studenten in Polen, in der Tschechoslowakei, im Baltikum, Lettland, Estland, Litauen betrifft, in Weißrussland oder in der Ukraine – allen Häftlingen war gemeinsam: Wenn sie nach ihrer Verurteilung einmal das Tor zum Gulag durchschritten hatten, galten sie als schuldig. Man vereinnahmte sie, 25 Jahre lang. Und in der Zeit waren sie Arbeitssklaven – ob man das heute verstehen will oder nicht.

Unsere Angehörigen wussten nicht, wo wir abgeblieben waren. Wir waren verschwunden. Von der Universität gingen Anfragen an das Polizeipräsidium in Halle und an das Ministerium. Keine Auskunft. Der Transport war ebenfalls eine Geheimaktion. Wir wurden heimlich in einem Hinterhof verladen und in einen Stolypin[39], einen russischen Gefängniswagen gesteckt. Diese Waggons waren Eisenbahngefängnisse, die nach außen hin als Postwagen, Küchenwagen oder Schlafwagen getarnt waren. Wir wurden dem »Blauen Express« nach Brest-Litowsk angehängt und fanden uns wieder im Durchgangsgefängnis von Brest-Litowsk. Hinter uns wurden die Todeskandidaten

38 Auch bei der Todesstrafe gibt es viele Fehlurteile. Man denke nur an das Ende von Bucharin, Kamenew und anderen aus der frühen sowjetischen Nomenklatura oder an das Buch *Erschossen in Moskau ... Die deutschen Opfer des Stalinismus auf dem Moskauer Friedhof Donskoje 1950/1953*, herausgegeben von Arsenij Roginskij, Frank Drauschke und Anna Kaminsky. Von den mehr als 900 Hingerichteten wurden nach 1992 die Meisten von Russland rehabilitiert.

39 Benannt nach dem russischen Politiker Pjotr Arkadjewitsch Stolypin.

vorbeigeführt, die in Ketten aneinandergefesselt waren und die dort oder in Moskau erschossen wurden.

Diese Transporte in die Sowjetunion hatten ihre eigene Grausamkeit mit terroristischen Auswüchsen. Zunächst mal war man in einem Gefangenenabteil. Das war für vielleicht vier Mann angelegt, und wir sind zu zwölft hineingepfercht worden. Egal, ob die Leute krank, alt oder jung waren. Ältere Leute konnten, wenn sie 60 oder 70 sind, das Wasser nicht halten oder hatten andere Gebrechen. Wenn man so will, ist das der Vorhof zur Hölle gewesen. Man wurde von diesem ausgesuchten sowjetischen Bewachungspersonal immer mit der Maschinenpistole vor dem Bauch und mit scharfen Hunden bewacht. Selbst im Waggon wurden wir nicht mit Samthandschuhen angefasst. Das fing an beim Wasser, wenn wir Durst hatten oder zur Toilette mussten. Oder es gab eine ungeeignete Ernährung. Hier wurden idiotischerweise gesalzene Fische ausgegeben. Dann hatten die Menschen Durst und kriegten kein Wasser. Nicht alle Gefangenen haben die Sowjetunion bzw. die Lager lebendig erreicht. Es sind einige auf dem Transport verstorben. Man weiß aber nur das mit Gewissheit, was im eigenen Abteil passiert ist. Zu den Nachbarn gab es keine Verbindung.

Workuta

Von der Lubjanka in Moskau ging es nach Workuta. Wir kamen dort Ende Dezember 1950 an und wurden in einem sogenannten Durchgangslager in die Quarantäne gebracht. Ab da begann der Kampf mit den Verbrechern im Lager, die einem die letzte Zivilkleidung, die man noch hatte, abnehmen wollten. Verbrecher, die zum Teil mit der offiziellen Lagerverwaltung zusammenarbeiteten, in einer Art Kaposystem. Das war ähnlich in den übrigen sowjetischen Zwangsarbeitslagern und in der Organisationsform vergleichbar mit den deutschen KZs. Es waren Lager mit besonders hartem Regime. Die Gefangenen wurden zur Zwangsarbeit genötigt und nachts in den Baracken eingesperrt.

In Workuta wurde Kohle gefördert. Unter den Zaren und auch später unter Lenin waren diese Lager zunächst nicht erschlossen, weil die Natur dort für Menschen kein Überleben bietet. Auch nicht für die, die als Zivilpersonen dorthin kommen. In den 30er Jahren wurde das Gebiet erschlossen. Man wusste, dass dort große Kohlevorkommen waren, die abbauwürdig waren. Und so brachte man auch uns als Zwangsarbeiter in ein Gebiet, wo eine Kälte bis zu minus 50 Grad Celsius herrschte. Und das neun Monate im Jahr. Von Dezember bis Januar geht dort die Sonne nicht auf, im Juli, August geht sie nicht unter.

Die ersten Deutschen vor uns, die dort in dieses Zwangsarbeitsgebiet transportiert wurden, waren deutsche Kommunisten, die zwischen 1936 und 1938 verurteilt worden waren. Sie kamen mit einer langjährigen Strafe dorthin und verstarben meist nach wenigen Wochen, weil sie dem Klima und der furchtbaren körperlichen Arbeit unter steinzeitlichen Bedingungen einfach nicht gewachsen waren. Ich traf dort polnische Soldaten, die dazu ausersehen waren, die Bahnlinie nach Workuta zu bauen.[40] Die Polen selber sagten, unter jeder Bahnschwelle liege ein Pole. Das ist nicht zu hoch gegriffen.

Die Russlanddeutschen oder die Deutschrussen, wie sie sich selbst bezeichnen, die unter den Zaren nach Russland auswanderten, sind von Stalin von der Wolga oder woher auch immer zwangsumgesiedelt worden. Sie wurden mit den Faschisten gleichgesetzt[41] und mussten ebenfalls Zwangsarbeit leisten. Sie wurden mit ihren Familien, mit Frauen und Kindern deportiert.

Von 1945 bis 1950 waren deutsche Kriegsgefangene im Gebiet Workuta. Zunächst eine Gruppe von fast 200 Offizieren, die Ende des Krieges im Baltikum in Gefangenschaft gerieten. Zusätzlich auch 60 deutsche Wehrmachtsgeneräle, die verurteilt worden waren, weil in ihrer Division oder ihrem Regiment Kriegshandlungen vorgekommen waren, die mit Verlusten der Zivilbevölkerung einhergingen.

Und als diese Kriegsgefangenen dann abtransportiert worden sind, kamen so nach und nach die Zivilgefangenen. Die Gefangenen also, die aus politischen Gründen inhaftiert worden sind. Wir trafen auf alle Völkerschaften: auf Franzosen, Spanier, einzelne Amerikaner, Engländer, Chinesen, Japaner. Die meisten aber waren Russen, die russische Intelligenz – Universitätsprofessoren, Ingenieure, Ärzte, viele Juden. Man kann fast sagen: Das waren die Opfer der Weltrevolution.

Zwangsarbeit

Obwohl ich 1946 rechts eine Handverletzung hatte und links eine Operation, die die Funktion des Ellbogengelenks einschränkte, bin ich als Schwerarbeiter eingeteilt worden. Ich habe versucht, der Lagerverwaltung nahezubringen,

---

40 Workuta ist auf eine besondere Art ein Geschichtsbuch der Sowjetunion. Hennig erlebt dort nämlich auch polnische Kriegsgefangene der roten Armee und Zivilverurteilte. Die polnischen Offiziere waren dagegen noch in Katyn hingerichtet worden.

41 Das bedeutet, während der Repressionswelle nach dem Krieg wurde unter den Russlanddeutschen nicht differenziert. Ohne Ansehen der politischen Haltung kamen sie auch dann ins Lager, wenn sie während der Zeit der deutschen Besetzung Antifaschisten waren. Ähnliches ist in der ČSSR passiert. Auch da wird jetzt erst (nach 1992) entdeckt, dass es auch sudetendeutsche Antifaschisten gab, die unschuldig verfolgt wurden.

dass ich keine Schaufel halten konnte, aber darauf hat man keine Rücksicht genommen. 1951 befand sich das Lager Nr. 10 noch in der Aufbauphase. Ich war in einer Lagerbrigade tätig: Schnee schaufeln! Am Nordpol Schnee schaufeln! Der hört nie auf, der fängt nie an.

In den Baubrigaden – da wurde ich auch eingesetzt – wurden Häuser gebaut mit Fundamenten, die 8 Meter tief waren. Es war grauenhaft, unter diesen primitiven Bedingungen in den Permafrostboden hineinzugehen, um Fundamente zu legen, die ja nicht so ohne Weiteres trockneten. Die körperliche Arbeit hieß in dem Fall, den Aushub viele Etagen hoch zu schaufeln. Eine Katastrophe.

Schlägereien waren an der Tagesordnung. Eine brach aus, als ich die Norm nicht erfüllen konnte. Daraufhin bekam die ganze Brigade weniger zu essen. Nach dem Motto: Wer die Norm nicht erfüllt, kriegt auch nicht die volle Ration. Ich habe die Arbeit verweigert und verlangte von der Lagerverwaltung eine leichtere Arbeit. Das führte dazu, dass ich erneut medizinisch untersucht worden bin von einem jüdischen Professor, einem Chirurgen der Moskauer Universitätsklinik. Dr. Polonski war nicht nur ein sehr guter Arzt, er war auch ein Mithäftling. Über das Untersuchungsergebnis hat die Administration entschieden, und ich kam in eine Kohlesortierungsanlage. Ich stand oben, wo die Kohle aus dem Schacht auf Transportbändern ankam und in die Loren gekippt wurde. Dort war ich tätig bis zum Abtransport 1955.

Das Essen spielte sich so ab: Morgens vor der Arbeit gab es zwei Esslöffel Kascha,[42] dazu ein Stück Brot, etwa 600–700 Gramm für den ganzen Tag. Das Brot war wasserhaltig und klitschig, es hatte wenig Nährwert. Das Brot nahm man mit, wickelte es in einen Lumpen und steckte es unter die Wattejacke, damit es nicht erfror. Dann aß man mittags ein Stück und abends den Rest zu der Wassersuppe. Die hieß Balanda[43], war also eine Wassersuppe. Die war nicht sehr gehaltvoll.

Nicht alles Essen kam bei den Häftlingen an. Die Verbrecher, die sich im Lager zu eigenen Gruppen zusammenschlossen, gingen in die Küche, zeigten ihre langen Messer und sagten: »Hör mal zu, wenn du nicht gleich zehn Schüsseln mit Kascha rausrückst, bist du ein toter Mann.« Und was hat der Koch gemacht? Der hat ihnen die zehn Schüsseln gegeben.

Spitzel und Verbrecher

Das Lagerregime hat eine eigene Verbrecherwelt hervorgebracht. Verbrecher, die wegen Diebstahls oder Mord verurteilt sind, finden sich in den Lagern zu

42 Grütze
43 Balanda heißt ein Nebenfluss des Dons und bedeutet übertragen Wassersuppe.

eigenen Verbrecherclans zusammen. Sie hatten ihr eigenes Regime und ihren Ehrenkodex. Der beinhaltete vor allem, nicht zu arbeiten. Von der Lageradministration wurden sie jeweils einer Brigade zugeteilt. Die Brigade musste für diese Leute mitarbeiten. Die Verbrecher spielten währenddessen Karten. Da sie nicht um Geld spielen konnten, haben sie um Menschen gespielt: Wer verliert, bringt den und den da drüben um. Den da ohne Haare. Oder den, der da gerade sitzt. So geschah es auch. Die Todesfälle wurden von der Lageradministration »untersucht«. Dann wurde die Akte geschlossen. Damals hat sich kein Mensch darum gekümmert, wer da gestorben ist. Der war halt tot, der war weg.

Erst 1952 wurden im Lager Belehrungen eingeführt: Wer einen anderen Häftling umbringt, wird ebenfalls zu Tode gebracht. Das musste jeder unterschreiben, und das kam in die persönliche Lagerakte.

Zum Spitzelsystem: Im Lager herrschte ein hohes intellektuelles Niveau. Es gab viele Russen, die in wirklich namhaften Funktionen gearbeitet hatten, ehe sie verhaftet worden waren. Da war der Präsident der Aeroflot zum Beispiel oder der Oberingenieur der Autowerke in Moskau, Universitätsprofessoren für Literatur oder Physik oder Studenten und Oberschüler. Da war eine ganze Klasse 14-jähriger ungarischer Schüler verhaftet worden. Die politischen Häftlinge waren unzugänglich für die sowjetische Ideologie. Wer aus irgendwelchen Gründen im Lager als Spitzel für die Administration gearbeitet hat, war dumm und unzurechnungsfähig. Der spielte mit seinem Leben. Denn auch der Spitzel musste arbeiten. Wenn irgendetwas durchsickerte, war der ein toter Mann.

Anders war es in den Gefängnissen der sowjetischen Besatzungszone. Dort war das Spitzelsystem an der Tagesordnung. Die wurden vom Untersuchungsrichter geführt. Und im Gefängnis konnte man sich nicht wehren. Da wurde man ausgehorcht. Insofern habe ich mich stets zurückgehalten und habe niemandem etwas über meinen Fall oder über mein Leben erzählt. Der Spitzel verkaufte sein Wissen für eine Suppe oder für ein paar Zigaretten. Der schadete seinem Mithäftling aus Eigennutz und aus Böswilligkeit.

Lager

Das gesamte sowjetische Lagerregime war dem Innenministerium, damals dem NKWD, später dem KGB bzw. dem MWD[44] unterstellt. Es war eingebunden in den sowjetischen Fünfjahresplan. Gefangene, die verurteilt waren, konnten sich nicht wehren. Die machten die schwerste Arbeit. Das war wirtschaftlich für die

44 1946 wurde das Volkskommissariat in ein Ministerium umgewandelt.

Sowjetunion. Dadurch war der Auf- und Ausbau des Landes möglich. Denn alle diese Großprojekte haben nicht die Komsomolzen und nicht die Partei der KPdSU gebaut, sondern das waren die Gefangenen. Von der U-Bahn in Moskau angefangen bis zu den Häusern, die damals in der Sowjetunion gebaut worden sind. Das waren vor 1940 Gefangene und nach 1945 Kriegsgefangene oder Zwangsarbeiter. Der Chef dieser Zwangsarbeiterregion war 1953/54 in Workuta, mit etwa 70.000 Häftlingen, General Derewjanko.

Das Lager war strengstens bewacht, es gehörte zur verbotenen Zone: ein Doppelzaun, alle 40 Meter ein Wachturm, außen eine Hundelaufbahn. Die Hunde bellten die ganze Nacht. Es war also nicht an den Postentürmen vorbeizukommen. Es gab nur ganz wenige Fluchtversuche. Wer im Winter aus dem Lager flüchtete, kam im nächsten Schneesturm um. Einmal war es ein Ukrainer, der es 1951 schaffte, mit dem Kohlezug abtransportiert zu werden. Er wurde unterwegs geschnappt und zurückgebracht. Der Mann war grausam zugerichtet worden durch das Wachpersonal – zur Abschreckung für uns alle.

Aus dem Gebiet Norilsk flüchtete eine Gruppe, der auch ein Amerikaner und ein polnischer Offizier angehörten. Sie sollen mit noch drei anderen Häftlingen Indien erreicht haben. Die Flucht hat mehr als ein Jahr gedauert. Aber das waren große Ausnahmen. Denn wie will man sich ernähren? Da wächst kein Baum, kein Strauch in der Tundra nördlich des Polarkreises. Die Baumgrenzen beginnen einige Hundert Kilometer weiter südlich. Dort leben nur die Nensen mit ihren Rentieren. Wenn diese einen Gefangenen ausgeliefert haben, bekamen sie eine Prämie.

Opfer

Die Zahl der Gulag-Toten in den Zwangsarbeitslagern seit Lenin wurde nur annähernd bekannt. Alexander Solschenizyn spricht von 30 bis 50 Millionen Menschen, die in den verschiedenen Zwangsarbeiterbereichen umgekommen sind. Aus Moskauer Archiven sind Unterlagen über etwa 3.200.000 Kriegsgefangene bekannt. Viele starben noch in Gefangenschaft. Allein in Workuta mit den 30 aktiven Schächten, dem Elektrizitätswerk, der Ziegelei und anderen Versorgungslagern sollen seit 1936 etwa 200.000 Häftlinge umgekommen sein. Das sagte die Museumsleiterin des Gefangenenmuseums in Workuta. Das Zentralarchiv in Workuta verfügt über 250.000 Gefangenenkarten, die über jeden Gefangenen, der im Bereich Workuta Petschora eintraf, angelegt worden sind. Wenn er dort verstarb oder erschossen worden ist, dann existiert eine Lagerakte. Sogar der frühere KGB und die heutige russische Administration wissen nicht genau, wie viel Menschen jemals in Workuta gewesen sind.

Stalins Tod

Das Jahr 1953 ist für die Sowjetunion ein tiefer Einschnitt. Nach Stalins Tod schöpften die Gefangenen und Zwangsarbeiter Hoffnung. Jetzt musste sich etwas ändern. Doch dann begannen die Unruhen des Aufstands vom 17. Juni 1953 in der DDR. Schon bald trafen die ersten Häftlinge, die in Schnellverfahren in der DDR verurteilt worden sind, in Workuta ein. Der Höhepunkt des Jahres 1953 war aber die Verhaftung des Geheimdienstchefs General Berija, der seit 1938 Stalins Henker war. Davon erfuhren die Gefangenen im Sommer 1953.[45]

Als Stalin am 5. März 1953 starb, waren das Bewachungspersonal und die Lageradministration zutiefst verunsichert. Sie versuchten, Gespräche mit den Gefangenen zu führen. Die Häftlinge haben sich dem entzogen. Wer mehr als »Guten Tag« und »Guten Morgen« mit irgendeinem offiziellen Uniformträger sprach, kam bei den übrigen Gefangenen in falschen Verdacht.

Bei uns im Schacht 29 hat das Bewachungspersonal Gefangene geschlagen, die ihre Schicht gerade beendet hatten. Plötzlich legten die Arbeiter ihre Arbeit nieder. Sie gingen auch nicht mehr in das Lager zurück. Die Schicht, die noch im Lager war, rückte nicht aus. In anderen Lagern gab es eine ähnliche Entwicklung. Es wurde ein Lagerkomitee der Gefangenen gegründet, es wurde ein Generalsekretär für das Gefangenenkomitee ernannt. Der war ein Herr Ripezki aus der Ukraine. Es wurden Forderungen an die sowjetische Administration in Moskau aufgestellt: Freiheit für alle Gefangenen, Heimführung der Ausländer, Gewährung der Menschenrechte – das waren die drei Hauptforderungen.[46]

Als sich nach mehrmaligen Aufforderungen der Lagerleitung die Häftlinge weiterhin geweigert haben, an die Arbeit zurückzukehren, hat die Lagerleitung von der Waffe Gebrauch gemacht. Sie haben auf die unbewaffneten Häftlinge, die auf der Lagerstraße standen, geschossen. Das war am 1. August 1953 vormittags um 10 Uhr 30. Mehr als 60 Leute blieben tot auf der Lagerstraße liegen, und es gab über 120 Schwerverletzte.[47]

Eine Kommission aus Moskau mit Armeegeneral Maslennikov an der Spitze hatte den Auftrag, die Vorgänge zu untersuchen. Er hat darüber einen Bericht geschrieben und einen »Maßnahmenkatalog« entwerfen lassen, damit sich

45 Über den Tod Berijas gibt es unterschiedliche Zeitangaben. Sein Sohn sagt, Berija sei im Juni 1953 gestorben, andere Quellen sprechen von Dezember 1953.

46 Die Forderungen befinden sich im Archiv von Horst Hennig.

47 Die Toten- und Verwundetenliste befindet sich in Horst Hennigs Archiv.

solche Ereignisse nicht wiederholen. Es ging um die Kohleförderung. Es ging um die Produktionszahlen. Also um die Menschen, die dort eliminiert worden sind, ging es nicht. Und in dem Maßnahmenkatalog steht: Mehr Spitzel in die Lager, mehr Politoffiziere in die Lager, mehr Aufsicht in die Lager, aber auch mehr Vergünstigungen für die Häftlinge. Die Baracken werden nachts nicht mehr abgeschlossen. Die Russen und die Bürger der Ostblockländer durften nach Hause schreiben. Sie durften auch Familienangehörige empfangen. Also alles Dinge, die die Sowjetunion nichts kosteten. Für die Deutschen galt das erst einmal nicht. Wir deutschen Staatsbürger durften Ende Dezember 1953 das erste Mal seit der Verhaftung auf einer Antwortkarte des Roten Kreuzes nach Hause schreiben. Dann durften wir auch ein Paket monatlich empfangen. Unsere Lebenssituation besserte sich ein wenig.

Rückkehr

Wir wurden im März 1955 aus Workuta weggebracht. Wir kamen in verschiedene Lager bis zum Abtransport Ende 1955 nach Deutschland. Es wurden auch die Gefangenen aus Jugoslawien, der Tschechoslowakei, Polen, Ungarn, dem Baltikum Anfang 1956 entlassen. Natürlich auch die Russen und Ukrainer und die russischen Juden. Die Leute aus dem Gulag kamen nun nach Hause und sprachen über die grauenhaften Verhältnisse in den sowjetischen Zwangsarbeitslagern. Das führte dann in den folgenden Jahren in Polen und Ungarn zu großen Unruhen und der Bestrebung, weg von der Sowjetunion zu kommen und einen unabhängigen Staat zu bilden.

Zur gleichen Zeit rechnete Chruschtschow auf dem 20. Parteitag der KPdSU mit dem Personenkult und den Machenschaften Stalins ab. Das war die kurze Phase des Tauwetters, in der Solschenizyn in seinem Buch Ein Tag im Leben des Iwan Denissowitsch *den Häftlingsalltag beschrieben hat, noch bevor er seinen* Archipel Gulag *veröffentlichte.*

Am 15. Dezember wurde ich mit einem Gefangenentransport aus dem Raum Swerdlowsk über Moskau und Frankfurt/Oder nach Fürstenwalde transportiert. Wir durften unterwegs überall aussteigen, die Sowjets haben uns mit einem Kulturprogramm freundlich verabschiedet. Als aber die Züge, die für die DDR bestimmt waren, in Frankfurt/Oder ankamen, war überall bewaffnete Volkspolizei zu sehen. Da sagten die meisten Gefangenen: »Das ist nicht unser Deutschland. In dieser DDR können wir nicht bleiben. Hier regiert nach wie vor die Gewalt.« Das war Ende 1955. Wenige, die in die DDR entlassen wurden, sind in der DDR geblieben. Nachdem sie ihre Angehörigen begrüßt hatten, sind sie über Westberlin in den Westen geflohen. Auch ich bin in den Westen gegangen. Ich war 29 Jahre alt.

Horst Hennig ist rehabilitiert worden. Nachdem Michail Gorbatschow und Boris Jelzin in Moskau als Generalsekretäre das Sagen hatten und es zu entsprechenden vertraglichen Regelungen zwischen der Bundesrepublik Deutschland und der Russischen Föderation gekommen war, fuhr Horst Hennig mit einer Gruppe von politischen Häftlingen 1992 und 1993 nach Moskau und Workuta. Um die Gerichtsakten einsehen zu dürfen, bedurfte es eines Antrags auf Rehabilitation. Anfangs wehrte sich Hennig dagegen, überhaupt rehabilitiert zu werden. Er argumentierte, er habe noch nie einen Juden kennengelernt, der zu einem SS-Offizier gegangen wäre und um seine Rehabilitation gebeten hätte. Als bewiesen war, dass Hennig unschuldig verurteilt worden war, erfolgte am 16. Oktober 1992 seine Rehabilitation und die der Gruppe von Studierenden der Universität Halle.

Langzeitwirkung

Die Gefangenen, die mit mir als politische Gefangene im Gefängnis oder im Lager waren, haben alle Gesundheitsschäden mitbekommen. Das wissen bestenfalls die Familienangehörigen, dass einer diese oder jene Macke hat, es psychisch nicht bewältigen kann und nachts im Traum aufschreit. Es gibt den Begriff der posttraumatischen Belastungsstörung. Wenn Seele und Körper empfindlich verletzt werden, kommt es zu Schädigungen. Diesen Menschen ist in den letzten Jahrzehnten nicht Genüge getan worden.

Wenn wir Gefangene, die wir jahrelang als politische Häftlinge in Gewahrsam gewesen sind, unter uns sind, machen wir uns manchmal lustig: »Guck mal, der weiß auch nicht, dass er einen Schaden hat.« Im Gefängnis sagte man »Knastmauke«, um diesen besonderen psychischen Zustand zu umschreiben. Er entstand aus der dauerhaften psychischen Belastung durch nicht zu bewältigenden Stress während der Haft. Wir Gefangenen liefen ja immer auf 200%, weil wir nicht wussten, ob wir erschossen werden, zu lebenslang verurteilt oder ob wir »nur« 25 Jahre Haft bekommen. Das hat sich im Unterbewusstsein manifestiert. Ich möchte fast sagen, jeder Häftling ist psychisch mittel oder schwer geschädigt.

Doris Denis (2004b) hat geschrieben: »Diese Häftlinge sind nicht fähig, ihre psychischen Gesundheitsschäden selber zu erkennen. Das erkennen zumeist die Angehörigen. Und die Angehörigen, in diesem Fall die Ehefrau oder die Kin-

der, müssen also mit dem Sosein ihres Mannes oder ihres Vaters fertig werden. Die haben ganz bestimmte Einschränkungen auf psychischem Gebiet, was die Kooperation oder den Umgang mit anderen Menschen, sogar mit Familienangehörigen insbesondere anbetrifft.«

Für die Angehörigen war das sehr schwer. Egal ob die Ehefrauen ihren Mann vor der Haft oder nach der Haft kennengelernt haben, die leiden stark darunter. Im Allgemeinen lässt sich sagen, die Frauen haben die Haft besser durchgestanden als die Männer. Aber nach der Haft haben viele Frauen aufgegeben und sind im sozialen Netz hängen geblieben. Da sind ihre früheren Beziehungen oder Ehen zerstört worden. In der DDR wurden ihnen oft genug die Kinder weggenommen. Und nach der Haft haben sie in aller Regel keine Verbindung mehr zu ihren Kindern bekommen.

Die Langzeitwirkungen von Haft, Gefangenschaft und Lager wurden registriert. Dazu wurden ärztliche Untersuchungen durchgeführt. So wurde vom Verband der Heimkehrer eine ärztliche Kommission eingerichtet, die sich mit den traumatischen Beschwerden der Kriegsgefangenen befasste. Ab 1955 kamen etwa 5.000 Zivilgefangenen aus dem Gulag zurück. Sie wurden wie die Kriegsgefangenen untersucht und an die Versorgungsämter überwiesen.

Die ärztlichen Kommissionen stellten fest: Ist ein Bein ab, ist ein Arm ab, ist die Sehkraft eines Auges hin, Verletzungen gehabt, verwundet worden oder Ähnliches. Diese medizinischen Befunde entsprachen dem Stand von 1955, als man noch nichts von posttraumatischen Belastungsstörungen wusste.

Wenn man schrieb, ich habe das und das, ich leide an dem und dem, ich kann nachts nicht mehr schlafen und habe immer dieses Lager vor Augen, befinde mich auf der Flucht oder sehe den Untersuchungsrichter vor mir … dann war das etwas, worauf der Arzt, der das beurteilen sollte, meistens gar nicht einging. Der sagte dann nur: »Das mit Ihrer Verhaftung können Sie vergessen.« Der Arzt weiß nicht, was ein Regimelager oder ein Zwangsarbeitslager ist. Der sagt lediglich: »Das ist nicht messbar.«

Ich kenne eine Frau, die hat 12 Jahre lang gesessen. Sie ist 1948 in Halle von den Russen verhaftet worden und unbegründet zu 25 Jahren verurteilt worden und über Halle und Torgau in Hoheneck gelandet. 12 Jahre lang. Der hat man die posttraumatische Belastungsstörung zunächst nicht anerkannt. Die hat sich gewehrt und hat erst nach vielen eigenen Gutachten recht vor einem Landessozialgericht bekommen. Solch ein Kampf sollte nicht nötig sein. Er wird als Erniedrigung empfunden.

Ich weiß, dass man in Israel anders mit den Opfern umgegangen ist. Diejenigen, die mit uns im Lager waren, sind dort ganz anderen Richtlinien unterworfen worden als die deutschen Häftlinge. Ich kenne ehemalige politische Häftlinge, die sich in einem Verfahren gegen das Versorgungsamt befinden. Das ist nichts rechtens. Hier hat der Staat versagt.

Berufskollegen, Bekannte, wer auch immer, können sich nicht vorstellen, was ich erlebt habe. Das entzieht sich jeder Vorstellung. Ich kann die Opfer des Nationalsozialismus gut verstehen, die im KZ waren. Der Simon Wiesenthal, der hat gesagt: »Jeder, der mal auf einer Pritsche lag, ist mein Leidensschicksalsgenosse. Wenn wir in diesem Sinne leben, dienen wir der Versöhnung.« Das ist nicht schlecht gesagt von dem Juden Simon Wiesenthal. Wenn wir in Zukunft so leben, dienen wir der Wahrheit, der Versöhnung gegen den Hass. Und dann sagte er über Diktaturen: »Es ist geschehen, was gewesen ist. Es kann wieder geschehen, was gewesen ist.«

Horst Hennig lebt am Rande von Köln. Er ist verwitwet und lebt mit einer Kinderärztin zusammen. In der DDR geblieben ist damals ein Sohn, den Hennig bis heute unterstützt, weil er in seinem Werdegang diskriminiert wurde. Ich traf Horst Hennig erstmals im Jahr 2003 für ein Interview mit dem WDR. Aus dieser Zeit stammt Hennigs Beschreibung seiner Haft. 2007 sprach ich mit ihm im Rahmen dieser Studie über Spätfolgen, Gutachten und wie Gefangenen zu helfen ist. Hennig gehört zu den Menschen, die sich nach ihrer Rückkehr aus Workuta in der Bundesrepublik beruflich verankern konnten. Er hat als Arzt bei der Bundeswehr gearbeitet. Seit er in Pension ist, schreibt er Bücher über seine Erlebnisse in Workuta und setzt seine Kraft dafür ein, die Erinnerung an die Haft für andere wach zu halten. Als Arzt berät er ehrenamtlich ehemalige Häftlinge.

Haftzeit zwischen 1950 und 1959

Renate Beckheet: Leiden für Gott

Seit 1957 lebt Renate Beckheet im Westen, seit 1961 in Witzenhausen, nicht weit von der ehemaligen DDR-Grenze entfernt. Sie hat zwei leibliche Kinder und zwei Adoptivkinder, die Kinder ihres geschiedenen Mannes aus zweiter Ehe. Eine Adoptivtochter hat in Berlin Ernährungswissenschaften studiert, ein leiblicher Sohn ist im Baubereich tätig. Das Fachwerkhaus, in dem sich die Wäscherei der Familie befindet, hat der Sohn selbst restauriert. Renate Beckheet ist stolz auf seine Geschicklichkeit. Die Tochter und ihr Mann haben vor Kurzem die Wäscherei übernommen, die Frau Beckheet 35 Jahre lang betrieben hat. Um zu überleben, hat der kleine Betrieb einen Paketdienst dazugenommen. Renate Beckheet ist 77 und arbeitet noch halbtags in der Wäscherei. Wenn die Kunden sie fragen, ob sie nicht aufhören wolle, wehrt sie ab: Die Kinder bräuchten sie und die Bewegung tue ihr gut.

Verhaftung

Ich war in Haft von Herbst 1952 bis April 1957, also es waren gut viereinhalb Jahre. Ich bin in meinem kleinen Dorf eine Zeugin Jehovas gewesen. Die waren ja verboten. Dort gab es in dem ganzen Umkreis außer mir nur einen anderen Zeugen Jehovas. Das war Herr Wegner, der besaß ein großes Gut. Ich habe bei dem Gutsbesitzer gearbeitet, und in meiner Freizeit bin ich predigen gegangen. Da begann die Verfolgung. Im Erzgebirge war ich schon zweimal verhaftet worden, aber dort bin ich immer wieder freigekommen. Mein Onkel hatte große Angst um seinen Bauernhof. Und deshalb bin ich weg in die Mecklenburger Gegend nach Kyritz. Dort bin ich vom Staatssicherheitsdienst verhaftet worden.

Es war ein kleines Bauerndorf im Kreis Kyritz. Wenn ich früh mit der Milch zur Molkerei kam, direkt gegenüber lag das Pfarrhaus, dann haben die Bauern schon alle gewartet und mich mit Fragen bombardiert. Und der Pfarrer hat das beobachtet. Der hat wohl gefürchtet, die werden alle Zeugen Jehovas. Er hat nämlich von den Bauern immer Butter und Speck gekriegt. In der DDR hatten wir ja die Lebensmittelmarken bis Ende der 60er Jahre. Und wenn die Bauern alle Zeugen Jehovas würden, würde er als Pfarrer nichts mehr kriegen. Die Angst brauchte er aber gar nicht zu haben. Zeugen Jehovas, das werden immer nur Einzelne. Die Bauern kannten das nur nicht, dass eine Frau auf dem

Pferdewagen fährt und Getreide abliefert und mit der Milch in die Molkerei fährt. Die Frauen bei ihnen standen am Herd, im Garten und manchmal auf dem Feld. Aber ich hatte das alles gelernt, auch das Bedienen der Maschinen. Im Erzgebirge war es üblich, dass die Frauen alles machten.

Der Pfarrer hat uns angezeigt. Aber er hat sich doppelt verrechnet. Als wir verhaftet waren und auch noch so hoch abgeurteilt worden sind, ist keiner von den Bauern mehr in die Kirche gegangen aus Protest dagegen, dass er uns der Stasi ausgeliefert hat. Der Pfarrer ist dann versetzt worden. Die Kirche wäre sonst auf Dauer leer geblieben.

Aber gehasst habe ich diesen Pfarrer nie. Ich kann nicht hassen. Ich habe gedacht, der wusste ja, warum er es gemacht hat.

Auch der Gutsbesitzer ist damals verhaftet worden. Ich bekam zehn Jahre Zuchthaus und er acht, nur weil er mich beschäftigt hat. Ihn hat man dann enteignet.

Es war den Zeugen Jehovas verboten, die Menschen aufzusuchen. Das Verkündigen war verboten. Und das hab ich getan. Und deswegen bin ich verurteilt worden.

Anderer Glaube

Wir haben den Menschen die Bibel erklärt. Wir haben den Menschen geholfen, ihre eigene Bibel zu verstehen. Wir haben Bibelkurse durchgeführt. Die Lehre der Bibel geht wie ein roter Faden durch die ganze Bibel, die Lehre von Gottes Königreich. Also dass Gott einen Herrscher über die Erde eingesetzt hat, der unsere Erde wiederherstellen wird zum Paradies, nämlich durch seinen Sohn. Er hat ihm die Erde als Erbe gegeben. Das ist alles von Moses bis heute prophezeit worden und auch so geschehen. Und so wird sich das noch erfüllen. Wir verkünden den Menschen die Hoffnung, dass es auf der Erde Frieden und Gerechtigkeit geben wird. Die Kirchen lehren ja, die Menschen kommen in den Himmel. Aber was wollten wir denn alle im Himmel? Im Himmel sitzt nur die Regierung. Die Erde wird dann vom Himmel aus regiert.

Auf Erden geraten die Zeugen Jehovas immer wieder mit den Regierungen in Konflikt, weil sie den Militärdienst ablehnen. Auch während des Nationalsozialismus haben sie das getan und sind dafür ins KZ gegangen. Renate Beckheets Mutter hat in einem KZ gesessen.

In Westeuropa gilt das Recht auf Wehrdienstverweigerung. Dennoch geraten die Zeugen Jehovas auch in der Bundesrepublik in Konflikte. Zum Beispiel lehnen sie Bluttransfusionen ab, weil das der Seele schade. Die Zeugen Jehovas waren in der Anfangszeit der DDR erlaubt, sind 1950 aber wieder verboten worden.

Mein Bruder, der den Wehrdienst in der DDR verweigert hat, wurde auch eingesperrt. Er war auch ein Zeuge Jehovas. Meine ganze Familie, mein Vater, meine Mutter, andere Verwandte, alle sind Zeugen Jehovas gewesen. Mein Vater war neun Jahre in Buchenwald im KZ. Meine Mutter auch. Die war fünf Jahre im KZ. Meine Großeltern waren noch streng kirchlich orientiert, die waren entsetzt, als der Sohn und die Schwiegertochter Zeugen Jehovas wurden. Begonnen hat die Bekehrung unserer Familie in einem kleinen Dorf Anfang der 30er Jahre. Die Nachbarn gehörten zu den Zeugen Jehovas. Mein Vater war sehr an der Bibel interessiert. Dann haben die ihm immer was erzählt, und er fand das sehr vernünftig, weil sich alles auf die Bibel stützte. Dann hat er sich die Bücher schicken lassen von Rutherford[48], in denen die Bibel erklärt wurde. Meine Mutter wollte erst nichts davon wissen. Sie wäre fast gestorben bei meiner Geburt 1931, wenn nicht die Hauswirtin dazugekommen wäre, die selber 14 Kinder geboren hat. Meine Mutter lag leichenblass auf dem Sofa. Die Wirtin hat die Decke hochgerissen und gesehen, dass meine Mutter im Blut schwamm. Meine Mutter hatte einen Blutsturz. Da ist mein Vater schnell zum Arzt. Und wie meine Mutter so am Absinken war, hat sie zu Gott gesagt: »Wenn ich's überlebe, dann will ich dich aber kennenlernen. Dann will ich auch deine Bibel kennenlernen.« Man hat sie gerettet, sie ist wieder zu sich gekommen. Und dann hat sie das auch eingehalten. Sie hat dann auch die Bibel studiert und ist auch Zeuge geworden.

1933 kam ja schon Hitler. 1934 wurde mein Vater das erste Mal geholt. Und dann 1936, ich war fünf Jahre alt, haben sie ihn ganz weggeholt, weil er eben den Wehrdienst verweigert hat.

Ich bin in einem bekehrten Haus aufgewachsen, da habe ich alles gelernt und gleich im Dorf weitergesagt. Ich war ein Kind, ich war sehr mitteilsam. Und ich bin dann immer zu den Nachbarn gegangen und habe gesagt: Bald regiert ein großer König, aber nicht den Nazis sagen. Für mich waren nur diejenigen Nazis, die eine Uniform anhatten. Aber in dem kleinen Dorf gab es sehr viele Nazis, auch ohne Uniform. Daraufhin haben mir meine Eltern nichts mehr gesagt. Die haben nur so durch die Blume geredet, oder was unverfänglich war und was ich ruhig weitererzählen konnte. Deswegen wusste ich gar nicht, warum meine Eltern verhaftet worden sind. 1937, ein Jahr nach meinem Vater, kam auch meine Mutter ins KZ.

48 Joseph Franklin Rutherford war der Nachfolger Charles Taze Russells, des Begründers der Zeugen Jehovas.

Und als ich 1937 in die Schule gekommen bin, hatte meine Mutter mich gefragt, ob ich zu den Großeltern in die Ferien wollte. Es war nur 40 Kilometer entfernt im Erzgebirge. Als die Ferien zu Ende waren, dachte ich, ich ginge jetzt wieder zurück zu meiner Mutter. Aber meine Oma fragte nur: »Willst du bei uns bleiben? Deine Mutter ist im Krankenhaus.« Ich war gern bei meinen Großeltern. Die hatten Tiere und ein bisschen Landwirtschaft. Da habe ich mich wohlgefühlt. Eine Cousine sagte eines Tages zu mir: »Du glaubst auch alles, was man dir sagt. Deine Mutter ist gar nicht im Krankenhaus. Deine Mutter ist im Gefängnis. Und weißt du, warum? Die ist ein Bibelwurm.« Da bin ich zu meiner Oma gerannt und habe gesagt: »Oma, Oma, die Dorchen hat gesagt, meine Mama ist nicht im Krankenhaus, die ist im Gefängnis. Die ist ein Bibelwurm. Oma, was ist denn ein Bibelwurm?« Da hat sie gesagt: »Deine Mutter macht nur das, was in der Bibel steht.« Na ja, und dann wusste ich's.

Die Schwester meiner Mutter wollte mich bei sich haben. Sie hat zu meiner Mutter immer gesagt, bei den Großeltern dürfe ich alles, ich hätte keine Erziehung. Die Tante hatte keine Kinder. Meine Mutter hat eingewilligt. Aber dort ging es mir sehr schlecht. Meine Tante hat den ganzen Tag gearbeitet. Ich kam mittags aus der Schule, da war kein Essen auf dem Tisch wie bei meiner Oma. Es gab kalte Küche, ich musste für den Abend alles vorrichten, Kartoffeln schälen, Gemüse putzen. Ich musste abwaschen, ich musste einkaufen gehen. Und das Schlimmste war: In der Schule war die Lehrerin ein Nazi. Ich habe jeden Tag Schläge gekriegt und wusste nicht, warum. Aber eines Tages hat die Lehrerin die Beurteilungsmappen auf dem Pult liegen lassen. Ich hatte Tafeldienst. Da habe ich gleich meine Schülermappe aufgeschlagen. Und da stand oben quer: Eltern im KZ, Bibelforscher. Da wusste ich, warum sie so gehässig war, mich so geschlagen hat. Die hasste mich.

1942 wurde meine Mutter aus dem KZ entlassen. Ich hätte sie auf der Straße nicht erkannt. Sie war nur noch Haut und Knochen, wie ein altes Weiblein. Die hat in sich hineingestopft, was sie nur essen konnte. Der Vater kam 1945 raus. Auch er hat überlebt.

Ich habe mit 14 drei Jahre lang Landwirtschaft gelernt und mit 17 ein Jahr Fachschule drangehängt. Danach lebte ich eine Zeit bei einem Onkel im Erzgebirge. Onkel und Tante hatten keine eigenen Kinder, da sollte ich die Hoferbin sein. Aber es kam anders.

Haft

Anfangs waren den Zeugen Jehovas noch Beträume gestattet. Doch das hält nur bis 1950 an. Renate Beckheet gehört zu denen, die schon kurz nach dem Verbot vor Gericht stehen. Da die Religionsfreiheit im Gesetz steht, läuft das Verfahren unter anderen Prämissen, zum Beispiel unter der Kontrollratsdirektive Nr. 38. Nach der werden Nationalsozialisten, Kriegsverbrecher, Militaristen und »möglicherweise gefährliche Deutsche« verurteilt. Abschnitt 1 Abs. c umfasst »[d]ie Internierung von Deutschen, welche, ohne bestimmter Verbrechen schuldig zu sein, als für die Ziele der Alliierten gefährlich zu betrachten sind, sowie die Kontrolle und Überwachung von Deutschen, die möglicherweise gefährlich werden können«.[49]

Wir wurden 1952 nicht als Zeugen Jehovas verurteilt, wir wurden politisch abgeurteilt. In meiner Anklageschrift stand: Helfershelfer der amerikanischen Imperialisten, Boykott-Hetze, Kriegshetze und was weiß ich. Das war ja alles gelogen, denn die Zeugen Jehovas haben bei Hitler den Krieg verweigert, bei den Kommunisten sind sie auch nicht zur Wehrmacht gegangen. Und auch in der Bundesrepublik tun sie das nicht. Wir sind keine Kriegshetzer.

Das Urteil wurde in Potsdam gesprochen. Da haben sie nur Abschreckurteile gefällt. Ich gehörte 1952 zu den Ersten, als das Verbot noch neu war. Da haben die nur ganz schlimme Urteile gefällt. Später gab es dann auch mal zwei und drei Jahre. Und die Wehrdienstverweigerer bekamen alle 18 Monate.

In den Gefängnissen waren die Zeugen Jehovas eine große Gruppe. Allein in Cottbus waren wir an die 100 Glaubensschwestern. Männer waren noch mehr da, aber da wissen wir nicht wie viel. Die Schwestern kannten wir ja alle, die konnten wir zählen.

Cottbus an der Spree zählt zu den NKWD-, GPU- und Stasigefängnissen, in denen viele politische Häftlinge gewesen sind. Bereits während des Nationalsozialismus waren in Cottbus politische Häftlinge inhaftiert. Dort gab es die berüchtigten U-Boot-Zellen und spezielle Einzelhaftzellen, die Tigerkäfige genannt wurden.[50]

Am 17. Juni 1953 war ja ein Volksaufstand. Da waren wir noch in Cottbus. Das war schlimm. Die ganzen Außenkommandos kamen rein. Das bedeutete, dass alle Gefangenen mit kurzen Strafen, die außerhalb des Gefängnisses arbeiteten, hinter die Zuchthausmauern gebracht wurden, damit sie nicht befreit werden konnten. Das ganze Zuchthaus war voller Zelte für die Au-

49 Vgl. http://www.verfassungen.de/de/de45-49/kr-direktive38.htm (Stand: 08.11.2008)

50 Der Begriff U-Boot-Zelle stammt von den Gefangenen: U-Boot meint, dass die Zellen im Keller sind, wo es kein Tageslicht gibt. Dafür brennt dort immer elektrisches Licht. Daher sprachen die Gefangenen auch vom »Hotel zur ewigen Lampe«.

ßenkommandos. Und dann kamen lauter russische Panzer. Das konnten wir sehen von den obersten Etagenbetten aus. Wir haben zunächst gedacht, die schießen uns jetzt zusammen. Aber nein, die haben mit den Rohren in Richtung Cottbus gestanden. Beim Rundgang kamen wir an den Zelten vorbei. Und da haben die gesagt: Es ist ein Volksaufstand. Wir haben sogar gehört, wie die Menschenmassen von Cottbus in Richtung Zuchthaus kamen. Aber als sie die vielen Panzer gesehen haben, haben sie wieder abgedreht. Es gab Gefängnisse im Süden der DDR, wo sie wirklich Leute befreit haben.

Kurz darauf kamen die, die den Aufstand organisiert hatten. Das eine war ein Flugzeugingenieur. Seine Frau war mit bei uns, die hatten drei Kinder. Er war zum Tode verurteilt. In der Zeit war ich gerade in der Küche und musste mit dem Hauptwachtmeister am Tor Milch holen. Und da stand die grüne Minna am Tor zum Abtransport zur Guillotine nach Frankfurt/Oder. Dieses Bild werde ich nie in meinem Leben vergessen. Davon habe ich viele Albträume gehabt: Der Mann ging zwei Schritte vorwärts, einen zurück. Die haben ihn mehr geschleift, als dass er lief.

Ich glaube, ohne die Russen wäre der Aufstand gelungen. Aber die Russen haben der DDR beigestanden.

Hoheneck

Den größten Teil meiner Haft war ich im Zuchthaus Hoheneck.[51] Dort habe ich erst als Näherin gearbeitet. Dann haben wir in Hoheneck die Kanalisation gemacht. Dazu haben wir sechs Meter tiefe Gräben in die Erde geschachtet mit Hacke und Schaufel. Dort ist Felsenboden. Nachts habe ich im Bett gelegen und die Hände in die Luft gehalten, damit sie kühlen. Alles war wund und voller Blasen. Wir haben ganz schwer, ganz hart gearbeitet.

Wenn mal irgendetwas war, gab es Paket- und Schreibverbot. Ich habe zu dem Offizier vom Dienst gesagt: »Bei euch wird man immer kollektiv bestraft, aber nie kollektiv belohnt.« Zumindest dafür wurden wir von dem Offizier gelobt, dass wir so intensiv an der Kanalisation gearbeitet haben.

51 Hoheneck ist das einzige Zuchthaus der DDR, in dem ausschließlich Frauen inhaftiert waren. Hoheneck liegt im sächsischen Stollberg im Erzgebirge. Das Gefängnis steht auf den Grundmauern eines Jagdschlosses aus dem 16. Jahrhundert. 1862 wurde es zum ersten Mal als Sächsisches Weiberzuchthaus erwähnt. Die Nationalsozialisten nutzten es für Männer, die in Schutzhaft waren. In den 70er Jahren waren dort bis zu 1.600 Frauen untergebracht. Hoheneck wurde nach 1989 weitergeführt. Das Zuchthaus wurde erst 2001 geschlossen. Obwohl alle prominenten Frauen des Widerstands dort untergebracht waren, wurde aus Hoheneck keine Gedenkstätte, sondern eine Hotelanlage.

Verdient habe ich in der Zeit nichts. Als ich entlassen worden bin, da habe ich 12 DDR-Mark gekriegt. Alles andere wurde für Verpflegung und Unterbringung abgerechnet. Von den 12 Mark habe ich mir eine Fahrkarte gekauft und im Zug, im Metrospeisewagen, etwas zu essen.

Entlassung

Ich bin 1957 im April in den Osten entlassen worden. Ich habe gleich weitergemacht, bin in Eichwalde von Haus zu Haus gegangen, um für die Zeugen Jehovas zu werben. Ich war im Verkündigungsdienst. Da bin ich in das Haus eines Polizisten geraten. Der war gerade nach Hause gekommen, und ich habe ihn nicht gesehen. Seine Frau kam an die Tür und sagte: »Wir haben eine ganz andere Weltanschauung.« Da wusste ich, das sind Kommunisten. Ich habe auf dem Absatz kehrtgemacht, bin in eine andere Straße gegangen. Da waren nette Leute, die haben mich reingelassen. Bei denen war ich eine ganze Stunde, und wir haben uns unterhalten. Dann bin ich in Richtung Bahnhof gelaufen. In Eichwalde ist ein großer Bahnhof, dort ist immer Polizei. Jeder Zug wird kontrolliert, weil viele vom Osten in den Westen gehen. Damals stand die Mauer noch nicht. Und plötzlich ist der Polizist hinter mir her. Der hat mich gefunden. Dann ist der mit mir auf die Polizeiwache gegangen, aber keiner war dort. Ich habe gedacht, das ist schon ein Wunder. Dann hat er mich mit zu sich nach Hause genommen – er hatte kein Telefon – und hat seine Frau gefragt: »War das das Mädchen?« Er hat noch viele Fragen gestellt. Ich habe gesagt, ich wollte mich einfach mit jemandem über die Bibel unterhalten. Ich hatte ja die Bibel dabei. »Sie werden von den Zeugen Jehovas geschickt«, sagte er mir auf den Kopf zu. Das war nicht der Fall, denn die hatten mich nicht geschickt. Die haben sogar gesagt: »Renate, du bist gerade erst entlassen. Mach vorsichtig.« Aber ich war nicht zu halten. Der Polizist hat nicht gefragt: »Sind Sie Zeuge Jehovas?« Das hätte ich nicht leugnen können.

Der Polizist hatte ganz falsche Ansichten über die Zeugen Jehovas. Er dachte, die verbreiten, dass die Erde zerstört wird. Ich habe geantwortet, die Erde wird nie vernichtet. Die Erde ist stabil. Die bleibt immer bestehen. Er hat schließlich gesagt: »So ein junges Mädchen und dann zu fremden Leuten, um mit denen über die Bibel zu reden? Haben Sie nichts anderes zu tun?«

Was dem nicht auffiel, war, dass ich einen ganz neuen Ausweis hatte. Der war mit Blindheit geschlagen worden. Ich habe immer gesagt, Gott hat mich beschützt. Er wollte nicht, dass ich schon wieder ins Gefängnis komme. Der Polizist hat dann nur meine Personalien aufgeschrieben und mich nach Hause gelassen. Zu Hause habe ich zu meiner Mutter gesagt: »Du, der wird morgen früh in Königs Wusterhausen anrufen. Wenn die hören, dass ich schon wieder unterwegs war ...« Und der Aufseher der Zeugen Jehovas sagte, ich solle in den Westen gehen, ich sei ihnen keine Hilfe mehr. Er sagte: »Jetzt stehst du auf einem ganz schwarzen Brett. Kaum entlassen, haben sie dich wieder geschnappt. Im Westen bist du frei und kannst deine Pionierdienste machen.« Pioniere sind bei den Zeugen Jehovas diejenigen, die sich besonders einsetzen. Eigentlich wollte ich sogar Missionarin werden, das wäre eine Stufe höher gewesen und hätte noch mehr Engagement verlangt. Aber das hab ich nicht geschafft, weil ich dann im Westen geheiratet habe.

Ich habe damals mein Fahrrad geschnappt und bin los. Ich kannte ja die Schleichwege nach Berlin. Ich bin durch den Wald und extra einen Umweg gefahren, so, als ob ich zur Arbeit wollte. Da war ein Schlagbaum, und die Polizisten kannten mich, weil ich da öfters durch bin. Die haben keine Kontrolle gemacht. Ich bin in die S-Bahn gestiegen und bis Spandau in den Westen gefahren. Dort hatte ich eine Freundin. Bei der blieb ich zunächst. Ich habe gesagt, wenn sich nichts tut, gehe ich zurück. Ich wollte gar nicht nach dem Westen. Ich wollte gerne im Osten bleiben.

Im Westen

Ich kam ins Lager Berlin-Marienfelde und wurde dort als Flüchtling registriert. Eines Tages wurden einige von uns in eine grüne Minna geladen. Das waren Lehrer und ganz verschiedene Leute. Und wo haben sie uns hingefahren? In ein amerikanisches Hauptquartier. Zunächst habe ich mich gefragt, ob Landwirtschaft wohl für die Amerikaner interessant ist? Die haben doch genügend Farmer. Denn die anderen, die mit mir fuhren, waren Intellektuelle. Ich habe aber ganz schnell rausgekriegt, was die wollten. Ich hatte in der Volkshochschule Russisch gelernt und konnte auch ganz gut Russisch. Die haben mir den Vorschlag gemacht, ich solle in den Osten gehen, ich wäre der Typ für russische Offiziere. Ich sollte russische Offiziere in den Westen locken. Das wollten die mir gut bezahlen. Ich habe gedacht, so was Gemeines soll ich machen? Russische Offiziere nach dem Westen locken? Selbst wenn ich kein Zeuge Jehovas gewesen wäre, es wäre für mich undenkbar gewesen, so etwas zu tun. Und da habe ich gesagt: »Ich bin Zeuge Jehovas. Ich glaube, Sie haben sich da bei mir vergriffen. So etwas ist unchristlich. So etwas würden wir nie tun.«

Da wurden die richtig pampig. Die US-Militärpolizei hat mir sogar gedroht: »Sie können in Marienfelde schmoren. Wir fliegen Sie nicht nach dem

Westen aus.« Na ja, habe ich gedacht, wenn die mich nicht ausfliegen, dann bleibe ich eben hier. Meine Mutter konnte ja nach Westberlin kommen, dann hätte sie mich immer besuchen können. Am Ende konnte ich aber doch nach Westdeutschland fliegen.

Im Westen hat Renate Beckheet nicht mehr in der Landwirtschaft gearbeitet. Sie bekommt einen Job in der Wäscherei eines Kinderheims in Hildesheim. Ihr Wissen stammt von der Fachschule, auf der sie in Landwirtschaft ausgebildet worden ist. Waschen und Babypflege wurden dort ebenfalls gelehrt. Während der Haft hat sie in der Näherei gearbeitet.

Renate Beckheet heiratet in Witzenhausen in Hessen den späteren Vater ihrer Kinder. Von dessen Onkel übernehmen sie und ihr Mann die Wäscherei, die sie nach dessen Tod zunächst allein weitergeführt und nun an die Tochter weitergegeben hat.

Rehabilitation

Als die Wende kam, war ich begeistert. Das hätte ich mir nie träumen lassen. Ich habe immer gedacht, der Kommunismus bleibt bestehen, bis Gott eingreift. Weil ja Gott alle Regierungen vernichten wird, wenn sein Sohn die Erde regiert. Und als die Wende kam, konnte ich es nicht fassen. Mein Bruder hat immer zu mir gesagt: »Ihr seid schuld, dass der Osten noch existiert.« Ich sage: »Wieso denn?« – »Ja«, sagt er, »ihr pumpt dauernd Millionen in diesen maroden Staat rein. Wenn ihr mal kein Geld mehr geben würdet, wären die schon längst fertig. In den Firmen, da fehlt es an Schrauben, da fehlt es an allem. Die Leute sitzen herum, die kriegen Löhne, aber sie leisten nichts. Wie kann da ein Staat bestehen bleiben?«

Und 1989? Wir sind ja hier dicht an der Grenze. Gleich 1989 bin ich wieder rübergefahren und habe Bibelstunden gegeben. Wir haben als Gemeinde ein großes Gebiet dazugekriegt. Das reicht jetzt bis hinter Heiligenstadt.

Haftschäden

Auf den Kongressen der Zeugen Jehovas finden regelmäßig Treffen von ehemaligen Gefangenen statt. Ich kenne Menschen, die sagen, es waren vergeudete Jahre. Diese Menschen haben immer Depressionen. Viele sind ja auch sehr krank nach Hause gekommen. Auch von unseren Leuten. Ich bin eher ein robuster Typ. Ich bin da kein Maßstab für andere.

Nach der Wende habe ich gleich wieder den Haus-zu-Haus-Dienst in den neuen Bundesländern aufgenommen und bin mit vielen Leuten ins Gespräch gekommen. Ich habe Menschen getroffen, die schimpften, dass die Mauer doppelt so hoch wieder aufgebaut werden müsse. Da habe ich immer gesagt: »Ihr habt wohl alles vergessen!« Ich sage: »Gut, es sind jetzt viele arbeitslos. Aber in euren Betrieben wart ihr doch auch arbeitslos. Und ihr habt auch nur einen kleinen Lohn gekriegt. So viel kriegt ihr doch jetzt auch.« Denn der Mindestlohn war, glaube ich, 500 Ostmark. Den haben sie alle gekriegt, egal ob sie gelernt hatten oder nicht. Mein Bruder war Maurer. Der hat ja nie mehr gehabt.

Gleich nach der Wende bin ich rehabilitiert worden und bekam die Haftentschädigung. Damals war die Wäscherei verschuldet. Da habe ich die ganzen 20.000 Mark hier in die Wäscherei gesteckt. Wir hatten damals gerade einen Maschinenschaden. Ich habe die Wäscherei retten können. Ein andermal gingen die Fabriken im Umland pleite, und die Frauen blieben zu Hause und wuschen ihre Wäsche selbst. Ich musste damals mein Häuschen verkaufen, um den Betrieb zu retten.

Nachwirkungen

Natürlich habe ich was davongetragen. Ich bin viel zu jung an der Hüfte operiert worden. Das war 1986, da war ich gerade 55 Jahre alt. In Hoheneck haben wir so schwer arbeiten müssen beim Bau der Kanalisation. Aber die Schmerzen kommen alle erst später. Angegeben habe ich nichts, keine Gesundheitsschäden. Auch eine Minderung der Erwerbsfähigkeit habe ich nicht beantragt.

Renate Beckheet ist seelisch mit sich im Reinen. Sie ist nicht depressiv wie so viele andere Häftlinge der Stasi. Sie hängt nicht durch, bis heute nicht. Über psychische Folter spricht sie nicht von sich aus. Dabei hat sie die durchaus erlebt. Am intensivsten, als sie ein Vierteljahr von den übrigen Zeugen Jehovas, mit denen sie in Haft war, isoliert worden ist.

Ich war immer ein bissel vorneweg, ich habe mich immer für andere eingesetzt. Man kann sagen, ich habe eine große Klappe gehabt. Da haben die Kommunisten gedacht, die müssen wir isolieren. Ich war mit 250 Kriminellen in einem Saal. Da haben sie mich hingesperrt. Das war die reine Gehirnwäsche. Dieses Vierteljahr war schlimm. Die waren ja fast alle lesbisch, auch die, die nur ganz kurze Strafen hatten. Das war furchtbar. Unter mir im Doppelstockbett lag eine Mörderin. Ich oben, die unten. Die hatte ihre eigene Mutter ermordet. Also da hatte man nachts Albträume. Seine Mutter umbringen, dazu gehört schon was.

Ich musste mir lesbische Eifersuchtsszenen anhören. Und der Politleiter wollte das ganz genau auseinandergepflückt haben und ließ uns dazu antreten. Ich wollte diesen Dreck nicht hören. Dann habe ich in meinem Kopf Bibeltexte wiederholt. Ich denke, du musst dich ablenken. Nicht da hinhören. Der hat mich die ganze Zeit beobachtet. Dann hat er durch den ganzen Saal gebrüllt: »Hören Sie zu, das ist auch für Sie!« Aber erreicht haben sie damit gar nichts. Ich habe die Kommunisten gut, zu gut erkannt. Wenn eine vor der Stasi Angst hatte, die quälten sie besonders erbarmungslos. Aber wer denen furchtlos entgegentrat, und das hab ich immer gemacht, auch wenn ich manchmal Angst gehabt habe, kam durch.

Ein anderes Mal wurde ich in einen Raum geführt mit lauter Maschinen. Ich musste so stehen, dass meine Nasenspitze die Wand berührte, Hände nach hinten. Die wollen dich hier umbringen, dachte ich. Ich habe mich immer wieder umgedreht. Und prompt kommt jedes Mal das Kommando: »Die Nasenspitze an die Wand!« Da habe ich gesagt: »Ich will sehen, was Sie mit mir machen!« Da haben die immer nur mit dem Kopf geschüttelt. Ich habe mir meine Angst nicht anmerken lassen

Auch andere sind so gequält worden. Eine, die von der Stasi geholt worden war, wollte sich das Leben nehmen. So ist die fertiggemacht worden. Aber nur, weil sie regelrecht vor denen gezittert hat. Das ist psychische Folter gewesen. Die haben gar nichts gemacht. Die wollten einen nur erschrecken.

Schlimm war auch, dass im Gefängnis die ganze Nacht das Licht gebrannt hat. Sonst nannte man die DDR ja immer »Dauernd Dunkle Räume«, weil der Strom ständig gesperrt war. Aber im Gefängnis und auch später im Zuchthaus war er immer an. Das fand ich auch grausam. Aber ich hab mich dann auf den Bauch gelegt und habe trotzdem auf der Holzpritsche geschlafen. Und dann der Kübelraum, da haben manche nur die Binden reingeschmissen. Das war ewig verstopft.[52]

Am Tag haben sie mich geholt und in eine Arbeitszelle gebracht zum Kartoffelschälen und zum Abwaschen. Und vom Kartoffelschälen in den Kübelraum geholt und umgekehrt. Ich musste dauernd mit den Armen da rein und alles rausholen. Hinterher kriegte ich ein Desinfektionsmittel fürs Abwaschen. Irgendwann habe ich aufgehört, das hinzunehmen. Ich habe gesagt: »Herr Wachtmeister, wissen Sie, was das ist? Das ist kommunistische Hygiene.« Und ich habe ihm meinen Arm unter die Nase gehalten. »Wissen Sie, was ich jetzt mache? Ich schäle Ihre Kartof-

52 Holzpritschen und Kübel sind normal in den 50er Jahren, ebenso das Kübelgehen.

feln. Guten Appetit heute Mittag.« Die haben mich nie wieder zum Kübelbecken-Reinigen geholt. Der hat sein Mittagessen nicht gegessen. Das weiß ich.

Ich war immer munter und fröhlich, weil ich wusste, ich leide für Gott. Wir hatten bei uns eine Frau, die saß wegen Wirtschaft. Die war mit dem Ministerpräsidenten von Jugoslawien befreundet. Sie hat Spionage für Geld gemacht, nicht aus Überzeugung. Jedenfalls war sie eine sehr intelligente Frau. Und mit der war ich lange in einer Zelle. Wir hatten viel Spaß zusammen. Und die hat immer gesagt: »Ihr wisst, warum ihr hier seid. Ich bin nur wegen des verdammten Geldes hier.« Sie war immer toll zurechtgemacht. »Wie sehe ich jetzt aus, ohne Schminke, ohne alles«, hat sie gesagt. »Und was bin ich für ein armer Wicht.« Sie hat alles so bereut.

Aber ich war da, weil ich meiner Überzeugung entsprechend gehandelt habe. Deswegen war ich immer so quicklebendig. Ich habe ja selbst bestimmt, was ich tue. Ich hätte ja dem Staat gehorchen können und nicht predigen gehen müssen. Dann wäre mir ja nichts passiert. Ich kann die Schuld nicht auf andere werfen. Ich habe so gehandelt und habe eben Pech gehabt, dass ich angezeigt worden bin. Ich habe nicht das Gefühl, vom Leben ungerecht behandelt worden zu sein.

Meine Mutter kam mit meiner Haft nur schwer klar, vor allem, nachdem sie mich in Cottbus besucht hatte. Sie kannte das ja auch alles. Ehe sie nach Ravensbrück ins KZ gekommen ist, war sie in Cottbus in Haft. Ich habe meine Mutter in meinen Briefen immer beruhigt und nur etwas Positives oder Harmloses geschildert. Meine Mutter hatte später starke gesundheitliche Probleme. Von der eigenen Haft und von der Belastung durch meine Haft. Auch noch, als sie nach der Wende bei mir in Witzenhausen lebte. Meine Mutter hatte es schlimm mit der Schilddrüse. Die ist oft umgefallen. Manchmal bin ich nach Hause gekommen, und sie lag da und war ohnmächtig geworden.

Gesundheitliche Folgen

Natürlich: Ich habe Bluthochdruck und Rückenprobleme. Ich habe eine Herzschwäche und Probleme mit der Blase. Ich muss nachts ganz viel raus. Ja, Gewichtsprobleme habe ich auch. Das liegt am Essen. Das fing bei mir mit der Scheidung an. In zweiter Ehe war ich mit einem Ägypter verheiratet. Von ihm sind die beiden Kinder, die ich adoptiert habe.

Nein, Kontaktprobleme habe ich gar nicht. Selbstmordgedanken auch nicht. Platzangst, ja, wenn ich in einem Fahrstuhl bin. Angst allein zu sein kenne ich auch nicht.

Vor der Haft war ich kerngesund. Da hatte ich gar nichts. Während der Haft kriegte ich dann Nierenprobleme. Damals lag ich auf dem blanken Fußboden, weil das Gefängnis überfüllt war. Der Arzt, bei dem ich mich meldete, war auch ein Gefangener. Der hat gesagt: So geht das nicht, sie muss sofort einen Strohsack kriegen. Und den habe ich dann auch erhalten. Durch das Liegen auf dem kalten Boden bekam ich ganz schlimme Nierenkoliken. Aber der Arzt hat mir sehr geholfen.

Bluthochdruck, Rückenprobleme und Herzprobleme sind mir bis heute geblieben. Der Arzt sagt, man kann es nicht mehr heilen, aber lindern. Ich bin auch schon zweimal an der rechten Hüfte operiert. Die Muskeln sind nicht mehr zusammengewachsen. Deswegen muss ich mich abstützen. Deshalb nehme ich Medikamente aus dem Kräuterhaus. Wenn ich sitze, habe ich keine Schmerzen, nur wenn ich mich bewege.

Ich lebe jetzt von einer knappen Altersrente. Aber daran bin ich selber schuld. Ich habe nicht geklebt, solange ich die Wäscherei hatte. Ich habe Maschinen gekauft, und für mich selbst war nie Geld da. Der von der Handwerkskammer hat gesagt, ich hätte immer nur für andere gesorgt. Es war auch so. Aber jetzt kommt wenigstens noch die Opferrente dazu.

Ohne die Opferrente komme ich auf 580 Euro Rente und Wohngeld. Ich lebe in einer Einraumwohnung für 260 Euro inklusive der Nebenkosten im Monat. Ich lege mir auch keine größere zu. Ich bin ja doch die meiste Zeit in der Wäscherei.

Wenn es mit dem Geld knapp wurde, habe ich mich bisher schon mal an die Häftlingshilfestiftung gewendet, um finanziell etwas Luft zu bekommen. Künftig wird das nicht mehr gehen.[53] Meine Kinder haben gerade so ihr Auskommen. Von der Wäscherei kann die Familie der Tochter leben, aber sie können nichts auf die Seite bringen.

Medikamente könnte ich mir nicht kaufen von meiner kleinen Rente. Als ich jetzt von der Stiftung Geld bekommen habe, habe ich gedacht, jetzt kann ich mir mal etwas gegen die Schmerzen besorgen, dafür habe ich jetzt einen Notgroschen. Mit 77 muss man ja daran denken, dass man auch sterben könnte. Und wenn mir was passiert, müssen meine Kinder nicht überlegen, wie sie mich unter die Erde bringen. Aber auch ohne die Opferrente würde ich die Hilfe der HHG-Stiftung nicht mehr in Anspruch nehmen. Mit dem, was ich künftig kriege, komme ich zurecht.

Wenn Renate Beckheet vom Tod spricht, wirkt sie nicht kraftlos. Das Interview, obwohl es zwei Stunden gedauert hat, hat sie nicht angestrengt. Als ich sie frage,

53 Das Interview fand zu einer Zeit statt, als die HHG-Stiftung gerade noch die letzten Anträge abgearbeitet hat, ehe die Ehrenrente in Kraft trat.

ob sie noch etwas erzählen will, sagt sie nur: »Wollen Sie wissen, was ich jetzt mache? Kommen Sie. Essen Sie ein Blumenkohlsüppchen mit mir.«

Wolfgang Stiehl: Unter der Tarnkappe

Wolfgang Stiehl ist 1934 südlich von Magdeburg in Schönebeck an der Elbe geboren. Ich treffe ihn im Büro der Gedenkstätte Moritzplatz, in der auch die beiden Häftlingsverbände Vereinigung der Opfer des Stalinismus und der Bund der Stalinistisch Verfolgten arbeiten. Wolfgang Stiehl ist Mitglied beider Gruppen. »So kommt keine Konkurrenz auf«, meint er. Im Rahmen der Gedenkstätte macht er Zeitzeugenarbeit. Heute Mittag erwartet er eine Schulklasse, die er im ehemaligen Stasigefängnis herumführen wird. In so einem Gefängnis war er einst selbst inhaftiert. Das war Anfang der 50er Jahre.

Als Ältester von drei Geschwistern habe ich nach 1945 das Überleben gelernt. Ich wurde eingespannt in die Versorgungsarbeiten. Das hieß Ähren lesen, Kartoffeln stoppeln, Kohlen klauen, alles, was irgendwie zur Versorgung dazugehörte. Nachts mussten wir immer bis Gnadau[54] ziehen. Die alliierten Truppen hatten ein Gleis weggenommen, sodass die Züge um die großen Städte herumgeleitet werden mussten, damit nicht zu viele Kohlendiebe kamen. Aber selbst dorthin gingen noch viele. Ich war immer mit meinem Vater dabei, einer von uns stand oben auf dem Wagen, einer hielt unten den Rucksack.

Von 1948 bis 1951 habe ich Bäcker gelernt. Die waren damals gesucht. Die Bäckermeister hatten für jedes Lehrjahr einen Lehrling. An der Berufsschule hatten wir als Bäckermeister einen alten Fachlehrer, der uns die Bäckereikunde beibrachte. Und dazu hat man noch einen jungen Lehrer gestellt, der uns den Sozialismus beibiegen sollte. Da waren natürlich alle Handwerkslehrlinge voll auf kontra, so wie 80 Prozent der Bevölkerung Ende der 40er und Anfang der 50er Jahre.

Um die schlechten Noten, die wir uns durch unsere Opposition einheimsten, auszugleichen, haben wir uns vorgenommen, uns in den Fachbereichen auf den Hintern zu setzen und ordentlich zu lernen. Jeder, der halbwegs schnell begriff, hat eine kleine Lerngruppe von fünf, sechs Mann aufgestellt. Wir waren 18 oder 19 Lehrlinge in der Schule. Wir bekamen in fast allen Fachnoten eine Eins. Auch die Fragen in den gesellschaftlichen Fächern haben wir diesmal nicht oppositionell beantwortet. Das Ergebnis: Ich hatte ein Berufsschulzeugnis, auf

54 Gnadau liegt in der Magdeburger Börde.

dem fast nur Einsen oder Zweien standen. So gut waren nicht einmal meine Grundschulzeugnisse gewesen. Also durfte ich an die Arbeiter- und Bauernfakultät mit dem Ziel, das Abitur zu machen und dort auch zu studieren.

Im September 1952 wurde ich in Halle an der Saale immatrikuliert. Wir hatten einen Raum in der Größe von vier, fünf Schlafräumen, wo die Schüler ihre Schularbeiten machen konnten. Doch da plärrte immer der Deutsche Demokratische Schundfunk, wie wir sagten. Das gefiel uns gar nicht. Wir waren gewöhnt, den RIAS, den Nordwestdeutschen Rundfunk und andere Sender zu hören, wo uns jungen Leuten die Musik besser gefiel. Daraufhin habe ich mir von vier Kommilitonen je einen Hunderter geborgt und für 800 Mark ein sauteueres Radio gekauft, ein volkseigenes Erzeugnis. Dies kam über die Heimleitung zu den langen Ohren der Stasi. Da erlaubt sich doch einer ein Radio zu kaufen, um die Westsender zu hören. Und die hörte nicht nur ich alleine, sondern die ganze Mannschaft war um das Radio versammelt, wenn Musiksendungen liefen. Wir hörten auch Nachrichten. Uns interessierte doch, was bei uns in den Anfangsjahren so passierte.

Auf diese Weise erfuhren wir im Jahr 1951 von dem Werdauer Oberschulprozess[55], in dem 19 Jugendliche zu insgesamt 130 Jahren Zuchthaus verurteilt wurden. Das führte nicht dazu, dass wir die Klappe hielten, sondern dazu, dass wir entschlossen waren, etwas zu ändern. Unsere jugendliche Meinung, schwarz-weiß und rigoros, war damals: Die Machthaber müssen weg! Dort, wo wir dachten, auf Gleichgesinnte zu treffen, haben wir uns geoutet.

Nachdem die Stasi mitgekriegt hat, dass ich es war, der das Radio gekauft hatte, wurde ich überwacht. Ich hatte einen GM im Nacken – geheimer Mitarbeiter hießen die damals noch, nicht IM. Der lief ein Vierteljahr mit mir mit, war scheinbar auch oppositionell eingestellt und berichtete alles fleißig der Stasi.

Natürlich bin ich, so oft es ging, nach Westberlin gefahren. Das erste Mal war ich dort im ersten Lehrjahr. Ich hatte mir 100 Mark zusammengespart, um mir eine Fahrradbereifung zu kaufen, die es im Osten nicht gab. Ich habe eins zu vier umgetauscht und für 25 Mark zwei Schläuche und zwei Decken bekommen. Mein altes Fahrrad war wieder aufgemotzt. Bei der Gelegenheit hatte ich mich beim RIAS und beim Amerikahaus umgeschaut, bin auch in ein Westkino gegangen. Damals lief gerade der Straßenfeger *Der dritte Mann*, ein Film aus dem besetzten Wien.

Die Züge nach Westberlin wurden am Außenring kontrolliert. Aber das

55 1951 wurden im Werdauer Oberschülerprozess 19 Schüler wegen sogenannter Boykotthetze gegen demokratische Einrichtungen und Organisationen verurteilt (vgl. http://de.wikipedia.org/wiki/werdauer_oberschülerprozess; Stand: 20.02.2009).

habe ich nicht ernst genommen. Jedes Mal brachte ich mir Zeitschriften mit. Satirische Zeitschriften wie die *100 Worte Kominform*[56] und die *Freie Junge Welt*[57], eine Zeitung mit einem Deckblatt wie dem der FDJ-Zeitung, aber mit völlig anderen Themen, auch die satirische Zeitschrift *Tarantel*[58]. Der geheime Mitarbeiter war immer dabei.

Der RIAS hatte propagiert, dass sie für Studenten im Osten Fachbücher, die bei uns nicht verlegt wurden, als Spenden ausgaben. Mein GM stand am 3. Januar, an meinem Geburtstag, bei meinen Eltern vor der Tür. Ich war gerade beim Bäckermeister, um eine Torte für die Geburtstagsgäste zu machen. Er fragte, ob ich denn schon in Berlin gewesen sei. Und meine Mutter rief dann vom Nachbarn aus, selber hatten wir kein Telefon, beim Bäckermeister an: »Du, dein Studienkollege ist hier. Der würde mit dir nach Berlin fahren wollen.« Ich sage: »Ich bin gleich fertig, in einer halben Stunde bin ich zu Hause.«

Erst war die kleine Geburtstagsfeier, dann sind wir am nächsten Morgen um sieben Uhr nach Magdeburg und mit dem Zug nach Berlin gefahren. Dann ins Amerikahaus mit dem Kommilitonen und anschließend zum RIAS. Und mein Kommilitone hat berichtet. Als ich später die Aussagen las, wusste ich sofort, dass er es war, weil er seinen Bericht nicht neutral geschrieben hat, sondern in Ichform: »Ich bin mit Stiehl zum RIAS gefahren« usw. Das war Anlass genug, mich ein paar Tage später hoppzunehmen.

Verhaftung

Es war der 1. Februar 1953, und ich wurde regelrecht vom Schönebecker Marktplatz gekidnappt. Ich lief gerade über den Marktplatz und wollte zum Bahnhof, um zur Uni zu fahren. An diesem Wochenende war ich entgegen meiner sonstigen Gewohnheit nicht bei den Eltern gewesen, sondern bei meinem Bäckermeister zum Schlachtfest. Wir hatten gut gegessen, und ich war rechtschaffen müde nach dem Umtrunk. Da überholte mich eine schwarze Limousine, ein EMW[59]. Man hat damals Autos noch wahrgenommen, weil nur selten welche fuhren. Der hielt etwa 30 Meter vor mir. Einer stieg aus, ging über den breiten Bürgersteig auf die Haustür zu. Tat, als wenn er klin-

56 Broschüre, die Anfang der 50er Jahre vom DGB herausgegeben wurde.

57 *Die Freie Junge Welt* wurde von der Ostredaktion der Berliner Zeitung *Telegraf* herausgegeben. Darin wurde zum Beispiel die Liste der von der Sowjetunion zur Demontage vorgesehenen 318 Betriebe veröffentlicht (www.luise-berlin.de/Bms/bmstxt97/9710proh.htm; Stand:11.11.2008).

58 Satirische Monatsschrift der DDR

59 Pkw der Eisenacher Motorenwerke

gelte, ging rückwärts, nach oben schauend, als ob gleich einer nach seinem Begehr fragen würde. Genau in dem Moment war ich bei ihnen. Ein zweiter Mann war auch ausgestiegen, hatte sich auf die Kofferklappe gelümmelt und dem ersten zugeschaut. Auf einmal spürte ich rechts und links eisenharte Griffe, und es hieß rein in den Fond des Wagens, Handschellen angeklickt. Dann erst die Frage: »Sie sind doch Stiehl?« Als ich ja sagte, hieß es: »Dann kommen Sie heute sehr schnell nach Halle.« Das war meine Verhaftung.

Die Anklagepunkte waren Mitbringen und Weitergeben von satirischen Zeitschriften, Hören von Feindsendern, Kontaktaufnahme zur imperialistischen Agentenzentrale RIAS.

Die Untersuchungshaft verbrachte ich im *Roten Ochsen* in Halle, weil ich an der Uni in Halle studierte. In der Zelle hatte ich ein Bett mit einem Strohsack. Innen war eher Häcksel als Stroh, und alles war völlig zerlegen. In der Zelle gab es einen Schemel ohne Rückenlehne, ein kleines Tischchen, gerade so groß wie ein Tablett. Das reichte ja auch für einen Menschen. Eine Tonschüssel, ein Aluminiumlöffel, ein Kübel für die Notdurft, eine kleine Wasserkanne und ein kleines Schälchen mit Wasser, dass man sich ein bisschen abrubbeln konnte – das war der gesamte Zelleninhalt. Und da hatte man 16 Stunden wach zu sein, durfte sich nicht auf das Bett legen. Man konnte entweder auf und ab laufen, drei Meter hin und drei Meter zurück, oder sich mal auf den Schemel setzen. Das hielt man aber, ohne sich anlehnen zu können, auch nicht lange aus. Und dann 16 Stunden lang Nichtstun.

Eine gute Woche ließ mich die Stasi schmoren. Es geschah nichts, überhaupt nichts. Und dann abends um halb zwölf wurde ich aus dem Schlaf gerissen und zur ersten Vernehmung gebracht. Ich kriegte sehr bald mit, dass irgendjemand geplaudert haben musste. Wenn ich über etwas berichtete, hakten die immer nach, sobald ich von deren Konzept abwich. Das war das, was mein Kommilitone berichtet haben könnte. Noch bis zum Jahr 1992, also bis ich die Stasiakten sah, habe ich zu seinen Gunsten angenommen, dass er bei einem Glas Bier vielleicht ein bisschen geprahlt hat, dass er mit dem Stiehl beim RIAS war. Tatsächlich war er aber auf mich angesetzt, um mich auszuforschen und um Berichte zu schreiben.

Ich fragte mich, was das alles sollte, wenn die doch so genau wussten, wie sie es nur von einem erfahren haben konnten, der dabei war? Da habe ich freiweg alles gestanden. Dadurch konnte ich die Gefahr für andere reduzieren. Beispielsweise ist mein Bäckermeister auch verurteilt worden, weil er die »gemeingefährlichen Verbrechen des Stiehl« nicht zur Anzeige gebracht hat. Man klagte ihn ebenfalls nach Artikel 6 der Verfassung der DDR an. Der stand für Boykotthetze. Artikel 6 war ein Allerweltsparagraf. Das Urteil konnte bis zur Todesstrafe reichen. Es gibt weder eine Straftatbeschreibung noch eine

Strafmaßerläuterung. Das war sonst aber damals üblich. Wenn einer neu in die Zelle kam, hieß es stets, »was hast du denn?« – »A 6, ach ja, kennen wir.«

Der Bäcker ist zu anderthalb Jahren Gefängnis wegen der Nichtanzeige der gemeingefährlichen Verbrechen des Stiehl verurteilt worden. Er hat ein Jahr davon abgesessen. Hätte ich etwas über ihn ausgesagt und ihn nicht geschützt, hätte er darüber hinaus seinen Betrieb verloren.

Urteil und Strafvollzug

Ich wurde zu sechs Jahren Zuchthaus verurteilt. Von meinen sechs Jahren habe ich 46 Monate abgemacht. Fast vier Jahre. In meinem Urteil steht auch drin, man muss versuchen, ihm durch eine langjährige Freiheitsentziehung alle Vorzüge der sozialistischen Gesellschaft vor Augen zu führen und ihn ideologisch umzuwandeln. So hieß es fast wörtlich.

Mich hat das Urteil überhaupt nicht berührt. Im Hinterkopf hatte ich noch, was die Werdauer eingesteckt haben. Nur sechs Jahre, sagte ich mir, da bist du aber billig davongekommen. Die hätten auch 15 Jahre sagen können. Ich dachte, die machen sowieso nicht mehr lange. Das war meine tiefste Überzeugung. Im Grunde hat mir die Geschichte ja ein bisschen Recht gegeben. Keine acht Wochen später war der Aufstand da. Nur dass die Panzer stärker waren. Ich, so jung wie ich war, hatte nicht bedacht, dass die russische Armee sich da einmischen würde. Meine Überzeugung war, dass die ganze Bevölkerung die Russen damals nicht wollte. 80 Prozent – das schreibt auch die Literatur – waren damals total kontra.

Nach meiner Verurteilung im Juli kam ich gleich in den Strafvollzug. Der war ebenfalls im *Roten Ochsen*, also in derselben Haftanstalt. Ich hatte ein bisschen Glück im Unglück. Damals gab es vier Blöcke, A, C und B/D, das waren Hafthäuser. Der A-Block gehörte der Stasi und war innerhalb des Gefängnisses noch mit einer Mauer umgeben. Die Blöcke B und C/D waren ganz normaler Strafvollzug. Da waren Kriminelle und Politische zusammen. Ich schätze, dass damals zwei Drittel Politische und ein Drittel Kriminelle im Gefängnis waren. Ich kam in die Schneiderei und wurde da angelernt. Da ich zum Sitzen an der Nähmaschine nicht die rechte Lust hatte, habe ich mich zum Einrichter ausbilden lassen. Da musste ich aus dem Zuschnittraum die Zuschnitte holen, dann die Knöpfe, die Futterteile usw. und sie portionsgerecht in kleine Kästchen stecken. Ich setzte die laufende Nummer drauf, damit das Hosenteil Nr. 25 mit dem Seitenteil Nr. 25 zusammenkam und Farbschattierungen vermieden wurden. Ich habe den Knopflochmachern, den Knopfannähern und denen an den Maschinen Material gebracht. Und dann wurde eben vom ersten Längsschnitt, von der Längsnaht der Hose bis zum – per Handarbeit – eingenähten Gesäßfutter die ganze Hose zusammengestellt. Die Norm war 100 Hosen pro Schicht.

Mein Ziel aber war es, in die anstaltseigene Bäckerei zu kommen. Ich habe versucht, die Wachmannschaften auf meinen Beruf aufmerksam zu machen. Im Oktober 1953 wurde ich verlegt. Man erfuhr ja nie vorher, wohin. Die Gefangenen wurden dauernd hin- und hergeschaufelt, damit keiner mit dem anderen warm wurde. Ich kam also in eine leere Zelle, und als Feierabend war, kriegte ich mit, dass meine neuen Zellengenossen Bäcker waren. Am nächsten Tag ging ich mit in die Bäckerei. Kurz darauf sollte der Brigadier der Bäckerei entlassen werden. Das war einer der SMT-Verurteilten, die also noch durch das sowjetische Militärtribunal verurteilt worden waren. Dieser Bäcker hatte mich vorher ein bisschen auf seine Aufgaben vorbereitet. Da musste Kartei geführt werden, die Produkte mussten abgerechnet und die Arbeit eingeteilt werden. Mich als 19-Jährigen hat es erwischt, weil ich Student war.

Für die Arbeit bekam der Brigadier 70 Pfennig, die anderen 50 Pfennig pro Tag. Wir machten unsere Arbeit in relativer Selbstverwaltung. Um fünf Uhr musste der Erste rüber, um sieben Uhr alle anderen. Der Erste machte den Sauerteig, heizte den Ofen an usw. Und ab sieben Uhr wurde dann gebacken. Wir bestellten beim Verpflegungsoffizier so viele Säcke Mehl, wie wir brauchten. Auch die Zeiteinteilung machten die Gefangenen selbst. Wir schrieben einen Weckzettel. Wenn wir um 14 Uhr fertig waren, sind wir noch längst nicht die Zellen zurück. Dann haben wir uns noch bis zur Abendbrotausgabe um 17, 18 Uhr in der Bäckerei aufgehalten. Da war es gemütlicher. Danach wurden wir in die Zellen gebracht.

Den 17. Juni 1953 habe ich als Häftling erlebt. Das war ganz besonders hart. Nicht dabei sein zu können. Einer unserer verstorbenen Mitstreiter wurde nach Bautzen verlegt. Die wurden ein ganzes Jahr in Vollisolation gehalten. Die kriegten auf dem Rücken noch ein großes X aufgemalt. Aber dass sie ausgesondert wurden, ist damit nicht eingetreten. Im Gegenteil, sie genossen die besondere Hochachtung aller.

Im Frühjahr 1954 wurde das Gefängnis eine Frauenhaftanstalt. Die Männer wurden in verschiedene andere Anstalten verlegt, und etwa 1.000 Frauen kamen in den *Roten Ochsen*. Das Gefängnis wurde astlochdicht abgedichtet, sodass nichts und niemand beobachtet werden konnte. Insgesamt blieben gerade mal 40 Männer da. Die Bäckerei ist geblieben, wir waren diese 40 Männer. Unsere Aufseher waren meistens so alte »Justizer«, die aufs Altenteil gesetzt worden waren, sodass der Umgang nicht mehr ganz so harsch war. Es herrschte ein mehr oder weniger erträgliches Leben.

Ein Zuckerschlecken war das Ganze trotzdem nicht, aber für uns etwas leichter als für die Übrigen. Es waren eben bloß sechs Bäcker da. Wir waren in zwei Zellen untergebracht, und das war's. Normalerweise wären wir abgelöst worden, als sie uns erwischt hatten, wie wir uns aus Marmelade, Zucker und Wasser ein weinartiges Getränk angesetzt hatten. Irgendeiner von den Wachmannschaften hat das gerochen. In dem Fall hat man uns nur für acht Wochen, also zwei Monatsbriefe, den Briefverkehr gesperrt. Das war die ganze Strafe.

In der Haft kann keiner dem anderen ausweichen. Im normalen Leben sagt man, den mag ich nicht so, da halte ich mich fern. Das geht im Gefängnis nicht. Man ist dieser Mannschaft, so wie sie nun einmal ist, auf Gedeih und Verderb ausgeliefert. Man hört sich zum tausendsten Mal dieselben Geschichten an, aber man muss damit umgehen. Man lernt auch, die Menschen einzuschätzen. Das hat mir später geholfen im weiteren Berufsleben.

Entlassung

Es kam das Jahr 1956 mit der Chruschtschow-Rede [zur Entstalinisierung]. Ihr folgte im Herbst in der DDR eine Amnestie. Zu denen, die damals entlassen wurden, gehörte auch ich, obwohl der Staatsanwalt mir kurz zuvor noch versichert hatte, ich könne noch eine ganze Weile im Gefängnis schmoren.

Ich wurde am 16. November entlassen. Mein Vater holte mich von der Bahn ab. Ich wusste gar nicht, dass die Eltern benachrichtigt worden waren. Auf dem Nachhauseweg erklärte mir mein Vater, mit wem alles ich lieber nicht reden sollte, weil die möglicherweise Spitzel seien. Dann kam seine bange Frage, ob ich nun wohl mit einem der nächsten Züge nach Berlin abdampfen würde. Ich habe ihm in die Hand versprochen, ich würde versuchen, mich in dieser unerfreulichen Republik zu behaupten. Sie könne ja schließlich nicht ewig dauern. Es gingen ja immer mehr Leute weg.

Weil ich so dachte, habe ich mich gar nicht groß um die Formalitäten gekümmert. Ich hätte zur Abteilung Inneres zu einer Arbeitsplatzzuweisung gehen müssen. Stattdessen ging ich am nächsten Morgen bei meinem ehemaligen Lehrmeister vorbei, um ein paar frische Brötchen zum Frühstück zu holen. Ich bin gleich hinten in die Backstube gegangen. Der guckt mich an: »Au, bist du auch wieder da? Dich schickt der Himmel. Mein Geselle hat gestern einen Unfall gehabt. Willst du nicht als Aushilfe einsteigen?« Ich sage: »Das lässt sich machen.« Und am anderen Morgen um halb fünf war ich da.

Als ich dann endlich Anfang Januar zur Abteilung Inneres marschierte, wurde ich dort erst mal angeblafft, ob ich wohl sechs Wochen lang gefaulenzt hätte. Ich sagte: »Nee, ich habe Brötchen gebacken.« – »Sie haben sich aber hier zu melden.« Ich sagte: »Na, hier bin ich doch.«

Weiterleben in der DDR

Dann habe ich mich bei einer Konsumbäckerei beworben. Der Leiter hat sich schlaflos im Bett gewälzt, ob er es wagen könne, jemanden mit einer sechsjährigen Zuchthausstrafe einzustellen. Das musste ich ja angeben, weil ich sonst gegen die Bewährungsauflagen verstoßen hätte. Schließlich sagte er Ja. Und nach einem Vierteljahr nahm er mich beiseite: »Weißt du, du machst eine ordentliche Arbeit hier. Wenn du so weitermachst, interessieren mich deine sechs Jahre nicht. Ich gehe da mal von einer Jugenddummheit aus. Du kannst durchaus den Meister und Fachschule machen, du hast das Zeug dazu. Ich lege dir keine Knüppel in den Weg.« Der hat das die ganzen 15 Jahre, die ich in dem Betrieb war, auch durchgehalten. Ich habe ein Meisterstudium mit recht guten Noten abgeschlossen.

Der Konsum hat seine Leute in einer Schule in Merseburg fortgebildet. Wir wurden 14 Tage unterrichtet und fuhren dann wieder sechs Wochen nach Hause. Ein dreiviertel Jahr später kriegte das der Parteinik vom übergeordneten Organ mit: »Wer hat denn den mit dieser Vergangenheit auf die Schule für verdiente Genossen geschickt?« So hat der gewettert. Aber da war schon fast ein Jahr rum, und so hat man es am Ende durchgehen lassen, hat mich allerdings anschließend scharf rangenommen.

Durch die Ausbildung bin ich als Aufbauleiter einer Neubaubäckerei mit 33 Millionen Investitionsumfang in Magdeburg infrage gekommen. Obwohl ich wusste, dass das ein Prügelposten werden könnte, habe ich zugesagt. Mir kam zugute, dass ich in einem Privatbetrieb gelernt hatte. Jedenfalls habe ich das Ding in zwei Jahren hochbringen können. Allerdings nur, weil wir die Vorgaben der Partei einfach nicht ernst nahmen.

Als es um eine Betriebsleitung ging, hat mich der Vorsitzende des Konsumbezirksverbandes beiseite genommen: »Eigentlich müsstest du ja die Betriebsleitung übernehmen als Aufbauleiter. Aber dich kriegen wir bei der SED-Bezirksleitung nicht durch.« Ich wurde als Produktionsleiter eingesetzt. Danach stand der Fachdirektor für Technik an. Und da sieht der Leiter vom Nachtdienst bei den übergeordneten Organen auf dem Tisch eine Mitteilung: »Die Berufung des Kollegen Stiehl als Fachdirektor für Technik ist aus den bekannten Gründen – Hinweis aufs MfS – nicht möglich.« Als ich davon erfuhr, habe ich die Notbremse gezogen und vorgegeben, ich fühlte mich aus gesundheitlichen Gründen der Aufgabe nicht gewachsen.

Ins Gefängnis bin ich jedenfalls nicht wieder gekommen. Ich hatte meinem Vater ja versprochen, in der DDR zurechtzukommen. Allerdings habe ich nach 1991 in unserer Verbandsarbeit der politischen Häftlinge immer wieder von Provokationen gehört. So wurde ein Demonstrant vom 17. Juni unmittelbar an der Werkbank angesprochen: »Du warst doch am 17. Juni dabei. Hast acht Jahre gekriegt, habe ich gehört.« – »Ja, die habe ich auch fast abgemacht.« – »Von mir hättest du 15 gekriegt.« – Das war ein 150-prozentiger.

Rehabilitation

Als unsere einzige frei gewählte Volkskammer im Frühjahr 1990 laut darüber nachdachte, Rehabilitierungen durchzuführen, habe ich an mein Gericht geschrieben, das mich damals verurteilt hatte, und drum gebeten, mir die Urteilsausfertigung, die wir ja nie bekommen hatten, auszuhändigen. Und weil ich stur alle vier Wochen angerufen habe, bekam ich 1991 schließlich einen Rückruf, sie würden mir das Urteil nun zuschicken. Ich sagte: »Um Gottes willen, nicht zuschicken. Ich habe kein Vertrauen, dass es dann ankommt. Kann ich es abholen?« Und hielt das Urteil schließlich in Händen und habe damit auch die gerichtliche Rehabilitierung durchgezogen.

Mit der Rehabilitierung können viele ehemalige Häftlinge ihren Angehörigen zum ersten Mal beweisen, was sie wirklich getan beziehungsweise nicht getan haben. Bei manchen sind die Verwandten mittlerweile verstorben, für sie kommt die Rehabilitierung zu spät. Stiehl erzählt – wie vor ihm schon Annegret Stephan – von seiner Verbandskollegin Melanie Kollatzsch, die wie er in den 50er Jahren hart bestraft worden ist. Die Mutter hatte ihr immer wieder vorgehalten, dass sie, wenn sie mit 15 Jahren Haft bestraft worden sei, doch etwas gemacht haben müsse. Kollatzsch sei es nicht gelungen, die Mutter zu überzeugen, dass sie so lange vernommen worden war, bis sie unter dem entsprechenden psychischen und physischen Druck, Wasserkarzer und Ähnlichem, zusammenbrach und einfach alles unterschrieb, auch dass sie spioniert habe, nur damit die Folter endlich aufhörte.

Und das geht den Leuten nicht ein. Das geht nicht in ihren Kopf. Meiner Frau ist es ja ähnlich ergangen. Wir haben uns 1957 beim Wandern kennengelernt. Als ich merkte, da könnte mehr draus werden, habe ich ihr klipp und klar gesagt: »Also, wenn du mit mir anbandelst, musst du wissen, du gehst mit einem Knasti. Ich bin zu sechs Jahren Zuchthaus verurteilt worden. Davon hab ich zwei Drittel abgesessen. Wenn ich mich nicht ordentlich aufführe, dann können die mich jederzeit wieder reinholen. Du musst wissen, ob du das willst.«

Meine Frau ist das Risiko eingegangen. Aber als sie das Urteil dann in der Hand hielt, hat sie mir gebeichtet: »Ich habe das damals nicht geglaubt, ich habe nicht geglaubt, dass das wirklich alles war und dass du für nichts sechs Jahre Zuchthaus bekommen hast. Ich habe mehr als 30 Jahre lang gedacht, du wirst deine guten Gründe haben, weshalb du nicht erzählst, weshalb du wirklich verurteilt worden bist. Vielleicht musst du ja jemanden schonen.«

Das ging fast allen so. Das war ein Problem in vielen Familien. Wir konnten ja nichts beweisen, weil uns das Urteil nicht ausgehändigt worden war. Ich hätte zwar alles erzählen können, wäre aber gleichzeitig Gefahr gelaufen, wegen Verächtlichmachung des Staates wieder eingesteckt zu werden.

Viele Häftlinge, die nach ihrer Haft nicht in den Westen gegangen sind, befanden sich in der DDR in demselben Double Bind wie Stiehl. Kein Wunder, dass die Häftlinge nichts erzählt haben. Oder nur einmal und dann nie wieder, so wie Stiehl es bei seiner späteren Frau getan hat. Kein Wunder also auch, wenn viele dieser Geschichten lange Zeit nur im Westen bekannt waren und für DDR-Bürger erst nach der Wende wieder sichtbar wurden. Das Nichtreden-Dürfen war ein Grund, warum so viele Ehen von politischen Häftlingen gescheitert sind.

Als ich meinem Vater versprach, ich würde versuchen, mich hier zu behaupten, habe ich mir quasi die Tarnkappe übergezogen. Ich habe mitdiskutiert, wenn es um Probleme ging, die ich ökonomisch belegen konnte. Wenn es um die unnötig billigen Brot- und Lebensmittelpreise ging, die dazu führten, dass ein Haufen Essen in die Abfalltonnen wanderte, weil man immer wieder etwas Frisches haben wollte. Und dass das wirtschaftlich ein totaler Unsinn war. Was ich an den paar Scheiben Brot spare, wenn ich es ganz aufesse, da hätte ich lange sparen müssen, um für 1.500 Mark ein Kofferradio zu kriegen. Denn die waren gegenüber den alten Bundesländern 15-mal so teuer. Und darüber konnte man durchaus schimpfen.

Aber als Biermann ausgebürgert wurde, das hat mich nach außen hin nicht beschäftigt. Das habe ich stur durchgehalten, auch innerhalb meiner Familie. Bis auf ein einziges Mal, da kam mein Bruder auf Polen zu sprechen. »Das könnte der Anfang vom Ende sein«, habe ich gesagt. Das war der einzige Ausrutscher, wo ich mal ein Wort gegen diesen Staat habe verlauten lassen.

Wenn ich heute mal einen von denen treffe, wundern die sich immer, dass der Stiehl jetzt im Opferverband tätig ist. Die haben mich immer für einen verkappten Roten gehalten. Ich war zwar nirgendwo etabliert. Aber niemand hat von mir je gehört, dass ich mal kontra gebe. Wenn ich damals, als ich aus dem Gefängnis kam, auch nur in meinen schwärzesten Träumen geglaubt hätte, dass sich dieses System noch fast 30 Jahre halten könnte, hätte ich mir damals vielleicht doch die Fahrkarte in den Westen gekauft.

Nachwirkungen und soziale Lage

Stiehl weiß, dass er in seinem Arbeitsleben Glück gehabt hat. Er weiß, dass kaum jemand so wie er an einen Vorgesetzten geraten ist, der alle Fünfe hat gerade sein lassen und selber den Buckel hingehalten hat. Auf diese Weise hat Stiehl von 1972 bis 1989 ein hohes Einkommen gehabt. Er hat mehr verdient als ein Hochschulabsolvent. Eine berufliche Rehabilitierung hat Wolfgang Stiehl dennoch bekommen.[60]

Bei der beruflichen Rehabilitation habe ich aber gesagt, macht mal einen Schnitt bei 1972. Denn von da an habe ich, obwohl ich kein Hochschulstudium gemacht habe, doch gut verdient. Sogar mehr als ein Akademiker. Also hat man die Zeit anerkannt: Verfolgung von 1959 bis 1972. Ab 1972 galt dann der tatsächliche Versicherungsverlauf. Viel ist bei der beruflichen Rehabilitation nicht herausgekommen. Ich bekomme monatlich einen Zuschlag von 15 bis17 Euro zusätzlich zur Rente. Hätte ich nicht auf die Jahre ab 1972 verzichtet, hätte ich möglicherweise gar keinen beruflichen Ausgleich bekommen.

Ausgleichsleistungen beziehen sich immer auf nachweisbare Ereignisse. Bei der beruflichen Reha kommen in aller Regel nur kleine Beträge heraus. Es gibt nur sehr wenige, die eine Reha in Höhe von 300 oder gar 500 Euro monatlich erhalten. Das ist der Fall, wenn beispielsweise ein Hochschulprofessor als Hausmeister arbeiten musste. Stiehl hat als leitender Angestellter gearbeitet. Er hat das Studium an der Arbeiter- und Bauernfakultät der Martin-Luther-Universität in Halle begonnen, das zum Abitur und zum Weiterstudium geführt hätte. Das ist als Studienbeginn gewertet worden. Ein anderer Sachbearbeiter hätte ihn aber auch als Schüler einstufen können. Dann wäre gar kein beruflicher Schaden anerkannt worden, obwohl er sein Studium nicht beenden konnte.

60 Das Einkommen als Akademiker wurde für all die Jahre fiktiv aus der Tabelle berechnet. Es gibt für jeden Berufszweig eine Tabelle mit den entsprechenden Qualifikationen, also für Hochschulabsolventen, Fachschulabsolventen, Meister, Facharbeiter oder Ungelernte. Diese fünf Tabellen laufen nebeneinander und enthalten die Durchschnittsverdienste des DDR-Bürgers in der jeweiligen Qualifikation und Berufsgruppe. In der DDR lag das Gehalt in den Betrieben höher als das Durchschnittsgehalt eines Akademikers.

Kompliziert ist es mit der Anerkennung eines gesundheitlichen Schadens gelaufen. Aber ich habe auch diesen Versuch gewagt. Mich hat drei Jahre nach der Haft ein Motorradunfall erwischt. Dabei wurde mir der Oberschenkel total zertrümmert. Damals haben die Ärzte gesagt, in diesem jugendlichen Alter derart splittrige Knochen zu haben, das sei unnormal. Ich wusste, warum das unnormal war: Wir hatten ja vier Jahre lang praktisch keinerlei Milchprodukte, also keine kalziumhaltigen Produkte bekommen. Wir haben zwar nicht gehungert, aber es war eben keine ausgeglichene Ernährung, wie sie normal wäre. Käse und Milch fehlten. Wir kriegten eine Art Jagdwurst zum Abendbrot, Margarine und irgendwelche Suppen. Da habe ich nach der Wende beim Versorgungsamt einen Antrag gestellt. Die Antwort lautete, wenn ich auch unbestritten eine Mangelernährung durchlitten hätte, so hätte ich doch in den darauf folgenden drei Jahren die Gelegenheit gehabt, das wieder auszugleichen. Demzufolge könne die Haft nicht die Ursache gewesen sein.

Heute habe ich eine Rente von etwa 1.400 Euro. Dazu kommt die Ausgleichsleistung aufgrund der beruflichen Reha. Die ist aber von der Rentenhöhe abhängig, bei der beide Ehepartner gemeinsam gerechnet werden. Meine Frau ist Invalidenrentnerin, sie ist 1965 herzoperiert worden. Und da sie zu DDR-Zeiten wenig verdient hat, bekommt sie eine Mini-Rente von 460 Euro. Beide Renten zusammen liegen unter der sogenannten Einkommensgrenze für verheiratete Paare. Demzufolge habe ich Anspruch auf Ausgleichsleistung nach der beruflichen Reha. Sollte ich mal alleine bleiben, würde ich diese Ausgleichsleistung nicht mehr bekommen.

Für die Wohnung zahle ich 412 Euro Warmmiete. Da sind die Nebenkosten mit drin. Ich bin Genossenschaftsmitglied in einer Arbeiter-Wohnungsbaugenossenschaft, die Miete ist dort etwas günstiger als im Normalfall. Aber Wohneigentum haben wir nicht. Wir bewohnten zwei Zimmer. Nach 1989 habe ich mir ein halbes Zimmer dazugenommen. Dort kann ich für meinen Häftlingsverein die Computerarbeit machen.

D. S.: Der arme Spion

D. S. war Mitarbeiter des französischen Geheimdienstes. Er ist gelernter Anwaltsgehilfe und Industriekaufmann und arbeitete von 1956 bis 1958 als Hauptreferent beim Regierungsvertragsgericht im Bereich Metallurgie. In dieser Funktion erfuhr er aufgrund der Rechnungen für die Vertragsstrafen von ausgefallenen Lieferungen aus der Sowjetunion sowie aus dem nichtsozialistischen Wirtschaftsgebiet. Er ist zum Zeitpunkt des Interviews 77 Jahre alt.

Die Geschichte, die er erzählt, gehört zum Widerstand gegen die Gründung eines selbstständigen Staates auf dem Boden der sowjetisch besetzten Zone.

Angefangen hat alles 1949, also kurz vor der Gründung der DDR. Damals war ich bei der Volkspolizei und wurde zur Grundausbildung in eine Kaserne eingewiesen. Die kasernierte Volkspolizei bestand ja bereits. Dort stellte ich fest, dass die Kaserne der Volkspolizei in Wirklichkeit für Artillerie vorgesehen war. Ich merkte also ziemlich schnell, dass hier eine Armee aufgebaut wurde, obwohl die Regierenden damals hoch und heilig schworen, dass niemand mehr eine Waffe in die Hand nehmen würde. Aufgrund meiner Verwaltungskenntnisse bin ich zur Hauptverwaltung für Ausbildung versetzt worden, dem späteren Ministerium für Nationale Verteidigung. Das war Mitte des Jahres 1948. Eine Abteilung von Verbindungsoffizieren gab es dort auch. Die gehörten später zum Ministerium für Staatssicherheit. Ich selbst arbeitete in der Personalabteilung.

Ich war 18 Jahre alt und bis dahin kein Gegner der SBZ gewesen, sondern hatte mich wie viele Jugendliche eher passiv verhalten. Wir waren in der FDJ organisiert und nahmen mit, was gut daran war.

Als ich aber in der Kaserne die Vorbereitungen für den Aufbau der Armee mitbekam, war ich richtig empört, sodass ich in den Westen zur CIA gefahren bin. Ich habe den Stellenplan der Hauptverwaltung und Ausbildung mitgenommen und habe ihn der CIA in Westberlin übergeben. Das war sicherlich ein starkes Stück.

Das MfS hat versucht, den Fall aufzuklären. Sie waren offenbar schon nahe an mir dran, denn im Jahr 1950 habe ich anonym einen kurzen Brief erhalten: »Verschwinden Sie sofort, MfS bearbeitet Fall HVA.« Ich habe den Brief lange mit mir herumgetragen, bin aber doch in der DDR geblieben. Meine Freundin wollte nicht in den Westen. Jugendlicher Leichtsinn war das. Aber ich hatte Glück und bin nicht aufgeflogen. Sonst hätte es mich den Kopf kosten können. Und das ist wörtlich zu nehmen.

1950 habe ich selber einmal einen Offizier der kasernierten Volksarmee vor seiner Verhaftung gewarnt. Ich hatte in der Personalabteilung erfahren, dass er akut in Gefahr war. Ich habe mit ihm telefoniert und mich mit ihm auf dem Bahnhof Döbeln verabredet und ihm kurz im Vorbeigehen zugeflüstert, er müsse sofort verschwinden. Der Offizier hat sich danach verhalten. Auch das ging gut. Vielleicht auch deshalb, weil ich damals noch ausschließlich in eigenem Auftrag handelte.

Später – D. S. arbeitete bei der DHZ-Metallurgie im Stahl- und Walzwerk Hennigsdorf als Referatsleiter – ist S. dabei, Karriere zu machen. Einer seiner

Hennigsdorfer Kollegen arbeitet inzwischen beim Vertragsgericht als Hauptreferent. Dieser Kollege schlägt S. als Nachfolger vor, weil er selbst in ein Außenhandelsunternehmen wolle. Tatsächlich will er aber nach Westberlin flüchten. Er hinterlässt einen Brief an S., in dem er ihm seine Wohnung überträgt.

Da ich inzwischen beim Vertragsgericht angefangen hatte, informierte ich offiziell meinen Vorgesetzten, dass ich mit einem Republikflüchtigen befreundet war und deswegen wieder aus dem Regierungsvertrag ausscheiden würde. Mit dieser Äußerung habe ich mir einen Vertrauensbonus verschafft. Die Staatssicherheit, die natürlich sofort kam, hat gesagt, ich bräuchte nicht auszuscheiden.

Es war aber so, dass mein Kollege, der mir die Wohnung zugedacht hatte, in Westberlin Resident des französischen Geheimdienstes wurde. Er hatte bereits vorher, schon im Regierungsvertragsgericht, dem französischen Geheimdienst berichtet. Ich habe dann seine Tätigkeit beim Regierungsvertragsgericht fortgeführt und wie er berichtet. So hatten wir es abgesprochen.

Wenn ich also erfuhr, dass die Lieferbeziehungen aus dem östlichen Ausland stagnierten, war das im Westen von hohem Interesse. Vor allem, wenn es sich um Stahl- und Eisenlieferungen aus der Sowjetunion handelte, die ausfielen. Darum ging es im Wesentlichen: Wenn der Westen dann die Walzpläne der Stahl- und Walzwerke der DDR kannte, konnte er selber aktiv werden. Wenn dann nämlich auch keine Ersatzlieferungen aus dem Westen eintrafen, war das ein schwerer Schlag für die Schwerindustrie der DDR.

Verhaftung

Meine eigene Verhaftung hat leider niemand verhindert. Mit meinem Gewährsmann, dem Residenten des französischen Geheimdiensts, hatte ich ein Zeichen ausgemacht. Weil ich täglich von Falkensee aus mit der S-Bahn durch Westberliner Gebiet fahren durfte, hätte ich einfach nur aussteigen müssen, sobald ich das Zeichen gesehen habe. Das Zeichen ist aber nicht gekommen.

Ein anderes Signal habe ich zwar wahrgenommen, aber nicht darauf reagiert. Bei meinem letzten Treffen mit meinem Gewährsmann und Exkollegen im Restaurant *Giraffe* im Tiergarten habe ich vom Nachbartisch die Bemerkung gehört: »Und jetzt übergibt er auch noch Unterlagen!« Heute denke ich, die Bemerkung war vielleicht für mich bestimmt, und ich sollte sie hören. Aber wer waren diese Männer? Vom MfS?

Ich wusste, dass der westliche Geheimdienst mich angeblich auch innerhalb des MfS abschirmen sollte. Es gab dort angeblich jemanden, der von mir wusste. Vielleicht war das der Mann in der *Giraffe*?

Mein Gewährsmann hatte mir gesagt, wenn ich eines Tages verhaftet werden sollte, würde man mich nicht kennen. Das ist wohl so üblich. Ich selbst könne beim MfS aussagen, was ich wisse. Ihr System würde sofort umgestellt. Ich bin also wieder nach Ostberlin zurückgefahren. Das System, das mich zu schützen versprach, hat versagt. Falls es das überhaupt gab.

Am 8. März 1958 war alles zur Feier des Internationalen Frauentags vorbereitet, der Kaffee bereits ausgeschenkt. In unserem Korridor im Ministerium für Justiz hielten sich mehrere Herren auf. Ich hatte sie morgens schon einmal bemerkt und bin ganz unbefangen auf sie zugegangen: »Meine Herren, ein Stockwerk höher ist eine Sesselgruppe, da können Sie sich doch hinsetzen.«

Die Verhaftung ist abgelaufen wie im Kino: Um Punkt zwölf Uhr betraten diese Männer mein Dienstzimmer: »Kriminalpolizei! Kommen Sie mit zur Überprüfung Ihrer Personalien.«

Aufgeflogen bin ich, weil vom MfS ein Mitarbeiter des CIA erwischt worden ist, mit dem mein Westberliner Gewährsmann ebenfalls kooperiert hatte. Offensichtlich hat der meine ausgeschleusten Unterlagen bekommen. Denn er sagte aus, dass es eine Quelle beim Regierungsvertragsgericht geben müsse. Von diesen Unterlagen bis zu mir war es nur ein kleiner Schritt. Die Abteilung war klein, wir sind zu dritt gewesen. Das habe ich später den Aussagen, die mir während der Verhöre vorgelegt wurden, entnommen. Die Akteneinsicht nach 1990 hat dies dann bestätigt.

In gewisser Weise hatte ich sogar Verständnis für meine Verhaftung. Jedes Land schützt sich vor Wirtschaftsspionage. Weil die Wirtschaft der DDR durch die Übergabe der Transport- und Lieferdaten tatsächlich potenziell gefährdet war, hat das Gericht auf »politisch motivierte Wirtschaftsspionage im schweren Fall« erkannt und zur Abschreckung richtig zugeschlagen. Sie mussten zuschlagen, denn das gesamte Vertragsgericht war im Gerichtssaal anwesend. Dennoch stand das Strafmaß in keinem vernünftigen Verhältnis zum Schaden, der angerichtet worden war.

Untersuchungshaft

Das Jahr 1958 zählt wohl zu einem der miesesten Jahre in der DDR und damit auch der Staatssicherheit. Im Keller in den Isolationszellen konnte man Menschen brechen, auch ohne sie einer physischen Folter zu unterziehen. Ich habe im U-Boot gelebt und kannte viele Häftlinge, die dort ebenfalls waren. Der Name U-Boot stammt von den Häftlingen selbst und steht für eine feuchte, unbeheizte Dunkelzelle im Untergeschoss. Die war nur ausgestattet mit einer Holzpritsche und einem Eimer für die Fäkalien.[61] Nur die Außenzellen hatten kleine, mit undurchsichtigen Glasbausteinen versetzte Fenster. Es waren unselige Haftbedingungen, die die Staatssicherheit damals einsetzte. Die chinesische Wasserfolter habe ich nicht erlebt, wo einem in einem Käfig, in dem man nicht stehen kann, ständig Wasser auf den Kopf tropft.[62]

Meine Zelle kann ich noch heute zeigen. Damals habe ich in Dunkelheit gelebt. Kein Fenster, nur die Tür, wo ein bisschen Luftzug reinkam und eine Funzel über der Tür, damit man auch durch den Spion in der Tür gesehen werden kann. Wecken ist um fünf Uhr mit Schreierei: »Aufstehen!« Dann musste ich den ganzen Tag über wach bleiben. Von früh an, von fünf Uhr bis 21 Uhr nur gerade sitzen, nicht an die Wand anlehnen oder an die Matratzen, die aufgestapelt werden mussten. Oder die zwei Meter fünfzig hin- und herlaufen, wie ein gefangenes Tier. Unterbrochen nur morgens um sechs Uhr und mittags zur Essenausgabe. Meistens wurde morgens sehr warmes bis heißes Wasser zum Waschen reingegeben. Es war schwer, sich damit frisch zu machen.

Oft genug war nur einmal in der Woche Vernehmung. Wenn man also frei dasaß und einem unwillkürlich die Augen zufielen vor Müdigkeit, oder wenn man sich an die Wand lehnte, dann hat die Wache draußen den schweren Riegel leise hochgehoben und – Krach! – wieder fallen lassen. Man ist hochgeschreckt von dem Kommando: »Gerade sitzen! Augen auf!« Alle zwei, drei Minuten hat jemand durch das Loch geguckt. Die brauchten einem nichts auf den Kopf zu tropfen. Die mussten einen nicht ins kalte Wasser stellen. Die brauchten einen nicht einmal zusammenschlagen.

In den Zellen wurde manchmal geschrien: »Ihr wollt mich umbringen!« Man hat dann das Wachtpersonal gehört: »Sind Sie ruhig, sind Sie ruhig! Kommen Sie unter der Pritsche vor!« So ein Gebrüll, wenn ein Häftling durchgedreht ist, weil er nervlich am Ende war. Oder angeblich durchdrehte.[63]

Also das reicht doch schon als Folter, wenn dies die einzigen Reize über einen langen Zeitraum sind. Und immer ohne Tageslicht. Das reicht, um geistig wegzutreten. Man schreckt dann zusammen, wenn nach vier oder fünf Tagen außerplanmäßig die Tür geöffnet wird. Das ist der enorme Druck, der zum Teil physisch war und zum Teil psychisch wirkt. Das werfe ich dem MfS vor, dass sie so etwas gemacht haben.

---

61 http://de.wikipedia.org/wiki/Gedenkst%C3%A4tte_Berlin-Hohensch%C3%B6nhausen (Stand: 02.07.2009)

62 Aufgrund der Beschreibungen von Zeitzeugen wurde in der Stasi-Haftanstalt Berlin-Hohenschönhausen eine Vorrichtung für die chinesische Wasserfolter rekonstruiert.

63 Gemeint ist, dass solche Brüllereien und das Klappern von Ketten auch als Inszenierung zur Einschüchterung von Häftlingen eingesetzt wurden.

In jeder anderen Untersuchungshaftanstalt haben die Untersuchungshäftlinge Bücher bekommen, wir nicht. Und das über Monate, für die Dauer der Untersuchungshaft. Andere Häftlinge haben wir nicht zu sehen bekommen. Darauf wurde streng geachtet. Es könnte ja ein Komplize sein.

Die Dunkelzelle steht mir bis heute vor Augen. Ich bekam Wasser in den Beinen. Da durfte ich mich ein paar Tage hinlegen, damit das Wasser in den Körper abfließt. Da haben sie doch Manschetten gehabt, sogar der Sanitäter kam nach unten in den Keller. Als das Wasser nach einer Woche wieder aus den Beinen raus war, musste ich wieder sitzen. Später bekam ich eine Nierenkolik. Aber mit 27 Jahren hat man doch Durchhaltewillen.

In meinen Aussagen habe ich mich strikt an das gehalten, was vertretbar war. Doch das Tuscheln vor der Tür, das Rausrufen der Vernehmer, als ob es neue Erkenntnisse gegeben habe, all das hat mir zu schaffen gemacht. Dann kam der Vernehmer wieder rein, und ein Zweiter ebenfalls, der schrie mich an. Das habe ich durchgehalten. Sie haben mir die Kopien der Walzpläne vor die Nase gehalten, da waren ein, zwei Fingerabdrücke drauf. »Haben Sie die nach Westberlin gebracht?« Das habe ich abgestritten. Die Abdrücke konnten nicht von mir gewesen sein. Sonst wäre es doch ein Leichtes gewesen, mir das nachzuweisen.

Ohne Weiteres konnte ich die Routen bekannt geben, die ich mit meinem Material in Westberlin gefahren bin. Darauf war ich vorbereitet, das zuzugeben. »Tun Sie keinesfalls etwas, was Ihnen schaden kann«, hatte es vonseiten des Westens geheißen.

Haft

S. wird vom Bezirksgericht Cottbus gemeinsam mit zwei weiteren Angeklagten verurteilt. Zusammengearbeitet hat er mit ihnen nicht. Die Frau, die mitangeklagt wurde, war aber wie er beim Vertragsgericht beschäftigt. Sie wurde zu zwölf Jahren Haft wegen Spionage im schweren Fall verurteilt. Fünf Jahre hat sie davon abgesessen. Der Mann erhält wegen Militärspionage lebenslänglich Zuchthaus. S. bekommt 15 Jahre Zuchthaus. Bei den Vernehmungen war ihm die Todesstrafe oder lebenslänglich angedroht worden. Das wäre gemäß dem damals gerade verabschiedeten Strafrechtsergänzungsgesetz[64] *möglich gewesen. Als dann das Gericht für den Mitangeklagten für Militärspionage das Urteil »lebenslänglich« verhängte, war S. klar, dass er weniger bekommen würde. Bis heute meint er, dass jemand innerhalb der*

64 Das Gesetz trat am 12. Februar 1958 in Kraft.

Staatssicherheit daran gedreht haben könnte, dass er nicht zu lebenslänglich verurteilt werden konnte.

Im Strafvollzug in der fünften Etage des Zellenhauses in Cottbus kam es erneut zu Einzelhaft und zu Haft im U-Boot, wo ich kommentarähnliche Auskünfte über das gerade erschiene (und von mir 1957/58 mit erarbeitete) neue Vertragsgesetz der volkseigenen Wirtschaft geben sollte.

Anschließend haben sie mich mitten im Winter rausgeschmissen und bei eisiger Kälte ins Kommando X in Hohenschönhausen verlegt. Ich sah dies als Glücksfall für mich an. Wir mussten bei eisiger Kälte draußen am Bau arbeiten. Häftlinge bauten für Häftlinge, sie bauten ihren eigenen Knast. Wir haben die neue Untersuchungshaftanstalt komplett mit Vernehmungstrakt und 200 Zellen gebaut. Sie wurde hinter das alte Gebäude des U-Bootes gesetzt. Im Kommando X wurden auch Häuser für die Staatssicherheit gebaut, Einfamilienhäuser, das Sportzentrum und das Erholungszentrum Wolletz.

Anfangs habe ich gedacht, nach diesem verdammten Keller tut mir die frische Luft gut. Aber das war ja Irrsinn. Wie kann man einen, der so viele Monate in Dunkelhaft zugebracht hat, wie kann man den nach draußen schicken? Der geht doch kaputt. Nach monatelanger Kellerhaft habe ich auf dem Bau als Maurer gearbeitet. Ich habe gedacht, man will mich umbringen. Als Maurer eingesetzt, haben mir die Ziegelsteine die Fingerkuppen aufgescheuert. Ich habe sie immer wieder mit Heftpflaster umwickelt, um weiter arbeiten zu können. Ich habe drei Monate, den Januar, Februar und den März 1959, durchgehalten. Aber dann bin ich zusammengeklappt. Ich habe gedacht, jetzt passiert es. Der Häftlingsarzt kam, das Kommando X hatte ja einen. Am Ende hat selbst die Stasi einsehen müssen, dass ich krank bin. Sie sagten, dass sie einen Schichtleiter in der Lagerwäscherei brauchten. Ich sei ja ein Büromensch.

Geleitet wurden die Arbeitsstätten des Kommandos X von einem Häftling, den man den grauen Räuber nannte, weil er – selber grauhaarig – ein ziemlich strenges Regiment geführt hat. Unter der Aufsicht durch die Staatssicherheit, der das Kommando X unterstand, war natürlich bei einer Stärke von 1.200 Häftlingen äußerste Disziplin angesagt. Als schlimmste Bestrafung galt es, »abgeschossen« zu werden. Das hieß, wegen irgendeiner Verfehlung zurück in eine feste Vollzugsanstalt. Im Kommando X war ich von Januar 1959 bis zu meiner Entlassung. Die Reste der Mauern vom Kommando X in Hohenschönhausen stehen heute noch.

Meine Stube, es war die Nr. 5, war mit 55 Häftlingen belegt. Es waren Kurz- und Langstrafer, Diebe und Mörder. Kurzstrafer waren Häftlinge, die bis zu fünf Jahren Haft hatten. Im Kommando X waren alle Funktionen mit Häftlingen besetzt, auch die Lagerleitung und die Werkstätten (Autoreparatur,

Tischlerei, Wäscherei). Es handelte sich also um eine Häftlingsselbstverwaltung unter Aufsicht des MfS. Es gab sogar eine eigene Feuerwehr, damit im Notfall ja nicht von draußen eingegriffen werden musste.

1961 wurde auf Weisung des MfS ein Lagerrat aus Häftlingen gebildet. Aufgrund meiner Vorbildung wurde ich Schriftführer, weil ich Stenografie und Schreibmaschine konnte. Der Lagerrat hat die Freizeit organisiert. Es gab ein Kino im Kommando X, das kann man heute noch im Saal erkennen. Ab und zu wollte einer flüchten, meistens im Zusammenhang mit einer Objekterweiterung. Dann mussten wir antreten und standen ab morgens um sechs auf der Lagerstraße und durften nicht weg, bis der Flüchtige gefunden wurde. Dies konnte dann schon mal bis zum Nachmittag dauern.

Ab und zu war mal ein Hakenkreuz in der Toilettenwand eingeritzt. Da war natürlich etwas fällig.

Ich habe die Wäscherei organisiert, habe eine neue Heißmangel einbauen lassen und einen extra Raum, der vorher als Trockenkammer genutzt wurde, für die Privatwäsche der Offiziere eingerichtet. Ich habe richtig freie Hand gehabt und täglich drei Tonnen Wäsche unter anderem vom MfS-Wachregiment gewaschen. Hauptsache, der Laden lief reibungslos. Der »Leutnant Wäscherei« war froh, dass einer den Laden schmiss. Wir haben die Wäsche fürs Wachregiment der Staatssicherheit gewaschen. Ich musste immer aus den Koffern von der Privatwäsche vorne die Liste verdeckt rausnehmen. Da standen der Name des MfS-Offiziers und die Dienststelle drauf. Eines Tages hat der Leutnant gesagt: »Wissen Sie, S., ich habe es satt. Ist doch wurscht, ob Sie das lesen oder nicht.«

Einmal habe ich mir doch einen verschärften Arrest eingehandelt, weil ich mit ein paar anderen Häftlingen im Saal hinter der Bühne aus Zucker und Weißbrot Wein gepanscht hatte. Wer uns verraten hat, haben wir nicht ermitteln können.

Für die Arbeit in der Haft habe ich 14 Mark verdient. Davon konnte ich mir in dem kleinen Laden für Häftlinge Tabak, Tee, Zucker oder Ähnliches einkaufen. Ein paar Mark wurden weggelegt für die Entlassung, und ein paar Mark wurden an die Familie überwiesen.

Meine Familie

Für meine Familie war meine Verhaftung ein Schock. Vor allem für meine Großeltern. Der Großvater hat bei den Nazis im KZ gesessen wegen Wehrkraftzersetzung. Er soll gesagt haben, ich solle mal aus der Haft rauskommen. Wenn er noch lebt, dann bringt er mich um. Von der Seite meiner Eltern ist kein Vorwurf gekommen. Ich weiß nur, dass es für sie ein furchtbarer

Schlag war. Meine Mutter war immer kränklich. Ich habe während der Haftzeit keinen Briefverkehr mit ihr gehabt. Ich war auch der Meinung, dass sie sich beruhigen sollte. Besuch wollte ich keinen. Ich wollte sie nicht belasten. Pakete ins Gefängnis hat mir eine befreundete Familie geschickt.

Amnestie

1960 ist Wilhelm Pieck gestorben, und Walter Ulbricht wurde Vorsitzender des Staatsrates der DDR. Da kam – ein Riesending! Eine Amnestie für Langstrafer! Jedenfalls standen die aufgerufenen Strafgefangenen vor der Objektwache an. Jeder wurde einzeln reingerufen. Es wurde bekannt gegeben, dass durch die Amnestie die Strafe verkürzt würde. Meine 15 Jahre Haft wurden auf acht Jahre reduziert. Als mir das mitgeteilt wurde, bin ich aus der Tür gegangen und gleich über eine Schubkarre gefallen, so weggetreten war ich, als ich das gehört habe. Jedenfalls war ich erst mal glücklich. Ich bin dann im Jahr 1963 nach fünf Jahren und sechs Monaten aufgrund einer Zweidrittelregelung aus der Haft entlassen worden.

Nach der Wende habe ich meine dicke Akte eingesehen. Ich erkannte gleich: Da hat jemand eingegriffen. Ich weiß aber nicht, wer. Aus den Unterlagen ist ersichtlich, dass die Haftanstalt Cottbus der vorzeitigen Entlassung widersprochen hat. Die haben argumentiert: Sieben Jahre seien mir doch schon durch die Amnestie erlassen, ich solle meine restliche Zeit erst einmal voll absitzen. Dann fand ich in meiner Akte auch einen Brief vom Generalstaatsanwalt der DDR – die Staatsanwälte waren in der DDR für die Strafvollzugsanstalten verantwortlich – und da stand doch glatt drin: Die Haftentlassung nach §337 entspricht dem staatlichen Interesse. Ich habe bei der Gauck-Behörde die Bearbeiterin gefragt, was dies denn bedeute. Und sie hat gesagt: »Sie waren doch beim Regierungsvertragsgericht.« Ja, da sehen Sie, der Westen hatte doch noch Einfluss. Wer da Einfluss genommen haben könnte, weiß ich nicht. Auch nach 1990 hat sich niemand bei mir gemeldet, um mir zu sagen, er habe es damals geschafft, dass ich rauskomme. Es gab damals noch keine Freikäufe. Ich habe mich auch sehr gehütet, meine Entlassung mit einem Ausreisewunsch zu verknüpfen. Aber gekungelt haben die schon immer zwischen Ost und West, wenn die Dienste ihre Leute frei haben wollten.

Als ich aus dem Gefängnis kam, gab es meine Ehe nicht mehr. Meine Ehefrau hatte sich scheiden lasse, was wohl bei der Höhe des Urteils mehr als vernünftig war. Die Stasi hat sie dann auch in Ruhe gelassen. Im Scheidungsverfahren hieß es, es könne der Klägerin nicht zugemutet werden, mit einem Menschen zusammenzuleben, der an den Grundfesten der DDR gerüttelt hat. Kontakt zu ihr und dem aus der Ehe hervorgegangenen Sohn habe ich nicht mehr gehabt.

Ihren Wunsch, dass ich mich nicht in ihre neue Ehe und Familie einmische, habe ich akzeptieren müssen. Mein Sohn sagt Vater zu dem neuen Ehemann. Und dies möchte sie so belassen.

Ich hatte damals auch nicht die Kraft, dem etwas entgegenzusetzen. Ich war damals in einer Verfassung, dass ich alles akzeptierte.

Kontakt zu Geheimdiensten hatte ich nach meiner Entlassung nicht mehr. Das konnte ich mir nicht erlauben. Und die sich wohl auch nicht.

Nach der Haft

Ich habe dann nur Arbeit in einer Wäscherei in Ostberlin gefunden, weil ich in der Haft ja Wäschereiexperte geworden war. Ich habe 700 bis 800 DDR-Mark im Schnitt verdient. Natürlich habe ich mich um eine andere Arbeit bemüht, aber jeder, der meinen Personalfragebogen sah, winkte ab. Die hatten eben Angst, das war fürchterlich.

Inzwischen war meine zweijährige Bewährung abgelaufen, aber ich hatte immer noch keine bessere Arbeit gefunden. Alle sagten Nein. Irgendwann rief ich kurzerhand beim MfS an. Ich musste meine Telefonnummer nennen, dann riefen die mich nach einer kurzen Überprüfung zurück. Sie bestellten mich in die Normannenstraße. Dort erkannte ich einen meiner Vernehmer wieder und fragte ihn, ob das MfS meine Einstellung verhindere. Daraufhin hat er sich erkundigt und versicherte mir dann, sie seien es nicht, die die Einstellung verhinderten. Es waren offenbar nur Angsthasen in den Kaderabteilungen der Betriebe. Aber in der DDR gab es nicht nur Angsthasen.

In der Wäscherei hat mich zufällig ein Bekannter entdeckt, der mich vom Vertragsgericht her kannte. Der ist zu seinem Chef von der DHZ-Metallurgie gelaufen und hat gesagt: »Stell dir vor, der S., der arbeitet in einer Wäscherei.« Der Chef hat mich dort rausgeholt und hat mir im Stahlwerk Hennigsdorf erst einmal eine Sachbearbeiterstelle beschafft. Da hatte ich Glück, dass ich nach all den Feiglingen auch mal auf einen Mutigen getroffen bin.

Haftfolgen

Seit 1992 bekommt S. zunächst ein Altersübergangsgeld, dann Rente. Bis zu seinem Ausscheiden aus dem Erwerbsleben arbeitete er beim Kombinat VEB Autotrans in Berlin und war für das Versicherungswesen zuständig.

Aufgrund eines Hörschadens wird S. eine 60-prozentige Schwerbehinderung anerkannt. Das Landesversorgungsamt hat frühzeitig der Verrentung von S. zugestimmt. Eigentlich wäre heute aufgrund eines Totalausfalls des Gehörs der Grad der Behinderung höher anzusetzen. Aber S. hat eine Neufestsetzung der Rente nicht betrieben.

Seine Rente beträgt 957 Euro. Er muss sparsam leben, auch die Anwältin, mit der er in zweiter Ehe verheiratet ist, verdient in ihrer Kanzlei nur wenig mehr, als ihre Betriebskosten ausmachen. Er hat mit seiner jungen Frau eine achtjährige Tochter. Seit Kurzem erhält er die Opferrente von 250 Euro.

Ihm macht vor allem sein Gesundheitszustand Sorgen – eine schwere koronare Gefäßerkrankung mit mehreren Stents im Herzen lässt ihn befürchten, dass er die jüngste Tochter nicht mehr groß werden sieht. Zu allem Überfluss ist noch ein Prostatakrebs dazugekommen.

D.S. beschreibt die gesundheitlichen Störungen anhand des Fragebogens. Er weiß genau den Zeitpunkt, zu dem sie erstmals aufgetreten sind. Demnach hatte er mit Herzproblemen bereits während der Haft zu kämpfen. »Es war ziemlich kalt im U-Boot.« Zeitweise war es so kalt, dass er sich eine Decke umlegen durfte.

Ich hatte eine Nierenkolik, sodass ich salzlose Sonderkost bekam und literweise trinken musste. Für mich war das ein Indiz, dass die Stasi nicht daran interessiert war, dass ich einen schweren Schaden davontrage. Meine Nieren arbeiten heute nur noch zu 30 Prozent.

Gewichtsprobleme hatte ich. Komischerweise hat man während der Haft wegen der erbarmungslosen Bewegungslosigkeit eher zugenommen. Was ich manchmal gemacht habe, waren Liegestütze, um mich überhaupt zu bewegen.

Magenbeschwerden und Durchfall bekamen fast alle Häftlinge. Aber das war auch psychisch bedingt. Das waren Verarbeitungsprobleme. Manchmal kam ich von der Vernehmung und musste sofort auf den Kübel. Also das war eine Katastrophe.

Die Schlafstörungen und eine allgemeine Angst waren vor allem anfangs da. Die Angst legte sich bald. Man kriegte innerhalb weniger Wochen mit, wie das Ding läuft. Der Vernehmer war mächtig daran interessiert, dass Ruhe einkehrt, der wollte ja schreiben.

Wir waren nervös. Die Konzentration bei den Verhören macht einen fertig. Bei den tagelangen Vernehmungen musste ich mir unbedingt merken, was ich schon gesagt hatte. Eine Lüge vergisst man schneller als die Wahrheit. Also alles, was ich beschönigt, verschleiert oder irgendwie geändert hatte, musste ich im Kopf behalten. Denn die kamen nach 14 Tagen darauf zurück. Das

System der Verhöre ist die Wiederholung. Die merkten, wo ich gezögert hatte, die waren ja geschult, also hakten sie nach.

Tendenzen zum Suizid kenne ich. Die Idee zum Selbstmord kommt einem in solch einer Situation zwangsläufig, das gehört dazu. Wie kann man einen nach der Urteilsverkündung im Zellenhaus in Cottbus sich selbst überlassen, nachdem man ein paar Stunden vorher zu 15 Jahren Zuchthaus – das heißt 15 Mal Frühjahr, Sommer, Herbst und Winter – verurteilt worden ist? Wie kann man das tun? Das ist unmenschlich.

Cottbus ist die Justizvollzugsanstalt für Langstrafer gewesen. Wieso ist es nicht möglich, einen Menschen, der gerade einen derartigen Hieb versetzt bekommen hat, nach oben zu bringen zu einem anderen, der auch eine so lange Haft vor sich hat? Nein, es war Einzelhaft. Dann ist man so weit, einfach zu weinen. Man kann vorher noch so ein Hirsch gewesen sein, aber das verkraftet man nicht. Der Gedanke an Selbstmord ist dann ganz nahe.

Gereizt oder aggressiv bin ich nie gewesen. Matt habe ich mich manchmal gefühlt. Und auch etwas depressiv. Platzangst habe ich heute keine mehr, da war ich echt geschult im U-Boot. Die psychischen Folgen der Dunkelzellen sind das Problem gewesen. Das U-Boot ist eine einzige Schweinerei gewesen.

Die Angst, allein zu sein, ist geblieben. Ich wollte nie mehr allein sein. Angst vor Beziehungsverlust kenne ich auch. Ich bin ja so froh, dass ich nach der Haft Menschen gefunden habe, die mir Halt gegeben haben.

Nach so vielen Jahren ist es heute immer noch so, dass ich immer wieder durchspiele, was damals gewesen ist. Alles. Das ist fest in einem verankert, das kann man nicht verarbeiten. Mir kommen immer wieder Szenen hoch. Die wird man nicht los.

Rehabilitation

Rehabilitiert wurde S. vom Bezirksgericht Cottbus. Die Haftentschädigung hat er bekommen. Daraus stammt die Wohnungseinrichtung. Vom Rest machte er Reisen. Wegen seines Hörschadens, der in der Haft auftreten ist und immer schlimmer wurde, ist S. zu vielen HNO-Ärzten gegangen. Auf Anraten des Landesversorgungsamts stellte er einen Antrag auf Haftschaden. Weder die ärztliche Behandlung noch der Rentenantrag wegen Haftschadens hatten Erfolg. Man schickte ihn weiter zum Institut für Berufskrankheiten. Die wollten ihm eine Brücke bauen. Er sei doch in der Wäscherei dröhnenden Geräuschen von Exhaustern[65] ausgesetzt gewesen. Die könnten den Hörschaden verursacht

65 Luftabzugshauben

haben. Er hätte Ja sagen können, dann wäre ihm eine Rente zugebilligt worden. Aber das tat er nicht. Er argumentierte, der Hörschaden stamme eindeutig aus der U-Haft im U-Boot. Er versuchte, gegen die Ablehnung seines Haftschadens anzugehen. Das Gutachten sagte aus, dass es auch andere Gründe geben könne. Und solange die nicht ausgeschlossen würden, könne kein Haftschaden anerkannt werden. Sogar genetische Ursachen wurden immer wieder vermutet. Aber auch die konnten nicht eindeutig begründet werden.

S. schöpfte die Rechtsmittel bis zur zweiten Instanz aus. Der Richter der zweiten Instanz erklärte, ihm sei nicht wohl bei dem ablehnenden Urteil. Aber über die vorliegenden Gutachten könne er sich nicht hinwegsetzen. Ein Gutachter hatte zum Beispiel geschrieben, von einem Tinnitus könne man nicht taub werden. Inzwischen ist ein Zusammenhang von Tinnitus und Hörsturz jedoch wissenschaftlich erwiesen. Nun müssten eigentlich sämtliche Anträge auf Haftschäden noch einmal überprüft werden. Aber noch einmal aufnehmen möchte S. das Verfahren nicht. Er hat wenig Hoffnung, das Ende des Verfahrens noch zu erleben.

Finanziell muss S. sehr genau rechnen. Seine helle, große Wohnung kostet 621 Euro. Das ist so viel, dass er nicht weiß, wie lange er die noch halten kann. Seine Rente geht fast vollständig für die festen Kosten des Haushalts drauf. Seine Frau kommt im Monat auch nur auf 500 Euro an Überschuss aus ihrer Praxis. Ein Besuch im Theater ist da kaum drin. Für den Urlaub, auch wenn es nur eine Woche im Jahr ist, versucht die Familie etwas anzusparen. Seine Frau wird irgendwann eine Witwenrente bekommen. Die Haftopferrente ist dagegen nicht vererbbar. Und die HHG-Stiftung zahlt bei Spionage nicht, das heißt, wenn S. stirbt, können sich auch seine Frau und die Tochter als betroffene Angehörige nicht an die Stiftung wenden.[66]

Die Stasi hat nicht versucht, mich für sich zu gewinnen. Auch mit IMs hatte ich nach meiner Entlassung keine Probleme. Es gab zwei, die auf mich angesetzt waren. Die haben aber sehr elegant Auskunft über mich gegeben. Einer schrieb: Er hat gerade Urlaub und ist nicht auffällig. Und der zweite hat ebenfalls eine völlig neutrale Einschätzung gegeben. Nachgeforscht habe ich nicht. Schließlich hat ja jeder Kaderleiter eine Verbindung zum MfS gehabt. Das heißt, die brauchten sie nur zu fragen.

Den Residenten des französischen Geheimdiensts habe ich nach der Wende nicht wiedergesehen. Sein Name stand nicht mehr an der Tür des Hochhauses im Tiergarten. Er war aber damals schon ein alter Mann. Es könnte sein, dass er nicht mehr lebt. Aber warum sollte er sich noch um mich kümmern?

66 Siehe das Kapitel über die HHG-Stiftung

Haftzeit zwischen 1960 und 1969

Angelika Hartmann: Mit den Stones fing alles an

Angelika Hartmann ist in Falkensee aufgewachsen, im Ortsteil Falkenhöhe, ganz am Rand von Berlin. 1964 beginnt sie eine Lehre bei der Deutschen Reichsbahn. Ein Jahr lang bleibt sie und wäre wohl auch dort geblieben, wenn nicht 1965 ein Konzert der Rolling Stones in der Westberliner Waldbühne angekündigt worden wäre. Als sie davon hört, hält die 15-Jährige nichts mehr. Sie und ihre Freundin entschließen sich, drei Jahre nach dem Bau der Mauer, zu dem Konzert zu gehen. Sie schmieden einen Fluchtplan.

Da, wo ich wohnte, war die Grenze ganz in der Nähe, die Grenze zwischen Falkenhöhe und Berlin-Spandau. Ich konnte immer die Grenzposten beobachten und wusste genau, wann wer kommt. Wir haben uns entschieden, um die und die Uhrzeit dort zu sein. Durch den Stacheldraht zu kriechen, das war nicht so prickelnd. Aber wenn du erst mal da bist, machst du das auch. Wir haben uns natürlich wahnsinnig verletzt. Es gab damals ja noch keine Betonmauer, sondern nur Stacheldraht. Als wir es schließlich geschafft hatten, sahen wir aus wie abgestochene Ferkel. Also wir bluteten von oben bis unten, weil überall dieser Stacheldraht in uns drinsteckte. Heute kann ich selbst nur noch staunen. Wir hätten ja auch erschossen werden können! Aber was macht man nicht alles, wenn man 15 ist.

Dann standen wir also im Westen, mitten in Berlin-Spandau. Wir guckten uns an und sagten: »Wat machen wir denn nu? Wo gehen wir überhaupt hin?« Wir sind dann einfach den Brunsbütteler Damm hochgelaufen, immer weiter und weiter. Irgendwann kam eine Polizeistreife. Die hat angehalten, und ein Polizist sagte zu uns: »Wie seht ihr denn aus? Seid ihr überfallen worden?«

»Nein«, sagten wir, »wir kommen gerade aus der DDR.« – »Wie, was? Ihr habt ja wohl einen Vogel. Das kann ja jeder erzählen.«

Aber wir hatten unsere Personalausweise dabei. Die brachten uns sofort zum nächsten Revier. Dort sahen alle gerade ein Fußballspiel, die hatten ihre Beine hochgelegt. Als wir kamen, brach die totale Hektik aus. Sie haben uns dann nach Marienfelde gebracht.

Das Rockkonzert fand 14 Tage später statt. Bis dahin hatten wir alle Formalitäten bei den Behörden in Marienfelde erledigt.

Nun war es so, dass mein Vater ja in Westberlin lebte. Mein Papa war ein ganz Böser in der DDR. Er war Westberliner, ist in die DDR gegangen und hat dort meine Mutter geheiratet. Er hat aber weiter in Westberlin gearbeitet.

Als 1961 die Mauer kam, wollte er auf keinen Fall in der DDR bleiben. Er hat einen Fluchtversuch nach dem anderen gemacht. Irgendwie hat er es dann auch geschafft rüberzukommen.

Die neue Freundin meines Vaters wohnte in Spandau. Zu der wollte ich. Ich sagte mir, wenn sie schon die Freundin meines Vaters ist, kann sie mich auch aufnehmen. Aber die hatte inzwischen ein Kind von meinem Vater bekommen. Da war es natürlich eng für uns alle. Sie hat uns aber finanziell unterstützt, nur aufnehmen konnte sie uns nicht.

Man brachte uns in ein Mädchenwohnheim in der Königsallee im Stadtteil Grunewald. Für mich war das dort nichts. Ich wollte nicht im Heim bleiben und habe mich nach einem halben Jahr entschlossen, zu meiner Mama nach Falkensee zurückzugehen.

Der Westberliner Senat verhandelte dann mit der DDR-Regierung, dass ich nicht bestraft werde, wenn ich zurückgehe. Meine Freundin ist in Westberlin geblieben. Sie hat einen Amerikaner kennengelernt. Heute wohnt sie irgendwo in Texas. Ich habe sie nicht wiedergesehen.

Ich wurde am Bahnhof Friedrichstraße dem Sicherheitsdienst übergeben und nach Hause gebracht. Drei Tage später konnte ich meine Lehre weiterführen.

In der Berufsschule war ich nach dieser Geschichte natürlich der King. Außerdem hatte ich schicke Westklamotten – man hatte mich ja toll eingekleidet. Das passte den Lehrern nicht. Und ich konnte natürlich auch meine Klappe nicht so richtig halten.

In der Klasse war eine Mitschülerin, deren Vater bei der Staatssicherheit war. Die hat mich immer wieder gefragt: »Mensch, wie hast du denn das damals gemacht?« Ich habe es ihr schließlich auf einen ganz kleinen Zettel geschrieben. Abends hat aber der Papa ihre Federtasche untersucht und meinen Zettel gefunden. Und der hat es nicht für sich behalten. Ich weiß nicht, ob er seine Tochter angestachelt hat, mich nach meinem Fluchtweg auszufragen.

Verhaftung

Ein halbes Jahr später bekommt meine Mutti einen Brief, sie möchte mit ihrer Tochter nach Nauen kommen, um Formalitäten zu erledigen. Wir wussten gar nicht, worum es ging. Wir fuhren nach Nauen. Die angegebene Adresse war ein Gericht. Ich habe meinen Namen genannt, und auf einmal standen zehn Leute um mich herum. Und plötzlich hatte ich Handschellen um: Das war eine Gerichtsverhandlung. Von dort aus bin ich nicht mehr nach Hause gekommen. Und ich weiß eigentlich gar nicht, was ich gemacht habe. War es der Zettel, den ich geschrieben habe, oder war ich einfach zu aufmüpfig? Ich weiß es nicht. Inzwischen war ich 16 Jahre alt und damit strafmündig.

An das Gerichtsverfahren kann ich mich bis heute nicht so recht erinnern. Das ist 40 Jahre her. Ich glaube auch nicht, dass ich richtig zugehört habe. Ich war wie benommen, was die von mir wollten. Ich habe zum Schluss bloß gehört, wie der Staatsanwalt etwas von 17 Monaten sagte. Ich bin wegen Anstiftung zur Republikflucht zu 17 Monaten verurteilt worden. Ich hatte auch keinen Rechtsanwalt.

Meine Mutter hatte Nachtschicht gehabt, sie war total müde. Sie hat auch nur zu fünf Prozent mitbekommen, was da überhaupt passiert ist. Sie hat bloß noch gemerkt, dass sie plötzlich alleine nach Hause fuhr. Und hat sich gefragt: Wo ist denn mein Kind?

Wir haben uns 17 Monate lang kein einziges Mal gesehen. Ich habe sie vor Kurzem noch mal darauf angesprochen. Sie weiß gar nichts mehr. Mein Leben ist total weg aus ihrem Kopf. Sie hatte eine verquere Ehe, in der nichts funktionierte. Und ich war ihr offenbar egal. Dabei war ihre Tochter von Ende 1966 bis Februar 1968 weg!

Ich kam erst in die Untersuchungshaftanstalt in Nauen, dann nach Potsdam. Ich weiß, dass ich auch in einem Stasigefängnis gewesen bin. Am Ende habe ich meine Haft im Zuchthaus Hoheneck bei Karl-Marx-Stadt abgesessen.

Während der Haft habe ich versucht, mich den Gepflogenheiten anzupassen. Sogar die Anstaltsleitung hat versucht, mich nach einem Jahr wegen guter Führung zu entlassen. Aber der Staatsanwalt hat geantwortet, dass ich da drin bleiben solle. Ich hätte es verdient.

Also habe ich bis zum letzten Tag dringesessen.

Vielleicht war es ja, weil schon mein Vater geflüchtet ist.

Nach der Haft

Angelika Hartmann wird in die DDR entlassen. Ihre Ausbildung darf sie nicht zu Ende machen. Die S-Bahn als Arbeitgeber kommt nicht mehr infrage.

Ich habe vor Kurzem meine berufliche Rehabilitierung beantragt. Da habe ich zum ersten Mal meine Unterlagen bekommen, denn die Sachbearbeiterin in Potsdam hat sämtliche Institutionen angeschrieben, um mein Leben zu rekonstruieren. Ich habe überhaupt nichts mehr gewusst. Ich habe alles verdrängt und vergessen.

Die Unterlagen besagen, dass ich zwar anfangs bei der Bahn wieder anfangen durfte, dann aber auffällig wurde. Mir wurde gesagt: »Pass auf, du darfst zwar weitermachen. Aber du musst in ein Heim, in ein Ausbildungsheim nach Frankfurt/Oder.« So steht es in dem Schreiben. Und wenn ich das nicht mache, kündigen die die Ausbildung.

Ich wollte nicht in ein Internat, ich war ja gerade im Westen weggelaufen, weil ich nicht in einem Heim leben wollte. Ich habe mich also geweigert. Ich sagte: »Ich möchte hierbleiben.« In den Unterlagen steht drin, dass ich selber gekündigt habe. Aber ich habe nie selber gekündigt. Bloß, das kann ich nicht beweisen. Das waren die damaligen Organe, die haben das so festgehalten.

Jedenfalls durfte ich meine Lehre nach insgesamt anderthalb Jahren nicht weitermachen. Noch einmal anderthalb Jahre, und ich hätte meinen Abschluss gehabt.

Während der Haft bin ich als Näherin angelernt worden. Da war der VEB Planet in Eppendorf, die haben Bettwäsche genäht. Das war eine DDR-Wäschefirma. Wir Inhaftierten mussten für diese Firma arbeiten. Nach der Haft bin ich zurück nach Falkensee. Dort hat man mir gesagt: »Du hast Näherin gelernt, du kannst in Falkensee bleiben.«

Ich kriegte einen Arbeitsplatz in einer Baracke zugewiesen. »Du gehst da hin, oder wir schicken dich irgendwo in die Walachei.« Plötzlich sollte ich Lederjacken nähen. Das Arbeitsklima dort war nicht schön. Nach vier Monaten habe ich das geschmissen. Und dann wurde ich gleich krank.

Mich hat das alles ziemlich mitgenommen. Du hast ja noch nicht mal die Haft so richtig verarbeitet. Und dann kam dieser DDR-Stress dazu. Vor allem der verschärfte Stress für ehemalige Häftlinge. Ich habe erst einmal versucht, mein Leben nachzuholen, die Jahre von 16 bis 18. Das Jahr 1967 gibt es ja für mich gar nicht. Und da habe ich dann ein bisschen über die Stränge geschlagen, vielleicht. Ich bin aber nicht straffällig geworden. Bloß zum Arbeiten hatte ich überhaupt keine Lust mehr. Natürlich wusste ich, dass es gefährlich ist, in der DDR nicht zu arbeiten. Wer nicht dem Recht auf Arbeit nachkommt, kann wegen Schmarotzertums oder Prostitution ins Gefängnis kommen. Ich musste mich immer zusammenreißen, um nicht auffällig zu werden.

Dann, im August, habe ich einen jungen Mann kennengelernt, und im September wurde ich schwanger. Von da an habe ich überlegt: Irgendwas musst du aus deinem Leben machen. Ich habe dann im Januar geheiratet. Und das war meine Sicherheit. Frauen, die verheiratet sind, können nicht wegen Schmarotzertum verhaftet werden. Und Mütter schon gar nicht.

Mein Sohn wurde im Mai 1969 geboren. Wir haben bei der Großmutter meines Mannes gewohnt. Ich bin erst einmal zu Hause geblieben. Zwischendurch habe ich immer mal Hilfsarbeiten übernommen. Eine Ausbildung durfte ich nicht mehr beginnen. Aber wenn ich arbeiten ging, waren sie sehr zufrieden.

Durch Zufall habe ich einen Aushang gesehen bei der Post: »Suche Bürohilfskraft für den Chef für vier Stunden.« Da hab ich mich beworben, und der hat mich auch genommen. Nach einem halben Jahr hat er gesagt: »Das ist gut, was du hier machst. In Falkenhöhe wird grade eine Poststelle frei. Mit Haus, Garten und Arbeit; mit allem Drum und Dran. Möchtest du das machen?«

Und dann habe ich von 1972 bis 1988 in Falkenhöhe die Poststelle gemacht und auch noch ein Haus mit Garten gehabt. Aber richtig zufrieden war ich trotzdem nicht. Ich durfte nur drei Stunden arbeiten. Länger war die Post nicht besetzt. Ich habe immer gefragt: »Darf ich eine Ausbildung machen? Ich möchte gerne am Schalter arbeiten. Das macht mir Spaß.« Aber das durfte ich nie. Ich weiß nicht, was in meinen Papieren stand.

Mit meinem Mann bin ich nicht zusammengeblieben. 1974 wurde ich geschieden. Er hatte seinen Papa in Westdeutschland und wollte nach Westdeutschland ausreisen. Wir haben uns im Guten getrennt. Wir mussten uns scheiden lassen, aber er wollte mich nachholen, weil wir ja auch das Kind hatten. Ich wusste nicht, dass er in der DDR eine Freundin hatte. Die hat er dann nachgeholt. Und dann war ich allein.

1976 habe ich mich neu verliebt und habe 1977 wieder geheiratet. Der Vater meines neuen Mannes war – das habe ich erst im Nachhinein erfahren – Oberstleutnant bei der Deutschen Volksarmee. Und dieser Oberstleutnant hatte gerade an dem Abend Dienst gehabt, als ich die Flucht zu den Stones gemacht habe. Die Eltern haben genau recherchiert, was ihr Sohn für eine Frau kennengelernt hat. Und danach war nicht gut Kirschen essen mit diesem Herrn, weil ich ihm damals durch die Lappen gegangen bin.

Mein neuer Mann hat sich nicht beeinflussen lassen. Er war nicht auf der DDR-Seite. Der war kein Überzeugter. Aber es gab mit seinem Vater immer nur Streit. Wir haben versucht, dann nur mit der Mama zusammen zu sein. Mit dem Vater ging es einfach nicht.

1988 fing ja die Welle mit diesen Ausreisen an. Auch mein Mann wollte nicht mehr in der DDR bleiben. Wir hatten schon 1987 einen Ausreiseantrag gestellt, der wurde aber abgelehnt.

Wir haben immer heftiger überlegt, was wir wohl tun könnten, um in den Westen zu kommen. Unsere Idee war, dass die Stasi einen von uns inhaftieren sollte, der dann rübergeht und den Zweiten nachholt. Die Poststelle sollte helfen. Mein Mann hat gesagt: »Du hast drei Kinder«, ich hatte ja mit der Zeit noch zwei andere bekommen, »häng einfach ein Plakat ins Fenster mit irgendwelchen Sprüchen wie ›Ab in den Westen‹, die werden dich dann schon einsperren.« Es hat keine zehn Minuten gedauert, da war das Haus umlagert. Ihn haben sie abgeführt und inhaftiert. Er hat, glaube ich, auch ein Gerichtsverfahren gehabt, hat jedenfalls sieben Monate bekommen. Dann erhielt ich im August einen Brief von der Staatssicherheit Nauen, warum ich nicht endlich Familienzusammenführung zu meinem Ehemann nach Westdeutschland beantrage. Irgendwie haben die es dann so gedreht, dass ich plötzlich zu meinem Mann durfte. Der war freigekauft worden. Und ich durfte nachreisen zum Zweck der Familienzusammenführung. Ich hatte eine richtig offizielle Ausreise im September 1988.

Wenn ich gewusst hätte, dass die Wende kommt, wäre ich wahrscheinlich nicht mehr ausgereist. Denn wir hatten ja das schöne Häuschen. Aber heute hätte ich es so oder so nicht mehr. Nach der Wende gab es plötzlich einen Besitzer, der sich aus Hinterbayern meldete und sagte, das wäre sein Haus. Dann hätten wir sowieso raus gemusst.

In Westberlin haben wir zunächst eine Unterkunft in einem Ausländerheim in der Schlüterstraße bekommen. Mein Mann war gelernter Zimmermann, er war auch Polier. Für ihn war es total einfach, einen Job zu finden. Der hat nur einmal irgendwo angerufen. Innerhalb von drei Tagen hatte er einen Job und hat auch sehr gut verdient. Und da er für eine Baugesellschaft gearbeitet hat, bekam er auch schnell eine Wohnung. Wir hatten innerhalb von zwei Tagen eine Wohnung in der gleichen Straße. Sie war 100 Quadratmeter groß. Wir waren ja auch fünf Personen.

Ich habe mich dann gleich um eine Stelle bei der Post beworben. Da wurde ich lange überprüft. Als dann allen klar war, dass ich keine Böse bin und nicht für die Staatssicherheit gearbeitet habe, habe ich eine Anstellung bekommen. Wieder halbtags und nur befristet für sechs Monate. Ich habe in der Paketannahme gearbeitet und schließlich auch eine kleine Ausbildung als Schalterkraft bekommen. Fünf Mal wurde mein Vertrag verlängert. Dann wurde die Post privatisiert. Seither habe ich keinen festen Job mehr gefunden.

Rehabilitation und Haftschäden

Nach der Wende bin ich rehabilitiert worden. Endlich hatte ich es schwarz auf weiß, dass ich unschuldig in der DDR gesessen habe. Ich habe ja auch nichts gemacht. Die Staatsanwaltschaft in Potsdam hat mir meine Unschuld bescheinigt. Da ich ja vor der Wende in den Westen gekommen bin, habe ich eine Entschädigung für die Haft bereits in Marienfelde bekommen.

Berufliche Rehabilitierung habe ich auch beantragt, aber nicht bekommen. Einspruch habe ich eingelegt. Aber der ist noch nicht beschieden.

Wie habe ich mich verändert? Was macht so eine junge Frau mit, die mit 16 Jahren für anderthalb Jahre weggeschlossen wird? In Hoheneck hat es eine Abteilung für Jugendliche unter 18 Jahren gegeben. Aber dort war alles gemischt. Da waren nicht nur Politische, sondern auch Mörderinnen. Du musstest verdammt aufpassen. Die Langstrafer hatten das Sagen. Und wenn du nicht pariert hast, passierte etwas. Die haben die Aufseherin wirklich erst gerufen, wenn es nicht mehr anders ging. Ich habe da so viel Elend gesehen, ich habe so viele Selbstmorde in der Haft gesehen, so viele Streitereien und Schlägereien – ich wurde ziemlich hart. Anfangs hat mich die Haft total mitgenommen, aber irgendwann stumpfst du ab. Da hat mich das alles nicht mehr interessiert. Ich wurde innerlich immer kälter.

Als meine beiden Kinder 1979 geboren waren, waren schon 11 Jahre vorbei. Trotzdem fiel es mir immer noch sehr schwer, denen Liebe zu geben. Von meiner Mutter hatte ich ja auch nicht viel Liebe bekommen. Meine Kinder kennen nur einen Teil meiner Vergangenheit.

In Lebensgefahr war sie nie. Aber ihr sind während der Inhaftierung mehrere Backenzähne gezogen worden. Als sie Schmerzen hat, werden ihr im Jahr 2000 auch noch die restlichen Zähne gezogen. Der Arzt zieht, ohne zu röntgen. Die Zähne sind jedoch gar nicht vereitert. Der Zahnarzt zahlt dennoch keine Entschädigung und auch kein Provisorium. Er erlässt ihr nur die Kosten fürs – falsche – Ziehen.

Ihre soziale Lage kann Angelika Hartmann nicht positiv bewerten. Die zweite Ehe ist auch geschieden. Seither heißt es kämpfen.

Kämpfen, jeden Tag kämpfen. Ums Überleben kämpfen. Diese Sorgen gehen auch in den gesundheitlichen Bereich rein. Ich bin seit fünf Jahren in psychologischer Behandlung. Es gibt Tage, an denen ich nicht mehr kann. Ich bin ausgebrannt. Ich mag nicht mehr kämpfen.

Durch die lange Phase ohne Zähne hat sich der Kiefer verzogen. Eine Prothese kann da nur schwer angepasst werden. Bleiben Implantate. Das wäre die einzige Lösung. Und jetzt bin ich von einem Arzt zum andern, von einem Psychologen zum andern, von der Krankenkasse übers Arbeitsamt. Nichts. Ich trage immer noch im oberen Kiefer mein Provisorium von 2000. Ich staune, dass es noch nicht durchgebrochen ist. Normalerweise hält es nur sechs Monate. Am Ende ist das Zahnprovisorium zerbrochen, weil der Arzt es fallen gelassen hat.

Ein Psychologe, zu dem ich gegangen bin, hat mir nach vier Sitzungen gesagt: »Tut mir leid, so was kann ich nicht behandeln. Wenn Ihnen jemand sagt, bei Ihnen werden die Zähne nie wieder korrekt sitzen, dann sind das reale Ängste. Die kann man nicht behandeln.«

Aber ich musste das aus meinem Kopf rauskriegen, ich traute mich nicht mehr zum Zahnarzt. Nur, bei so einem Psychologen musst du ja dein ganzes

Leben erzählen. Also wie oft mich meine Mutter gewickelt hat und all so einen Schiet. Er hat auch sehr viele Fragen über die Haft gestellt. Erlebnisse, wo ich nichts gemacht hatte, aber einfach in den Keller gesperrt wurde. Wo es total duster war, das Wasser aber ganz hoch stand und überall Ratten herumliefen. Dazu ging das Licht immerzu aus und an.

Davon habe ich auch Platzangst bekommen. Ich hatte vor einem halben Jahr ein Erlebnis: Eine U-Bahn blieb mitten auf der Strecke stehen. Und das Licht ging aus. Ich habe gedacht, ich sterbe. Da ist mir plötzlich dieser Keller hochgekommen. Und weil es so voll war in der Bahn und die Leute rumgelaufen sind, habe ich an meiner Haut irgendetwas gespürt. Ich dachte, ich sterbe. Seitdem habe ich Angst, U-Bahn oder Fahrstuhl zu fahren, weil ich immer denke, ich bleibe stehen, es wird duster und ich bin wieder eingesperrt. Die Angst kann auch in einer Arztpraxis losgehen, wenn dort kein Fenster ist. Das macht mir Angst. Ich weiß nicht, wie ich das wieder aus meinem Kopf kriegen soll.

Später war ich bei einer Psychologin, von der ich Medikamente bekam. Die macht keine Therapien. Ich bin der richtig auf den Senkel gegangen, weil ich immer wieder gesagt habe, ich brauche eine Therapie. Schließlich hat sie mir eine Telefonnummer gegeben. Aber einen Termin gibt es erst im nächsten Jahr im August.

Das war am Ende meiner zweiten Ehe. Der Mann war ständig betrunken, und ich wollte nicht mehr mit ihm ins Bett gehen. Daraufhin hat er mich ans Bett gefesselt und hat sich zwei nette Damen ins Haus geholt. Und ich musste zugucken. Als die dann verschwanden, habe ich die Welt nicht mehr verstanden. Ich habe eine Flasche Cognac genommen und dazu Tabletten. Dann habe ich mir meine Fotoalben genommen und habe überall meinen Kopf rausgeschnitten. Ich wollte nicht mehr da sein. Ich wollte weg sein. Dann habe ich den Cognac mit den Tabletten getrunken. Aufgewacht bin ich in der Klinik.

Mein damaliger Mann hatte mich zwei Stunden später angerufen, und als ich nicht ans Telefon gegangen bin, ist er nach Hause gekommen und hat mich gefunden. Aber ich würde es nie wieder tun. Zumindest nicht mehr wegen eines Mannes. Auch wenn ich überhaupt keine Zähne mehr im Mund habe und nur noch schleiche. Aber umbringen würde ich mich nicht mehr. Das könnte ich auch meinen Kindern nicht antun. Die wären dann unglücklich. Ich würde ja drei Kinder fertigmachen, das könnten die nie verarbeiten.

An psychische Folter kann ich mich wohl erinnern. Schon mit ansehen zu müssen, wie andere sich umbrachten und sich mit der Schnur vom Bügeleisen an der Decke aufhängten. In einem Raum mit 50 Personen kann niemand weggucken.

Es gab Tage, an denen wir rausgeholt wurden. Wir mussten uns nackt ausziehen und mussten uns breitbeinig an die Wand stellen. Eine Viertelstunde. Ob eine pullern musste, das war vollkommen egal. Das lief dann alles unter ihr runter. Wenn eine gezuckt hat, haben die auch geschlagen.

Ich habe versucht, so wenig wie möglich aufzufallen. Einmal mussten wir auch in den Keller mit den Ratten und dem Wasser. Das werde ich nie vergessen. In dem Keller gab es keinen Stuhl, kein Bett. Da war nichts drin. Du hast nur gestanden.

Neben den Zahnproblemen habe ich einen niedrigen Blutdruck. Den habe ich aber schon von Geburt an. Während der Haft habe ich 25 Kilo zugenommen. Die haben uns so ein Zeug in den Tee gemacht. Ich weiß nicht, wie die das nannten. Aber ich war noch nie so dick gewesen. Bin dann aber wieder schlank geworden nach der Haft.

Schlafstörungen hatte ich vor der Haft nicht, auf keinen Fall. Das hat in der U-Haft begonnen. Da hast du ja nur gegrübelt, was passiert ist. Und während der Haft habe ich unruhig geschlafen. Denn da waren einige nette Frauen oder Mädchen dabei, die plötzlich in meinem Bett lagen. Das wollte ich nicht, also da gab es schon ganz schönen Stress.

Heute ist Angelika Hartmann Hartz-IV-Empfängerin. Sie darf als Warmmiete nur die zulässige Höchstgrenze zahlen, bekommt also Miete plus 345 Euro. Im vorigen Jahr hat sie in einer regionalen Maßnahme arbeiten können und ihr Geld selbst verdient. Ihre Unabhängigkeit bedeutet ihr viel.

Obwohl sie sich mit der Opfer- bzw. Ehrenrente beschäftigt hat, die zum Zeitpunkt des Interviews gerade verabschiedet wird, sind ihr Häftlings-Selbsthilfeorganisationen unbekannt. Lediglich die HHG-Stiftung für politische Häftlinge ist ihr ein Begriff. Über sie kam auch der Kontakt zu Angelika Hartmann zustande.

Hinsichtlich der Gleichstellung mit den Opfern des Nationalsozialismus meint sie, dass es »schon Unterschiede geben sollte. Die DDR-Verhältnisse kann man nicht vergleichen mit dem, was im Krieg war. Ich schätze, der Nationalsozialismus war grauenvoller. Unsere Haft war bestimmt nicht schön. Aber in Sachsenhausen hätte ich nicht sein mögen. Da muss es schon eine Differenzierung geben.«

Ich habe nach der zweiten Ehe einen Beamten kennengelernt. Es hat bis vor zwei Jahren funktioniert, aber irgendwann konnte ich nicht mehr. Ich musste immer in zwei Welten leben. Die eine ist meine Arbeitslosigkeit bzw. meine Mini-Jobs, und die zweite ist bei diesem Mann. Er war geschieden und hatte sehr viel Geld. Von Montag bis Freitag musste ich mein eigenes Leben führen und überlegen, was ich meinen Kindern morgens aufs Brot machen kann.

Und am Freitagabend stand er mit seinem 5er BMW vor dem Haus, und plötzlich war ich in einer andern Welt. Wir gehen essen, es gibt Kaviar und Champagner. Der Mann sieht meinen Stress nicht, er sieht nicht, dass ich von diesem Überlebenskampf nicht so einfach umschalten kann. Ich sollte ein Püppchen an seiner Seite sein. Und irgendwann habe ich gemerkt: Jetzt magst du nicht mehr. Und ich habe mich getrennt.

Ich habe immer wieder versucht, aus meinem Leben etwas zu machen. Aber es waren einfach die Umstände, die nicht so waren. Trotzdem, ungerecht vom Leben behandelt fühle ich mich nicht. Wenn das ungerecht war, müsste man so viele Millionen fragen, was mit ihnen ist, ob sie gerecht behandelt wurden.

Das ist immer so ein Lichtblick, wenn ich sehe, was aus meinen Kindern geworden ist. Die Kinder haben alle einen Job, alle haben eine Berufsausbildung. Zwei von ihnen haben sogar das Abitur gemacht. Um zu erreichen, dass etwas Ordentliches aus ihnen wird, bin ich immer morgens um sechs aufgestanden, habe auf die Schule geachtet und darauf, dass es regelmäßige Mahlzeiten gab und wir zusammen gegessen haben. Manchmal bin ich dreimal die Woche in einer Firma putzen gegangen. Das ist das Schöne, wenn du so zurückblickst: Die Kinder haben jetzt alle ihre eigene Wohnung, einen kleinen Garten und ein Auto vor der Tür.

Aber zu ihnen ziehen würde ich nicht. So alt bin ich noch nicht, ich brauche mein eigenes Reich. Eigentlich habe ich ein gesundes Selbstvertrauen. Manchmal vergesse ich sogar, dass ich keine eigenen Zähne mehr im Mund habe.

Gerald Zschorsch: Als Prag war

Gerald Zschorsch ist Schriftsteller und Philosoph, Zeichner und Grafiker. 1980 war er Stipendiat der Villa Massimo, 1982 wurde er für den Ingeborg-Bachmann-Preis nominiert. Danach bekam er weitere Preise. Nach seiner Übersiedlung aus der DDR nach Westdeutschland studierte er Philosophie in Gießen, seither in Frankfurt am Main. Er hat sich mit Rudi Dutschke angefreundet, der auch ein Nachwort für eines seiner Bücher verfasst hat.

An Weihnachten 1951 wurde Gerald Zschorsch in Elsterberg im Vogtland geboren. Seine Familie lebte in Plauen, die Mutter war Staatsanwältin. Der Vater war als Diplomat in Moskau an der DDR-Botschaft tätig. Zschorsch lebte zeitweise beim Vater in Moskau und ging dort auf die Deutsche Schule. Er bezeichnete beide Eltern als Stalinisten und entwickelt früh Interesse an einer radikalen Opposition und am Trotzkismus. Befreundet mit Jacob Moneta[67]

67 Moneta war zu der Zeit Chefredakteur der *Metall*, der Zeitung der IG Metall, und als Trotzkist Chef der deutschen Sektion der IV. Internationale von Ernest Mandel.

blieb Zschorsch ein deutsch-deutscher Trotzkist: Einer, der schon im Osten Trotzkist war und es im Westen auch blieb.

Meine Mutter hat immer gesagt: »Wenn du so weitermachst, wirst du schon sehen, wo du landest.« Ich habe dann immer gesagt: »Wenn wir an die Macht kommen, stelle ich dich an die Wand.« Mir ist der offene Streit lieber, als die Konflikte zu verschleppen. Da es in der DDR keine Psychologie gab, wurde alles direkt gelöst. Aber Schlimmes ist ja nicht passiert. Nur eben Familiendynamik. Wir sind ja nicht so weit gekommen, dass wir unsere Eltern an die Wand stellen konnten.

Ich habe einen sehr philosophischen Vater, und auch meine Mutter ist philosophisch veranlagt. Also wurde immer frei und viel gedacht. Bei uns gab es Bücher und bei uns wurde gesprochen. Man konnte alles fragen. Und man bekam auch immer Antworten, weil man ja dachte, dass der Bub sich noch entwickelte. Vielleicht wäre es ja auch so geworden, hätte es Prag 68 nicht gegeben. 1968 sind die Russenpanzer direkt durch Plauen gefahren. Ich habe Prag in meiner Seele erlebt. Und aus der Enttäuschung heraus wurde ich radikal; parallel zu Prag 68 und noch unter Walter Ulbricht begannen meine linksradikalen Anfänge.

Verhaftung

Ich bin in Haft gekommen, weil ich Gedichte geschrieben habe, und zwar das erste Mal 1968, als Prag war. Texte, die die Staatssicherheit interpretiert hat; ich habe, wenn man so will, an der Verwirklichung meiner Haft teilgenommen. Mir war ja klar, dass es dafür Gefängnis gibt. Aber wo ist man, wenn man Revolutionär ist? Im Gefängnis natürlich.

Gedichte waren der Anfang; der Anfang aller Dinge, der Anfang der Opposition, der Anfang als Schriftsteller, der Anfang der Haft. Und auch der Anfang meines Daseins in Westdeutschland.

Das Spannende ist, dass meine Texte wieder aufgetaucht sind. In den Akten. Die hatte ich vergessen, weil es keine Duplikate gab. Das sind ganz klar revolutionäre Texte und ganz klar trotzkistische Texte; da wird klares Deutsch gesprochen, was mit der Bürokratie und dem Stalinismus passiert.

Ich habe Flugblätter für den Prager Frühling gegen die Okkupation verteilt. Ich habe staatsfeindliche Gedichte auf der Straße vorgetragen. Ja klar, wo denn sonst? Die Revolution findet auf der Straße statt. Ich war in Plauen bekannt wie ein bunter Hund: große Klappe, Trotzkist, linksradikal. An irgendeinem Vormittag hat man mich in dem Theater, wo ich als Kulissenschieber gearbeitet habe, zum Intendanten bestellt. Da war ich sofort weg, rein ins Auto und weg. Die, die einen festnehmen, sind Staatssicherheitsleute in Zivil.

Ich war gleich zweimal in Haft: Das erste Mal von August 1968 bis Januar 1970, und dann wieder von August 1972 bis Dezember 1974.

Kontakte in den Westen hatte ich keine. Das hat mich gerettet. Im Grunde war ich ein Einzeltäter. Es gab einen Freundeskreis, die haben eher auf Hippie gemacht. Die waren alles andere als politisiert.

Erste Haft

Für Prag habe ich anderthalb Jahre bekommen. Die habe ich abgesessen. Da bin ich wegen Boykotthetze verurteilt worden. Die Eltern sind zu einem Anwalt gegangen und haben sich von mir losgesagt. So etwas gibt es ja in jeder Diktatur. Ich habe sie zuletzt im Jahr 1965 gesehen. Inzwischen sind sie lange tot. Sie sind weit vor der Wende gestorben.

Die Haftgründe, so wie sie in den Akten stehen, sind Rowdytum, §106, Diebstahl zum Nachteil sozialistischen Eigentums, Anstiftung zum Hochverrat. Da kommen eine Menge Paragrafen zusammen.

Diese erste Haft habe ich mir nicht rehabilitieren lassen; ich habe zwar den §106 für Boykotthetze erhalten, aber es war Rowdytum. Wir haben Fahnen runtergerissen, haben Kioske angezündet, haben auch drei Schachteln Zigaretten in die Tasche gesteckt. Dazu stehe ich, das war jugendlicher Schwachsinn. Das war etwas Eruptives. Das waren Randale. Dafür will ich keine Entschädigung bekommen. Das nehme ich auf meine Kappe. Da verkaufe ich mich nicht. Wir haben damals einfach Zoff gemacht. Die Panzer sind bei uns langgefahren, und wir haben alles plattgemacht, was wir plattmachen konnten, solange keine Vopo kam.

Ich kam nach Gräfentonna[68], das liegt in Thüringen zwischen Erfurt und Langensalza. Das war ein altes Wasserschloss, umgebaut zum Zuchthaus. Das war immer schon ein Jugendlichen-Zuchthaus gewesen. Wir waren in Zellen von fünf, sechs oder acht Leuten, schliefen in Doppelstockbetten der Armee und haben für Robotron Sömmerda gearbeitet, das war die einzige Computerfirma, die es in der DDR gab. Wir haben im Dreischichtsystem Metallgehäuse gefräst, gebohrt, gedreht, entgratet. Behandelt wurden wir wie Kadetten. Das war auch korrekt. Ich habe die Schule nebenbei besucht, das ging von meiner Freizeit ab. Da habe ich getan, was man so machte: Tischtennis gespielt, mich geprügelt, gewichst. Wir sahen aus wie kleine

68 Der Name stammt von dem Flüsschen Tonna und dem dortigen Grafensitz.

Tiere, kahlrasiert mit Käppis. Wahrscheinlich sahen wir für Außenstehende aus wie aus dem KZ.

Wenn man 17 ist, hat man eine große Klappe. Die ist das Einzige, was einen rettet. Deswegen würde ich jedem, der ins Gefängnis muss, empfehlen: Geh so früh du kannst, und nicht erst mit 30, 40. Damit du nichts hast, was dir fehlt, keine Familie, keine Frau. Lass dich nicht besuchen, schreib keine Briefe. Tauch unter und versuch, alles zu vergessen. Und vor allem, glaub bloß nicht, dass du unschuldig bist. Das ist der größte Rat. Nein, finde dich damit ab, dann geht die Zeit am schnellsten rum.

Arbeit in Schicht[69]
für ROBOTRON SÖMMERDA.

Drehen, Bohren, Fräsen, Stanzen.
Die alten Exzenterpressen
schlugen nach
und trennten Fingerglieder ab.
Oder gegen Haftende.
Freikommando auf der LPG,
im Hopfen,
oder aber beim Bau
der Tankstelle.
Erdarbeiten ohne Gerät.
Mit Brechstange und Kreuzhacke.

Die wenigen Altstrafer, die da waren,
zuständig für Küche, Wäsche, Effekten,
sprachen bei Randale Mut zu
oder gaben Schutz bei Übergriffen
aus den eigenen Reihen.
…
Einmal, im Winter,
beim Einölen der Laufrollen
des Fallbeiles
im Trakt,
schien die Sonne.
Er dachte

69 Auszug, zit. nach http://www.dradio.de/dlf/sendungen/buechermarkt/342634/

An den Sommer 1886, an den 28. Juno.
Andreas Thaldorf,
Hingerichtet mit dem niederfallenden Stahl
wegen vierfachen Mordes.
Hier.
Erstmals durch diese Neuerung.
Nicht mittels Hochgericht.

Dachte auch
in Tagen und Nächten
unten in der
Wolfsschlucht.
Dem Arrest.
Wo Gitter vor Gitter waren;
Auf Klappritsche, Klapphocker
mit nur einer Decke
und mit dem Kübel
voller Chlor.
Tränen im Auge;
Blut im Urin.
…

Zweite Haft

Kaum draußen, habe ich natürlich wieder angefangen. Ich bin ja keine Saisonware. Aber diesmal gab es einen Kreis von vielleicht 20, 30 Personen, alle so Anfang 20. Meine Verhaftung in Plauen war das Signal, dass wir alle sehr überwacht wurden. Wieder wurde ich vor Gericht gestellt und verurteilt. Aber ich bin in Berufung gegangen, und es gab einen Prozess beim obersten Gericht der DDR – ein richtiger Schauprozess. Da gab es sogar Parteigruppen, die dabei waren und mich bespuckt haben.

Von Trotzkismus steht auch in der zweiten Klageschrift nichts. Ich würde sagen, es war verbrämt ausgedrückt. Es war von radikalsozialistischen und kommunistischen Kinderkrankheiten die Rede wie in Lenins Schrift über den Linksradikalismus als Kinderkrankheit des Kommunismus.

Diesmal habe ich fünfeinhalb Jahre gekriegt. Die Strafe war härter. Ich war länger als ein Jahr in Einzelhaft bei der Staatssicherheit. Das ist die Untersuchungshaft. Das hieß morgens um sechs aufstehen, den Tag verbringen und dann nachts zu den Vernehmungen. Immer alleine auf der Zelle. Man konnte sich auf einen Hocker setzen, durfte sich aber nicht hinlegen. Irgendwie verging das auch. Irgendwie. Wasser, Stehzelle, Dunkelzelle. Einmal war ich in so einem Gitterkäfig. Nackig, nur mit einer Decke. Das hieß »dreimal sieben ohne Decke«. Dreimal sieben sind 21 Tage, also drei Wochen ohne Decke. Wir hatten da 10 Grad. Sie können sich überlegen, ob Sie sich auf die Decke drauflegen oder ob Sie sich damit zudecken.

Dann kam Staatssicherheit in Karl-Marx-Stadt, in Chemnitz. In der Stehzelle. Das war eine wasserdichte Zelle. Da stand man sozusagen bis zum Nabel in kaltem Wasser. Sechs oder sieben Stunden lang. Das hat völlig gereicht. Im Nachhinein habe ich mir überlegt, diese schmale Dichtigkeit in der Stehzelle – man konnte nicht umfallen, auch wenn man da bewusstlos geworden wäre; man wäre festgeklemmt gewesen. Es war kein Platz zum Umfallen.

Nach der U-Haft auf dem Kassberg kam ich nach Cottbus. Ich habe von 1973 bis 1974 in Cottbus gesessen. Dort wird im Dreischichtsystem gearbeitet. Wir haben für Pentacon Dresden die Kameragehäuse entgratet. Das heißt, wie das in der DDR so ist, wurde die Gehäuseform zu oft benutzt, dann wurde die ein bisschen undicht. Dann trat der Werkstoff aus. Den haben wir mit den Händen abgefeilt. Das war wie mit Rasierklingen arbeiten. Alle Häftlinge hatten Hände, die zerschnitten waren, voller Blut, voller Schorf. Klar, man hat Handschuhe bekommen. Aber die Handschuhe kriegte man teilweise gar nicht über die Hände. Es war eine Katastrophe. Man musste soundso viel Stück, 20 oder 30 am Tag schaffen, das war die Norm. Ich überlege heute noch, die Firma Pentacon dafür zu verklagen.

In Cottbus waren von 1.200 Gefangenen vielleicht 50 Politische. Alle anderen waren Republikflüchtlinge. Wir hatten ganze Flügel, da saßen nur Schauspieler und Ärzte. Die haben von sich gesagt, sie seien überhaupt nicht politisch. Sie wollten in den Westen, weg aus der DDR. Aber sie hatten – von damals aus gesehen – keine politische Motivation. Sie wollten als Arzt oder als Schauspieler einfach arbeiten und besser leben. In gewisser Weise ist das vielleicht auch politisch, wenn man sagt, ein Land kann seine Grenzen nicht einfach zumachen.

Es ist die Zeit, in der die politische Opposition der DDR dabei ist sich zu finden. Prag spielt damals für viele eine Rolle. Der Prager Frühling ist eine politische Hoffnung, der Einmarsch ein Grund zur Radikalisierung. Als Jürgen Fuchs ins Gefängnis kommt, als die intellektuelle Opposition entsteht, als die Bürgerrechtler sich zusammenfinden, als viele von ihnen wegen des Protests gegen die Biermann-Ausbürgerung im Jahr 1976 festgenommen werden, hat Gerald Zschorsch das Gefängnis hinter sich. Er ist 1974 vom Westen freigekauft worden. Im Westen bleibt er einer der wenigen Linken aus dem Osten.

Im Westen

Ich kannte niemanden, der ausgewiesen werden sollte – ausgewiesen werden hieß ja automatisch, verkauft werden – und dem es gelungen ist, zu sagen, nein, ich will nicht, ich bleibe. Das wird von vielen Leuten – damals auch von Leuten wie Fuchs – ein bisschen anders gesehen. Wenn man richtig bei denen hinhört, kann man meinen, man hätte sie über die Grenze geprügelt. Aber das ist gelogen. Man wird zwar pro forma gefragt, wenn man aber in dem Strudel von Verkauf und Freikauf ist, ist völlig klar, dass man gehen muss. Um das eigene Lebensziel der Häftlinge hat die DDR sich nicht geschert. Es ist ja auch grotesk, was interessiert den Staat so ein Würstchen? Die Listen waren schon Monate vorher fertig. Allein diese Listen umzustellen, nur weil einer sagt, ich will nicht, das macht keine Bürokratie. Also ich kenne kein einziges Beispiel.

Mit den Linken im Westen kam ich nicht klar. Die wollten mich gleich ins nächste Lager stecken. Die Linke war mir zu militant, obwohl ich durchaus auch militant bin. Ich bin ganz gut im Kämpfen. Wenn es ganz schlimm wurde, habe ich denen ein paar auf die Schnauze gehauen. Ich lass mich doch nicht einschränken.

Die Trotzkisten waren mir zu trotzkistisch. Ich kann diese Splittergeschichten nicht ausstehen. Manchmal treffe ich heute noch 68er, die beim KBW[70] gewesen sind. Aber es ist ja kein großer Schaden entstanden, außer bei denen, die sich in anderer Form politisiert haben, so wie die RAF. Das ist etwas anderes. Das hat geschadet.

Das Schlimmste war die DKP. Unerträglich. In Gießen waren diese ganzen DKPler, vorwiegend Frauen. Beim KBW gab es kaum Frauen, und wenn, dann waren es die hübschesten. Dafür gab es bei der DKP keine Männer. Ganz merkwürdig. Das wäre vielleicht mal ein ganz eigenes Thema, sich zu überlegen, wie die Geschlechterordnung maskulin/feminin sich zu diesen ganzen politischen Splittergruppen der 70er Jahre verhielt.

Milan Horáček war hier und ich habe in *Listy*[71] für ihn den Artikel »Nacht für Prag« geschrieben. Ich habe Pokšteffel kennengelernt, Jiří Pelikan, Ota Šik. Bei Horáček war immer die Bude voll mit Tschechen. Er war so ein richtiger Netzwerker. Ich habe mich ums Osteuropa-Komitee gekümmert. Rudi Dutschke war mir wichtig, aber nur privat, nicht politisch.

Dann kam Fuchs in den Westen, Biermann, das ganze Geklüngel hat mir

70 Kommunistischer Bund Westdeutschland

71 *Listy*, Nachfolgeblatt von *Literarní Listy*, wurde von Jiří Pelikan im Exil in Rom herausgegeben.

nicht gepasst. Hätte man denen damals unter die Arme gegriffen, wären das alles wunderbare Staatsdichter geworden. Sie haben das Wort vom Honecker noch ernst genommen, als ich schon im Gefängnis saß. Ich bin noch unter Ulbricht inhaftiert worden. Es hieß damals, auf dem Boden des Sozialismus gäbe es keine Tabus. Da haben die angefangen, Schreibwerkstätten und Schreibzirkel zu gründen. Die wollten den Sozialismus mit ehrlichem Herzen und Blauhemd und Trallala und rotem Stern besser machen, innerhalb dieses Staates. Das wollte ich nie. Ich wollte dieses System wegschaffen. Mir war klar, dass es nicht reformierbar war. Ich bin kein Plebejer, der proletarisiert wird und dann noch an das Gute im Menschen glaubt.

1980 bin ich nach Rom gegangen. Meine Gesinnung änderte sich schlagartig. Dort habe ich mich radikal ästhetisiert. Die schlimmere Politik ist ja die ästhetische Haltung. Die ist schlimmer als das Politische.

Folgen der Haft

Zschorsch ist ein Mann, der auf Würde achtet. Die direkte Frage nach seinem Einkommen ignoriert er. Auf die indirekte Frage nach seiner sozialen Situation gibt er die vage Antwort: »Schlecht.« Und hakt nach: »Das fragt man Leute wie mich?« – »Man fragt, weil man weiß, dass es fast unmöglich ist, als Schriftsteller zu leben«, antworte ich. Er: »Wenn man das weiß, muss man nicht fragen.« Gerade ist ihm ein kleiner Betrag von der Häftlingshilfestiftung bewilligt worden. Es ist das dritte Mal, dass er dort einen Antrag eingereicht hat. Zschorsch ist kein Rentner. Er war jahrelang Professor an der Akademie der Bildenden Künste in Nürnberg. Die Stelle wurde abgeschafft, der Titel blieb.

Vor zwei Jahren hat Zschorsch seine Stasiakte eingesehen, obwohl sie ihn nicht interessierte. Ihn hat niemand denunziert. Aber nachdem er darin seine Texte von damals fand, will er, dass die Akte für die Veröffentlichung bearbeitet wird. Man sehe an den Akten eine politische Ästhetik. Repression und Ästhetik. Sein Verlag, der Suhrkamp-Verlag, interessiert sich dafür. Auch seine Gedichte und Gefängnisnotate Glaubt bloß nicht, dass ich traurig bin, *sind bei Suhrkamp erschienen.*

Vor Kurzem erst wurde Zschorsch vom Generalstaatsanwalt in Dresden rehabilitiert. Inzwischen hat er auch die Haftentschädigung von 9.000 Euro erhalten. Eigentlich hat er die nie haben wollen, genauso wenig wie er rehabilitiert werden wollte. Er hat 30 Jahre gebraucht, um seine Urteile annullieren zu lassen. Zschorsch hat die Opferrente beantragt.

Das ist eine klare Sache, die Opferrente ist zu klein. Es sind zu viele Leute, die die Opferrente kriegen. Die Opferrente müsste höher sein, mindestens

1.000 Euro. Und zu kriegen haben die vielleicht 40 Leute und nicht 40.000. Das ist alles völlig falsch.

Eine gesundheitliche Rehabilitierung hat er nicht beantragt. Er erwähnt die Zähne und die Nieren durch die Unterkühlung. Manchmal hat er Koliken. Aber es wäre schwer, den Zusammenhang nachzuweisen.

Platzangst, die macht mir zu schaffen. Wenn es eng wird, werde ich wahnsinnig. Ich trage auch nie eine Krawatte, weil ich den Knopf nicht zumachen kann. Das macht mich wahnsinnig. Ich habe gedacht, ich sterbe. Also Nieren und Platzangst, das ist eindeutig Haft. Aggressiv bin ich schon immer gewesen. Gott sei Dank. Aggressivität ist ein Motor des Lebens.

Ich fahre am Wochenende ins Vogtland, nach Plauen. Da gab es einen Ankläger, der die Höchststrafe gefordert hat. Dieser Mann ist heute Vertreter für Bürsten. Deshalb möchte ich, dass die Stadt Plauen sich offiziell bei mir entschuldigt. Sie müssen keine Straße nach mir benennen. Das will ich nicht. Aber ich möchte, dass sie sich bei mir entschuldigen. Und das kriege ich auch durch.

Es ist schwierig für mich dorthin zu gehen, wo ich die Leute von früher her kenne. Weil sie mir erzählen, dass sie alle im Widerstand waren. Und ich frage sie dann: »Ich habe euch im Gefängnis nicht getroffen. Wo wart ihr denn?«

So haben die Leute das nach 45 auch gemacht. Statt zu sagen, ich war ein Mitläufer, ich habe es gemacht für meine Kinder, für meine Frau, für mich. Ich wollte leben ohne Gefahr. Nein. Sie erzählen einem auch heute wieder, dass sie alle im Widerstand waren. Ich gehe dann weg, oder es kommt zu einer Prügelei. Ich mache die platt.

Die Haft hat mich geschärft. Ich glaube, und das ist jetzt keine Häme, ich bin froh, dass es so gekommen ist. So bin ich einfach festgelegt worden auf eine bestimmte Art von Ästhetik.

1989, da war ich gerade so verliebt, dass ich die Wende gar nicht mitbekommen habe. Da ich keinen Fernseher habe und auch die junge Dame keinen hatte, haben wir das nicht wahrgenommen. Und ich habe vor einem Jahr mal nachts auf irgendeinem Sender die ganze Geschichte als Serie angesehen: Wie das so losging mit der Mauer, wie die auf die Mauer kletterten. Ich habe drei Stunden lang geweint.

Ich schreibe meine Bücher. Ich male meine Bilder und bin damit ganz glücklich. Wenn es nicht zu oft die Probleme gäbe mit dem Geld. Ich meine, ich bin 56 Jahre. Und es ist eine Schande, so wenig zu haben.

Es gibt ja Gründe, warum ich nicht verheiratet bin, keine Kinder habe und nur ganz beschränkt Freunde. Es hat mich in einer bestimmten Form vereinfacht, vereinsamt. Aber das gehört zu meiner Arbeit dazu. Bücher schreibt man alleine, und Bilder malt man alleine. Vielleicht sind mein Goodwill und meine Traute zu den Menschen an sich verloren gegangen. Aber ich beklage das nicht.

Blutblaue Halle.
Jetzt kämpfen wir den Krieg.
Wer besteht, klärt die Richtung;
nach dem Sieg.

Hans Georg Peschel: Drei Jahre für Fluchthilfe

Hans Georg Peschel kommt kurz vor seinem 18. Geburtstag in Haft. Seine Haftzeit in der DDR liegt von Oktober 1964 bis Oktober 1967. »Zone«, korrigiert er, »ich lege Wert auf Zone.« DDR sagt er nicht. Seine Ausbildung zum Schlosser wurde durch die Haft unterbrochen. Er hat sie nach der Haft in der DDR abgeschlossen. »In der Zone«, korrigiert er wieder »DDR, das Wort gibt es bei mir nicht.« Er war zunächst sieben Monate in U-Haft bei der Staatssicherheit im Roten Ochsen *in Halle an der Saale.*[72] *Heute ist er 60 Jahre alt.*

Ich bin wirklich Klinken putzen gegangen. Auf Anraten von Kumpels, meiner Schwester, meines Schwagers habe ich mir die Haare schneiden lassen, weil ich dachte, wenn die dich sehen, denken sie, das ist ein Penner. Trotzdem, null Chance, es hat nicht geklappt. Wenn man mich gefragt hat, wie alt ich bin, kam gleich: Wir haben noch mehr Bewerber. Da ist es blanker Zufall gewesen, dass ich hier in der Bude auf dem Bauhof wieder arbeiten durfte. Vor meiner Entlassung war ich als Betonbauer und Berufskraftfahrer tätig. An den Minijob kam ich durch Hartz IV.

Zusätzlich habe ich noch 184 Euro aus der beruflichen Reha. Die muss ich jedes Jahr neu beantragen. Die drei Jahre, die bei der beruflichen Rehabilitierung angerechnet werden, müssen bei meinem Rententräger eingereicht werden mit den Originalbelegen. Das habe ich gemacht, weil das Punkte sind, die bei der Rente zählen. Dass ich Anspruch aus der politischen Reha habe, habe ich nur durch Zufall erfahren. Eine Sachbearbeiterin hat mich mal gefragt: »Herr Peschel, wissen Sie überhaupt, dass Ihnen das zusteht?« Nee, wusste ich nicht.

72 Die Festung *Roter Ochse* ist 1836 als »Königlich-preußische Straf-, Lern- und Besserungsanstalt« gegründet worden. 1953 konnten die meterdicken Wände aus rotem Gestein nicht einmal von außen von den Aufständischen gestürmt werden.

Damals war ich der Neunte, der das in Berlin beantragt hat. Davon weiß hier kaum einer. Das wird nicht publik gemacht. Wenn ich mit 61 Jahren in Rente gehe, wird die Entschädigung aus der beruflichen Rehabilitation zurückgestuft auf 123 Euro.

Wenn er in Rente geht, darf Peschel 350 Euro im Monat steuerfrei dazuverdienen, bis er 65 ist. Zweimal im Jahr ist es unbegrenzt mehr. Jetzt kommen die 250 Euro Ehren- bzw. Opferrente hinzu – auch wenn er Hartz IV bekommt. Alles in allem kommt er dann über die Runden.

Die Opferrente bekommen nur Bedürftige. Ich finde die Formulierung »für Bedürftige« frustrierend. Ich bin nicht bedürftig. Das klingt so, als ob wir hungern oder Tagelöhner wären. Das finde ich unfair. Das ist für mich ein Begriff, den ich nicht leiden kann. Das hätte man anders ausdrücken müssen. Aber 250 Euro sind 250 Euro. Das sind 500 Mark. Das ist schon gutes Geld. Wenn jemand heute nur 800 Euro Rente bekommt, und er erhält noch 250 Euro dazu, dann ist das eine wertvolle Unterstützung.

Für eine Gleichstellung der Opfer des Nationalsozialismus und der Zone bin ich aber nicht. Das kann man nicht machen. Ich glaube, die haben ein bisschen mehr durchgemacht. Denen ist es bestimmt dreckiger gegangen. Da muss man schon ehrlich sein. Das sind zwei getrennte Schwerter für mich. Im Knast bei der Stasi sind Brutalitäten vorgekommen. Es sind auch Todesfälle vorgekommen. Aber bei uns, sage ich mal, ging es immer noch. Es war brutal, aber nicht zu sehr. Richtig in Lebensgefahr war ich nicht. So weit hat man es mit uns nie getrieben.

Peschel bewohnt in einem Einfamilienhaus eine Einliegerwohnung von anderthalb Zimmern. Die Warmmiete beträgt 375 Euro inklusive Strom. Die Kosten übernimmt die ARGE für den Hartz IV-Empfänger. Das Einzige, was er zusätzlich zu zahlen hat, ist das Telefon.

Ursprünglich wollte Peschel nicht als Handwerker oder Hilfsarbeiter leben. Er wollte das Abitur machen. Sein Ziel war Weltraumforschung und Raketenbau. Aber das durfte er nicht. Später hätte er gerne Maschinenbau studiert. Aber das ist alles durch die Haft hinfällig geworden. Bis zur Wende ist er auf dem Bau bei der Reichsbahn tätig.

In der DDR – sprich »Zone« – hat Peschel sieben oder acht Ausreiseanträge gestellt. Sie wurden allesamt abgelehnt. 1989, als die Mauer fiel, ist er sofort weggezogen. Damals saßen die Alliierten noch im Aufnahmelager Marienfelde. Er wurde als politischer Häftling nach dem Häftlingshilfegesetz (HHG) anerkannt und bekam eine Entschädigung.

Fluchthilfe

Es war 1964, als ich ganz zufällig in die Nähe der Grenze geraten bin. Wir hatten unseren Abschluss in der 10. Klasse gemacht und fuhren an die Ostsee. Dort haben wir eine andere Schulklasse kennengelernt. Die wohnten hinter Nordhausen im Grenzgebiet. Einer der Schüler hat mich zu sich nach Hause eingeladen. Der wohnte dort im Grenzgebiet. Eine Genehmigung, zu ihm zu fahren, habe ich damals bekommen. Er hat mir die Grenze gezeigt. Das war ein gefundenes Fressen für mich. Und danach habe ich damit im Sportverein geprahlt. Da haben mich sofort welche gefragt: »Sag mal, kannst du uns nicht …?« Und ich: »Na, logo, machen wir doch.«

Im August 1964 habe ich die erste Flucht organisiert. Im September die nächste. Ich wollte nichts anderes als den anderen helfen. Das war mein einziges Motiv. Einfach ausgedrückt: Weg aus der Scheiß-Zone, es war damals schon schlimm. Es ist später noch schlimmer geworden. Ich kenne es ja am eigenen Leibe.

Für den Aufwand habe ich Geld genommen, aber nur wenig. Einmal waren es 400 Ostmark, ein andermal 350 Ostmark. Das war gegenüber organisierten Fluchthelferorganisationen ein Appel und ein Ei. Ich hatte damals von Tuten und Blasen keine Ahnung. Normal wären 3.000 bis 5.000 Westmark gewesen. Aber in den Westen hatte ich ja keine Beziehungen. Das ging alles spontan von mir aus.

Es war alles ganz einfach. Ich habe das Grundstück gesehen; das war ein gutes Grundstück, ein Filetgrundstück, wo man gut Fluchthilfe ausüben oder selber flüchten konnte. Damals gab es noch keine Minen und keine Selbstschussanlagen. Die Grenze bestand aus einem Vorzaun, ungefähr 500 Meter weiter kam der Hauptzaun. Wir mussten keinen Tunnel graben. Wir sind zum Zaun, haben den angehoben und Schluss. Niemand konnte uns sehen. Die sind durch und ich bin wieder zurück.

Selber flüchten kam für mich noch nicht infrage, weil ich erst die Lehre abschließen wollte.

Verhaftung

In Haft kam ich laut Anklageschrift als »Verräter und Verbrecher unseres Staates«. Ich bin in sieben Fällen Fluchthelfer gewesen. Der Staatsanwalt meinte 14: Sieben in den Kapitalismus gegeben und sieben dem Sozialismus genommen, macht zusammen 14. Eine eigenartige Milchmädchenrechnung, habe ich gedacht.

Wir sind verpfiffen worden. Da ist jemand wieder zurückgekommen und hat uns angeschissen. Danach haben sie uns beobachtet, dann hat es auf der Straße geklickt, und wir sind aufgeflogen.

Meine Familie hat erst durch die Hausdurchsuchung und vom Staatsanwalt von meiner Verhaftung erfahren. Briefkontakt durfte ich erst nach der Gerichtsverhandlung haben.

Durch meine Verhaftung hat meine Mutter ganz schön zu leiden gehabt. Mein Vater war da anders. Er war Oberleutnant und Fallschirmjäger bei der Wehrmacht. Er war ein anderer Typ. Bei dem zählten drei Dinge: Ehrlichkeit, Sauberkeit, Pünktlichkeit. Ich weiß, dass die Stasi an den Wohnzimmerschrank meiner Eltern ran wollte. Da hat mein Vater sich davorgestellt und gesagt, da müsst ihr mich schon totschlagen, wenn ihr an die Türen wollt, ich lass euch hier nicht ran. Hier hat mein Sohn nichts drin. Das sind meine und meiner Frau ihre Privatsachen. Und ihr fasst da nichts an. So war mein Vater, der hat sich gewehrt.

Für mich war die Verhaftung ein Schock, obwohl ich ja wusste, dass ich in den Knast gehe, wenn ich auffliege. Aber dass ich gleich zu drei Jahren verurteilt werde, damit habe ich nicht gerechnet. Nach der Urteilsverkündung bin ich zusammengebrochen. Aber das ist ganz normal, würde ich heute sagen. Beim Prozess durfte ich die Eltern nicht einmal umarmen. Noch nicht einmal die Hand geben, nicht mal am Arm anfassen. Sie mussten auf zwei Meter Distanz bleiben. Sitzen, Ruhe. Außerhalb des Gerichtssaals Handschellen. Im Gerichtssaal vier Mann als Wachen. Springen hätte nicht viel gebracht. Ich hatte keinen Bock auf Selbstmord.

Haft

Ich kam in den *Roten Ochsen*, in den Block 20 A. In der Zelle war ich grundsätzlich alleine. Ich habe sieben Monate in Einzelhaft gesessen.

Zusammen mit mir sind zwei weitere Männer festgenommen worden. Ich war der Jüngste, wurde aber als Rädelsführer angeklagt. Ich habe die drei Jahre bekommen, die beiden anderen zweieinhalb Jahre. Das ganze Jahr 65, das ganze Jahr 66 und fast noch das ganze Jahr 67 bin ich in Haft gewesen. Der Staatsanwalt hat zu mir gesagt, wäre ich volljährig gewesen, wäre ich unter sechs bis acht Jahren nicht davongekommen. So bin ich noch unter das Jugendstrafgesetz der Zone gefallen. Das war mein Glück.

In der Haft wollte man uns partout umerziehen. Wir hatten einmal in der Woche mittwochs ein sogenanntes aktuell-politisches Gespräch. Das führte ein Oberleutnant, und der wollte uns überzeugen, wie gut und herrlich es in der Zone ist. Da ist keiner drauf eingegangen. Das hat uns unwahrscheinlich gelangweilt. Weil wir damals schon absolut kontra waren – wir waren ja Konterrevolutionäre. Deswegen hat man uns eingesperrt, um uns umzuerziehen. Dazu gehören aber zwei Menschen: Einer, der es ausführt, und einer, der mitmacht. Das hat keiner von uns 16 Leuten getan. Die haben alle ihre eigene Meinung behalten, trotz Schlägen, trotz Arschtritten und, und, und. Ich sag es, wie es ist.

Als Anlass für die Schläge: große Schnauze. Wir haben uns einfach nicht gefallen lassen, was die mit uns vorhatten. Und dass man bei irgendeiner Äußerung zwölf Tage verschärften Arrest bekommen hat, auf einer Holzpritsche, nur mit einem Nachthemd bekleidet und einem Taschentuch. Mehr nicht. Feuchte Zelle. So sah es aus.

Wasserzellen habe ich nicht kennengelernt, weiß aber von einem Bekannten davon. Der ist mit den Nieren kaputt und außerdem mittlerweile tot. Der saß fünf Jahre in Bautzen. Dort stand er in der Wasserzelle, das Wasser bis zu den Nieren. Eiskalt. Er ist mit 45 Jahren gestorben: Nierenversagen. Heute ist es keiner gewesen. Heute haben alle einen Heiligenschein. Das sind für mich die wahren Verbrecher.

Im *Roten Ochsen* durfte ich in der Schmiede arbeiten. Wir hatten da einen älteren Herrn, der war Schmied. Er war auch Häftling. Das war ein alter Haudegen. Der hat sich mit 17 Jahren freiwillig zur U-Boot-Waffe gemeldet im Zweiten Weltkrieg. Der hat was draufgehabt. Vier Jahre hatte der bekommen, weil er flüchten wollte. Bei dem habe ich viel gelernt. Ich hatte ja erst ein Jahr Lehrzeit hinter mir. Von dem habe ich viel Gutes mitbekommen.

Meine Eltern wollten, dass ich eher entlassen werde. Da hatte ich nur noch ein halbes Jahr Reststrafzeit. Das ist abgelehnt worden. Ich habe an einem Sprechtag meine Eltern gefragt, ob sie wahnsinnig geworden sind. Dann bekomme ich ja eine Bewährungsstrafe. Ich habe gesagt, sie sollen bloß keinen Antrag mehr stellen. Die paar Tage sitze ich auch noch ab. Sonst muss ich zu den Arschlöchern auch noch Dankeschön sagen. »Nö«, sagte ich, »ich nicht.«

Nach der Haft

Nach der Entlassung bin ich gleich zurück in die Familie. Ich musste erst einmal wieder Fuß fassen. Im Prinzip brauchte man eine Betreuung. Und da ist das Elternhaus das Beste gewesen. Ich habe mein Zimmer wiedergehabt. Ich war wieder Kind. Meine Mutter war freudestrahlend. Mein Vater war glücklich. Sie haben gesagt: »Du bist irgendwie anders geworden, ruhiger. Nicht mehr so impulsiv.«

Zwei Jahre später habe ich einen erneuten Versuch gestartet. Diesmal für mich selbst. Bei Nacht und Nebel habe ich mich noch einmal zu dieser Grenze auf gemacht. Wenn sie mich da gegriffen hätten, hätte ich wahrscheinlich zehn Jahre bekommen. Zu der Zeit war schon alles ganz anders. Da bist du nicht mehr an die Grenze herangekommen.

Um 1970 fing das an mit den Stahlgittern: kein Stacheldraht, sondern Stahlgitterzäune. Ob ich geklettert wäre, kann ich heute nicht mehr sagen. Wenn ich weit herangegangen wäre und es die Möglichkeit gegeben, hätte ich es gemacht. Hundert pro. So aber war ich vorsichtig. Ich bin auf ungefähr 600 Meter rangekommen. Es war alles anders als früher. Das war mir zu gefährlich. Deswegen habe ich mir gesagt, jetzt stellst du Ausreiseanträge. Irgendwie müssen sie dich rauslassen. Der Staat war für mich gestorben. Ich habe die Ausreise beantragt. Sieben bis acht Mal. Haben sie aber nicht gemacht. Warum sie ausgerechnet mich behalten wollten, ist mir bis heute unklar. Man hat nicht mehr darüber gesprochen. Nach ein bis zwei Jahren habe ich das Thema hinter mir gelassen.

Einmal habe ich einen Fluchtversuch mit der Familie vorbereitet. Als ich noch verheiratet war, wollten wir über Ungarn flüchten. Ich habe mit meiner Frau und unserem Jungen einen Visumantrag nach Ungarn gestellt und das Visum sogar bekommen.

Aber das war schon etwas rätselhaft. Irgendetwas stimmte da nicht. Sie verweigerten den Ausreiseantrag, geben uns aber die Visa nach Ungarn. Das war doch eigenartig. Wir sind mit dem Auto an die Grenze. Der hat noch nicht mal richtig in die Ausweise geguckt: »Bitte rechts auf die Standfläche.« Und dann haben die das Auto auseinandergenommen und gesucht. Ich habe kein eigenes Auto gehabt, das war ein Mietauto. Die Fußmatten waren eingeklebt. Die hatte ich gelöst und die ganzen Papiere unter die Fußmatten geklebt. Und da wollten die ran. »Junger Mann«, sagte ich, »das ist ein Mietauto. Das geht nicht.« Glück gehabt.

Wir sind weiter nach Sopron. Gleich dahinter ist die Grenze. Unser Zimmer im Hotel lag direkt neben dem Fernsehraum. Unser Marco hat sich einen Donald-Duck-Film angeschaut. Da höre ich, wie jemand meinen Sohn anspricht. Ein Ehepaar. Ich sage: »Was soll denn das? Wollen Sie meinen Sohn aushorchen?«

Am nächsten Tag sage ich zu meiner Frau: »Ich habe das dumme Gefühl, wir werden beschattet.« Da war so eine Straße, die teilte sich. Da habe ich gesagt: »Wir tun jetzt so, als wenn wir spazieren gehen. Ich gehe die Seite lang, und du nimmst Marco und gehst da lang. Und nach 300 Metern treffen wir uns wieder.« Prompt ist der Mann hinter mir her und sie hinter meiner Frau. Wir wurden also beschattet. Daraufhin haben wir das Unternehmen abgebrochen.

Wir wären bis zur Grenze gekommen, und dann wäre Ende gewesen. Das wollte ich meiner Frau nicht antun. Das hätte mir furchtbar leidgetan, wenn meine Frau in den Knast gekommen wäre und mein Sohn ins Heim. Die Frauen sollen ja noch schlimmer dran gewesen sein in den Frauengefängnissen in der Zone. Meine Eltern und meine Schwester sollten auch nicht leiden. Meine Frau hat geheult wie ein Schlosshund.

Meine Ehe hat nicht gehalten. Es gibt einen Spruch: Wenn es dem Esel zu gut geht, geht er aufs Eis tanzen. Ich bin tanzen gegangen. Ich war schuld. Meine Exfrau wollte vor vier oder fünf Jahren, dass wir wieder zusammenkommen. Ich sage: »Lass es sein. Du machst, was du willst, ich mache, was ich will. Ich komme nach Hause, wann ich will. Ich gehe aus dem Haus, wann ich will. Ich mache, was mir Spaß macht. Ich halte meine Wohnung sauber, ich kann kochen, ich kriege mein Essen. Ich brauche keine feste Beziehung mehr. Ich habe ein paar Bekanntschaften, das reicht mir. Wir sind zu lange auseinander. Jeder hat seine Erfahrung gemacht. Das kann ein halbes Jahr gut gehen oder ein Jahr. Und dann?«

Folgen

Hans Georg Peschel geht mit seinen 60 Jahren auf zwei Krücken. Dass das mit der Haft zusammenhängt, kann er nicht beweisen. Drei, vier Jahre nach der Haft hat er heftige Probleme mit dem Rücken bekommen. In der Gefängnisakte findet sich nichts darüber.

Mit den Zähnen fing es an. Ich habe Prothesen oben, und unten zum Teil. Der Arzt war auch ein Knastologe. Da wurde gleich gezogen, da wurde nicht gebohrt und nicht gefüllt. Die Backenzähne wurden einfach gezogen und fertig. So ist das abgelaufen, eiskalt. Wir mussten unterschreiben, dass es uns während der Haftzeit gut gegangen ist und dass wir nicht geschlagen wurden.

Aus der Gefängniszeit stammt auch, dass ich sehr schnell graue Haare hatte. Meine Mutter entdeckte es nach drei, vier Wochen. Fragte sie, was ich denn da habe? Unter dem Deckhaar hatte ich plötzlich eine schlohweiße Strähne.

Die schlimmste Folge für mich war, dass ich mein Abi nicht mehr machen konnte und nicht studieren durfte. Arbeit habe ich immer bekommen. Erst bei der Reichsbahn und dann später durch Bekannte beim Bau. Nur einmal, als ich bei der Reichsbahn war, hatte ich einen Disput. Da sagte jemand zu mir, ich solle mit meinen Äußerungen aufpassen, sonst gehe ich dahin zurück, wo ich hergekommen bin. Da habe ich gedacht, hier musst du vorsichtig sein.

Von der Haft her habe ich Bluthochdruck. Meine Mutter hat damals auch Bluthochdruck bekommen, als ich im Gefängnis landete. Dann die Rückenprobleme und eine Hüft-OP. Neuerdings kommt ein Brennen im Muskel hinzu, das nicht nervlich bedingt ist. Sobald es wieder einsetzt, muss ich zum Orthopäden. Früher war ich mal etwas aggressiv, aber da bin ich ruhiger geworden.

Aber um meine gesundheitlichen Schäden nachzuweisen, bräuchte ich Zeugen; ich müsste sie suchen und mich mit all dem noch einmal auseinandersetzen. Ich habe keinen Bock mehr. Die Zeit ist vorbei. Ich will mich nervlich nicht kaputtmachen. Das hat keinen Zweck. Ich habe meine Kumpels, meine Freunde, und es ist okay. Ich habe lange gebraucht, ehe ich die Stiftung[73] überhaupt angeschrieben habe. Ich wollte es nicht, weil ich mir dabei vorkomme wie ein Bettler. Aber vor einem Jahr, als es finanziell wirklich knapp wurde, habe ich es doch getan. Und dann auch noch ein zweites Mal.

Nach der Wende

Nach dem Fall der Mauer war ich gleich weg. Sowie ich das gesehen habe mit Schabowski, dass die Reisefreiheit ab sofort gilt, habe ich mich auf die Beine gemacht. Gleich am ersten Tag war ich in der Bornholmer Straße, und schon war ich weg. An den nächsten Tagen habe ich noch ein bisschen Hausrat nachgeholt.

Im Westen hatte ich einen Job als Fahrer. Dazu musste ich mit dem Lkw notgedrungen immer wieder durch die Zone fahren. Ich habe mich jedes Mal davor gegrault. Aber was willst du machen? Es ist dein Job. Privat bin ich damals nicht mehr nach Ostberlin gefahren. Ich wollte das alles hinter mir lassen. Schluss, aus, bumm. Ich habe ganz schnell in Marienfelde einen unwahrscheinlich großen Bekanntenkreis gewonnen. Ich wurde anerkannt und bin gut aufgenommen worden.

Für die Stasiakten bin ich wieder nach Ostberlin gefahren. Ich hatte drei braune Ordner vor mir. Da waren an drei Stellen Büroklammern drin. Da habe ich versucht, mal reinzugucken. Sofort wurde ich belehrt, dass ich das nicht darf. Obwohl die Frau, die vorn Aufsicht geführt hat, die Bildzeitung gelesen hat. Wie kann die sehen, dass ich da ganz still und heimlich …? Eigenartig. Da habe ich gesagt, wo sind wir denn hier? Gibt es hier immer noch Kameras?

Ich habe drei Namen von IMs gesehen. Aber ihre richtigen Namen konnte man nie wissen. Ich wollte gucken, was da drinsteht. Ich war neugierig. Wenn

73 Gemeint ist die HHG-Stiftung.

ich Einsicht in meine Stasiakte bekommen darf, dann möchte ich Einsicht in alles haben. Das ist mein gutes Recht als freier Bürger der Bundesrepublik Deutschland. »Nein«, hieß es da. »Diese Sachen bekommen Sie nur, wenn Sie gegen die Person klagen, der gegen Sie IM gewesen ist. Dann können Sie im Beisein Ihres Anwaltes Einsicht nehmen.«

Da habe ich aber keinen Bock mehr darauf gehabt. Ich sage, das ist ein bisschen sehr merkwürdig für mich in der deutschen Demokratie. Ich habe keine Lust, mich in meinem Alter an der Vergangenheit aufzureiben.

Erst aus meiner Stasiakte habe ich erfahren, dass man mir Spionage anhängen wollte. Ich weiß gar nicht, warum. Es war ein Oberstleutnant, der mir die Spionage anhängen wollte. Und ein anderer Oberst, der das nicht zugelassen hat. Es ist in der Gerichtsverhandlung gar nicht zur Sprache gekommen. Ich war völlig erstaunt: Was ist denn das, Spionage? Mit so etwas hast du doch gar nichts am Hut. Ich bin doch – und noch dazu in meinem Alter damals – an solche Kontakte gar nicht herangekommen. Ich weiß nur, dass mein Urteil schon Ende Februar feststand. In meiner Akte ist auf einem kleinen Quittungszettel Ende Februar notiert. Die Verhandlung ist am 29. März und am 30. die Verkündigung des Urteils. Im Namen des Volkes. Ja, toll.

Zum *Roten Ochsen* will ich mal hin, weil ich es mir angucken möchte. Einmal bin ich dort vorbeigefahren. Es ist ja eine Gedenkstätte geworden. Mir kam es ein bisschen anders vor damals. Aber da muss ich unbedingt noch einmal rein. Wir hatten keine Toiletten, wir hatten Kübel. Keine Toiletten, keine Waschbecken, nichts. 1965 war das noch so. Kahle, nackte Zellen. Unten grün gestrichen und oben ein bisschen gelblich. Dann diese Glasbausteine, dass man nicht rausgucken kann. Und da bin ich gespannt, ob das noch alles so ist oder ob es umgebaut wurde.

Aber das ist alles lange her. Es war beschissen. Manchmal denke ich noch daran, wenn ich vergleiche, was heute in deutschen Knästen abläuft. Was die bekommen, Fernsehen und alles, davon konnten wir damals nur träumen.

Ich will vergessen. Ich bin keiner Selbstorganisation der politischen Häftlinge beigetreten. Ich will damit nichts mehr zu tun haben. Bin ich ganz ehrlich. Das ist vergessen. Bitte, ich möchte damit nichts mehr zu tun haben.

Monika Lutter: West, Ost – Ein Liebespaar

Monika Lutter lebt in Mühlhausen in Thüringen. Die Liebe zum falschen Mann machte sie zum Opfer von sexuellen Inszenierungen der Stasi. Die freiheitsliebende 58-Jährige leidet heute unter Platzangst und wagt sich fast nirgendwo mehr hin.

Ich bin ein Mensch mit ein paar kleinen Ticks. Ich bin 1950 geboren. Meine Mutter hat mich immer unterstützt. Meine beiden Schwestern waren ganz anders als ich. Die älteste Schwester war Kreistagsabgeordnete und als Oberin für fünf Krankenhäuser verantwortlich. Sie war parteitreu, was ich nicht war. Die Jüngere arbeitete als Schwester auf einer gynäkologischen Station.

Ich bin zweimal verheiratet gewesen. Mein letzter Mann hat eine Eigentumswohnung angeschafft, damit ich abgesichert bin. Ich bin seit zwei Jahren Witwe, aber damit komme ich nur schwer klar. Meine Kinder sind alle erwachsen. Ich habe drei Kinder, und die haben selber schon Kinder. In der Wohnung lebe ich allein. Ich liebe Ordnung und Sauberkeit. Ja, das ist nun einmal so.

Ich war in Halle in Haft, von März 1968 bis November 1970. Das kam so: Ich hatte damals einen Freund, Uwe, der kam aus Buchholz in der Nordheide. Mit Uwe habe ich mich getroffen, meistens in Gotha an der Autobahnausfahrt. Er hat mir Seife mitgebracht und sonst noch Sachen, die ein junges Mädchen reizen. Ich habe Tagebuch geführt, und meiner Freundin habe ich auch von unseren Treffen erzählt. Dadurch bin ich in die Fänge der Stasi geraten. Er war ein Staatsfeind von uns. Meine Mutter hat mich vor Uwe gewarnt. Die hat gesagt: »Lass den Kerl!«

Uwe wollte mich mit nach drüben nehmen. Er hatte sogar schon den Personalausweis für mich. Aber es sollte nicht in seinem Lkw sein, er wollte mich über Ungarn rausholen. Ich wäre damals auch mitgegangen. Aber dann ist mein Vater krank geworden, und ich habe gesagt: »Wir müssen warten. Es geht noch nicht. Ich muss erst sehen, was mit meinem Vater ist.« Während seiner Krankheit weggehen, dass hätte ich nie gekonnt. Mein Vater hat mich faktisch großgezogen, weil er immer zu Hause war. Er ist aus dem Krieg gekommen und hatte Tb. Und da wurde der Vater meine nächste Bezugsperson.

Irgendwie ist der Kontakt zu Uwe dann abgebrochen. Ich habe gar nicht verstanden, warum. Nach der Wende habe ich meine Stasiakten gelesen. Uwe hatte gedacht, ich wollte nichts mehr von ihm wissen, weil ich ihm nicht geschrieben habe. Und ich habe gedacht, er will von mir nichts wissen. Dabei lagen alle unsere Briefe und Karten in meiner Stasiakte. Der Briefträger war damit beauftragt, unsere Post abzufangen. Der ist schon verstorben, sonst hätte ich mich noch bedankt bei ihm. Ich bin beobachtet worden, wann ich unser Haus verlasse und wann ich es wieder betrete. Das konnte ich alles in den Aufzeichnungen der IMs nachlesen. Aber damals habe ich davon nichts bemerkt.

Ich bin zur Berufsschule gegangen, ich wollte Textilreinigungsfacharbeiter werden. Zwei- bis dreimal wurde ich mitten im Unterricht aus der Klasse geholt: »So, jetzt gehen wir zum Haut- und Geschlechtsarzt«, hieß es. Das machst du dreimal mit, danach bist du vollkommen verrufen. Die Lehrer haben dabei mitgespielt. Komisch war, dass ich nie Spritzen oder irgendetwas bekommen habe. Ich habe meine zweite Schwester gefragt, die als Stationsschwester in der Frauenklinik gearbeitet hat: »Wie ist das, wenn man einen Abstrich kriegt?« Sie sagt: »Da ist nichts dabei, das ist ganz harmlos.« Dann habe ich gesagt: »Weißt du, ich kann manchmal zwei, drei Tage nicht richtig sitzen.« Nach der Wende erzählte meine Schwester, man könne das auch so machen, dass es sehr schmerzhaft ist.

Ich bin sicher, dass der Gynäkologe mit der Stasi zusammengearbeitet hat. Dessen Frau ist damals kleptoman gewesen. Sie hatte zu DDR-Zeiten ein ganzes Warenlager im Keller. Durch seine Zusammenarbeit mit der Stasi konnte er seine Frau reinwaschen, denke ich. Das kann ich natürlich nicht beweisen. Der Gynäkologe und seine Frau leben nicht mehr. In meiner Akte habe ich über die beiden nichts gefunden.

Die Aktion an der Berufsschule hat meinen Ruf verdorben. In so einem kleinen Dorf spricht sich das schnell herum. Die Leute sagten: »Die taugt nichts, die hat einen Kerl.« Dabei war ich wie jeder normale junge Mensch heutzutage auch. Ich habe mich verliebt. Nur nach Ansicht der Stasi in den falschen Mann.

Verhaftung

Uwe hat oft Alkohol gefahren. Da war ein kleiner Elefant an der Flasche dran, den fand ich so niedlich. Da hat er gesagt, ob da nun einer dran ist oder nicht, ich mache den ab, den nimmst du mit. Diesen kleinen Elefanten wollte man mir bei der Verhaftung abnehmen. Da hab ich ihn einfach verschluckt. Ich habe gedacht, den kriegen sie nicht. Dann bin ich in eine Zelle gebracht worden, habe einen Kübel gekriegt und ein Abführmittel. Dort musste ich solange bleiben, bis mein Elefant wieder zum Vorschein kam. Dann musste ich ihn auch noch sauber machen.

Als die Stasi dann zu mir nach Hause ging und mein Tagebuch haben wollte, hat meine Mutter gesagt, sie habe es verbrannt. Aber bei der Hausdurchsuchung haben sie es doch gefunden. Sie haben es mitgenommen und gesagt, ich könnte es mir nach meiner Haftzeit von der Volkspolizei wieder abholen. Aber nach der Haft habe ich es nicht mehr gewagt, zur Polizei zu gehen.

Ich bin von der Stasi gezwungen worden, Uwe einen Abschiedsbrief zu schreiben. Ich sollte ihm einen ganz bösen Brief schreiben. Da habe ich mindestens zehn Stunden daran gesessen. Der Brief lag dann in meiner Stasiakte.

Ich bin verurteilt worden wegen asozialen Verhaltens[74], weil ich mich mit

74 Das ist der Paragraf, unter dem in der DDR Prostitution bestraft wurde.

Uwe getroffen habe, und wegen Vorbereitung zur Republikflucht. Ich hatte mir nichts Böses vorzuwerfen. Wer jemandem etwas wegnimmt, wer einen anderen umbringt, das waren für mich böse Sachen. Das, was ich veranstaltet hatte, empfand ich nicht als böse. Es wollte auch nicht in meinen Kopf rein, dass ich dafür zwei Jahre eingesperrt wurde. Ich hatte doch keinem wehgetan. Dass es so etwas wie die Stasi gibt, habe ich erst während der Untersuchungshaft erfahren. So dumm bin ich damals noch gewesen.

Am Ende der Gerichtsverhandlung haben die das Urteil gesprochen. Da habe ich mich noch hingestellt und gesagt: »Wenn ich hier rauskomme, haue ich sowieso nach dem Westen ab.« Da hat sich das Gericht noch einmal zusammengesetzt, und ich habe obendrauf ein Grenzkreisverbot gekriegt. Das hieß, ich durfte nicht mehr nach Mühlhausen.

Haft

Ich habe so viel Heimweh gehabt! Die ganze Haftzeit über. Schlimm war für mich, dass diejenigen, die richtige Straftaten begangen hatten, besser behandelt worden sind als die politischen Häftlinge. Wir hatten immer Angst, dass wir nach Waldheim kommen. Waldheim war eine Haftpsychiatrie. Bei uns war mal eine Strafgefangene, die war fünf Monate lang in Waldheim gewesen. Als die zurückkam, war sie wie in Trance. Sie hat ständig eine Handvoll Tabletten gekriegt und brauchte keinen Zählappell mehr mitzumachen. Das hat uns Angst gemacht. Wir haben gedacht, dass es nach Waldheim geht, wenn wir uns nicht ordentlich aufführen. Und dass wir genau so zurückkommen wie die. Näheres konnte ich aber nicht in Erfahrung bringen. Die Gefangene hat nie da darüber geredet, was mit ihr gemacht worden ist.

Am schlimmsten war, dass ich in Halle auf dem Schlachthof arbeiten musste. Die Arbeiter haben um 16 Uhr Feierabend gemacht, dann sind wir angetanzt und haben den Dreck weggemacht. Wir haben nur mit kochendem Wasser gearbeitet. Die Arbeiter waren normale Beschäftigte, die wussten, dass wir Häftlinge waren. Wenn die heimgegangen sind, haben sie auch mal eine Zigarette angeraucht und so hingelegt, dass sie nicht mit Blut beschmiert war. Ich habe einmal eine aufgehoben. Da hat die Frau Hauptwachtmeister M. mir den kochenden Wasserschlauch aus der Hand genommen und mir damit auf die Füße gesprüht. Dann war sie wohl selbst erschrocken und ist sofort ins Kühlhaus gerannt, hat einen großen Eisklumpen geholt und mir den auf den Fuß gelegt. Das ist grundverkehrt, damit machst du das Gewebe kaputt.

Von dem kochenden Strahl hat sich eine riesige Säge gelöst, mit der Schweine zerteilt wurden. Die war nicht ordentlich festgemacht. Die habe ich vor die

Brust gekriegt. Ich habe genau auf der Brustwarze eine Fleischwunde. Später beim Stillen hat mir das viel Freude gemacht. Beide Verletzungen sind bis heute nicht als Haftschaden anerkannt worden, weil es nicht in den Haftunterlagen steht. Und das, obwohl ich sofort in die Sanistation gebracht wurde. Dort bin ich auch verbunden worden.

Es gab endlos körperliche und psychische Misshandlungen während der Haft. Ich esse zum Beispiel keine Kartoffeln und Quark. Es war mitten im Winter. Da habe ich gedacht, jetzt wäschst du dir die Haare, weil ich nicht mit zum Essen wollte. Der Speisesaal lag auf der anderen Seite der Haftanstalt. Dazu musstest du über den Hof gehen. Und dann kamen sie an und haben mich mit dem Gummiknüppel und den nassen Haaren über den ganzen Hof gejagt.

Das geht nicht aus meinem Kopf raus, wie die sich mir gegenüber verhalten haben. Im Gefängnis saß eine Frau, die hatte ihr Kind mit dem nackichten Hintern auf die Herdplatte gesetzt. Die ist von denen behandelt worden wie ein rohes Ei. Aber unsereiner ist mit Essensentzug bestraft worden.

Ich habe in der Haft oft an meinen Vater gedacht, wie es ihm wohl geht. Und dann kriegst du den Brief, dass Papa schon acht Tage tot ist. Das hat mich zermürbt. Und die lachen noch. Den Brief von der Mutter habe ich noch. Ich kenne ihn auswendig. Sie hat mir geschrieben: »Papa trägt deinen Brief immer in der Hosentasche umher. Hoffentlich kommst du bald nach Hause, hoffentlich erlebst du Papa noch.« Und ich habe ihn nicht mehr erlebt!

Vielleicht habe ich gerade gelacht und gekichert, als mein Vater starb! Mir ist das im Nachhinein furchtbar nahegegangen. Meine Mutter schrieb, sie habe auf dem Bahnhof gestanden und auf mich gewartet. Aber ich bin nicht gekommen. Als ich schließlich aus dem Gefängnis entlassen wurde, kriegte ich von meinen Geschwistern Vorwürfe, dass ich es noch nicht mal nötig gehabt hätte, zu Papas Beerdigung zu kommen. Das tut schon weh.

Einmal ist meine Mutter mich besuchen gekommen. Sie hat dann aber gesagt, sie kann nie wieder kommen. Das kann sie sich nie wieder angucken.

Als ich entlassen wurde, musste ich unterschreiben, dass ich nie darüber rede.

Entlassung

Meine Mutter hat mich abgeholt und gesagt: »Jetzt gehen wir richtig essen.« Ich konnte aber noch nach sechs Wochen nicht richtig essen. Ich habe nur Durchfall gehabt.

Eigentlich durfte ich nun nicht mehr nach Mühlhausen. Aber nach meiner

Entlassung hat meine Mutter den Staatsanwalt bearbeitet. Sie komme nicht mehr alleine zu Hause zurecht und möchte, dass die Tochter zu ihr zieht. Deshalb durfte ich dann doch nach Mühlhausen, musste mich aber immer dienstags und freitags beim ABVer[75] melden.

ABVer sind die gewesen, die zu dir in die Wohnung gekommen sind, wenn du nicht pünktlich zum Wählen warst. Zu mir ist er gekommen, da war ich damals knapp 20 Jahre alt. In dem Alter sucht man sich ja die Männer aus, die man haben will. Und der war ein alter, dicker, fetter Mann, der gleich die Tür von innen zugeschlossen hat. Ich habe es geschafft, da rauszukommen. Aber ich habe nur noch gedacht, dass ich mich am Freitag ja wieder bei ihm melden musste! Hätte ich etwas erzählt, mir hätte kein Mensch geglaubt! Ich bin nach Hause, meine Mutter ist nicht da. Ich habe den Gashahn aufgedreht und alle Tabletten genommen. Ich hatte die Nase einfach voll. Es war ein Hilferuf.

An dem Tag war meine Mutter früher als erwartet zu Hause. Da bin ich ins Krankenhaus gekommen. Ich habe niemandem verraten, warum ich das gemacht habe. Wenn ich etwas erzählt hätte, hätte ich noch eine Klage wegen Verleumdung am Hals gehabt.

Mein Suizidversuch hat mir vier Wochen Psychiatrie eingebracht. Wenn ich nicht freiwillig mitgemacht hätte, hätte es sich bis zu einem Dreivierteljahr hinziehen können.

Arbeit

Nach der Haft durfte ich meine Ausbildung nicht abschließen. Man hat mir gesagt: »Such dir schnell eine Arbeit.« Dadurch habe ich meine Lehre abgebrochen. Aus dem Grund falle ich nicht unter das berufliche Rehabilitierungsgesetz.

Dann war ich in der VEB Holzverarbeitung. Ich bin gut mit den Leuten zurechtgekommen. Ich habe keine Kontaktschwierigkeiten gehabt. Ich bin immer hilfsbereit gewesen. Ich habe älteren Leuten die Arbeit abgenommen. Dann kam die erste Brigadeversammlung. Da hieß es: »Wir haben eine neue Kollegin, die kommt aus dem Strafvollzug. Das Kollektiv übernimmt die Patenschaft.« Da war alles gelaufen. Da kannst du in deinem ganzen Leben nicht mehr hochkommen.

Danach musste ich in der Brauerei anfangen. Da haben viele ständig unter Stoff gestanden.

---

75 Abschnittsbevollmächtigter, Volkspolizist vor Ort; ABVer sind nach Angaben von Monika Lutter »Zuarbeiter der Polizei«.

Anfang der 70er Jahre habe ich gesehen, wie ein Behinderter von Polizisten zusammengeschlagen wurde bis zum Gehtnichtmehr. Ich habe gesagt: »Das könnt ihr doch nicht machen. Der ist doch behindert.« Sagten die: »Wenn man Sie als Nutte bezeichnet, wehren Sie sich auch. Der hat zu uns ›Bullen‹ gesagt.« Frühmorgens um neun Uhr klingelte es. Es waren zwei feine Männer unten vor der Tür. Ich solle bitte mal runterkommen. Ich sollte unterschreiben, dass ich abends nichts gesehen hatte. Das habe ich nicht unterschrieben.

Damals habe ich etwas außerhalb gewohnt. Wenn ich aus der Stadt kam, musste ich ein ganzes Stück zu Fuß gehen. In einer Kurve am Hagebuttenbusch stand ein Auto. Einer stieg aus und hat gefragt, wo es nach Pfafferode geht. Das hab ich dem erklärt. Von da an weiß ich nichts mehr. Film gerissen, aus, vorbei. Als ich wieder zu mir kam, habe ich kurz vorm Kreuz Efrath im Eichsfeld im Straßengraben gesessen. Meine Strümpfe waren total zerrissen, ich war saudreckig. Ich bin per Anhalter nach Hause gefahren. Am nächsten Morgen kamen zwei von der Kriminalpolizei oder von der Stasi. Denen hat meine Mutter das erzählt. Die haben zu ihr gesagt, ich sollte mir nicht solche Schauermärchen ausdenken.

Natürlich habe ich mir das nicht ausgedacht. Was mich aber gewundert hat, ist, dass die Aussage meiner Mutter nicht in den Stasiakten stand. Dort steht lediglich, dass sie mich im weißen Kittel – ich habe nie in meinem Leben einen weißen Kittel gehabt – heulend und mit einer roten Handtasche aufgegriffen hätten. Sie hätten mich befragt und wieder laufen lassen. Das ist der einzige Eintrag. Von den zwei feinen Herren steht da nichts. Was da abgelaufen ist, kann ich mir bis heute nicht erklären.

Solche Inszenierungen der Stasi sind nicht so selten gewesen. Seither lief über Monika Lutter das Gerücht, dass sie sich prostituiere.

Schutz

Dann habe ich einen Arbeiter in der VEB Holzverarbeitung kennengelernt. 1971 habe ich ihn geheiratet, meine Tochter Anna ist im selben Jahr geboren.

Ich hätte damals sonst wen geheiratet, um endlich geschützt zu sein. Ich musste mich absichern gegen das ganze Stasigefüge. Aber mein erster Mann hat da wohl auch mitgemischt. Der hat am 1. Mai als einfacher Arbeiter auf der Ehrentribüne gestanden. Ich habe mir nie etwas dabei gedacht. Einmal habe ich ihn gefragt, was er während seiner Armeezeit gemacht habe. Er habe Gefangene überwacht, sagte er. Nach der Wende habe ich mir sagen lassen, für einen normalen Menschen hätte es diese Tätigkeit nicht gegeben. Da hätte schon etwas mehr dazugehört.

Mit der Unterbringung der Kinder in Krippen hat es Probleme gegeben. Den Krippenplatz für meine erste Tochter sollte ich in Heiligenstadt bekommen. Und das, obwohl wir kein Auto hatten. Mit nur einem Verdienst von meinem Mann und mit zwei Kindern konnte die Familie nicht existieren. Da habe ich mich an die Behörde gewendet. »Herr B.«, sagte ich, »ich habe mich im sechsten Monat für einen Krippenplatz angemeldet. Da hat man mir gesagt, ich sollte erst mal warten, ob das Kind überhaupt etwas wird.« Damals war ich davon schon fertig. Sagte ich nun: »Also, das Kind ist was geworden, und ich brauche jetzt den Krippenplatz.« Ich drohte: »Sonst muss ich auf den Strich gehen. Ich werde es aber nur mit Parteisekretären und mit den Leuten vom Rat des Kreises treiben, damit es nicht an die Öffentlichkeit gerät.«

Als ich zu Hause ankomme, geht oben das Fenster auf: »Du sollst unbedingt noch mal auf die Krippenverteilung kommen!« Da bin ich also wieder hin. »Ja«, sagten die, »wir haben uns geirrt, wir haben den Krippenplatz für Sie.« Auf einmal ging es.

Gedroht habe ich, gewiss. In Wirklichkeit konnte ich mich nach dem Gefängnis vor anderen nicht mehr ausziehen. Ich bin mein Leben lang nicht mehr baden gegangen.

Deswegen kann ich mich auch nicht ohne Weiteres auf einen neuen Partner einlassen. Da gehört ganz viel Vertrauen dazu. Wenn ich jemanden nett finde und er aus der DDR stammt, steigt in mir erst einmal der Gedanke auf, ob der vielleicht auch für die gespitzelt hat.

Nach einem Jahr zu Hause habe ich in der HO[76] angefangen zu arbeiten, und zwar in einem Hotel als Zimmermädchen. Da konnte ich früh um acht anfangen. Ich habe die Kinder immer erst weggebracht und bin dann zur Arbeit gegangen. Abends hab ich sie wieder eingesammelt. So ging es mir auch ganz gut.

Nur dass die Wohnung zu klein war. Da habe ich es gewagt, meinem Chef zu sagen: »Wenn ich nicht bald eine Wohnung kriege, in der die Kinder ein Zimmer haben, muss ich einen Ausreiseantrag stellen.« Da hat er den Finger gehoben und gesagt: »Das will ich nie wieder hören. Sonst müsste ich es melden.« In den Stasiakten lese ich, er hat es gemeldet. Nach der Wende habe ich ihn angerufen. Ich habe ihn nicht beschimpft. Ich habe nur gesagt: »Herr D., ich wollte mich nur kurz bei Ihnen bedanken für 1976, als Sie weitergemeldet haben, was ich Ihnen erzählt habe.« Er ist ganz still geworden.

---

76 Die Handelsorganisation HO war neben dem Konsum vorherrschend im Einzelhandel.

Scheidung

Zu Hause haben wir ein Essbesteck, eine Art Armeebesteck, in dem Messer, Gabel, Löffel verklammert sind. Da steht BND[77] drauf. Das ist mir lange nicht aufgefallen. Nach der Wende wurde ich von einem Stasiaufklärer gefragt, woran ich denn gemerkt habe, dass mein Mann mich liebt. Ich wusste es nicht zu sagen. Ich habe dann erfahren, dass es viele Fälle gegeben hat, in denen die Stasimitarbeiter auf jemanden angesetzt gewesen sind. Sie haben die Frauen, die sie überwachen sollten, sogar geheiratet. Vielleicht war meiner ja so einer und war an allem beteiligt.

Auf Dauer kam ich nicht klar mit ihm. Er hat mich geschlagen, er hat mich getreten, als ich mit der zweiten Tochter Heike hochschwanger war. Damals hätte ich mich gern von ihm getrennt. Aber ich habe Angst gehabt, mit den beiden Kindern alleine dazustehen. Vielleicht ist es auch gut so, vielleicht hätten sie mir die Kinder weggenommen. Das hat es ja oft gegeben. Damals habe ich wirklich Angst davor gehabt.

Früher habe ich sehr oft geweint. Aber wegen der Kinder habe ich immer mit zwei Gesichtern gelebt. Ich habe vor dem Nachttisch gesessen und die Briefe meiner Eltern gelesen, als ich aus dem Gefängnis gekommen bin. Dann kamen die Kinder rein, da hast du dir schnell die Tränen aus den Augen gewischt. Du durftest ja nie reden. Du konntest dich ja noch nicht einmal mit deinen Geschwistern richtig darüber unterhalten.

Zum Glück habe ich einen Mann kennengelernt, den ich nach der Scheidung geheiratet habe.

Folgen

Ich hatte damals schon viele Macken und habe sie noch heute. Ich kann nicht alleine mit dem Zug fahren, da kriege ich Panik. Mein Kopf ist dann vollkommen leer. Ich habe im Kalender alle Termine stehen, wann ich zu einer Behörde gehen muss.

Heutzutage bin ich regelrecht von Ängsten geschüttelt. Ich muss immer wieder Tabletten nehmen. Seit dem Tod meines zweiten Ehemanns hat sich die Trauer mit den Hafterlebnissen vermischt. Ich habe es schon erlebt, dass ich meinen Mann im Bett atmen höre. Und dann schlafe ich wieder ein. Und auf einmal träume ich, da steht mein Mann. Der sagt: »Es ist schon richtig, dass du im Knast bist. Denk daran, was du alles gemacht hast.« Da wachst

77 Bundesnachrichtendienst

du pitschnass auf und gehst mitten in der Nacht duschen und ziehst dir ein neues Nachthemd an.

Zu den schlimmsten Ängsten gehört, dass ich nicht mit dem Zug fahren kann. Ich kann nicht baden. Ich habe Angst vor Behörden. Ich habe Angst vor der Polizei. Aber wegziehen kann ich auch nicht. Zum Beispiel zur Tochter in den Taunus. Ich habe das meinem Mann auf dem Sterbebett versprochen. Er hat gesagt, er kauft die Wohnung nur, damit ich immer ein Dach überm Kopf habe. Acht Tage später habe ich erfahren, dass bei mir im Haus einer der größten Stasioffiziere wohnt. Zusätzlich erfahre ich dann noch, dass wir einen Parteisekretär im Hause wohnen haben. Da war es ganz und gar aus.

Nachdem die Rehabilitierung durch war, bin ich etwas besser klargekommen. Da habe ich mich zusammengerissen. Ich habe mir gesagt, du brauchst keine Angst zu haben. Der kann dir gar nichts mehr.

Suizidgedanken habe ich erst seit der Haft. Um sie zurückzudrängen, nehme ich Tabletten – solange es geht Naturheilmittel wie Hopfen oder Baldrian. Aber die Naturheilmittel reichen nicht immer aus. Ab und zu nehme ich einen harten Blocker. Mein Hausarzt weiß nichts davon. Ich nehme es ja nicht immer. Ich passe auf. Ich kann die Tabletten nicht immer nehmen. Wenn ich mit dem Fahrrad unterwegs bin, brauche ich meine Reaktionsfähigkeit. Aber abends muss ich etwas nehmen.

Es gibt Tage, da geht es nicht anders. Wenn ich zu der Frau beim Wohnungsamt muss. Gestern habe ich wegen des Interviews Aponal genommen, heute dagegen nicht. Die Aponal habe ich zur Kur gekriegt. Ich hatte eine Kur vom Versorgungsamt bekommen. Ich hätte das nicht geschafft, dorthin zu fahren, ohne die Mittel. Und weil damals noch mein Mann mitgefahren ist.

Am schlimmsten für mich ist meine starke Platzangst. Dabei bin ich so gerne mit Menschen zusammen. Und ich möchte so gern mal verreisen. Aber wenn ich allein irgendwo bin, geht es los. Nur wenn ich jemanden an meiner Seite habe, zu dem ich Vertrauen habe, gehe ich überall hin. Aber er darf nicht von meiner Seite weichen. Ich bin dann wie ein kleines Kind. Als mein Mann in Göttingen in einer Klinik lag, sagte meine Tochter: »Ich lass dich jetzt mit Horst ein bisschen alleine.« Als ich rauskomme, ist meine Tochter nicht da. Ich war fix und fertig. Ich hatte mich abends um acht noch nicht beruhigt.

Wenn ich irgendetwas nicht packe, fürchte ich mich: Jetzt wirst du wieder bestraft dafür. Dann gebe ich mir einen Ruck: Du musst es schaffen, du musst es schaffen. Wenn ich es nicht hinbekomme, entsteht ein neuer Grund für meine Panik.

Ich gehöre dem Verband der politischen Häftlinge an. So gut es eben geht, habe ich Aufgaben übernommen. Zum Beispiel leere ich den Briefkasten des Häftlingsverbands. Der Vorsitzende wohnt in einem anderen Ort. Oder ich verteile die Zeitschrift *Stacheldraht*. Dazu muss ich überall hin und treffe Leute, die ein bisschen Grips haben. Das tut mir gut.

Haftentschädigung

An Haftentschädigung hat Monika Lutter rund 6.000 D-Mark erhalten. Das Versorgungsamt Suhl hat eine 40-prozentige Behinderung anerkannt aufgrund von posttraumatischen Belastungsstörungen. Monika Lutter sagt, sparsam zu sein, sei sie gewöhnt, sie musste immer mit wenig Geld auskommen. Sie hat 509 Euro Witwenrente, dazu erhält sie 160 Euro für die Haftschäden. Für die Eigentumswohnung bekommt sie anstelle eines Mietzuschusses 140 Euro in Form eines Lastenausgleichs. Ihr Mann hatte 750 Euro Rente bekommen. Sie bezahlt zwei Mal im Jahr 1.480 Euro für die Wohnung. Das heißt, den Lastenausgleich ist sie gleich wieder los.

Seit dem Tod ihres Mannes hat sie keinerlei Bezüge mehr von der ARGE bekommen. Sie hätte gerne einen Ein-Euro-Job und hatte auch schon zwei Stellen in Aussicht. Eine davon in einer Kindereinrichtung, in der ihre Kinder auch schon waren. Als sie wegen der Witwenrente aus Hartz IV herausfällt, hat sie keinen Anspruch mehr auf Ein-Euro-Jobs. Tatenlos ihren Erinnerungen ausgesetzt zu sein, fällt ihr schwer.

Als Hartz IV neu war, bin ich zum Arbeitsamt gegangen. Die haben mir einen Anspruch von 26,40 Euro errechnet. Ich habe zu dem Mitarbeiter gesagt: »Rechnen Sie mir das bitte mal vor.« Da hat er gesagt: »Da habe ich keine Ahnung von.« Ich sagte: »Da kann ich mir gleich einen Strick nehmen.« Da stellte er sich hin und sagt: »Dann müssen Sie sich ein Strick nehmen.«

So eine Äußerung macht man doch nicht, das ist doch nicht mehr normal.

Daraufhin habe ich mich in die Fußgängerzone von Mühlhausen gesetzt und mir ein Schild umgehängt: »Suche Arbeit, gleich welcher Art.« Da ist die Presse sofort gekommen. Die musste ich nicht einmal rufen. Ich wollte testen, wer mir Arbeit anbietet. Zweimal hätte ich Arbeit haben können. Aber dazu hätte ich erst einmal Produkte für 700 Euro kaufen müssen.

In der Fortbildungseinrichtung wurde mir gesagt, dass meine Schwester etwas für mich tun könnte. Da hab ich meine Schwester angerufen und gesagt: »Ich möchte mich bewerben. Ich habe sehr gute Zeugnisse.« Da hat sie gesagt: »Um Himmels willen, ich will mich doch nicht mit dir blamieren.« Da war ich vollkommen fertig, habe das Fenster aufgemacht und wollte aus dem Fenster springen. Mein zweiter Mann hat mich am Kragen gepackt: »Doch nicht wegen der ollen Ziege!« Zwei Jahre habe ich mit meiner einst linientreuen Schwester kein Wort gesprochen. Die hat nie Finanzschwierigkeiten gehabt, im Gegenteil, die hat 180.000 Mark hingelegt und sich ein Haus gekauft; bar auf den Tisch. Sie war wohl die bestbezahlte Pflegedienstleiterin von Thüringen. Und das in dem Bereich, in dem ich damals untersucht wurde.

Ich frage mich: Zu wem soll ich da noch Vertrauen haben?

Wenn ich einen Polizisten sehe, der in meinem Alter ist, dann sage ich mir: Der hat schon zu DDR-Zeiten gearbeitet.

Als die Mauer fällt, fährt sie sofort über die Grenze. Sie kümmert sich nicht darum, wie die früher Einflussreichen über die Westler reden. Sie kommt mit den Leuten gut zurecht.

Die sagen immer: »Die Wessis, die Wessis, die Wessis.« Und ich antworte dann: »Macht mal Ordnung in eurem Kopf.« Es gibt keine Wessis, und es gibt keine Ossis. Es gibt hier schlechte Menschen, und es gibt dort schlechte Menschen. Es gibt hier gute Menschen, und es gibt dort gute Menschen. Aber wenn ich rüber fahre, habe ich immer das Gefühl: Hier hat mir keiner was Böses angetan. Ganz anders als im Osten.

Meine Tochter, die heute mit ihrer Familie im Westen lebt, hat Uwe nach der Wende ausfindig gemacht. Er ist inzwischen verheiratet, hat Kinder und arbeitet in einer Werkstatt. Mein Schwiegersohn ist mit mir zu ihm gefahren. Es war das einzige Mal, dass meine Angst mich nicht überwältigt hat. Wir haben uns über alles unterhalten. In einem Brief hatte er damals geschrieben, er könne sich vorstellen, in die DDR zu kommen, damit wir zusammenleben. Da hat es bei denen klick gemacht: Das wäre ein guter IM. Daraufhin hat er aus Berlin Post gekriegt. In dem Brief stand, dass die ihn in einem Hotel treffen wollten. Mit dem Brief ist Uwe zum BND gegangen und zu seinem Arbeitgeber. Und der hat gesagt, dass er ab sofort nicht mehr durch die DDR fahren darf.

Uwe hatte ein schlechtes Gewissen. Durch seine Zusammenarbeit mit dem BND hat er auf eigenes Risiko gehandelt, aber ich habe die Suppe ausgelöffelt. Mit ihm wäre mein Leben ganz anders verlaufen.

Bernd Fischer: Mit 15 im Knast

Ganz im Süden Thüringens in der Spielzeugstadt Sonneberg lebt der 53-jährige Bernd Fischer mit seiner zweiten Ehefrau Andrea. Seit sechs Jahren sind sie verheiratet, leben aber schon seit 1993 zusammen. Sie haben eine zwölfjährige Tochter. Ein Sohn aus erster Ehe wohnt nicht mehr zu Hause.

Mit 15 Jahren hat Fischer eine Lehre als Industriemaler begonnen, wird dann aber inhaftiert, und zwar von 1969 bis 1970 und später noch einmal von 1972 bis 1974 und von 1979 bis 1981. Zwei Strafen davon sind politisch. Die erste erfolgte wegen unerlaubten Grenzübertritts. Zwei weitere erfolgten wegen Schlägereien.

Ich habe früher im Sperrgebiet gewohnt, ganz nahe an der Grenze. Über Plauen, das heißt über das Vogtland, wollten wir damals abhauen. Da haben sie uns in Plauen geschnappt. Mein Mittäter hat Bewährung bekommen, und ich kam als Rädelsführer in Haft. Mit meinen 15 Jahren war ich vier Monate lang mit den größten Verbrechern zusammen. Und danach folgte noch der Jugendknast. Dort haben die Erzieher weggeguckt, wenn eine Schlägerei anfing. Da bist du schnell mal mit einem blauen Auge herumgelaufen. Wenn ich später auf einen Polizisten traf, habe ich nur noch rotgesehen.

Während meiner Haftzeit haben mich vor allem die Transporte fertiggemacht, die ich mit 15 Jahren erlebt habe. Wir hatten Handschellen um. Die Transporte gingen von der U-Haft zum Gericht in Meiningen. Du hast in der Grünen Minna gesessen, in der kleinen Minna. Dann ging es weiter mit der großen Minna von Untermaßfeld nach Weimar. Und schließlich sind wir von Weimar aus in dem Knastzug mit Zellen von anderthalb Metern mal anderthalb Metern weitertransportiert worden. Der Zug mit den Gefängniszellen wird an einen normalen Zug angehängt. Du bist da eingestiegen, bist am Bahnsteig immer zu zweit mit den Handschellen aneinandergefesselt gewesen. Und die Polizei steht da mit MPs, und du bist eingestiegen. Die Transporte gehen langsam, fahren von Haftanstalt zu Haftanstalt. Von Leipzig nach Bautzen und weiter nach Torgau, von Untermaß bis Weimar. Dann bist du in Weimar in einer großen Zelle. In der waren 20 bis 30 Mann. Transporte sind die großen Informationsbörsen, du erfährst, wer wo sitzt. Dann ist es in der Nacht mit den Anschlusszügen oder den Minnas weitergegangen. Manchmal mussten wir zwei Tage lang warten. Essen und Tee hast du gekriegt.

Jugendgefängnis

Meine Strafe habe ich im Jugendgefängnis in Gräfentonna abgesessen. Physische Folter gab es da nicht, aber geprügelt wurde durchaus. Und man hat ein paarmal eins mit dem Gummiknüppel drübergezogen gekriegt. Das war gang und gäbe. Dafür reichte es schon aus, wenn man mal nicht schnell genug ging. In Gräfentonna konnte man nicht langsam auf dem Hof rumlaufen, da musstest du marschieren. Ein paar Runden marschieren im Gleichschritt, erst dann konntest du normale Runden drehen. Das Marschieren ist 1974 oder 1975 abgeschafft worden.

In Gräfentonna habe ich eine Lehre als Elektromontierer gemacht, ich habe aber keinen Abschluss bekommen. Die haben uns gesagt, der würde uns zugeschickt, aber da ist nie etwas angekommen. Im Grunde war es auch nur eine Teillehre von anderthalb Jahren. Wir haben Berufsschule gehabt wie andere draußen auch, aber nur die Hauptfächer.

Wir haben die Einzelteile für die Schreibmaschinen aus Erfurt zusammengebaut. Am Arbeitsplatz gab es wenige Schikanen. Vonseiten des Meisters auf gar keinen Fall. Überstunden gab es, du hast auch sonnabends gearbeitet. Es war ja auch egal, wie lang du da warst.

Einmal im Monat durfte ich einen Brief schreiben, aber nur an eine vorher angegebene Adresse. Ich habe an die Eltern geschrieben. Und ab und zu auch eine Postkarte an meinen Bruder. Zu Weihnachten und zum Geburtstag gab es die Erlaubnis für ein Päckchen. Öfter nicht.

Raus aus dem Gefängnis und wieder rein

Nach der Entlassung aus dem Jugendgefängnis wurde ich als Dreher angelernt. Das habe ich bis zu der nächsten Inhaftierung gemacht. Die erfolgte wegen Staatsverleumdung und Widerstands gegen die Staatsgewalt. Das zweite Mal sehe ich als Folge vom ersten Gefängnisaufenthalt. Da wirst du halt aggressiv gegenüber der Polizei. Wenn du einmal gebrandmarkt bist, haben sie dich auf dem Kieker. Wenn irgendwo etwas passiert ist, hat es immer geheißen: »Fischer, wo waren wir denn an dem und dem Wochenende?« Ich und mein jüngerer Bruder standen auf der schwarzen Liste der Polizei. Meinem Bruder ist es nicht besser ergangen als mir. Der war auf die Polizei auch nicht gut zu sprechen. Dann haben sie sich ihn vorgenommen: »Guck deinen Bruder an, du wirst genauso.« Sie haben ihn provoziert. Mein Bruder ist öfter mal mit einem blauen Auge aus der Polizei rausgekommen. Heute lebt er nicht mehr. Er ist an Krebs gestorben. Ob das mit der Verfolgung zusammenhängt, lässt sich nicht mehr beweisen.

Wegen der Provokationen ist das auch mit der Staatsverleumdung passiert. Das war auf der Kirmes. Da gab es Streit, und die Polizei ist dazugekommen. Dann hat ein Wort das andere ergeben und ich habe halt gesagt: »Ihr Schweine!« Daraufhin haben sie mich mitgenommen.

Die andere Strafe habe ich in Torgau abgesessen. In Torgau war ich von 1979 bis 1981. Auch diese Strafe zählte im Nachhinein als politisch. In Torgau ist die Arbeitsstelle gleich im Gefängnis. Dort ist das Marschieren nicht vorgeschrieben.

Meine Mutter hat mich immer im Gefängnis besucht. Aber als ich das zweite Mal drin war, hat sie gesagt: »Jetzt ist Schluss.« Sie hat gesagt: »Besuchen tu ich dich nicht mehr. Ich kann nicht ständig in den Knast.« Sie hat auch meinen Bruder, der in einem anderen Gefängnis saß, nicht mehr besucht. Beide Söhne im Gefängnis, das hat an ihren Nerven gezerrt. Aber nach der Haftentlassung war ich wieder zu Hause bei meinen Eltern.

Ich war damals ziemlich aggressiv geworden. Das war ein Problem. Und dass ich so eifersüchtig war. Wir waren in der Wirtschaft, und meine Frau hat mit einem rumgeschäkert. Ich konnte das nicht verkraften. Deshalb hat es ab und zu eine Keilerei gegeben. Mir war dann alles egal. Sollen die dich doch wieder einsperren, habe ich gedacht. Hinterher bereust du es, aber dann sitzt du schon wegen Körperverletzung im Gefängnis. Das ist mir zweimal passiert. Am Ende habe ich zweimal 18 Monate, einmal 15 Monate und einmal 24 Monate gesessen. Zusammen macht das 75 Monate, das sind fast sieben Jahre!

Nach der Haft

Beruflich ist Bernd Fischer in der DDR nicht diskriminiert worden. Er ist immer Arbeiter gewesen. Studieren kam nach der Haft nicht mehr infrage, aber das wollte er auch gar nicht. Im Betrieb ging alles glatt. Er sagt, von den Kollegen sei er unterstützt worden.

Arbeit war kein Problem. Zu DDR-Zeiten bist du in jeden Betrieb reingekommen. Das Problem lag im strafrechtlichen Bereich. Du warst ja vorbestraft. Und wenn du irgendetwas gemacht hast, warst du halt gleich wieder fort. Als ich nach meiner ersten Haft aus dem Sperrgebiet ausgewiesen worden bin, ist mir das sehr nachgegangen. Das hat mir wehgetan. Ich durfte meine Mutter nicht mehr besuchen. Wo sie wohnte, war schon Sperrgebiet. Zwei Jahre lang dauerte das Verbot.

Natürlich hat immer mal wieder einer versucht, mich auszuhorchen, und hat gefragt, ob ich nichts gehört habe, ob nicht doch einer abhauen wolle. Aber etwas Direktes ist nie geschehen.

Heute bin ich nicht mehr aggressiv, nicht einmal mehr, wenn ich die Polizei sehe. Das hat sich gelegt, als ich 25, 26 Jahre alt war. 1981 war das letzte Mal, dass ich aus dem Gefängnis kam. Da habe ich mir gesagt, jetzt ist Schluss, eines Tages musst du doch gescheit werden. Nach der Wende habe ich mir überhaupt nichts mehr zuschulden kommen lassen.

In der Zeit der Wende wurde mein Sohn geboren. Er ist im August geboren, und im November wurden die Grenzen geöffnet. Meine damalige Frau hatte keine Arbeit mehr. Ihr Betrieb hat auch dichtgemacht. Ich bin damals zur Müllabfuhr gegangen, von morgens früh um sechs bis abends um zehn. Wir haben das Geld gebraucht mit dem Kleinen. Ich habe damals schön viel Geld verdient. Aber meine Frau hat halt ihre Zeit anders genutzt. Und hat mir auch dauernd gesagt, sie habe einen anderen. Ich habe die Scheidung eingereicht. Aber es hat gedauert, bis ich von der Frau losgekommen bin.

Als Andrea Fischer, die zweite Frau, ihren Mann kennenlernt, ist er ziemlich fertig. Er hat ihr von Anfang an die Wahrheit gesagt. Er hat gleich erzählt, dass er im Gefängnis gewesen ist. Sie konnte das akzeptieren und hat nie negativ darüber gesprochen. Seine erste Frau hat sie noch kennengelernt. Er habe an der Scheidung keine Schuld gehabt, zumindest keine große, meint sie. Und sie fügt hinzu, sie wäre nicht fremdgegangen, während ihr Mann im Gefängnis sitzt. »Wenn ich einen Mann liebe, bleibe ich. Das ist meine Einstellung.« Nach und nach hat sich Bernd Fischer wieder erholt.

Nach der Müllabfuhr bin ich in die Kartonagen gegangen. Dort habe ich bis 2004 gearbeitet. Danach habe ich mich um viele Stellen bemüht. Ich bin in einem Verein, der mir bei den Bewerbungen hilft. Diese Unterstützung läuft jetzt auch aus, weil ich schwer zu vermitteln bin. Ich darf keine Arbeit in gebückter oder gebeugter Haltung mehr ausführen und auch keine Lasten mehr heben. Laut Arzt soll ich im Job abwechselnd stehen, sitzen und wieder stehen.

Bernd Fischer ist krank, er hat Probleme mit den Wirbeln. Die Halswirbel sind kaputt und auch der Lendenwirbel. Zunächst war er für anderthalb Jahre krankgeschrieben und erhielt bis März 2007 Arbeitslosengeld. Inzwischen bekommt er nur noch Hartz IV.

Mein Chef aus der Kartonagenfabrik hätte mich wieder genommen. Aber er kann mir nur meine alte Arbeit geben. Das heißt: Viel bücken, schwer heben, Maschinen einrichten und bestücken, die Paletten hin und her bewegen. Das alles geht nicht mehr. Da machen die Bandscheiben nicht mit. Die sind abgenutzt. Auch im Genick scheuern die Wirbel auf dem Nerv. Ich weiß nicht, wer mir noch mal einen passenden Job anbieten kann. Es gibt viele Betriebe in Sonneberg, aber die Stellen sind meistens besetzt.

Ein Wachdienst ginge vielleicht. Aber um zum Beispiel in einem Wachdienst zu arbeiten, müsste ich ein Auto haben, weil ich dann überall einsetzbar sein muss. Ich habe kein Auto. Wir können uns keines leisten. Ich habe nicht einmal eine Fahrerlaubnis. Ich habe ein Moped, damit ich wenigstens etwas mobil bin. Aber im Winter kann man das hier nicht benutzen.

Das Geld langt heute hinten und vorne nicht. Meine Frau ist seit der Geburt des Kindes 1995 auch zu Hause. Wir leben beide von Hartz IV. Außer einer Umschulung oder einem kleineren Job als Aushilfe kommt kein Geld dazu.

Eine Zeit lang wurde mir der Unterhalt für den Sohn aus erster Ehe abgezogen. Da habe ich mich beschwert, weil für uns kaum noch etwas blieb. Danach wurde der Unterhalt in die Kosten einbezogen, da war es wieder etwas mehr. Jetzt kriegen wir zusammen 1.000 Euro. Miete muss gezahlt werden, und das Kind ist auch noch da. 370 Euro sind für die Miete und die Nebenkosten. Ich habe mich bei einer Rechtsanwältin erkundigt, ob ich einen Anspruch auf eine Arbeitsunfähigkeitsrente habe. Aber solange ich auf dem Arbeitsmarkt noch für mindestens sechs Stunden vermittelbar bin, bringt das nichts, hat sie gesagt.

Nach der Wende bin ich voll rehabilitiert worden. Ich habe 15.000 D-Mark Entschädigung bekommen und später noch einmal 500 D-Mark. Nur die zweimal, die ich wegen Körperverletzung in Haft war, werden bei der Rente nicht angerechnet. Das ist mir von der Rentenanstalt gesagt worden. Angeblich wurde vom Gefängnis nichts weiter gemeldet, es gibt keine Unterlagen. Dabei haben wir dort geschuftet wie die Spitzbuben. Wir haben sogar Schicht gearbeitet.

Vor zwei Jahren habe ich durch Zufall von einem Kollegen erfahren, dass es die Häftlingshilfestiftung in Bonn gibt. In den neuen Bundesländern ist die nicht überall bekannt. Ende 2005 habe ich dort einen Antrag gestellt. Der ist auch durchgegangen. Ich habe 2006 die Summe von 4.050 Euro bekommen. Das hat etwas geholfen.

Haftfolgen

Die Lebenslust ist nach der Entlassung zunächst wiedergekommen. Aber heute spüre ich keine Lebenslust mehr. Da sind als Erstes die Schmerzen, wenn du früh aufstehst. Und dann denkst du immerzu daran, wie es weitergehen soll. Ab und zu habe ich auch gedacht: Wenn du jetzt die Augen zumachen und nicht mehr aufwachen würdest … Aber direkt an Selbstmord habe ich nicht gedacht. Meine Frau sagt, meine Depressionen seien durch die Schmerzen stärker geworden. Wenn du ständig Schmerzen hast, wirst du automatisch depressiv. Davor halt, da habe ich mich ab und zu mal eingerieben, dann ging es wieder. Aber inzwischen ist immer schlimmer geworden. Zu den Schmerzen kommen noch Schlafstörungen. Jetzt wache ich öfter mal auf in der Nacht.

Solange ich im Gefängnis gewesen bin, habe ich Angst gehabt. Jeden Tag, wenn du früh aufstehst im Knast, ist da Angst. Irgendwie bist du im Gefängnis auch anders als sonst. Da hast du schon die Schnauze voll, wenn du morgens die Augen aufmachst. Auch die Nervosität hat damals schon eingesetzt. Wenn das Heimweh gekommen ist, wirst du unruhig. Du bist halt ein bissel aufgewühlt. Heute habe ich diese Nervosität immer noch.

Und dann das Misstrauen, das hat mir immer zu schaffen gemacht. Misstrauen gegen jeden. Andrea sagt, ich habe keinem mehr getraut. Das stimmt. Bis auf eine Ausnahme. Auf die Familie zu Hause konnte ich mich verlassen. Meine Mutter war auch nicht gerade befreundet mit der Polizei.

Möglicherweise könnte Fischers Erkrankung psychische Ursachen haben. Seine Frau ist dieser Meinung. Er habe Depressionen, erzählt sie. Ob die aus der Haft stammen oder durch die Unterbeschäftigung, durch die Arbeitslosigkeit hervorgerufen worden sind, ist schwer zu sagen. Klar ist, dass auch Bernd Fischer schlecht damit zurechtkommt, einfach nur herumzusitzen. Er ist schon zweieinhalb Jahre zu Hause. Ihm falle die Decke auf den Kopf, sagt er. Er muss sich immerfort bewegen.

Heute ist alles anders. Heute kannst du erzählen, was du willst. Einsperren tun sie dich nicht dafür. Damals hat es gereicht, wenn einer in der Kneipe gesagt hat: »Ich haue ab.« Dann konnte der damit rechnen, am nächsten Morgen abgeholt zu werden.

Knastträume habe ich immer noch, das kommt schon mal vor. Aber dass dann schweißgebadet aufwache, das ist schon lange her. Das war vor allem während der ersten Wochen nach der Entlassung.

Konzentrieren kann ich mich eigentlich. Als Dreher habe ich ja genau arbeiten müssen. Kopfschmerzen aber habe ich jetzt häufig. Aber das kommt, weil vom ersten bis zum siebten Wirbel drei Stück abgenutzt sind.

Geblieben ist die Platzangst. Ich kann nicht in der Wohnung sein. Ich muss immer raus, ich muss in meinen Garten. Ob es Winter ist oder Sommer, ich muss immer ins Freie. Anfangs habe ich Türen auch nicht verschließen können. Bis mir allmählich bewusst wird: Du bist ja nicht mehr im Knast. Du kannst die Tür ja selber wieder aufmachen.

Seiner Frau fällt auf, dass es ihm gut tut, einmal nach den Folgen der Haft befragt zu werden. »Es ist gut, dass du darüber sprechen kannst«, sagt sie. »Du hast zu viel in dich reingefressen«, sagt sie. Früher hat er sich mit seinem Bruder ausgesprochen. Der lebt nun nicht mehr. Manche haben ihn zwar gefragt, wie es denn im Knast gewesen wäre. Aber die hätten ihn ja doch nicht verstehen können. Nur sein Bruder. Und ungefährlich war es zu DDR-Zeiten ja auch nicht, über die Haft zu sprechen. »Geh doch mal rein und guck es dir selber an«, hat er dann gesagt. Seine Stasiakte hat Fischer nicht eingesehen. Manchmal hat er darüber nachgedacht, ob er den Schritt tun sollte, hat aber nichts unternommen.

Am 9. November 1989 haben wir Radio gehört: Der Grenzübergang Höhenbach Sonneberg ist geöffnet. Da sind wir sofort hin. Ich war einer der Ersten, der durch den Grenzübergang marschiert ist. Das war weltbewegend! Von uns aus ist es gerade eine halbe Stunde zu Fuß gewesen und da warst du schon im Westen. Wir sind alle rübergelaufen. Also das war Wahnsinn. Die vielen Leute ... das war eine Völkerwanderung. Die Tränen sind gekullert. An der Grenze kamen sie von beiden Seiten. Da haben sich so viele getroffen, die nie gedacht haben, dass sie sich noch einmal wiedersehen. Eltern, Kinder und Geschwister.

Heute könntest du überall hin, kannst du aber nicht, weil du halt das Geld nicht hast. Du kannst nach Spanien, nach Amerika. Aber du kannst es eben nicht, weil das Geld nicht da ist. Und das alles, weil ich krank bin. Dabei habe ich ein Leben lang gearbeitet.

Ich bin noch nie mit meiner Frau Andrea verreist. Auch essen zu gehen kommt nicht infrage. Das kannst du dir gar nicht erlauben. Aber ich will das im Großen und Ganzen auch gar nicht. Nur als meine Mutter ihren 70. Geburtstag hatte, da musste groß gefeiert werden.

Elke Herden: Eine unendliche Geschichte

Das Gespräch findet in einer Neubausiedlung in Jena statt. Elke Herden ist die Betroffene, ihr Partner Manfred Buchta ist beim Gespräch dabei. Er spricht von der DDR als »Wohlfühldiktatur«. Es passiere ihnen immer wieder, erzählt er, dass sie auf Leute treffen, die mit ihnen zur selben Zeit im selben Staat gelebt haben und sagen: »Das glaube ich nicht, das kann so nicht gewesen sein.« Beider Einschätzung ist: Wenn man mitgemacht hat, ging alles problemlos. Aber Elke Herden hat eben nicht alles mitgemacht.

Elke Herden ist 1959 in Weimar als Elke Jacobi geboren und in Mellingen bei Weimar aufgewachsen.

Mein Vater war Landmaschinenschlosser. Meine Mutter war Bäuerin, hat aber in der Gärtnerei und dann in einer Kantine gearbeitet. Ich habe bis zum Jahr 2002 dort gelebt. Ich war verheiratet, bin verwitwet und habe drei Kinder. Zwei sind schon außer Haus, einen Sohn habe ich noch hier.

Der Große ist 28 Jahre alt; er ist Maurer und hat Arbeit. Der Kleine wird 26 und hat Tischler gelernt. Er ist zurzeit bei seinem Bruder mit auf Arbeit. Er hat schlechte Chancen auf dem Arbeitsmarkt.

Im Februar 1977 bin ich auf offener Straße verhaftet worden. Ich war damals 17 und bin nach Dessau in die Jugendstrafanstalt gebracht worden.

Es ging um den Beruf. Ich hatte keine Wahl. Ich durfte mir nicht aussuchen, was ich werden wollte. Mir wurde einfach gesagt: »Du wirst Gärtner, und Schluss, aus.« Vielleicht war das wegen meiner Mutter naheliegend. Ich sagte aber: »Nein, das will ich nicht.« Ich wäre gern in die Küche gegangen. Aber nein, ich musste die Gärtnerei machen, das stand fest. Mir hat das nicht gefallen. Ich mag bis heute nicht in der Erde wühlen. Ich habe dann die Lehre angetreten. Weil ich den Arbeitsvertrag nicht unterschrieben habe, hatte ich auch keinen SV-Ausweis[78]. Ein paar Wochen war ich dort, habe aber kein Geld gesehen. Dann bin ich nicht mehr zur Arbeit gegangen. Ich war bei Bekannten, war mal hier und mal dort, lebte aber eigentlich noch bei meinen Eltern zu Hause.

Ich hatte ein schlechtes Elternhaus. Wir Kinder mussten den ganzen Haushalt machen, wir haben viel Prügel bekommen. Wenn es um schulische Dinge ging, hatten wir keine Unterstützung. Dass sich mal jemand mit uns hingesetzt hätte zum Lernen, das gab es nicht.

Politisch war ich nicht. Ich würde sagen, ich war stur und bockig. Ich bin nie zur FDJ-Versammlung gegangen. Das hat mich überhaupt nicht interessiert. Dann wollte ich ja nach der 8. Klasse aus der Schule raus. Ich bin aber gezwungen worden, bis zur 10. Klasse weiterzumachen. Keine Ahnung, ob sie dafür ihre Quoten hatten, die sie erfüllen mussten. Ich habe die 10. Klasse bestanden, zwar mit einer Vier, aber das ist ja egal, Hauptsache, ich habe sie bestanden.

Verhaftung und Haft

Im Februar bin ich verhaftet worden und dann in U-Haft gekommen, weil ich nicht arbeitete. Im März war die Verhandlung. Es war eine richtige Gerichtsverhandlung. Ich kann mich trotzdem nicht an viel erinnern. Ich habe alles verdrängt. Meine Eltern waren da, das weiß ich noch. Ich glaube, es war eine Schulklasse im Raum. Ich saß in der Mitte, vor mir der Richter. Der war sehr streng. Rechts muss wohl der Staatsanwalt gewesen sein. Und links war ein Pflichtverteidiger. Den kriegte ich vorher nicht zu sehen. Jedenfalls

78 Sozialversicherungsausweis

wurde ich mit zehn Monaten Freiheitsentzug bestraft. In Berufung bin ich nicht gegangen. In den anderthalb Monaten, während ich in U-Haft war, habe ich mich freiwillig zur Arbeit gemeldet. Damit ich aus meiner Zelle rauskomme und was zu tun habe. Es ist ja langweilig, den ganzen Tag in der Zelle rumzusitzen.

Ein Urteil habe ich nie erhalten. Ich bin Ende März über den *Roten Ochsen* in Halle nach Dessau überführt worden. Das war eine schlimme Zeit für mich. Es fiel mir ja schwer, mich einzuordnen und unterzuordnen.

In Dessau gab es vier Jugendgruppen, die S 1 bis S 4. Ich war in der S 1. Wir waren sechs Mädchen und haben uns in der Gruppe gut verstanden. Gearbeitet haben wir als Dreher in der Früh-, Spät- und Nachtschicht, und eine Woche hatten wir Schule. Wir kriegten ein bisschen Geld zur Verfügung, dass man sich was kaufen konnte. Ein bisschen wenigstens. Was hat man sich gekauft? Zigaretten und Unterwäsche hauptsächlich. Mehr hat man sich nicht leisten können. Aber dass man wenigstens etwas Ordentliches anzuziehen hatte, denn die Anstaltskleidung kratzte.

Das schlimmste Erlebnis, das wir in Dessau hatten, war, als wir eine Arbeitsverweigerung gemacht haben. Wir sind aus der Pause gekommen und haben unter uns ausgemacht, dass wir nicht an die Maschine zurückgehen. Wir haben uns an den weißen Strich gestellt – es gab da rechts und links einen weißen Strich, den wir nicht übertreten durften – und haben uns nicht wieder an die Arbeit begeben. Der Mann, der uns bewacht hat, saß hinten in seinem Häuschen und hat angerufen. Es dauerte ungefähr zehn Minuten oder eine Viertelstunde, dann standen da sechs Beamte mit Hunden und mit Maschinengewehren im Anschlag. Da sind wir freiwillig wieder an die Arbeit gegangen.

Wir haben alle Einzelhaft gekriegt. In der Zelle war kein Licht. Nur wenn die Tür auf war, kam Licht rein. Die Zelle war in der Baracke, wo wir untergebracht waren. Insgesamt 21 Tage. Wir mussten trotz allem arbeiten gehen. Die Leistung musste erbracht werden.

Während der Haft gab es keinen Kontakt zur Familie. Nie ein Päckchen. Gar nichts.

Am 1. Dezember 1977 bin ich aus dem Gefängnis entlassen worden. Ich bin raus aus dem Tor, habe mich nicht umgedreht und bin los. Einfahren wollte ich nie wieder. Ich dachte, das machst du nicht noch mal mit. Das muss nicht sein.

Damals waren die Zugverbindungen schlecht. Ich musste von Dessau nach Weimar, damit ich nach Mellingen kam. Unterwegs habe ich Blumen für meine Mutter besorgt und von den 120 Mark, die ich aus dem Gefängnis mitbekommen habe, einen Pralinenkasten. Es muss kurz nach acht gewesen sein, als ich zu Hause war. Da bin ich als Erstes angeschrien worden: »Wo kommst denn du jetzt erst her? Wo hast du dich wieder rumgetrieben?«

Meine Eltern wussten natürlich, dass ich im Gefängnis war. Sie wussten auch, dass ich am 1. Dezember nach Hause kommen würde. Aber mal zu sagen, »wir holen dich ab«, oder wenigstens mal einen Brief zu schreiben, das gab es nicht. Ich war für die nicht interessant genug. Meine Schwester ist immer bevorzugt worden. Das ist heute noch so. Mein Bruder und ich, wir haben ohne Ende Dresche gekriegt.

Nach der Haft

Ich habe nach der Haft in Weimar gearbeitet. Natürlich wurde ich im Dorf schief angeguckt: Was macht sie denn jetzt? Wie kommt sie denn zurecht? Fährt sie wieder ein? Man kriegte das mitunter auch so gesagt.

Im Dezember 1978 habe ich meinen Mann kennengelernt. Ich bin gleich zu Hause ausgezogen. Ich habe mich so schnell gebunden und 1980 das erste Kind bekommen, um nicht mehr aufzufallen.

Geheiratet habe ich erst 1985. Ich habe in Mellingen im Kuhstall gearbeitet. 1982 habe ich mein zweites Kind bekommen und im Kuhstall aufhören müssen, weil ich den Geruch nicht mehr vertragen habe. Ich habe dann im Kindergarten als Reinigungskraft gearbeitet. Natürlich habe ich keinen Beruf gehabt. Ich habe ja keine Möglichkeit bekommen, noch mal eine Lehre zu machen. Ich habe weder vom Jugendamt noch von den Eltern Unterstützung bekommen.

Heute lebe ich von Witwenrente. Mein Mann ist verstorben. Also bin ich mit 600 Euro abgesichert. Durch die Witwenrente bekomme ich kein Hartz IV. Ich bin froh, nicht auf diese Ämter angewiesen zu sein. Ich muss mich aber trotzdem als Arbeitssuchende melden wegen der Rentenpunkte. Das Arbeitsamt macht Druck, dass ich mich bewerbe. Ich habe aber gesundheitliche Einschränkungen.

Ich habe die posttraumatische Belastungsstörung anerkannt bekommen: Deswegen mussten wir zum Gutachten. Gutachterin war Angelika Ebbinghaus. Die ist für das Land Thüringen zuständig. Anerkannt worden sind 30 Prozent berufliche Behinderung. Das ist wohl die untere Grenze bei solchen Schwerbeschädigungen. Ich bin schon lange in psychiatrischer Behandlung. Jetzt sind es schon zwei oder drei Jahre. Ich habe es einfach nicht mehr ausgehalten.

Ein Berufsschadensausgleich sei für seine Partnerin abgelehnt worden, erzählt Manfred Buchta. Die hätten in die Ablehnung reingeschrieben: Der Berufs-

schadensausgleich kann nicht gewährt werden, weil die Möglichkeit bestanden hätte, nach der Haft noch eine Lehre zu machen. Aber das sei in der DDR nicht möglich gewesen. Wer mit 16 nicht die Lehre angefangen hatte, für den war mit 18 oder 20 der Zug abgefahren.

Durch solche Bescheide bin ich immer furchtbar aufgebracht. Wenn man die Begründung liest, fragt man sich: Wo leben wir denn eigentlich? Wenn die so etwas bearbeiten, müssen die doch in der Materie drin sein, müssen sich auskennen! Da haben wir Widerspruch eingereicht. Auch gegen die Einstufung von nur 30 Prozent für die posttraumatische Belastungsstörung. Auf die 30 Prozent kriege ich 118 Euro vom Versorgungsamt Gera.

Kontakt zur Häftlingshilfestiftung habe ich gehabt, als es die Opfer- oder Ehrenrente noch nicht gab. Das Geld kam immer kurz vor Weihnachten. Da war Weihnachten gesichert. Denn viel ist es ja nicht, was ich habe. Auch was wir beide zusammen haben, ist nicht viel. Ich sage immer, der eine zahlt für die vier Zimmer die Miete von 589 Euro. Die Nebenkosten sind mit dabei. Der andere zahlt den Strom und die Versicherungen. Viel bleibt da nicht übrig. Da ist man froh, wenn Weihnachten so ein Segen kommt. Da kann man für alle etwas kaufen. Das macht dann richtig Spaß. Ich gebe unheimlich gern. Ich sage immer: Leute, die am wenigsten haben, geben gerne. Und so ein Typ bin ich auch.

Meine Kapitalentschädigung betrug 3.300 Euro. Da hatte ich zum ersten Mal viel Geld in Händen. Ich war immer arm dran gewesen, wir lebten immer am Existenzminimum. Und dann kam so etwas. Da sagte ich: Jetzt fahren wir endlich mal in Urlaub. Ich war das erste Mal in meinem Leben in Urlaub. Möbel habe ich nicht gekauft. Zu dritt sind wir nach Tunesien gefahren. Später habe ich noch mal eine Nachzahlung von 2.500 Euro bekommen.

Bei den Anträgen hat mir mein Partner geholfen. Wir konnten definitiv nachweisen, dass mir damals die Berufsausbildung verweigert worden ist und dass es nicht zur Ausfertigung eines Lehrvertrages kam, obwohl ich die Stelle ordnungsgemäß angetreten habe.

Rehabilitation

Es geschieht nicht allzu oft, dass ein wegen asozialen Verhaltens gemäß §249 Verurteilter politisch rehabilitiert wird und dann auch noch eine berufliche Rehabilitation erhält. Manfred Buchta kennt sich aus: »Der §249 war lange Zeit umstritten, man hat ihn aber auch zu politischen Zwecken missbraucht. Also man hat ihr keine Arbeit gegeben, um sie hinterher dafür, dass sie nicht arbeitet, einzusperren. Ganz einfach.«

Für die strafrechtliche Rehabilitierung habe ich – das ist üblich – das Landgericht Erfurt angeschrieben und für die berufliche das LASF, das Landesamt für Soziales und Familie. Wenn die berufliche Reha anerkannt würde, bekäme ich noch einmal 184 Euro. Die müsste ich jedes Jahr wieder neu beantragen. Man kommt eigentlich nie zur Ruhe, weil man immer wieder Anträge auszufüllen hat. Ich will auf das Geld aber auch nicht verzichten. Aber es rüttelt und rüttelt einen immer wieder auf.

In dem Rehabilitationsverfahren – ich war schon vorher ganz aufgewühlt und dachte, was passiert denn jetzt – hat man mich gefragt, ob ich irgendwo Schulden gemacht hätte. Die habe ich nie gemacht. Und ob ich damals zu Hause gewesen wäre. Und das war es dann eigentlich schon. Dabei waren eine Richterin und zwei Richter und der Staatsanwalt. Das Ganze hat vielleicht 15 oder 20 Minuten gedauert. Ich war fix und fertig, es war schlimm. Aber danach hatte ich das Gefühl: Das war es jetzt!

Ich habe die Rehabilitation beantragt, um zu sagen, dass ich unschuldig war, dass es ein Unrecht war. Das wird es auch immer bleiben. Das macht die Rehabilitierung auch nicht wieder gut. Aber für andere Leute oder um mich zu rechtfertigen, ist es wichtig, sagen zu können, dass ich rehabilitiert worden bin.

Ich hatte mich sehr zurückgezogen. Wenn ich gefragt wurde, was ich gelernt habe, wusste ich nie, wie ich mich rausreden sollte. Aber nach der Rehabilitierung hatte ich die Sicherheit, zu sagen: Ich bin rehabilitiert. Heute kann ich es sagen. Irgendwo bin ich auch stolz darauf, dass ich es geschafft habe. Und dass ich durchgehalten habe. Ich gehe mit erhobenem Kopf durch die Straße, es macht einen ein Stück größer. Ich kann heute Leuten in die Augen gucken und sagen, das und das ist passiert, aber ich bin dafür rehabilitiert worden.

Ich bin zwar noch in therapeutischer Behandlung, das brauche ich noch; ich nehme auch Medikamente. Aber ich kann jedermann in die Augen gucken. Ich habe ein reines Gewissen heute.

Folgen

Bei mir sind posttraumatische Belastungsstörungen anerkannt worden. Neulich hat meine Mutter mich gefragt, woher ich die hätte. Ich habe sie nur angeguckt und in scharfem Ton gesagt: »Na, von damals!« Und habe mich umgedreht und sie einfach stehen lassen. Sie kriegt von mir schon Zunder. Nicht ganz doll, aber ein bisschen schon. Irgendwie ist sie heute so was von scheißfreundlich, wenn ich komme. Wahrscheinlich versucht sie, etwas wiedergutzumachen.

Die Dunkelhaft hat bei mir Folgen hinterlassen. Im Dunkeln allein rausgehen ist noch nicht drin. In einen Keller kann ich auch heute noch nicht allein gehen. In meinem Leben war ich insgesamt vielleicht fünf oder sechs Mal im Keller. Aber bloß schnell runter und gleich wieder hoch. Eine Taschenlampe hilft mir da nicht. Damit kann ich den Weg vorne bescheinen, aber hinter mir ist es dunkel. Da müsste ich schon mit dem Rücken an der Wand entlanggehen.

Elke Herders Partner Manfred Buchta sagt: »Als wir uns kennengelernt haben, wusste ich von der Haft noch nichts. Aber bei ihr in der Wohnung waren immer alle Türen einen Spalt offen und überall brannte Licht. Das ist etwas, was man normalerweise nicht macht.«

Kopfschmerzen hatte ich schon vor der Haft. Die habe ich immer noch. Damals war es sogar eine Migräne, heute sind es nur noch Kopfschmerzen. Rückenprobleme sind so richtig stark 1986, also nach der Haft, aufgetreten. Während der Haft hatte ich die nicht und vor der Haft auch nicht. Halswirbel, Brustwirbel, Lendenwirbelsäule, das ist fast alles hinüber.

Bluthochdruck hatte ich nie. Ich habe eher zu niedrigen Blutdruck. Ich bin beim Kardiologen in Behandlung. Da hat sich vor ein paar Jahren herausgestellt, dass eine Herzklappe nicht richtig schließt. Aber es muss noch nicht operativ behoben werden. Magenbeschwerden habe ich durch Medikamente, vor allem, wenn ich Schmerzmedikamente nehme, da geht es richtig los. Auch Mattigkeit ist immer da. Ich stehe früh auf und bin müde und kaputt. So kaputt, wie ich abends ins Bett gehe, stehe ich früh wieder auf. Eigentlich bin ich immer müde.

Depressive Verstimmungen, ja, ich bin depressiv. Und mein Partner kann ein Lied davon singen, ich bin aufbrausend und zu Tode betrübt. Richtig aggressiv werde ich. Bei mir fliegt ganz schnell mal ein Teller an die Wand. Was ich halt in der Hand habe, patsch, da liegt es. In der ersten Zeit kam er immer angerannt und wollte es wegmachen. Da habe ich ihn angeschimpft, das muss ich selber tun, das ist meine Wut, die ich da wegmache.

Selbstmordgedanken sind auch ein Thema. Die habe ich gehabt und habe sie mitunter heute noch. Aber nur in Phasen, wo es mir ganz schlecht geht. Ich habe ein Auto gehabt und habe es wieder abgeschafft. Weil der Gedanke, vor einen Baum zu fahren, immer stärker wurde. Aus Selbstschutz habe ich dann gesagt, ich verkaufe jetzt das Auto. Aber ich habe niemandem gesagt, wieso und warum. Aber das wird mir zu gefährlich auf der Straße.

Ich fühle mich im Fahrstuhl nicht wohl. Neulich habe ich meinem Sohn eine Jacke gekauft. Da sagte er: »Probier du mal an.« In der Kabine, wo es eng und dunkel war, habe ich plötzlich eine Hitzewelle gekriegt, und mir wurde alles zu viel. Ich sagte: »Hilf mir, ich muss hier raus. Das war Platzangst. Über den Auslöser wird man sich in dem Moment nicht direkt bewusst. Ich weiß, dass ich nie in eine Zwangsjacke gesteckt wurde. Aber der Eisenbahnwaggon, mit dem wir von der U-Haft zur Jugendstrafanstalt transportiert worden sind, der war so eng. Da konnte man nur ganz gerade sitzen. Als wir später einmal im *Roten Ochsen* waren, mein Sohn war auch mit, da gingen wir in die Zelle, in der die Betten und Hocker noch zu sehen sind. Mein Sohn geht raus und will die Tür von außen zumachen. Ich dachte, ich muss sterben. Ich bin gleich rausgerannt. Ich habe geschrien: »Nicht zumachen!« Die Zelle hat das ausgelöst.

Wenn irgendwo ein Termin ansteht oder ich zum Gericht fahre, bin ich immer unheimlich nervös. Und ich bin auch immer eine halbe Stunde zu früh. Ich komme nie zu spät. Wenn man Angst hat, ist man innerlich sehr unruhig. Dann geht man auch drei-, viermal auf die Toilette.

Misstrauen gegenüber Leuten, die ich nicht kenne oder die mir nicht gefallen, habe ich. Aber das ist eigentlich ein gesundes Misstrauen. Kontaktprobleme hatte ich früher. Aber ich muss sagen, nach der Rehabilitierung war ich davon ein Stück befreit. Man ist wieder sauber, irgendwie rein. Man kann sich ja heute auch offenbaren. Heute habe ich viele Bekannte, und eigentlich habe ich keine Kontaktprobleme mehr.

Albträume? Die gibt es. Mitunter kann man sich nicht mehr daran erinnern. Aber man schreckt auf und kann dann nicht mehr einschlafen. Konzentrieren kann ich mich gar nicht. Damit habe ich ein echtes Problem. Da kriege ich schon nachmittags Schwierigkeiten. Dann muss ich ganz doll aufpassen, dass ich noch etwas mitkriege. Irgendwie habe ich dann nicht mehr die Kraft, etwas aufzunehmen. Ich habe auch Gedächtnisprobleme. Ich kann mir zum Beispiel keine Namen merken. Ich muss alles aufschreiben.

Ich habe Panikattacken, ich habe Angststörungen und somatische Beschwerden. Da klopft das Herz bis hoch zum Hals, und ich liege im Bett und kann nicht schlafen. Vor zwei Jahren hatte ich im Sommer zwei Anfälle. Mir war, als ob ich ersticken müsste. Es schnürte mir den Hals zu, und das Herz pochte wahnsinnig. Ich habe das immer noch ganz stark. Ohne Medikamente könnte ich gar nicht schlafen. Ich nehme leichte Antidepressiva, ganz leichte. Und ich nehme sie hauptsächlich abends zum Schlafen. Am Tag nehme ich sie gar nicht. Ich habe schon verschiedene Medikamente ausprobiert. Ich bin eine von denen, die Medikamente nicht gut vertragen. Ich habe schlimme Nebenwirkungen, auch bei den Schmerzmedikamenten.

Als weitere Krankheitsfolge der Haft kann ich die Kollagenose nennen, das ist eine Autoimmunkrankheit. Wenn ich es jetzt erklären könnte ... Es hat jedenfalls mit den Muskeln zu tun. Ich habe am ganzen Körper Schmerzen. Wenn man mich mal derb anfasst oder wenn ich mich stoße, tut das unheimlich weh.

Ich musste von der Rentenversicherung aus zu einem Gutachter in Jena. Ich hatte alle Unterlagen dabei, auch meine strafrechtliche Rehabilitierung. Mitunter wollen die Ärzte die sehen. Als es dann dazu kam, sagte der Arzt zu mir, warum ich das bekommen hätte, das stehe mir doch gar nicht zu. Ich wäre nur zu faul zum Arbeiten gewesen. Da war es aus. Ich habe geheult und ihn angeblökt, er möchte doch bitte sachlich bleiben. Da sagte er: »Nun schreien Sie mich doch nicht so an.« Ich sagte: »Sie machen doch hier genau das Gleiche mit mir wie früher.« Ich habe nur noch geheult und konnte kaum noch Antworten geben. Nach dem Gutachten von diesem Herrn Dr. M. bin ich voll arbeitsfähig. Fähig zu mehr als acht Stunden im Schichtdienst.

Wir, mein Partner und ich, haben Widerspruch eingelegt, wir haben auch Strafanzeige gegen den Arzt Dr. M. gestellt. Es kann ja nicht sein, dass ein Gutachter Urteile von damals für korrekt hält, wenn sie heutzutage aufgehoben worden sind. Womit ich ein Problem habe, ist, zum Gericht zu gehen, weil es ja um mich selber geht. Und weil es mir dann nicht gut geht. Aber ich habe es nun angefangen. Ich muss da nun auch durch. Das Spiel läuft noch. Ich habe auch die EU-Rente eingereicht, die Erwerbsunfähigkeitsrente, aufgrund meiner körperlichen Situation.

Elke Herdens Partner weiß es zu schätzen, dass man heutzutage Widerspruch einlegen kann. Früher wäre das nicht denkbar gewesen. »Wir hatten diese dummen Fragen auch im Vorfeld der strafrechtlichen Rehabilitierung. Da kommen solche Anfragen vom Landgericht oder von der Staatsanwaltschaft, wir sollten das Urteil von damals beibringen. Aber politische Urteile sind nie ausgehändigt worden.«

Wir haben alles abgesucht, über Berlin bis hin zum Bundesarchiv. Ich habe alle Archive hier in Thüringen, Erfurt, Weimar und so weiter abgegrast. Auch die Kreisarchive. Da war nichts zu finden. Aber die haben ja diese Gefangenenkarteien. Darüber hat es dann geklappt. Auch ohne Urteil.

Gegenwart

Die Wende war schön. Und befreiend. Man wurde nicht mehr überwacht. Es ist einfach schön, dass es wieder ein Deutschland gibt. Ich bereue es auch heute nicht. Es mag sein, dass es manchen heute schlecht geht und dass viele

Ältere die Wende bereuen. Aber es wäre nicht mehr lange so weitergegangen. Wir hatten ja nichts, gar nichts.

1990 bin ich gleich arbeitslos geworden. Da habe ich doch sehr geheult. Ich habe keine Arbeit bekommen, weil ich keinen Beruf habe. Ich habe dann angefangen, Zeitungen auszutragen als Nebenjob. Ich musste früh um halb drei aufstehen. Das habe ich sechs, sieben Jahre lang gemacht. In Oberweimar habe ich bei einer Familie angefangen zu putzen. Später hatte ich die Gelegenheit, in einer Wäscherei zu arbeiten. Das war sehr gut bezahlt. Dort habe ich bis zum Jahr 2000 gearbeitet. Dann hat die Besitzerin zugemacht, weil ihr Mann gestorben ist und sie keinen Meister mehr hatte. Wir sind nach Apolda in eine große Wäscherei vermittelt worden. Apolda ist etwa 15 Kilometer von Mellingen entfernt. Aber da habe ich mich nicht wohlgefühlt und hatte kaum Kontakt zu den Frauen. Der Arbeitgeber und ich, wir haben uns dann in beiderseitigem Einvernehmen getrennt.

Ich hatte einen körperlichen und seelischen Zusammenbruch und war richtig runtergehungert. Dann ging nichts mehr. Der Grund war wahrscheinlich, weil mein Mann 1999 gestorben war. Ich bin krankgeschrieben worden und fuhr zu einer Mutter-Kind-Kur. Das hat mich wieder aufgebaut. Voller Mut und Lebenskraft kam ich wieder nach Hause. Meine Kinder hatten mir zu Weihnachten einen Computer geschenkt, und der Nachbar hat mir den ans Internet angeschlossen. Von da an wollte ich mir auch jemanden suchen. Ich wollte mit den Kindern nicht alleine bleiben. Ich habe eine Bindung gebraucht. Ich habe gesucht und gleich meinen Partner gefunden. Wir haben uns im März zur Schwarzbiernacht in Jena getroffen. Und seitdem sind wir zusammen. Und ich habe ihm von Anfang an alles erzählt.

Manfred Buchta: Sie hat gesagt, dass sie mir etwas sagen müsse. Dass sie schon einmal im Gefängnis war. Na, da zuckt man erst einmal zusammen. Man weiß ja nicht, warum und weshalb. Ich habe sie gefragt, was sie gemacht hat. »Hast du geklaut? Hast du jemandem auf die Nase gehauen?« Da hat sie dann gesagt: »Nein, ich habe mich rumgetrieben.« Das Problem war damals, dass sie die Schuld bei sich gesucht und natürlich auch gefunden hat, wenn sie sagte, hätte ich das und das nicht gemacht, wäre das und das nicht passiert. Ein Bekannter von uns hat immer gesagt: »Menschenskinder, da müsst ihr doch was machen. Es kann doch nicht sein, dass sie, wenn sie nichts weiter gemacht hat als nicht zu arbeiten, in Haft kommt. Sie war ja auch noch minderjährig.« Da habe ich schließlich gesagt: »So, jetzt beantragen wir mal eine Akteneinsicht.« Und dann fingen wir an. Seither stellen wir einen Antrag nach dem anderen.

Obwohl die Aktenlage sehr dünn zu sein schien, weil Elke Herden aus der Zeit kein einziges Schriftstück aufbewahrt hat, ist doch genügend zusammengekom-

men für eine Rehabilitation und für die Anerkennung der posttraumatischen Belastungsstörung. Es geht weiter. Der Weg ist eine unendliche Geschichte.

Rolf Buro: Weg und zurück

Rolf Buro hat Ende der 50er Jahre die Maurerausbildung abgeschlossen und arbeitet im Kreisbaukombinat. Später ist er im Wohnungsbaukombinat in Magdeburg tätig. Er stammt aus Appenrode in Thüringen. Sein Elternhaus liegt nur 600 Meter von der Grenze entfernt. Vom Dachfenster des Hauses aus kann er den Aufbau der Grenzbefestigungen beobachten. Er sieht, wie der Stacheldraht gelegt wird und wo die Minen platziert werden. Sein Vater ist linientreu, sonst hätte er kaum im Sperrgebiet wohnen dürfen. Zwischen ihm und dem Sohn gibt es politische Kontroversen. Buro geht nicht zur Erfassungsstelle für die Volksarmee: »Weil ich noch keine Passbilder hatte.« Abgeholt wird er wegen des Verdachts der Wehrdienstverweigerung. Am Ende wird er gemustert, aber zurückgestellt. »Die hatten kein Vertrauen zu mir.« Er wird nie Soldat. Als Buro 21 Jahre alt ist, wirft der Vater ihn aus dem Haus. Im selben Jahr gelingt ihm mit einem Freund die Flucht in den Westen. Sein Fehler: Er fuhr später wieder in die DDR. Danach ist er 1967 in der DDR wegen zweifachen gewaltsamen Grenzdurchbruchs verurteilt worden .

Flucht

Meine Eltern lebten im Grenzgebiet. Dort bin ich aufgewachsen, und ich kannte mich mit der Grenze aus. Es waren 600 Meter von meinem Elternhaus bis zur Grenze, da habe ich die Grenze einfach genau beobachten können: Es gab ein Grenzstück, das war nicht vermint. Da war natürlich Stacheldraht, aber man kannte sich da aus, und das war nicht so tragisch.

Viele sind ja auch auf die Minen gelaufen. Rechts vom Dorf, wo die Minen waren, da hat es öfters geknallt. Man hat das nachts gehört. Ich finde ja, die Grenzsoldaten haben auch nur ihre Pflicht erfüllt. Aber mussten sie denn gezielt schießen? Wir wussten dann nicht, ob es Wild war oder ein Mensch. Erst am nächsten Tag haben wir dann gehört: Da lag wieder einer. Es gehört schon eine ganze Menge dazu, auf Menschen zu schießen. Viele haben auch bewusst daneben geschossen. Von denen weiß ich hundertprozentig. Die haben eine ganze Salve mit der MP in den Busch gejagt und haben keinen getroffen.

Uns hat keiner gesehen. Mein Freund und ich haben einen Seitenschneider dabeigehabt. Mit dem haben wir den Drahtzaun durchgeschnitten. Am anderen

Morgen haben sie nur das Loch gefunden. Da waren wir bereits in Vienenburg bei Goslar und saßen bei der Polizei. Die sind dann rausgefahren. Nach einer Weile kamen sie wieder und erzählten: »Jetzt flicken sie ihre Löcher.«

Als ich weg war, haben sie meinen Vater abgekanzelt. Da hieß es, er sei nicht fähig gewesen, seinen Sohn zu erziehen. In dieser Auseinandersetzung hat er den Kürzeren gezogen. Obwohl mein Vater in der Partei gewesen ist, ist für ihn Schluss nach meiner Flucht.

Mein Bruder, er war beim Zoll, hat sich von mir losgesagt. Sobald ich drüben war, hat er mich »totschreiben« lassen. So haben die das damals genannt, wenn man einen Menschen kennt und nichts mehr mit ihm zu tun haben will.

Heute hat sich unser Verhältnis halbwegs gefangen. Mit meinem Vater hat es sich schon früher wieder normalisiert. Der kam mich besuchen und schickte Päckchen, als ich dann später verhaftet war. Nur in die U-Haft durfte er nicht kommen.

Meine Mutter hatte Geschwister im Westen. Sie hat von der politischen Sache auch nicht viel gehalten. Wenn ein Paket vom Bruder meiner Mutter oder von den Großeltern kam, hat mein Vater auch den Kaffee von denen getrunken. Dann hat er gesagt: »Der schmeckt auch nicht anders wie unserer.« Naja.

Ich war von März 1965 bis Januar 1967 im Westen. Wir waren gemeinsam im Aufnahmelager Gießen, als wir in den Westen kamen. Da gab es etwas, das mir zu viel wurde. Ich sollte damals nach Oberursel. Dort ist das CIA-Ausbildungslager gewesen. Mein Zimmernachbar sagte: »Um Himmels Willen, dann kannst du nie wieder nach Hause. Mach bloß keinen Kram.« Daraufhin habe ich das abgelehnt. Also es ist schon so, wie man immer sagt bei der Spionage, die lassen einen fallen wie eine heiße Kartoffel, wenn es brenzlig wird. Vorher hat man alles von ihnen gekriegt. Da lagen Zigaretten und Streichhölzer. Da stand der Kaffee und alles. Man brauchte bloß zuzufassen. Sogar die Zeit haben sie einem bezahlt, die man da gesessen und ihnen erzählt hat. Geld haben wir ja damals alle gebraucht, als wir ankamen. Und als ich dann Nein gesagt habe, war mit allem auf einmal Schluss. Damals musste ich sofort aus dem Lager raus.

Ich habe mir eine Wohnung gesucht. Und eines Sonntagmorgens, ich lag noch im Bett, hörte ich unten bei der Hauswirtin Stimmen: »Ist Rolf Buro da?« – »Ja, aber der schläft noch.«

Ich stand auf, zog mich schnell an. Da kam der schon hoch. Der Mann hat mir erzählt, dass er eine Schwester in der DDR habe und dass die gerne rüber möchte. Ob ich die nicht rüberholen könnte. Er hat mir auch sein Auto angeboten. Und ich sollte mit ihm rausfahren und ihm eine Stelle zeigen. Mir kam das komisch vor. Ich sagte: »Warten Sie mal einen Moment«, ging runter und habe gleich die Polizei angerufen. Sie sollten gleich kommen. Das hat der mitgekriegt, ist in sein Auto gesprungen, und weg war er. Und als er in die Stadt Vienenburg am Harz fuhr, kam ihm von dort die Polizei entgegen. Ich hatte ihnen die Autonummer angegeben. Die haben ihn sich gegriffen. Ein paar Tage darauf sagten sie: »Da hatten Sie aber Glück. Wären Sie mit rausgefahren, wären Sie weg gewesen.« Das war einer von der Ostzone, ein Spitzel. Dafür hätte ja gereicht, wenn der eine Pistole gezogen hätte. Drüben auf der DDR-Seite hätten die Grenzer mit der MP gestanden und hätten mich in Empfang genommen.

Ich war zwei Jahre im Westen. Ich hatte Arbeit, war in Bad Harzburg bei einer Firma und habe gut verdient. Dass ich in die DDR zurück wollte, war mehr oder weniger eine Kopflosreaktion. Ein bisschen Heimweh war dabei. Ich bin von selbst wieder in den Osten zurück und bin noch einmal durch dieselben Grenzbefestigungsanlagen gegangen. Heute denke ich, das war unüberlegt. Zu Hause habe ich dann gemerkt, dass ich einen Fehler gemacht habe. Aber da war es natürlich zu spät.

Verhaftung

Wieder zurück, wurde ich gleich von der Grenzpolizei ins Aufnahmelager Loburg[79] in der Nähe von Magdeburg gebracht und dort verhaftet. Weiter ging es nach Halberstadt. Man hatte eine Anklageschrift gegen mich vorbereitet. Klar war das ein zweimaliger gewaltsamer Grenzdurchbruch. Doch die Staatssicherheit in Berlin wollte mehr: Man hat sich nicht mit dem zufriedengeben wollen, was ich erzählte. Man hat mehr vermutet, und zwar Spionage, und hat mir sechs Jahre Haft angedroht.

In Gießen, als wir in den Westen kamen, war ich auch bei den Amerikanern. Ich habe auf das geantwortet, was die von der DDR wissen wollten. Ich habe vor der Flucht in Werken wie dem Kupfer- und Blechwalzwerk Ilsenburg, dem Radsatzwerk und Elektromotorenwerk Wernigerode gearbeitet. Diese ganzen Werke habe ich gekannt und davon erzählt. Bei den Fragen nach den Werken hat es sich nur um Fakten gehandelt, die die Amerikaner sowieso schon wussten. Das war nur eine Bestätigung für die, was ich da gesagt habe.

Mein Kumpel ist nicht so intensiv befragt worden und hat auch kein Geld bekommen. Vielleicht war es ein bisschen Neid. Ich hatte dann auch gleich eine gute Arbeitsstelle, habe gut verdient. Er dagegen nicht. Deshalb ist er schon nach ein paar Wochen gleich wieder zurückgegangen. Und er hatte das alles bei seiner Rückkehr der Stasi zu Protokoll gegeben, um seine Haut zu

79 Das Lager Loburg am Fläming wurde 1959 für Übersiedler aus dem Westen eingerichtet.

retten. Er hat daraufhin auch keine Strafe erhalten. Aber er hat mir richtig eins reingewirkt. Und das hat die Stasi mir dann alles zur Last gelegt, und aufgrund von dessen Aussage wurde gegen mich wegen Spionage ermittelt.

Mir sind Fotos vorgelegt worden, auf denen ich mit einem West-Zöllner an der Grenze zu sehen bin. Angeblich soll ich dem Zöllner die Grenze erklärt haben. Ich sage: »Die brauchte ich dem nicht erklären, das wussten die von alleine.« Ich habe ihnen an dem Tag mein Elternhaus gezeigt. Das konnte man von drüben aus sehen.

Als ich mir das Foto dann noch einmal genau angesehen habe, sagte ich: »Als ich an der Grenze war, habe ich ganz woanders gehalten. An dem Tag, von dem das Foto stammt, bin ich gar nicht an der Grenze gewesen.«

Am Ende ist die Staatsanwaltschaft mit ihrer Anklage in Sachen Spionage nicht durchgekommen. Wegen Mangels an Beweisen haben sie diesen Teil der Anklage eingestellt. Die Anklage lief dann nur noch auf zweimaligen gewaltsamen Grenzdurchbruch hinaus. Ich wurde zu 18 Monaten verurteilt. Ich habe gleich einen Antrag auf Rückführung in den Westen gestellt. Die wurde mir aber verweigert.

Mein ehemaliger Freund hat übrigens ein zweites Mal einen Fluchtversuch gemacht. Dabei haben sie ihn wieder erwischt. Er hat im Gefängnis die gesamte Einrichtung zerschlagen und trotzdem nur ein Jahr gekriegt. Und ich habe wegen so einem Mist anderthalb Jahre bekommen.

Haft

Ein Spruch an den Gefängniswänden steht mir noch vor Augen. Der hieß: »Einst bin ich von Deutschland nach Deutschland gegangen und wurde als Deutscher von einem Deutschen gefangen.« Da wusste ich, da war auch ein Grenzgänger dringewesen.

Verurteilt worden bin ich in Wernigerode, gesessen habe ich in Berlin in der Magdalenenstraße. Später wurde ich überführt nach Hohenschönhausen zum »Kommando X«. Dort saßen 900 politische Gefangene. Das war der modernste Knast der DDR.

Wenn man den Vernehmern beim Verhör mal dumm gekommen ist, hieß es: »Ab, runter in den Keller.« Ich bin nie geschlagen worden. Aber ich habe es oft gehört. Dann hieß es: Decke über den Kopf, und dann gab es Prügel. Und keiner wusste, wer geschlagen hat.

Schon aus Angst hat man sich da vorgesehen. Der Oberleutnant Hans war ein ganz besonders grausamer Kreppel. Wenn dem etwas aufgefallen ist, hat er die Häftlinge an die Wand gestellt. Ein bis zwei Stunden lang mussten wir dort ausharren. Und das, obwohl wir alte, dicke Uniformjacken trugen und die Sonne voll auf die Barackenwand knallte. Wir Gefangenen hatten keine eigene Anstaltskleidung. Uns wurden die abgetragenen Uniformen von der Feuerwehr und der Grenzpolizei gegeben. Und die haben wir im Sommer wie im Winter getragen.

Auf nahe Kontakte unter den Gefangenen hat die Gefängnisleitung empfindlich reagiert. Wenn zwei ein bisschen eng zusammen rumgekramt haben, darauf wurde geachtet. Ich habe mit einem das Essen geteilt. Wenn er Besuchszeit hatte, habe ich von ihm ein bisschen abbekommen. Wenn ich etwas erhielt, haben wir das auch geteilt. Als die das rausgekriegt haben, hieß es, sofort auseinander. Jeder kam in eine andere Zelle. Da hatten sie Angst, dass daraus etwas entstehen könnte. Fluchtversuche sind zu zweit ja leichter.

Ich habe im Gefängnis als Maurer gearbeitet. Unter anderem habe ich mit an der Kinder- und Jugendsportschule gebaut. Kurz vor meiner Entlassung sollte ich draußen in der Pförtnerbude Fliesen anbringen. Mit mir zusammen hat ein zweiter Gefangener gearbeitet. Für uns zwei beide waren sieben Bewacher und ein Hund eingeteilt. Und das unmittelbar vor der Freiheit!

Unterschreiben, dass wir nicht über die Haft reden, war zu meiner Zeit nicht mehr üblich. Nur das mit dem »Kommando X«, dass das aus dem Lager kam, da haben sie gesagt, wir sollten da nicht groß drüber sprechen.

Nach der Haft

Nach der Haft habe ich eine Stelle in einem landwirtschaftlichen Betrieb bekommen, und zwar in der Baumschule Dresden. Damals war die *Fünftausender-Bewegung* von der Landwirtschaft zur Stadt. In der Stadt wurden Arbeitskräfte gebraucht. Mein Betrieb musste einen Kollegen abstellen. Ich habe den Betriebsleiter überzeugt, dass ich dort hinkam. Für den Betriebsleiter war das akzeptabel. Bei der *Fünftausender-Bewegung* ging es ja um den Wohnungsbau in der DDR. Der sollte vorangetrieben werden. Ich war froh, als ich nach der Haft wieder im Wohnungsbaukombinat Magdeburg anfangen durfte.

1968 habe ich meine Frau kennengelernt. Sie war Gärtnerin und hat in dem landwirtschaftlichen Betrieb, in dem ich nach der Entlassung angefangen habe, gearbeitet. Ich war wunschlos glücklich.

Politisch war ich nie tätig gewesen. Weder offiziell noch oppositionell. 1977 wollte ich zur Silberhochzeit des Bruders in den Westen reisen. Das wurde abgelehnt. Durch einen guten Bekannten habe ich herausbekommen, dass in meinen Papieren gestanden hat: »Gesellschaftspolitisch kein Aufschwung zu verzeichnen.«

Klar ist, ich bin nie wählen gegangen. Ich habe mir gesagt: Was ihr mit mir macht, da geh ich nicht wählen. Dann ging es los. Ich wollte ein Haus kaufen und habe es nicht gekriegt. Da hat sich der Bürgermeister hingestellt und hat gesagt: »Der Buro geht nicht wählen. Und wer nicht wählen geht, ist gegen unseren Staat. Und wer gegen unseren Staat ist, kriegt von uns kein Haus.«

Als der Sohn des Vorsitzenden von unserem Geflügelverein, in dem ich Mitglied bin, tödlich verunglückte, wollte der dessen Haus verkaufen. Da waren schon fünf andere Bewerber da, und ich hätte es wieder nicht gekriegt. Das habe ich dem Kollegen zu verdanken, hier im Zuchtverein. Der hat dann gesagt: »Passt auf, wenn Rolf das Haus nicht kriegen soll, kriegt es keiner. Dann verpachte ich es an Rolf, dann hat er es auch. Aber ihr kriegt es nicht.« Na, dann haben sie gesagt: »Ist gut«, und wir durften es nehmen. Aber wenn der da nicht mitgespielt hätte, wäre die Sache erledigt gewesen.

Und nach Hause zu meiner Mutter durfte ich noch lange nicht fahren. Das war ja Sperrgebiet. Meine Schwester hat damals in Wernigerode geheiratet. Dort wollte ich hin, das war nun kein Sperrgebiet. Trotzdem musste ich eine Genehmigung haben zur Einreise nach Wernigerode. Und sie musste auch noch dafür bürgen, dass ich wieder zurückkomme. Ich habe damals im Wohnungsbaukombinat gekündigt, weil die die Beurteilung ausgestellt hatten. Ich bin dann zur LPG gegangen und habe bei denen bis zur Wende als Maurer gearbeitet.

Ich habe immer wieder Anträge gestellt, in den Westen zu reisen. Erst 1988, als ich die Mutter meines Schwagers als meine Tante ausgegeben habe, durfte ich. Bei der ersten Reise haben wir noch Angst gehabt und versteckt, was wir dabeihatten. Und 1989, kurz vor der Wende, konnte ich wieder reisen. Da war das alles schon ziemlich komisch, da waren die Kontrolleure bereits etwas aufgelöst. Der ist bloß reingekommen: »Hat jemand was zu verzollen?«

Folgen

Ich habe nichts verbrochen, aber ich stand als Vorbestrafter in der Kartei. Warum? Das sehe ich nicht ein. Also war die Rehabilitation sehr wichtig. Eine Haftentschädigung habe ich auch bekommen. Beim ersten Mal waren es 10.450 D-Mark, und später kamen noch einmal 950 D-Mark nach.

Als psychische Folter bezeichne ich auch die kleinen Nadelstiche, die ganz normale Schikane. Das ging los beim Vernehmen fünf Minuten vor der Essensausgabe. »Es gibt doch jetzt Essen!« Sagen die: »Können Sie nachher essen.« Das Essen wurde in die Zelle reingegeben.

Wenn ich wiederkam, war es eiskalt. Damit ging das schon los. Irgendwie aufzutrumpfen, das hätte sich nicht gelohnt. Dass die den längeren Arm haben, das wusste ich. Da nützt es nichts, wenn man aufbraust. Aber nerven tut das ganz schön. Das ist ja klar.

Das Schlimmste ist die U-Haft mit ihrer Ungewissheit. Ich kenne niemanden, der sich nichts daraus gemacht hat, zumindest keinen von den politischen Gefangenen.

Einmal war ich sieben Tage in Einzelhaft im Keller und einmal drei Tage. In der Einzelhaft sind Lichtschächte gewesen. Es gab nur ein paar Minuten am Tag Ausgang. Das Schlimmste war, dass sie auf die Lichtschächte Lkws gestellt haben. Wenn die liefen, zog der ganze Qualm unten in die Zellen hinein.

Meine Überlebensstrategie war: Wenn man da drin ist, muss man versuchen, heil wieder rauszukommen. Wenn man das schaffen will, muss man kleine Brötchen backen.

Gesundheit

Im Jahr 2000 ist Rolf Buro an Krebs erkrankt und ein Jahr später operiert worden. Ihm sind Teile der Lunge weggenommen worden. Eine Erklärung dafür könnte die Kellerhaft der Stasi sein. Er wurde mit 57 Jahren erwerbsunfähig und damit Rentner. Den Antrag auf Anerkennung eines gesundheitlichen Haftschadens hat er bisher nicht gestellt.

Kürzlich ist Buro von der Berufsgenossenschaft Bau aufgesucht worden. Die hatten seinen Fall an die landwirtschaftliche Berufsgenossenschaft abgegeben, weil er in der Landwirtschaft viel mit Asbest in Berührung gekommen war. Asbest gilt auch als denkbare Krankheitsursache. Buro sagt: »Wenn es um Geld geht, will keiner zahlen.« Seine Versicherung wollte ihn abwimmeln und seine Krankheit von der Berufsgenossenschaft als Berufskrankheit anerkennen lassen.

Auf die Liste mit Gesundheitsschäden hingewiesen, zeigt sich, dass seine Frau besser über die Krankheiten ihres Mannes Bescheid weiß als er selbst. Während Rolf Buro sagt, er habe keine Kopfschmerzen, meint seine Frau, er habe durchaus Probleme, er nehme doch Schmerztabletten.

Herzprobleme habe er auch, sagt sie. Die Ärzte wüssten nicht, ob das von der Lunge komme. Rolf Buro meint, dadurch, dass die linke Lungenseite entfernt wurde, habe sich die rechte vergrößert und dadurch die Luftröhre rübergedrückt. Da entstehe ein Druck, ähnlich wie bei Herzproblemen.

Schlafstörungen habe er auch. Rolf Buro nimmt an, dass mit seinem Parkinson zusammenhängen.

Er nimmt eine Reihe von Tabletten. Die Ärzte haben ihm schon mal gesagt, er nehme zu viel. Buro: »Dann verschreiben Sie mir einen Strick. Das ist eine einmalige Ausgabe, und dann haben Sie Ruhe.« Es kommen noch Tabletten für den Rücken hinzu, und es gibt das unruhige Bein, das Restless-Legs-Syndrom. »Das fängt nachts an zu rappeln«, meint Rolf Buro. Möglicherweise eine Nervengeschichte. Seine Frau korrigiert: »Nicht nur nachts, manchmal auch am Tage.« Manchmal hat er Angst beim Autofahren. Eigentlich braucht er ein Automatikgetriebe. Aber dafür fehlt ihm das Geld.

Ich habe die ganze Sache überwunden. Ich habe das sozusagen vergessen. Aber wenn man an die Jahre denkt, die Zeit fehlt einem. Die ist weg. Die kann einem keiner wiedergeben. Ein Stückchen von der Jugend ist sozusagen weg. Wo andere dachten, heute Abend könntest du schön weggehen, da saß man und dachte: »Schweinebatzen, müssen die dich hier einsperren!«

Ja, ungerecht war das. Bloß, wer lässt sich schon eine unbequeme Meinung aufschwatzen? Ich möchte meine eigene Meinung haben. Und das gab's in der DDR nicht. Was vorgeschrieben wurde, musste eingehalten werden. Und wer nicht mitspielte, geht marschieren.

Einkommen

Rolf Buro erhält heute zusammen mit seiner Frau nicht einmal 800 Euro Erwerbsunfähigkeitsrente. »783,00 Euro«, korrigiert seine Frau. Über Hartz IV erhält er auch etwas, aber da die Berufsunfähigkeitsrente darauf angerechnet wird, ist es nicht viel. Im letzten Monat waren es 18 Euro und in diesem sind es 30 Euro plus Heizkosten. Wohngeld bekommt er nicht, da er im eigenen Haus lebt. Die Reparaturen muss er aus eigenen Mitteln finanzieren. Und weil er Parkinson hat, kann er sie heute nicht mehr allein ausführen. »Ich habe immer gesagt, es wird gespart, bis weitergebaut werden kann, und dann wird neu gespart.« Wegen der Zusatzleistung aus Hartz IV sagt man ihm, da er ein eigenes Grundstück habe, müsse er das dann eben verkaufen. Dann habe er auch Geld.

Rolf Buro sagt, dass er nicht in eine Wohnung zur Miete ziehen könne, nachdem er sich sein Leben lang gequält habe, das Haus zu bauen und zu erhalten. Er ist froh, dass er es hat. Er kann dort seine Zwerghühner züchten und Gemüse pflanzen.

Eine Unterstützung durch die Kinder kommt für das Ehepaar Buro nicht infrage. Der Enkel hat eine Behinderung und muss operiert werden. Die Tochter hat durch die Gefängniszeit ihres Vaters schon Nachteile einstecken müssen. Sie wollte eigentlich Finanzkauffrau werden, wurde aber nicht zur Ausbildung angenommen, obwohl sie gute Zensuren hatte.

Wenn Rolf Buro jetzt 65 Jahre wird, kann er einen Antrag auf Altersrente stellen. Dann wird das alles neu berechnet. Dann aber kommt ein neues Problem auf ihn zu. Da er geflüchtet ist, sind alle seine Papiere verschwunden. Über die Zeit, ehe er in den Westen gegangen ist, gibt es keine Unterlagen, die seine Arbeitsstellen belegen. Er kann die Lehrzeit und seine ersten Arbeitsstellen nicht mehr nachweisen. »Die Papiere hat die Stasi einkassiert.« Auf seine Rente wird die Gefängniszeit nur minimal angerechnet.

Einer Häftlingsorganisation gehöre ich nicht an. Eigentlich müsste man ja. Aber irgendwie ist die Zeit für mich abgeschlossen. Meine Akte in der Birthler-Behörde habe ich nicht eingesehen. Ich sage mir, lass sie selig damit werden. Ich will davon nichts mehr hören oder sehen. Aber manchmal denke ich, das hätte ich doch machen sollen.

Wenn ich meinen ehemaligen Kumpel beim Klassentreffen wiedersehe, sage ich dazu keinen Ton. Ich kann es sowieso nicht rückgängig machen. Selbst wenn er es bereuen würde, daran machen kann er auch nichts mehr.

Die Zeit nach der Wende, ein bisschen anders haben wir es uns schon vorgestellt. Na gut, die Wiedervereinigung hat eine ganze Menge Geld gekostet. Aber das Sozialsystem könnte besser sein. Wiederhaben wollen wir die DDR nicht. Aber in sozialer Hinsicht war es in der DDR besser. Man war besser abgesichert.

Haftzeit zwischen 1970 und 1979

Bernd Markowsky: Im Fremden heimisch

Bernd Markowsky ist Fotograf und Drucker. Er ist 1952 geboren. Seit einigen Jahren lebt er in Portugal. In der DDR hat er als Drucker gearbeitet, ebenso als Rohrleger, Buchhändler, Wäschereiarbeiter und Fräser. In Haft war er von 1976 bis 1977 wegen »staatsfeindlicher Gruppenbildung im schweren Fall«. Bernd Markowsky beantwortete die Fragen per E-Mail.

Jena

Vor der Haft waren wir alle eine Art Neger. Mit »wir« meine ich die schlichte Art DDR-Bürger ohne Privilegien und Sonderzuteilungen an Rechten und Freiheiten. Allerdings war ich im Betrieb – bescheiden – aktiv, verlieh (im Westen erschienene) Bücher, Harasztis *Stücklohn*[80] zum Beispiel, sprach dann darüber mit Kollegen, was mir außer in der Parteileitung keine Feindschaften eintrug. Im Gegenteil.

Da es nur den einen Staat gab, waren wir eben Täterä-Staatsfeinde. Und ich ein schwerer Fall. Die nannten das Rädelsführerschaft. Was für ein schmutziges Wort.

Die Geschichte fing in unserm Fall 1973 in Jena an, doch wie alle wahren Geschichten in Wahrheit und Wirklichkeit viel früher. Die Gruppe hatte keinen amtlichen Namen, worauf wir erstens keinen Wert legten und was zweitens die Verurteilung erschwerte. Es gibt eine Super 8-Aufnahme, wo mehr als 200 junge Leute durch die Jenenser Berglandschaft laufen. So etwas fand alle Wochenenden statt; weniger als 50 kamen selten. Das war nichts Wanderburschenhaftes, es war draußen, was schön war, aber ohne Naturidyllen-Ideologie. Man sprach, diskutierte auch, machte Projekte, sang Lieder, eigene oder von Süverkrüp oder Degenhardt und später auch Biermann und Ton Steine Scherben.

Es gab einen Arbeitskreis Literatur im Kulturhaus, eine Theatergruppe … Wenn etwas verboten wurde, entstand dafür etwas anders. Dann gab es kleine Studiengruppen im privaten Kreis, politische Selbstbildung mit öffentlicher Erprobung.

1976 wurden um die 30 Leute in Jena verhaftet, acht blieben in Haft. Dazu kamen in Berlin Jürgen Fuchs, Gerulf Pannach und Kuno Kunert; später Mi-

80 Miklós Haraszti: *Stücklohn*. Berlin 1975 (Rotbuch). Mit einem Vorwort von Heinrich Böll.

chael Sallmann aus Leipzig, jetzt Radioredakteur in Berlin, Serjoscha Schau und andere, die ich erst später kennenlernte.

Haft

Die Inhaftierung bedeutete Trennung von zurückgebliebenen Freunden. Und Trennung von Lebensinhalten. Die wog schwerer.

Physische Folter habe ich während meiner Haftzeit nicht erlebt, auch nicht während der Verhöre, aber die psychische Folter, die beginnt schon in der Phase der Verhöre. Die besteht in permanentem psychischen Druck, um erwünschtes Verhalten und Denken zu erzwingen. Mein erster Stasi brüllte zum Beispiel immer, wenn ich etwas sagte, das ihm nicht passte. Erst war ich verblüfft, denn das ist ja dumm. Er zeigte mehr von sich und dem, was sie wollten, als gewünscht sein konnte. Dann bekam ich es satt und konnte erstmals sinnvoll die schwarze Erziehung meines Vaters verwenden. Ich konnte lauter brüllen, Nase an Nase, das war druckmindernd. Daraufhin wurde der Stasi ausgewechselt, und ich bekam einen »gebildeten«. Aber die ganze Situation war verdrillt.

Der jeweilige Stasioffizier war über Monate mein einziger direkter menschlicher Kontakt und Gesprächspartner. Man kann versuchen, das sportlich und witzig zu nehmen, aber das waren nun eben mal keine Gespräche, sondern Verhöre – mit dem faktischen Hintergrund drohender Jahre im Gefängnis, sie sprachen immer von acht bis zwölf Jahren. Ich konnte mir mit 25 einfach nicht vorstellen, wie ich mit 30 oder über 30 sein würde, nach den Jahren im Knast. Außerdem schrieben sie alles in ihrer widerlichen Denunziantensprache nieder, und ich fing an, um Worte zu feilschen und dann zu diktieren. Mit dem Ergebnis, dass ich sozusagen im Gegenzug alle Protokolle Seite für Seite unterschreiben musste, was ich vorher abgelehnt hatte.

Die Verhörsituation war eine Ausnahmesituation, die in der Isolation belebend bis euphorisierend auf mich wirkte. Man spricht ja über den Sinn seines bisherigen Lebens und will ihn auch hier verteidigen. Ich bemerkte, dass mir Bäche von Schweiß den Körper herabliefen, bis mir auffiel, dass ich neben einer Dampfheizung saß und dass die voll aufgedreht war. Als der Offizier beobachtete, wie mir das bewusst wurde, sah ich sein flüchtiges Lächeln. Das sind die kleinen Tricks.

Die großen Fallen sind schwieriger zu umgehen. Der Druck nimmt ja nicht ab. Zu den eingeplanten Entlastungen gehörte der Verrat. Der lastet sich einem immer erst danach auf. Bei den durchaus standardisierten Fragen nach Bekannten und Freunden gab es auch eine nach der Hierarchie. Wer einem näher stand, wer weniger usw. Und obwohl ich fast im gleichen Augenblick spürte, dass ich etwas Falsches tat, distanzierte ich mich »aus ideologischen Gründen« von Thomas Auerbach, der Jugendpfarrer in Jena war. Nicht völlig, aber ich tat es doch. Sie haben ihm das prompt vorgelesen und mir seine enttäuschte Reaktion auch nicht vorenthalten. Schlecht für einen Freiheitshelden, nicht?

In solch einer angespannten Situation werden Einflüsse und Energien ausgetauscht. Dafür hatten die ihre Analysen danach und zwischendurch. Wenn sie sich ratlos oder in der Klemme fühlten, was durchaus vorkam, gingen sie mal für eine viertel oder halbe Stunde raus, änderten danach das Thema, die Taktik. Es kam auch vor, dass sie ihren Obersten mitbrachten, einen alten Haudegen, der wohl schon in den 50er Jahren dabei gewesen war, als es für sie noch einfacher war. Er trat auch auf, nachdem ich durch Verhandeln erreicht hatte, dass ich in einer extra bereitgestellten Zelle auf durchnummeriertem Papier meine Biografie schreiben konnte. Ich musste das Geschriebene und den Bleistift jeweils beim Verlassen der Zelle abgeben, hatte aber für ein paar Wochen eine Abwechslung. Der alte Oberstasi beendete sie damals, weil sie mit meinen Selbstanalysen aus der Kindheit und anderen kleinen Essays zu meiner nicht geringen Freude nichts anfangen konnten. Er wolle mir mein Geschmiere um die Ohren hauen, wie er sagte. Der Einzige, der sich den Verhören durch Schweigen entzog, war Jürgen Fuchs.

Direkt in Lebensgefahr habe ich mich nicht befunden. Nicht im Wortsinne. Selbstverständlich hat auch die Sonderzone Gefängnis ihre Zonen. Wer sich aufmacht, die kennenzulernen, begibt sich in Gefahr. Die erste Stufe des verschärften Knastes war eine leere Zelle, in die nur nachts eine dünne Matratze und eine Wolldecke gebracht wurden. Da war ich zweimal eine Woche, und das war weiter nichts. Es gab weiter zwei quadratische Gummizellen im Keller, in denen man die Wände mit ausgestreckten Händen berühren konnte, nackten Betonboden und eine 100-Watt-Birne, die Tag und Nacht brannte. Es gab trockenes Brot zu essen und kalten Tee. Alle drei Tage gab es mittags eine warme Suppe, die ich verweigerte. Aus dem Brot machte ich Schachfiguren. Als ich da runtergebracht wurde, sah ich die Halle des Gefängnisbaues und erkannte ihre unglaublichen akustischen Möglichkeiten. Die Parole, die ich meinen Freunden zurief, wurde mir mit einem Handtuch in den Mund zurückgestopft, und drei Wärter bemühten sich, mich die Eisentreppe hinunterzuwerfen. Auf den Stufen in den Keller holte einer von ihnen, ein echtes Schweinegesicht, weit aus, um mir seinen Schlüsselbund auf den Schädel zu schlagen. Mir waren die Arme auf den Rücken gedreht, sodass ich weit vorgebeugt stand. Er wurde von einem dazugekommenen und ihm offensichtlich übergeordneten Offizier durch Griff ans Handgelenk daran gehindert. Nach mehr als drei Wochen kam ich wieder raus und war schon etwas verrückt.

Zu einem Urteil ist es nicht gekommen. Wir sind aus der U-Haft entlassen worden, das heißt, nach Westberlin abgeschoben als Verhandlungsmasse der jeweiligen Regierungen. Wir wurden freigekauft. In einem seiner letzten sinnvollen Texte hat Biermann dieses Verfahren und seinen Meisteranwalt Wolfgang Vogel mal in der *taz* angegriffen.

Wolf Biermann schrieb 1988 von Vogel als der »Heiligen Mutter Theresa des Menschenhandels«: »Ich denke, lieber Rechtsanwalt, auch Sie unterliegen mit Ihrem heiklen Geschäft dem geschichtlichen Wandel. Was gestern noch edel war, kann morgen schon mies sein. Will sagen: mit den Verhältnissen ändert sich das moralische Urteil.«[81]

Selbstverständlich werden Untertanen niemals zu den ihnen zugedachten Segnungen befragt. Es gab eine Möglichkeit, dieses Verfahren zu boykottieren. Das hätte eine unbestimmte Zeit weitere U-Haft bedeutet, Verurteilung und Strafhaft von unbekannter Dauer. Ich habe das eine Nacht lang mit einem meiner Freunde über die Heizungsrohrleitungen besprochen oder beklopft[82] Er meinte, selbst wenn die Stasi (oder Parteiführung) das Angebot später wieder erneuern würde, wovon man ausgehen könnte, er wolle jetzt raus. Verständlich. Der geschniegelte Stasiheini aus Berlin, der uns das unanständige Angebot überbracht hat, sagte: »Alle oder keiner«, sie könnten keine Verhandlung wegen staatsfeindlicher Gruppenbildung mit nur einem oder zwei Angeklagten führen.

Kontakt zur Familie durfte Bernd Markowsky erst am Ende der Haft aufnehmen. Da ist bereits klar, dass er in den Westen gehen soll.

Sinnverlust, Einsamkeit: gestrandet im Exil auf der Hauptverkehrsstraße. Legal durfte ich ausreisen, auch wenn die Ausbürgerung illegal war, ebenso wie die Haft. Ich suchte weiter und tiefer, Zusammenhänge und Hintergründe zu verstehen.

Im Westen

Der Anfang im Westen war schwer. Schwer, so viel Irrsinn in der großen Freiheit Nummer 1007, aber gleich daneben alles so ordentlich zum Abheften

81 Zit. nach *Die Zeit*, »Nuntius der Menschenverkäufer«, 30. Juli 1993
82 Mit Morsezeichen

und Weglegen. Wir kamen doch vom Mond. Die erste Stunde in Westberlin warteten wir in einem Betonkasten, in dem Anwalt Stange, der West-Partner des Freikaufs, sein Büro hatte. Plötzlich schrie Sallmann, der aus dem kleinen Flurfenster sah: »Mensch Marko, guck mal, was ist denn das?«

Ich kannte so etwas aus dem Fernsehen. Ein Jahr zuvor war mal so ein Konstrukt in Japan zusammengesackt und hatte Tote, Verletzte und jede Menge Sachschaden hinterlassen. Ich sagte: »Das da? Na, das ist ein Parkhochhaus, so was stürzt gelegentlich ein.«

Später rächte er sich für meine Geste der Überlegenheit. Eines Nachts fragte er im *Café Mistral*, der Bar, die wir jahrelang frequentierten: »Wat willste sein, Fotograf? Dann musste aber retuschieren lernen!« Ich wehrte mit unwirscher Geste ab, und er schrie: »Wir sind im Westen, Mann, wir sind im Westen!«

Sallmann warf die ersten Briefe an seine Mutter in die schmucken orangenen Abfallkästen statt in den Briefkasten und musste sie dann mühsam wieder rausfischen.

Eines Abends machte ich allein einen Spaziergang die Potsdamer Straße runter. Mir kam eine Gruppe Westdeutscher entgegen, ein wenig älter als ich, sympathische, gut gekleidete Leute. Sie fragten mich nach dem Weg zur Nationalgalerie, und ich hörte mich plötzlich meine Knastgeschichte erzählen. Sie hörten ganz freundlich zu, es fehlte nicht viel, dass sie mich wie einen herrenlosen Hund gestreichelt hätten. Sehr verwirrt verabschiedete ich mich.

In Westberlin arbeitete Markowsky als Drucker, Fotograf und Mediengestalter. Mal ist er freiberuflich unterwegs, mal ist er angestellt. Auch in linken Kollektiven wie Oktoberdruck. Mit denen hat er Probleme.

In der Kollektivdruckerei Oktoberdruck, wo ich die ersten Jahre arbeitete, war der Osten selbstverständlich kein Thema. Einmal ging mich ein Kollege an: »Solschenizyn, jetzt macht ihn Böll bekannt und setzt ihn sich als Wanze ins Bett, so eine Scheiße!« – »Hast du ihn gelesen?« – »Gelesen?« Einen Moment war er irritiert. »Wieso das denn? So etwas brauchen wir hier nicht!«

Die zersplitterte Linke mit ihren jeweiligen – und das war wichtig – fernen Traumreichen wollte wie alle anderen nur verdauliche Wahrheitsbrocken über den jeweiligen vermeintlichen Gegner. Dabei war absehbar, wie bedeutend, ich möchte so weit gehen zu sagen, wie schicksalsentscheidend der Osten werden würde. Es gab damals sehr wenige Linke, die die Welt als Ganzes sehen konnten und die verordnete Welt-Raum-Aufteilung in ihrer inversen Form nicht mitmachten.

Aber wir waren privilegiert, wurden vom *Komitee Freiheit und Sozialismus* empfangen und betreut. Das Komitee ist von Hannes Schwenger und dem *Berliner Verband der Schriftsteller* ins Leben gerufen worden – in Absetzung zu der CDU-Kampagne *Freiheit statt Sozialismus*.[83]

Dennoch – es gab Unverständnis auf beiden Seiten. In den ersten Jahren wurden wir von einer linken Gruppe zur anderen herumgereicht. Alle prüften uns auf Verwendungsfähigkeit in ihrem Kader, bis hin zur Gewerkschaftsspitze. Wir hätten uns bei entsprechender Anpassungsfähigkeit eine Karriere aussuchen können. Bis auf die Leute von der *Gruppe Internationaler Marxisten*, einer trotzkistischen Splittergruppe, mochte ich niemanden. Besonders abstoßend fand ich die hohen Herren von der Gewerkschaft. Ich war von meinen Anlagen her völlig unfähig, mich da irgendwo wiederzufinden. Es dauert eine Zeit, bis man gelernt hat, seine Last aus Scheitern auf sich zu nehmen.

Jenseits der sogenannten linken Parteien gab es die alternativen Bewegungen, die Frauenbewegung und die Bürgerinitiativen. Auch die Grünen entstanden Ende der 70er Jahre.

Wir wussten auch in der DDR von vielen Umweltsünden, also den Verbrechen an unserer Lebenswelt. Die Leute sprachen über so manches, doch an eine Umweltbewegung und an Ökogruppen war in den 70ern noch nicht zu denken. Dass wir noch für lange Zeit in politische Kämpfe verstrickt waren, dass unsere Kräfte und Aufmerksamkeiten so einseitig gebunden waren, empfanden wir erst ab den 80er Jahren als Nachteil.

Folgen der Haft

Nach 1989 blieb ich zunächst im Westen. Ich fühlte mich im Fremden und nur auf Reisen heimisch. Habe mich von zu Hause und der Familie weitgehend ferngehalten. Empfand mich als krank, versuchte das aber zu vertuschen.

Nach wie vor spüre ich gesundheitliche Belastungen, von denen einige während der Haft entstanden sein müssen. Viele hielten lange an, und manche wirken heute nach über 30 Jahren noch nach.

83 Vgl. Offner/Schröder 2000, S. 429

	vor der Haft	während der Haft	nach der Haft	heute
Kopfschmerzen	nein	ja	ja	nein
Bluthochdruck	nein	nein	nein	ja
Rückenprobleme	nein	nein	ja	nein
Herzprobleme	nein	ja	nein	nein
Nierenprobleme	nein	ja	ja	nein
Gewichtsprobleme	nein	nein	nein	ja
Magenbeschwerden	nein	nein	ja	ja
Schlafstörungen	nein	schlief zu viel	ja	nein
Depressive Verstimmung	kaum	ja	ja, zuweilen	allgemeine Ernüchterung
Allgemeine Angst	verdrängt	spezifische Angst, solange Haftdauer unbekannt war	ja, mehr bewusst	weniger
Allgemeine Nervosität	nein	nein	nein	gering
Innere Unruhe	nein	ja	ja	zuweilen
Misstrauen	nein	klar	ja	mehr oder weniger, nur begründetes
Albträume	nein	ja, Befreiungs- und terroristische Albträume	selten	nein
Konzentrationsprobleme	nein	nein	auch	nein
Gereiztheit	nein	ja	ja	zuweilen

Kontaktprobleme		Na ja, hatte kaum Kontakt.	ja, doch nicht ausgeprägt	doch, wenn auch mehr kulturbedingt
Selbstmordgedanken	nein	nein	ein Mal	nein
Aggressivität	nur begründete	ja	ja, zuweilen, mehr als vor der Haft	weniger, kommt aber vor
Mattigkeit	nein	ja	zuweilen	selten
Platzangst	nein	Nein, war drei Wochen in verschärfter Einzelhaft (enge Gummizelle), Tag und Nacht brannte eine 100-Watt-Lampe, alle zwei Tage gab's warme Suppe. Mich eingesperrt zu fühlen, führt zu Fluchtimpuls oder Aggression.	nein	Angst, mich eingesperrt zu fühlen, ja
Orientierungsverlust	Hatte eher zu viel Orientierung.	ja, wenn auch nicht physisch	ging auf Reisen	weniger
Angst, allein zu sein	Nein, war mit Menschen, wenn ich's wollte, war allein, wenn ich's wollte.	Monate in Isolationshaft	Ja, da half aber die Dunkelkammer.	nein
Beziehungsverlustangst	?	?	?	ja

Meine gesundheitlichen Folgen

Freunde fanden mich eigenbrötlerisch. Im Grunde war ich verschlossen, eingeigelt, nur wenigen gegenüber bereit, mich zu öffnen. Eine Freundin nannte mich einen Stein, der nur spricht, wenn sich jemand zu ihm setzt. Ich sehe den Grund in einer Anpassungsverweigerung. Die aber gehört zu den Folgen meiner Haft.

Bei manch anderen bemerkte ich Schiffbruch, Selbstvernachlässigung, Glaubensverlust bis hin zum Verlust der Fähigkeit, überhaupt an etwas zu glauben. Andere versuchten später, sich diese Fähigkeit durch Neophytentum, den Neuglauben am toll aufglänzenden Konservativismus, zu bewahren.

Auswirkungen durch meine Haft kenne ich bei meiner Familie. Meine Mutter trat aus der Partei aus und wurde später Mitglied in einer christlichen Sekte, in der man sich mit Bruder und Schwester anspricht, anstatt mit Genosse oder Genossin. Meine Mutter lebt noch, unterstützt uns, so gut sie kann, und empfiehlt uns in Jesu Obhut.

Ob ich nach meiner Haft mit IMs zu tun hatte? Ja. In der Kulturindustrie. Namen gefällig? Manche tun sich wieder dicke. Es waren schon einige. Der Erste, von dem ich es bemerkte und es ohne »Beweise« eben doch wusste, war V. Ich bereitete 1981 meine erste Ausstellung in der *Galerie 70* vor. Der Titel war »Aus der Traum?« mit großem Fragezeichen, Fotos von meiner Reise durch das Polen der *Solidarność*. Aus dem Büro des Kreuzberger Kulturamts im Bethanien bin ich sofort rausgeflogen. Da saß so eine SEW-Ziege, die, als ich insistierte, sie möge sich doch wenigstens mal die Fotos ansehen, damit drohte, die Polizei zu rufen. Mit dem Kollektiv in der Zillestraße 70 gab es Probleme, als ich darauf bestand, die Ausstellung gemeinsam mit dem tschechischen Fotografen Ivan Kyncl zu machen, der zuvor nach England ins Exil gegangen war und den ich in Prag kennengelernt hatte. Er hatte Fotos in Gefängnissen gemacht, heimlich und unter großer Gefahr. Ich bestand auf einem Honorar für ihn.

Einen Tag vor der Ausstellungseröffnung erschien V., dessen Plakate dort auch verkauft wurden. Es war seine Hausgalerie, er sah sich die Fotos im Vorbeigehen an und sprach mit dem Kollektiv in den hinteren Räumen. Er rief sie zur Ordnung, brachte sie auf Linie, und schlagartig änderte sich deren Haltung zu mir und meiner Arbeit. Sie konnten nichts mehr rückgängig machen, aber distanzierten sich, so weit sie konnten. Später hatte V. die Stirn, mir seine Freundschaft anzubieten. Jetzt macht er sich in einem eigenen *taz*-Blog wichtig.

Dann N. Er fiel mir erst auf, als wir auf einer Demo zur Freilassung Rudolf Bahros waren und er wie aus dem Nichts neben mir und Franziska Groszer auftauchte. Selbstverständlich war die Demo gespickt mit Stasis aus Ostberlin, für uns leicht zu erkennen. Was man Stallgeruch nennt, gibt es ja auch als Kellergeruch, nicht? N. spielte den Naiven, staunte lauthals und verschwand. Mir fiel sofort eine Analogie zu einem damals in Jena aktiven GPU-Agenten aus Georgien auf. Der hatte mich zum Nachtzug von Jena nach Berlin begleitet, wo ich nach Biermanns Entzug der DDR-Staatsbürgerschaft Havemann aufsuchen wollte. Vor mir und hinter mir stiegen die Stasis ein, die mich begleiten sollten, auch D., jener Agent, der später Unheil in der Familie Fuchs anrichtete. Als ich ihm im Zug die Spitzel zeigte, sagte er voller Staunen: »Ja? Wirklich? Damit haben wir keine Erfahrung.«

Meine Stasiakten habe ich gelesen. So viel Papier. Ich versuche immer gegen den Strich zu lesen, irgendwas Groteskes, Selbstentlarvendes zu finden. Was mich wirklich belustigt hat, war der Stapel von Beschwerden des Gefängnispersonals über mein rebellisches Verhalten. Und das in so einem weinerlichen Ton! Kann man sich das vorstellen?

Verwundert als Erkenntnis hat mich, dass die Langzeitermordung von Fuchs, Pannach und Bahro mittels Röntgenstrahlung nirgendwo dokumentarisch belegbar und dennoch eine Tatsache ist. Die Methode ist neu, damit hätte ich nicht gerechnet, dennoch passt sie sehr genau zur Psychologie der Stasi.

Unter den IMs befand sich eine Geliebte aus der ersten Zeit in Jena, die ich aus Versehen enttarnte und die daraufhin verschwand. Einfluss auf mein Vertrauen in andere hat das alles wohl gehabt. Ich sage das mit Zögern, weil über sich selbst ja niemand wirklich Bescheid weiß. Es war allerdings wie ein Krebsgeschwür, die immer wuchernden Verdächtigungen. Es gibt eine Geschichte, die ich einmal Franzi[84] und meiner Tochter Nele erzählen muss. Ich ging mit Nele auf dem Arm zum Potsdamer Platz, wo damals das *Tempodrom* stand und ein Konzert von Biermann stattfand.

Vor dem Zelt sah ich Biermann und Jürgen Fuchs im Gespräch, trat zu ihnen, stolzer Vater, ganz klar, und stellte meine Tochter vor. Biermann: »Wer ist die Mutter, Franziska Groszer? Die war doch mit dem Stasispitzel Groszer verheiratet. Da pass mal bloß auf, bist du sicher, dass die nicht auch bei der Stasi ist?« Das muss man sich mal vorstellen! Was für ein Arschloch! Ich wusste das selbstverständlich von ihr, sie hatte es ja jedem erzählt und ihn deshalb verlassen. Doch traf es mich ins Herz, wie dieser Oberst der Bessermenschen mit mir, Franzi und unserer Tochter umsprang.

Obwohl er ohne Urteil aus dem Gefängnis direkt in den Westen entlassen wird, wird Bernd Markowsky nach der Wende rehabilitiert. Eine Einmalzahlung von 3.500 D-Mark ist die Haftentschädigung.

Auf die Frage, ob er sich im Leben ungerecht behandelt fühlt, sagt er: »Was man so unter Leben versteht. Vielleicht ist Leben in der Endspielzeit so.«

---

84 Franziska und Nele Groszer

Im Westen hat Bernd Markowsky ab und an in seinem Beruf arbeiten können. Er begann ein Studium, aber wegen zu enger Rahmenbedingungen war es ihm unmöglich, es weiterzuführen. Seine soziale Lage hält er für schlecht und in Zukunft für bedrohlich. Nach Miete, und bei der ist er »immer mit einigen Monaten im Verzug«, nach Strom, Wasser, Essen, Trinken, Telefon, Internet bleibt ihm so gut wie nichts. Sein künftiger Rentenanspruch ist »lächerlich gering«. Er wird gerade 220 Euro betragen. Seine Miete beträgt 385 Euro und die Nebenkosten 150 Euro. Auf die Frage, ob die ARGE für ihn zahlt, antwortet er: »Ich wohne am Westrand Europas unter frühkapitalistischen Bedingungen. Hier zahlt niemand etwas.«

Die Vereinigung war seiner Meinung nach unvermeidlich, doch nicht auf »die Koofmich-, oder die Koofickallet-Art, es sei denn, man hielte den Turboimperialismus für unvermeidlich.« Deutschland, meint er, verdiene den Namen Demokratie ebenso wenig wie die DDR den Namen Sozialismus.

Die DDR wiederhaben? Nee, bitte nicht noch einmal. Alles von vorn, aber jetzt gaaanz richtig? Wahr ist, dass die Mauer den Westen besser gemacht hat. Kulturell hat der Westen auf Kosten des Ostens gelebt.

Ich frage mich, ob mit der Vereinigung nicht doch mehr möglich gewesen wäre. Oder hätte es schlimmer kommen können? Die alltäglich gewordene feige Gewalt gegen Schutzbedürftige, gegen »andere«, von der Politik durch Nichtstun und Runterspielen sanktioniert und damit gewollt, die alltägliche Hetze, das gleichzeitige Wegducken und Gardinenlauern der Leute, sogenannter »Bürger«, das sind doch üble Weichenstellungen in eine ohnehin gefährliche Zukunft.

Ich bin nach Portugal gegangen, als ich das Gefühl hatte, alles wird schlechter. Ich bin gestrandet im »Exil auf der Hauptverkehrsstraße«. Warum? Ich mochte Deutschland nie wirklich. Als es dann richtig abging in die neue Zeit, hieß das für mich: »Wenn alles getan ist, ist es Zeit, abzuhauen.«

Gut war, dass wir jung waren und auf der Höhe unserer Zeit, und gut ist, dass manche von uns auch später nicht verblödet sind.

Vor einiger Zeit habe ich dieses Gedicht von Robert Desnos gefunden:

Epitaph

Ich bin der Tote, der durch jene Zeiten schritt.
Vor ...tausend Jahren. Aufrecht und gejagt.
Das Menschliche, von Mauern war's umragt.
Vermummten Sklaven rings – ich lebte mit.

In jenen Zeiten lebt ich – lebt ich frei.
Mein Auge sah die Erde, sah zum Himmel auf,
ich sah, wie alles kreiste, ich sah den Wasserlauf.
Die Blüte gab den Honig, der Vogel zog vorbei.

Mit alledem, ihr Menschen, was fingt ihr damit an?
Die Zeit, in der ich's schwer hatt', tragt ihr sie noch im Sinn?
Sät ihr die Saat gemeinsam und erntet jedermann?
Ist sie durch euch jetzt schöner, die Stadt, aus der ich bin?

Ihr Lebenden, ich leb nicht, ihr braucht nicht bang zu sein.
Mein Leib, er lebt nicht weiter, mein Geist nicht, nichts,
was mein.

Gabriele Stötzer: Biermann lag in der Luft – Oder: Frauen für Veränderung

Gabriele Stötzer[85] ist 1953 in Emleben in Thüringen geboren, sie ist die Tochter einer Buchhalterin und eines Werkzeugmachers. Sie war aktiv in der Erfurter Künstlerszene und hat anstelle eines Ateliers im Hinterhaus eines zerfallenden Gebäudekomplexes pausenlos gewebt und geschrieben. Herausgekommen sind eine Reihe von Teppichen und eine Reihe von Büchern. In der DDR hat sie im Untergrund Super 8-Filme gedreht, Keramik gemacht und bemalt. Eine atemlos tätige, vielseitig begabte Frau, die nach der Wende das Erfurter Kunsthaus mitbegründet hat. Gabriele Stötzer hat auf die Fragen per E-Mail geantwortet.

Ich hatte 1971 die Ausbildung als medizinisch-technische Assistentin abgeschlossen, danach arbeitete ich zwei Jahre und machte auf der Abendschule Abitur. Ab 1973 studierte ich Deutsch und Kunsterziehung und wurde im letzten Studienjahr 1976 mit einer Gruppe anderer Studenten aus politischen Gründen exmatrikuliert, mit Hochschulverbot für die ganze DDR, weil ich unter anderem eine Unterschriftensammlung an Frau Honecker machte mit 84 Unterschriften. Es ging um Rede- und Denkfreiheit. Ich kämpfte für den »echten« Sozialismus, zur gleichen Zeit wie Jürgen Fuchs in Jena. Danach war ich zur Bewährung in der Produktion. Im November 1976 wurde Bier-

85 1990 habe ich einen Film über Gabriele Stötzer gemacht: *Gabriele Kachold, eine Schriftstellerin in Erfurt* (SWR, 29 Minuten).

mann ausgebürgert, wo ich wieder eine Unterschriftensammlung initiierte, und ich wurde darum als Rückfalltäterin behandelt. Den Abschluss bzw. das Diplom bekam ich nach der Wende in einer Art Rehabilitationsform, indem ich nur noch die Abschlussprüfungen machen musste, eine Vorlesung halten, bzw. für Literatur meine inzwischen veröffentlichten Bücher und als Kunst meine Ausstellungen angerechnet wurden.

Verhaftung und Haft

Ich saß vom 6. Januar 1977 bis 5. Januar 1978 wegen Staatsverleumdung in Haft, zunächst in Erfurt, dann in Hoheneck. Wie wird man in so was hineingezogen? Indem man in einer Zeit oder einem Volk lebt, das selber keine Volkslieder mehr singt. Und dass man Musik doch als wichtig erachtet, als eine Art übergeordneten Gefühlsbereich, von dem man nicht lassen will. In der DDR war moderne Rockmusik verboten, und Biermann war noch einer der wenigen, der Lieder schrieb und selber spielte. Außerdem hatte er etwas Eindringliches in seiner Stimme. Er lockte mit frechen Wahrheiten, und die Art, wie er es überspannte, jagte einem Achtung und Angst ein. Ein Mitstudent kannte von einem vorher abgebrochenen Studium in Jena Jürgen Fuchs, der wieder kannte Biermann, und so kamen seine Texte zu uns. Ein anderer Dozent in Ilmenau, der mit meinem Mitstudenten studiert hatte, besuchte uns und sang mit seiner Gitarre Biermann-Texte. Biermann »lag in der Luft«, zumindest bei den Studenten. Als er dann nach seinem Konzert in Köln nicht mehr einreisen durfte, hat Jürgen Fuchs, der inzwischen exmatrikuliert war und bei Biermanns Freund Robert Havemann in Berlin wohnte, die Petition der Berliner Künstler per Telefon an Freunde in Jena weitergegeben. Der Kreis in Jena verbreitete den Wortlaut. Ein Jenaer Freund meines Mitstudenten, der inzwischen wie ich auch exmatrikuliert war, traf auf dem Bahnhof in Erfurt einen Freund meines Mannes, und der brachte ihn und den Text zu uns nach Hause. Hier waren wiederum andere mit mir exmatrikulierte Studenten angekommen und wollten etwas tun. Ehrlicherweise hat der Jenaer Bekannte gesagt, dass in Jena schon Verhaftungen erfolgt waren. Ich schrieb den Text ab und hatte das Gefühl, dass die anderen von mir erwarten, dass ich als Erste unterschrieb, was ich auch tat. Ein Freund und mein Mann haben dann weitere Unterschriften gesammelt. Mein Mann hat nicht unterschrieben, weil seine Mutter im Rathaus Abteilung Volksbildung saß und er sie nicht gefährden wollte. Als der Jenaer nach Jena zurückfuhr, wurde er kurz darauf verhaftet und hat meinen Namen der Stasi gesagt. Am gleichen Abend wurden mein Mann und ich verhaftet und vernommen, mein Mann aber am anderen Morgen wieder entlassen. Ich wurde weiter vernommen und vor die Konsequenz gestellt, auf »Tätige Reue« zu machen. Als ich das nicht tat, wurde ich zu einem Jahr Gefängnis verurteilt. In Erfurt wurden nur der Freund meines Mannes – er wurde zu einem Jahr und vier Monaten verurteilt – und ich festgenommen, in Jena viel mehr und in anderen Städten auch. Ich galt als Kopf und der Freund als Bauch einer konterrevolutionären Bewegung. Er ging am Ende seiner Knastzeit in den Westen. Ich saß meine Strafe ab und blieb bis zum Ende in der DDR. Nach der Haft gehörte ich zum künstlerischen Untergrund in der »Prenzlauer-Berg-Szene« und trat für individuelle Freiheit ein.

Die Frage, ob Gabriele Stötzer physisch gefoltert worden ist, beantwortet sie mit »Nein«. Die Frage nach der psychischen Folter lässt sie offen. Während der Haft gerät sie in Lebensgefahr.

U-Haft hieß in meinem Fall: Einzelhaft, nach meiner Operation mit noch zwei Gefangenen in der Zelle. Die ganze Zeit ohne Kontakt zu einem Rechtsanwalt, sodass man sich während der monatelangen Vernehmungen mit dem Rechtsanwalt nicht über den Fall unterhalten durfte und immer im Unrecht gehalten wurde.

Dabei habe ich mich in einem verdeckten Hungerstreik durch wenig Essen und Trinken selber in Gefahr gebracht, weil ich durch den Flüssigkeitsentzug eine Nierenkolik bekam. Ich krümmte mich auf dem Boden und schrie, und die anderen Gefangenen schrien auch, so wurde ich sofort aus der U-Haft weggebracht. Erst mal in die Medizinische Akademie Erfurt, wo man mich röntgte und feststellte, dass ich Nierensand hätte, der mit viel Trinken wegginge, dann weiter in das Knastkrankenhaus Meusdorf, wo man mich mit einer Fehldiagnose »Bauchhöhlenschwangerschaft« sofort operierte. Als ich 1992 meine Stasiakte hatte, erkundigte ich mich bei Ärzten, die in Erfurt auch vor der Wende Ärzte waren, ob ich diese Operation angreifen könnte. Aber nach ihrer Aussage war bei dem Befund »akuter Bauch« immer eine Operation möglich.

Während der Haft im Strafvollzug Hoheneck habe ich als Näherin bei Esda (einem Strumpfhosenhersteller, der im Knast nähen ließ) im Dreischichtsystem gearbeitet. Kontakt zur Familie hatte ich. Meine Mutter und Geschwister schrieben mir, einmal im Monat kam Besuch und ein Paket. Der Hauptkontakt war mein Mann, er arbeitete weiter als Lehrer, hatte ein Auto und besuchte mich regelmäßig und schrieb oft. Er nahm manchmal meine Schwester mit, betrog mich aber während der Zeit meines Strafvollzugs mit fast allen meinen Freundinnen. Nur den einen Fall mit einer Pfarrerstochter erzählte er mir, weil er mit ihr ein Kind gezeugt hatte, auf das er verzichtete, indem er das Verhältnis beendete, bevor ich rauskam. Mit den Freundinnen hat er mich weiter betrogen und sie manipuliert, es mir nicht zu sagen. Nach dem Knast wurde ich schwanger von ihm und ließ das Kind abtreiben, unter anderem, weil ich dachte, wenn ich schreiben will, dann wird das in der DDR gefährlich, und dann könnte ein Kind mich davon abhalten, die Wahrheit zu sagen. Aber er wollte das Kind auch nicht. Die Scheidung wollten wir letztendlich beide, nur er reichte sie ein mit dem Argument, dass ich mich durch das Gefängnis verändert hätte.

In der DDR geblieben

Ich hätte in den Westen entlassen werden können und habe darauf verzichtet. Aber ich wollte oft ausreisen und dachte, ich hielte es nicht mehr aus. Es war wie eine Krankheit. Zum Schluss war es gut, dass ich im Osten geblieben war, weil dieser ganze gesellschaftliche Umwälzungsprozess InitiatorInnen brauchte, die eine reine Weste hatten. Es war die Gelegenheit, auf die ich aber nicht gewartet hatte.

Nach der Haft waren mir alle möglichen »höheren« Arbeiten nicht zugänglich, keine Bibliothek oder Buchhandlung stellte mich ein. Außerdem hatte ich Studienverbot an allen Universitäten der DDR, als Lehrerin hätte ich nie unterrichten können, ich wurde Sachbearbeiterin in einer Schuhfabrik.

Ich begann, in Erfurt Kontakte zu anderen inzwischen exmatrikulierten Studenten aufzubauen. Wir betrieben eine private Galerie, besetzten Häuser und bauten dort Werkstätten nach dem Bauhausprinzip auf (ich webte, andere machten Zimmermannsarbeiten, Fotolabor, Siebdruckwerkstatt). Wir betrieben einen eigenen Zeichenzirkel und organisierten auch Pleinairs mit Künstlern aus der ganzen DDR im Eichsfeld. 1981 wurde die Galerie geschlossen und das Pleinair verboten. Die Studenten reisten aus, ich blieb und tauchte ab in den Untergrund, lebte von selbst gefertigten Dingen am Existenzminimum. Ich war eine der wenigen Frauen in der Prenzlauer-Berg-Szene, machte dort Untergrundveröffentlichungen und -lesungen, war als Schriftstellerin, als Fotografin und in der Untergrund-Super8-Filmszene bekannt. In Erfurt gründete ich 1984 eine Künstlerinnengruppe, mit der ich Filme, Modeobjektshows und Performances machte. Später kamen nach unserem Vorbild noch andere Frauengruppen in Erfurt dazu, die sich Anfang Oktober 1989 zum Dachverband *Frauen für Veränderung* zusammenschlossen. Am 4. Dezember 1989 initiierten die Leiterinnen dieser Frauengruppen die Besetzung der Stasigebäude in Erfurt (als Erste in der DDR).

Ich hatte mit etwa 20 IMs zu tun, IMs vor der Haft, nach der Haft. Vor der Haft an der Hochschule, das waren meine Dozenten, die für meine Exmatrikulation plädierten. Nach der Haft Leute aus der Untergrundszene, die versuchten, mich mit Informationen wieder in den Knast zu bekommen, dem ich mich aber immer wieder entziehen konnte. Das Schlimme an den IMs war der schlechte Leumund, den sie über einen verbreiteten. Man fühlte sich immer von Feinden und Kontrolleuren umgeben, konnte den Freund, der durch eine Lüge zurückgeschreckt war, nicht vom Feind, der professionell keine Gefühle für einen hatte, unterscheiden. Geblieben ist Misstrauen. Aber ich war auch gewohnt, mich nicht zu schonen.

Wende

Die Wende fing lange vor 1989 an. Ich hatte 1984 die Künstlerinnengruppe in Erfurt gegründet, seit Sommer 1988 gab es noch mehrere Frauengruppen in Erfurt. Wir trafen uns einmal im Monat im Rahmen der Kirche, wo wir über Entwicklung und Probleme sprachen. Als sich dann 1989 *Neues Forum* und *Demokratischer Aufbruch* als meist von Männern dominierte Gruppen herausbildeten, gründeten wir *Frauen für Veränderung*. Damit hatten wir eine Stimme bei den Demonstrationen in Erfurt, schrieben einen Brief an Erich Honecker, entwickelten politische Konzepte. Die erste Stasibesetzung in der DDR haben fünf Frauen beschlossen und den friedlichen Ablauf organisiert. Am gleichen Abend gründete sich die Bürgerwache, um das einmal besetzte Gebäude nicht mehr zu verlassen. Daraus entwickelten sich der Bürgerrat, das Bürgerkomitee und der Runde Tisch. An dem Abend, als die Grenze aufging, sprach ich auf einer Demonstration. Als alle in den Westen fuhren, war ich jeden Tag im Rathaus in Erfurt als Mitglied des Bürgerrates und -komitees und habe dort den Hungerstreik gegen die Vernichtung der Akten miterlebt. Ich erfuhr, dass ich mit auf der Liquidationsliste der Stasi stand. Zwischendurch hatte ich mehrere Talkshows im Fernsehen, Lesungen, oder wir fuhren zur Aufdeckung einer ehemaligen geheimen Zentrale der Stasi. Die Wende war ein Fulltime-Job ohne Bezahlung.

Meine Einstellung zur Wiedervereinigung beider Deutschlands ist absolut positiv.

Was mir von anfänglichen Begegnungen im Westen in Erinnerung ist, ist die Abwehr von Leuten, die vorher links waren. Sie reagierten sauer, weil man ihnen das »bessere Deutschland«, in dem sie selber nie wohnen wollten, aber in das sie all ihre Illusionen hineindeponiert hatten, weggenommen hatte. Ich kann mich an eine Talkshow mit prominenten Leuten erinnern, für die ich selber früher geschwärmt hatte. Sie sagten alle, beim Mauerfall geweint zu haben, mich ignorierten sie. Andere dachten, ich müsste nun aus dem Osten kommen und im Westen weiter aufräumen. Aber der Osten war ein Terrain der Nähe, wo ich mich auskannte, der Westen war mir fern. Ich kam kaum zum Luftholen und blieb vier weitere Jahre fest in Erfurt. Danach bin ich gependelt. Ich habe einen niederländischen Freund.

Als politischer Häftling wird Gabriele Stötzer anerkannt, erhält 3.300 Euro Haftentschädigung. Beruflich ist sie auch rehabilitiert worden und konnte ihr Pädagogikstudium abschließen. Zurückgeblieben ist jedoch einiges: Bis heute leidet sie an Konzentrationsstörungen und nennt eine ganze Reihe von körperlichen und seelischen Problemen, die sie in einen Zusammenhang mit der Haft bringt.

	vor der Haft	während der Haft	nach der Haft	heute
Depressive Verstimmung	keine	tiefe Einbrüche	ab und zu	keine
Schlafstörungen	keine	enorm	ab und zu	ja
Allgemeine Angst	keine	ja	ja	ja
Allgemeine Nervosität	war aufgeweckt	teils	ja	nein
Innere Unruhe	nein	ja	ja	ja
Misstrauen	nein	nein	ja	ja
Albträume	nein	ja	ja	nein
Kopfschmerzen	kann mich nicht erinnern	ja	ja	ja
Konzentrationsschwierigkeiten	nein	ja	ja	ja
Gereiztheit	ab und zu	verdeckt	ja	ja

Kontakt-schwierigkeiten	nein	den Umständen entsprechend	ja	nein
Suizidgedanken	nein	ja	ja	nein
Aggressivität	ja	nein	ja	nein
Mattigkeit	nein	ja	ja	ja
Magen-beschwerden	nein	nein	ja	nein
Platzangst	nein	nein	nein	nein

Meine gesundheitlichen Folgen

Kopfschmerzen bekomme ich zum Beispiel, wenn ich mich entscheiden soll. Oder wenn ich Probleme habe, die ich lösen muss. Dann muss ich durch die Schmerzen hindurch, und es regelt sich. Bei einem Kontaktabbruch ist das immer zweiseitig. Ich denke aber, dass ich früher eher selber den Kontakt abgebrochen oder es zu einem Streit habe kommen lassen, der die Beziehung beendete. Ich konnte das Abgewiesensein sonst nicht mit meinem Stolz vereinbaren.

Einen Antrag auf Haftschaden hat Gabriele Stötzer nicht gestellt. Gegen die Schmerzen nimmt sie ab und an Kopfschmerztabletten.

Im Allgemeinen fanden mich alle nach dem Knast zu hart. Oder zu unzugänglich. Vor allem die Freundinnen kritisierten mich, obwohl ich denke, dass da zwischen uns die Lüge stand. Ich war schweigsam und unzugänglich geworden, wollte viel allein sein, allein wandern. Das ist auch eine Eigenschaft aus der Haftzeit, sich abzuschließen vor seinen Gefühlen und auszuharren.

Meine Eltern und Geschwister standen zu mir, sie gingen nicht mehr zur Wahl, wir hatten weiter herzlichen Kontakt. Da meine Familie keine höhere Position hatte, konnte man ihnen nicht so viel tun. Mein großer Bruder durfte zwar keine Fahrschule einrichten, wurde aber Meister in seinem Betrieb. Mein kleiner Bruder konnte Pädagogik (Englisch) studieren.

Durch den Stress wurde mein Vater krank, er erlitt einen Herzinfarkt. Er wurde anfällig dafür und bekam noch mehr Herzleiden. Gestorben ist er aber an etwas anderem. Während der Haft habe ich davon nichts erfahren, da bekam ich nur aufmunternde Nachrichten.

Ihre heutige soziale Lage schätzt Gabriele Stötzer als »mäßig« ein. Das ist schwach ausgedrückt. Seit sie sozial in der DDR herabgestuft worden ist, ist sie in dieser Position verharrt. Unterhalt vom geschiedenen Ehemann gab es nicht in der DDR, »weil Mann und Frau gleichberechtigt waren in dem Sinne, dass beide arbeiten mussten und sich ihr Geld selbst verdienten«. Geblieben ist ein Leben am Rande des Existenzminimums. Sie lebt von Arbeitslosengeld II und erhält inklusive Wohngeld 660 Euro. Ihre Miete beträgt 337 Euro. Als eigenständigen Rentenanspruch habe sie, sagt sie lakonisch, nur die Opferrente.

Marion und Peter Hanke: Unerwartete Überfälle

Marion Hanke ist 57 Jahre alt und von Beruf Floristin. Sie ist von Juli 1974 bis Anfang November 1975 in politischer Haft gewesen. Seit sie vom Westen freigekauft worden ist, lebt sie im Ruhrgebiet. Ich treffe sie und ihren Mann Peter Hanke in einer modernen Siedlung. Dort leben sie in einem großen Einraumstudio mit Terrasse in einem mit alten Laubbäumen bestandenen Park.

Peter Hanke ist gelernter Elektroniker, einst war er Opel-Betriebsrat und hat auf einer linken Liste kandiert. Er ist heute in Rente.

Marion Hanke: In der DDR habe ich Friseuse gelernt. Neun Jahre lang habe ich in dem Beruf gearbeitet. Als ich in den Westen rüberkam, habe ich das wieder versucht, aber ich hatte Schwierigkeiten im Umgang mit den Kunden und war sehr unglücklich. Nach vier Wochen habe ich das Handtuch geschmissen. Nach verschiedenen Jobs habe ich in einem selbstverwalteten Kinderladen gearbeitet, der von einer Elterninitiative betrieben wurde. Wir wollten selber keine Kinder, und da dachte ich, das ist vielleicht eine Gelegenheit, das kennenzulernen. Vier Jahre lang habe ich in einer Krabbelgruppe gearbeitet. Als ich 40 wurde, dachte ich, das kann doch nicht alles sein, und habe noch mal eine Lehre angefangen.

Meine Verhaftung – die Geschichte beginnt in meiner Heimatstadt Burg.[86] Ich ging mit einer Freundin tanzen. Dorthin, wo etwas los war. Wo auch mal Westler hinkamen. Und da habe ich meinen Mann Peter kennengelernt.

86 Theodor Fontane beschreibt Burg als »eine ansehnliche Stadt, von der trotzdem niemand nichts weiß«.

Peter Hanke: 1972 habe ich als Betriebsrat kandidiert bei Opel. Wir waren im Betrieb die Chaoten, die sich immer anhören mussten: »Geht doch rüber, geht doch rüber in die DDR.« In dem Betriebsrat waren alle möglichen Gruppen vertreten. Da waren die üblichen Linksgruppen von KBW bis KPD und KPD/AO, die KPD/ML und natürlich auch die DKP vertreten.[87] Und auch noch die Gewerkschaften. Ich selber war nie parteipolitisch engagiert. Aber ich habe in einer linken Gruppe mitgemacht.

Damals bin ich auf Einladung eines DKP-Betriebsratskollegen in die DDR mitgereist, um mir das dort mal anzugucken und um während der Leipziger Messe an einer Veranstaltung teilzunehmen. Eigentlich wollte man mich dort wohl anwerben. Aber ich habe mich schon bei den ersten Diskussionen unbeliebt gemacht, weil mir einige Sachen nicht passten. Auf der Rückreise von Leipzig hatten wir etwas Zeit und sind in Burg spazieren gegangen. Bei dieser Gelegenheit habe ich Marion kennengelernt.

Marion Hanke: Wir blieben in Briefkontakt. Peter besuchte mich zwei-, dreimal. Er musste immer wieder zurück; da war es schwierig, Zukunftspläne zu schmieden. Wir vereinbarten deshalb, in Ungarn gemeinsam Urlaub zu machen und da mal zu gucken, ob man einen Weg findet. Ich wollte eigentlich schon immer weg. Kurz bevor mein Flug nach Ungarn ging, kam die Staatssicherheit morgens zu meiner Arbeitsstelle. Ich frisierte gerade jemanden. Sie sprachen meinen Chef an, sie möchten mit mir sprechen. Mein Chef fragte, ob sie das nicht mit ihm bereden könnten. Er ahnte etwas. Nein, das könnten sie nicht, sie müssten mich erst mal mitnehmen.

Also wurde ich von der Arbeit weg verhaftet. Eine Freundin wusste davon, aber sie war nicht die Quelle. Wir hatten vor der Verhaftung Briefverkehr, Peter und ich. Die Briefe waren alle geöffnet worden. Das sah ich. Jeder Brief, der aus der Bundesrepublik kam, war luschig zugeklebt. Und einmal hatte er geschrieben, ich solle ihm bitte ein Passbild schicken. Diese Briefe haben sie mir alle vorgelegt. Mein Flugticket hatten sie als Beweismittel.

Peter Hanke: Ich wollte versuchen, einen falschen Pass anzufertigen, was mir aber nicht gelungen ist. Ich konnte keine Kontakte zu Leuten knüpfen, die mir einen Pass organisieren würden. Aber ich wollte es vorbereiten und habe dafür ein Passbild von ihr verlangt.

Marion Hanke: Meine Mutter, bei der ich lebte, war Frührentnerin. Sie durfte in die Bundesrepublik reisen. Wir hatten vereinbart, dass sie in der Bun-

---

87 KBW: Kommunistischer Bund Westdeutschland; KPD/AO: Kommunistische Partei Deutschlands/Aufbau-Organisation; KPD/ML: Kommunistische Partei Deutschlands/Marxisten-Leninisten; DKP: Deutsche Kommunistische Partei, Nachfolgeorganisation der verbotenen KPD

desrepublik ist, falls ich in Ungarn eine Möglichkeit finde, rüberzukommen. Meine Schwester, die im Westen lebte, war in der Zeit zu Besuch und nahm meine Mutter mit. Nachts bekam ich einen Anruf von meiner Schwester, sie haben unsere Mutter nicht ausreisen lassen. Die haben sie festgehalten. Da habe ich schon geahnt, dass die Flucht aufgeflogen ist.

Ich habe in der letzten Nacht bei einer Freundin geschlafen und war wie gelähmt. Am Morgen musste ich noch zur Arbeit. Ich war wie aufgedreht und zugleich wie blind. Ich habe nichts vernichtet, die Briefe waren nachher natürlich alle Beweismaterial.

Und ich wusste nicht, was meine Mutter gesagt hat. Es ist schwierig, wenn zwei an einer Tat beteiligt sind. Die Stasi spielte die Leute gegeneinander aus. Mit meinen 23 Jahren war ich ein völlig unbedarftes und naives Mädchen. Und hatte bis dahin ein vollkommen unbekümmertes Leben geführt.

Als ich zur Staatssicherheit Burg gebracht wurde, hatte ich während der ersten Vernehmungen nur den Gedanken: Jetzt sagst du denen mal wirklich, was du denkst. Jetzt redest du Tacheles. Ich habe denen an den Kopf geknallt, dass ich immer weg wollte, dass ich mit dem Staat überhaupt nicht zufrieden wäre, dass ich jede Gelegenheit wahrgenommen hätte, wegzukommen … Das hätte ich nicht machen sollen. Mir war aber in der Situation alles egal. In meinem Urteil stand, dass ich zu Menschenhändlerbanden mithilfe meines Freundes Kontakt aufgenommen hätte. Menschenhändlerbanden sind für die ein rotes Tuch gewesen. Ich habe das nur aus Trotz gesagt. Mit der Folge, dass ich zu drei Jahren und vier Monaten verurteilt wurde. Davon habe ich ein halbes Jahr lang in U-Haft in Magdeburg gesessen und den Rest in Hoheneck, bis ich freigekauft worden bin. Das waren insgesamt ein Jahr und zehn Monate.

Während der Untersuchungshaft bin ich relativ korrekt behandelt worden. Mit mir in der Zelle haben vor allem Frauen gesessen, die auch abhauen wollten. Nur aus den Nachbarzellen hörte man, dass jemand unglaublich laut wurde, sich Männer anschrien, ein Stuhl fiel um, und danach war plötzlich alles ruhig.

Haft und psychische Folter

Psychische Folter habe ich erlebt, im weiten Sinne ja. Ich kann mich an eine Situation erinnern, die vergesse ich nicht, so unmöglich fand ich das. Es war Ende 1974. Der Winter war eisig kalt. Und wir hatten Nachtschicht. Vorher konnten wir noch unseren Rundgang machen. Der ganze Hof war Eis. Normalerweise durfte man nicht sprechen, während man den Rundgang machte. Eine unserer Mithäftlinge sagte aber etwas. Die Aufseherin bekam das mit und verlangte von uns allen, auf der Stelle stehen zu bleiben. Das dauerte die gesamte verbliebene Zeit unseres Rundgangs, also noch etwa 20 Minuten. Wir froren in der Eiseskälte ohne Ende. Die Frau, die vorher was gesagt hatte, protestierte, es sei unmöglich, uns hier stehen zu lassen. Die Aufseherin bat die Frau nach vorne und um die Nummer – wir waren ja Nummern – und meldete das weiter. Mit der Konsequenz, dass sie bei ihrer nächsten Besuchsgenehmigung nach fünf Minuten wieder oben war und bitterlich weinte. Sie war fix und fertig, als sie erzählte, dass genau die Wärterin, die damals auf dem Hof war und sich die Nummer von ihr geben ließ, die Aufseherin bei diesem Besuch war. Sie durfte nichts behalten von den mitgebrachten Essenswaren, gar nichts.

Eine weitere Situation habe ich bei einer Mitgefangenen im Strafvollzug beobachtet. Die erfuhr über ihren Anwalt, dass ihr der Sohn weggenommen und zur Adoption freigegeben würde. Pro forma wollte der Anwalt noch darum kämpfen, dass das nicht passiert. Aber das war wirklich nur pro forma. Wie schlecht es der Frau ging, als sie dann per Brief den Entscheid bekam, das werde ich nicht vergessen. Im *Stern* habe ich später mal einen Bericht über sie gelesen, wie sie weiter um ihr Kind kämpfte. Im Grunde ist die Frau für ihr Leben gestraft.

Was mich betrifft, da hielt es sich eigentlich in Grenzen. Da relativiere ich dann. Das ist doch wirklich Kleinkram gewesen im Vergleich zu anderen, die viel mehr mitmachen mussten. So eine Adoption ist schon eine ganz andere Kategorie.

Die Arbeitsbedingungen waren schwierig. Wir mussten unsere 100 Prozent abliefern. Wir Jüngeren konnten das noch ganz gut, aber die Älteren hatten Schwierigkeiten, die 100 Prozent zu schaffen. Wir haben das dann so gemacht, dass die, die fertig waren, für die Älteren die Motoren mitgewickelt und denen rübergegeben haben. Aber die Aufpasserinnen haben das mitbekommen und nach oben gemeldet. Danach haben sie aufgepasst, sodass wir nicht mehr helfen konnten. Die, die bis zum Schichtende ihr Soll nicht geschafft hatten, mussten dann so lange nacharbeiten, bis sie ihre Stückzahl erreicht hatten. Die kamen irgendwann völlig kaputt nach oben. Das waren Schikanen. Wenn es um die Stückzahl ging, konnte es ihnen doch egal sein, ob wir für die mitarbeiteten oder nicht. Aber es ist wohl nicht die Stückzahl gewesen.

Im Strafvollzug hatte ich Nierenkoliken. Erst hatte ich nur wahnsinnige Schmerzen im Bauchbereich. Zum Glück hatten wir in unserem Verwahrraum eine Ärztin. Die tastete meinen Bauch ab und sagte, ich hätte wahrscheinlich Nierensteine, so wie sich das anfühlte. Ich sollte aufpassen, wenn ich zur Toilette ginge, ob da was rauskommt. Gleichzeitig hatte ich mich beim Arzt angemeldet, aber da passierte gar nichts. Ich habe Koliken gehabt und bin fast die Wände hochgegangen. Nach zwei Wochen ist der Nierengrieß abgegangen. Ich hatte Blutverlust und war schlapp. Ich sah beschissen aus. Dann bin ich ein paar Wochen später zum Arzt gekommen. Der hat dann nichts gefunden und hat mir irgendwelche Tropfen verschrieben. Aber unmittelbar, als es mir schlecht ging, passierte nichts. Zum Glück wusste ich von der Mitgefangenen, dass es »nur Nierensteine« waren.

Ausreise

Während des Strafvollzugs erfährt Marion Hanke, dass es zwischen den Häftlingen Unterschiede gibt. Einige müssen ihre Haftzeit bis zum letzten Tag absitzen und werden dann in die DDR entlassen. Andere rechnen damit, dass sie in den Westen kommen.

Ich habe immer gedacht, dass ich in den Westen komme. Zumal ich einen ganz passablen Anwalt aus der Vogel-Gruppe hatte. Der sagte mir: »Machen Sie sich keine Sorgen.« Der Anwalt konnte auch nicht viel sagen, weil man nie unter vier Augen war, auch wenn man nur zu zweit dasaß. Aber er sagte immer wieder: »Machen Sie sich keine Gedanken. Das geht schon seinen Gang.«

Der Tag der Ausreise war eigenartig. Dr. Vogel kam vorbei und gab uns letzte Verhaltensregeln. In drei Bussen fuhren wir die Autobahn entlang. In einem Feldweg stand ein anderer Bus. In den wurden wir umverfrachtet. Es war eine Nacht- und Nebelaktion, damit keiner etwas mitkriegte. Danach ging es ohne Kontrollen nach Westdeutschland in das Notaufnahmelager Gießen.

Es war wie ein Traum. Endlich tritt ein, worauf du die ganze Zeit gewartet hast; raus aus dem Gefängnis und frei. Nur das Durchlaufen der ganzen Ämter in dem Lager … Da geht man ja durch den Verfassungsschutz und andere Dienste. Der war mir besonders unangenehm. Da habe ich zum ersten Mal gedacht, sind die aber unfreundlich!

Mit den Unterlagen und den Bögen zum Ausfüllen fühlte ich mich ein bisschen allein. Ich hatte das Gefühl, damit musst du jetzt alleine zurechtkommen. In der DDR war ich es gewohnt gewesen, geführt zu werden. Auch die übrigen Häftlinge gingen plötzlich alle ihren eigenen Weg. Plötzlich zerläpperte sich das Ganze. Jeder sah zu, Kontakt zu Verwandten oder Freunden aufzunehmen, die sie dann abholten. Ich rief auch meine Schwester an: »Ich bin in Gießen, ihr könnt mich morgen holen.« Dann bekam ich noch meine Eingliederungshilfe ausgezahlt.

Im Westen

»Die ersten Jahre im Westen waren schwierig«, sagt Marion. Zum Glück gibt es Peter Hanke, der froh ist, dass Marion endlich im Westen ist. Er sagt noch heute: »Ich war nur verliebt in diese Frau.« Peter Hanke ist Elektroniker und hat damals sehr gut verdient. Beide haben geheiratet, er hat Marions Nachnamen angenommen.

Marion hat sich zunächst sehr in sich zurückgezogen. Über die Dauer ihrer inneren Isolation sind beide unterschiedlicher Ansicht. Sie meint, es habe zwei, drei Jahre gedauert. Er sagt, es seien wohl sechs oder sieben gewesen.

Marion Hanke: Während der ersten Jahre hatte ich Schwierigkeiten, mit Menschen zu sprechen. Ich beteiligte mich an kaum einer Unterhaltung. Wenn wir in einer netten Runde saßen und die Leute erzählten etwas, war ich immer außen vor. Ich merkte selber, in welcher Situation ich steckte, kam aber trotzdem nicht von selbst heraus. Auch wenn ich nie wirklich extrovertiert gewesen bin, so habe ich in der DDR doch Kontakte gehabt. Nach der Haft war das anders. Das ging bestimmt zwei, drei Jahre so, in denen ich mich aus Misstrauen vollkommen zurückgehalten habe. Vielleicht auch aus der Erfahrung heraus, was man mit dem, was ich sage, machen kann. Das lockerte sich Gott sei Dank mit der Zeit.

Auch mit der Mentalität der Leute hatte ich Schwierigkeiten. Ich war nicht selbstbewusst genug. Was mir zusetzte, waren die Arbeitsbedingungen. In der DDR war ich in einen Privatfriseurladen eingebettet gewesen. Wir waren ein gutes Team, hatten einen tollen Chef. Auch das Verhältnis zwischen uns und den Kunden war ein anderes als im Westen. Die Kunden erwarten hier einfach, dass man eine Dienende ist. Der Westchef verlangte, dass man denen alles um den Bart schmiert. Das fiel mir unheimlich schwer. Hier könnte ich nie wieder arbeiten, habe ich gedacht. Und ich habe die Flinte ins Korn geworfen.

Peter Hanke ist damals noch im Opel-Betriebsrat und kandidiert auf einer linken Liste, auf der auch Kommunisten stehen. Seine Frau kann aufgrund ihrer DDR-Erfahrung mit seinem linken Engagement nichts anfangen. Sie drängt ihn, politisch weniger zu arbeiten. Peter Hanke sagt, er habe sich dann bei bestimmten Aktivitäten zurückgehalten, aber seine gewerkschaftliche Aktivität hat er fortgeführt. Marion Hanke wird Mitglied der Frauengruppe bei Opel. Dort treffen sich die Ehefrauen der Opel-Leute, die bei der oppositionellen Liste mitmachen. Auch wenn sie keine Hoffnung in den Sozialismus setzt, ist sie bei Demonstrationen mit dabei, zum Beispiel in Brokdorf. Endlich konnte sie ihre Überzeugung kundtun! In der DDR war das ja nicht möglich. Bei den Polizeieinsätzen gab es Situationen, über die sie erschrocken war: Überall gab es Stacheldraht und Polizisten mit Gewehren in Bereitschaft.

Peter Hanke: Ich hatte mit 40 eine Krise. Ich wollte mit Marion leben, aber ich merkte, sie fühlte sich nicht heimisch. Sie wusste nicht, ist das hier nun ihre Heimat oder ist es noch die DDR, wo sie ihre Freundinnen hatte. Ich habe damals einen radikalen Schnitt gemacht, den ich bis heute in der Höhe der Rente spüre, der aber unsere Beziehung gerettet hat. Ich habe gesagt, wir kündigen unsere Wohnung, wir bauen uns ein Wohnmobil und verschiffen uns nach Amerika. Wir machen erst mal Urlaub – egal wie lange. Ich habe dann alles hingeschmissen, und Ende 1983 fuhren wir los. Wir sind neun Monate unterwegs gewesen. Und ich glaube, dass diese Reise ein ganz wichtiger Punkt war.

Folgen der Haft

Marion Hanke: Ich habe nie Anstalten gemacht, irgendetwas untersuchen zu lassen. Wir wussten nicht, was es alles an Störungen gibt. Und ich weiß nicht, ob ich eine Untersuchung gewollt hätte, wenn ich es gewusst hätte. Eine Entschädigung aufgrund eines Berufs- oder Gesundheitsschadens habe ich nicht beantragt.

Eine posttraumatische Belastungsstörung ist bei ihr nie untersucht worden, sagt er. Von der Liste der möglichen Störungen nennt sie Rückenprobleme. Die hatte sie schon vor der Haft einmal, vom Ballett. Aber das habe sich alles geregelt. Nach der Haft gab es mit dem Rücken weiterhin leichte Probleme. Aber die bezieht sie nicht auf die Haft. Ihre Nierenprobleme dagegen schreibt sie der Haftzeit zu.

Magendrücken und Angst vor der nächsten Vernehmung am nächsten Tag hatte sie vor allem während der U-Haft. Davon sei wenig geblieben. Auch die nervöse Unruhe, die ihr einst zu schaffen machte, spürt sie nicht mehr. Was aber nicht heißt, dass die nicht mehr da ist. Albträume hatte sie lange. Vor der Haft nie, nach der Haft hielten sie bis zur Wende an.

Peter Hanke ergänzt: Zu den Traumafolgen gehöre, dass sie ihren Job nicht weitergemacht hat. Bewusst ist ihr vor allem das Misstrauen. Über ihre Haft hat sie erst spät mit Freunden gesprochen. Und dann nur, wenn es von denen ausging. Von alleine redet sie auch deshalb nicht, weil sie davon zu sehr aufgewühlt wird. Marion Hanke möchte das vermeiden.

Marion Hanke: Letztens sprach ich mit einer Freundin, die nicht viel über meine Haft wusste. Aber vor ein paar Wochen bat sie mich: »Erzähl doch mal.« Und da habe ich ein bisschen mehr erzählt und merkte, wie mich das aufgeregt hat. Ich fing an zu glühen und merkte, dass ich ganz schweißige Hände bekam. Da muss also noch etwas sein, was mich nach so vielen Jahren immer noch aufregt.

Angst vor Beziehungsverlust habe ich gehabt. Was unsere Beziehung angeht, hatte ich immer Angst, dass es mit uns nicht klappt. Wir kannten uns ja zu wenig. Und es gab ja so viele interessante Menschen, auch Frauen. Ich war später in einer Frauengruppe. Ich hatte immer Sorge, dass der Peter interessantere Frauen kennenlernt. Aber ich denke, das ist normal.

Die Verhaftung von Peter Hanke

Als beide zehn Jahre verheiratet waren, wollten sie in die DDR, um Marions Freundinnen zu besuchen. Sie hatte schon mehrfach einen Antrag gestellt, aber alle Anträge waren abgelehnt worden. Sie versuchten, von Berlin aus mit einem Tagesvisum einzureisen.

Peter Hanke: Am Übergang hat man Marion nach Hause geschickt, sie durfte nicht einreisen. Mich haben sie bei der Gelegenheit verhaftet. Sie hatten aus der Zeit von Marions Haft eine inzwischen zehn Jahre alte Haftverfügung gegen mich vorliegen. Ich war gewissermaßen der Fluchthelfer von Marion gewesen.

Marion Hanke: Das war eine besonders fiese Art, wie sie ihn festgenommen haben. Sie nahmen uns die Pässe weg, wir wollten ja ein Tagesvisum haben. Und da sagten sie, wir müssten mit dem Wohnmobil hinten auf den Hof fahren. Wir, immer noch unbedarft, fahren auf den Hof und warten. Nach einer langen Zeit kommt jemand und sagt: »Frau Hanke, kommen Sie doch schon mal mit wegen der Personalien.« Dann führten die mich in einen ganz kleinen Raum. Dann kommt einer in Zivil rein und sagt: »Frau Hanke, ich habe Ihnen zwei Mitteilungen zu machen. Die eine ist, dass Sie die Einreise nicht kriegen. Und die schwerwiegendere ist, dass wir Ihren Mann verhaftet haben.«

Er war einfach weg. Die hatten uns unter dem Vorwand der Überprüfung der Personalien auseinandergekriegt, und das war es dann. Und der fragte mich dann nur noch, ob ich einen Führerschein hätte und den Wagen aus dem DDR-Gebiet rausfahren könne. In meiner ganzen Aufgelöstheit musste ich auch noch den Wagen fahren. Ich bin direkt zur nächsten Polizeistelle hinter dem Schlagbaum und habe den Fall gemeldet. Ich habe den Rechtsanwalt

Stange anrufen und auch sofort einen Termin bekommen. Ich bin noch am selben Tag zu ihm gegangen. Er hatte meine Akten noch da.

Peter Hanke: Ich kam in dieselbe Haftanstalt, in der auch Marion gewesen ist. Deswegen wusste ich schon, wie man in der Zelle kommuniziert. Das wusste ich von ihr. Ich hatte immer dicke Knöchel vom Morsen an der Zellenwand.

Marion Hanke knüpfte etliche Kontakte auf politischer Ebene, um ihn wieder rauszukriegen. Am erfolgreichsten war der über das Büro von Willy Brandt, der zu dieser Zeit gerade einen Besuch in der DDR machte.

Peter Hanke: Marion hat sich unheimlich gekümmert in der Zeit. Und ich habe mit meinen Mitteln im Gefängnis gekämpft. Die hatten es mit mir schwer. Ich war ja kein unbedarfter DDR-Bürger. Ich kannte mich ein bisschen aus, wie man sich in solch einer Situation wehrt.

Zum Beispiel gab es in der Zelle abends etwas Fleisch und etwas Fettes. Da habe ich gesagt: »Gibt es keinen Senf dazu?« Und habe geschellt. Da sagte mein Zellenmitbewohner: »Das kannst du nicht machen.« Ich sagte: »Wie, kann ich nicht machen?« Und ich habe dann um Senf gebeten. Und die brachten mir Senf ohne irgendeine Diskussion. Das konnte mein Zellennachbar überhaupt nicht fassen.

Marion Hanke: Die Westbürger sind einfach selbstbewusster. Der Peter hat sich nicht die Butter vom Brot nehmen lassen. Wir aus der DDR waren viel zu eingeschüchtert. Wir trauten uns nichts.

Peter Hanke: Ich habe auch meine Behinderung als Kampfmittel eingesetzt. Ich hatte zu der Zeit Asthma, was so gefährlich war, dass die einen Arzt konsultiert haben, der bei den Verhören dabei war. Sie haben mir die Aussagen meiner Frau während der Haftzeit vor zehn Jahren vorgehalten. Sie hat natürlich, unbedarft wie sie war, immer gesagt, dass ihr Freund sie rausholen wollte. Ich wusste, wenn ich das zugebe, bin ich dran. Sieben Jahre haben sie mir angedroht. Also habe ich das rundweg abgestritten und habe ihre Aussage auf die Methoden der DDR-Verhörspezialisten geschoben. Sie sollten mir das Gegenteil beweisen. Das konnten sie nicht. Wenn sie mir nur die Aussagen meiner Frau vorhalten, habe ich mir gesagt, wollen wir mal sehen, wie weit das reicht. Ich habe bei den Verhören kein Protokoll unterschrieben.

Marion Hanke: Im Ministerium des Innern sagten die mir auch, ich müsse mich darauf einstellen, dass es sieben Jahre werden können. Damit musste ich zurechtkommen. Aber dann fing ich an zu ackern. Ich habe alle möglichen Leute angeschrieben einschließlich Willy Brandt und habe das Ganze geschildert. Ich hatte auch einen Termin im Büro Willy Brandts, weil ich persönlich mit ihm reden wollte. Einen Tag vor dem Termin mit Brandt habe ich einen

Anruf aus seinem Büro bekommen. Sie sagten, ich brauchte den Termin nicht mehr, weil mein Mann rauskommt.

Aus Peters Stasiakten geht hervor, dass irgendjemand von oben Einfluss genommen hat. Ich finde es nachgerade erstaunlich, dass mein Mann keinen Prozess bekommen hat. Normalerweise streben die einen Prozess an, damit sie für ihn kassieren können. Aber wer weiß, ob nicht trotzdem Gelder geflossen sind.

Während der ganzen Zeit seiner Verhaftung kamen bei mir die Gefühle hoch. Da kam alles zusammen: Wut auf die DDR und auf alles, was damit zusammenhing. Einsamkeit, Traurigkeit und vor allem Wut auf mich selbst, weil ich mir denken konnte, dass sie ihm meine Vernehmungsprotokolle vorhielten. Ich hatte ja ausgesagt, dass mein Freund alles Mögliche versucht hat, mich rauszuholen. Und dass es mir auch recht gewesen wäre, wenn es über Menschenhändler gelaufen wäre. Jetzt hatte ich ein schlechtes Gewissen, dass ich das alles preisgegeben hatte.

Heute

Die Wende war für mich Freude, nichts als Freude. Dass das ohne Blutvergießen passiert ist, da kann man von Glück reden. Es ist ein tolles Gefühl, dass ich wieder rüberfahren und wieder in meine ehemalige Heimat kann. Dass ich meine Freundinnen wiedersehen kann, hat mich am meisten gefreut. Wir haben uns zwischendurch in Ungarn getroffen, aber unter ganz anderen Bedingungen.

Peter Hanke: Ich habe etwas bedauert, dass der Versuch des Sozialismus auf deutschem Boden fehlgeschlagen ist. Dass sich das alles so entwickeln würde, konnte ja niemand absehen. Es ist schrecklich, was sich da entwickelt hat, wie es sich verselbstständigt hat. Das verdirbt einem ein bisschen den Glauben daran, dass Sozialismus überhaupt möglich ist. Man sieht die alten Kommunisten, die ein besseres Deutschland aufbauen wollten. Die hatten ja hehre Absichten. Darüber denkt man dann nach. Also ich jedenfalls, Marion hat anders gedacht. Ich wehre mich immer noch dagegen, dass der Kapitalismus die Alternative sein soll.

Marion Hanke: Für mich kann der Sozialismus nicht funktionieren. Es funktioniert nicht, weil eben der Mensch so ist. Ich weiß nicht, was es sonst noch geben könnte. Ich glaube nicht an den guten Menschen, der selbstlos handelt. Wenn du einmal an der Macht bist, willst du daran festhalten und willst alle Vorteile für dich.

Ich weiß, dass viele, die in der DDR lebten, mit der Vereinigung nicht zurechtkommen. Mir ist schon klar, was es für sie heißt, heute keine Arbeit zu kriegen. Früher haben sie sich keine Gedanken zu machen brauchen. Auch wenn sie nur den Sand von links nach rechts geschippt hatten, sie waren versorgt. Man hört ja auch Stimmen, dass früher alles besser war und dass die Mauer zurück soll. Das finde ich aber ganz schlimm.

Die Hankes haben ihre Akten eingesehen. Sie wissen, dass es der Chef von Marions Mutter war, der der Stasi berichtet hat. Und auch eine Freundin der Mutter, die später in die Bundesrepublik übergesiedelt ist. Die brach sofort den Kontakt ab, als sie erfuhr, dass Marion Hanke Akteneinsicht beantragt hat. Auch eine Freundin, mit der das Paar seit der Wende mehrfach gemeinsam Urlaub gemacht hat, wäre fast noch zu einer Gefahr geworden. Den Akten ist zu entnehmen, dass die Stasi sie anwerben und umdrehen wollte.

Marion Hanke: Ich bin jetzt 57 Jahre alt, arbeite aber trotzdem nicht mehr. Das Problem ist: Weil er Rentner ist, möchten wir ein bisschen freier leben und reisen. Wir haben ein Wohnmobil. Und da haben wir uns überlegt, dass wir das mit ein paar Einschränkungen hinkriegen. Das ist es mir wert.

Laut Rentenbescheid bekäme ich wegen meines 400-Euro-Jobs sowieso nur 170 Euro Rente. Auf die lohnt es kaum zu warten. Da machen die paar Stunden, die ich noch arbeiten würde, auch nicht viel aus. Da ist mir der Freiraum lieber.

Einschränken müssen wir uns beide. Peter hat sich erschrocken, als er seine Rente sah. Das sind nur rund 800 Euro. Zum Glück hat der Vermieter seit 30 Jahren die Miete für unsere großzügig angelegte Einraumwohnung nicht erhöht. Mehr Platz brauchen wir beide auch nicht.

Nach dem Häftlingshilfegesetz und dem strafrechtlichen Rehabilitierungsgesetz ist Marion Hanke als politischer Häftling anerkannt worden. Entsprechend der Länge ihrer Haft hat sie eine Entschädigungs- und Wiedereingliederungsleistungen erhalten.

Peter Hanke fragt sich, ob seine Frau mit ihrer Art des Relativierens des Erlebten ihr Trauma überwinden kann. Neulich erst hat es sie ganz unerwartet überfallen, als sie im Kino den Film Das Leben der Anderen *sahen. Auch Marion Hanke war darüber sehr erschrocken.*

Marion Hanke: Ich dachte, ich hätte inzwischen alles locker abgehakt. Aber nach dem Film bin ich zusammengebrochen. Damit hatte ich nicht gerechnet. Der Vernehmungsraum in dem Film stimmte genau mit meinem überein. Die Anordnung der Tische und die Art, wie das Verhör verlief. Da muss bei mir wohl alles wieder hochgekommen sein. Ich dachte, ich hätte das alles schon überwunden.

Marion H.: Mein Leben – Keller, Untergeschoss

Marion H. ist 1954 geboren. Nach einer Zeit im Jugendwerkhof[88] *in den 70er Jahren hat sie noch zweimal Erfahrungen mit dem DDR-Knast gemacht. Das erste Mal von 1972 bis 1974 und das zweite Mal 1979. Im Jahr 1979 gab es eine Amnestie, durch die die Haftzeit um die Hälfte verkürzt wurde, sodass sie nur fünf Monate absitzen musste. Beide Male war sie aus politischen Gründen in Haft: Sie wollte in den Westen, ein Wunsch, den sie mit vielen teilte. Aber jede Fluchtgeschichte ist anders.*

Heim

Ich wurde unehelich geboren. Mein Vater oder Stiefvater – ich weiß nicht, ob er mein richtiger Vater ist – war noch mit einer anderen Frau verheiratet und hatte mit ihr ebenfalls Kinder. Er hat meine Mutter erst zwei Jahre nach meiner Geburt geheiratet. Meine Mutter hat sich mit knapp 30 umgebracht. Meine Schwester und ich kamen ins Kinderheim. Wir sind getrennt worden, und sie ist in ein anderes Heim gekommen. Einmal im Monat haben sie uns zusammengeführt und gesagt, wir dürften uns einmal im Monat besuchen. Aber das haben sie nicht eingehalten.

Es gab noch zwei Geschwister. Eines hat der Stiefvater bei sich behalten. Das jüngste Kind wurde gleich zur Adoption freigegeben. Seine neue Frau wollte uns nicht haben. Die war damals selber schwanger. Das habe ich hinterher rausgekriegt.

Im Heim hieß es damals: »Die stammen aus einer asozialen Familie.« Mein Onkel aus dem Westen hat mich immer besucht, er war ein Bruder von meinem Stiefvater, und er wollte mich adoptieren. Aber er hat mich nicht gekriegt.

Ich habe im Heim das *Kommunistische Manifest* gelesen. Ich habe noch nicht einmal die Hälfte von dem verstanden, was da geschrieben steht. Aber so viel habe ich kapiert: Der Sozialismus, den Marx und Engels oder Ernst Thälmann wollten, der hatte mit dem, wie wir lebten, nicht das Geringsten

88 Der Jugendwerkhof war ein Umerziehungsheim für Jugendliche. Politische Häftlinge gab es dort ebenso wie solche, die Straftaten begangen hatten, aber noch nicht strafmündig waren.

zu tun. So habe ich das jedenfalls empfunden. Der Thälmann hat sein Leben für nichts gelassen.

Thälmann-Pionier war ich nicht und auch kein FDJler. Ich habe Staatsbürgerkunde nicht mitgemacht, Geschichte ja, aber Staatsbürgerkunde nicht. Normalerweise hätte ich jedes Jahr sitzen bleiben müssen. Seit ich selber logisch denken konnte, hatte ich meine eigene Meinung und habe fast alles gegen den Strich gemacht. Manches absichtlich und manches unbewusst. Ich habe immer gesagt: »Wenn es euch nicht passt, bringt mich doch zu meinem Onkel.« Ich wollte mich nicht anpassen.

Vom Heim aus mussten wir immer für die Russen singen, in der Russenkaserne. Solange ich denken konnte, musste ich nach Buchenwald und ehemalige Häftlinge, Russen oder Besucher begleiten. Das war das Schlimmste für mich. Wir mussten ein Lied singen oder Gedichte aufsagen von Erich Weinert. Da saßen dann ein Häftling, ein Kind, ein Häftling, ein Kind in Pionierklamotten, und wir mussten uns diesen grausamen Film angucken, was in dem Lager passiert ist. Andere Kinder durften das nur mit ihren Eltern sehen und erst ab 14 Jahren. Aber wir aus dem Heim mussten schon als Kinder zuschauen, wie sie die Leichen mit dem Bagger zusammengeschaufelt haben.

Ich bin von Heim zu Heim weitergereicht worden. Zuletzt bin ich in Holzdorf gelandet. Dort bin ich auch eingeschult worden. Die Schule war direkt im Kinderheim. Da gingen auch die Dorfkinder hin, und die Erzieher und Lehrer kamen aus dem Dorf. Und da hieß es immer: »Du bist asozial, deine Eltern sind asozial«, und: »Ihr seid Kinderheimknochen.«[89]

Wir sind manchmal von einer Erzieherin geschlagen worden. Angeblich war das verboten. Aber es wurde ja nie publik.

Mein Onkel hat mir Pakete geschickt. Aus denen durfte ich mir immer nur einen Teil aussuchen, eine Süßigkeit oder ein Spielzeug. Der Rest wurde unter der ganzen Gruppe aufgeteilt. Viele der anderen Kinder hatten noch Eltern. Die durften die Päckchen der Eltern behalten. Die kamen aber nicht aus dem Westen.

Ich hatte guten Kontakt zu den übrigen Geschwistern des Stiefvaters – Tanten wie Onkel. Die haben mich öfter mal aus dem Kinderheim geholt, und ich war in den Ferien bei ihnen.

Jugendwerkhof

Als ich 15 war, hat mich mein Stiefvater aus dem Kinderheim geholt. Er hat gesagt, ich solle arbeiten gehen. Ich sollte ab sofort Geld verdienen. Er hätte

89 Kinderheimknochen, ein Wort aus der Zeit kurz nach dem Nationalsozialismus

noch andere Kinder, und ich sollte mich am Unterhalt der Kinder beteiligen. Er hatte wieder geheiratet und noch fünf weitere Kinder. Die Frau war gerade mal neun Jahre älter als ich. Er hat mich in das ehemalige Fernmeldewerk RFT im Nordhafen gebracht, wo sie die Telefonapparate herstellten. Und da habe ich mich geweigert und bin ausgebüxt. Ich wollte zurück ins Kinderheim und meine Schulausbildung fertig machen. Er hat mich immer wieder zurückgeholt. Da habe ich Dresche gekriegt, ich war grün und blau. Und weil ich nicht im RFT arbeiten wollte, hat mein Stiefvater mich dann in den Jugendwerkhof gepackt. Da habe ich dann drei Jahre im geschlossenen Jugendwerkhof zugebracht.

Gegen meinen Willen musste ich dort in der Teilfärberei arbeiten. Wir haben mit Chemie die Baumwolle gefärbt. Drei Tage in der Woche haben wir gearbeitet, und zwei Tage in der Woche hatten wir Schule. Geld haben wir keines gekriegt, nur die Verpflegung und die übliche Unterbringung. Einen Abschluss habe ich nicht gekriegt. Ein Zeugnis habe ich auch nicht bekommen. Das wäre nicht nötig, sagten die.

Als ich wieder rauskam, war ich 18 Jahre alt. Ich hatte ein möbliertes Zimmer vom Staat und lebte zur Untermiete. Ich habe meinem Onkel geschrieben. Und mein Onkel ist gekommen, durfte mich aber nicht direkt besuchen. Wir haben uns heimlich getroffen. Damals haben wir den Plan ausgeheckt, dass er mich mit in den Westen nimmt. Er wollte an einer bestimmten Stelle an der Grenze auf mich warten. Wir haben sogar schon das Datum ausgemacht. Am Vorabend kam die Freundin von einer Freundin zu mir. Ich habe jedenfalls da noch gedacht, dass sie eine Freundin war. Sie hat mich gefragt, ob ich sie mitnehmen könnte, wenn ich gehe. Ihre Mutter sei auch drüben. Sie hat mir Briefe der Mutter gezeigt und geheult. Schließlich habe ich gesagt, ja, okay, komm mit. In der Früh stand die Polizei bei mir vor der Tür und hat mich verhaftet und auf die Polizei gebracht.

Verhaftung und Haft

Nach einem halben Tag bin ich zum Verhör gekommen. Da haben sie gesagt, sie wüssten alles über mich. Wann ich nach Hause gekommen bin, wann ich weggegangen bin, mit wem ich weggegangen bin. Darauf habe ich geantwortet: »Wenn Sie alles wissen, warum fragen Sie dann noch?« Damit habe ich mir gleich ein paar Maulschellen eingefangen. Schon am nächsten Morgen wurde ich zum Gericht gebracht. Bei der Gerichtsverhandlung war ein Betriebsvertreter als Zeuge dabei. Der hat gesagt, dass ich nicht zur Arbeit gekommen sei. Sie haben mich am selben Tag zu zwei Jahren Haft verurteilt. Die haben mich wegen asozialen Verhaltens verurteilt, nicht wegen des Fluchtversuchs. Asozial war, dass ich für den Staat nicht arbeiten und ihm nicht dienen wollte. Weil ich aus dem Staat rauswollte. Und weil mein Onkel angeboten hat, dass er für mich bezahlt. Während der Verhandlung haben sie zu mir gesagt, ich solle mir nur nicht einbilden, dass ich für die Flucht ins Gefängnis käme. Da haben sie gesagt, ich solle mir bloß nicht einbilden, dass ich zu meinem Onkel dürfte.

Erst war ich in Halle, dann in Quedlinburg. Kontakt nach Hause war möglich. Ein Paket pro Monat durften wir kriegen und vier Briefe pro Monat, glaube ich, durften wir schreiben. Ich hatte nur noch meine Schwester und meinen Onkel. Zu meinem Onkel habe ich den Kontakt abgebrochen, solange ich da drinnen war, und ihm nicht geschrieben. Meine Schwester wusste gar nicht, wo ich war. Die hat mich in Nordhausen überall gesucht. Ich habe ihr dann geschrieben, wo ich bin. Aber besuchen konnte sie mich nicht. Die war ja auch alleine und hatte kaum Geld.

Ich musste Kuhställe, Schweine- und Schafställe ausmisten und auf den Feldern arbeiten. Und als ich mit 20 entlassen wurde, wurde ein dreijähriges Aufenthaltsverbot für den Kreis Nordhausen verhängt. Sie haben mich von der Haft aus gleich in den Zug nach Apolda gesetzt. Dort musste ich mich beim Amt melden.

Nach der Haft ist vor der Haft

In Apolda hatte ich Arbeit in der Küche der Textilwarenfabrik. Die haben Pullover hergestellt. Einmal in der Woche musste ich mich bei der Polizei melden. Später durfte ich dann nach Nordhausen zurück. Dort habe ich geheiratet und bin schwanger geworden. Nach einem halben Jahr Ehe ist mein Mann ins Gefängnis gekommen, weil er mich zusammengeschlagen hat. Die Ehe wurde nach zwei Jahren, noch während seiner Haft, geschieden.

Mein Sohn ist mit vier Monaten im Kinderkrankenhaus gestorben. Ich habe ihn ins Krankenhaus gebracht, weil er eine Erkältung hatte. Plötzlicher Kindstod, haben die gesagt. Ich habe ihn nicht noch einmal gesehen. Angeblich wäre das verboten. Bei so einem kleinen Kind ginge das nicht, das wäre kein schöner Anblick. Ich habe nur den Sarg gesehen, als er in die Erde kam. Ich habe die Todesurkunde meines Sohnes. Aber mehr nicht. Später hat mir nämlich eine Bekannte erzählt, dass sie ihn nach Jena zu einer Untersuchung geschickt haben und dass er nicht zurückgekommen sei. Vielleicht habe ich den leeren Sarg beerdigt. Zu DDR-Zeiten konnte ich das Grab nicht öffnen lassen. Und heute? Das Grab gibt es nicht mehr. Die Gräber haben sie weggemacht.

Neulich war ich für meine Rente auf der Rentenstelle und brauchte noch einmal die Geburts- und eine Sterbeurkunde von meinem Sohn. Da bin ich aufs Amt und habe mir eine neue machen lassen. Und da stand: »Geschlecht weiblich.« Mein Kind war ja aber männlich. Da habe ich gesagt: »Das kann nicht sein, ich hatte ja einen Jungen.« – »Nein«, sagten die, »hier steht weiblich.« Da hatte ich schon so einen komischen Gedanken.

Meine Schwester sagt ja auch, beim Tod meiner Mutter hätte die Stasi ihre Finger drin gehabt. Aber nachfragen will ich nicht. Wer weiß, was dabei rauskommt. Mein Sohn wäre heute schon über 30 Jahre alt. Um ehrlich zu sein, ich bin froh, dass ich jetzt meine Ruhe habe.

Nachdem mein Sohn gestorben war, habe ich einen Antrag auf Ausreise gestellt. Ich habe meine Arbeit gekündigt, bin aufs Polizeirevier gegangen und habe erklärt: »Ich möchte weg von hier. Ich gehe nicht mehr arbeiten. Ich mache das nicht mehr mit. Ich möchte einen Antrag stellen. Ich möchte gern in den Westen, ich will zu meinem Onkel.«

Es war dasselbe wie vorher: Sie haben sie in eine Zelle gesperrt, am Tag danach war die Verhandlung, zehn Monate Freiheitsentzug, kurzer Prozess. Wieder sitzt Marion H. nicht wegen beabsichtigter Republikflucht, sondern weil sie nicht arbeiten will. Dieses Mal hilft ihr eine Amnestie. Nach fünf Monaten kommt sie frei.

Die Gefangenen sind bunt durcheinandergewürfelt gewesen. Wir waren ein paar Politische und ein paar andere. In der U-Haft waren wir zu sechst in einem Zimmer. Im Strafvollzug waren wir 60, 70 auf vier große Schlafsäle verteilt. Wir schliefen in Dreierbetten. Eine Privatsphäre gab es nicht.

Ich habe mit der Hand Mokassins geflochten. Dann habe ich in einer Elektroabteilung gearbeitet und Steckdosen gemacht. Und dann bin ich verlegt worden und bin durch Blumenfelder gegangen oder habe Unkrautrasen bearbeitet. Ich habe Ställe ausgemistet. Es waren körperlich schwere Arbeiten.

Physische Folter

Mit der Zahnbürste musste ich den großen Speiseraum schrubben. Nachts vom Personal aus dem Bett geklingelt werden, und egal, ob man angezogen oder nackt war oder nur ein Hemd anhatte, auf dem Hof im Gleichmarsch marschieren. Dann war ich an einer Heizung angekettet und habe im Wasser gestanden. Da hatte ich eine Polizistin angegriffen. Wir haben die »Schweinchen Dick« genannt. Die ist mit dem Gummiknüppel auf jemanden los, und ich bin dazwischengegangen und habe ihr eine geballert. Da haben sie mich in den Keller runtergeschleppt und angekettet. Da stand ich da im Wasser, einen Tag, eine halbe Nacht. Eine Narbe vom Gummiknüppel habe ich auch auf dem Kopf.

Das war, als ich das erste Mal in Haft war. Ich war 18. Als wir aus der Haft entlassen worden sind, mussten wir unterschreiben, dass wir nicht misshandelt wurden und dass wir gut behandelt worden sind. Den Wisch wollte ich nicht unterschreiben, deswegen haben sie mich trotz der Amnestie noch länger drinbehalten.

Ich habe das Gefühl gehabt, dass sie uns absichtlich erniedrigen und uns wie Dreck behandeln, um zu zeigen, dass wir nichts wert sind. Lebensgefahr? So weit wären die bestimmt nicht gegangen. Aber immer Schikane. Die begann mit der Einlieferung, da musste man sich splitternackt ausziehen, musste eine Grätsche über einem Spiegel und eine Kniebeuge machen. Auf der einen Seite standen die Männer und auf der anderen die Frauen. Habe ich nicht gemacht. Dann mussten wir zum Frauenarzt, ob wir wollten oder nicht. Man wusste ja noch nicht mal, ob das wirklich ein Frauenarzt war oder nicht. Habe ich auch nicht gemacht. Das sind eben die Verstöße gewesen, für die ich bestraft worden bin. Ein anderes Mal habe ich ein Paket gekriegt, da haben sie den Kuchen zerkrümelt. Als Strafe den Kuchen zerkrümelt, der Kaffee hat gefehlt.

Ich war im Arrest mit Trockenbrot. Es gab früh, abends und mittags jedes Mal einen Blechtopp Kaffee, dazu zwei dicke Scheiben Trockenbrot. Jeden dritten Tag etwas Warmes, zum Beispiel eine Suppe mit Kartoffeln und Soße, ein bisschen Gemüse, aber ohne Fleisch. Das hatte ich dreimal 21 Tage lang. Wir haben oft gedacht: Das dürfen die doch gar nicht machen. Sie haben es trotzdem getan. Hinterher musste ich wieder einen Wisch unterschreiben und musste mich, als ich entlassen war, einmal in der Woche beim ABVer[90] melden. Das war 1974.

Nach der zweiten Haft

Nach der Entlassung bin ich zu meiner Schwester gegangen. Die war damals auch alleine, hatte eine Wohnung, ein kleines Mädchen. Ihr Mann war tot. Da bin ich zu ihr gezogen. An meiner Schwester hänge ich bis heute. Die anderen interessieren mich alle nicht, die Stiefgeschwister und Halbgeschwister. Der Onkel, der mich damals zu sich nehmen wollte, lebt nicht mehr. Selbst den Kontakt zu meiner besten Freundin hatte ich aufgegeben. Ich habe ihn

90 Abschnittsbevollmächtigter, Polizeibeamter im Wohnbereich

sogar selbst abgebrochen. Ich wollte einfach alleine sein. Ich wollte keinen hören, keinen sehen.

In Nordhausen habe ich einen neuen Mann kennengelernt. Er war ein ganz Geduldiger, etwas jünger als ich. Er war Grenzsoldat. Da passte diese Beziehung nicht ins Bild der Stasi. Seinen Eltern haben sie tolle Sachen über mich erzählt, was ich alles gemacht hätte. Und ihm haben sie gedroht, wenn er sich nicht von mir trennt, wird er eingesperrt. Er war damals bei der Armee an der Grenze. Sie haben ihm gesagt, er solle doch nicht denken, dass sie glauben, wenn seine Freundin vor ihm steht und abhauen will, dass er dann auf sie schießt.

Aber er ist bei mir geblieben. Und wir haben viele Jahre zusammengelebt. Deswegen sind seine Eltern auf mich stinksauer. Aber dann kam doch die Trennung. Wir haben uns im Guten getrennt. Er hatte eine Jüngere kennengelernt. Wir waren über 20 Jahre zusammen. Jetzt sitze ich hier alleine. Meine Schwester und meine Nichte sind meine Familie, aber die leben nicht bei mir.

Als die Grenzen aufgemacht worden sind, war ich mit meiner Schwester gerade am Schlachten. Die Autos standen von Ellerich bis nach Sachswerfen. Ich bin rüber in den Westen gefahren und habe den ersten Polizisten gefragt, ob die Grenze jetzt offenbleibt oder ob die Mauer wieder zugemacht wird. Er hat zu mir gesagt: »Wir glauben, es bleibt jetzt so.« Da bin ich beruhigt nach Hause gefahren, meine Nichte hatte nämlich Jugendweihe. Und ich wollte meine Schwester doch nicht alleine lassen.

Meinen Onkel habe ich noch einmal gesehen. Da war er schwer krank und allein. Der Onkel hat in Bayern gelebt. Er war so ein Unikum. Zum Frühstück gab es Bier und Speck. Wenn der mich als Kind gekriegt hätte, wäre alles anders gelaufen. Aber nein, ein Staatskind dem Feind übergeben, das ist ja nicht möglich. Um Gottes willen.

Viele wollen jetzt ja die Grenze wiederhaben. Ich kann mir auch vieles nicht leisten, was ich mir vorher auch nicht habe leisten können. Aber die Grenze wiederhaben will ich nicht. Manches ist beschissen, aber gegenüber früher kann ich jetzt wenigstens offen meine Meinung sagen. Kann gehen, wann und wohin ich will. Ich finde es besser, obwohl ich in mancher Hinsicht weniger habe als früher.

Wenn die Wende nicht gekommen wäre, wäre ich heute garantiert wieder in Haft. Ich hätte mich in der DDR nicht gebeugt. Vielleicht wäre ich mein Leben lang nur in Haft gewesen. Ich habe mein Bett, meine Möbel, mein Essen. Was will ich mehr? Und ich habe vor allen Dingen meine Ruhe. Das ist wichtig. Ich habe zwar keine Arbeit, aber man kann nicht alles haben. Meine seelische Ruhe ist mir wichtiger.

Nach der Wende habe ich mir meine Kaderakte aus dem Betrieb geholt. Da stand drin: »Zu keiner Erwachsenenqualifizierung zugelassen. Nur unten halten.« Ich habe den Schein noch. Und ich habe mich immer gewundert, wenn ich eine Fortbildung angemeldet hatte, dass die gesagt haben: »Dieses Jahr wird es nichts.« Es ist nie etwas geworden.

Ich bin mein Leben lang von Spitzeln umgeben gewesen. Die haben jeden Tag gewusst, wann ich nach Hause gekommen bin und mit wem ich zusammen war. Woher sollten die das denn sonst wissen? Ich hab es denen nicht verraten. Die waren überall, im Betrieb, in der Nachbarschaft, manchmal sogar in der eigenen Familie. Ich kannte keinen von ihnen. Bis auf das eine Mädel, das meine Freundin angeschleppt hatte, das meine Flucht verraten hat. Die habe ich nie wiedergesehen. Auch nach der Haft nicht. Wer weiß, was passiert wäre, wenn ich sie gefunden hätte. Ich war so stinkig.

Folgen

Ich traue keinem mehr. Ich habe darauf gebaut, nur mir selbst zu vertrauen und an mich zu glauben, sonst keinem. Das naive Wesen, das ich einmal war, ist weg. Ich überlege mir zweimal, wem ich etwas erzähle und was ich erzähle. Man weiß nie, wie es ausgelegt wird. Die einzige Ausnahme bleibt meine Schwester.

Marion H. sieht die Liste mit möglichen Folgeschäden durch. Ab und zu weint sie während des Gesprächs und kommentiert ihre Schwäche mit den Worten: »Das kommt und geht.«

Angst hatte ich schon, als ich noch ein Kind war. Schlafen tue ich auch nicht sehr viel. Ich nehme seit Jahren Beruhigungstabletten. Ich habe schon einen Selbstmordversuch hinter mir, es hätte ja auch fast geklappt. Nach dem Suizidversuch lag ich im Krankenhaus. Ich habe mich wieder gefangen, aber damals war ich in einem ganz großen Tief.

Es war der Geburtstag meines Sohns. Damals hatte man mein Arbeitslosengeld mit einem Schlag auf die Hälfte gekürzt. Dann musste ich meinen Geburtstag alleine feiern, meine Schwester war nicht da, meine Nichte war nicht da. Da bin ich ein bisschen wehleidig geworden innerlich und sagte mir: Es hat eh alles keinen Zweck mehr. Da ist es eben passiert.

In ein Tief rutsche ich leicht. Wenn ich was erlebe oder höre oder auch nur im Fernsehen sehe. Wenn es mich zu sehr an meine eigenen Erlebnisse erinnert. Zum Beispiel, wenn ich im Fernsehen sehe, wie Kinder geschlagen werden, rege ich mich sehr auf. Oder wenn ich höre, wie die im Krieg die Gefangenen misshandeln, oder wenn ich mich mit meiner Schwester über unsere Vergangenheit unterhalte. Dann kann ich da reinrutschen. Meistens versuche ich, mich durch Lesen abzulenken.

Ich erlaube es mir nicht, die Tabletten jeden Tag zu nehmen. Da bin ich konsequent. Die nehme ich wirklich nur, wenn es mir ganz, ganz dreckig geht.

Träume habe ich schon manchmal. Aber ich will das jetzt nicht zu hoch stecken.

Konzentrationsschwierigkeiten machen mir zu schaffen. Auch nervös bin ich erst seit der Haft. Ich war ziemlich robust vorher. Wenn Sie sich meine Fingernägel angucken, das war früher nicht so. Die waren gepflegt und anständig und nicht so abgekaut.

Gereizt bin ich manchmal ganz schön. Innere Unruhe, die habe ich mir dort zugelegt. Das ist mit das Schlimmste für mich.

Große Menschenmengen meide ich. Wenn ich in die Stadt muss, fahre ich hin, hole mein Zeug, was ich brauche, und fahre mit dem nächsten Bus wieder heim.

Platzangst habe ich nicht, wohl aber Höhenangst. Im Fahrstuhl wird es mir schummrig. Da laufe ich lieber die Treppen.

Am schlimmsten ist für mich der Todestag meines Sohnes. Oder sein Geburtstag. Das sind solche Tage, an denen ich nur heulen könnte. Aber man reißt sich eben zusammen, so gut es geht. Mein Leben ist Keller, Untergeschoss.

Was ist mit meinem Leben bis jetzt? Es ist von Kindheit an blöd gelaufen. Erst war da das Kinderheim, dann der Werkhof, dann der Knast. Aber vorbei ist vorbei. Und jetzt kann mir keiner mehr etwas tun.

Rehabilitation

Als politischer Häftling ist Marion H. anerkannt, obwohl sie nicht wegen der Flucht verurteilt worden ist. Von den etwas mehr als 18.000 D-Mark Haftentschädigung kauft sie sich Möbel. Ihre Wohnung ist hell und freundlich eingerichtet.

Bei der Häftlingshilfestiftung hat sie, solange das noch möglich war, mehrfach Unterstützung beantragt. In Erfurt ist ihr geraten worden, jedes Jahr Geld zu beantragen. Das Geld stünde ihr zu. Aber sie sagt, sie komme sich dann immer wie ein »kleiner Bittsteller« vor, wenn sie sich an die Stiftung wendet.

Als sie ihre soziale Lage einschätzen soll, sagt Marion H. wieder: »Keller, Untergeschoss.« Sie erhält Hartz IV. Die Miete beträgt 280 Euro Von den Nebenkosten zahlt sie einen Anteil am Strom selbst. 60 Euro übernimmt das Arbeitsamt. Sie hat 280 bis 290 Euro im Monat zum Leben. Marion H. schläft auf der Schlafcouch. Ansonsten gibt es das Bad und die Küche. Insgesamt verfügt sie über 41 Quadratmeter.

Aufgrund einer Stoma-Operation muss Marion H. regelmäßig Tabletten nehmen. Für die Arztbesuche muss sie die 10 Euro Praxisgebühr selber zahlen, ebenso die Krankenhauszuzahlung. Die wird von der AOK nicht erstattet. Dabei brauchen gerade Patienten nach einer Stoma-Operation eine besondere Betreuung.

Ihre Altersversorgung ist alles andere als vielversprechend. Das Arbeitsamt hat ihr ausgerechnet, dass ihre Rente zurzeit 60 Euro beträgt. Dafür zahlt sie monatlich 5 Euro ein. In der DDR hat sie 15 bis 17 Jahre lang regulär gearbeitet.

Wie die DDR-Zeiten angerechnet werden, weiß sie noch nicht. Sie hofft auf eine Rentenentschädigung, denn sie hatte in ihrem Heimatort eine Lehre angefangen, die sie, als sie in den Jugendwerkhof kam, nicht beenden durfte. Da steht eine Verrechnung aus. Auch die berufliche Rehabilitation hat sie beantragt.

Lieber wäre es mir, wenn ich einen Job hätte. Aber ich fürchte, dass ich immer noch hier sitze und auf den Job warte, wenn die Rente kommt. Ich bin geistig auf der Höhe und könnte noch einen Beruf im Büro machen. Ich habe mich auch beworben und wollte Speditionskauffrau machen. Beim Arbeitsamt habe ich den Test gemacht und ihn auch bestanden. Die haben gesagt, sie könnten mich nehmen. 14 Tage später kriegte ich einen Brief: Nicht genehmigt aus Altersgründen.

Meine Tage verbringe ich mit Lesen. Das ist es, was ich gern mache. Ich lese über englische und schottische Geschichte. Wenn ich das Geld hätte, würde ich nach Schottland ziehen.

Eleonore Pudenz: Es war doch nicht alles schlecht

Eleonore Pflug, jetzt Pudenz, ist vor Kurzem 60 Jahre alt geworden. Sie lebt in dem kleinen Elbestädtchen Schönebeck, hat einen Sohn, ist geschieden und lebt allein. Von 1977 bis 1979 ist sie im Frauenzuchthaus Hoheneck gewesen. Als junge Frau hat sie ihren Freund Horst aus Köln kennengelernt.

Horst und ich wollten heiraten. Wir waren beim Rat des Kreises, und die haben gesagt: »Das geht nicht.« Horst hat nicht glauben wollen, dass sie eine Heirat nicht zulassen. Wenn er Österreicher wäre, wäre es möglich, aber nicht bei einem BRD-Bürger. Daraufhin hat er beschlossen: »Dann nehme ich dich eben mit.«

Ich wollte nicht aus politischen Gründen gehen. Mir ging es ganz gut. Ich war Sekretärin, hatte eine schöne Neubauwohnung und meinen Sohn. Ich habe gerne gearbeitet. Damals war ich in der Schifferschule für die Binnenschiffer angestellt, die war zu DDR-Zeiten ganz berühmt. Ich hatte einen tollen Job. Es war die Liebe. Wenn man verliebt ist, macht man verrückte Sachen.

Die DDR-Behörden haben Horst nicht mehr einreisen lassen. Ich nehme an, dass die Stasi da schon ein Auge auf uns geworfen hat. Ich wollte offiziell einen Ausreiseantrag stellen. Aber das haben sie unterbunden. Als Horst nicht mehr kommen durfte, haben wir uns in Berlin getroffen. Da haben wir uns auch verlobt und die Flucht ausgemacht. Das war nicht spontan. Sonst hätten wir nicht so viele Jahre Haft gekriegt. Horst hat zweieinhalb Jahre bekommen und ich drei. Den Wagen hat Horst gefahren. Ich lag mit meinem Sohn im Kofferraum. Der war gerade zehn geworden.

Haft

Als sie uns in Marienborn aus dem Kofferraum geholt haben, war das ganz schlimm. Sie standen im Halbkreis mit Maschinengewehr und Hunden um das Auto. Wir mussten aussteigen. Mein Sohn Olli ist nicht ausgestiegen. Der hat gedacht, wenn er die Augen zulässt, sieht man ihn nicht. So sind Kinder halt mit zehn Jahren. Ich habe Olli gerufen. Die haben gefragt, ob ich ihm was gegeben habe. Ich hatte ihm nichts gegeben. Da habe ich gesagt: »Olli, mach die Augen auf, es bringt nix.« Dann ist er herausgekommen.

Horst und ich wurden gleich getrennt. Abends um zehn kamen Olli und ich in ein Zimmer. Und dann, das war das Schlimmste, mussten wir wieder in den Kofferraum klettern, weil die Fotos der Stasi nichts geworden sind. Jetzt kann ich darüber lachen. Aber damals war mir gar nicht zum Lachen. Mein Sohn ist nachher auf der Couch eingeschlafen.

Und ich hatte um zwölf Uhr Geburtstag. Die Frau, die uns bewacht hat, war eigentlich ganz nett. Um zwölf hat die gesagt: »Gratulieren kann man Ihnen ja nicht, ich wünsche Ihnen aber trotzdem, dass alles gut wird.«

Mein Sohn ist dann eingeschlafen, und mich haben sie zum Verhör geholt. Sie haben mich bis morgens verhört. Ich hörte den Jungen draußen auf dem Flur herumrennen. Sie haben mich gefragt, was sie denn mit dem Jungen machen sollen. Ich sagte, sie sollten ihn zu meinen Eltern bringen, und habe ihnen die Adresse gegeben. Das haben sie auch gemacht. Das Schlimmste war, dass sie mir nicht erlaubt haben, mich von meinem Jungen zu verabschieden. Das hat der gar nicht verkraftet.

Neun Monate lang war ich in U-Haft, also ohne Besuch. Dann, im Gefängnis, hat mich meine Mutter alle Vierteljahre besucht. Fast drei Jahre lang. Mein Vati konnte nicht. Der hatte damals einen Herzinfarkt. Der hat das nicht verkraftet.

Als ich aus dem Gefängnis herauskam, hat meine Mutti zu mir gesagt, für Oliver war das Schlimmste, dass er sich nicht von mir verabschieden konnte. Oliver habe immer wieder gesagt: »Warum hat Mutti nicht Auf Wiedersehen gesagt?« Aber ich durfte ja nicht. Er konnte das nicht verstehen.

Als ich nach drei Jahren entlassen wurde, hat Olli mich am Bahnhof abgeholt. Da habe ich mich erschrocken. Der war ein Jugendlicher geworden, er war jetzt 13, und damals war er noch ein Kind. Das war ein Unterschied! Und ich hatte mich auch verändert; ich bin mit kurzen, blonden Haaren ins Gefängnis reingekommen und kam mit langen, dunklen Haaren wieder raus.

Horst ist nach anderthalb Jahren von der Bundesrepublik freigekauft worden. Ich musste meine Strafe bis zum letzten Tag im Gefängnis absitzen. Hätte ich politische Gründe mit angegeben, wäre ich rübergekommen. Das war mein Fehler. Alle, die mit mir zusammen aus politischen Gründen gesessen hatten, sind irgendwann abgeschoben worden. So ein Transport ging alle vier Wochen. Dann haben die Wärter die Tür aufgerissen: Müller, Meier, Schulze, Sachen packen! Dann wussten wir, jetzt geht ein Transport. Man hofft ja immer, dass man dabei ist.

Im Gefängnis haben die zu mir gesagt, ich solle den Ausreiseantrag zurücknehmen, Horst hätte eine andere geheiratet. Ich habe das nicht geglaubt. Ich habe gedacht, das ist eine Falle, die wollen nur, dass ich im Osten bleibe. Dadurch habe ich die gesamte Strafe bis zum letzten Tag abgesessen. Und musste dann erfahren, dass er wirklich geheiratet hatte. Ich glaube, das verwindet man nie.

Nach der Haft

Als ich entlassen wurde, bekam ich keine Arbeit in meinem Beruf. Zu DDR-Zeiten gab es keine Arbeitslosen. Ich sollte in der Konsum-Bäckerei, wo ich als Sekretärin gelernt hatte, als Hilfskraft arbeiten und Brötchendreck wegfegen. Die wollten mich erniedrigen. Da habe ich mich geweigert. Ich habe gesagt: »Das mache ich nicht.« Nach fünf Wochen hatte ich immer noch keine Arbeit. Ich bin immer wieder zum Rat des Kreises hin. Immer wieder hieß es: »Wir haben nichts für Sie.« Schließlich sagten sie, ich müsste mir selber was suchen. Also bin ich los, von Betrieb zu Betrieb. Ich war wirklich gut gewesen als Sekretärin, ich hatte Urkunden, ich hatte Stenowettbewerbe mitgemacht …

Ich habe mich immer wieder beworben, die waren interessiert. Und zwei Tage später hieß es: »Tut uns Leid, wir brauchen Sie nicht.« Die vom Rat des Kreises haben verfügt, dass ich nicht eingestellt wurde. Fünf, sechs Wochen dauerte der Spuk. Dann hat es mir gereicht, und ich bin wieder zum Rat des Kreises gegangen: »Wenn ich jetzt keine Arbeit im Büro kriege – es muss ja nicht als Sekretärin sein, mir reicht auch, wenn ich als Schreibkraft arbeiten kann – dann stelle ich einen neuen Ausreiseantrag. Den stelle ich dann auf politischer Basis. Dann habe ich von diesem Staat die Nase voll.« Denn im Gesetz steht, wer seine Strafe bis auf den letzten Tag abgesessen hat, wird als vollwertiges Mitglied in die Gesellschaft wieder aufgenommen.

Binnen drei Tagen hatte ich Arbeit. Ich bekam im Traktorenwerk eine Stelle als Schreibkraft. Und das hat mir erstmal genügt. Ich war im Büro und konnte mich wieder hocharbeiten.

Die Sekretärin vom Parteisekretär war ein bisschen langsam. Der Chef kam immer zu mir und hat gefragt, ob ich da mal eben schnell etwas schreiben könnte: »Ich diktier dir das gleich in die Maschine.« Und dem hab ich immer gesagt: »Können Sie mich nicht als Sekretärin nehmen?« – »Würde ich ja gerne«, hat er gesagt, »aber ich darf nicht.« So war das eben.

Ich habe Überstunden gemacht, das Brigadebuch geführt und die Wandzeitung übernommen. Die Kollegen sagten zu mir: »Du bist doch blöd, du hast zu Unrecht gesessen und machst nun solche Arbeit. Das ist doch eine politische Arbeit.« Und ich habe immer gesagt: »Ich habe doch nichts gegen den Staat gehabt. Ich bin doch aus Liebe gegangen.«

Ich habe so etwas schon immer gern gemacht. Ich habe gern organisiert. Früher in der Schule hat man Streber zu mir gesagt. Aber ich habe gern FDJ-Arbeit geleistet. Ich war ein geselliger Mensch. Ich sage immer: Wer nicht ein bisschen strebsam ist, der kommt zu nichts.

Später habe ich einen Mann kennengelernt und bin zu ihm nach Egeln gezogen. Oliver ist in Schönebeck bei meiner Mutti geblieben. Er war da schon 20 Jahre alt. Das ist damals ein bisschen schiefgelaufen.

Eleonore Pudenz zieht die beiden Kinder ihres neuen Mannes groß und pflegt die Schwiegermutter. Die Kleinstadt Egeln liegt in der Börde zwischen Magdeburg und Halberstadt. Dort hat sie Arbeit gefunden, als sie die aber antreten will, soll sie nicht eingestellt werden. Das Theater geht von vorne los. Schließlich schreibt sie nach Berlin. Dort erfährt sie, dass sie die Eintragung löschen lassen kann. Nach einer bestimmten Frist konnte man den Strafeintrag aus der Akte entfernen lassen. Das wurde in Schönebeck in ihrem Beisein getan. Aber der Job ist trotzdem weg. Sie findet einen anderen. Dort bleibt sie bis zur Wende.

Rehabilitation

Nach der Wende wurde ich rehabilitiert und habe die Haftentschädigung in das Haus meines Mannes gesteckt. Als die Stieftochter groß war, haben sie mich rausgeekelt. Die haben mir vor Gericht gesagt, dass das Geld in den Eheunterhalt eingeflossen ist. Das ist Zugewinn. Der Zugewinn betrug 8.000 D-Mark. Davon bekam jeder die Hälfte. Also bin ich mit 4.000 D-Mark aus dem Haus gegangen.

Die Wende habe ich begrüßt. Aber mit der Politik jetzt bin ich unzufrieden. Es wird vieles falsch gemacht, und man hört nicht auf die Bevölkerung. Es gibt so viele Ungerechtigkeiten, dass ich mich jedes Mal aufrege. Dann sage ich, es war zu DDR-Zeiten besser. Zu DDR-Zeiten hatte jeder eine Lehrstelle. Der Staat war marode, ja. Der westdeutsche Staat ist doch eigentlich reich. Ich finde, die Politiker reden sich den Mund fusselig über Rauchen oder Nichtrauchen. Das muss man doch nicht diskutieren. Da wird viel Geld verredet. Das sollte man lieber für andere Probleme nehmen. Das ist es, was mich in diesem Staat aufregt und wo ich sage, es war zu DDR-Zeiten besser. Wiederhaben will ich die DDR aber auch nicht. Ich möchte nur, dass einiges von der DDR übernommen wird. Es ist doch nicht alles schlecht gewesen. Warum hat man damals nicht einiges übernommen?

Der Sohn

Mein Sohn wohnt heute ebenfalls in Schönebeck. Er ist 42 Jahre alt. Als vaterloses Kind hing er sehr am Großvater. Er hatte eigentlich keine besonderen Schwierigkeiten in der Schule. Meine Mutter hat mir aus der Zeit wenig erzählt. Der Großvater war für meinen Sohn wie ein Vater.

Als mein Vater bei einem Besuch in Bremen ganz plötzlich einen Magendurchbruch erlitt und starb, ist mein Sohn durchgedreht. Er wollte auch nach drüben. Damals war er 15. Er wollte über Ungarn weg. Da haben sie ihn geschnappt. Er hatte seinen Ausweis gefälscht und sein Alter auf 16 erhöht, damit er in die Tschechoslowakei fahren konnte. Das haben sie an der Grenze gemerkt.

Der Junge kam wegen Republikflucht nach Ichtershausen[91] in den Jugendwerkhof. Da habe ich ihn regelmäßig besucht. Er hat dort eine Lehre angefangen als Zerspaner[92], das ist ein Metallberuf, in dem er mit Feilen arbeitet. Da war er gut. Zweieinhalb Jahre hat Olli bekommen. Mit 16 rein, mit 18 wieder raus.

---

91 Ichtershausen liegt bei Erfurt in Thüringen.

92 Zerspanungsmechaniker

Als er wieder herauskam, hatte er massive Probleme. Er durfte die Lehre, die er im Gefängnis begonnen hatte, nicht beenden. Er war wirklich fleißig und hatte gute Noten. Das war das Schofelige daran, dass sie ihm drinnen zugesagt hatten, er könne die Lehre draußen beenden. Die Lehre ging drei Jahre, und er war zweieinhalb Jahre inhaftiert. Ihm hat also nur ein halbes Jahr gefehlt. Dann ist er herausgekommen, und da haben sie ihn niedergeknüppelt.

Er sollte zur Müllabfuhr und die Straße fegen. Das hat er nicht gemacht, da gab es Ärger mit den Behörden. Er war gegenüber dem Staat aufsässig. Er hat gesagt: »So nicht.« Er hatte sowieso einen Knacks weg durch meine Inhaftierung. Die Folge: Mein Sohn ist auch heute noch arbeitslos.

Soziale Situation

Mein letzter Job war in der Telehilfe. Dort haben sie nur Menschen ab 55 Jahren genommen, die dann aber durch Ein-Euro-Kräfte ersetzt wurden. Und die mussten wir auch noch einarbeiten. Erst bin ich arbeitslos geworden und nach einem Jahr abgerutscht in Hartz IV. Als ich damit nicht klarkam, bin ich mit 60 Jahren in Rente gegangen. Ich habe mich in der Rentenstelle erkundigt. Die Sachbearbeiterin hat gesagt, ob ich nun jetzt in Rente gehe oder in fünf Jahren – ich würde immer ein Sozialfall bleiben. Jetzt sind es 500 Euro Rente, in fünf Jahren sind es 580 Euro. Damit komme ich so und so nicht aus. Die Rente wird noch um die Grundsicherung aufgestockt.

Ich bin weiter zum Landratsamt gegangen. Da hatte ich so eine ganz Nette, die hat mich runtergeputzt: »Was, Sie haben eine Wohnung von 60 Quadratmetern? Sofort kleiner setzen!« Ich sage: »Das ist eine Zweiraumwohnung. Wo soll ich mich da noch kleiner setzen?« Da sagt sie: »Dann bekommen Sie nur noch für ein Vierteljahr die Miete und müssen zusehen, wie Sie zurechtkommen.« In diesem Monat habe ich noch 270 Euro. So viel kostet meine gesamte Miete ohne die Nebenkosten. Ab dem nächsten Monat bekomme ich die Miete und Nebenkosten nur noch anteilsmäßig ausbezahlt. Zum Glück bekomme ich dann aber die 250 Euro Opferrente. 340 Euro dürfte ich mit 60 Jahren dazuverdienen. Aber wo wollen Sie hier was finden?

Folgen

Es ist 30 Jahre her, aber ich kann heute noch keinen Knastfilm sehen. Wenn so ein Film kommt, drehe ich weg. Dieses Aufschließen, dieses Schlüsselklappern kann man einfach nicht vergessen. Drei Jahre sind ja nicht bloß drei Monate. Dann denke ich: Hast du das wirklich erlebt? Meistens meine ich aber, ich sei darüber hinweg. Und dann haben wir nach all den Jahren diese Gedenkstätte besucht. Das ging mir dann doch sehr nahe. Das ist ein Lebensabschnitt, den man nicht einfach wegschiebt.

Ein Gesundheitsschaden ist bei mir nicht festgestellt worden. Vor zwei Jahren hat man bei mir Rheuma erkannt. Ob das von der Haft ist, kann ich nicht beurteilen. Ich habe auch große Herzprobleme, aber unmittelbar nach der Haft hatte ich noch keine Probleme damit. Schlafstörungen hatte ich, und die habe ich auch heute noch.

Platzangst habe ich auch. Ich kann in der Wohnung geschlossene Türen nicht ertragen. Dann habe ich das Gefühl, ich bin eingesperrt. Deshalb habe ich mir eine Glastür einbauen lassen. Wenn die Schlüssel in den Schlössern knacken, dieses Rumschließen höre ich noch heute. Ich schließe nicht gerne zu. Ich ziehe die Tür immer nur ran. Das tue ich, seit ich entlassen bin.

Mattigkeit: Gibt es. Gereiztheit – ja. Also ich bin schnell mal gereizt. Aber ich schraube mich dann selber schnell wieder runter. Meine innere Unruhe hat sich gelegt.

Misstrauen: Das muss ich sagen, misstrauisch bin ich da geworden. Dadurch, dass man mich in meinem Freundeskreis hintergangen hat. Ich bin vorsichtiger geworden. Früher war ich vertrauensselig. Ich habe damals mehr erzählt. Heute sage ich lieber ein bisschen weniger.

Ich hatte Wolfgang Vogel als Rechtsanwalt, den damals zuständigen DDR-Anwalt fürs Ausreisen. Der hatte damals zu meiner Mutter schon gesagt, sie könne alles auflösen, ich käme in den Westen. Meine Mutti hat die Neubauwohnung abgegeben, die Möbel wurden verkauft. Viel Geld hat man nicht dafür gekriegt, ein paar Mark nur. Dann hat Vogel plötzlich geschrieben: »Es kann den Wünschen Ihrer Tochter nicht entsprochen werden.« Das heißt, ich wurde in die DDR entlassen. Und dann war alles weg.

Eleonore Pudenz reagierte mit Nerven- und Magenproblemen darauf. Sie konnte nichts mehr essen, hat geraucht wie ein Schlot, bekam Kreislaufprobleme und wog plötzlich nur noch 42 Kilo. Für vier Wochen kam sie in eine Schlafkur: Sie wurde gewaschen, aß im Bett, hat Tabletten gekriegt und geschlafen. Danach, sagt sie, ging es wieder besser. Schlafstörungen hat sie bis heute noch manchmal. Außerdem hatte sie damals einen Hautausschlag. Auch den hat sie heute noch, wenn auch in geringerem Maß.

Frau Pudenz beschreibt sich selbst als optimistischen Menschen. Dann aber ärgert es sie, dass die Mitglieder der Regierung, die lediglich ein halbes Jahr nach der Wende im Amt waren, eine Ehrenpension von monatlich 1.000 Euro bekommen. Sie sagt: »Unsereiner hat nicht einmal eine Abfindung bekommen. Aber man muss ja froh sein, wenn man diese 250 Euro kriegt.«

Lange gab es gar nichts. Ab und an kam mal etwas Geld von der Häftlingshilfestiftung. Es gab auch die 20.000 D-Mark Haftentschädigung plus eine Nachzahlung. Von der Haftentschädigung hat sie sich damals eingerichtet.

Als sie nach der Wende Einsicht in ihre Stasiakte nimmt, findet sie den Eintrag, dass sie in eine reiche Familie, die nicht sehr DDR-freundlich war, eingeheiratet habe. In den Akten steht, dass eine ihrer Freundinnen die Information über ihre Flucht an die Staatssicherheit weitergegeben hat.

Da war ich erst erschüttert, dann habe ich mir gesagt, die Freundin ist heute schwer krank, Schlaganfall, die ist gestraft genug. Meine Mutti hat immer gesagt, jeder kriegt seine Strafe. Kleine Sünden bestraft der liebe Gott gleich, große etwas später. Meistens hat es gestimmt.

Ich habe eintausend Seiten Akten gehabt. Die kann ich in zwei Stunden nicht durchlesen. Ich habe nur Teile angeguckt. Ich hatte mir rausgesucht, wer mich bespitzelt hat. Diese Briefe habe ich mir kopieren lassen. Dadurch habe ich spitzgekriegt, dass ich in meiner Wohnung eine Wanze hatte. Das hab ich auch nicht gewusst. Da stand dann wortwörtlich, worüber ich mich mit Horst unterhalten hatte.

Außerdem waren in den Unterlagen die Protokolle der Verhöre von Magdeburg. Wortwörtlich jede Seite. Ich bin ja jeden Tag verhört worden von früh um acht bis nachmittags um vier. Ich muss ganz ehrlich sagen, was soll ich da jetzt noch machen? Ich habe einfach keine Nerven mehr dazu.

Als IM geführt

Es gibt Dinge, an die Eleonore Pudenz sich ungern erinnert. Auch, weil sie sich selbst etwas hat zuschulden kommen lassen. Sie spricht erst ganz zuletzt und unter Tränen darüber. Sie ist nämlich nur teilweise rehabilitiert worden.

Das haben sie gemacht, weil ich als inoffizieller Mitarbeiter geführt wurde. Darüber habe ich mich ein bisschen geärgert. Das Gericht, das die Rehabilitierung vornimmt, schrieb, dass ich die Tätigkeit als IM hätte angeben müssen, als ich die Rehabilitierung beantragt habe. Das habe ich nicht gemacht, weil mir das gar nicht bewusst war. Ich habe ja im Grunde genommen keinen angeschwärzt. Auskunft geben sollte ich damals über meinen Freund. Das war noch vor der Inhaftierung. Die haben gesagt: »Der muss doch spioniert haben.« Da könnte ich doch mal aufpassen. Ich habe gesagt:

»Der spioniert nicht. Der arbeitet hier als Montageleiter.« Die haben damals im Gummiwerk die Heizungsanlage gebaut. Da habe ich hinzugefügt: »Der baut, der macht sonst nichts.« Aber im Rehabilitationsverfahren haben die das so ausgelegt: Man hat eine Auskunft gegeben und ist damit inoffizieller Mitarbeiter. Ich bin geschockt gewesen über diese Interpretation.

In der U-Haft in Magdeburg haben sie mich einmal aus der Zelle geholt, haben eine Tasse Kaffee gekocht. Das war ja dort nicht so üblich. Dann haben sie gesagt: »Wir setzen Ihnen jetzt jemand in die Zelle. Die ist wegen Brandstiftung angeklagt. Die könnten Sie ja mal ausfragen.« Dann bin ich in die Zelle gekommen und habe zu der gesagt: »Weißt du, die müssen ja wohl spinnen. Das ist ja wohl ein starkes Stück.«

Nach einer Weile haben sie mich wieder geholt und haben gefragt, ob ich was rausgekriegt habe. Da habe ich gesagt: »Was soll ich denn rauskriegen? Die Frau hat keine Brandstiftung gemacht. Außerdem interessiert mich das nicht.« Daraufhin haben sie mich bestraft. Da haben die mich von der Stasi-U-Haft in die allgemeine Haft verlegt und zu Kriminellen in die Zelle gesteckt. Das war schlimm. Als meine Mutter mich zu Weihnachten besuchen wollte, hat sie mich nicht mehr gefunden. Die hatte schon den Besuchsschein, und ich war weg. Und da haben sie gesagt, sie wüssten nicht, wo ich hingekommen bin. So haben die das gemacht.

Kurz vor meiner Entlassung ist man an mich herangetreten. Sie haben gesagt, sie schieben mich sofort nach drüben ab, wenn ich dort für sie arbeite. Ich sollte dort den Spitzel machen. Da habe ich gesagt, das mache ich nicht, das könnten sie vergessen. Und daraufhin bin ich wieder hier gelandet. Dann haben sie mich Spießruten laufen lassen.

Zurück noch einmal zu meinem Verlobten Horst, den ich beobachten sollte und der freigekauft worden ist. Nach der Wende bin ich zu seiner Schwester in den Westen gefahren und wollte seine Adresse haben, um mich mit ihm zu treffen. Sie hat mir die Adresse nicht gegeben. Sie meinte, sie wolle nicht, dass ich seine Ehe zerstöre. Ich habe gesagt, ich will die ja nicht zerstören, ich bin ja selber verheiratet. Ich will nur wissen, warum er damals geheiratet hat. Man schleppt das ja mit sich rum.

Eine Partnerschaft möchte ich keine mehr. Weder heiraten, noch sonst irgendetwas. Ich hing damals sehr an Horst. Auch mein Exmann war nett und lieb, und die ersten Jahre waren auch schön. Aber nachher wurde alles anders. Und das will ich mit 60 nicht mehr. Brrrr. Nee.

Nachtrag: Man sollte nie nie sagen. In der Zwischenzeit habe ich einen netten Witwer kennengelernt. Freizeitgestaltung ja, aber zusammen wohnen und leben, nein. So klappt es wunderbar.

Viola Malé: Immer bockbeinig

Geboren ist sie 1954. Sie ist gelernte Telefonistin, hat ihre Ausbildung vor ihrer Haftzeit gemacht und ist vier oder fünf Jahre in ihrem Beruf tätig gewesen. Viola Malé hat einen Sohn. Inzwischen ist der erwachsen und selber Vater. Zur Vorgeschichte gehört, dass Viola Malés Mutter in Westberlin gelebt hat.

Meine Mutter ist damals in den Westen zu ihrem Vater rübergegangen. Sie kam immer in den Osten zum Arbeiten. Dann haben sie hinter ihr die Mauer hochgezogen, und sie konnte nicht mehr zurückkommen. Da war ich zwei Jahre alt. Ich kann mich nicht mehr an sie erinnern. Ich und mein Bruder sind bei den Großeltern aufgewachsen. Mir ging es da nicht schlecht, ich hatte ja alles. Bloß, je älter ich geworden bin, desto neugieriger wurde ich auf meine Mutti. Ich habe meine Mutti zum ersten Mal bewusst gesehen, als ich elf Jahre alt war. Sie war für mich nicht wie eine Mutti. Sie war wie eine gute Freundin. Auch jetzt ist unser Verhältnis so, dass ich in ihr nicht unbedingt die Mutter sehe.

Dann ist damals meine Oma gestorben. Da habe ich gedacht, Opa ist auch tot, was soll ich jetzt noch hier? Am besten, ich gehe rüber zu meiner Mutti. Und da habe ich einen Antrag gestellt. Den haben sie abgelehnt. Auch den nächsten wieder.

Ich habe in der DDR als Telefonistin in einem Autobetrieb gearbeitet. Und mein Westfreund hat gefragt: »Was verdienst du denn da?« Ich sage: »Na, 350 Mark.« Und da schlägt er vor: »Bleib doch lieber zu Hause bei deinem Sohn.« Er hat mich finanziell unterstützt.

Man kann sagen, das hat mich ins Gefängnis gebracht. Wenn du mit jemandem zusammen warst, der dir ein paar Geschenke gemacht hat, dann warst du schon eine Prostituierte. Prostitution oder asoziales Verhalten bedeutete in der DDR, dass ich dem »Recht auf Arbeit« nicht nachkomme, und ich war auch nicht verheiratet. Sie haben mich inhaftiert, weil ich mit diesem Westdeutschen liiert war. Sie haben mich der Prostitution bezichtigt, weil ich mich von dem habe aushalten lassen.

Die Frauengefängnisse waren voll von Frauen, denen »asoziales Verhalten« vorgeworfen wurde. Nach sechs Wochen musste Malé entlassen werden, weil sie schwanger war.

Danach haben sie mich in die Klapsmühle gesteckt. Aber nicht als Patientin. Im Gegenteil, ich sollte da richtig arbeiten lernen. Ich musste die psychisch Kranken betreuen, die Betten machen, die Patienten von ihrem Kot befreien. Ich sollte aufhören, mich aushalten zu lassen und faul zu sein.

Da bin ich ein gutes halbes Jahr geblieben, dann bin ich mit einer Freundin in Richtung Ostsee abgehauen. Wir wollten mit einem Schlauchboot rüber in die BRD. Ich wollte raus aus den Hoheitsgewässern der DDR. Dort wollten wir uns von einem Schiff auffischen lassen. Das klappte nicht, wir sind beide festgenommen worden. Bei der Flucht haben sie geschossen. Als wir verhaftet worden sind, sind wir mit Maschinengewehren bedroht worden. Wir haben uns hingesetzt, da standen zwei mit Gewehren neben mir.

Diesmal kam ich für ein Jahr und acht Monate ins Gefängnis. Von der Entbindung über die Psychiatrie bis zum Fluchtversuch – das ist damals alles innerhalb eines Jahres passiert. Später kamen noch mehr Haftjahre dazu.

Mit meinem Westfreund hatte die Flucht nichts zu tun. Unsere Beziehung war damals vorbei. Aber gegen mich wurde ein Verbot des Geschlechtsverkehrs samt einer Heilbehandlung verfügt. Am schlimmsten war: Mein Sohn wurde ins Kinderheim gesteckt. Als ich dann als politischer Häftling verurteilt wurde, wurde ich auch in die Psychiatrie gebracht. Da haben sie ihn mir ganz weggenommen.

Haft

In den Akten steht, weswegen ich inhaftiert worden bin: asoziales Verhalten, Prostitution, Republikflucht und Widerstand gegen die Staatsgewalt. Insgesamt sind am Ende vier Jahre Haft zusammengekommen. Ich habe ihnen politisch nie beigepflichtet, sondern habe mich immer bockbeinig gestellt. Die haben mich mehrfach von zu Hause abgeholt. Immer, wenn in Ostberlin große Treffen waren, haben sie mich vorsichtshalber in Verwahrung genommen.

Ich habe gesessen in Frankfurt/Oder, in Chemnitz und in Hoheneck. Nach insgesamt vier Jahren Haft konnte ich 1978 endlich in den Westen ausreisen. Ich bin damals aus dem Frauenzuchthaus Hoheneck freigekauft worden.

Mein Sohn war noch in der DDR, als ich an den Westen verkauft wurde. Der war im Heim und ist dann bei Adoptiveltern gewesen. Im Westen habe ich gekämpft, dass ich den Jungen hierher kriege. Ich durfte ja nicht rüberfahren. Das hat meine Mutter übernommen. Die hat ihn auch von der Grenze abgeholt. Es hat die ersten zwei, drei Jahre gedauert, bis er sich an mich gewöhnt hat. Nachher, als er in die Pubertät kam, hat er natürlich Fragen gestellt. Warum er erst so spät zu mir gekommen ist. Erst nach langer Zeit hatte er Vertrauen zu mir und hat mir erzählt, was ihm im Kinderheim widerfahren ist. Dass sie ihn da mit dem Kopf unter Wasser gesteckt haben und dass er kein Essen gekriegt hat. Und ich hatte eine Zeit lang große Probleme mit ihm. Ich hatte auch die

Nerven nicht mehr. Dann ist er in eine betreute Wohngruppe. Aber jetzt ist das alles wieder in Ordnung. Jetzt versteht er auch, was mir widerfahren ist. Ich hab ihm das alles erklärt, damals hat er nicht verstanden, warum er im Kinderheim war und warum er bei anderen Leuten war. Ich war ja damals auch ganz massiv psychisch erkrankt.

Zum Beispiel denke ich immer darüber nach, wieso ich nicht in der Lage bin, eine Familie zu haben. Mein Wunsch war mal: Vater, Mutter, Kind. Heile Welt, heile Familie. Ich bin so ein Muttertier. Ich bemuttere gerne einen von morgens bis abends, bekoch, beback und beputz den. Warum habe ich es in meinem Leben nicht geschafft, eine Familie aufzubauen? Entweder bin ich selber zu, wenn ich jemand habe. Oder ich knie mich rein in die Beziehung, will ihm die Filzpantoffeln hinterhertragen und renne und tue. Das hält wahrscheinlich keiner aus. Keine Ahnung, woran das liegt.

Nach der Wende wird Viola Malé rehabilitiert, die Urteile wurden zum Teil annulliert. Zum Beispiel ist das Urteil vom Kreisgericht Eberswalde vom 22. Februar 1977 teilweise für rechtsstaatswidrig erklärt und aufgehoben worden, soweit die Verurteilung wegen Gefährdung der öffentlichen Ordnung durch asoziales Verhalten erfolgt ist. Die gegen Malé verhängte Freiheitsstrafe von sechs Monaten überstieg die Norm, zumal eine Einweisung in eine psychiatrische Einrichtung angeordnet worden ist. Sie bekam eine Haftentschädigung.

Soziale Lage

Ich will nicht sagen beschissen. Ich würde sagen, bescheiden schön. Meine Wohnung habe ich mir über die Jahre zusammengespart. Von meiner Mutti habe ich ein bisschen was gekriegt. Die hat mir immer ein bisschen was gekauft. Den Rest habe ich mir zusammengespart und alles selbst gemacht. Ich habe eine Haftentschädigung und zweimal eine Unterstützung von der Häftlingshilfestiftung bekommen. Das habe ich alles hier in die Wohnung gesteckt, damit ich es wenigstens hier gemütlich habe.

Mir ist das wichtig. Auch weil ich 2002 an Unterleibskrebs erkrankt bin und schon drei Krebsoperationen hinter mir habe. Die letzte OP habe ich im März gehabt, ich bin immer noch vom Arbeitsamt arbeitsunfähig geschrieben. Die wollen versuchen, dass ich wieder arbeiten gehen kann. Aber ich schaffe es nicht. Nach zwei Stunden versagt mir die Kraft. Ich lebe jetzt von Arbeitslosengeld II. Ich weiß nicht, wie es weitergehen wird.

Haftzeit zwischen 1980 und 1989

Chris Michael Shirjak: In der U-Haft bin ich 18 geworden

Chris Michael Shirjak ist mit 41 Jahren der Jüngste unter den Interviewten. Seine Haft lag kurz vor der Wende, nämlich von 1986 bis 1987. Freigelassen wurde er bei einer Amnestie: Im September 1987 ratifizierte die Deutsche Demokratische Republik die Konvention der Vereinten Nationen gegen Folter, schaffte die Todesstrafe ab und entließ eine Reihe von politischen Häftlingen.[93]

Als Shirjak verhaftet wurde, war er in der Lehre als Baumaschinist. Die Ausbildung hat er nicht abschließen können. Das Protokoll beruht auf einer E-Mail, der sich ein längeres Telefonat anschloss. Shirjak ist ledig und hat zwei Kinder. Er lebt seit zehn Jahren mit einer Partnerin. Die erwartet gerade das nächste Kind.

Ich war kurz vor dem Ende meiner Lehre als Baumaschinist. Heute würde man sagen Baumaschinenführer. Ich hatte schon zwei Jahre Lehre hinter mir, konnte sie aber nicht beenden, weil ich damals einen Fluchtversuch gemacht habe. Ich hatte eine Reisegruppe kennengelernt, die wollten mich in ihrem Bus nach Münster schmuggeln. Kurz vor der Grenze hat der Busfahrer das aber bemerkt und hat mich rausgeholt. Ich bin damals sofort in die ČSSR weitergefahren, um es von dort aus noch einmal zu versuchen. In der DDR hatten die schon angefangen, mich zu suchen. In der ČSSR haben sie mich dann verhaftet und im Grotewohl-Express – so hieß der Gefangenenzug – nach Magdeburg transportiert. Später ging es weiter nach Leipzig. Die Verhandlung fand dann wieder in Magdeburg statt. Natürlich unter Ausschluss der Öffentlichkeit. Ich wurde wegen Republikflucht (§213) zu zweieinhalb Jahren Haft verurteilt.

Mein Bruder stand damals vor dem Gerichtsgebäude, um mich noch einmal zu sehen. Er stand da, und ich habe versucht, mich loszureißen. Wegen der Handschellen hatte der Vollzugsbeamte blutige Finger. Aber mir war das egal. Sie haben mich dann in den Transportwagen geprügelt. Da habe ich gebrüllt: »Ihr falschen Kommunistenschweine!«

Die Staatsanwältin sagte gleich, das würde noch ein Nachspiel haben. Das hatte es auch. Es ging noch einmal zurück zum Gericht. Es gab ein neues

---

93 Vgl. http://www.amnesty.de/umleitung/1988/deu03/002?lang=de%26mimetype%3Dtext%2Fhtml (Stand: 12.07.2010)

Ermittlungsverfahren, und ich bekam ein Jahr Nachschlag wegen öffentlicher Herabwürdigung (§220). Regulär wäre ich erst 1990 freigelassen worden.

In der Haft haben sie mich dann mit Hand- und Fußschellen in der Dusche gefesselt.

Ich blieb dann über 24 Stunden an Händen und Füßen ans Bett gefesselt. Ich würde sagen, dass das Folter war. Danach kam ich 14 Tage in Isolation, gleich im Anschluss.

Ich habe in Rackwitz gesessen, das liegt zwischen Leipzig und Halle, das war ein festes Lager für schlimmere Fälle. Sie haben versucht, uns dort umzuerziehen. Aber damit hatten sie bei mir keinen Erfolg. Mich hat das nur darin bestärkt, dass ich mit dem Staat nichts zu tun haben wollte.

Leute umerziehen hieß damals, dass die versucht haben, Mitgefangene zu bestechen, sodass die wegen der Vergünstigungen andere Gefangene anscheißen. Das waren ganz schwache Typen, die sich haben so hinbiegen lassen. Aber die Stasi hatte auch Psychologen dabei. Die wussten, wer angreifbar war. Ich war damals ganz jung, ich bin ja noch in der U-Haft 18 Jahre alt geworden. Aber ich habe die nicht an mich rangelassen. Im Nachhinein würde ich sagen, dass ich durch die Haft aus meiner Jugend gerissen wurde. Ich hatte nicht die Zeit, normal erwachsen zu werden. Ich habe deshalb auch das Gefühl, dass ich vom Leben ungerecht behandelt wurde.

Ich wollte eigentlich immer rüber. Meine Mutter stammte aus Salzgitter. Sie hatte in Magdeburg ihren ersten Mann, ihre Jugendliebe kennengelernt und ist dort hängen geblieben. Im Westen lebten aber alle die Verwandten, die Schwestern und Brüder meiner Mutter und ihr Vater. Kurz vor dem Bau der Mauer ist meine Mutter bei einem Besuch drüben geblieben. Das war strafwürdig.

Ich hatte immer gehofft, dass wir eines Tages eine Familienzusammenführung hinbekommen. Aber das hat nicht geklappt.

Wir haben in der Haft an der Stanze gearbeitet. In der Regel hatten wir einmal im Monat Besuch von unserer Familie, ansonsten konnten wir Briefe schreiben, jedenfalls, wenn der Kontakt nicht gerade gesperrt war. Schikane war dort das normale Programm.

Einmal kam mein Vater angereist. Da hieß es, der Sohn sei nicht besserungswillig. Und der Termin fiel aus. Er ist ganz umsonst gekommen und musste wieder nach Hause fahren. Damals habe ich noch mehr mit dem Staat abgeschlossen. Ich habe mir immer nur gesagt: Das mit dem Westen ziehst du durch!

Bei der Amnestie 1987 bin ich in die DDR entlassen worden. Damals haben sie als Erstes die Kriminellen entlassen. Und bei den Politischen haben sie gewartet bis zum Schluss. Die Reststrafzeit habe ich auf Bewährung bekommen. Die hätten mich jederzeit wieder einsperren können.

Rübergekommen bin ich am Ende durch die Ständige Vertretung. Ich bin nach Ostberlin gefahren, bin dort rein und habe mich dort fünf Tage lang festgesetzt. Die haben von da aus mit den DDR-Behörden verhandelt. Irgendwann haben sie mir mitgeteilt, dass es bei mir geklappt hätte. Ich sollte wieder ruhig an meinen Heimatort fahren und mich bloß nicht provozieren lassen. Das habe ich dann auch gemacht und bin zu Hause zu den Behörden gegangen. Die haben es auch wirklich versucht und behauptet, sie wüssten von nichts. Ich habe mich aber nicht aufgeregt darüber. Ich wusste ja, dass alles geregelt war. Nach zwei Tagen kam ein Telegramm, dass ich innerhalb von zwei Tagen alles für die Ausreise vorbereiten sollte. Das hieß, sich von allen Freunden zu trennen. Ich hatte eine gut eingerichtete Wohnung. Die war dann auch weg. Aber wir hingen damals nicht so an den materiellen Sachen.

Heute habe ich eine ganze Reihe von Beschwerden, die damals schon während der Haft begonnen hatten. Ein Teil der gesundheitlichen Probleme ist erst Jahre später ausgebrochen. Ich dachte immer, dass ich einen Herzinfarkt bekomme. Aber beim EKG hat man mir gesagt, da sei nichts. Der Arzt hat mir gesagt, das sei eine Kopfgeschichte.

	vor der Haft	während der Haft	nach der Haft	heute
Kopfschmerzen	nein	nein	nein	nein
Bluthochdruck	nein	nein	nein	ja
Rückenprobleme	nein	nein	ja	ja
Herzprobleme	nein	nein	nein	ja
Nierenprobleme	nein	nein	nein	nein
Gewichtsprobleme	nein	nein	nein	nein
Magenbeschwerden	nein	nein	nein	nein
Schlafstörungen	nein	ja	ja	ja

Depressive Verstimmung	nein	nein	ja	ja
Allgemeine Angst	nein	ja	ja	ja
Allgemeine Nervosität	nein	ja	ja	ja
Innere Unruhe	nein	ja	ja	ja
Misstrauen	nein	ja	ja	ja
Albträume	nein	nein	nein	nein
Konzentrationsprobleme	nein	ja	ja	ja
Gereiztheit	nein	ja	ja	ja
Kontaktprobleme	nein	nein	nein	nein
Selbstmordgedanken	nein	ja	ja	nein
Aggressivität	nein	ja	ja	ja
Mattigkeit	nein	nein	nein	ja
Platzangst	nein	ja	ja	ja
Orientierungsverlust	nein	nein	nein	ja
Angst, allein zu sein	nein	ja	ja	ja
Beziehungsverlustangst	nein	ja	ja	ja

Meine gesundheitlichen Folgen

Nach der Entlassung aus der Haft bin ich nachts oft aufgeschreckt und war selbst meinen Geschwistern gegenüber misstrauisch. Dabei habe ich mich eigentlich mit meiner Familie auch nach der Haft noch gut verstanden. Ich hatte auch Bindungsangst. Auch im Beruf gab es immer Probleme, sobald ich in einem Angestelltenverhältnis stand. Nur freiberuflich im Versicherungsaußendienst ging es, da konnte ich über meine Zeit frei entscheiden.

Den Neubeginn im Westen habe ich als schwierig erlebt. Die Behörden waren nicht wirklich freundlich. Eigentlich wollte man uns nicht. In den ersten Jahren habe ich Jobs als Hilfsarbeiter angenommen, um über die Runden zu kommen. Zum Glück war das nur kurze Zeit. Ich wurde dann zwar angestellt, konnte aber dafür nur minimale Rentenbeiträge einzahlen.

Mitte der 90er Jahre bin ich wieder zurück in den Osten gegangen, weil ich eine Anstellung bei einer Versicherungsgesellschaft bekam. Bis vor vier Jahren habe ich für die Versicherung gearbeitet, als Versicherungsvertreter im Außendienst. Eine Weile lief das ganz gut, aber dann sind die Umsätze völlig abgesackt. Auf Dauer war das kein stabiles Einkommen. Es ging immer auf und ab. Auf den Baubereich hatte ich auch keine Lust mehr, weil das so wetterabhängig ist.

Über einen Kredit habe ich heute eine gut gehende Autoglasfirma. Ich habe mehrere Beschäftigte. Ich habe das über einen Bekannten in Düsseldorf kennengelernt, im Urlaub in Gran Canaria. Bei dem habe ich ein paar Tage zugeguckt. Den Rest habe ich mir selbst beigebracht. Es ist nicht wirklich schwer. Die Ausrüstung habe ich von meinem letzten Notgroschen gekauft. Im Grunde habe ich mir das von einem höheren Bankdispo gekauft. Zum Glück hat es funktioniert.

Ich würde meine soziale Lage als gut einschätzen. Bis vor drei Jahren war es eher wechselnd, mal gut und mal schlecht. Meine Miete beträgt 760 Euro, die Nebenkosten machen 150 Euro aus.

Ich bin rehabilitiert worden und nach dem *StRehaG* als politischer Häftling anerkannt worden. Ich habe die normale Entschädigung erhalten, später gab es noch einmal eine Nachzahlung. Das Geld war damals gleich weg, ich hatte mein Konto überzogen. Aber die Entschädigung hat mir geholfen, meine Schulden auszugleichen.

Bislang ist mein Rentenanspruch noch nicht allzu hoch, er beträgt gerade mal 380 Euro. Über die Opferentschädigung kann ich mir die Krätze ärgern. Ich bekomme die nicht, weil die Opferrente einkommensabhängig ausgezahlt wird. Ich könnte sie später bekommen, wenn ich Rente kriege. Wenn ich es denn schaffe bis dahin.

Thomas Reschke: Verloren für den Rest

Thomas Reschke ist 50 Jahre jung, als wir miteinander sprechen. Er ist 1959 geboren. Der gelernte Steinmetz ist geschieden, kinderlos und lebt seit acht Jahren mit einer Freundin zusammen. Ständig ist ihm die Nähe mit der Freundin aber nicht möglich. Er war insgesamt dreimal in Haft, und zwar 1980 für zehn Monate, dann 1981 für zwölf Monate und noch einmal 1984 für elf Monate. Das Urteil lautete auf drei Jahre und neun Monate.

Gesessen habe ich wegen staatsfeindlicher Verbindungsaufnahme nach §219. Ich war mehrmals in der Ständigen Vertretung der Bundesrepublik Deutschland. Ich wollte auf meine Lebenssituation aufmerksam machen und habe dort immer wieder Ausreiseanträge gestellt. Am Ende habe ich sogar Durchschläge meiner Anträge abgegeben. Kopieren konnten wir in der DDR damals noch nicht so leicht.

Ausreiseanträge

Ich habe eigentlich eine schöne Jugend gehabt, bis dann alles losging. Bis ich mir Fragen gestellt habe – warum es Missstände mit der Versorgung gab und warum manche Leuten Steine in den Weg gelegt bekamen – und ich mich gewehrt habe.

Ich bin kirchlich erzogen worden und war nicht organisiert, weder bei den Pionieren noch in der FDJ. Dadurch war ich schon in der Schule Repressalien ausgesetzt. Eigentlich wollte ich in die Forstwirtschaft. Mein Traumberuf von Kind an bis heute war, im Forst zu arbeiten und Förster zu werden. Als ich das nicht durfte, war für mich das Land erledigt.

Meine Opposition ging mit der Lehre richtig los. Mein Ziel, das Land zu verlassen, verstärkte sich. Damals habe ich meinen ersten Ausreiseantrag gestellt. Seit der Zeit habe ich an keiner politischen Veranstaltung mehr teilgenommen. Das Einzige, wozu ich mich unter Druck bereit erklärte, das war die Gesellschaft für Sport und Technik (GST), eine Form von vormilitärischer Ausbildung. Ohne Teilnahme kein Lehrabschluss, das machten mir die Lehrausbilder schnell klar. So habe ich zwangsläufig in den sauren Apfel gebissen.

Nach der Lehre habe ich noch ein Jahr im Ausbildungsbetrieb gearbeitet. Als es mir nicht möglich war, am Ort ein Zimmer oder eine Wohnung zu bekommen, habe ich mich um einen anderen Arbeitsplatz bemüht. Anders war es beim Dreischichtsystem nicht möglich.

Dann habe ich beim OGS, dem VEB Obst, Gemüse und Speisekartoffeln, begonnen. Erst in Bautzen, dann in Dresden, meiner Heimatstadt. Immer wieder gab es das Wohnproblem. Ich bekam einfach keinen Wohnraum zugeteilt. Gemeldet war ich schließlich bei meinen Großeltern und geschlafen habe ich im Gartengrundstück.

Als ich mich offen darüber beklagte, wurde es auch auf der Arbeitsstelle immer schlimmer. Ich wurde aufgefordert, die Firma zu verlassen. Man hat mich zum Asozialen stempeln wollen. Ich wurde verhaftet wegen §214. In dem geht es um Nichtbeachtung von Gesetzen und Beeinträchtigung staatlichen Handelns. Ich kam nach Zeithain bei Riesa in Sachsen.

Kurz vor der Haftentlassung hat man mir die Kündigung meines Arbeitsvertrags mit der OGS ausgehändigt. Ich musste dann als Transportarbeiter arbeiten. Die Abteilung Inneres hat eine Arbeitsplatzbindung für Dresden verfügt. Vom Brigadeleiter wurde mir gleich erklärt: »Wenn das hier nicht läuft, machen wir sofort Meldung.«

Bei der OGS hatte ich je nach Schicht zwischen 700 und 900 Mark als Beifahrer oder als Fahrer verdient. Nun bekam ich nur noch 400 Mark als Transportarbeiter. Das war ein Einschnitt in die Lebensqualität.

Im Betrieb hat man mich in eine Brigade gesteckt, die politisch vollkommen systemkonform war. Täglich musste ich mir dort anhören, was ich für ein kriminelles und faules Subjekt sei. Man drohte mir, ich müsse zurück in den Vollzug, wo man mir schon klar machen würde, wie der Staat gewillt sei, mich zu führen.

In eine andere Firma konnte ich nicht wechseln. Wo auch immer ich mich bewarb, niemand hat mich eingestellt. Jeder Betrieb hatte nach ein paar Tagen meine Kaderakte und die Information, dass ich an den Arbeitsplatz gebunden sei.

Auch die Abteilung Inneres, bei der ich mich alle 14 Tage melden musste, machte mir klar, dass meine Bewerbungen gegen die Auflagen nach der Haft verstießen.

Ich musste immer wieder zur Abteilung Inneres, um mich polizeilich zu melden. Ich hatte diesen berühmten PM 12, das war ein Ersatzausweis. Somit durfte ich Dresden nicht verlassen, sondern nur mit Genehmigung des MfS. Ich war so gut wie entmündigt. Die Behörde hatte sogar einen Schlüssel zu meiner Wohnung. Mit dem konnte der sogenannte Abschnittsbevollmächtigte jederzeit unangekündigt in die Wohnung. Ich konnte nichts dagegen tun. Einmal war gerade meine Freundin da und sie war nur gering bekleidet. Meine Bitte, er möge den Raum verlassen, bis sie angezogen ist, hat ihn nicht geschert. Kein Wunder, wenn ich immer weiter in Opposition gegangen bin.

Ich habe immer wieder Ausreiseanträge gestellt und habe die auch bei der

Abteilung Inneres abgegeben. Mir wurde gesagt, der Antrag würde bearbeitet. Aber dem Antrag würde sowieso nicht stattgegeben. Ich habe mich deswegen an Ministerien in Berlin gewandt. Das Ergebnis: Ich musste wieder in der Abteilung Inneres in Dresden vorstellig werden, wo mir gedroht wurde. Ich habe mit meiner Verhaftung gerechnet. Die kam, als ich mit einem Transparent in Berlin war, auf dem stand: »Ich will ausreisen.« Diesmal wurde ich nach Chemnitz gebracht.

Chemnitz war die absolute Hölle. Von allen drei Malen war es hier am schlimmsten. Dort haben sie mich mit Arrest und Isolation fast zerbrochen. In Chemnitz gab es einen Schließer, der hat in der Isolation und im Arrest dafür gesorgt, dass ich von anderen Häftlingen trotz aller Gegenwehr zusammengeschlagen und vergewaltigt wurde. Der Schließer hat ihnen den Zugang zum Arrest verschafft. Bis heute ist es mir kaum möglich, darüber zu sprechen. Viele Stunden hat man mich danach in der Zelle liegen lassen. Niemand hat sich gekümmert. Am Ende musste ich die Zelle noch selbst säubern. Es gibt Dinge, für die hat man keine Worte.

Es war kalt im Arrest, Chemnitz war überhaupt ein sehr kaltes Gefängnis. Ich war überwiegend während der Winterzeit dort inhaftiert und habe oft sehr gefroren.

Bei der Entlassung war ich abgemagert. Ich wollte nur Ruhe und Zeit für mich.

Mein Großvater hat mich als Erster getroffen. Er hatte Tränen in den Augen, als er mich sah. Er ist zurückgewichen. So schlimm habe ich ausgesehen. Ich habe ihm nie erzählt, was mir alles passiert ist. In der DDR konnte man über Haft ja nicht reden. Das hätte Folgen gehabt.

Während der Zeit lief mein Ausreiseantrag weiter. Ich habe ihn alle Vierteljahre erneuert. Selbst während der Haft habe ich das getan.

Wenn es möglich war, fuhr ich nach Berlin und habe mich in die Ständige Vertretung reingemogelt. Die DDR-Polizei hat nur meinen Ausweis kontrolliert. Ich wollte vor allem rein. Drinnen habe ich immer gesagt: »Falls ich mich in einem Vierteljahr oder in einem halben Jahr nicht mehr melden sollte, bin ich verhaftet.« Die von der Ständigen Vertretung haben mich gewarnt. »Wenn Sie jetzt rausgehen, kann es passieren, dass Sie verhaftet werden. Es kann sein, dass Sie wieder gehen können. Oder Sie werden für paar Stunden, für ein paar Tage oder länger verhaftet.« Das war mir egal. Ich habe auch zu Hause immer mit meiner Verhaftung gerechnet. Ich hatte immer zwei- oder dreihundert Mark einstecken, damit ich, wenn ich ins Gefängnis komme, ein bisschen Geld für Zigaretten, Tee oder Schokolade habe. Aber ich habe immer gehofft, dass der Staat mich loswerden will und dem Ausreiseantrag stattgibt.

Zweite Haft

Nach Arbeitsverweigerung und weil ich schikanöse Anweisungen im Betrieb nicht ausführte, kam ich wieder in Haft. Asoziales Verhalten, Volksverhetzung und Widerstand hieß es diesmal. Und dass ich den Staat schlecht gemacht hätte. Dass ich – mit ihren Worten – ein kriminelles Subjekt sei, das gegen das sozialistische Land vorgehe. Beim ersten und zweiten Prozess hatte ich als Anwalt Wolfgang Vogel noch nicht. Mein damaliger Anwalt hat mich vertreten, so gut es ging und es in der DDR möglich war. Was konnte er vor Gericht schon rausholen? Gar nichts. Die Urteile waren ja schon fertig. Bei der dritten Verhaftung wurde mir von der Staatssicherheit eine Vollmacht für Anwalt Vogel vorgelegt.

Nach der zweiten Haft habe ich eine ganz liebe Frau kennengelernt. Ich hatte eigentlich nie vor zu heiraten, sondern wollte mir Zeit lassen. Ich wollte ja das Land verlassen. Sie hatte einen Sohn von drei Jahren. Zwischen ihm, ihr und mir hat es auf Anhieb geklappt. Wie das eben so mit dem Herzen und mit der Liebe ist.

Es ließ sich ja nicht vermeiden, dass man irgendwann auf das Thema Ausreise kam. Ich habe ihr eröffnet, dass ich nicht in diesem Land bleiben würde. Dass ich wieder in Haft kommen könnte. Nach den ersten beiden Malen Haft habe ich sogar damit gerechnet, dass ich dabei zu Tode kommen könnte. Schon im Stahlwerk Riesa hatte ich erste Befürchtungen. Es sind dort einige Unfälle passiert, die diese Ängste genährt haben. Auch wenn ich Zupacken gewöhnt war, war das hart, in drei Schichten sechs Tage in der Woche. Arbeitsschutz wurde dort nie großgeschrieben.

Ich habe meiner Freundin gesagt, dass ich nach der zweiten Haft keine Chance mehr in dem Land sehe. Es wusste ja keiner, dass es 1989 zu Ende mit diesem Staat geht. Aber nicht einmal so lange hätte ich diesen Staat noch ertragen wollen. Ich wollte, dass meine Freundin für sich eine Entscheidung fällte. Es ging mir ja auch um das Kind. Beide sollten durch mich nicht in Schwierigkeiten geraten. Während der Zeit hatte ich mich zurückgezogen, damit sie die Entscheidung in aller Ruhe fällen konnte. Ihre Entscheidung ist für die Liebe gefallen.

Das MfS hätte damals unsere Hochzeit beinahe noch verhindert. Bei meinem Standesamt wurde sofort telefoniert, als ich die Eheschließung anmelden wollte. Es kam ein Nein heraus. Aber meine Frau stammte aus Leipzig und hat noch dort gewohnt. Meine künftige Schwiegermutter hat in Taucha bei Leipzig für ihre Tochter einen Termin gemacht. Sie hat meinen Namen angegeben, hat aber keine Papiere vorlegen müssen. Da hat es dann geklappt. Wir haben am 3.Dezember 1983 geheiratet. Das MfS und die Abteilung Inneres haben es zu spät bemerkt. Und sie konnten mich ja nicht zu einer Scheidung zwingen.

In der Landesbibliothek fanden wir ein Gesetz. Darin stand, wenn die Frau mehr verdient als der Mann, und das hat sie getan im Verkauf, dann könnte auch der Mann wegen des Kindes zu Hause bleiben. Man hatte uns ja keinen Kindergartenplatz gegeben.

Meine Frau hat nach der Hochzeit den Ausreiseantrag auch unterschrieben. Sie hat bei einem Privatmetzger in Dresden Arbeit gefunden. Sie hat ihm angekündigt, dass sie irgendwann in den Westen will. Er sollte es wissen, damit er nicht unvermutet in Schwierigkeiten geriet. Meine Frau hat es bei ihm nicht schlecht gehabt.

Zum Dritten

1983 hieß es in westlichen Nachrichten, dass wieder jemandem die Flucht gelungen sei, und dass in der Ständigen Vertretung soundsoviel Personen Asyl gesucht hätten. Mir war klar: Jetzt müssen wir handeln. Ich habe gesagt: »Leute, das ist unsere Chance. Überlegt es euch. Morgen oder übermorgen geht es los, von mir aus auch sofort. Damit rechnen die nicht, dass sofort noch mehr Leute den Mut dazu haben.«

Wir übernachteten zu sechst in meiner Dreizimmerwohnung. Es waren Freunde, die auch weg wollten. Wenn wir von der Arbeit kamen, stand oft ein Streifenwagen in der Nähe unseres Hauses. Die Polizisten wollten unseren Ausweis sehen. Die wollten wissen, wo wir herkommen und wo man hingeht. Wir haben unsere Ausweise immer parat gehabt. In bestimmten Räumen haben wir uns über gewisse Dinge nicht mehr unterhalten, weil wir ja nie wussten, wer noch mithört. Für wichtige Themen haben wir uns woanders getroffen, zum Beispiel in einer Garage, die nicht von uns gemietet war. Wir haben immer geguckt: Kommt jemand? Steht irgendwo jemand? Wir sind andere Wege gegangen, Umwege. Das war richtig geplant. Aber es hat auch Nerven gekostet. Wir sind auf der Straße spazieren gegangen, um etwas zu besprechen. Das klingt abenteuerlich, aber so haben wir das damals gemacht.

Wir haben einen Fluchtplan nach dem anderen gesponnen. Wir hatten den Gedanken, über die Mauer zu fliehen. Da gab es ein ziemlich schmales Stück im Todesstreifen mit einem Fabrikgebäude. Dass dort vor ein paar Jahren schon einmal eine Flucht gelungen war, wussten wir nicht. Wir Männer waren sogar schon auf dem Dach der Fabrik, sind dann aber doch nach Hause zurückgekehrt. Unser Ausflug war nicht entdeckt worden, sonst wären wir nicht unbehelligt geblieben. Was für ein Glück!

Mit einem Stahlseil wollten wir rüber. Wir wollten es rüberschießen. In den Nächten haben wir in Garagen aus einer Eisenbahnschwelle eine Art

Schussgerät aus einer Autofeder vom Škoda gebaut, das funktionierte wie eine Armbrust. Die Drahtseile, das Organisieren ... das hieß, viele Wege gehen, um an dieses Material zu kommen. Jeder Weg war ein Abenteuer für sich. Und immer hatten wir die Angst, dabei aufzufliegen. Jedes Teil wurde in einer anderen Garage versteckt. Wir haben das Gerät sogar bei Nacht auf einer Lichtung getestet. Es hat funktioniert. Am Ende haben wir diese Aktion dann doch verworfen. Und das Schussgerät haben wir in einem Feld verbuddelt. Aber wir haben immer gedacht: O Gott, weiß das jemand, haben die etwas gemerkt? Jedes Klingeln, jeder Polizeiwagen, jedes Türenknallen hat uns erschreckt. Bei jeder Aktion haben wir uns im Stillen von unseren Frauen verabschiedet. Es hätte ja sein können, dass wir auf Jahre im Gefängnis landen. Die Kinder haben wir in den Abschied nicht einbezogen. Die Gefahr, dass sie etwas merkten und in der Schule oder im Kindergarten redeten, war zu groß. Es war die Hölle im Herzen.

Bei einer Kaffeerunde habe ich gesagt: »Leute, wir müssen das in kürzerer Zeit durchziehen.« An dem Tag kam im Deutschlandfunk, dass mehrere Leute es über die Ständige Vertretung in den Westen geschafft haben.

Ich hatte es im Gefühl, dass wir bald verhaftet würden. Tatsächlich war das MfS noch in derselben Nacht da. Meine Mutter hat es mir später erzählt.

Verhaftung

Wir haben uns zwei Mietautos genommen und sind mit Frauen und Kindern nach Berlin gefahren. Es war meine Idee. Die meisten haben Ja gesagt zum Plan mit der Ständigen Vertretung. In einem noblen Viertel sind wir in eine Pension gegangen, die uns über die Touristikinformation vermittelt wurde. Es war eine Wohnung im Kellergeschoss einer Villa. Zwei Freunde wollten am nächsten Tag nachkommen und uns am Alex treffen. Wir haben eine Nacht dort geschlafen. Es war morgens um halb sieben oder um sieben. Wir wollten gerade Frühstücken. Ich sah durch das Fester. Da kamen drei oder vier Zivilautos angefahren und zwei Polizeiautos, Türen haben geknallt, mehrere Männer rannten auf das Grundstück. Ich habe gesagt: »Leute, holt die Papiere raus, das war's.« Wir haben keine Anstalten gemacht, die Flucht zu ergreifen oder uns zu wehren. Mit dieser Möglichkeit hatten wir ja gerechnet. Wir haben uns alle noch sehr kräftig umarmt. Wir wussten, es wird lange dauern, bis wir wieder beisammen sein können.

Dann hat man uns alle verhaftet. Die Frauen kamen extra in ein Auto, die Kinder auch. So ging es schon los. Von da an habe ich meine Frau wochen- und monatelang nicht mehr gesehen. Einmal habe ich sie im Stasigefängnis auf dem

Gang gesehen, wie sie gerade weggeführt wurde. Und dann war da so eine Wachtel[94], die den Sohn Ricardo am Arm und an den Haaren weggeschleift hat. Das Kind hat geschrien, das vergesse ich denen nie, mein Leben lang nicht. Den Jungen haben wir erst nach über einem Jahr wiedergesehen.

In Berlin gingen die Verhöre los, etwa 18, 19 Stunden am Stück. Und zwar immer im Wechsel mit frischen Leuten. Dort wurde ich das erste Mal geschlagen.

Die Trennung von seiner Frau und dem Kind sowie das Geschlagenwerden berühren ihn bis heute. Thomas Reschke hatte vorher gewarnt, dass er nicht wisse, ob er das Gespräch durchhalten könne. Wir treffen uns in der Wohnung, in der seine heutige Partnerin lebt. Sie ist nicht da. Thomas Reschke weint während des Gesprächs.

Die Verhöre gingen zwei, drei Tage nacheinander. Ohne Pause. Ich musste stehen oder auf einem Hocker sitzen. Manchmal bekam ich eine Kopfnuss von hinten oder mit der Faust Schläge auf den Rücken. Ob wir fliehen wollten, wollten sie hören. Immer, immer wieder. Meine Frau und der ebenfalls verhaftete Freund hätten das gestanden. Ich sagte: »Dann will ich das von den Leuten persönlich hören.« Ich hatte ja nicht das erste Mal mit ihnen zu tun.

Meine einzige Angst war: Was machen sie mit meiner Frau? Es gab eine Drohung, dass noch die ganze Familie verhaftet wird. Die Mutter, genauso die Schwester. Und dann diese Sprüche: Wenn Sie jetzt reden, können wir uns für Sie einsetzen. Wenn Sie das und das machen, können Sie wieder nach Hause gehen. Da habe ich gesagt: »Das können Sie jemand anderem erzählen.« Dann wurden sie unfreundlicher. Das ging wieder in die harte Schiene. Sie drohten, dass wir das Kind nie wiedersehen würden. Was da in einem vorgeht, kann ich schwer beschreiben. Ich möchte auch nicht weiter in die Einzelheiten der Verhöre gehen. Das schaffe ich nicht.

Wir sind nach drei oder vier Tagen in einem Parkas Kastenwagen mit mehreren Zellen drin von Berlin nach Dresden gebracht worden. Ein Eimer zwischen den Füßen, die Hände in Handschellen. Wenn ich bis dahin noch keine Platzangst hatte, dann wohl ab diesen Stunden.

In Dresden hat man im MfS Bautzener Straße weiter versucht, uns mürbezumachen. Ich wurde drei Wochen nicht aus der Zelle geholt. Mein Zeitgefühl geriet durcheinander. Die Türe ging nie auf, nur diese kleine Klappe öffnete sich, wenn es Essen gab. Manchmal wurde ich mitten in der Nacht in eine andere Zelle verlegt.

---

94 Uniformierte Wachhabende

Das dauerte wohl drei oder vier Monate lang. Da die Flucht meine Idee war, hat man mich als Rädelsführer beschuldigt. Der Staatsanwalt sprach von mir als einem verbrecherischen Bandenchef.

Am Anfang hätte ich gern mal eine Zigarette geraucht. Meine wurden mir nach der Verhaftung nicht ausgehändigt. Aber ich habe mir nie die Blöße gegeben, darum zu bitten. Auch nach meiner Frau habe ich nie gefragt, auch wenn es schlimm war, nichts zu wissen. Nach außen hin habe ich versucht, so viel Stärke zu zeigen wie nur möglich. Dabei war diese Stärke oft kurz vor dem Zusammenbruch.

Über den Klopf- und Buschfunk, das Morsealphabet, erfuhr ich, dass meine Frau in der Zelle gegenüber lag. Ob das nun stimmte, wusste ich nicht. Eine Frau war angeblich mit ihr zusammen, ehe sie auf meine Seite des Gefängnisses verlegt wurde. Jedenfalls hieß das, dass wir über die Leitungsrohre keinen Kontakt bekommen konnten.

Als ich auf die andere Gefängnisseite verlegt wurde, suchte ich Kontakt zu der Frau. Das hätte ich mir sparen können. Die Frau, die sich als meine Frau ausgab, war es nicht. Ich habe es mit einer Rückfrage getestet und sie nach einem Merkmal an meinem Körper gefragt. Als keine Antwort auf die Frage kam, wusste ich: Das ist nicht meine Frau. Die Stasi kannte doch das Kontaktsystem. Die haben es ja gelenkt.

Später haben die MfS-Leute meine Frau tatsächlich in die Zelle neben mir gelegt. Das war in der Zeit der Verhöre. Da habe ich aber auf Klopfen schon nicht mehr reagiert, sondern diese Frau wieder für eine Lügnerin gehalten. Dabei lag sie genau neben mir. Mistkerle! Später schrie die Frau, die ich für die Falsche hielt. Sie wurde geschlagen, man konnte nicht helfen. Und am Tag darauf führte man mich den Gang entlang und man ließ mich durch die offene Zellentür gucken. Ich sah, dass es meine Frau war. Die wollten, dass ich es weiß.

Wenn meine Frau aufgegeben hätte, sich hätte einwickeln lassen, um die Entlassung zu erreichen, wenn sie auf Vorschläge für sich und das Kind eingegangen wäre, Wenn sie sich von mir losgesagt hätte, sich hätte scheiden lassen, auch wenn sie unter Druck geredet hätte – damit hatte ich von Anfang an gerechnet –, dann hätte ich es verstanden. All diese Varianten hatten wir ja durchgespielt. Aber die Vorstellungskraft wurde bei Weitem übertroffen.

Nach dem Abschluss der Verhöre unterschreibt man auf jeder Seite das Protokoll. Als die Stasi auf einmal ziemlich freundlich wurde, wurde ich stutzig. Freundlichkeit und Stasi hat nie zusammengepasst. Mir wurde die Vollmacht von Rechtsanwalt Vogel und seines Kollegen für den Bezirk Dresden vorgelegt. Und der Vernehmer hat gesagt: »Sie sind ja nun auch nicht mehr lange da.« Ich habe ihn reden lassen und kein Wort geglaubt, als ich die Vollmacht unterschrieb.

Nach dem Abschluss aller Verhöre habe ich meine Frau im Beisein vom Vernehmer sehen dürfen. Sie durfte sogar auf meinem Schoß sitzen. Wir waren beide wie versteinert. Wir haben versucht, uns keine Blöße vor diesem Menschen zu geben. Wir haben uns nur kurz umarmt.

Bautzen

»Auf Transport!«, hieß es. Im Gefängnisbereich meinte das Kommando: Es geht zur Kleiderkammer, wo man wieder die eigene Kleidung bekam. Und das wenige persönliche Eigentum wurde einem als Paket ausgehändigt. Dann ging es weiter zum Gefangenentransport. Ich erfuhr, dass ich nach »Bautzen« in den Vollzug musste. Ich war wie erschlagen. Es würde also noch härter werden als in Zeithain und in Chemnitz. Ich hatte ja schon einiges durchgehabt, und Bautzen II war doch der reine Stasiknast. Dort sind doch ganz andere Leute. Was haben die mit dir vor? Ich dachte: O Gott, jetzt gehst du ins *Gelbe Elend*.[95] Ich habe früher ja nicht weit davon gewohnt. Ich habe diesen Laden von außen gesehen. Man hat einfach nur gedacht, das gehört zur Polizei.

In Bautzen gehörte ich zu den sogenannten Kurzstrafern. In Dresden hatten sie noch gesagt, diesmal werde es nicht so schlimm werden wie zuvor. Sie sagten noch: Diesmal werden Sie anders behandelt. Aber vor mir tat sich die Hölle auf. Darüber mag ich nichts erzählen.

In Bautzen II wurde mir eröffnet, dass meine Frau in Hoheneck einsäße. Ich habe sofort die Arbeit verweigert mit der Begründung, dass sie mich sowieso schon zu einem asozialen Element abgestempelt hätten. Warum sollte ich da noch für eine Mark pro Tag diesen Staat arbeiten? So habe ich das wörtlich begründet. Die Konsequenz daraus: Ich kam in den Arrest. Auch nach den 21 Tagen kam ich nicht mehr mit anderen Gefangenen zusammen, bis zu meinem Freikauf in die Bundesrepublik.

Schließlich kamen Briefe von meiner Frau. Natürlich waren die alle positiv geschrieben, sie mussten ja durch die Zensur. Aber ich spürte, es ging ihr nicht gut.

Aus der Lektüre von Paragrafen und Gefängnisordnungen wusste ich, dass man alle zwei Monate die Chance zu einem Besuch hatte. Entweder wurden die Frauen nach Bautzen II gebracht oder ich zu ihr nach Hoheneck. Das habe ich mehrfach beantragt, aber dem wurde nie stattgegeben. Daraufhin bin ich

95 Spitzname von Bautzen wegen der gelben Klinkersteine

in Hungerstreik getreten. Der ging vier oder fünf Tage. Dann haben sie mich ins Haftkrankenhaus geschafft. Das lief relativ schnell ab, muss ich sagen. Das Haftkrankenhaus befand sich auch im *Gelben Elend.*

Mich durfte kein anderer Häftling sehen, nicht einmal die Vollzugsbeamten des Gefängnisses. Ich war vollkommen isoliert im Krankentrakt. Man war höflich zu mir und wollte mich zum Essen bewegen. Aber ich habe weitergehungert.

Am zweiten Tag auf der Krankenstation sind zwei Leute aus Berlin gekommen. Die haben verlangt, dass ich die Aktion abbreche. Es wären schon Leute von uns in Freiheit. Ich sagte: »Ich will meine Frau sehen. Eher höre ich nicht auf.« Sie versprechen, dass ich sie bald sehen würde. Ich sagte: »Nix, ich bleibe im Streik, bis ich sie gesehen habe.« Dann haben sie mir eine Ansichtskarte gezeigt, die aus dem Bayerischen von einem Mitverurteilten sein sollte. Gut, die Schrift sah ähnlich aus. Ich habe gesagt: »Ihr könnt das genauso gut fälschen. Ihr seid doch angeblich der beste Geheimdienst auf der Welt. Sie wollen nur, dass ich den Hungerstreik abbreche. Ich will meine Frau sehen.«

Stutzig hat mich gemacht, dass sie nie die ganz harte Schiene gefahren sind. Zumal ich nicht bloß im Hungerstreik war, ab dem zweiten Tag habe ich auch nichts mehr getrunken. Vielleicht haben sie deswegen so schnell reagiert und mich an den Tropf gehängt. Ich habe gedacht, entweder es geht und du siehst deine Frau oder du verreckst hier.

Als die Herren in Zivil noch zwei- oder dreimal kamen, habe ich nachgegeben. Ich blieb noch zwei Tage ins Krankenhaus und wurde mit Zwieback und Tee wieder aufgepäppelt. Auch in der Zelle bekam ich Aufbaukost. Es ging ganz normal zu. Es gab keine Strafen, keinen Arrest. Hungerstreiks ließen sie einem sonst nicht durchgehen.

Nach dem dritten Tag kam der stellvertretende Gefängnisleiter in die Zelle. Er schickte die Schließer weg und zog die Zellentür hinter sich zu und legte eine Schachtel Zigaretten auf den Tisch. »Machen Sie jetzt keinen Blödsinn mehr. Sie sind bloß noch ein paar Tage hier.« Ich sagte: »Verarscht einen andern.« Nach einigen Tagen kam er noch einmal. »Sachen packen«, sagte er. Ich wollte alles zum Mitnehmen packen. Er sagte: Nur Ihr persönliches Zeugs. Es geht los, Sie kommen in die Bundesrepublik.

Ich glaubte ihm nicht, folgte aber seinen Anweisungen. Immer in der Erwartung: Nun geht es in den Arrest. Aber es stimmte, was er sagte. Ich konnte es kaum glauben. Noch während des Transports habe ich damit gerechnet, in einen anderen Knast verlegt zu werden. Ich hatte einkalkuliert, dass sie einem Hoffnung machen, um sie dann wieder wegzunehmen. Insofern stellten sich bei mir keine Hoffnung oder gar Siegesgefühle ein. Ich rechnete immer mit dem Schlimmsten. Wie sollte ich solchen Menschen denn plötzlich trauen?

Mit dem Transport kam ich nach Chemnitz. Der Gefängnisteil, in den ich kam, wurde »Bananenburg« genannt. Hier wurden geregelt, ob man noch Schulden hat, was mit der Wohnung wird und so weiter.

Nach einigen Tagen wurde ich wieder zu einem Stasivernehmer geholt. Da hieß es, bei meiner Frau haue etwas nicht hin. Da ich nicht der leibliche Vater von Ricardo bin, war offen, ob sie mitgehen darf. Der Vater von Ricardo müsse erst sein Einverständnis geben. Der Vernehmer war nun nicht mehr freundlich. Ich solle mir das mit der Ausreise überlegen. Meine Frau würde wegen des Kinds ja doch in der DDR bleiben. Tatsächlich hat man ihr ein paarmal offeriert, sich von mir zu trennen und an das Kind zu denken. Aber sie hat immer gesagt: »Selbst wenn Sie mir das Kind wegnehmen, ich gehe mit meinem Mann. Das Kind holen wir dann später nach.«

Das Ganze dauerte sechs Wochen, dann war die Familienzukunft geklärt. Meine Frau hat das alles sehr mitgenommen. Sie hatte erklärt: Dann soll das Kind doch der Vater nehmen. Sie werde sich nicht trennen. Am Ende wurde ihr mitgeteilt, der Kindsvater hätte sein Einverständnis gegeben. Ob der Vater als Genosse unter Druck gesetzt wurde, weiß ich nicht.

Am Ende konnte ich die Dokumente für die Ausreise und die Ausbürgerung unterzeichnen. Nach all den Wochen der Unklarheit und Ungewissheit ging es los. Im Hof standen Busse. Und da, im Bus, habe ich meine Frau wiedergesehen. Ich durfte mich neben sie setzen. Ich nahm ihre Hand und hielt sie ganz fest. Ihr Aussehen hat mich erschüttert und traurig gemacht.

Im Bus habe ich dann auch den Rechtsanwalt Vogel kennengelernt. Der ist zugestiegen und hat uns erklärt, wie wir uns verhalten sollen. Und dass wir noch nicht drüben sind, dass sich für jeden noch etwas ändern könnte. Alle im Bus waren mucksmäuschenstill.

Ja und dann waren wir drüben …

Da ist alles von mir abgefallen, ich habe meine Frau umarmt und sie gedrückt. Ich hatte Angst, sie dabei zu verletzen. Wir sind raus aus dem Bus und ich habe die Erde geküsst und dann wieder meine Frau. Richtig beschreiben kann man das nicht.

Im Westen

Meine Frau habe ich ziemlich zerstört wiederbekommen. Ich habe sie fast nicht wiedererkannt. Sie hatte elf Monate lang keine Regel und war ziemlich aufgeschwemmt. Ich war geschockt und wütend zugleich. Und die ersten Annäherungen, wie soll ich das beschreiben? Zwischen uns war eine Blockade, eine Sperre bei Annäherungen. Im Gefängnis ist eine Schutzfolie vor

Gefühlen entstanden. Stellenweise ist es bei mir bis heute schwierig geblieben. Das hängt wahrscheinlich mit der Vergewaltigung zusammen. Es gibt bei mir einen Strich. Dann kommt niemand mehr an mich ran, selbst meine Frau nicht.

Ich konnte eine ganze Weile nicht in den Spiegel gucken. Ich habe mich vor mir selber geekelt. Das hat mit der Vergewaltigung zu tun, sagten die Ärzte und mein Therapeut. In der Kur habe ich Vergewaltigungsopfer kennengelernt. Durch die Gespräche ist mir bewusst geworden, warum ich so einen Ekel vor mir verspüre. Auslöser können Gerüche sein, Geräusche oder Uniformen. Manche Räume sind unbewusst für die Erinnerung frei gehalten. Mein Sauberkeitsbedürfnis ist nach der Haft stärker geworden. Selbst nach schlimmen Träumen muss ich mich duschen, um den Ekel wieder loszuwerden.

Meine Frau und ich, wir sind drüben angekommen, das Kind aber nicht. Und das war die letzte Quälerei. Zu Beginn der Haft hat niemand gewusst, wo das Kind ist. Meine Mutti nicht, meine Schwiegermutter nicht, niemand hat etwas gewusst. Nach sechs Monaten haben wir es erfahren. Anfangs war der Vierjährige in einem Heim. Dann durfte das Kind bei meiner Schwiegermutter in Leipzig leben. Er hat immer nach uns gefragt. Es war nicht einfach für ihn.

Ich habe immer gesagt: Ich möchte unbedingt nach Baden-Württemberg. In Gießen haben wir nach ein paar Tagen unsere Papiere gekriegt, das erste Arbeitslosengeld, und dann hieß es für uns: ab nach Freiburg. Dort sind wir im Übergangsheim in einer Wohnung untergekommen, die nicht vollständig belegt war. Wir hatten also ein bisschen Ruhe. Weihnachten 1984/85 haben wir ganz allein verbracht. Wir haben nicht gefeiert, wir vermissten unseren Sohn.

Dann hat man uns über die Behörde für Aussiedler und Flüchtlinge eine Kur im tiefsten Schwarzwald ermöglicht. Wir konnten uns zwei Monate in der Natur erholen. Und ein bissel hat es auch geklappt. Aber es war für die Frau nicht einfach. Sie hat es nicht immer gezeigt, dass das Kind gefehlt hat. Aber sie hat mich dann – berechtigterweise – gedrängelt, sie wollte zurück nach Freiburg. Wir haben die Kur abgebrochen.

Wenn wir nachgefragt haben, wann Ricardo kommt, hat man uns geantwortet: »Das ist in Arbeit. Der Junge kommt, es wird nicht mehr lange dauern.« Aber es passierte lange Zeit nichts. Dann, im Februar 1985, haben wir Bescheid bekommen. Meine Frau durfte Ricardo aus der DDR holen. Sie hatte ab Grenzübergang 48 Stunden Zeit, alles zu regeln.

Was in mir vorging: Meine Frau sollte wieder in den Osten, wo sie gedemütigt und verletzt wurde! Ich wollte fahren, um ihr das zu ersparen. Das hat die DDR nicht genehmigt. In einem Telefonat mit Bonn wurde mir versichert, dass meine Familie ganz sicher zu mir komme.

Und dann dieser kalte Winter voller Schnee und nur 48 Stunden Zeit. Ich habe erst hinterher erfahren, was sie dort durchgemacht hat. Diese Behördenwege in Leipzig, die Abmeldung, das Standesamt, den ganzen Laufzettel durch.

Ich wusste, mit welchem Zug sie wiederkommen sollten. Und sie kamen nicht. Ich bin bald durchgedreht. Ich habe wieder in Bonn angerufen, habe gesagt, ich fahre rüber, ich hole mir eine Knarre. Ich fahre an die Grenze und wenn ich welche abknallen muss. Der Schmerz, die Verachtung und der Hass ließen mich nicht normal denken. Die Behörden in Bonn haben gesagt, es läge am strengen Winter. Es gäbe fast keine Züge, die planmäßig fuhren. Ihre Frau kommt. Zwei Tage später rief meine Conny mich an. Sie waren auf bundesdeutschem Gebiet. Stunden später kamen sie in Freiburg an. Ich habe beide wohl erdrückt bei diesem Wiedersehen. Es sind viele Tränen geflossen, für die ich mich nicht schäme.

Nach seiner Rückkehr war Ricardo verändert. Er war schreckhaft, in sich zurückgezogen. Man konnte nur ahnen, was er durchgemacht hatte. Meine Frau sagte, sie werde nie wieder DDR-Gebiet betreten.

Wir wollten noch ein Wunschkind. Das hat auch geklappt, meine Frau Conny wurde schwanger. Leider ging es meiner Frau nicht so gut dabei, die Haft hatte wohl Spuren hinterlassen. Aber dann hat der Arzt gewarnt, dass entweder das Kind nicht ganz gesund sein oder der Frau etwas passieren könnte. Da haben wir uns gegen das Baby entschieden. Danach war zwischen uns nichts mehr, wie es war.

Von meiner Seite kam ein schlimmes Verhalten hinzu. Die Haft hat mich nicht zum Guten verändert. Im Jahr 1989 wurden wir geschieden. Unsere Ehe ist durch mich, durch meine Art gescheitert.

Folgen

Thomas Reschke wurde schon von mehreren Forschungsprojekten angesprochen, etwas von sich und seinen Haftfolgen zu erzählen. Er hat abgelehnt. Auch Medien hat er von sich ferngehalten. Dies ist das erste Interview, zu dem er sich in der Lage sieht.

Meine Rückkehr nach Dresden hatte mit der Mutti zu tun. Die hatte einen Schlaganfall. Sonst wäre ich nicht hier. Jetzt ist mit der Mutti alles wieder in Ordnung, aber inzwischen hat sich das Leben so ergeben, dass ich schon einige Jahre in Dresden festsitze. So oft ich kann und die Mittel dafür da sind, fahre ich für längere Zeit nach Freiburg. Und am liebsten würde ich hier wieder weg. Meine jetzige Partnerin weiß das. Ich komme hier in Dresden auf Dauer nicht klar. Der Ort, die Menschen lassen Schlimmes immer wieder aufbrechen.

Bei mir ist eine posttraumatische Belastungsstörung von 60 Prozent anerkannt worden. Deshalb beziehe ich Hilfe zum Leben von Ämtern. Über das Amt für Familie und Soziales bekomme ich dafür 222 Euro Rente. Dazu die Opferrente von 250 Euro.

Es gibt Tage und Wochen, da kann ich tagelang gar nichts. Auch heute nicht. Ich verlasse die Wohnung dann einfach nicht. Selbst wenn ich es versuchte, es gelingt nicht. Ärzte hatten bei mir keinen Erfolg. In schlimmen Stunden nehme ich Tabletten, um ruhiger schlafen zu können.

Am Anfang im Westen war das nicht ganz so schlimm. Aber dann ging es los und wurde immer schlimmer. Ich konnte nichts damit anfangen. Ich wusste nicht, was mit meinem Körper geschah. Ich kam mir als Versager vor. Selbst der Rententräger sieht für mich keine Chance auf eine Heilung. Aber ich kämpfe um eine Therapie. Denn ich weiß nicht, wie mein Körper in einer Stunde oder am nächsten Tag reagieren wird. Ein Geruch, ein Traum, Situationen aus dem Alltag können Auslöser sein. Platzangst habe ich sogar in der eigenen Wohnung, in der Öffentlichkeit, im Bus, in Fahrstühlen. Bestimmte Menschen versetzen mich in äußerste Alarmbereitschaft. Ich versuche jeden Menschen, jede Bewegung im Voraus zu erfassen. Im Gefängnis war diese Fähigkeit überlebensnotwendig. Heute verkompliziert sie alles. Aber der Körper hat gelernt, im Voraus zu denken.

Mein Unterbewusstsein schlägt Alarm, wenn Polizei zu sehen ist. Ich suche dann ein Versteck in einem Hauseingang. Nach einem Traum habe ich schon auf dem Bettrand gesessen und mit der Hand auf den Kopf geschlagen. Frei nach dem Motto: Verflixtes Gehirn und Unterbewusstsein, hört auf, mich fertigzumachen. In meiner Wohnung gibt es eine Stelle an der Wand, wo schon einmal Blutflecken waren, weil ich nach einem schlimmen Traum gegen diese Wand geschlagen bin, um den Schmerz und die Erinnerung loszuwerden. Oder ich sitze einfach in einer Ecke, ohne mich zu bewegen. Oder ich schlafe im Sitzen oder im Stehen. Das sind Situationen, wie sie der Körper im Arrest ausführen musste. Ich führe es aus, weil es so in mir erhalten ist. Wenn meine Hände es zulassen, schreibe ich viele Stunden alle Erinnerungen auf, um sie über die Hand aus dem Körper zu lassen. Oft gehe ich in den Wald und verschwinde mit meinem Rucksack dorthin, wo keine Menschen sind.

Wenn ich einen Termin habe, kann es passieren, dass ich ihn in letzter Minute absage, weil ich in keine Bahn oder keinen Bus komme. Oder ich steige wie ein gehetztes Tier an der nächsten Haltestelle wieder aus. Und bin dann sogar bereit, jeden zur Seite zu schieben, der mich aufhält. Es kann jederzeit passieren, dass ich plötzlich die Notbremse ziehen muss. Also lauf ich lieber sehr lange Wege, um sicher zu einem Treffen zu gelangen.

Selbst die Nähe meiner sehr lieben und geduldigen Freundin ist mir oft zu viel. Ich muss dann raus aus der Wohnung, schnell unter freien Himmel. Sonst bekomme ich Zustände. Es ist eine Belastung, anderen Menschen immer wieder mein Verhalten erklären zu müssen. Damit stochere ich ja immer wieder in den Auslösern herum.

Bei Therapeuten oder Ärzten ging es jahrelang nicht voran. Ich habe nicht geredet. Egal wie lieb und nett es versucht wurde. Die konnten machen, was sie wollten. In einer Gruppentherapie hatten die Therapeuten mich einmal soweit, dass ich geredet habe. Und dann hat die halbe Gruppe geheult. Das war mir peinlich. Ich habe mich noch mieser gefühlt. Das wollte ich doch nicht. Die anderen Patienten hatten doch selber genug mit sich zu tun.

Therapien habe ich nicht grundsätzlich abgelehnt, aber ich bin gar nicht erst hingegangen. Ich dachte, das muss doch wieder normal werden. Du bist doch ein Mann. Du bist doch kein Waschlappen.

Dann bin ich zum ersten Mal in Schmannewitz[96] gewesen. Dort haben wir nichts erreicht, außer dass ich mich ein bissel erholt habe. Im Krankenhaus Dresden Klotzsche[97] bin ich auf offener Straße zusammengebrochen. Es waren keine Herzprobleme. Man hat mir gesagt, die Nerven haben etwas freigegeben und es nicht mehr ertragen.

Glücklich kann ich mich schätzen, dass mir seit 14 Jahren Frau Dr. Steglich als Psychologin und Neurologin zur Seite steht. In ihrer ambulanten Praxis in Dresden hat sie mir schon oft geholfen.

Obwohl Thomas Reschke schon viele Krankheiten infolge der Haft benannt hat, äußert er sich auch zu denen, die ihm auf der Liste vorgelegt werden.

Der Blutdruck stimmt zeitweise nicht, dann bekomme ich Herzrasen mitten in der Nacht, zum Beispiel während eines Traums. Wenn ich aufstehe, ist es, als hätte ich den ganzen Tag über schwer gearbeitet. Mir tut jeder Muskel weh. Der Körper ist angespannt, als käme ich aus dem Bodybuilding-Center. Ich bekomme Krämpfe in den Waden. Ich bekomme Panikanfälle, denke, jetzt kriege ich einen Herzkasper. Ich muss an die Luft, und renne herum. Ich habe auch schon den Notarzt gerufen, weil ich nicht wusste, wie es weitergeht.

Rückenprobleme? Die kann ich dreifach ankreuzen.

96 Schmannewitz ist ein Kurort und eine Rehaklinik in Dahlen, östlich von Leipzig.
97 Klotzsche ist ein Stadtteil von Dresden.

Nierenprobleme? Ich habe zwar manchmal Schmerzen oder ein Ziehen, aber festgestellt wurde nichts.

Gewichtsprobleme? Das wechselt und das geht hoch und runter. Es gibt drei bis fünf Kilo Unterschied je nach Verfassung.

Magenprobleme: Ich bin ein Magen-Darm-Mensch. Ich fühle alles mit dem Magen. Ich habe Vorahnungen und kann auch gewisse Ereignisse vorhersagen. Die stimmen meistens. Dann habe ich ein ungutes Gefühl im Bauch. Ich weiß nicht, was passieren wird, aber ich spüre, dass etwas kommt.

Schlafstörungen habe ich mehr als genug, zurzeit wieder wochenlang am Stück. Ich sitze dann vor dem Fernseher, obwohl da nur Mist läuft. Ich bin auch fahrig und kann mich auf nichts konzentrieren. Mir kann es frühmorgens passieren, dass meine Hände nicht mehr so recht wollen. Dann fällt mir die Tasse aus der Hand.

Ich habe keine Kraft, meine Wohnung richtig aufzuräumen. Bei mir sieht es aus, als ob ich gerade aus- oder einziehe. Ich bin verzweifelt darüber. Ich bin einer der ordentlichsten Menschen von Jugend an. Ich habe nie jemanden gebraucht, der mir etwas nachräumt oder für mich bügelt. Das mache ich auch heute noch alles, selbst in der Wohnung meiner Freundin. Aber in meiner Wohnung finde ich keinen Anfang.

Eigentlich bin ich ein Kämpfertyp. Aber meine Situation lässt mich in tiefe Depressionen fallen. Wohl fühle ich mich dann vor allem im Wald oder in einsamen Gegenden. Deswegen wohne ich auch am Rand der Stadt.

Ich bin ein Nachtmensch. Ich gehe fast nur nachts aus der Wohnung. Angst und Panik habe ich eher am Tage außerhalb meiner Wohnung.

Nun komme ich mit dem Einfachsten nicht mehr klar. Im Gefängnis hat es lange gedauert, bis ich gelernt hatte, mich und das, was mir gehört, zu verteidigen. Ich lernte, Grenzen zu überschreiten, die man im normalen Alltag respektiert hätte. Darauf bin ich nicht stolz, aber es musste sein. Ich musste überleben. Ich habe vielen Menschen wehgetan. Obwohl die es eigentlich alle verdient hatten, das beschäftigt mich bis heute.

Ich spüre die Existenzangst. Was wird mit meiner Wohnung? Was mit meinen Rechnungen? Was will das Amt? Oft kommen Schreiben, die ich nicht verstehe. Ohne Hilfe kann ich darauf nicht reagieren. Gerade haben sie mich wieder angeschrieben, ich solle aus meiner Wohnung raus wegen zwei oder drei Euro. Die Nebenkosten liegen über dem Regelsatz. Jetzt brauche ich einen Rechtsbeistand für meine kleine Existenz. In mir entsteht dabei ein Gefühl, wie ich es gegenüber den DDR-Organen hatte. Ich vergleiche das Gefühl, bzw. mein Körper tut das. Ich nehme dann kein Blatt vor den Mund.

Wenn ich kann, setze ich mich hin und schreibe Briefe. Was hat der Herr Köhler neulich im Fernsehen über uns gesagt? Was hat er denn gesagt, er hat ja in Bautzen II gestanden. Dass uns geholfen werden soll? Dass keiner von uns Angst haben muss, im Stich gelassen zu werden? Dafür sollte die Häftlingsrente sein. Die beträgt 250 Euro. Das ist eine Verarsch… Denn das Amt wollte die Summe schon wieder mit einbeziehen. Das darf man laut Gesetz aber nicht. Zum Glück hat es sich inzwischen geregelt. Aber ehe es so weit war, musste ich viele Wege bewältigen und einen Anwalt zu Hilfe nehmen. Erst einmal sperrten die Ämter mir die Hilfe zum Leben.

Zugleich wurde einigen der einstigen SED-Leute eine Ehrenrente von 1.000 Euro zugesprochen, ohne dass sie über ihr Einkommen Rechenschaft geben müssen. Welch eine Verhöhnung der Opfer! Zumal ja die SED und die Stasi unter dem Decknamen *Die Linke* weiterhin Einfluss haben.

Dadurch ist bei mir fast immer Misstrauen da. Außer gegenüber mir ganz nahestehenden Personen. Aber selbst da gibt es das. Meine Freundin weiß auch nicht alles, was mir passiert ist. Ich will sie auch nicht belasten, sie hat ja ihr eigenes Leben, sie hat ihre Probleme und Gefühle. Sicher spürt sie von allem mehr, als ich ahne. Sie hat Bautzen II besucht, ohne dass ich das von ihr verlangt habe. Das rechne ich ihr hoch an. Meist lässt sie mich in Ruhe und stellt selten Fragen. Aber wenn ich immer wieder schweißnass vor Angst aus dem Schlaf aufschrecke, will sie doch mehr wissen. Ich kann ja nicht alles vor ihr vertuschen. Seit sie Bautzen gesehen hat, stellt sie keine Fragen mehr. Und das ist gut für mich.

Ihre Wohnung hier, obwohl es die der Freundin ist, ist meine Burg, meine Festung. Meine eigene Wohnung ist die absolute Festung. Dort kommt keiner rein, ohne dass ich es merke.

Angst vor Beziehungsverlust habe ich überhaupt nicht. Ich kann ganz gut alleine sein. Ich habe damit kein Problem. Im Gegenteil, ich bin froh, wenn ich manchmal alleine bin. Und ich könnte auch alleine leben.

Den Orientierungsverlust kenne ich auch. Bei Karstadt ist es mir mal passiert, dass ich jemanden gebeten habe, mich rauszuführen. Das war zum Verzweifeln, weil die Leute auf meine Bitte um Hilfe nicht reagiert haben.

Matt fühle ich mich oft schon am Morgen, wenn ich nachts nicht geschlafen habe. Und wenn ich dann noch Tabletten nehme, brauche ich mindestens fünf bis sechs Stunden, ehe ich überhaupt auf die Straße gehen kann.

Selbstmordgedanken waren auch manchmal da. Ich möchte diese Frage aber nicht beantworten. Das möchte ich mit mir ausmachen. Das würde nicht mal ein Arzt erfahren. Das ist meine Angelegenheit, wie es um mich steht. Weil das die Freiheit ist, die ich mir noch nehmen würde.

Arbeitslos wollte ich nie werden. In Freiburg bin ich zum Schreiner umgeschult worden, bin danach aber nicht in Arbeit gekommen. Dann habe ich weiter als Rangierleiter bei der Bundesbahn umgelernt. Bei der Bahn habe ich zwei Jahre im Schichtsystem gearbeitet und konnte der Familie etwas bieten. Körperlich ging es mir aber immer schlechter. Ich wusste nicht wieso. Ich musste die Arbeit aufgeben und mir körperlich etwas Leichteres suchen. Ich habe dann noch einmal im Außendienst einer Versicherung gelernt und habe die Abschlüsse gemacht. Aber es ging mir körperlich und seelisch immer schlechter. Dementsprechend hat sich meine Lebenslage zum Negativen verkehrt. Natürlich auch finanziell. Ich wollte der Familie etwas bieten, und das ist schiefgegangen. Ich habe ihnen mehr Schaden zugefügt, als dass ich ihnen genutzt hätte. Deswegen fühle ich mich heute als Versager.

Mein Körper hat verrücktgespielt, sodass gar nichts mehr ging. Ich konnte keine Termine mehr einhalten. Dementsprechend ist es mit uns nach unten gegangen, auch finanziell. Es kam zur Scheidung, in die ich sofort eingewilligt habe. Ich wollte meiner Familie bzw. meiner Frau und meinem Sohn nicht im Wege stehen. Meine Frau hat die Scheidung eingereicht. Es gab auch einen anderen Partner. Irgendwann lag er in meinem Bett, als ich heimkam. Das war ihre Entscheidung. Ich habe mich so schnell wie möglich zurückgezogen. Wir sind nicht im Bösen auseinandergegangen. Den Sohn habe ich noch zwei- oder dreimal wiedergesehen. Leider bin ich nicht oft in Freiburg.

Als ich nach Dresden zurückkam, habe ich herausgekriegt, dass ich es mit IMs zu tun hatte. Einige habe ich entlarven können. Aber das Schlimmere ist, und deswegen will ich auch wieder weg, es gibt noch überall solche Leute. In einem Plattenbau, in dem ich 1995/96 zum Übergang in einer Einraumwohnung lebte, habe ich allein drei Schließer von der Bautzener Straße wiedergesehen. Ich vergesse kein Gesicht. Einmal habe ich probiert, mit dem Fahrstuhl zu fahren. Da ist prompt ein ehemaliger Schließer mit im Fahrstuhl gewesen. Ihre Gesichter sind mir wie eingebrannt. Die sind in mir wie ein Foto. Ich vergesse die nie. Manchmal sehe ich sie sogar nachts.

Nach der Wende habe ich nicht gleich die Stasiakten-Einsicht beantragt. Ich habe mich nicht getraut. Ich habe drei oder vier Jahre gebraucht, ehe ich das getan habe.

Wer uns verraten hat, das ahnte ich all die Jahre. Wäre die Wende nicht gekommen, hätte das Lügenhaus des Verräters für immer gehalten. Es war die Person, die einen Tag vor unserer Verhaftung in Berlin in meiner Wohnung in Dresden festgenommen wurde. Er hat sogar noch die Lüge verbreitet, ich hätte alle verraten und uns an die Stasi ausgeliefert. Nach der Wende bin ich ihm begegnet. Er hat aber weiterhin geleugnet. Wie armselig muss man sein, um so etwas zu tun! Er hat damit seine eigene Frau und sein Kind verraten und sie der Stasi ausgeliefert. Die Frau hat auch Akteneinsicht genommen und hat ihn aus dem Haus geschmissen, aus dem gemeinsamen Haus in Straubing. Sie hat sich scheiden lassen.

Es ist mein Wunsch an das Leben, dass ich diese Leute nicht mehr treffen muss.

Ich habe mir überlegt, was die Haft mir Positives gebracht hat. Positiv ist, dass ich jetzt weiß, was böse ist. Was ich auch gelernt habe, ist Nein zu sagen, da, wo es hingehört.

Mathias Tordinic: Verfolgt in der zweiten Generation

Mathias Tordinic ist 50 Jahre alt. Seine Haftzeit lag in den Jahren 1980 bis 1981. Er wurde zu 22 Monaten verurteilt und hat davon gut 16 Monate abgesessen. Er ist ein Häftling der zweiten Generation. Vor ihm war bereits der Vater inhaftiert. Tordinic hat aus diesem Grund zudem eine Heimkarriere hinter sich.

Meine Mutter ist Deutsche, mein Vater war gebürtiger Kroate, und der hat schon im Nationalsozialismus in Deutschland gelebt. Meine Mutter war Straßenbahnführerin, mein Vater Installateur, er hat früher bei Zeiss gearbeitet. Mein Vater ist am 17. Juni 1953 zu mehreren Jahren verurteilt worden.

In meinen Unterlagen heißt es zum Urteil gegen meinen Vater: »Das vorliegende Urteil wird durch (den Präsidenten) weder aufgehoben noch abgeändert. Der Ehemann hat sich in schwerer Weise gegen unseren Staat der Arbeiter und Bauern vergangen. Seine faschistischen Ausschreitungen machen einen längeren Umerziehungsprozess notwendig.« Und: »Der Präsident der Deutschen Demokratischen Republik greift gem. unserer Verfassung und den strafrechtlichen Bestimmungen in die Rechtsprechung nicht ein.«

Mein Vater ist zu viereinhalb Jahren Zuchthaus verurteilt worden. Davon hat er drei Jahre abgesessen. Nachdem er aus der Haftanstalt entlassen worden ist, durfte er nicht mehr zu Zeiss zurück.

Meine Mutter war schon mal verheiratet. Ihr erster Mann ist im Krieg gefallen. Mein Vater war ihr zweiter Mann. Als er verhaftet wurde, hatte sie schon vier Kinder und war hochschwanger. Wir waren insgesamt sieben Kinder.

Weil mein Vater als gebürtiger Kroate ins Gefängnis kam, haben sie die gesamte Familie staatenlos gemacht. Ich habe aufgrund der Unterlagen herausgefunden, dass unsere ganze Familie im Falle eines Krisenfalls interniert werden sollte.

Heim

Nach der Verhaftung des Vaters ist ein Kind nach dem andern ins Heim gekommen. Auch Mathias Tordinic haben sie dorthin gebracht.

Bei mir ging die Geschichte schon mit elf Jahren los. Ich bin aus meinem Elternhaus entfernt worden, um sozialistisch erzogen zu werden. Ich bin in ein Spezialheim gekommen und meine Brüder auch. Ich bin der jüngste Sohn, meine jüngste Schwester ist ein Jahr jünger. Ins Heim mussten nur die Jungs. Die Schwester durfte bei der Mutter bleiben. Sie war ja noch klein. Mich haben sie zwei Tage vor Weihnachten ins Heim verfrachtet. Da musste ich bei einem Erzieher leben, weil die meisten Heimkinder an den Feiertagen nicht da waren. Erst nach einiger Zeit kam ich in das Heim.

Zu Weihnachten darauf haben meine Eltern mir ein Paket geschickt. Da war – wir hatten ja auch westliche Kontakte – ein Polizeiauto drin, ein BMW. Das hat der Erzieher aus dem Paket genommen und es mit den Füßen zertreten. Da war ich zwölf. Bei der Anhörung im Rehabilitierungsverfahren sagte der Richter neulich: »Das ist ja naiv. Wie können Ihre Eltern Ihnen so ein Paket schicken?«

Im Heim waren die Strafen massiv. Wenn wir uns abends im Bett unterhalten haben, mussten wir anschließend bis tief in die Nacht draußen stehen. Wenn man sich Hilfe gesucht hat beim Erzieher, weil es unter den Heimkindern Auseinandersetzungen gab, hieß es: »Komm, Boxhandschuhe anziehen.« Wir mussten uns vor der Gruppe boxen, statt den Konflikt verbal zu lösen. Das merke ich bis heute. Ich trage meine Probleme zwar nicht mit Fäusten aus, aber ich bin manchmal nicht in der Lage, mich verbal zu wehren. Oder es gab Strafduschen. Da musste man einzeln in die Mannschaftsdusche und sich unter das kalte Wasser stellen. Minutenlang. Das war Kollektivhaftung.

In den gerichtlichen Verfahren zur Rehabilitierung haben die Behörden immer wieder versucht, meine psychischen Schädigungen auf meine Eltern zu schieben. Mein Elternhaus soll schuld daran gewesen sein.

Ich habe ja nun meine Haftakten bekommen aufgrund des Rehabilitationsverfahrens. Da steht drin, dass ich im Heim war, weil ich ein disziplinloser Jugendlicher war. Aber ich war kein Jugendlicher, ich war ein Kind. Ich habe auch ein Schreiben mit Mielkes Unterschrift gefunden, in dem steht, dass ich nicht vorbestraft war.

Damals im Kinderheim durfte ich noch nicht mal den Schulabschluss machen. Normal waren zehn Klassen Schulpflicht. Mich haben sie in der 7. Klasse rausgenommen. Dann musste ich eine Teillehre als Fleischer machen, aber nicht in Jena, sondern in Gera. Man hat mich bis zum 18. Lebensjahr von meinen Eltern ferngehalten. Später habe ich im Westen noch mal eine Ausbildung zum Speditionskaufmann gemacht. Also so doof kann ich doch nicht gewesen sein.

Im Heim mussten wir als Kinder schwer arbeiten. An diese Arbeiten kann ich mich genau erinnern, weil ich beteiligt gewesen bin, als die Schule gebaut worden ist. Ich habe mir Fotos davon besorgt. Im Schacht arbeiten mussten wir auch. Ich hab mir meinen Rücken dabei kaputt gemacht, es war körperlich schwere Arbeit. Im letzten Monat war ich mit diesen Bildern beim Landgericht, weil ich dort eine Rehabilitation wegen der Kinderheimgeschichten zu laufen habe. Der Richter meinte nur, auf den Fotos seien ganz normale Arbeitseinsätze zu sehen. Und das sagt ein bundesdeutscher Richter heutzutage!

Mein Bruder ist staatenlos geblieben. Aber ausreisen aus der DDR durfte er auch nicht. Der hat versucht zu fliehen. Er war dann eineinhalb Jahre im Gefängnis. Er hat bis zur Wende die Staatsbürgerschaft der DDR nicht mehr angenommen. Mein Bruder ist elf Jahre älter als ich.

Für mich war schon mit 14 Jahren klar, dass ich in diesem Land für mich keine Chance sehe. Ich hatte die feste Absicht, nicht in diesem Land zu leben.

Flucht

1978 bin ich geflüchtet, und das ist sogar gelungen. Ich bin von Thüringen nach Bayern über ein Minenfeld geflüchtet und unverletzt über die grüne Grenze gekommen. Da war ich 20. Zur Flucht kam es so: Ich habe einen Freund kennengelernt, bei dem sich herausstellte, dass er direkt an der Grenze wohnte. Ursprünglich wollte ich über Ungarn abhauen. Und dann wohnte der direkt an der Grenze. Eisfeld heißt der Ort, das ist genau da, wo es nach Bayern rübergeht. Dem Freund habe ich Geld geborgt. 400 Mark waren es gewesen. Die hat er mir nicht zurückgegeben. Somit hatte ich einen Grund, mich in dem Ort aufzuhalten. Ich habe eine Anzeige gegen ihn bei der Polizei gemacht und bin dann wieder nach Jena gefahren. Nach einer gewissen Zeit bin ich wieder dorthin gefahren und habe mich erkundigt, wie der Stand des Verfahrens ist. Ich hatte das Ziel, am selben Tag von dort aus abzuhauen.

Die Flucht war gefährlich. Ich habe geahnt, dass ich über ein Minenfeld laufe. Ich habe ein Foto von der Grenze, wo ich abgehauen bin. Ich habe das Bild von der westdeutschen Seite aus gemacht. Ungefähr 20 bis 30 Meter links von mir war ein Schild. Ich wollte unbedingt sehen, was da draufstand. Es war: Bei Schnee und Eisglätte ist das Befahren verboten. Das Gelände war ein bisschen abschüssig, sodass ein Lkw ins Trudeln gekommen wäre. Außerhalb des Fahrbereichs wäre er auf eine Mine gefahren. Also wusste ich, ich bin über Minen gelaufen. Der gesamte Fluchtvorgang hat neun Stunden gedauert. Dadurch, dass es ein flaches Gebiet war, musste ich mehrere Hundert Meter nur robben. Links und rechts waren die Wachtürme. Die Zufahrten zu den Ortschaften, die im Grenzgebiet lagen, waren links und rechts mit Wachtürmen besetzt.

Der Bundesgrenzschutz hat mich sogar gleich festgenommen und mich gefragt, ob ich jemanden erschossen hätte. Ich war zwei Tage bei ihnen in Haft, weil die es nicht für möglich gehalten haben, dass ich an dieser Stelle durchgekommen bin. Sie haben immer wieder gefragt, wen ich erschossen habe und wo ich die Pistolen versteckt hätte. Der Beamte hat mir erzählt, dass es einen ganz schönen Auflauf mit Hubschraubern gegeben habe, dass also eine ziemliche Unruhe gewesen sei an der Grenze. Und daraus haben die geschlossen, dass ich jemanden umgebracht hätte.

Ich bin dann nach Marienfelde in Berlin gekommen. Dort bin ich von den Alliierten verhört worden, von den Franzosen, den Briten und den Amis. Ich habe den Laufzettel noch in meinen Unterlagen. Ich wollte eigentlich in die USA gehen. Ich hätte bloß 5.000 Dollar bezahlen müssen. Das war relativ wenig Geld, aber ich hatte es nicht.

Von Berlin aus bin ich weiter nach Hannover. Ich sollte als Kraftfahrer in den Osten fahren. Ich habe dem Chef gesagt, dass ich das nicht machen kann. Ich bin geflüchtet. Aber das hat den Chef nicht interessiert.

1979 war die große Amnestie zum 30. Jahrestag der DDR. Damals wurde alles amnestiert. Also habe ich mich beim Bundesministerium für Innerdeutsche Beziehungen telefonisch erkundigt, wie das ablaufen könnte, wenn ich in den Osten fahre. Da hat man mir nur gesagt, schlimmstenfalls könnte eine Zurückweisung erfolgen.

Da ich aber auch ein Stück verantwortungsbewusst war, habe ich mir gesagt, jetzt fährst du erst mal mit einem Pkw durch die DDR. Denn ich wollte keinen Schaden verursachen, wenn ich mit Lkw samt Fracht festgenommen würde. Der Lkw bliebe ja dort stehen. Ich bin also Transit gefahren, da ist nix passiert. Vorher war ich immer geflogen. Als ich aber in die DDR mit einem Mietauto eingereist bin, haben sie mich festgenommen.

Verhaftung

Das war natürlich dumm und naiv von mir gewesen. Ich hatte aber in Berlin schon Schwierigkeiten, einen Job zu kriegen. Von Westberlin aus sind die immer in den Osten gefahren. Ich habe da teilweise gar keine Arbeit gekriegt, weil ich nicht in den Osten fahren konnte. Die erste Frage war immer: Dürfen Sie in den Osten? Und manchmal habe ich sogar ein Visum gekriegt. Und dann durfte ich wieder nicht. Also ich habe bei der Arbeit ziemliche Probleme gekriegt. Ich denke mal, der Spediteur stand unter Druck, weil er keinen anderen hatte. Und ich wollte meine Arbeit nicht verlieren.

Wegen der Einreise bzw. wegen der Flucht vorher, die mir ja gelungen war, habe ich insgesamt 22 Monate bekommen. Gut 16 Monate habe ich davon abgesessen. Als die Haftzeit 1981 zu Ende ging, war ich 24 Jahre. Bei der Entlassung haben sie mir die Aberkennungsurkunde der Staatsbürgerschaft der DDR gegeben und meinen Reisepass einbehalten. Im Westen bin ich wegen der Haft nach dem Häftlingshilfegesetz als politischer Häftling anerkannt worden, das heißt, ich habe C 4-Bescheinigung bekommen samt einer minimalen Entschädigung.

Die Haftzeit war eine Katastrophe. Ich habe gedacht, das überlebe ich nicht. In der Haft habe ich meinen ersten Suizidversuch unternommen. Nach diesem Suizidversuch haben die mich ohne jede ärztliche Betreuung eine ganze Woche in eine Einzelzelle gesperrt und mich an Händen und Füßen festgekettet.

Ich habe oft Einzelhaft erlebt. Ich bin teilweise abends zum Verhör geholt worden. Ich wusste manchmal nicht, wo ich war. Mich haben sie quer durch den ganzen Osten gekarrt. Ich war in sieben Haftanstalten. Damals haben sie versucht, mich gegen meine Eltern auszuspielen. Als mich ein Freund aus Hannover besuchte, den ich gern sehen wollte, haben sie das so hingestellt, dass meine Eltern denken mussten, ich ziehe einen westdeutschen Besuch meinen eigenen Eltern vor. Meine Eltern haben mich ein- oder zweimal besucht. Und da gab es einen ziemlichen Disput. Ich wollte, dass die kommen. Aber sie haben den Termin abgesagt.

Das war damals in Berlin. Von der Keibelstraße[98] bin ich zur Magdalenenstraße[99] in die Stasi. Von dort aus bin ich nach Untermaßfeld, von Untermaßfeld nach Rudolstadt, von Rudolstadt nach Gera und von Gera aus wieder nach Berlin, nach Rummelsburg. Und von dort aus bin ich dann nach Chemnitz. Ich war nur mit Westdeutschen zusammen. Die haben mich ziemlich isoliert. Einmal kam ein Neuer auf die Zelle und hat mich sofort angegriffen. Ich bin auch bespitzelt worden in der Zelle. Darüber gibt es einen Bericht.

Sie haben mich ziemlich in die Mangel genommen, dass ich in den Osten zurückkehre. Ich habe gesagt, ich gehe nicht zurück. Das habe ich auch ganz offen in meinen Briefen geschrieben. Ich habe geschrieben, dass der Staat zehn Jahre in der UNO ist, aber ständig Menschenrechte verletzt. Ich habe die Briefe noch irgendwo.

Schläge habe ich auch bekommen. Das war beim Transport. Ich habe mich darüber beim Vernehmer beschwert. Ich erinnere mich, wie ich in Ostberlin am Ostbahnhof auf dem Bahnsteig mit Handschellen in Häftlingsbekleidung marschiert bin. Die Schläge habe ich im Zug gekriegt. Das war im Otto-Grotewohl-Express. Auf einmal hatte ich im Gang einen Knüppel im Kreuz,

98 Untersuchungshaftanstalt
99 Zentrale des MfS

ohne dass ich wusste, warum. Wenn ich heute in Berlin am Ostbahnhof bin, erinnere ich mich immer wieder an diese Situation.

Meine Schulter haben sie mir kaputt gemacht in der Haft. Das ist durch einen Mithäftling passiert. Der wollte sich immer beweisen, was er für ein toller Kerl ist. Der hat mich auf den Beton geschleudert und mir die Schulter kaputt gemacht. Da gibt es eine Dokumentation darüber, der Fall ist beschrieben worden. Ich sollte ja anschließend zur Arbeit gehen und konnte das nicht. Damals habe ich gesagt, ich bin beim Volleyball hingefallen. Ich hatte ja Angst vor dem Mithäftling. Diese Begründung hilft mir natürlich heute nicht weiter. Aber jetzt ist es von einem Gutachter bestätigt worden, weil ich permanente Schmerzen in der linken Schulter habe. Das ist mit 10 Prozent Gesundheitsschaden anerkannt. Ich habe einen Schwerbeschädigtenausweis. Darin bin ich mit 80 Prozent anerkannt.

Auch während der Haft mussten wir arbeiten. Wir haben für den Elektrobetrieb ERW gearbeitet. Wir mussten löten, wickeln und Relais justieren. Ich habe vorher keine Brille gehabt. Als ich rauskam, musste ich eine Brille tragen.

Nach der Haft

Ich war immer wieder krank, und durch meine Krankheit habe ich immer wieder die Arbeit verloren. Nach der Haft war ich bestimmt mehr als 30 Mal in der Psychiatrie, immer wegen Depressionen. Ich wollte mir das Leben nehmen. Eigentlich lebe ich sehr gerne, aber ich brauche immer wieder Hilfe. Ich bin auch schon freiwillig in die geschlossene Anstalt gegangen, nur damit ich überlebe.

Ich habe 1987 in Berlin das erste Mal geheiratet. Das war kurz vor der Wende. Meine Mutter durfte rüberkommen. Mein Vater war da auch schon Rentner. Dem haben sie zunächst die Erlaubnis verweigert, aber abends um acht haben sie ihm plötzlich gesagt, er dürfe doch fahren. Er kam dann irgendwann um elf Uhr in Westberlin an. Mein Vati ist mit 71 Jahren gestorben. Den hat das alles innerlich zerfressen. Meine Mutter ist 84 geworden.

Insgesamt war ich zweimal verheiratet. In der ersten Ehe waren wir sieben Jahre zusammen, der Rest ist Scheidungskrieg gewesen.

Meine Frau war Chefsekretärin gewesen und sollte dann Vorstandssekretärin werden. Sie hat immer so viel zu tun gehabt. Auch mit mir. Ich litt unter extremen Stimmungsschwankungen und war laufend im Krankenhaus. Irgendwann habe ich aufgrund meiner Krankheit eine Kur eingereicht, und da habe ich jemanden kennengelernt. Ich meine, wenn sich jemand trennt, sind ja meistens zwei Schuld. Aber ich denke mal, ein großer Teil liegt an mir.

Das zweite Mal habe ich mich nach einem Jahr von meiner Frau getrennt. Kinder habe ich keine. Aber vielleicht ist es gut so. Ich hätte gerne Kinder gehabt.

Heute traue ich keinem mehr richtig, ich habe ein extremes Misstrauen. Ich lebe ziemlich zurückgezogen. Durch die Haft bin ich ein anderer Mathias geworden, als ich es vorher war. Ich habe die Erfahrung, dass sich die Leute distanzieren, sobald ich offen werde. Aber ich treffe mich regelmäßig mit Leuten, mit denen ich vor der Haft zusammen war.

Mit der Wende kamen die Krankheiten

Vor etwa einem Jahr habe ich mich hier in Jena in der Johannesstraße mit einem Transparent hingestellt, dass die Aufarbeitung des DDR-Unrechts durch die Behörden noch nicht ausreichend vollzogen wird. Ich wollte darauf aufmerksam machen, dass man durch Behörden gegängelt wird. Von dort hat das Ordnungsamt mich unter Androhung von Polizeigewalt vertrieben. Am Tag darauf bin ich auf den Jenaer Turm gestiegen. Ich habe keinen anderen Ausweg mehr gesehen. Ich habe mich da oben an den Rand gesetzt. Eigentlich hatte ich mir fest vorgenommen, runterzuspringen. Dann kamen aber die Polizei und eine Ärztin, die auf mich eingeredet haben. Ich kann mich nicht mehr so richtig dran erinnern, weil ich total zugewesen bin. Nach drei Stunden habe ich fürchterlich angefangen zu weinen. Da ist dieser ganze Druck auf einmal rausgekommen. Das ist ein Stück Erleichterung gewesen.

Mit der Wende brachen meine Krankheiten richtig aus. Ich habe immer Schuldgefühle gehabt, weil ich geglaubt habe, es lag an mir, dass ich ins Heim gekommen bin. Ich bin mehrfach schwer traumatisiert aufgrund von Demütigungen, die ich als Kind in den Heimen erfahren habe.

Ich bin heute – mit 50 Jahren – verrentet, und ich habe Probleme mit den Krankenkassen. Die sagen: »Ihre Krankheit hat mit Ihrer politischen Situation nichts zu tun. Also zahlen Sie den Krankenhausaufenthalt mal selbst.« Heute kann ich meinen Beruf nicht mehr ausüben. Die Konzentration und der Leistungsdruck – da bin ich völlig überfordert, das schaffe ich nicht mehr. Das kam mit der Wende. Da bin ich sehr krank geworden.

Das Problem ist, dass meine gesamten Akten weg sind. Das ist alles vernichtet worden. Ich hab eine Nachbarin, die arbeitet beim Jugendamt. Die hat sich mal schlaugemacht und im Eingangsbuch nachgeschaut. Dort steht, dass auf Anweisung des damaligen Jugendamtschefs meine Akte zur Wendezeit vernichtet worden ist.

Es kann ja nicht sein, dass der Staat mir Schäden zufügt und ich dann für meine Gesundheitsschäden selber aufkommen muss. Bisher musste ich bei jedem Arztbesuch selber zahlen.

Mathias Tordinic lebt heute im Neubaugebiet in Jena in einer Einraumwohnung. Seine Einrichtung ist schlicht: Bett, Tisch, Sitzgelegenheit, Bücherregal.

Ich klage vor dem Sozialgericht auf die Anerkennung psychischer Haftschäden. Das Sozialgerichtsverfahren ist seit 2000 anhängig, ist aber immer noch in der ersten Instanz. Parallel dazu läuft ein Verfahren über die berufliche Rehabilitation. Der Gutachter hat das so beschrieben, dass ich die Heimgeschichte noch kompensieren konnte. Aber als dann die Haft dazukam, war nichts mehr zu machen.

Folgen

An einer normalen Leistungsfähigkeit hindern mich massive Ängste und starke Schlafstörungen. Auch Rückenprobleme sind mir sehr bekannt, die habe ich nach der Haft bekommen. Herzprobleme, Angina Pectoris, dass es mir das Herz abdrückt, kenne ich. Gewichtsprobleme habe ich auch, genauso wie Magenbeschwerden, Schlafstörungen, depressive Verstimmungen, Angst vor Mitmenschen: Ich habe keine Kraft, mich mit Mitmenschen zu streiten. Erstens habe ich Angst, ihnen gegenüber ungerecht zu werden. Und zweitens habe ich auch Angst, mich mit den Leuten zu zerstreiten.

Wenn es mir schlecht geht, mache ich die Vorhänge zu und ziehe mich total zurück. Wenn ich lange nicht schlafen konnte, habe ich mir von meiner Ärztin Tabletten geben lassen, sodass ich dann mal 14, 15 Stunden durchschlafen konnte. Normalerweise nehme ich keine Medikamente.

Die Ängste sind ganz stark, vor allem Versagensängste. Nervosität, Unruhe, das kenne ich alles. Misstrauen, Albträume, Konzentrationsstörungen, Gereiztheit, Kontaktprobleme, all das gibt es. Mein Bruder Thomas hat dieselben Symptome wie ich, also Herzrasen und Enge in der Brust und Ängste, aber der redet nicht darüber. Ich bin da total anders. Ich muss darüber sprechen. Das erleichtert.

Suizid ist bei mir ein ganz großes Thema. Ich habe es schon mehrfach versucht.

Ich habe mich gestern richtig gefreut, als die Stiftung Depressionshilfe gegründet worden ist, und damit ein bisschen publik gemacht wird, was die Krankheit eigentlich bedeutet und dass sie viele Gesichter hat. Damit es endlich mal in die Köpfe unserer Landsleute geht, dass Depression keine geistige

Störung ist, sondern dass es eine Ursache gibt, die unsere Mitmenschen mit verursacht haben.

Platzangst ist mir auch sehr bekannt, Mattigkeit. Der Orientierungsverlust ist mir auch bekannt. Wenn ich irgendwelche Probleme mit Behörden habe und an einem Platz bin, den ich zwar kenne, aber doch nicht weiß, wo ich bin. Da muss ich mich ganz stark zusammenreißen.

Angst, alleine zu sein, kenne ich auch. Beziehungsverlustangst ist bei mir auch vorhanden. Also das, was hier auf der Liste steht, ist mir alles sehr vertraut.

Dass sich von meinen Symptomen etwas gebessert hat, kann man nicht sagen. Aber langsam steige ich dahinter, dass ich die Schuld für das Heim und das Gefängnis nicht bei mir zu suchen habe. Das hilft schon ein bisschen weiter. Insofern hilft mir auch das Gutachten von dem Professor. Ich habe ja schon eine Therapie gemacht. Ich kann nur versuchen, mit der Krankheit umzugehen. Ein Trauma kann man ja nicht heilen.

Ich war bei verschiedenen Ärzten und Gutachtern. Gerade was die Ärzte betrifft, habe ich kein Vertrauen mehr. Der letzte Gutachter wollte meine Symptome überhaupt nicht mit der Haft in Verbindung bringen. Und das war ein ehemaliger Träger des Systems. Schon die ganze Fragetechnik war tiefes DDR-Deutsch. In seinem Gutachten spricht er immer von der BRD. BRD ist nicht meine Ausdrucksweise. Wenn ich bei denen diesen Jargon höre, wird mir schlecht. Das mögen die Leute nicht mit Absicht machen, aber bei mir weckt es alte Erinnerungen.

Aber wohin sollte ich gehen? In Westdeutschland ist ja alles teurer als in Ostdeutschland, und ich habe ja nur die kleine Rente. Und ich nehme mich doch überallhin mit. Letztens habe ich das erst erlebt, als ich ein Mädchen kennengelernt habe. Und da ich mit offenen Karten spiele, habe ich gesagt, dass ich unter dem Osten sehr gelitten habe und nur eine kleine Rente kriege. Das war es dann gewesen. Ich bekomme zwar mehr als Hartz IV, aber ich habe ja die Krankheit dazu. Und die ist nicht akzeptiert in unserem Land. Ich habe echt das Problem, wenn ich von meinem Krankheitsbild rede oder wenn ich mit meinen 50 Jahren sage, ich habe eine Rente, dass ich dann stehen gelassen werde. Dann ist man nichts mehr wert.

Ich bin in einer Häftlingshilfeorganisation. Aber ich kann bis heute nicht in die Haftanstalt reingehen. Einmal war ich mit in Erfurt und habe drinnen totale Orientierungsprobleme gehabt. Ich war froh, dass ein Freund dabei war.

In acht Tagen fahren wir nach Hohenschönhausen in Berlin. Da weiß ich auch nicht, ob ich mit reingehen kann. Da habe ich schon wieder Schiss, dass es mir danach wieder schlecht geht.

Wie viele Suizidversuche ich insgesamt gemacht habe, darüber würde ich am liebsten gar nicht nachdenken. Vier oder fünf sind es bestimmt. Ich habe für mich eine Betreuung beantragt. Ich habe mir davon Unterstützung erwartet, aber eigentlich ist genau das Gegenteil eingetroffen. Es ist nun schon meine dritte Betreuung. Die erste Betreuung war eine Katastrophe. Ich habe sie gebeten, sie möchte mir von den Schriftsätzen, die sie schreibt, eine Kopie machen. Da ist die mir so über den Mund gefahren, dass ich gesagt habe, hier ist kein Vertrauensverhältnis vorhanden und einen Betreuerwechsel beantragt habe. Sie war auch politisch voreingenommen, ich habe Bücher zu Marxismus und Leninismus in ihrer Kanzlei stehen sehen. Da habe ich einen Rechtsanwalt eingeschaltet. Ich konnte den Richter überzeugen. Danach hat mein Anwalt die Betreuung übernommen, aber im Grunde habe ich vieles alleine gemacht. Aber es gibt eben Tage, an denen ich nicht mehr handlungsfähig bin. Und das ist ja auch der Grund, weshalb ich eine Betreuung habe. Ich bin ja nicht der Einzige, die werden wohl 40, 50 Mandanten haben.

Mich in meine Gegner hineinversetzen, das kann ich nicht. Ich kann mir auch nicht vorstellen, dass es Leute gibt, die das damals alles nicht mitbekommen haben. Zumindest nicht jetzt gerade, weil ich merke, um mich herum wabert schon wieder der Nebel.

Teil IV
Die Angehörigen

Repression gegen die Familie

Weitgehend unbeachtet blieben die Angehörigen der Inhaftierten. Sie nehmen häufig Schaden: durch die Angst um ihre Angehörigen, durch das Fehlen eines Elternteils und durch die Diskriminierung der Familie durch das Umfeld der Linientreuen und Mitläufer. Während der Haft ihres Angehörigen haben sie – so sie zu ihm oder ihr hielten – alles Menschenmögliche getan, um ihn bzw. sie zu finden, zu besuchen, wieder aus dem Gefängnis herauszuholen. Irgendwann kommt der Häftling zurück. Und dann hat sich trotz allem ganz viel verändert. Jetzt geht es nur noch um das Leiden des Häftlings selbst und um dessen Wohlergehen. Von dem, was die Angehörigen durchgemacht haben, ist nicht mehr die Rede. Oft ist keine Rede davon, was die Partnerin alles unternommen hat, um den Ehemann wieder zurückzubekommen. Oder was die Mutter getan hat, um das eigene Kind zurückzubekommen. Um es mit Paketen zu versorgen. Und was für Reisen sie unternommen hat, um einen Besuch in der Haftanstalt zu machen.

Aber es ging um mehr. In der Befragung geben auch die ehemaligen Häftlinge Zeugnis davon, was die Angehörigen während der Haftzeit mitgemacht haben. Von den befragten Häftlingen antworteten 246 auf die Frage, inwieweit die Familie von der Repression während der Haft betroffen war. Dass der Partner bzw. die Partnerin die Ausbildung nicht beenden durfte, gaben 16% der inhaftierten Frauen an und 8,6% der Männer. Insgesamt durften 9,3% der Partnerinnen und Partner ihre Ausbildung nicht beenden.

			Geschlecht		gesamt
			weiblich	männlich	
Mein(e) Partner(in) durfte die Ausbildung nicht beenden	trifft zu	Anzahl	4	19	23
		% von Geschlecht	16,0%	8,6%	9,3%
	trifft nicht zu	Anzahl	21	202	223
		% von Geschlecht	84,0%	91,4%	90,7%
gesamt		Anzahl	25	221	246
		% von Geschlecht	100,0%	100,0%	100,0%

Tabelle 4: Mein Partner/meine Partnerin durfte die Ausbildung nicht beenden (nach Geschlecht)

Dass die Partner und Partnerinnen den Beruf nicht ausüben durften, gaben 25% der Frauen und 21% der Männer an.

			Geschlecht		gesamt
			weiblich	männlich	
Mein(e) Partner(in) durfte den Beruf nicht ausüben	trifft zu	Anzahl	6	47	53
		% von Geschlecht	25,0%	21,0%	21,4%
	trifft nicht zu	Anzahl	18	177	195
		% von Geschlecht	75,0%	79,0%	78,6%
gesamt		Anzahl	24	224	248
		% von Geschlecht	100,0%	100,0%	100,0%

Tabelle 5 Mein Partner/meine Partnerin durfte den Beruf nicht ausüben (nach Geschlecht)

Der Partner bzw. die Partnerin wurde zu fast 40% in die Untersuchung der Polizei oder der Stasi einbezogen. Im Fall von inhaftierten Frauen sind die Partner zu 50% in die Untersuchung einbezogen worden und mussten Aussagen machen. Im Fall der männlichen Inhaftierten wurden die Partnerinnen etwas seltener, nämlich zu 38,1% über die Aktivität der Partner vernommen.

			Geschlecht		gesamt
			weiblich	männlich	
Mein(e) Partner(in) musste gegen mich aussagen	trifft zu	Anzahl	14	94	108
		% von Geschlecht	50,0%	38,1%	39,3%
	trifft nicht zu	Anzahl	14	153	167
		% von Geschlecht	50,0%	61,9%	60,7%
gesamt		Anzahl	28	247	275
		% von Geschlecht	100,0%	100,0%	100,0%

Tabelle 6: Mein Partner/meine Partnerin musste gegen mich aussagen (nach Geschlecht)

Häufig teilte der Partner bzw. die Partnerin auch das Schicksal des bzw. der Befragten und kam ebenfalls in Haft. Dies traf auf 77,5% der befragten Frauen und 26% der Männer zu. Die relativ wenigen Frauen unter den politischen Häftlingen waren offenbar eher gemeinsam mit ihren Partnern politisch aktiv, während Männer sich auch mit anderen Personen zusammengetan haben.

			Geschlecht		gesamt
			weiblich	männlich	
Mein(e) Partner(in) kam auch in Haft	trifft zu	Anzahl	31	63	94
		% von Geschlecht	77,5%	26,0%	33,3%
	trifft nicht zu	Anzahl	9	179	188
		% von Geschlecht	22,5%	74,0%	66,7%
gesamt		Anzahl	40	242	282
		% von Geschlecht	100,0%	100,0%	100,0%

Tabelle 7: Mein Partner/meine Partnerin kam auch in Haft (nach Geschlecht)

Und danach durfte über all das nicht gesprochen werden. In der DDR trugen die Angehörigen das Schweigen der Häftlinge mit, denn es war ja nicht ungefährlich, offen über das Erlebte zu sprechen. Ohne Hilfen mussten die Angehörigen weiterhin ganz viel hinnehmen. Dazu gehört all das, was unter Haftfolgen rangiert.

Nach der Wende begannen viele der ehemaligen politischen Häftlinge endlich, über das Erlebte zu sprechen. Häftlingsgruppen entstanden. Es ging um Rehabilitationen, um die Anerkennung von beruflichen und gesundheitlichen Schäden, um die Einsichtnahme in die Stasiakte.

Wieder ist kein Platz für das da, was die Angehörigen erlebt haben. Nicht einmal einen eigenständigen Anspruch auf Entschädigung gibt es für die Angehörigen. Den gibt es erst, wenn der Häftling selbst tot ist. Dann können die nahen Angehörigen, die Witwen und Kinder, einen Anspruch auf Unterstützung durch die Häftlingshilfestiftung geltend machen.

Aus diesem Grund kommen hier drei Angehörige zu Wort, die über ihr Leben und das ihres verstorbenen Mannes bzw. das ihres Vaters sprechen. Wie sie mit den Haftfolgen umgegangen sind, beziehungsweise wie sie anfangen, mit ihnen klarzukommen.

Protokolle der Angehörigen

Lisbeth Schwämmlein: Durchstehen für die Familie

Lisbeth Schwämmlein wohnt in Hagen im Ruhrgebiet. Sie hat 22 Jahre lang als Zeitungseinlegerin an der Maschine gestanden, sie hat Werbung in Zeitungen eingelegt. Sie sagt: »Ich wäre gern noch zehn Jahre länger dort geblieben, so gut hat mir das gefallen.« Zum Zeitpunkt des Gesprächs ist sie 82 Jahre alt. Sie stammt aus Burghessler bei Naumburg an der Saale.

Ihr Mann Walter war politischer Häftling, der im DDR Uranbergwerk Wismut gearbeitet hatte.[100] *Wie viele seiner Kollegen wurde er nach Workuta gebracht. Vor zehn Jahren ist er gestorben. Die Tochter ist aufmerksam geworden auf das Forschungsprojekt über politische Häftlinge. Lisbeth Schwämmlein war sofort zu einem Gespräch bereit.*

Mein Mann ist in Workuta gewesen. Ihn hat der Adenauer zurückgeholt. Adenauer verlangte damals 10.000 Kriegsgefangene zurück. Mein Mann war aber gar kein Kriegsgefangener. Damit sie aber am Ende die 10.000 Kriegsgefangenen zusammenbekamen, haben sie politische Gefangene dazugenommen. Dadurch kam mein Mann wieder nach Hause.

Als mein Mann Walter 1955 aus der Haft gekommen ist, hat jemand von unserer Zeitung zu mir gesagt: »Hör mal, dein Mann ist doch in Sibirien gewesen. Wollen wir nicht darüber mal was in die Zeitung setzen? Das kriegst du auch bezahlt.« Aber ich wollte das nicht. Ich war so froh, dass er wieder da war. Mein Mann wollte auch nicht an die Öffentlichkeit.

Damals kamen im Fernsehen Filme darüber, wohl von Leuten, die dort gewesen sein wollten. Wenn mein Mann diese Filme sah, sagte er nur: »Mach das aus, was die da erzählen, stimmt überhaupt nicht, das ist Quatsch.«

Verhaftung

Als ich meinen Mann kennenlernte, war es 1945, direkt drei Monate nach dem Krieg. Da war er bei uns im Dorf gewesen, und wir haben gequatscht

100 Die Wismut hat weltweit die drittgrößte Uranförderung. Nach dem Zweiten Weltkrieg war die Grube in sowjetischem Besitz, später wurde es ein deutsch-sowjetisches Unternehmen. Nach dem Krieg wurde fast die gesamte Belegschaft verhaftet (http://de.wikipedia.org/wiki/Wismut_(Unternehmen); Stand: 05.07.2009).

und gequatscht. Ich sage: »Du, hör mal, möchtest du nicht mit meiner Großmutter zusammenwohnen? Möchtest du nicht hier zu uns ziehen? Wir sind alle beide ganz allein.« Ich war damals 18 Jahre alt, fast 19. Und ich sage: »Arbeit kriegst du, wenn du das willst.« Wir hatten einen Steinbruch im Ort. »Ja«, sagte er, »ich mache auch alles.« Er hat auch alles gemacht. Dann kam er zu uns. Wir hatten ein großes Haus. Wir hatten noch eine Etage drübergebaut, und da kriegte er ein Zimmer. Ich hatte ein Zimmer und meine Oma hatte ein Zimmer. Er stand uns immer bei. Wir haben uns immer verstanden und vertragen.

Mein Mann hat bei der Wismut in Saalfeld gearbeitet. Er bekam damals immerhin 1.600 Mark. Für mich hatte er dort auch schon eine Stelle besorgt, im Büro, ich sollte es leichter haben. Am nächsten Tag sollte ich anfangen. Aber es kam alles ganz anders. Uns wäre es sehr gut gegangen, wenn die Verhaftung nicht gewesen wäre. Von einem Tag zum anderen war er verhaftet, und ich wusste auch nach drei oder fünf Wochen noch nicht, wohin er gebracht worden ist.

Nach ein paar Wochen bekam ich einen Zettel, ich sollte mich in Chemnitz melden zwecks einer Zeugenaussage. Und wie es der Teufel will, hatte die Postfrau der Schwiegermutter alles aufgeschrieben, weil die sich das sonst nicht gemerkt hätte. Den Zettel, wo ich mich melden sollte und warum, habe ich verwahrt. Der Zettel wurde noch wichtig für mich. Demnach war mein Mann in Chemnitz in Haft. Auf diese Weise wusste ich wenigstens, wo er war.

Am selben Tag begannen gerade die Ferien, und mein Onkel kam und brachte seine Tochter zu uns. Er fragte: »Wie siehst du denn aus?« Ich sagte: »Wie soll ich denn aussehen?«

»Schlecht«, sagte er. Ich sagte, dass Walter ja auch schon drei Wochen weg wäre. Er fragte, wo er denn ist, und ich sagte: »Er ist in Chemnitz.« Da sagte er: »Das ist doch bei den Russen.« Ich erzählte ihm, dass ich zur Zeugenaussage dahin sollte. Und er sagte: »Du fährst da nicht hin. Hau ab«, sagte er, »hau ab.«

Flucht

Ich bin getürmt an dem Tag, als die mich verhaften wollten. Ich hatte kein Kind, ich hatte niemanden. Das Kind ist damals noch nicht da gewesen, das ist später geboren. Ich sage nur, Gott sei Dank! Wir waren ja schon zwei Jahre verheiratet.

Ich habe meine Handtasche geschnappt und bin abgehauen. Als ich nach Berlin gefahren bin, habe ich den Zettel von der Postfrau mitgenommen.

Auf diese Weise konnte ich nachweisen, dass ich nach Chemnitz sollte. Die haben ja damals auch die Frauen nach Workuta gebracht. Eine habe ich später kennengelernt. Der Mann war Zahnarzt, und die Frau ist ebenfalls zu einer Aussage bestellt worden. Die nahmen sie für dreieinhalb oder vier Jahre mit nach Workuta. Sie hat mir gesagt: »Das hättest du gar nicht überlebt. Die haben dir im Zug Salzhering gegeben, und zu trinken kriegtest du überhaupt nichts.« Salzhering zum Essen!

Ich hatte zwei Adressen in Berlin. Eine der Familien in unserem Dorf hatte mehrere Kinder, ein Sohn war im Osten und der andere war im Westen. Mein Mann war mit beiden gut befreundet. Irgendwann hatte ich den Vater um die Adressen gebeten, von dem im Osten und dem im Westen. Das war lange vor der Verhaftung. Mein Mann hat immer gesagt, wir könnten ja mal hinfahren, um die zu besuchen. Und jetzt war es soweit.

Unterwegs in Jüterbog kam eine ganz große Kontrolle. Die holten uns alle aus dem Zug raus, und der Gang, in den wir rein mussten, war hinten zu. Wir wurden gefragt, wo wir hin wollten. Ich sagte, ich habe fünf Tage Urlaub und habe denen die Ostadresse gezeigt. Da haben sie mich gefragt, wo ich mein Gepäck hätte. Ich sage: »Wie, für die fünf Tage? Ich habe mich zu Hause gebadet und frisch angezogen. Was soll ich mit Klamotten?« Das haben die mir so abgenommen und ließen mich fahren.

Die Freunde haben die Hände überm Kopf zusammengeschlagen: »Was machst du denn hier?« Ich sagte: »Sie haben den Walter verhaftet, und ich sollte auch nach Chemnitz. Deshalb bin ich zu euch gekommen.«

Ich musste ins Auffanglager Marienfelde. 1952 war ein Jahr, in dem viele Kirchenleute flohen. Es waren sehr viele Menschen in Berlin. Ich habe zehn Wochen in Berlin bleiben müssen, bis es voranging. Und weil dort sowieso alles überfüllt war, habe ich der Oberschwester gesagt, ich bräuchte nicht im Lager zu wohnen, ich hätte eine Privatunterkunft. Sagte sie: »Damit tun Sie uns einen großen Gefallen. Wir wissen nicht, wohin mit den Leuten.« Ich musste mich nur jeden Tag melden und jeden Tag zum Essen kommen. Ich hatte ja auch kein Geld. Ich bin jeden Tag zu Fuß zum Lager gelaufen. Das waren viele Kilometer.

In Marienfelde waren verschiedene Abteilungen, wo alle hin mussten. Da waren auch drei Richter. Ich sagte denen, dass ich mich in Chemnitz melden sollte an dem Tag, an dem ich weg bin. Und ich hätte das hier auf dem Zettel. Ich wüsste nicht, was das für eine Stelle ist. Einer von denen war sehr frech: »Ja, warum sind Sie denn dann nicht hingefahren?« Ich sagte: »Ich weiß doch gar nicht, ob ich von dort wiedergekommen wäre. Mein Mann ist bis heute nicht zurück.« Die Richter haben sich beraten. Eine dreiviertel Stunde hat es gedauert, dann riefen sie mich wieder rein. Und gerade der, der so frech war, sagte: »Das haben Sie vollständig richtig gemacht. Das ist eine russische Stelle, wo die Leute, die sie verhaften, hin müssen.« Das kriegte ich dann auch schriftlich in die Hand, ich wurde als Flüchtling anerkannt, sodass ich mit dem Flugzeug nach Hamburg befördert wurde. Sonst wäre ich ja nicht weggekommen aus Westberlin.

Im Westen

Nachher ging es weiter von einem Lager ins andere. Ich kam erst nach Hamburg, dann kam ich nach Uelzen, auch wieder etliche Wochen. Ich war fünf Monate im Lager und hatte nichts mehr anzuziehen. Ich hatte kein Geld. Ich hatte gar nichts mehr. In Uelzen war das große Lager für alleinstehende Frauen, da sprach mich ein Mann an, ob ich auch Flüchtling wäre und ob ich eine Arbeit haben wollte. Aber in Berlin haben sie mich gewarnt vor solchen Angeboten. Der Mann sagte: »Machen Sie alles durch bis zum Ende, dann kriegen Sie 250 D-Mark und ein Zimmer zugewiesen.«

Ich hatte, auf Deutsch gesagt, die Schnauze voll davon, nichts mehr zum Anziehen zu haben. Ich sagte: »Was hätten Sie denn für eine Arbeit für mich?« Er sagte, in Bergen bei Celle, wo früher das große KZ war, in der Küche einer Klinik könnte ich arbeiten.

Der offizielle Weg zur Aufnahme in die Bundesrepublik sah mehrere Stationen vor. In Berlin wurde auf einem Laufzettel abgestempelt, bei welchen Behörden und Diensten man vorgesprochen hat. Allein die Alliierten gaben drei Stempel. Später gab es auch BVG-Karten für die Flüchtlinge. Am Ende stand eine Überführung in einen anderen Landkreis. In der Bundesrepublik hatte noch einmal der Verfassungsschutz das Wort. Die Integration in einen Landkreis bzw. in eine Kommune endete mit einem Übergangsgeld von damals 250 D-Mark. Vor »wilden« Arbeitsangeboten wurde damals in den Aufnahmelagern gewarnt, weil das MfS auch zum Mittel der Entführung von Flüchtlingen griff.

Dadurch, dass ich die Arbeit annahm, hatte ich meinen offiziellen Laufweg unterbrochen und musste jetzt selber sehen, wie ich weiterkam. Ich habe auch keine 250 Mark gekriegt. Aber ich hatte erst einmal Arbeit, ich kriegte ein Zimmer, das war möbliert. Ein schönes Zimmer. Ich brauchte mir gar nichts zu kaufen. Nur mit Essen musste ich mich selber versorgen. Ich verdiente aber nun auch Geld.

Ich hatte nichts gelernt, das war das Schlimme. In dem Schwesternheim durfte ich auch nur putzen. Ich bin 1938 aus der Schule gekommen und 1939 fing der Krieg an. Damals war ich noch nicht ganz 14. Das war doch in der Hitlerzeit so, da mussten wir beim Bauern ein Pflichtjahr machen. Dann war ich auf dem Arbeitsamt gewesen. »Was willst du denn werden?« Die sagten ja früher Du zu uns. Ich sagte: »Das werden Sie nicht glauben, aber ich möchte gerne Schlosser werden.« Mein Vater war Gutsgärtner auf dem Rittergut. Und da hatte ich mir immer viel bei den Zimmerleuten abgeguckt und aufgepasst und alles. Die haben mich ausgelacht und haben mich nach Hause geschickt.

Ich war bloß so ein kleiner Butz und ganz dürre. Aber im Pflichtjahr musste ich richtig arbeiten. Meine Oma war Hebamme, die war so eine Urdeutsche. »Nee«, sagte sie, »so geht das nicht; die schweren Milchkannen schleppen, früh um fünfe. Erst melken, dann raus. Nee«, sagte meine Oma, »so machen wir das nicht. So ein Butzemann.« Da hat mich meine Oma dort weggenommen, und ich bin in eine andere Stellung gekommen auf einem Rittergut.

Dann kam der Krieg. Mein Vater war inzwischen in Dessau dienstverpflichtet bei den Junkerwerken. Er sagte: »Ich sehe zu, dass ich für dich eine Stelle im Büro kriege.« Krieg, Großstadt, Bomber, das ist ja nicht meine Sache, aber wenn das Geld stimmt … Er hat die Stelle gekriegt, und ich bin dort hin. Als der Vertrag fertig war, sollte ich unterschreiben. Und da stand, ich sollte mich für vier Jahre verpflichten. Ich sagte gleich: »Das mache ich nicht.« Es war ja ein großes Flugzeugwerk, und da hatte ich Angst. Die mussten alle laufend in die Keller. Ich sagte: »Da fahre ich wieder nach Hause.« Das war mein Fehler. Aber es war Krieg.

Zu Hause musste ich wieder in die Landwirtschaft. Wissen Sie, was in der Landwirtschaft für Männer waren? Der eine hatte nur noch ein Bein, das stand nach hinten. Dem anderen ging der Arm zur Seite. Die jungen Männer waren alle im Krieg. Und weil mein Vater auf dem Gut beim Baron 25 Jahre Gutsgärtner war, haben sie mich dort im Haushalt eingesetzt, in der Küche und als Stubenmädchen. Ich kriegte es auch bezahlt. Ich war beim Baron von Burkersroda.[101] Das war ein Ehrlicher, der hat keinem was weggenommen, wie die Kommunisten nachher immer sagten, als die dran waren. Die Barone, die haben sich nur durch die armen Leute reich gemacht. Der nicht.

Zurück nach Bergen. Da kam es auch wieder anders. Meine Schwägerin, die Schwester meines Mannes, war mit einem Ami verheiratet. Und als die an den Nieren krank wurde, da musste ich bei denen aushelfen. Sie hatte zwei Kinder. Und sie hatte gedacht, ich bliebe dort. Aber wir konnten nicht so gut miteinander. Sie hat mich wie ein Dienstmädchen behandelt, und das war mir zu blöd. So doof war ich nun auch nicht. Und da habe ich den Leuten geschrieben, bei denen ich in Bergen das Zimmer gekriegt hatte: Ich komme zurück.

101 Alter thüringischer Adel

Meine Schwägerin, die sagte: »Du hast doch kein Geld. Wie willst du denn dort hinkommen?« Sie hat mir nichts gegeben. Dabei ging es ihr gut. Da habe ich an die Wirtsleute geschrieben, die mir das Zimmer vermietet hatten. Meine Schwägerin war so frech und hat mir die Post nicht gegeben. Ich kriegte also keine Antwort von meinen Wirtsleuten. Da habe ich noch mal geschrieben. Und dann haben die darauf geschrieben: Bitte persönlich bei Frau Lisbeth Schwämmlein abgeben. Diesen zweiten Brief kriegte ich und hatte dann Geld und bin am nächsten Tag sofort wieder zurückgefahren.

Das habe ich so nach und nach abbezahlt.

Diesmal bekam ich beim Engländer eine Stelle im Offizierskasino als Putzfrau. Das war gut, da war ich vier Jahre oder sogar fünf. Sicher, es war auch nur Putzen, aber das war wunderbar. Der Churchill, der ist ganz dicht an mir vorbeigegangen, als der dort in der Offiziersmesse war. Wir kriegten das vorher gesagt, was sich da drinnen abspielte. Das sei nichts für draußen. Aber was sollte ich schon ausquatschen? Das war nicht meine Art.

Rückkehr

Und dann kam mein Mann zurück.

Mein Mann konnte nach anderthalb Jahren in Workuta über das Rote Kreuz Postkarten schicken. Er hat nach Hause geschrieben, wo wir damals gewohnt hatten. Und dort lebten mein Vater und meine Stiefmutter ja noch. Die wussten, wo ich war. Und so kriegte ich nach der langen Zeit die Post meines Mannes.

Nachdem er 1952 im Herbst verhaftet worden war, hatte er erst mal ein Todesurteil bekommen. Danach wurde er zu 25 Jahren begnadigt. Zwei Mitangeklagte, ein Oberingenieur und ein Ingenieur, wurden erschossen. Harmann hieß der Oberingenieur und der andere hieß Pietschger. Ich kannte sie alle beide. Die Vernehmer hatten gesagt, sie müssten alles aufschreiben, was sie gemacht hatten und ihre Schuld bekennen. Das haben sie getan. Mein Mann wusste nichts. Der hat den Wisch leer wieder in das russische Büro gebracht und gesagt, tut mir leid, ich habe nichts zum Aufschreiben. Und die beiden anderen hatten Romane geschrieben. Und nach drei Tagen wurden sie früh um vier erschossen.

Die Frauen, die im Gefängnis arbeiteten und die Männer überall rasieren mussten, damit sie keine Läuse mitbrachten, haben gleich am Anfang zu den Männern gesagt: »Wenn Sie die vierte Nacht hier überleben, kommen Sie weiter.« Mein Mann hat gedacht, heute ist die vierte Nacht. Früh um vier hat es geknallt, das hat er gehört. Aber er kam weiter und wurde zu 25 Jahren begnadigt und nach Sibirien gebracht.

In Workuta mussten sie im Bergwerk arbeiten. Schwer, alles nur notdürftig abgestützt. Viele der Mitgefangenen kannte er von der Wismut. Er sagte, er weiß gar nicht, was da passiert ist. Fast die ganze Firma war da. Sie haben sich gegenseitig aufgerappelt, damit sie nicht untergingen.

Dann holte Adenauer die Männer zurück. Zwei Männer waren schon in Deutschland bei ihren Leuten. Und einer schrieb mir, mein Mann hätte gesagt: »Sag der Lisbeth Bescheid, dass ich mit dem nächsten Transport komme.« Das war im Herbst 1955. Damals sagte mein Chef – da war ich ja noch bei dem Engländer: »Wollen Sie denn keinen Urlaub nehmen?« Und da habe ich ab dem 13. Dezember Urlaub genommen. Ich denke, vielleicht kommt er ja auch gar nicht. Ich habe immer gewartet. Mittlerweile waren schon zwei große Züge da. Ich habe Tag und Nacht nur am Radio gesessen und gehorcht. Die Namen wurden durchgegeben, aber er war nicht dabei. Am 13. Dezember, es war mein erster Urlaubstag, da kriegte ich endlich den Anruf: »Ich bin in Friedland!«

Ich bin gleich los und einkaufen gegangen. Ich nahm eine Flasche Wein mit. Das kannten die im Laden von mir gar nicht. Da fragte die Frau an der Kasse: »Was ist denn heute mit Ihnen los?« – »Ich habe eine gute Nachricht gekriegt, mein Mann ist in Friedland.« Da hat die mich angeschrien: »Und da stehen Sie noch hier? Wollen Sie nicht hinfahren und Ihren Mann abholen?« – »Ja, wie denn, und ich habe doch gar kein Geld …« – »Nee, nee«, sagte sie, »das arrangiere ich alles mit dem Roten Kreuz. Der ist in einer Stunde bei Ihnen. Machen Sie sich fertig.« Und so bin ich dann nach Friedland gefahren und habe meinen Mann abgeholt. Da lag der Schnee ganz hoch an diesem 13. Dezember.

Und dann sah ich ihn. Ach, dem hatten sie die ganzen Zähne ausgeschlagen. Und dann in den Russenklamotten! Da sagte er: »Ich kriege gleich meinen Anzug. Der wird nur noch geändert.« Um halb zwei waren wir wieder zu Hause. Das Ehepaar, bei dem ich das Zimmer hatte, hat viel Aufsehen gemacht. Die haben dem Oberbürgermeister Bescheid gesagt. Der Kinderchor war da. Wir wurden empfangen. Der Oberbürgermeister Brockmann fragte: »Warum haben Sie denn nie was gesagt, dass Ihr Mann in Russland ist?« – »Warum, für wen denn?« – »Ja, man hätte Ihnen doch helfen können.« Ich sagte: »Ich bin fünf Monate im Lager gewesen und habe mir immer selbst geholfen. Sicher«, gab ich zu, »Geld hatte ich keins.«

Das war eine Zeremonie, das können Sie gar nicht glauben. Und dann hatte ich 14 Tage Urlaub. Wir kriegten eine andere Wohnung zugewiesen und der Bürgermeister hat in die Zeitung gesetzt: »Russlandheimkehrer sucht Möbel, möglichst billig.« Wir brauchten gar nichts zu bezahlen. Damals hatten wir mit Spänen gefüllte Strohsäcke als Matratzen. Eisenbetten und dann die Säcke drauf. Aber mir war das egal. Wir konnten wenigstens schlafen. Bei den Spenden waren auch Kommoden dabei. Da war noch Hafer dazwischen, als ob die aus dem Pferdestall kamen. Es war uns egal. Wir haben die Schubladen ausgewaschen.

Wir haben noch zehn Jahre in Bergen gewohnt. Mein Mann hatte dort auch Arbeit gekriegt.

Familie

Mein Mann hatte sich gar nicht verändert. Nur ich hatte mich wohl verändert. Er sagte immer: »Du bist so anders, du bist so kalt.« Ich konnte ihm das ja auch nicht erzählen, wie das ist, wenn man als alleinstehende Frau dasteht und nur zwischen Männern arbeitet, und jeder will an einen ran, sogar der eigene Chef. Ich sagte zu meinem Chef: »Wenn Sie Ihre Pfoten nicht weglassen, dann bin ich bei Ihrer Frau im Keller unten.« Seine Frau hat zur selben Zeit unten im Keller gearbeitet in der Wäscherei für die Offiziere. Ich wurde da eiskalt. Die Kerle denken, die muss doch auch mal einen Mann haben. Bei der kann man es ja mal versuchen. Aber nicht bei mir!

Die Engländer haben damals jede Woche für uns Deutsche ein Tanzfest gemacht, wo wir alles frei hatten. Und da haben sie mich auch mit dem Bus abgeholt. Mein Hauswirt wurde da komisch, der wollte es bei mir auch versuchen. Ich sagte, da spielt sich nichts ab. Was hatte ich mit dem alten Mann zu tun? Der war über 70 und hatte eine junge Frau von 53 Jahren. Aber so war es. Einmal stellte er mir eine Dose Fleisch vor die Tür. Ich sagte: »Lassen Sie das bitte sein. Ich hungere nicht, ich habe zu essen. Ich verdiene Geld, Sie kriegen Ihre Miete, und damit ist es gut.«

Als mein Mann in Workuta nach anderthalb Jahren meine Post nachgeschickt kriegte, hat er sich gesagt: Du musst durchhalten. Uns bringt keiner auseinander. Und er entschuldigte sich auch. Er wusste ja selber nicht, warum er weggebracht worden ist. Er hat sich gesagt, die Lisbeth hat ihr Leben lang nur gearbeitet. Das wird anders. Ich werde ihr schon ein bisschen was bieten müssen. Die Karten, die er mir geschrieben hat, waren so, als wären wir ein ganz junges Liebespaar. Ich sage das immer zu den Blagen: »Ich verstehe nicht, was ihr alle habt. Es kommt überall was vor. Man muss sich dann aber wieder vertragen. Jeder macht mal einen Fehler.«

Ich war nicht für Kinder, überhaupt nicht. Ich habe auch keine kleinen Kinder angeguckt. Die kamen auch nicht zu mir. Ob die das spürten? Ich nehme es an. Ich war schon immer gerne selbstständig. Da sagte mein Mann: »Wenn das so ist, dann müssen wir auseinandergehen.« Er wollte gerne Kinder. Er sagte: »Jetzt fahren wir mal zu einem Frauenarzt.« Der erste sagte, ich müsste operiert werden. Das kam für mich gar nicht infrage, eine Operation am Unterleib. Der Arzt ist dann gestorben. Da sind wir zu einem anderen. Der fing auch mit einer Operation an. Ich sagte wieder zu meinem Mann: »Operieren lasse ich mich nicht. Bei aller Liebe nicht.« Dann war der Arzt auch tot. Sind wir bei dem dritten. Ich sagte: »Ich war schon bei zweien, und alle quatschen sie von Operation. Ich will das nicht.« – »Das brauchen Sie auch nicht«, sagte er. »Da ist nur ein bisschen die Gebärmutter geknickt.« Er kam von hinten, ohne etwas zu sagen, und drückte mir auf den Leib. Ich habe nur nach Luft geschnappt. »Alles erledigt«, sagte er. Das war im November, und im November wurde ich schwanger. Als wir wieder hinkamen, da war der auch tot. Das war der dritte. Ich habe gedacht, das ist doch irgendwie verhext. Ich habe schon an mir gezweifelt. Warum sterben die alle?

Na, und dann habe ich das Kind bekommen.

Bis zur Hälfte der Schwangerschaft hatte ich mit dem Kind immer noch nichts im Sinn. Aber als die Hälfte der Zeit rum war, kam jedes Kind, das mir begegnete, auf mich zugelaufen. Ich dachte: Was ist das denn? Ich konnte plötzlich auch jedes Kind leiden und hätte es gleich an die Hand genommen. In mir war alles anders.

Später, als meine Tochter zwei Jahre alt war, wollte ich gerne wieder bei dem Engländer arbeiten. Ich ging zur Kindergärtnerin. Die sagte: »Die ist doch erst zwei Jahre alt, aber versuchen wir es.« Und wie acht oder 14 Tage herum waren, sagte sie: »Die gebe ich nicht mehr her. Die bleibt im Kindergarten. Die macht nicht in die Hose, die geht auf den Pott und geht auf Toilette.« Da ging die mit zwei Jahren schon den ganzen Tag in den Kindergarten. Das hat mir damals sehr geholfen. Aber noch ein Kind, das wollte ich nicht. Die Geburt war schwer gewesen.

Mein Mann konnte gut mit der Ilona umgehen. Der nahm sie, wie sie zehn Jahre war und lesen konnte, mit dem Lkw mit, wenn er Touren in die großen Städte hatte. Sie hatte die Landkarte vor sich und hat nur gesagt, du musst jetzt rechts fahren, du musst nach links. Der sagte immer: »Ich könnte ohne Ilona gar nicht mehr fahren.«

1965 wurde es in Bergen schon etwas knapp mit der Arbeit. Mein Mann war inzwischen Lkw-Fahrer geworden und sagte: »Wir bleiben nicht hier.« Ich hatte in Schwelm eine Freundin wohnen, mit der war ich schon Jahrzehnte zusammen. Die hatte eine Villa geerbt. Da wohnte er erstmal bei ihr. Er hat sofort eine Arbeit als Lkw-Fahrer gekriegt. Er hatte sich damals schon eine neue Maschine gekauft. Und im Dezember 1961 haben wir uns dort angemeldet. Das war erst mal eine kleinere Wohnung hier im selben Haus. Unsere Tochter wurde neun Jahre, und nach ein paar Jahren war die Wohnung zu klein. Da zogen wir hier ein. Es sind jetzt 40 Jahre, dass ich hier wohne. Und ich bin so zufrieden.

Angefangen haben wir mit Schulden. Wir haben uns erstmal ein Schlafzimmer gekauft. Dann den Schrank. Es war uns egal. Mein Mann hatte Arbeit. Und dann hatte er mal mit seinem Chef gesprochen wegen Arbeit für mich. »Die kann alles«, hat er gesagt. Die kann alles. Und dann musste ich Fenster streichen bei denen und Balkontüren. Das habe ich gemacht. Die fragten mich: »Haben Sie das gelernt?« Das konnte ich doch nicht sagen, ich hatte es ja nicht gelernt. Aber ich konnte alles, und ich habe auch alles gemacht. Und so haben wir die Schulden abbezahlt. Zu uns ist nie ein Gerichtsvollzieher gekommen. Ich sagte: »Walter, wir müssen an einem Strang ziehen. Ich kann mir nichts leisten und du nicht, und wir haben das Kind.« Das hat er eingesehen. Wir haben uns deswegen nicht gezankt. Es war ein wunderbares Leben.

Eines Tages kam ein feiner Herr zu uns. Wir wussten nicht, wer das war. Der ging mit meinem Mann ins Wohnzimmer. Ich durfte nicht dabei sein. Als er wieder heraus kam, sagte er: »Ich habe mich mit Ihrem Mann ausgesprochen. Ich komme wieder.« Und unten stand sein Auto aus Bonn. Ich fragte meinen Mann: »Was wollte der Herr?« – »Ich soll Spionage machen, ich weiß nicht, für wen.« – »Wie«, sagte ich, »Spionage?« – »Mach dir keine Sorgen«, sagte er. »Ich mache so etwas nicht. Du kannst ja den Herrn selber empfangen, wenn er wiederkommt.« Er kam auch wieder. Und da sagte ich ihm: »Eines will ich Ihnen mal sagen, Sie brauchen gar nicht reinzukommen. Mein Mann spricht sowieso nicht mit Ihnen. Und das, was Sie ihm vorgeschlagen haben, und wenn er Millionen Mark kriegte, kommt nicht infrage für uns. Wir haben ein Kind, und jetzt habe ich meine Familie wieder beisammen. Kommen Sie nie wieder.« Da ist er gegangen.

Und dann hieß es, bei der Zeitung gibt es Arbeit. Die Zeitung hatte 1966 ganz groß gebaut, ganz neu. Und da bin ich runter ins Büro. Da hieß es, ich könnte sofort anfangen. »Ach«, sagte ich, »ich habe ein Kind von neun Jahren. Mein Mann ist ja auch berufstätig.« Ich sagte, ich möchte nur Arbeit für die Nacht. Da war ja mein Mann zu Hause, und ich konnte gehen. Ich war vielleicht sechs Wochen da am Tag, und auf einmal sagte der Chef der Druckerei, ab montagabends halb zehn, nachts, nur nachts. Da begann ich mit dem Einlegen. 22 Jahre habe ich das gemacht. Das war wunderschön. Mit 45 Jahren habe ich noch den Führerschein gemacht, damit ich nachts zur Arbeit fahren konnte. Bis 1988 war ich in der Firma. Da war ich 65 Jahre und konnte in Rente gehen. Und da sagte der Chef: »Ich behalte Sie noch länger.« Die wussten, was sie an mir hatten. Alle anderen mussten gehen, weil sie das Rentenalter hatten. Mich wollten sie noch behalten. Ich bin dann auch gegangen.

Aber zu Hause sitzen? Da fragte mein Mann: »Gefällt dir das?« – »Nee«, sagte ich, »das gefällt mir überhaupt nicht. Ich möchte noch ein bisschen arbeiten.« Und da guckten wir in die Zeitung, und da stand eine Stelle – zum Putzen. Und dann bin ich da auch noch zwei Jahre geblieben. Als ich aufhörte, fragte der Chef, warum. Ich sagte: »Mensch, ihr tragt mich hier noch rückwärts raus. Ich bin 67 Jahre alt.« Ich sagte: »Jetzt ist Feierabend.« Mein Mann war ja nun auch schon Rentner.

Nach den Haftschäden befragt, erzählt Lisbeth Schwämmlein, dass die Russen ihrem Mann die Zähne eingeschlagen haben. Andere Störungen nennt sie nicht. Er war nicht depressiv und auch nicht nervös. »Der hat sich nur gefreut, wenn er wieder nach Hause kommt. Dann wird alles wieder, wie es gewesen ist.« Auch Misstrauen als Traumafolge spielte keine Rolle. Und auch sonst nichts: »Der wusste, ich ging nicht fremd.« Albträume? »Ach, der hat geschlafen wie ein Stein. Der hatte gar nichts, obwohl er so kaputt und zerschossen war. Der hat gearbeitet und malocht wie sonst was.« Aggressiv ist er nicht geworden. Und Suizidgedanken? »Um Gottes willen, um Gottes willen.«

Als 1989 die Wende kam, sagte meine Schwägerin: »Lass uns nach Burghessler fahren wegen dem Haus.« Da fragte ich meine Schwester: »Was hältst du denn davon, wenn ich das Haus verkloppe?« Da sagte die: »Wer soll denn die olle Lehmbude nehmen?« Ich sagte: »Das ist keine Lehmbude.« Das Haus war außen mit wunderbaren Steinen verklinkert, und es war ein großes Anwesen mit Grund und Boden, 1.200 Quadratmeter, glaube ich. Jetzt ist es in ganz fremden Händen. Heute gehört uns gar nichts mehr. Und ich bin seitdem auch nicht mehr dort gewesen. Ich mache mir da nichts draus. Ich bin da drüber weg. Meine Heimat ist hier. Ich bin hier 45 Jahre und zehn Jahre in der Lüneburger Heide gewesen; das sind insgesamt 55 Jahre.

Mein Mann starb vor zehn Jahren. Der ist 80 geworden. Drei Monate zuvor waren wir noch in der DDR und haben meinen Cousin beerdigt. Ich bin gefahren. Er fuhr nicht mehr. Aber das machte mir nichts aus. Ich fahre heute noch gerne.

Es könnte fünf Jahre her sein, da kriegte ich einen Anruf aus Bayern, vom Roten Kreuz. Wir haben eine Nachricht gekriegt aus Moskau. »Ihr Mann hat überhaupt nichts gemacht. Der ist damals verhaftet worden und keiner weiß, warum.« – »Wie«, sagte ich, »und das erfahren Sie erst jetzt? Jetzt, wo mein Mann tot ist?« Die durften die Akten nicht eher rausgeben.

Aber was habe ich jetzt davon? Mein Mann ist tot. Der hat das durchstehen müssen.

Insgesamt bekomme ich 600 Euro Rente. Die Witwenrente beträgt auch noch mal 600 Euro. Also 1.200 Euro insgesamt. Aber ich musste die Einrichtungskredite noch abzahlen. Für die ersten acht Jahre, die ich in der DDR gearbeitet habe, habe ich überhaupt nichts angerechnet bekommen für die Rente. Ich bin nach Belegen gefragt worden. Und ich habe gesagt: »Wenn Sie von jetzt auf zwei Stunden später wegmüssen, denken Sie da an Ihre Papiere, an die Arbeit? Ich war froh, dass ich weg war.«

Meine Miete beträgt 550 Euro. Ich habe hier dreieinhalb Zimmer, es sind 67 Quadratmeter. Kürzlich ist die Miete noch erhöht worden wegen des Balkons. Ich habe 40 Jahre keinen gehabt, jetzt brauche ich ihn auch nicht. Ich darf nicht an die Sonne wegen des Herzens. Aber da kamen noch mal 109 Euro auf die Miete drauf.

Für meinen Mann haben wir damals 12.000 Mark an Haftentschädigung gekriegt. Rechnen Sie mal für dreieinhalb Jahre aus, wie viel das pro Monat war. Die haben ja nachher, nach fünf, sechs Jahren, als sie richtig Arbeit hatten, 8.000 Mark verdient im Monat. Und der kriegte für die 42 Monate Haft alles in allem gerade mal 12.000 Mark.

Vom Versorgungsamt in Dortmund bekam er noch eine kleine Zusatzrente. Und die kriegte er sogar noch, nachdem er tot war. Das war uns auch unbekannt. Da schrieben sie mich an, und dann kriegte ich das noch drei Monate weiter. Mein Mann war mit 60 Prozent als behindert eingestuft. Er hatte das goldene Verwundetenabzeichen vom Krieg gekriegt. Das waren, glaube ich, 240 oder 270 Mark Gesundheitsrente.

Irgendwann hat meine Tochter im Fernsehen etwas über die Angehörigen gesehen und hat auch darüber gelesen. Da sagte sie: »Mama, du kannst doch etwas kriegen.« Ich sage: »Ich? Wie denn?« – »Ich mache das«, sagte sie. Und dann hat sie die Anträge bei der Häftlingshilfestiftung eingereicht. Da musste ich angeben, was ich abzuzahlen oder zu bezahlen habe. Und sie füllte das alles für mich aus. Und das ist einmal im Jahr. Zweimal habe ich das schon gekriegt. Das war ganz schön, es waren zweieinhalbtausend Euro, glaube ich. Meine Tochter kriegt auch etwas als Angehörige eines verstorbenen Häftlings. Das wird zehn Jahre gezahlt, aber jedes Jahr ist es ein bisschen weniger. Na ja, sage ich, zehn Jahre lebe ich sowieso nicht mehr.

Karin Frank: Die Baracken gesehen

Karin Frank ist 68 Jahre alt. Sie ist seit den 80er Jahren geschieden und hat sich danach mit zwei Kindern allein durchbeißen müssen. Ihre soziale Lage schätzt sie als »sehr begrenzt« ein. Ihr Vater Johannes Thiel wurde aufgrund von Denunziationen verhaftet und in ein Lager in der DDR gebracht. Anschließend kam er zur Zwangsarbeit in den Uranbergbau. Die Mutter ist Verkäuferin gewesen.

Mein eigentlicher Beruf ist Herrenmaßschneider. Als ich meine Lehre abgeschlossen hatte, wollte ich zur Textilingenieurschule und gab dort meine Unterlagen ab. Als man aber sah, dass mein Vater inhaftiert gewesen ist, haben sie gesagt, es tue ihnen leid. Ich wurde abgewiesen, und so bin ich bis zur Rente Facharbeiter geblieben. Leider Gottes. Nach der Wende war ich nicht mehr im Beruf. Wissen Sie, wie bei uns die Arbeitsmarktsituation war? Das Doppelte an Arbeitslosen wie in den Altbundesländern.

Die Tochter ist bei Stuttgart verheiratet, und der Junge ist selbst arbeitslos. Er hat jahrelang Arbeit gesucht, überall hat man ihm gesagt, er sei zu alt. Das ist hoffnungslos.

Seitdem die Tochter in die Altbundesländer gegangen ist, ist sie irgendwie ausgeflippt. Sie hat abgehoben. Das hat mir in den ersten Jahren sehr wehgetan. Enkel habe ich auch. Die Tochter hat zwei Kinder, und mein Junge hat einen Sohn. Gesehen habe ich meine Tochter das letzte Mal 2001; als meine Mutter starb, kam sie. Seither rätsele ich, warum der Kontakt wohl abgebrochen ist. Die Ungewissheit ist ganz schlimm.

Haft des Vaters

Ich war sechs Jahre alt, als mein Vater 1945 abgeholt wurde. Das Kuriose war, dass man meinem Vater damals gesagt hatte: »Herr Thiel, verschwinden Sie. Hier kommt etwas auf Sie zu.« Und mein Vater hat gesagt: »Ich habe nichts verbrochen. Ich bleibe.«

Und 14 Tage später hat man ihn hier von zu Hause abgeholt. Daraus wurden dann fünf Jahre.

Es war eine Denunzierung. Er ist nie verurteilt worden. Er wurde nur weggesperrt. Und meine Mutter versuchte immer, irgendwie eine Verbindung zu ihm zu bekommen und ist dann am Wochenende immer da hingefahren. Und weil die Russen doch Kinder sehr mochten, hat sie mich mitgenommen. Das tut heute noch weh.

Mein Vater ist für etwa drei Wochen auf das Amtsgericht meiner Heimatstadt in Döbeln gebracht worden und kam von da aus für drei Jahre nach Mühlberg[102]. Zwei weitere Jahre saß er in Buchenwald[103]. Mühlberg war eines der zwölf Lager, die in der DDR existiert haben. Mühlberg war noch schlimmer als Buchenwald. Ich weiß nur, wie sie in den Baracken gehaust haben und wie sie sich um die Runden hangeln mussten, um zu überleben. Von den 21.835

102 Mühlberg liegt bei Riesa.

103 Buchenwald bei Weimar: Das ehemalige KZ wurde in der DDR als »Speziallager Nr. 2« weitergeführt.

Häftlingen ist ein Drittel der Inhaftierten in Mühlberg verstorben, das heißt 6.765 Mann. Mein Vater sagte immer, zuerst sind die Leute gestorben, die früher in guten Verhältnissen gelebt haben. Die haben es am schwersten verkraftet.

Er hat gesagt, dass er Glück gehabt habe bei den Vernehmungen, die im Lager manchmal stattfanden. Er hat nie Schläge bekommen. Er sagte, wenn sie rausbekommen hatten, dass einer gelogen hat, haben sie mächtig geschlagen. Aber er hat nie Schläge bekommen. Er hatte nichts zu verheimlichen.

Von Mühlberg habe ich einen Auszug aus dem Register der Insassen bekommen. Da steht als Inhaftierungsgrund »Kreispersonalleiter Konsumgenossenschaft«. Ist das ein Haftgrund?

Mein Vater war 1945 gerade aus englischer oder amerikanischer Kriegsgefangenschaft gekommen und hatte zu Hause die Stelle im Konsum bekommen. Er gehörte nicht der NSDAP an. Dennoch ist er inhaftiert worden.

In den Unterlagen heißt es: Thiel Johannes, Häftlingsnummer 79235, Geburtsjahr: 1910, Nationalität: Deutsch, Geburtsort: Döbeln. Durch wen und wann verhaftet: Operative Gruppe Döbeln. Haftgrund: Kreis-Personalleiter. Entlassen: 30.1.1950.

Meine Mutter hat versucht, in dieser Zeit Kontakt zu ihm zu bekommen. Anfangs wussten wir nicht, wo er hingebracht worden ist. Das haben wir erst im Nachhinein erfahren. Meine Mutter hat durch Bestechung der Wachmannschaften versucht, irgendwie ein Zettelchen rauszukriegen. Dafür wurde ein bisschen was arrangiert. Über eine Jauchenkolonne morgens früh, wenn die Jauche aus dem Lager gebracht wurde, haben sie meinen Vater mit eingeschleust, nur dass sie ihn mal von Weitem sehen konnte. Sie ist freitags schon mit gepackten Koffern zur Arbeit gegangen und von dort aus zur Bahn und dann nach Mühlberg an der Elbe gefahren. Das ist bei Riesa. In Mühlberg gab es einen Gasthof. Das Ehepaar Bruder, das diesen Gasthof führte, hat immer versucht, ein bisschen zwischen den Angehörigen und dem Bewachungspersonal zu vermitteln. Manchmal war ich dabei, oft bin ich aber auch bei einer Tante oder bei den Großeltern geblieben.

Offenbar ist mein Vater denunziert worden. Meine Mutter hat immer vermutet, wer es gewesen sein könnte. Aber sie wusste nichts Richtiges. Was die Akte meines Vaters anbetrifft, habe ich nie irgendwelche Anträge gestellt. Ich weiß nicht mal hundertprozentig, wann überhaupt eine Rehabilitierung infrage kommt. Es hat ja keine Verurteilung stattgefunden. Ich habe von ähnlichen Geschichten nur gelesen.[104]

104 Karin Frank meint das Buch *Einzuweisen zur völligen Isolierung* über das Lager Mühlberg von Achim Kilian, der dort mit 16 Jahren inhaftiert wurde.

Eine Rehabilitierung kann auch noch nach dem Tod eines Häftlings erfolgen. Einige Akten blieben lange gesperrt, zum Beispiel wenn keine Verurteilung erfolgte und der oder die Gesuchte zu den 127.000 Lagerinsassen der NKWD-Speziallager in der SBZ/DDR gehörte. Das ist bei Karin Frank der Fall gewesen. Jedoch hatte schon Boris Jelzin vor, die Insassen zu rehabilitieren. Das ist mehr als zehn Jahre her. Thiels politische Haft ist anerkannt worden, sonst bekäme seine Tochter keine Unterstützung durch die Häftlingshilfestiftung in Bonn.

1948 wurde das Lager Mühlberg aufgelöst und dann auch abgerissen. In dieser Zeitspanne zwischen der Auflösung und dem Abriss konnte man das Lager sehen. Ich weiß noch heute, wie die Baracken ausgesehen haben. Das war schlimm. Aber damals hat die Stasi ja noch gar nicht existiert.

Ich habe kaum jemandem je davon erzählt.

Meine Mutter hatte sich – da war eine kleine Siedlung vor dem Lager – mit einem Siedlerpaar angefreundet, sodass sie dort manchmal wohnen konnte. Es war das letzte Siedlungshaus vor dem Lager. Da hat sie dann die Dachschindeln etwas zurückgeschoben und mit dem Fernglas geguckt, um irgendetwas zu erkennen.

Sie hat ihr Leben aufs Spiel gesetzt, indem sie versucht hat, eine inoffizielle Verbindung zu meinem Vater aufzubauen. Einmal hat sie sogar versucht, ihn zum Kartoffelschälen in der russischen Offiziersküche unterzubringen. Da konnte er dann wenigstens abends die Kartoffelschalen mit in die Baracke nehmen und die dann kochen. Vielleicht waren das die Bausteine, die ihm geholfen haben durchzuhalten.

In der Zeit seiner Abwesenheit hat meine Mutter hartnäckig versucht, sich durchzukämpfen. Wir wurden, als mein Vater inhaftiert wurde, aus der Wohnung geworfen. Uns wurde eine schlechtere Wohnung zugewiesen mit der Bemerkung, dass für die Familie Thiel das Schlechteste gerade gut genug sei. Und so hat sie gekämpft, dass sie mich über die Runden brachte. Das hat sie alles mit Bravour bewältigt, das muss ich sagen. Sie war wirklich eine Kämpfernatur.

Mein Vater ist zurückgekommen. Er wurde auch nach der Haft noch zum Erzbergbau nach Johanngeorgenstadt zwangsverpflichtet. Er war ja körperlich in einem geschwächten Zustand und musste in diesen Uranbergbau rein.

Wir haben in Döbeln in Sachsen gewohnt. Der Uranbergbau war im Erzgebirge. Von Sachsen bis zum Erzgebirge sind es etwas mehr als 100 Kilometer. Er hat dort drei oder vier Jahre gearbeitet. Dort hat er sich seine Krankheit geholt. Er starb 1984 an Krebs.

Nach dem Uranbergbau war er in einer Genossenschaft als Lagerleiter. Es war eine Sanitär-Genossenschaft, ein kleines Lager mit drei Angestellten.

Die Größe war nicht so, dass man von einer Leiterposition sprechen konnte.

Nach seiner Rückkehr war er verschlossen. Ich würde sagen, er war ein gebrochener Mensch. Mein Vater war ein sanfter Mensch. Depressiv könnte er schon gewesen sein. Er war sehr in sich gekehrt. Man hatte allen Häftlingen mit weiterer Inhaftierung gedroht, falls sie über die Zeit der Inhaftierung nicht schwiegen. Er hat dann auch wenig erzählt. In der *Döbelner Allgemeinen* steht, dass die Mutter nie wieder den lebenslustigen Menschen in ihrem Mann, so wie sie ihn vor der Haft gekannt hatte, wiedergefunden hat.

Meine Mutter war der Macher. Ob sie schon vor seiner Haft so war, weiß ich nicht. Da war ich ja noch im Kindesalter. Aber selbstständiger wurde sie sicher. Das brachte die Zeit so mit sich. Wer nicht untergehen wollte, musste kämpfen. Die eigene Selbstständigkeit hat sich dann sehr prägnant herausgebildet. Ich denke, dass ich auch sehr selbstständig bin. Bei meiner Tochter ist es dagegen eher schon Dominanz.

Wir hatten in der Familie übrigens insgesamt drei Leute, die inhaftiert waren. Der Bruder meines Vaters wurde aber 1945 nach einem halben Jahr wieder entlassen. Er starb dann nach einem weiteren halben Jahr. Ein anderer Onkel war wochenweise inhaftiert. Die Männer wurden damals alle wahllos verhaftet. Das hat mein Vater auch immer gesagt. Selbst die Entlassung geschah wahllos. Man konnte sich an nichts orientieren.

Soziale Situation

Meine Situation ist finanziell gesehen wirklich krass. Und das liegt direkt an der politischen Haft meines Vaters. Ich habe heute eine Rente von 662 Euro, und das nach 40-jähriger Berufstätigkeit. Ich liege mit der Rente 20 Euro über dem Hartz IV-Satz.

Meine Warmmiete beträgt 300 Euro. Die ist relativ günstig, weil ich einen ganz alten Mietvertrag habe, ich wohne seit 1974 in dieser Wohnung mit drei Zimmern. Angenommen, ich würde mich jetzt verkleinern, dann wäre es teurer, weil der Quadratmeterpreis höher wäre. Und somit würde ich gar nichts gutmachen und hätte nichts außer Kosten durch den Umzug. An Wohngeld bekam ich bisher 31 Euro. Es folgte im vergangenen Jahr eine kleine Erhöhung der Rente. Trotzdem erhielt ich vier Euro weniger an Mietgeld, also habe ich von der Erhöhung wenig. Wenn man sich das überdenkt, sagt man sich, du bist ein Leben lang arbeiten gegangen und hast nicht mehr als ein Hartz IV-Empfänger. Irgendwie fühlt man sich dann ungerecht behandelt.

Ich selbst habe keinerlei Hilfen erhalten, nur die jährlich einmalige Unterstützung, die ich aus Bonn von der Häftlingshilfestiftung bekommen habe. Die hat sich von Jahr zu Jahr reduziert. Zuletzt ging sie herunter auf 200 Euro. Im letzten Antrag habe ich noch unter den Antrag geschrieben, dass ich durch die Inhaftierung meines Vaters dadurch in Mitleidenschaft gezogen worden bin, dass mir die Textilingenieurschule versagt wurde. Und man solle das doch bedenken bei der Höhe meiner Unterstützung. Und dem hat man auch Rechnung getragen. Danach bekam ich 1.200 Euro. Ich habe mich riesig gefreut.

Einen direkten körperlichen Schaden habe ich nicht davongetragen. Vielleicht bin ich nervlich geschädigt. Mich hat diese Inhaftierung meines Vaters als Kind schon sehr mitgenommen. Mit meinen Kindern habe ich nur grob über die Geschichte gesprochen. Sie wissen gerade mal, dass der Opa inhaftiert war, aber die genauen Umstände kennen sie nicht. Ich denke, sie könnten diese Härte gar nicht verarbeiten.

XX: Suche nach dem Vater

XX möchte nicht, dass ich sie in ihrem Wohnort treffen. Sie reist etliche Kilometer, um mich in einem kleinen Hotel zu treffen.

Einen Tag nach Kriegsende, am 9. Mai 1945, wurde der Vater YY von den Sowjets verhaftet. Sie, die Tochter XX, ist da noch nicht einmal vier Jahre alt; sie ist im Oktober 1941 geboren. Bis sie begreift, dass ihr Vater durch eine Denunziation an die Sowjets ausgeliefert worden ist, vergeht fast ihr gesamtes Leben.

XX ist Buchhalterin, sie konnte diesen Beruf nach einer kurzen Qualifizierung nach der Wende in einem Steuerbüro ausüben.

Meine Kindheit war nur getragen von dem einen Gedanken: Deinen Papa, den haben die Russen geholt. Meine Mutter hat zehn Jahre lang in totaler Ungewissheit gelebt. Sie wusste überhaupt nichts. Meine Mutter ist in der DDR geblieben. Sie hat erst einmal zehn Jahre auf ihren Mann gewartet. Wir lebten in dem Haus zu dritt mit der Oma, der Mutter meines Vaters, zusammen. Meine Mutter hat immer gewartet. Sie hat die Pflicht verspürt, die Familie aufrechterhalten zu müssen. Die Oma konnte das alleine nicht mehr. Sie musste helfen, dass das Haus erhalten blieb, bis er wiederkam. Sie hat immer in der Hoffnung gelebt, dass mein Vater zurückkommt. Und dann waren zehn Jahre um. 1955 bekam sie vom Suchdienst in Hamburg die Mitteilung, dass ihr Mann verstorben sei. In dem Jahr hatte sie einen Herzinfarkt.

Kindheit

In meiner Kindheit hatte ich nur Querelen zu Hause. Das sind regelrechte familiäre Schikanen gewesen. Die Oma und meine Mutter lebten in einem Haus, die Schwester mit ihrem Mann in einem anderen. Von der ging das aus. Gemeinsam haben sie uns regelrecht rausgeekelt. Als dann feststand, dass mein Vater nicht wiederkam, ging es immer härter zu. Das war furchtbar. Es war ein ständiges Gezanke der beiden Frauen, von meiner Mutter und ihrer Schwiegermutter. Ich kann mich erinnern, dass ich neben meiner Mutter auf dem Boden gestanden und geschrien habe: »Mama, nicht!« Weil sie sich aufhängen wollte. So böse waren die Schikanen.

Dieser Moment, als meine Mutter da mit dem Strick auf dem Boden stand und sich aufhängen wollte – das ist wieder ganz deutlich da. Und wie ich mich in den Nächten an meine Mama schmiegte: »Mama, wein doch nicht. Hör doch auf zu weinen. Ich bin doch da. Du hast doch mich.« So war das jahrelang. Ich hatte es vergessen, es war aus meiner Erinnerung verschwunden. Und jetzt ist es wieder da. Ich bin Mitte 60, und jetzt kommt es zurück, was ich davon behalten habe.

Meine Mutter und meine Großmutter kamen miteinander überhaupt nicht mehr klar. Und meine Tante spielte in dem Zusammenhang eine üble Rolle. Der Bruder war nicht wiedergekommen. Nun ging es um das Haus, wer erbt nun das Haus? Die Schwester, das sehe ich erst heute so deutlich, wollte das Haus haben. Und da waren wir ihr im Weg. Die Schwester hatte ihren Mann noch. Ich weiß, dass meine Oma ihn nicht geachtet hat. Aber um handwerkliche Dinge an dem Haus verrichten zu können, war er willkommen. Und das rückte immer mehr in den Vordergrund. Die Großmutter hatte im Erdgeschoss drei Zimmer. Und sie hat meinen Cousin damals mit ins Haus genommen. Das war der Sohn der Tante, der hatte damals schon zwei Kinder. Offenbar sollte er das Haus später mal kriegen. Die Wohnungen waren ja knapp in der DDR. Anfang der 60er war es dann so weit, da sind wir ausgezogen aus dem Haus.

Wenn meine Mutter mir später, als ich meine Lehre gemacht und mich beruflich entwickelt habe, davon erzählen wollte, wie alles gewesen ist, wollte ich nie etwas wissen. Ich wollte leben. Das ganze Theater mit der Oma ist so schlimm und so furchtbar gewesen, dass ich nichts mehr davon hören wollte. Ich habe 1963 geheiratet, und da war die Oma schon bettlägerig. Sie ist 1964 gestorben. Am Ende wäre ich eigentlich von der Reihenfolge her die Erbin gewesen, weil meine Tante sich umgebracht hatte. Meine Mutter nahm es mir sehr übel, dass ich nicht darum gekämpft habe, das Haus zu bekommen. Zehn Jahre hat sie im Haus der Großmutter gewartet und für das Haus geschuftet. Das war das Kleben an der Klitsche.

Als die ganze Klasse Jungpionier wurde, wollte meine Mutter nicht, dass ich das auch werde. Sie konnte sich aber nicht dagegen stellen; ich wurde Jungpionier. Dann kam in der Lehre die FDJ. Ich wurde FDJ-Mitglied. Erst Jungpionier, dann FDJ-Mitglied. Meine Mutter war höllisch dagegen. Dann kam die Zeit im Betonkombinat. Alle gingen in die Deutsch-Sowjetische-Freundschaft[105]. Sie sagte, das weiß ich noch: »Die haben deinen Vater auf dem Gewissen!« Aber ich wollte es einfach nicht hören. Ich konnte es nicht mehr ertragen. Ich habe als Kind eine ständig weinende Mutter neben mir gehabt, ich habe immer neben ihr geschlafen. Ich habe mich nachts an sie geklammert und habe sie getröstet: »Mama, du hast doch mich.« Das war meine Kindheit. Bis ich wohl hart geworden bin.

Nach der achten Klasse sollte ich die Oberschule besuchen. Das war der Zeitpunkt, als meine Mutter den Herzinfarkt bekam. Da hat mich der Arzt, der mich schon als Kind betreut hat, zu sich hinbestellt und gesagt: »Monika, du musst sehen, dass du Geld verdienst. Deine Mama weiß nicht mehr, wie sie das alles bezahlen soll.«

Meine Mutter bekam ja keine Kriegerrente und auch keine Witwenrente. Sie bekam gar nichts. Sie hatte für mich, wenn ich mich nicht irre, 40 Mark Kindergeld. Die bekam sie. Gelebt hat sie davon, wenn sie nicht krank war, dass sie bei einem Bauern auf dem Acker gearbeitet hat. Wir haben auch mal ein Schwein gefüttert. Und dann hatten wir Ziegen.

Einmal bin ich von der Bürgermeisterin bei uns im Ort wegen meines Vaters angesprochen worden. Da ging es um Wohnungen. Wir hatten uns um eine Neubauwohnung beworben. Und da gab es ein persönliches Gespräch mit der Bürgermeisterin. Die Bürgermeisterin war sehr fortschrittlich im Sinne des Sozialismus, aber sie war eine ortsansässige Frau, eine wirklich engagierte, gute Bürgermeisterin. Und als die Sache wegen der Wohnung zu Ende war, sagte sie zu mir: »Das tut mir sehr leid, was mit deinem Vater geschehen ist. Aber wir wissen nicht, was war.«

Das war die Einzige, die mich auf meinen Vater je angesprochen hat.

Nach der Arbeit beim Bauern hat meine Mutter nachts noch für andere Leute genäht. Sie hat Änderungen gemacht und auch geschneidert. Sie war sehr talentiert, hatte aber keinen Meistertitel. Es gab damals schon die Gewerbepflicht, es gab ja auch Schneiderinnen im Ort. Aber meine Mutter wurde nie angezeigt. Ich denke mir, das war die damalige Bürgermeisterin, die das abgewehrt hat. Sie hat meine Mutter gedeckt, das muss ich ihr zu Ehren sagen. Es war ja bekannt, dass meine Mutter nähte, das heißt Schwarzarbeit gemacht hat.

Mit einem Verdienst von einer Mark pro Stunde, anfangs waren es sogar

105 Gesellschaft für Deutsch-Sowjetische-Freundschaft

nur 50 Pfennig. 50 Pfennig die Stunde beim Bauern, sie konnte also für den Lebensunterhalt sorgen. Außerdem bekam sie Essen. Wenn der Bauer das Geld ausgezahlt hat, konnten wir wieder zum Fleischer gehen. Dann gab es 100 Gramm Leberwurst oder 100 Gramm Jagdwurst und ein frisches Brot, das weiß ich noch ganz genau. Alles andere ergaben dann unsere paar Hühner. Wir hatten fast nichts, aber das war mir nicht bewusst als Kind. Wenn ich Schuhe bekam, wurden sie vorn mit Watte ausgestopft. Bewusst geworden ist mir das alles erst später. In der Lehre habe ich die Unterschiede zu spüren gekriegt.

Damals gab es eine Abhängigkeit von den Bauern. Meine Oma konnte nicht mehr auf dem Acker arbeiten, und der Bauer hat unseren Acker nur dann gepflügt und geeggt und das Korn abgemäht, wenn die Frauen auch bei ihm auf seinem Acker gearbeitet haben. Für die Arbeit beim Bauern gab es eine Mark. Und die Ernte von unserem eigenen Acker gehörte uns. Aber allein hätten wir ihn nicht bestellen können. Es gab diese Mähdrescher noch nicht. Ich habe als Kind die Garben noch gebunden und aneinandergestellt. Ich musste auch Gänse hüten.

Wenn meine Mutter zu Leuten ins Haus gegangen ist zum Schneidern oder um Bettwäsche zu nähen, bin ich häufig bei meiner Oma geblieben. Als ich dann größer wurde, bin ich mit dem Fahrrad mitgefahren. Meine Mutter hatte einen Bruder, und der hat aus vielen alten Fahrrädern für mich ein Rad zusammengebastelt, und dann sind wir beide zu ihm gefahren.

Rehabilitierung

1968 bekam ich meinen Sohn. Ich war verheiratet, hatte meine Arbeit, und mein Mann hat auch gearbeitet. Meine Mutter kam zum Essen und Trinken zu mir. Und sie ging dann am Abend wieder. Also hatte sie selbst nur noch ihre kleine Miete zu zahlen. Die hat sie sich mit Nähen allein verdient. Das war meine Mutter, fleißig bis zum Gehtnichtmehr, bis sie krank wurde. Zum Bauern zu gehen, das schaffte sie damals nicht mehr. Es war dann auch die Zeit der LPGs. Sie hatte bei dem Bauern ohne Versicherung gearbeitet. Die Landfrauen haben den Lohn auf die Hand bekommen. Ich weiß, dass meine Mutter sich privat versichert hatte mit einem ganz geringen Betrag.

Als meine Mutter 60 Jahre alt war, bekam sie Rente. Sie bekam die Mindestrente, das waren 330 DDR-Mark. Und meine Mutter war glücklich und lebte damals noch einmal auf, weil sie nicht mehr die Nächte durch an der Nähmaschine sitzen musste.

Meine Mutter ist mit 70 Jahren gestorben. Sie ist an Herzbeschwerden gestorben. Es gab ja damals noch nicht die Medikamente, die es heute gibt.

Erst als die Rehabilitierung kam, habe ich wieder angefangen, mich mit meinem Vater zu beschäftigen. Die Rehabilitierung von den Sowjets erfolgte im Jahr 2001, und das Auswärtige Amt hat sie mir im März 2005 zugestellt.

Die ganzen DDR-Jahre hindurch wollte ich von dem Thema nichts hören. Wenn ich unter Kolleginnen gefragt wurde, was war mit deinem Vater, dann habe ich immer gesagt, der ist in den letzten Kriegsjahren noch eingezogen worden. Und er ist nicht wiedergekommen.

Tatsächlich ist mein Vater wegen Sabotage abgeholt worden. Da spielte ein Verwandter eine Rolle. Das war damals ein junger Mann von Anfang 20. Auch aus der Familie. Das, was ich jetzt erzähle, ist mir erst in den letzten anderthalb Jahren klar geworden. Ich weiß heute, dass dieser 20-Jährige zwei Eisenbahner verraten haben muss, um seine eigene Haut zu retten.

Ich bin selber inzwischen Rentnerin und habe zwei Monate, ehe die Rehabilitierung durch die Sowjets kam, mal in meinem Keller gewühlt. Ich hatte gerade Zeit. Da gibt es eine alte Box, in der habe ich Unterlagen von meiner Mutter. Und da gucke ich mir das alles an und finde etwas. Und da bin ich ins Grübeln gekommen. Ich wusste Folgendes: Der Vater einer Bekannten ist zusammen mit meinem Vater verhaftet worden. Beide waren Eisenbahner.

Ich finde diesen Brief vom Suchdienst im Keller und gehe damit zu ihr und sage: »Sag mal, wie war das damals mit unseren Vätern?« Und da erzählt sie mir: »Weißt du das nicht? Du warst ja noch so klein. Ich war damals schon elf Jahre. Wir waren doch alle bei deinem Onkel. Deine Familie, meine Eltern mit mir und ihre Eltern mit fünf Geschwistern. Das war so ein kleines Anwesen außerhalb der Ortschaft. Wir haben da alle in der Scheune gewohnt, mit unseren Vätern. Und als der Krieg am 8. Mai zu Ende war, haben sich die Väter am 9. Mai auf den Weg gemacht und wollten gucken, ob wir wieder zurück können. Und da sind sie in den Keller eines Hauses gegangen, von dem sie wussten, dass da Leute sind. Das war das Haus ihrer Tante. Und da standen die Russen und haben die Männer mitgenommen.« Und in dem Zusammenhang müsse man diesen Verwandten sehen.

Sie wusste den Namen des Verwandten auch nicht mehr genau. Sie sagte, der müsse die Männer angeschwärzt haben, um seine Haut zu retten. Das alles erzählte sie mir zwei Monate, bevor die Rehabilitierung kam.

Dann kam der Brief vom Auswärtigen Amt mit der Rehabilitation. Von da an hat mir das Thema keine Ruhe mehr gelassen. Ich war so durcheinander und hatte auch mit mir selber Probleme. Denn ich war in den 80er Jahren ein Kind des Sozialismus geworden. Das muss man sich mal vorstellen. Ich hatte einen Sohn, der in der Schule sehr gut war, der auch in der Schule gefördert wurde. Er war von klein auf ein Asthma-Kind. Mein Sohn bekam in der DDR alle Hilfe gesundheitlicher Art. Er war drei Jahre, da fuhr er schon das erste Mal zur Kur an die Ostsee. Dann hat er jedes Jahr eine Kur bekommen, manchmal sogar zwei Kuren im Jahr. Er war zweimal in Jugoslawien, er war einmal auf Zypern, weil die DDR dort Kureinrichtungen unterhielt für Kinder, die mit Hautkrankheiten und mit Asthma behaftet waren. Und mein Sohn bekam diese Kuren.

1966 war meine eigene Zeit in der FDJ zu Ende. Ich hab richtig meinen Austritt erklärt und war ein total unpolitischer Mensch. Aber das mit meinem Sohn, diese Fürsorge und die ständigen Kuren, das war gut. Er bekam sogar Medikamente aus England gespritzt, damit das Asthma rückläufig wurde. Er ist Jahrgang 1968 und lebt jetzt ganz gut mit dem Asthma. Soweit hat man das durch dieses intensive Kuren-System wirklich zurückgedrückt.

Für solche Kinder wie meinen Sohn war das Sozialsystem der DDR optimal. Die Ärztin, die dafür gesorgt hat, hat wirklich nur den Jungen gesehen. Die hat ihn erlebt, wenn er nach Luft gerungen hat und zu ersticken drohte. Und meine Ängste. Und in diesen Jahren ist bei mir eine Dankbarkeit gegenüber dem Staat gewachsen. Und die werde ich auch nicht leugnen.

Dann kam mein Sohn auf die Oberschule, und es stand fest, er wird studieren. Er wollte gern studieren. Wir waren zu einer Vorbesprechung in der erweiterten Oberschule. Da sagte jemand zu den Eltern: »Sie werden merken, bestimmte Fachrichtungen sind nicht zugänglich für einige Schüler. Seien Sie nicht traurig, entscheiden Sie sich dann für etwas anderes.« Das ging uns ja nichts an, dachten wir. Mein Sohn war zum Aufnahmegespräch, und er hatte das Gefühl, dass er seine Sache gut gemacht hat. Es kam nie eine Absage. Wir haben nie einen Bescheid bekommen, warum er dort nicht genommen wurde. Er hat sich dann selbst einen Platz an einer anderen Universität gesucht. Und er kam dann von dort zurück und hat gesagt: »Wisst ihr, warum ich neulich nicht angenommen worden bin? Weil der Onkel in der Schweiz lebt und du, Papa, noch einen Bruder in Westdeutschland hast.« Und die kamen regelmäßig zu Besuch. Das muss der Grund gewesen sein.

Suche und Aufarbeitung

Zurück zu den Unterlagen. Von diesem besagten Verwandten gibt es einen Brief in der Kiste meiner Mutter. Außerdem noch das Arbeitsbuch meines Vaters und ein Sparkassenbuch. Und dann eine Mitteilung vom Suchdienst aus Hamburg. Allerdings stimmte das Sterbedatum nicht. Von den Sowjets ist in der Rehabilitierungsurkunde ein anderes Sterbedatum ausgewiesen als beim DRK. Laut DRK ist er am 2. Juli gestorben. Die Sowjets sagen aber, er sei erst im August verstorben.

Ich habe nachgefragt beim Suchdienst in Berlin, dann beim Suchdienst in München. Vom Suchdienst in München wusste ich, dass damals alle drei Männer verhaftet worden sind. Der Suchdienst München konnte mir auch sagen, dass der P. nach Berlin zurückgekehrt ist. Und der Herr Strauß, der Vater der Nachbarin, ist auch gestorben. Es gab damals diese Zehnjahresfrist – wo nach zehn Jahren auch die letzten Gefangenen in der Sowjetunion freigelassen wurden. Und bei dem Schub muss er dabei gewesen sein. Die Nachbarin sagte, dass der Verwandte in den Westen gegangen ist. Dann habe ich mir Telefonnummern raussuchen lassen und habe nach diesem Mann gesucht, weil ich dachte, der könnte ja noch leben.

Damals war meine Mutter bei ihm im Westen. Damals konnte man ja noch fahren, und sie wollte zu ihm. Sie hat vor verschlossener Tür gestanden. Meine Mutter muss so weit gegangen sein, dass sie gesagt hat, er hätte die Männer auf dem Gewissen, weil er sie angeschwärzt hat. Es gibt auch ein Vernehmungsprotokoll, da spielt er eine ganz große Rolle. Da sind Aussagen von ihm zitiert.

In dem Brief, den ich in den Unterlagen meiner Mutter gefunden habe, steht, dass er sich verbittet, dass sie noch einmal vor seiner Tür steht. Er schreibt ihr: »Dafür müssen Sie mir volles Verständnis entgegenbringen, dass ich fremden Menschen aus dem Osten gegenüber skeptisch bin.« Und fährt dann fort, wenn sie noch einmal käme, möchte er sie jetzt schon darauf aufmerksam machen, dass sie dann wiederum vor verschlossener Tür stehen würde. Das war der Zeitpunkt, als meine Mutter den Infarkt bekam. Danach war dann nichts mehr.

Zu der Zeit ging meine Dankbarkeit für die Hilfe an meinem Sohn so weit, dass ich sogar den Antrag gestellt habe auf Parteizugehörigkeit. Ich war zwei Jahre Parteimitglied, und zwar von 1987, da hat mein Sohn das Abitur gemacht, bis 1989. Und nun können Sie sich vorstellen, als die Rehabilitierung kam für meinen Vater, wie ich mich vor mir selber geschämt habe. Ich habe die Wende nicht bereut, darüber bin ich heilfroh. Aber als die Rehabilitierung kam, hat mir mein eigenes Verhalten zu schaffen gemacht.

In Russland war ich nicht. Aber weil ich das Protokoll der Vernehmung haben wollte, habe ich mich an die Sächsischen Gedenkstätten gewandt. Es gibt dort einen Dr. Charitonow, der fährt in Abständen in das russische Archiv und besorgt dort die Vernehmungsprotokolle. Er hat für mich alles gesichtet. Die Sächsischen Gedenkstätten haben mir das Protokoll zugeschickt.

Eine Mitarbeiterin von den Sächsischen Gedenkstätten hat mir gesagt, dass mein Vater zunächst in einem Lager in Sachsen-Anhalt war. Der Ort heißt Wulkow. Dorthin wurden sie alle drei geschleppt. Ein Bekannter, der inzwischen verstorben ist, war da auch. Und der hat irgendwelchen Leuten erzählt, dass er dort meinen Vater und den Herrn Strauß gesehen hat. Danach gab es eine Verhandlung in Schwerin. Und die Frau von den Sächsischen Gedenkstätten, die hat mir gesagt, dass er von da aus auf den Transport nach Brest[106] gekommen ist. Und dass mein Vater in Brest verstorben ist.

Seitdem ich das weiß, denke ich immer, ich möchte nach Brest fahren. Ich möchte sehen, ob es dort einen Gedenkstein gibt. Ob sein Name YY draufsteht? Wahrscheinlich nicht. Die werden ja alle totgeschwiegen, die Männer, die da umgekommen sind. In der Nähe von Frankfurt/Oder gibt es die Seelower Höhen. Dort gibt es den Schukow-Bunker. Und am Fuß des Schukow-Bunkers gibt es einen Gedenkstein. Da sind die Namen eingemeißelt von russischen Soldaten, die in den Seelower Höhen zu Tode gekommen sind. Als ich davor stand, habe ich gedacht: Gibt es für deinen Vater auch so etwas? Aber den Stein wird es nicht geben, denn er galt ja dort als Kriegsverbrecher.

Seit ich weiß, dass er erschossen werden sollte, habe ich mir das vorgestellt – drei Wochen, vier Wochen, bis das Urteil gewandelt wurde in die zehnjährige Haftstrafe. Vier Wochen leben mit der Gewissheit, du wirst erschossen. Das allein tötet einen Menschen doch schon. Bestialisch ist so etwas.

Meine Nachbarin, deren Vater dort auch Häftling war, ist einige Jahre älter als ich. Sie sagt, sie schafft das nicht mehr, mit nach Brest zu fahren. Und mein Sohn hat sich alle Unterlagen angeguckt und weiß, was hier passiert ist. Er wollte mir auch helfen, die Protokolle zu übersetzen, aber er kam mit seinem Russisch nicht mehr weit. Die Protokolle sind handschriftlich verfasst. Ich musste das Geld dafür ansparen, denn die Übersetzung hat allein knapp 200 Euro gekostet. Die habe ich von dem Geld von der Häftlingshilfestiftung bezahlt.

Mein Sohn weiß, dass ich mich, wenn ich mit dem Thema anfange, ganz doll aufrege. Dann bremst er mich. In meinem Mann habe ich nicht den Menschen, der mit mir drüber redet. Er kann sich da wenig reinversetzen. Er weiß nicht, wie das ist, wenn man so aufwächst, wie ich aufgewachsen bin. Also da kann ich mit meinem Sohn besser reden. Mein Mann sagt immer nur: »Wo bist du denn schon wieder mit deinen Gedanken?« Er hat ja mitgekriegt, wie viel ich telefoniert habe. Aber ich konnte lange nicht damit aufhören.

Bei der Gauck-Behörde nachzufragen, habe ich immer weggeschoben. Ich hatte schon einmal die Adresse, aber ich habe Angst davor. Als die Wende war und im Fernsehen Filme über die Staatssicherheit liefen, habe ich bis nach Mitternacht Fernsehen geguckt, als die Berichte aus der Stasizentrale in Berlin kamen. Da hat man die Gefängniszellen gezeigt von Hohenschönhausen. Dann hat man mal einen Bericht gebracht über Bautzen, wo die Stasihäftlinge waren.

106 In Brest gab es zwei Lager, die Lager 7284 Nummer 1 und 2: das Moskauer Lager und das Minsker Lager. Von dort wurden die Gefangenen auf die verschiedenen Lager verteilt. Auch die Rücktransporte gingen über diese Lager (http://de.wikipedia.org/wiki/Benutzer:Hemut_Leppert/entwurf3; Stand: 03.03.2009 und http://de.wikipedia.org/wiki/Lager_7525/7_Prokopjewsk; Stand: 14.04.2009).

Ich konnte nicht aufhören zu gucken. Mein Mann hat oft gesagt: »Nun komm doch ins Bett. Du musst doch morgen früh arbeiten.« Aber ich musste das sehen. Ich musste es sehen, weil ich nicht geglaubt habe, was die getan haben. Weil ich immer gesagt habe, das kann nicht sein. Ich habe mich dann natürlich gefragt: Wie doof warst du? Warum hast du nie geglaubt, wenn deine Mutter als Rentnerin aus dem Westen zurückkam und berichtet hat? Ihr habe ich immer nur gesagt: »Ach Mama, uns geht es doch gut.« Ich wollte es einfach nicht glauben.

Dieser Stress in dem Steuerbüro, in dem ich gearbeitet habe, ist damals auch gewaltig gewesen. Ich habe den Druck, unter dem ich stand, lange auf die Arbeit zurückgeführt. Ich war heilfroh, als ich nicht mehr arbeiten gehen musste. Ich hätte meine Arbeit nicht mehr schaffen können, das steht fest. Ich komme jetzt erst langsam wieder zur Ruhe, sodass ich nun auch wieder schlafen kann. Inzwischen habe ich das Umhertelefonieren aufgegeben. Seither geht es einigermaßen. Ich habe mich wieder normalisiert und fühle mich auch wieder wohl.

Ich bekomme 887 Euro Rente. Aber ich habe die Jahre, die ich in der DDR freiwillige Zusatzrentenversicherung zahlen konnte[107], dort eingezahlt. Wenn andere 60 Mark gezahlt haben, habe ich 90 Mark gezahlt, weil ich ein Brutto hatte von 900 Mark. Dadurch habe ich jetzt diese Rente. Die freiwillige Zusatzrentenversicherung FZR macht ungefähr 200 Euro aus. Die sind heute in der Rente von 900 Euro enthalten. Mein Mann hat auch Rente, er hat auch die FZR[108]. Seine Rente ist vielleicht ein Hunderter höher. Unsere Miete beträgt im Monat 445 Euro. Höhenflüge können wir nicht machen, aber wir kommen gut hin.

Als Angehörige eines verstorbenen Häftlings habe ich von der Häftlingshilfestiftung Unterstützungsleistungen bekommen, zweimal sogar. Es waren jedes Mal 3.000 Euro, also sehr viel Geld. Ich muss auch sagen, ich freue mich darüber kolossal. Denn damit kann ich das tun, was meinem Sohn nie widerfahren ist. Wir können Oma und Opa sein für unsere Enkelin. Wir finanzieren ihren Musikunterricht, ohne uns deshalb einschränken zu müssen. Das könnte ich sonst nicht. Das ist wunderbar.

XX möchte nicht mit Namen genannt werden. Nicht einmal mit Initialen. Sie brauche Ruhe und Distanz, schreibt sie. Damit bleibt auch der Name ihres Vaters anonym.

107 Wer in der DDR mehr als die 600 Mark Pflichtrente haben wollte, konnte Zusatzverträge machen. Das Geld ging in den staatlichen Topf.

108 Freiwillige Zusatzrentenversicherung

Teil V

Traumafolgen in Zahlen: Die Essener Studie

Haftgründe und Haftlänge

Wer waren nun *die* politischen Gefangenen der DDR? Waren es Bürgerliche, die in Opposition gingen, weil sie aufgrund ihrer Herkunft Nachteile in der DDR hatten? Waren es die Werktätigen des Arbeiter- und Bauernstaates selbst, wie es die Opposition um den 17. Juni 1953 zeigt? Oder waren es die Intellektuellen, denen die Freiheit fehlte und denen eine oppositionelle Haltung gern unterstellt wurde? Oder waren es die Jugendlichen und Schüler, die sich zunehmend gegen Bevormundung und Indoktrination wehrten? Die Studenten, die sich nach der Erfahrung des Nationalsozialismus gegen einen neuen Totalitarismus zur Wehr setzten? Alles ist wahr. Sowohl die Arbeiter wie auch die Intelligenz gerieten politisch ins Abseits. Die herrschende Klasse der DDR kam ins Gefängnis, die Revolution fraß ihre Kinder. Man denke nur an die verfolgten SED-Mitglieder, die aktiv nie oppositionell gewesen sind, aber dennoch als Spione verurteilt wurden. Ein einstmals »guter Genosse« sagte einmal: »Zum Staatsfeind wurde ich erst hinter den Gefängnismauern gemacht.«

Oder diejenigen, die dem Mittelstand angehörten, deren Familie ein Grundstück an der Ostseeküste besaß und in der Aktion Rose enteignet wurde. Auch sie wurden zu »Staatsfeinden« gemacht.

Aber wie groß war der jeweilige Anteil?

Betrachtet man die Urteilsgründe und die Höhe der Urteile der für die Essener Studie befragten 802 Häftlinge, so wird deutlich: Der häufigste politische Haftgrund war die Republikflucht bzw. der Grenzübertritt (§213). Die Flüchtlinge machten mit 26,5% mehr als ein Viertel der politischen Häftlinge aus. Bei den Frauen lag der Anteil bei 33,1%, bei den Männern bei 25,7%.

Demgegenüber spielte das Delikt des in den DDR-Medien hochgespielten staatsfeindlichen Menschenhandels (0,9%) fast keine Rolle. Der Anteil der Verurteilungen betrug nur 0,8% der männlichen politischen Häftlinge, und lediglich 1,6% der weiblichen politischen Häftlinge sind wegen Fluchthilfe verurteilt worden.

Vor 1950 gab es speziell für die Nachkriegszeit entwickelte Paragrafen wie Kriegsverbrechen, Werwolf-Tätigkeit oder nationalsozialistische Propaganda (§100). Insgesamt wurden 7,7% unter den älteren politischen Häftlingen nach diesen Paragrafen verurteilt. Unter ihnen waren 3,1% Frauen und 8,3% Männer.

Zu allen Zeiten galt der Paragraf zum Umsturzversuch. 0,9% wurden nach diesem Paragrafen verurteilt. Aufgrund von Spionage (§96–100f.), staatsfeindlicher Gruppenbildung oder Nachrichtensammlung wurden 15,2% der Häft-

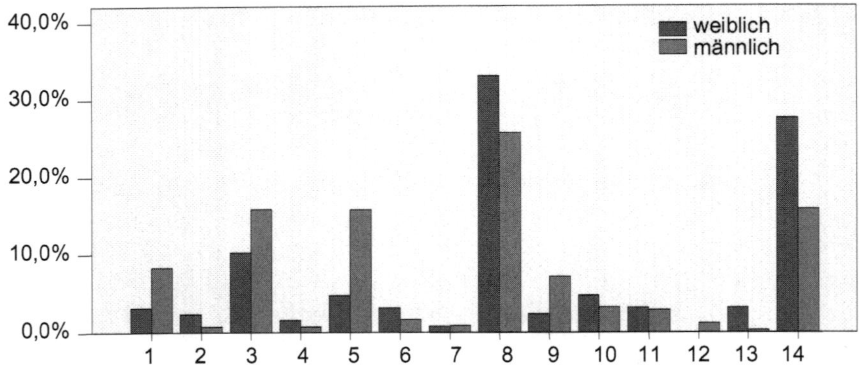

1 = Nachkriegsparagraphen: Krieg, Kriegsverbrechen (unter §100), Nationalsozialistische Propaganda
2 = Umsturzversuch
3 = Spionage (§96–100f.), Staatsfeindliche Gruppenbildung (§107)
4 = Staatsfeindlicher Menschenhandel (§105)
5 = Staatsfeindliche Hetze (§106), Sabotage
6 = Wirtschafts- und Devisenvergehen
7 = Widerstand gegen staatliche Maßnahmen
8 = Grenzübertritt, Republikflucht (§213)
9 = Staatsverleumdung (§220), Herabwürdigung ausländischer Persönlichkeiten
10 = Vereinsbildung zur Verfolgung antistaatlicher Ziele (§218)
11 = Zusammenrottung (§217), Rowdytum (§215)
12 = Illegaler Waffenbesitz (§207)
13 = Arbeitsbummelei
14 = Andere Straftaten

Grafik 2: Haftgrund und Geschlecht

linge verurteilt. Dazu gehörten 10% der Frauen und 15,8% der männlichen Gefangenen.

Bei staatsfeindlicher Hetze und Sabotage waren es 14,5%. 4,7% betrafen davon Frauen und 15,7% Männer. Wirtschafts- und Devisenvergehen hatten einen Anteil von 1,8% unter den Gefangenen, hier führten die Frauen mit 3,1%. Der Anteil der Männer lag hier bei 1,6%.

Arbeitsbummelei und asoziales Verhalten waren Paragrafen, unter denen zwar beide Geschlechter bestraft wurden, die jedoch vorwiegend Frauen trafen – und zwar sowohl nicht verheiratete Hausfrauen, Mütter aber auch Prostituierte. Die Verurteilung als Asoziale, weil eine Frau nicht gearbeitet hat, wurde in einigen Fällen als politisches Urteil anerkannt (vgl. die Protokolle).

Eine Vielzahl anderer politischer Paragrafen, wie Missachtung ausländischer Persönlichkeiten oder staatlicher Symbole, die auch gegen die politische Opposition angewandt wurden, spielte eine vergleichsweise geringe Rolle. Rowdytum war oft genug eine Art Mischparagraf für Fälle, bei denen etwas aus politischen Motiven zerstört wurde.

Die Länge der Haft (zur Höhe Ihrer Strafe haben sich nur 458 Befragte geäußert) war bei Frauen und Männern unterschiedlich. Bei den Frauen wurde

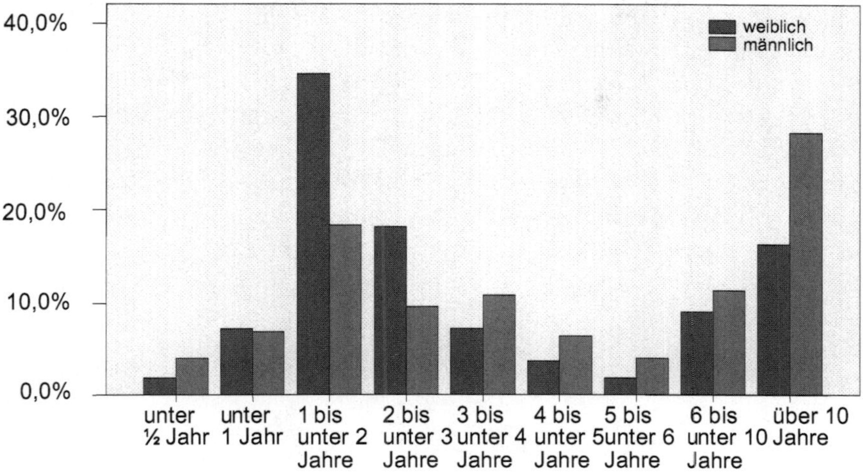

Grafik 3: Urteil (nach Geschlecht)

die Mehrzahl der befragten politischen Häftlinge zu einer Strafe zwischen einem und zwei Jahren verurteilt. Bei den Männern fielen die Strafen drakonischer aus. Die Mehrzahl der Männer war mehr als zehn Jahre in Haft. Der zweithöchste Wert bei Männern wie Frauen lag bei Urteilen zwischen zwei und drei Jahren.

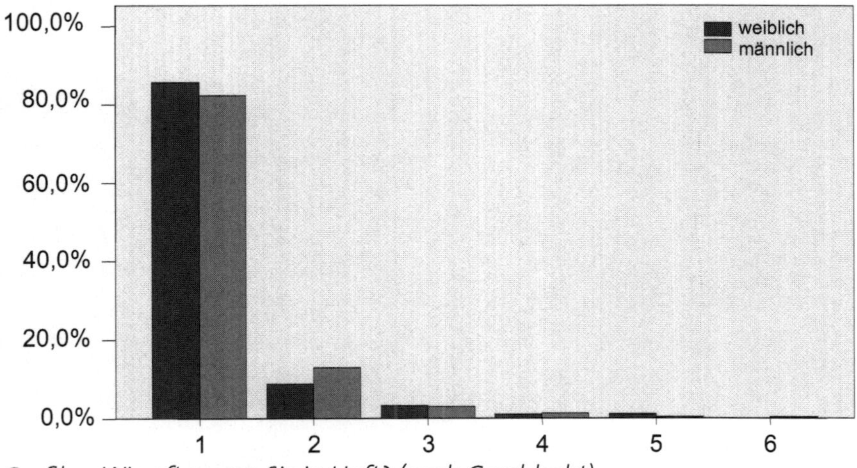

Grafik 4: Wie oft waren Sie in Haft? (nach Geschlecht)

Die Mehrzahl der Häftlinge, nämlich 82,7%, war nur einmal im Gefängnis. Von den Frauen sind es 85,7%, bei den Männern 82,3%, die nicht zu

Drehtürhäftlingen wurden. Doch das galt nicht für alle. Wer einmal dort war, wurde allzu leicht wieder festgenommen (vgl. Protokolle), weil er oder sie dann im Raster der Polizei war.

Das galt auch für politische Häftlinge. Zweimal in Haft sind 8,8% der Frauen und 12,9% der Männer gewesen. Dreimal inhaftiert waren von beiden Geschlechtern 3% und viermal 1,3%. In absoluten Zahlen befanden 570 politische Häftlinge einmal in Haft, 85 zweimal.

Berufe und Tätigkeit nach der Haft

In der Essener Studie reichten die Berufe der Häftlinge im Einzelnen von Arzt über Geologe, Mundglasbläser, Röntgentechniker, Tankwart, Postbetriebsfacharbeiter, Hygieneinspektor, Schlosser und Fleischer bis hin zum Schriftsetzer, Tierpfleger oder Ziegeleiarbeiter, dazu Lehrlinge und Schüler. Einige hatten sogar mehrere Ausbildungen. Männer waren mehrheitlich vertreten im Handwerk, bei den Fachleuten zur Bedienung von technischen Einrichtungen im Anlagen- und Maschinenbau sowie in der Ausbildung. Im Militär waren Männer und Frauen unter den Häftlingen gleich vertreten. Frauen waren auch in der DDR in den konventionellen Frauenberufen wie Gärtnerin oder Friseurin tätig. Gemäß dem internationalen Schlüssel sind die 802 Befragten fünf Berufsgruppen zugeordnet worden.[109]

Betrachtet man die Berufe vor der Verhaftung, so zeigt sich: Es gab einen hohen Anteil von Studenten, die nicht mit dem politischen System konform gingen. Vor der Haft lag der Anteil der Auszubildenden und Studierenden nämlich bei 22,5%. Davon waren 11% Frauen und 24,1% Männer (vgl. Grafik 5)

Überraschend deutlich war: Der weitaus größte Teil der ehemaligen politischen Häftlinge stammte nicht aus dem intellektuellen Bereich. Die Mehrzahl der politischen Häftlinge im Arbeiter- und Bauernstaat waren Arbeiter, Bauern und kleine Angestellte. Ihr Berufsspektrum vor der Haft reichte von Handwerkern – mit einem Anteil von mehr als 26,6% Männern und 8,8% Frauen – bis hin zu Anlagen- und Maschinenbedienern und Montierern mit fast 12% (Frauen 7,7%, Männer 12,4%). Der Anteil von Fachkräften aus der Landwirtschaft unter den ehemaligen politischen Häftlingen lag bei 4,1% (Männer 4,5%, Frauen 1,2%).

Der Großteil der Frauen unter den politischen Häftlingen stammte beruflich aus dem Dienstleistungsbereich (20,9%), dem Büro- bzw. dem der technischen Angestellten (19,8%). Auch unter den Hilfsarbeitern dominierten die Frauen (etwa 8% Frauen, 5% Männer). Frauen stellten die größte Gruppe unter den WissenschaftlerInnen, die in Opposition gingen (13,2% Frauen, 8,5% Männer). Der Anteil der Führungskräfte, die zu politischen Häftlingen wurden, lag bei 2,6%.

Während der Haft verschob sich das berufliche Aktionsfeld. Das zeigt, was für eine gigantische volkswirtschaftliche Verschwendung Gefängnisse darstellten. Da

109 Die Berufe sind nicht standardisiert erhoben worden. Sie wurden in die internationale Standardklassifikation der Berufe zur Verwendung innerhalb der Europäischen Gemeinschaft ISCO-88 Com integriert.

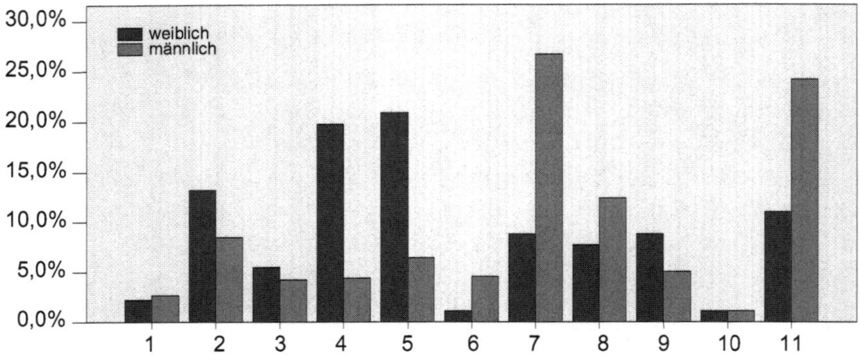

1 = Angehörige gesetzgebender Körperschaften, leitende Verwaltungsbedienstete und Führungskräfte in der Wirtschaft
2 = WissenschaftlerIn
3 = TechnikerIn und gleichrangige nichttechnische Berufe
4 = Bürokräfte, kaufmännische Angestellte
5 = Dienstleistungsberufe, VerkäuferIn in Geschäften und auf Märkten
6 = Fachkräfte in der Landwirtschaft und Fischerei
7 = Handwerks- und verwandte Berufe
8 = Anlagen und MaschinenbedienerIn sowie MontiererIn
9 = Hilfsarbeitskräfte
10 = SoldatIn
11 = Lehrling, SchülerIn, StudentIn

Grafik 5: Tätigkeit vor der Haft (nach Geschlecht)

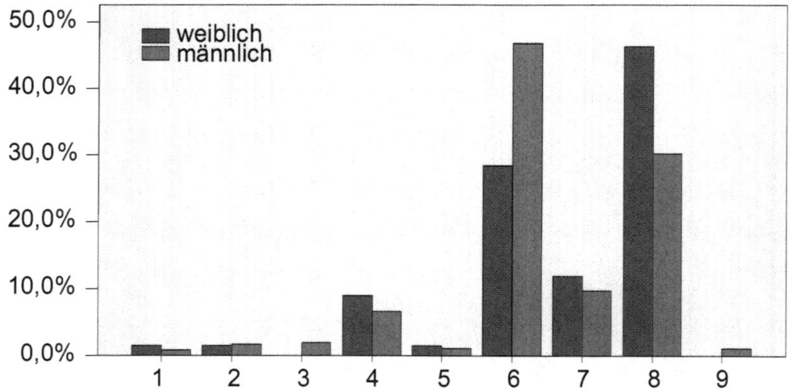

1 = WissenschaftlerIn
2 = TechnikerIn und gleichrangige, nichttechnische Berufe
3 = Bürokräfte, kaufmännische Angestellte
4 = Dienstleistungsberufe, VerkäuferIn in Geschäften und auf Märkten
5 = Fachkräfte in der Landwirtschaft und Fischerei
6 = Handwerks- und verwandte Berufe
7 = Anlagen und MaschinenbedienerIn sowie MontiererIn
8 = Hilfsarbeiterkräfte
9 = Lehrling, SchülerIn, StudentIn

Grafik 6: Tätigkeit während der Haft (nach Geschlecht)

hatten vor allem Männer in handwerklichen Berufen und als Maschinenführer eine Chance, ausbildungsnah zu arbeiten. Einem Bäcker gelang es in seinem Beruf zu bleiben, einem Bauarbeiter ebenfalls (vgl. Protokolle). Die überwiegende Zahl der Häftlinge wurde als Hilfsarbeiter oder in der Landwirtschaft beschäftigt. Dort arbeiteten während der Haft mehrheitlich auch die Frauen.

Nach der Haft veränderte sich das Tätigkeitsprofil der ehemaligen Häftlinge noch einmal.

Sowohl der Anteil an den Führungskräften in der Wirtschaft bzw. der Angehörigen gesetzgebender Körperschaften stieg von 2,6 auf 3,8% wieder leicht an. Diese Zahl widerspricht den Erfahrungswerten vieler Häftlinge, auch einem Teil der Protokolle dieser Studie. Sie ist damit zu erklären, dass die Berufsmöglichkeiten, die in den ersten Jahren nach der Haft verschlossen blieben, sich in Einzelfällen in den Jahrzehnten darauf wieder öffneten (vgl. Grafik 7).

Auffällig war, dass sich das Berufsgefüge verschob. Im Vergleich zur Zeit im Gefängnis sank der Anteil der Hilfsarbeiter nach der Haft wieder ab, blieb aber bei den Frauen doppelt so hoch wie vor der Haft. Daraus ist ein durch das Gefängnis bedingter beruflicher Abstieg abzuleiten (vgl. Tabelle 8).

So betrug nach der Haft die Zahl der Hilfsarbeitenden insgesamt 7,0%, bei den Frauen waren es aber sogar 13,0%. Bei den Männern lag der Anteil mit 6,1% etwas höher als vor der Haft. Zumeist mussten sich die Häftlinge einige Jahre lang bei Hilfsarbeiten bewähren, ehe sie wieder in einem normalen Beruf Fuß fassen konnten.[110] Erst nach der Wende sank die Zahl der Hilfsarbeiterinnen wieder auf einen Stand, der unter dem der Zeit vor der Haft lag, während er bei Männern sogar wieder leicht anstieg.

Entsprechend entwickelten sich die Berufschancen für in der Wissenschaft Beschäftigte. Waren vor der Haft 9,1% der politischen Häftlinge in der Wissenschaft tätig, so konnten während der Haft in nur 0,9% in diesem Bereich arbeiten. Nach der Haft stieg die Zahl auf 13% an. Der Anteil der Männer wuchs im Vergleich zum Zeitraum vor der Haft sogar auf 13,7% an. Nach der Wende stieg die Zahl der männlichen Wissenschaftler weiter an.

Die Frauen erreichten nach der Haft zunächst nicht mehr das berufliche Niveau, das sie vor der Haft hatten. Erst nach der Wende verdoppelte sich der Anteil der Frauen und übertraf leicht den Anteil der Frauen in der Wissenschaft vor der Haft (vgl. Tabelle 9).[111]

110 Laut Annegret Stephan für drei bis fünf Jahre. Die Betriebsleitung musste dem Weiterstudium zustimmen, da es eine betriebliche Delegierung zum Studium gab.

111 In absoluten Zahlen waren allerdings vor dem Gefängnis mehr Frauen in der Wissenschaft tätig. In absoluten Zahlen waren gleich viele nach der Haft und nach der Wende in ihrem Beruf tätig.

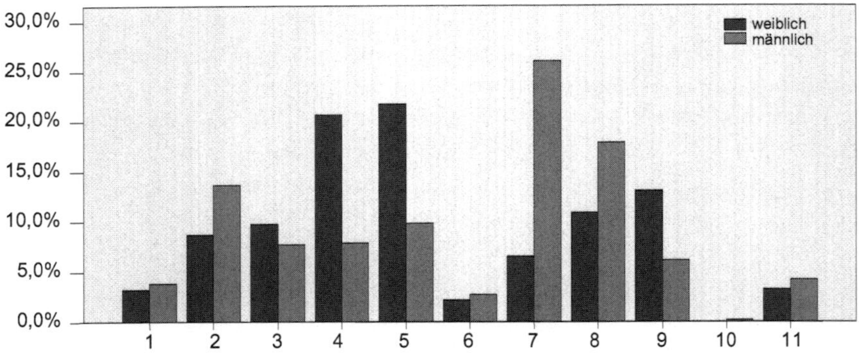

1 = Angehörige gesetzgebender Körperschaften, leitende Verwaltungsbedienstete und Führungskräfte in der Wirtschaft
2 = WissenschaftlerIn
3 = TechnikerIn und gleichrangige nichttechnische Berufe
4 = Bürokräfte, kaufmännische Angestellte
5 = Dienstleistungsberufe, VerkäuferIn in Geschäften und auf Märkten
6 = Fachkräfte in der Landwirtschaft und Fischerei
7 = Handwerks- und verwandte Berufe
8 = Anlagen und MaschinenbedienerIn sowie MontiererIn
9 = Hilfsarbeitskräfte
10 = SoldatIn
11 = Lehrling, SchülerIn, StudentIn

Grafik 7: Tätigkeit nach der Haft (nach Geschlecht)

Hilfsarbeitende		Frauen	Männer	gesamt
vor der Haft	Anzahl	8	32	40
	% von Geschlecht	8,8%	5,0%	5,5%
während der Haft	Anzahl	31	142	173
	% von Geschlecht	46,3%	30,2%	32,2%
nach der Haft	Anzahl	12	38	50
	% von Geschlecht	13.0%	6,1%	7,0%
nach der Wende	Anzahl	4	25	29
	% von Geschlecht	7,7%	6,4%	6,6%

Tabelle 8: Beruf Hilfsarbeit

Mit der Entlassung aus dem Gefängnis wechselte ein großer Teil der ehemaligen Häftlinge in den Bereich Verkauf und Dienstleistungen. Angestiegen war bei den Männern auch der Teil derer, die Maschinen und Anlagen bedienten.

In der Wissenschaft Beschäftigte		Frauen	Männer	gesamt
vor der Haft	Anzahl	12	54	66
	% von Geschlecht	13,2%	8,5%	9,1%
während der Haft	Anzahl	1	4	5
	% von Geschlecht	1,5%	0,9%	0,9%
nach der Haft	Anzahl	8	85	93
	% von Geschlecht	8,7%	13,7%	13,0%
nach der Wende	Anzahl	8	56	64
	% von Geschlecht	15,4%	14,4%	14,5%

Tabelle 9: Berufe in der Wissenschaft

Der Anteil der Soldaten und Soldatinnen, die in ihren Beruf zurückkehren durften, war dagegen gesunken.

Drastisch reduziert war nach der Haft der Anteil der Lehrlinge, Schüler und Studenten. Ihre Ausbildungsverträge waren mit der Inhaftierung beendet. Während der Haft betrug der Anteil der Auszubildenden nur noch 0,9% (0,0% Frauen, 1,1% Männer). Nach der Haft stieg er dann wieder leicht an – auch Lehrlinge konnten sich nach der Haft bewähren, standen aber unter starker Kontrolle. Sie bekamen weniger gefragte Lehr- oder Ausbildungsstellen zugewiesen. Der Anteil der Studierenden oder Auszubildenden betrug nach der Haft 4,1%. Davon waren 3,3% Frauen und 4,2% Männer. Zur Erinnerung: Vor der Haft hatte der Anteil der Auszubildenden und Studierenden noch bei 22,5% gelegen (11% Frauen, 24,1% Männer). Auch hier zeigt sich, wie sehr die ehemaligen politischen Häftlinge durch ihre Haft dequalifiziert wurden.

Gar nicht gearbeitet hatten in der DDR nur sehr wenige, insgesamt nur 1% der politischen Häftlinge; in absoluten Zahlen: 2 Frauen und 6 Männer, auf die das zutraf (vgl. Grafik 8).

Nach der Wende veränderte sich das berufliche Profil der ehemaligen politischen Häftlinge noch einmal. Vor allem die Männer unter ihnen entdeckten den öffentlichen Raum und die Führungspositionen für sich[112] und suchten

112 Die tschechische Autorin und Feministin Alexandra Berkovà hat beobachtet, dass Männer sich im sozialistischen Staat eher unterordneten und nach der Samtenen Revolution politisch wie beruflich ihre Männlichkeit entdeckten und nach vorn stürmten. Alena Wagnerovà hat berechnet, dass im Widerstand mehr als ein Drittel der Charta-Sprecherinnen Frauen waren. Die Rolle der Frauen nach der Samtenen Revolution entspreche nicht derjenigen der

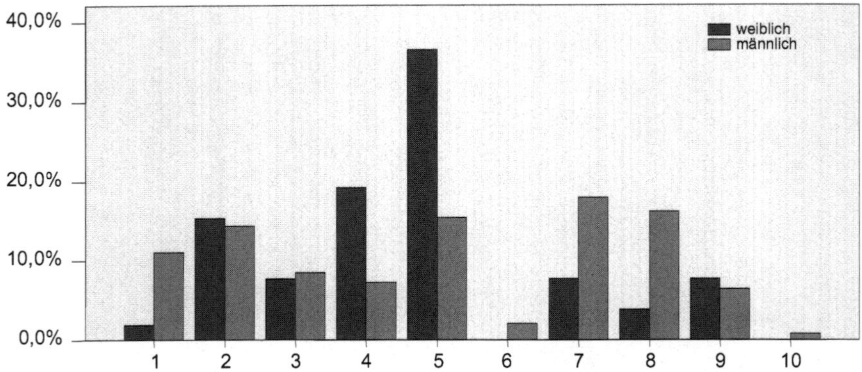

1 = Angehörige gesetzgebender Körperschaften, leitende Verwaltungsbedienstete und Führungskräfte in der Wirtschaft
2 = WissenschaftlerIn
3 = TechnikerIn und gleichrangige nichttechnische Berufe
4 = Bürokräfte, kaufmännische Angestellte
5 = Dienstleistungsberufe, VerkäuferIn in Geschäften und auf Märkten
6 = Fachkräfte in der Landwirtschaft und Fischerei
7 = Handwerks- und verwandte Berufe
8 = Anlagen und MaschinenbedienerIn sowie MontiererIn
9 = Hilfsarbeitskräfte
10 = Lehrling, SchülerIn, StudentIn

Grafik 8: Tätigkeit der Häftlinge nach der Wende (nach Geschlecht)

dort beruflich unterzukommen. 11,1% der Männer, aber nur 1,9% der Frauen (in absoluten Zahlen: nur eine Einzige!) fanden eine Tätigkeit in den gesetzgebenden Körperschaften, in leitenden Verwaltungs- oder Wirtschaftspositionen. Frauen strebten dagegen – entsprechend dem im Westen vorherrschenden weiblichen Berufsprofil – in den Dienstleistungsbereich (35,5% gegenüber 15,4% der männlichen Häftlinge).

Vom Schulabschluss her gesehen hatten 30,1% der weiblichen Häftlinge keinen Abschluss der polytechnischen Oberschule bzw. der Hauptschule erreicht. Bei den Männern ist dieser Anteil mit 28,8% nur minimal niedriger. Mittlere Reife bzw. den Abschluss der polytechnischen Oberschule hatten 33,0% der Frauen und 26,6% der Männer unter den Häftlingen. Zusammen mit den Häftlingen ohne Abschluss waren das mehr als die Hälfte aller Inhaftierten.

Das Abitur hatten nur 8,7% der befragten weiblichen Häftlinge und 5,3% der Männer. Unter den höheren Abschlüssen war der Fachschul- bzw. Fachhochschulabschluss relevant. Den hatten 19,4% der weiblichen Gefangenen

Frauen im Widerstand. Offenbar würden Frauen, weil sie während des Sozialismus in vielen Bereichen beruflich und sozial profitiert hätten, heute von den Männern als Profiteure des Sozialismus abgestraft, auch wenn dies nicht ihrer Rolle im Widerstand entsprach.

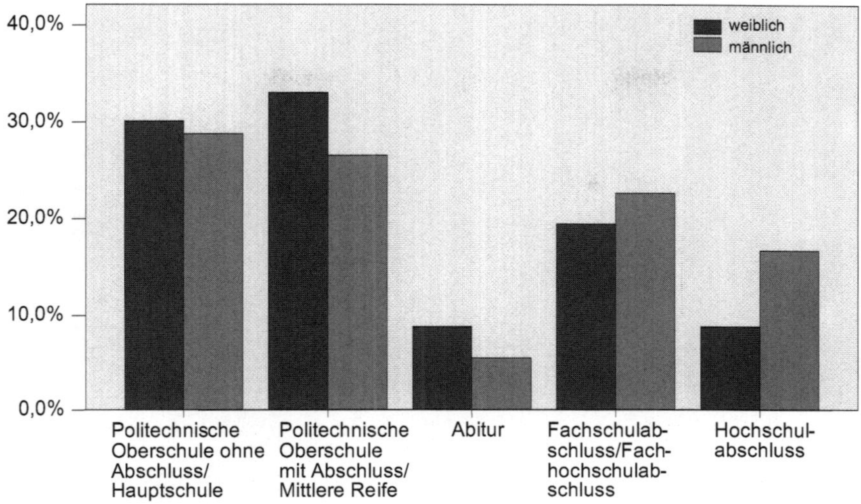

Grafik 9: Schulabschluss (nach Geschlecht)

und 22,6% der männlichen. Einen Hochschulabschluss hatten dagegen nur 8,7% der inhaftierten Frauen, jedoch 16,7% der Männer.

Eine Berufsausbildung hatten 81,4% der Frauen und 88,7% der Männer abgeschlossen. Der Anteil der Frauen, die keine abgeschlossene Ausbildung hatten, lag mit 18,6% erstaunlich hoch. Unter den männlichen politischen Häftlingen hatten 11,3% noch keine Berufsausbildung abgeschlossen.

			Geschlecht		gesamt
			weiblich	männlich	
Berufsausbildung	ja	Anzahl	92	603	695
		% von Geschlecht	81,4%	88,7%	87,6%
	nein	Anzahl	21	77	98
		% von Geschlecht	18,6%	11,3%	12,4%
gesamt		Anzahl	113	680	793
		% von Geschlecht	100,0%	100,0%	100,0%

Tabelle 10: Berufsausbildung (nach Geschlecht)

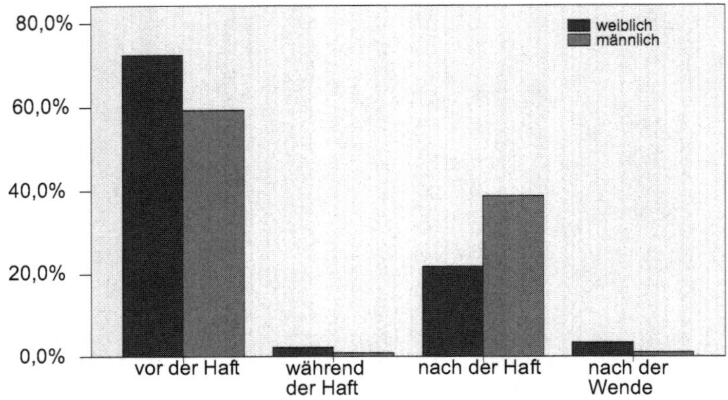

Grafik 10: Schulabschluss (nach Geschlecht)

Statistisch lässt sich feststellen, dass 12,7% aller Häftlinge wegen ihrer Verhaftung keinen Abschluss machen durften. Bei Frauen betrug dieser Anteil 10,7%, bei Männern 13,1%. Die übrigen gaben andere Gründe an.

Die Frauen, die einen Abschluss hatten, haben ihn zu 72,4% vor der Haft gemacht. Bei den Männern waren das nur 59,3%. Ein Berufsabschluss während der Haft war nur in wenigen Einzelfällen möglich. Allerdings berichteten Häftlinge in den qualitativen Interviews, dass selbst dann, wenn sie eine Lehre während der Haft gemacht hatten, ihnen die Papiere über den Abschluss vorenthalten worden sind. Oder aber sie hatten während der Haft nur einen Teil der Lehre machen können und sie danach nicht abschließen dürfen.

Nach der Haft haben immerhin noch 21,2% der Frauen und 38,8% der Männer einen Berufsabschluss gemacht. Nach der Wende waren dies nur noch 1,4% der Häftlinge, und zwar 3,4% der Frauen und 1,1% der Männer.

Alter und Geschlecht

115 weibliche politische Häftlinge haben den Fragebogen beantwortet. Sie bildeten einen Anteil von 14,4% unter den befragten ehemaligen politischen Häftlingen. Dem standen 686 Männer gegenüber oder 85,5%. Der Jüngste unter den Häftlingen war zum Zeitpunkt der Befragung 36 Jahre alt, der Älteste 94 Jahre. Die jüngste Frau unter den Häftlingen war 42 Jahre, die älteste 89.

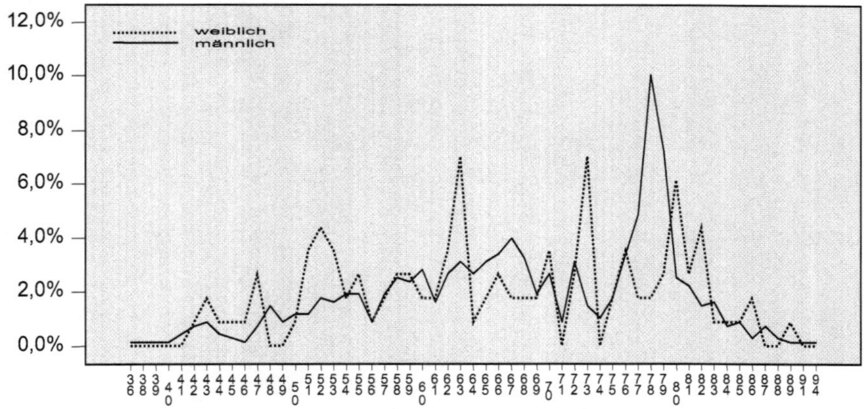

Grafik 11: Alter der ehemaligen Häftlinge zum Zeitpunkt der Befragung (nach Geschlecht)

Die Altersverteilung unter den Gefangenen verlief je nach Geschlecht unterschiedlich. Bei den Frauen erreichte die Zahl derer, die in Haft kamen, etwa alle zehn Jahre einen relativen Höhepunkt und war danach wieder rückläufig. Während der Altersphasen, in denen Frauen sich engagierten, erreichten sie einen relativ hohen Anteil. So betrug der Frauenanteil in der Altersgruppe derer, die Anfang bis Mitte 60 waren, etwa 8% aller inhaftierten Frauen.

Bei Männern ist die Gruppe derer, die heute 75 Jahre und älter sind, unter den ehemaligen politischen Häftlingen sehr stark vertreten. Bei den 80-Jährigen bildeten Männer die größte Gruppe. In absoluten Zahlen wurde noch einmal deutlich, um wie viel niedriger der Frauenanteil unter den politischen Häftlingen war.

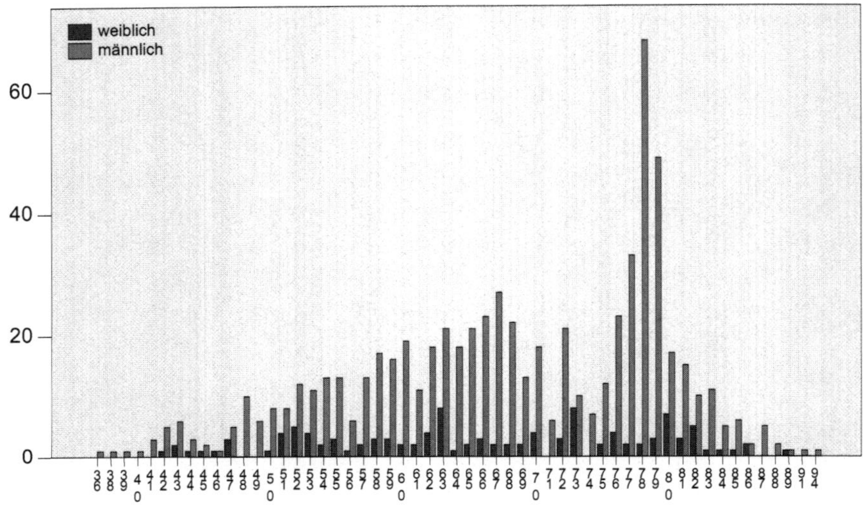

Grafik 12: Alter und Geschlecht der ehemaligen Häftlinge (Zahlen absolut)

FAMILIENSTAND

Auffallend war, wie sehr der Familienstand der ehemaligen Häftlinge variierte. Der größere Teil lebte abgesichert in Beziehungen. Das traf vor allem für die Männer zu. Der Anteil der verheirateten weiblichen Häftlinge lag dagegen nur bei 41,7%, der der Männer bei 65,9%.

Die Frauen waren zu 20,9% geschieden, die Männer aber nur zu 13%. Frauen waren häufiger mit dem Tod ihrer Partner konfrontiert. Mit 24,3% Witwen lag der Anteil derer, deren Ehepartner verstorben war, unter den weiblichen Gefangenen deutlich höher als bei Männern. Witwer waren nur zu 6,6% der männlichen Häftlinge.

Der Anteil derer, die unverheiratet in einer Partnerschaft lebten, war bei beiden Geschlechtern gering – ganze 3,5% der Frauen und 5,7% der Männer. Das mag am hohen Altersdurchschnitt der Häftlinge liegen.

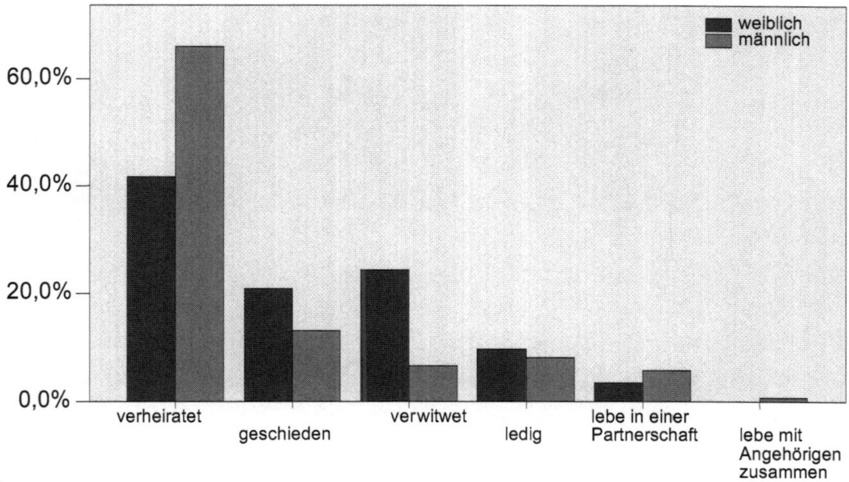

Grafik 13: Heutiger Familienstand der politischen Häftlinge (nach Geschlecht)

Betrachtet man nämlich das Alter und den heutigen Familienstand der Häftlinge, so lebten vor allem die älteren unter den ehemaligen politischen Häftlingen weiterhin in Ehen. In der Altersgruppe 41 bis 50 waren nur noch 32,2% der ehemaligen Häftlinge verheiratet. In den Altersgruppen darüber betrug der Anteil der Verheirateten bei den unter 50-Jährigen 51,3% und wuchs bei den unter 80-Jährigen auf 75,9% an.

Der Anteil der Geschiedenen unter den ehemaligen Häftlingen verringerte sich mit dem Alter. Geschieden waren bei den unter 50-Jährigen 30,5%. 24,4% waren es bei den unter 60-Jährigen und immer noch 16,7% bei den unter 70-Jährigen. Der Anteil der Ledigen wuchs in den jüngeren Altersgruppen auf 25% bei den unter 50-Jährigen. Bei den unter 60- und unter 70-Jährigen betrug deren Anteil nur etwa 10%.

Dass die Häftlinge zum Zeitpunkt der Befragung verheiratet waren, hieß nicht, dass die Ehen die Gefängniszeit überdauert hätten. Das war nur knapp bei einem Viertel aller Ehen der Fall. So lebten vor der Haft 32,9% der weiblichen Gefangenen schon mit ihrem aktuellen Partner bzw. Ehemann zusammen. Bei den Männern war dieser Anteil niedriger und lag nur bei 23,7%.

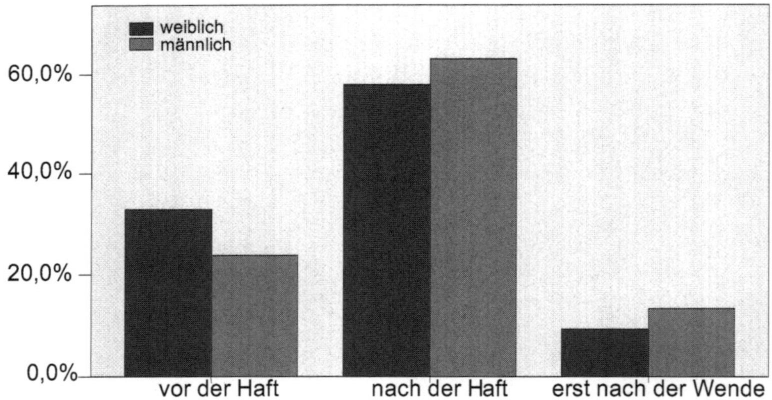

Grafik 14: Dauer des Zusammenlebens der Häftlinge (nach Geschlecht)

Viele der ehemaligen politischen Häftlinge fanden nach der Haft einen neuen Partner bzw. eine neue Partnerin. Aus der Zeit nach der Haft datierten insgesamt 62,4% aller Beziehungen. Bei den Frauen waren es 57,9%, bei den Männern mit 63,0% deutlich mehr. Aus der Zeit nach der Wende stammten insgesamt 12,8% aller Beziehungen. Hier lag der Anteil der Frauen, die nach 1989 ihre neue Partnerschaft eingegangen sind, bei 9,2%, bei Männern waren es 13,3%.

Setzte man Alter und Partnerschaft in Beziehung, so zeigte sich, dass vor allem die vergleichsweise Jüngeren unter den politischen Häftlingen nach der Wende neue Partnerschaften eingingen. Die über 50-Jährigen gingen nach der Haft zu 47,4% neue Beziehungen ein. Auch die heute 71- bis 80-jährigen Häftlinge gingen nach der Haft zu 79,4% eine neue Partnerschaft ein. Über die Zeit der Haft hinaus hatten – je nach Alter – zwischen 20 und 35% der Häftlinge ihre Beziehungen retten können.

			Seit wann leben Sie mit ihrer/ ihrem Partner(in) zusammen?			gesamt
			vor der Haft	nach der Haft	seit der Wende	
Alter gestaffelt	≤ 40 Jahre	Anzahl	0	0	1	1
		% von Alter	0%	0%	100,0%	100,0%
	41–50 Jahre	Anzahl	7	9	18	34
		% von Alter	20,6%	26,5%	52,9%	100,0%
	51–60 Jahre	Anzahl	30	55	31	116
		% von Alter	25,9%	47,4%	26,7%	100,0%
	61–70 Jahre	Anzahl	64	97	18	179
		% von Alter	35,8%	54,2%	10,1%	100,0%
	71–80 Jahre	Anzahl	40	196	11	247
		% von Alter	16,2%	79,4%	4,5%	100,0%
	> 80 Jahre	Anzahl	19	43	4	66
		% von Alter	28,8%	65,2%	6,1%	100,0%
gesamt		Anzahl	160	400	83	643
		% von Alter	24,9%	62,2%	12,9%	100,0%

Tabelle 11: Dauer des Zusammenlebens (nach dem Alter der Häftlinge)

Ob Kinder in einer Beziehung vorhanden waren, hatte sicherlich einen großen Anteil daran, welche politischen Risiken man bzw. frau einging. 14,1% der ehemaligen politischen Gefangenen hatten keine Kinder. 16,5% waren es unter den Frauen und 13,7% unter den Männern.

Unter allen ehemaligen politischen Gefangenen, die über 70 waren, gaben mehr als 90% an, dass sie Kinder haben. Bei den 41- bis 50-Jährigen waren es nur 69,5%. Das heißt, hier hatten sich – wahrscheinlich aufgrund der neu entwickelten Verhütungsmöglichkeiten – 30,5% nicht mehr für Kinder entschieden.

Männer entschieden sich, auch wenn Kinder vorhanden waren, eher für den Widerstand mit allen seinen Risiken. Bis zum zweiten Kind beteiligen sich aber auch Frauen zunehmend am Widerstand (vgl. Grafik 15).

Ein Kind hatten 23,8% der Männer und 23,9% der Frauen. Bei zwei Kindern waren es insgesamt 32,9%, davon 35,8% der weiblichen Häftlinge. Drei

Kinder hatten immer noch 17,4% der politischen Gefangenen. Bei den Frauen waren es 13,8% und bei den Männern 18%. Vier Kinder hatten noch immer 6,4% aller Gefangenen, fünf Kinder hatten 3,7% und zehn Kinder 0,1% aller Inhaftierten.

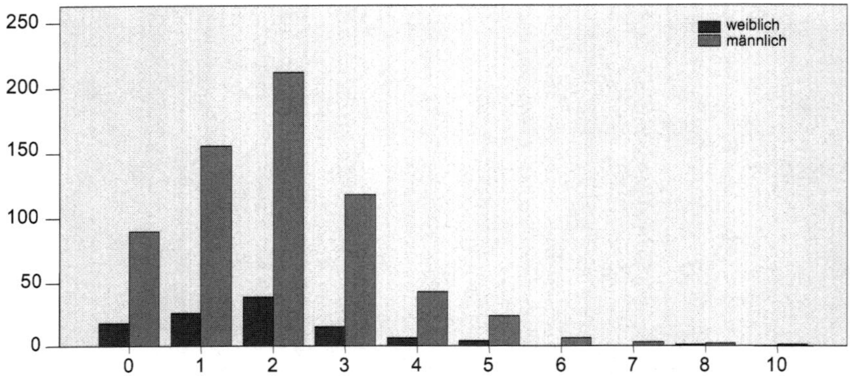

Grafik 15: Zahl der Kinder (nach dem Geschlecht des Elternteils in Haft)

Mal ist der Widerstand männlich, mal ist er weiblich

Eine der Thesen der Essener Studie ist, dass die soziale Lage der Häftlinge und ihre gesundheitliche Situation von den Haftmethoden und damit vom Zeitpunkt ihrer Haft abhängig waren. Der Zeitpunkt der Haft wurde – auch in den Protokollen, in denen es um die Haft, die Haftschäden und die soziale Lage geht – in Jahrzehnte untergliedert.

Die Zeit vor 1950 war eine Zeit, in der die Kriegswirren gerade beendet waren, aber die Menschen, sofern sie überlebt hatten, nach und nach in ihre zerstörten Heimatorte zurückkehrten. Die Armeen waren zurückgeströmt, die ehemaligen Lagerinsassen irrten durch Deutschland und Osteuropa, um überlebende Verwandte zu finden.

Manche Männer kamen bereits aus der Kriegsgefangenschaft bei den Alliierten zurück. Die junge DDR begann sich zu organisieren und traf – vor allem unter den Studenten – auf Widerstand.

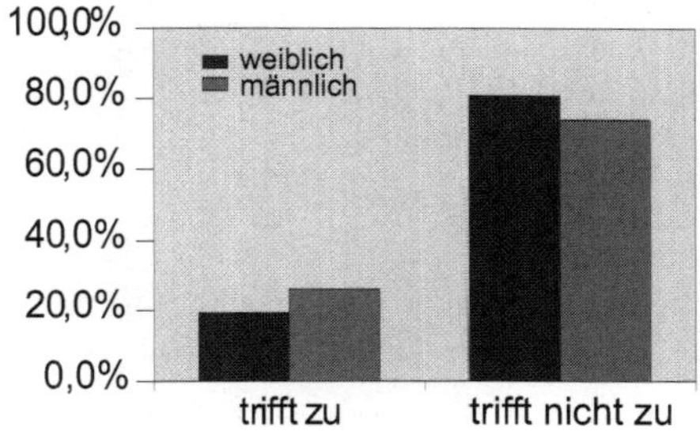

Grafik 16: Haft vor 1950

Im empirischen Teil der Studie gaben 25,2% der Befragten an, dass sie vor 1950 in Haft waren. Dabei waren die Männer mit 26,1% in der Mehrzahl, aber es gab auch einen deutlichen Anteil von Frauen. Er lag bei 19,3%.

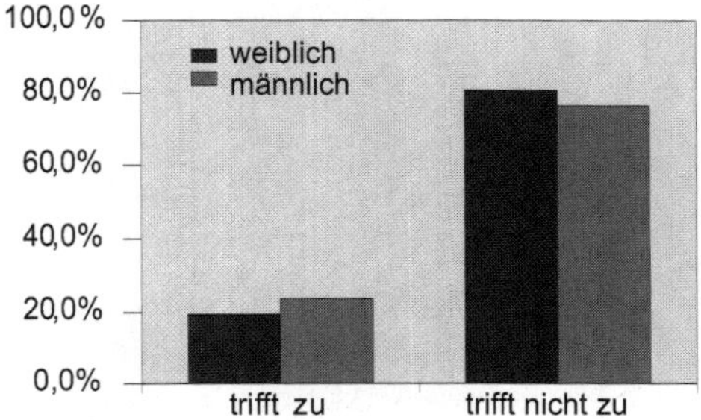

Grafik 17: Haftzeit zwischen 1950 und 1959 (nach Geschlecht)

Zwischen 1950 und 1959 waren 23% der Befragten in Haft. Der Anteil der Männer war leicht gesunken und lag bei 23,6%, während der Frauenanteil mit 19,3% exakt gleich geblieben war. In diesem Jahrzehnt starb Josef W. Stalin (1. März 1953), und in der Folge kam es zum Aufstand des 17.Juni 1953. Selbst im fernen Lager Workuta kam es zu Streiks. 1956 begann mit dem XX. Parteitag der KPdSU die Entstalinisierung. Dazu kam im Nachbarland Polen der polnische Oktober, das heißt der Beginn des Tauwetters und die Ära Gomulka. 1956 wurde der Aufstand in Ungarn niedergeschlagen. Das Jahrzehnt war insgesamt durch eine starke Fluchtbewegung von Ost nach West gekennzeichnet.

1961 wurde die Mauer gebaut. Die 60er Jahre waren ein Jahrzehnt, in dem Menschen, die nicht bereit waren, sich in ihrer Bewegungsfreiheit eingrenzen zu lassen, begannen, die Grenzsperren um jeden Preis zu durchqueren. Verwandte waren nicht mehr erreichbar. Familiendramen spielten sich ab. Aus den Protokollen, die aus den qualitativen Interviews mit den Häftlingen erstellt wurden, geht hervor, dass Kinder ins Heim mussten, die nach dem Tod der Mutter sonst vielleicht zu Angehörigen im Westen gekonnt hätten. Die Mauer wurde durchbrochen, untertunnelt und es wurde über Minen gerobbt. Vergleichsweise »harmlos« ging es da noch zu, wenn Fliehende unter dem Stacheldraht hindurchkriechen konnten (vgl. Protokolle). In Lebensgefahr haben sie sich trotzdem begeben. All das zählte nun zu den Gründen für eine politische Inhaftierung. 1968 war auch das Jahr des Prager Frühlings und seiner Niederschlagung, was zu einer starken Protestbewegung in der DDR führte.

In dem Jahrzehnt vor 1970 lag der Anteil der Frauen unter den politischen Häftlingen bei 19,3%. Bei Männern stieg der Spitzenwert der politischen Inhaftierungen nach dem Bau der Mauer und erreichte einen Anteil von 30%. Nach 1970 sackte der Anteil der männlichen Häftlinge wieder ab auf unter 20%.

Zugleich sank die Länge der Haftstrafen, die Repression wurde an den Arbeitsplatz und in die Universitäten vorverlagert.

Grafik 18: Haftzeit 1960 bis vor 1969

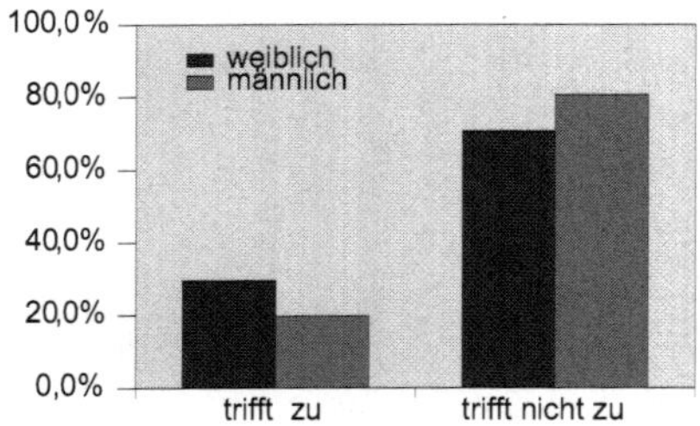

Grafik 19: Haftzeit 1970 bis 1979

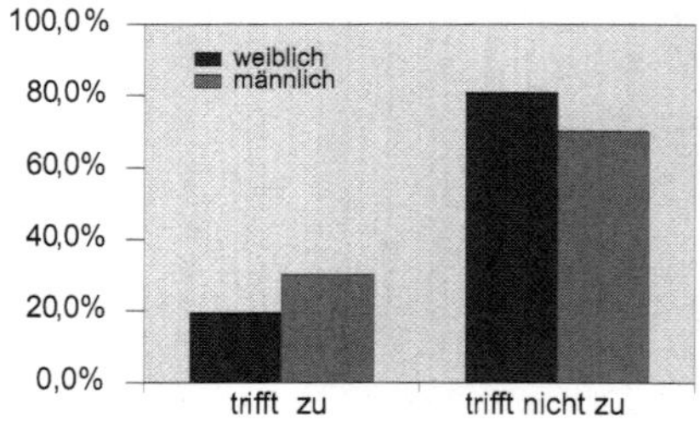

Die 70er Jahre waren eine Phase des aktiven Widerstands. Prag 1968 lag noch nicht lange zurück. Wolf Biermann wurde 1976 ausgebürgert. Von 1970 bis 1979 war die Phase, in der sich die meisten Frauen für eine Veränderung der gesellschaftlichen Verhältnisse einsetzten. Fast ein Drittel der befragten Frauen engagierte sich in diesem Zeitraum. Anteilsmäßig übertrafen sie damit erstmals die Anzahl der engagierten Männer.

Zwischen 1980 und 1989 sank der Anteil der Frauen unter den Gefangenen wieder ab. Er überflügelte dennoch mit mehr als einem Fünftel aller weiblichen politischen Häftlinge weiterhin den Anteil der Männer im gleichen Zeitraum. Der betrug vor 1989 nur noch 15,4%. Der Zusammenbruch des politischen Systems der DDR wäre ohne die zunehmende Dissidenz der Frauen nicht denkbar gewesen.

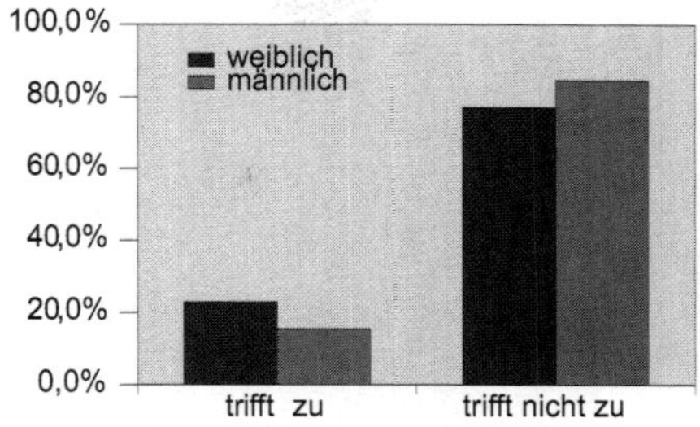

Grafik 20: Haftzeit 1980 bis 1989

Aspekte der Haft

Auf die Frage »Welche Aspekte der Haft treffen auf Ihre Haftzeit zu?« haben 670 politische Häftlinge geantwortet. Es galt anzukreuzen, was sie erlebt hatten. Danach berichteten 83,5% der weiblichen und 86,5% der männlichen Häftlinge über eine schlechte Unterbringung und Versorgung während ihrer Haft. Für 13,9% aller Häftlinge spielte die Art der Versorgung keine so große Rolle, dass sie sie von sich aus genannt hätten.

			Geschlecht		gesamt
			weiblich	männlich	
Schlechte Unterbringung und Versorgung	trifft zu	Anzahl	91	579	670
		% von Geschlecht	83,5%	86,5%	86,1%
	trifft nicht zu	Anzahl	18	90	108
		% von Geschlecht	16,5%	13,5%	13,90%
gesamt		Anzahl	109	669	778
		% von Geschlecht	100,0%	100,0%	100,0%

Tabelle 12: Schlechte Unterbringung und Versorgung (nach Geschlecht)

Dass sie in Einzelhaft waren, gaben 63,3% aller Häftlinge an, und zwar Männer wie Frauen in einem ähnlich großen Anteil.

Fast ein Fünftel aller Häftlinge berichtete, dass Dunkelzellen (Zellen ohne Tageslicht) bei ihnen zum Einsatz kamen (19,4%), und zwar mit einem exakt gleichen Anteil von Männern und Frauen. 80,6% aller Häftlinge hatten während ihrer Haftzeit nichts mit Dunkelzellen zu tun.

Über den Einsatz von Wasserzellen[113] berichteten 6,6% der Häftlinge. Hier lag der Anteil von Männern (6,9%) etwas höher als der von Frauen (4,6%). 93,4% aller politischen Häftlinge hatten nicht mit Wasserzellen zu tun. Nass- und Dunkelzellen gab es bis zum Ende der DDR. Häufig eingesetzt wurde diese

113 In den Zellen stand das Wasser mal knöchelhoch, mal hüfthoch, in den Jahren unmittelbar nach 1945 sogar bis zur Brust oder bis zum Hals.

			Geschlecht		gesamt
			weiblich	männlich	
Einzelhaft	trifft zu	Anzahl	70	423	493
		% von Geschlecht	64,2%	63,1%	63,3%
	trifft nicht zu	Anzahl	39	247	286
		% von Geschlecht	35,8%	36,9%	36,7%
gesamt		Anzahl	109	670	779
		% von Geschlecht	100,0%	100,0%	100,0%

Tabelle 13: Anwendung von Einzelhaft (nach Geschlecht)

			Geschlecht		gesamt
			weiblich	männlich	
Dunkelzelle	trifft zu	Anzahl	21	130	151
		% von Geschlecht	19,4%	19,4%	19,4%
	trifft nicht zu	Anzahl	87	540	627
		% von Geschlecht	80,6%	80,6%	80,6%
gesamt		Anzahl	108	670	778
		% von Geschlecht	100,0%	100,0%	100,0%

Tabelle 14: Einsatz der Dunkelzelle (nach Geschlecht)

Folter während der 50er Jahre. In den 60er und erst recht während der 70er Jahre nahm die Häufigkeit der Anwendung sukzessive ab (vgl. Tabelle 15).

Psychische Folter spielte dagegen eine zunehmende Rolle. 51,7% aller politischen Häftlinge gaben an, dass sie während ihrer Haft psychisch gefoltert worden seien. Der Anteil bei den Frauen lag mit 61,1% deutlich höher als der Anteil der Männer, die zu 50,2% davon betroffen waren. 48,3% der Befragten machten darüber keine Angaben (vgl. Tabelle 16).

			Geschlecht		gesamt
			weiblich	männlich	
Wasserzelle	trifft zu	Anzahl	5	46	51
		% von Geschlecht	4,6%	6,9%	6,6%
	trifft nicht zu	Anzahl	103	623	726
		% von Geschlecht	95,4%	93,1%	93,4%
gesamt		Anzahl	108	669	777
		% von Geschlecht	100,0%	100,0%	100,0%

Tabelle 15: Einsatz der Wasserzelle (nach Geschlecht)

Bei den körperlichen Misshandlungen lagen die Männer in der Statistik mit 33,3% vorn. Bei Frauen liegt der Anteil derer, die Misshandlungen angaben, aber auch über einem Viertel der Frauen, nämlich bei 28,7%. Insgesamt gaben 67,4% keine Misshandlungen an.

Schikanen von Wärtern spielten in Gefängnissen eine große Rolle. 60,7% gaben sie als Problem während ihrer Haft an. Bei Frauen liegt der Anteil der

			Geschlecht		gesamt
			weiblich	männlich	
psychische Folter	trifft zu	Anzahl	66	336	402
		% von Geschlecht	61,1%	50,2%	51,7%
	trifft nicht zu	Anzahl	42	333	375
		% von Geschlecht	38,9%	49,8%	48,3%
gesamt		Anzahl	108	669	777
		% von Geschlecht	100,0%	100,0%	100,0%

Tabelle 16: Anwendung von psychischer Folter (nach Geschlecht)

			Geschlecht		gesamt
			weiblich	männlich	
physische Misshandlungen	trifft zu	Anzahl	31	223	254
		% von Geschlecht	28,7%	33,3%	32,6%
	trifft nicht zu	Anzahl	77	447	524
		% von Geschlecht	71,3%	66,7%	67,4%
gesamt		Anzahl	108	670	778
		% von Geschlecht	100,0%	100,0%	100,0%

Tabelle 17: Physische Misshandlungen (nach Geschlecht)

Betroffenen mit 62,4% etwas höher als bei Männern mit 60,4%. Keine nennenswerte Rolle spielten solche Schikanen bei 39,3% der politischen Häftlinge.

Rechtsverstöße nannten 37,9% der politischen Häftlinge als ein Problem. 62,1% hielten sie nicht für erwähnenswert (vgl. Tabelle 19).

			Geschlecht		gesamt
			weiblich	männlich	
Schikanen durch Wärter	trifft zu	Anzahl	68	405	473
		% von Geschlecht	62,4%	60,4%	60,7%
	trifft nicht zu	Anzahl	41	265	306
		% von Geschlecht	37,6%	39,6%	39,3%
gesamt		Anzahl	109	670	779
		% von Geschlecht	100,0%	100,0%	100,0%

Tabelle 18: Schikanen durch Wärter (nach Geschlecht)

			Geschlecht		gesamt
			weiblich	männlich	
Rechtsverstöße während der Haft	trifft zu	Anzahl	37	258	295
		% von Geschlecht	34,6%	38,5%	37,9%
	trifft nicht zu	Anzahl	70	413	483
		% von Geschlecht	65,4%	61,5%	62,1%
gesamt		Anzahl	107	671	778
		% von Geschlecht	100,0%	100,0%	100,0%

Tabelle 19: Rechtsverstöße während der Haft (nach Geschlecht)

Eine oder mehrere Kontaktsperren haben 72,1% aller Häftlinge im Gefängnis erlebt. Dabei waren die Frauen mit 75% in der relativen Mehrzahl. Männer wurden zu 71,7% mit Kontaktsperren belegt. 27,9% nannten dieses Instrument der Kontrolle nicht.

Eine Bespitzelung in der Zelle oder eine Überwachung gab es bei 65,7% der politischen Häftlinge. Bei Frauen ist der Zellen-IM deutlich häufiger eingesetzt worden als bei Männern. Frauen haben das zu 74,3% erlebt, während es bei

			Geschlecht		gesamt
			weiblich	männlich	
Kontaktsperre und Zensur	trifft zu	Anzahl	81	481	562
		% von Geschlecht	75,0%	71,7%	72,1%
	trifft nicht zu	Anzahl	27	190	217
		% von Geschlecht	25%	28,3%	27,9%
gesamt		Anzahl	108	671	779
		% von Geschlecht	100,0%	100,0%	100,0%

Tabelle 20: Verhängung von Kontaktsperre und Zensur (nach Geschlecht)

			Geschlecht		gesamt
			weiblich	männlich	
Zellenüberwachung und Bespitzelung	trifft zu	Anzahl	81	431	512
		% von Geschlecht	74,3%	64,3%	65,7%
	trifft nicht zu	Anzahl	28	239	267
		% von Geschlecht	25,7%	35,7%	34,3%
gesamt		Anzahl	109	670	779
		% von Geschlecht	100,0%	100,0%	100,0%

Tabelle 21: Zellenüberwachung und Bespitzelung (nach Geschlecht)

Männern nur zu 64,3% eine Rolle spielte. 34,3% nannten die Bespitzelung nicht als Problem.

Die Androhung von Repressalien durch Wärter haben 46,0% erlebt. 54% benannten sie nicht. Die Gewalt durch Mithäftlinge spielte bei 14% eine Rolle. Anteilmäßig etwas häufiger gab es sie bei Frauen. Sie gaben dies zu 15,9% an, während der Anteil bei Männern bei 13,8% lag. 86% machten dazu keine Angaben (vgl. Tabelle 22).

Sexuelle Übergriffe spielten bei 4,6% der politischen Häftlinge eine Rolle, vor allem bei Frauen. 11,2% aller weiblichen Häftlinge nannten die sexuelle Gewalt als Problem, bei den Männern waren es 3,6%. 95,4% nannten das Thema nicht von sich aus (vgl. Tabelle 23).

Vergewaltigung spielte vor allem bei Frauen eine Rolle, wobei nicht ersichtlich ist, ob sie durch Männer oder durch Frauen erfolgte. 5,6% aller weiblichen Häftlinge nannten sie, gegenüber 1,3% der Männer. Von 98,1% aller Häftlinge wurde Vergewaltigung nicht benannt. In den Protokollen zeigt sich, dass es auch die Vergewaltigung von Männern durch Männer gab und dass die betroffenen Männer bis heute massiv darunter leiden (vgl. Tabelle 24).

Die Zahl lädt ein zu einer Hochrechnung. Legt man ausschließlich die politischen DDR-Häftlinge mit einer Zahl von 200.000 zugrunde und ginge entsprechend dem Ergebnis dieser Studie von knapp 15% weiblichen Häftlingen aus, ergäbe das bei 200.000 politischen Häftlingen eine Zahl von 30.000 Frauen in DDR-Gefängnissen. Bei 5,6% weiblichen Häftlingen, die angaben, während der Haft vergewaltigt worden zu sein, ergäbe das mehr als 1.500 ver-

			Geschlecht		gesamt
			weiblich	männlich	
Gewaltanwendungen durch Mithäftlinge	trifft zu	Anzahl	17	92	109
		% von Geschlecht	15,9%	13,8%	14,0%
	trifft nicht zu	Anzahl	90	577	667
		% von Geschlecht	84,1%	86,2%	86,0%
gesamt		Anzahl	107	669	776
		% von Geschlecht	100,0%	100,0%	100,0%

Tabelle 22: Gewaltanwendungen durch Mithäftlinge (nach Geschlecht)

gewaltigte Frauen. Bei den Männern ergäbe diese Zahl (bei 85% männlichen Häftlingen von 200.000 politischen Verurteilungen durch DDR-Gerichte) in absoluten Werten mehr als 2.000 Männer, die während ihrer politischen Haft

			Geschlecht		gesamt
			weiblich	männlich	
sexuelle Übergriffe	trifft zu	Anzahl	12	24	36
		% von Geschlecht	11,2%	3,6%	4,6%
	trifft nicht zu	Anzahl	95	645	740
		% von Geschlecht	88,8%	96,4%	95,4%
gesamt		Anzahl	107	669	776
		% von Geschlecht	100,0%	100,0%	100,0%

Tabelle 23: Sexuelle Übergriffe (nach Geschlecht)

Opfer sexueller Gewalt wurden. Nähme man noch die übrigen Gruppen der Verurteilten (also durch sowjetische Militärtribunale [SMT] Gefangengenommene und Deportierte) hinzu, würden sich diese Zahlen vervielfachen.

			Geschlecht		gesamt
			weiblich	männlich	
Vergewaltigung	trifft zu	Anzahl	6	9	15
		% von Geschlecht	5,6%	1,3%	1,9%
	trifft nicht zu	Anzahl	102	660	762
		% von Geschlecht	94,4%	98,7%	98,1%
gesamt		Anzahl	108	669	777
		% von Geschlecht	100,0%	100,0%	100,0%

Tabelle 24: Vergewaltigungen (nach Geschlecht)

19,3% aller Häftlinge litten unter der Bedrohung ihrer Familie. Mit 35,2% waren die Frauen besonders deutlich betroffen. Männer gaben dies »nur« zu 16,7% als Problem an. 80,7% benannten das Thema nicht von sich aus.

			Geschlecht		gesamt
			weiblich	männlich	
Bedrohung der Familie	trifft zu	Anzahl	38	112	150
		% von Geschlecht	35,2%	16,7%	19,3%
	trifft nicht zu	Anzahl	70	557	627
		% von Geschlecht	64,8%	83,3%	80,7%
gesamt		Anzahl	108	669	777
		% von Geschlecht	100,0%	100,0%	100,0%

Tabelle 25: Bedrohung der Familie (nach Geschlecht)

Mit 21,6% gab ein hoher Anteil aller politischen Häftlinge an, während der Haft in Lebensgefahr geraten zu sein. Frauen waren sogar noch etwas häufiger davon betroffen (vgl. Tabelle 26).

			Geschlecht		gesamt
			weiblich	männlich	
Lebens-gefahr	trifft zu	Anzahl	25	143	168
		% von Geschlecht	23,1%	21,4%	21,6%
	trifft nicht zu	Anzahl	83	526	609
		% von Geschlecht	76,9%	78,6%	78,4%
gesamt		Anzahl	108	669	777
		% von Geschlecht	100,0%	100,0%	100,0%

Tabelle 26: In Lebensgefahr während der Haft (nach Geschlecht)

Betrachtet man die Angaben der politischen Häftlinge unter Berücksichtigung des Alters der Gefangenen, so zeigt sich, dass die heute älteren ehemaligen Häftlinge im Gefängnis häufiger unter physischer Repression gelitten haben als die jüngeren. Nicht alle Methoden der Schikane und Drangsalierung wurden zu allen Zeiten gleich häufig angewandt. Ein Beispiel war die Dunkel- oder die Wasserzelle. Bis in die 50er Jahre hinein wurde diese Methode regelmäßig angewandt. Danach kam sie nur noch in Einzelfällen zum Einsatz.

Über die Dunkelhaft als besonders belastende Methode klagten 31,5% der unter 80-Jährigen. Bei den unter 70-Jährigen waren es nur noch 24,8% und bei den unter 60-Jährigen nur noch 19,5%. Höher noch lag der Anteil der über 80-Jährigen, die die Dunkelzelle als belastend empfunden hatten. Offenbar gab es diese Maßnahme aber auch, als die heute 41- bis 50-Jährigen in Haft waren. 7,4% von ihnen klagten darüber.

Auch beim Einsatz der Wasserzelle war eine Verschiebung der Häufigkeiten in Bezug auf das Alter zu verzeichnen. Über sie klagten die 71- bis 80-Jährigen am häufigsten. Es folgten die über 81-Jährigen mit 24%. Offenbar ist in diesen beiden Haftjahrzehnten die Wasserhaft am häufigsten eingesetzt worden. Bei den unter 60- und den unter 70-Jährigen war der Anteil derer, die den Einsatz der Wasserzelle nannten, mit 16% gleich hoch.

Die schlechte Unterbringung und Versorgung während der Haft monierten zu 36,3% die heute 71- bis 80-Jährigen. Mit 26,3% nannten das die 61- bis 70-Jährigen und zu 19,6% die 51- bis 60-Jährigen. Dieselben Gruppen empfanden auch die Einzelhaft als besonders belastend. Bei den 71- bis 80-Jährigen waren es 32,7%, bei den 61- bis 70-Jährigen 30,7% und bei den unter 60-Jährigen 18,3%. Bei den über 80-Jährigen nannten diese beiden Haftmethoden nur 10%. Auch die unter 50-Jährigen klagten über schlechte Unterbringung und Versorgung bzw. Einzelhaft nur zu etwas mehr als 7%.

Physische Misshandlungen wurden als belastend empfunden. 34,1% der über 70-Jährigen nannten sie und 25% der 61- bis 70-Jährigen. Von den 41- bis 50-Jährigen wurde die physische Misshandlung zu 19,8% genannt, von den über 80-Jährigen zu 13,1%.

Die Haft war schlimm, weil ...

Den Häftlingen wurde folgende Frage vorgelegt: »Nachstehend sind einige Punkte aufgeführt, die sich durch die Haft ergeben können. Bitte sagen Sie, ob diese Punkte für Sie zutreffen und wie ›schlimm‹ das für Sie war.« Die Befragten konnten den Grad ihrer Betroffenheit ankreuzen.

Dabei zeigte sich, dass viele politische Häftlinge mit Scham auf die Haft reagiert haben. Als *sehr belastend* empfanden die Scham insgesamt 25,4% aller politischen Häftlinge. Bei den Frauen war dieser Anteil mit 47,6% deutlich höher. Bei Männern betrug er nur 20,5%. Als *schlimm* stuften die Scham immer noch 29,3% der Frauen und 15,4% der Männer ein. *Gar kein Problem* war die Scham für 34,6% der Männer, während dies nur für 6,1% der Frauen der Fall war.

				Geschlecht		gesamt
				weiblich	männlich	
Trifft Scham zu?	Wenn ja, wie schlimm war das?	gar nicht schlimm	Anzahl	5	128	133
			% von Geschlecht	6,1%	34,6%	29,4%
		ein wenig	Anzahl	4	51	55
			% von Geschlecht	4,9%	13,8%	12,2%
		teilweise	Anzahl	10	58	68
			% von Geschlecht	12,2%	15,7%	15,0%
		schlimm	Anzahl	24	57	81
			% von Geschlecht	29,3%	15,4%	17,9%
		sehr schlimm	Anzahl	39	76	115
			% von Geschlecht	47,6%	20,5%	25,4%
gesamt			Anzahl	82	370	452
			% von Geschlecht	100,0%	100,0%	100,0%

Tabelle 27: Scham als Reaktion auf die Haft (nach Geschlecht)

Dass die Trauergefühle als Reaktion darauf, in Haft zu sein, sehr stark waren, sagten 55,6% der Frauen und 31,2% der Männer. Als *schlimm* stuften diese Trauergefühle 25,9% der Frauen und 27,2% der Männer ein. Als *gar nicht schlimm* werteten sie 2,5% der Frauen und 9% der Männer.

			Geschlecht		gesamt
			weiblich	männlich	
Trifft Trauer zu? Wenn ja, wie schlimm war das?	gar nicht schlimm	Anzahl	2	36	38
		% von Geschlecht	2,5%	9,0%	7,9%
	ein wenig	Anzahl	3	36	39
		% von Geschlecht	3,7%	9,0%	8,1%
	teilweise	Anzahl	10	95	105
		% von Geschlecht	12,3%	23,7%	21,8%
	schlimm	Anzahl	21	109	130
		% von Geschlecht	25,9%	27,2%	27,0%
	sehr schlimm	Anzahl	45	125	170
		% von Geschlecht	55,6%	31,2%	35,3%
gesamt		Anzahl	81	401	482
		% von Geschlecht	100,0%	100,0%	100,0%

Tabelle 28: Trauer als Reaktion auf die Haft (nach Geschlecht)

Trauer und Wut sind korrespondierende Gefühle. Ihre Wut als Reaktion auf die Haft empfanden 66,7% der Frauen als *sehr schlimm*. Auch 53,9% der Männer empfanden das so. Als *schlimm* im Sinne von schwer auszuhalten empfanden immer noch 20,7% der Frauen und 27,9% der Männer die Heftigkeit ihrer Wut. Als *gar nicht schlimm* bezeichnete die Wut keine einzige Frau und 2,8% der Männer (vgl. Tabelle 29).

Ihre Rechtlosigkeit während der politischen Haft war für viele der ehemaligen Gefangenen ein Problem. 81,5% der weiblichen Gefangenen gaben sie als *sehr schlimm* an. Bei den Männern waren es 68,7%. Als *schlimm* bewerteten die Rechtlosigkeit immer noch 13% der Frauen und 23,1% der Männer. Als *gar nicht schlimm* stuften sie dagegen keine einzige Frau und nur 2,1% der Männer ein (vgl. Tabelle 30).

Rechtlosigkeit und Gewalt führten zu einer großen Hilflosigkeit. Diese Hilflosigkeit stuften 83% der Frauen als *sehr schlimm* ein, während Männer die Hilflosigkeit zu 65,1% als *sehr schlimm* einstuften. Als *schlimm* sahen Frauen die Hilflosigkeit zu 11,7% an, während Männer sie zu 21,2% als *schlimm* erlebt haben. Als *gar nicht schlimm* empfanden ihre Hilflosigkeit im Gefängnis keine einzige Frau und nur 2,4% der Männer (vgl. Tabelle 31).

Die Isolation im Gefängnis empfanden 55,4% der Frauen und 49,7% der

			Geschlecht		gesamt
			weiblich	männlich	
Trifft Wut zu? Wenn ja, wie schlimm war das?	gar nicht schlimm	Anzahl	0	15	15
		% von Geschlecht	0%	2,8%	2,4%
	ein wenig	Anzahl	3	12	15
		% von Geschlecht	3,4%	2,3%	2,4%
	teilweise	Anzahl	8	75	83
		% von Geschlecht	9,2%	14,1%	13,4%
	schlimm	Anzahl	18	148	166
		% von Geschlecht	20,7%	27,9%	26,9%
	sehr schlimm	Anzahl	58	281	339
		% von Geschlecht	66,7%	52,9%	54,9%
gesamt		Anzahl	87	531	618
		% von Geschlecht	100,0%	100,0%	100,0%

Tabelle 29: Wut als Reaktion auf die Haft (nach Geschlecht)

			Geschlecht		gesamt
			weiblich	männlich	
Trifft Rechtlosigkeit zu? Wenn ja, wie schlimm war das?	gar nicht schlimm	Anzahl	0	12	12
		% von Geschlecht	0%	2,1%	1,8%
	ein wenig	Anzahl	1	5	6
		% von Geschlecht	1,1%	0,9%	0,9%
	teilweise	Anzahl	4	31	35
		% von Geschlecht	4,3%	5,3%	5,2%
	schlimm	Anzahl	12	134	146
		% von Geschlecht	13,0%	23,1%	21,7%
	sehr schlimm	Anzahl	75	399	474
		% von Geschlecht	81,5%	68,7%	70,4%
gesamt		Anzahl	92	581	673
		% von Geschlecht	100,0%	100,0%	100,0%

Tabelle 30: Gefühl von Rechtlosigkeit (nach Geschlecht)

			Geschlecht		gesamt
			weiblich	männlich	
Trifft Hilflosigkeit zu? Wenn ja wie schlimm war das?	gar nicht schlimm	Anzahl	0	13	13
		% von Geschlecht	0%	2,4%	2,0%
	ein wenig	Anzahl	1	15	16
		% von Geschlecht	1,1%	2,7%	2,5%
	teilweise	Anzahl	4	47	51
		% von Geschlecht	4,3%	8,6%	8,0%
	schlimm	Anzahl	11	116	127
		% von Geschlecht	11,7%	21,2%	19,8%
	sehr schlimm	Anzahl	78	356	434
		% von Geschlecht	83,0%	65,1%	67,7%
gesamt		Anzahl	94	547	641
		% von Geschlecht	100,0%	100,0%	100,0%

Tabelle 31: Gefühl von Hilflosigkeit (nach Geschlecht)

			Geschlecht		gesamt
			weiblich	männlich	
Trifft Isolation zu? Wenn ja, wie schlimm war das?	gar nicht schlimm	Anzahl	3	29	32
		% von Geschlecht	3,6%	6,2%	5,8%
	ein wenig	Anzahl	5	28	33
		% von Geschlecht	6,0%	5,9%	6,0%
	teilweise	Anzahl	11	68	79
		% von Geschlecht	13,3%	14,4%	14,3%
	schlimm	Anzahl	18	112	130
		% von Geschlecht	21,7%	23,8%	23,5%
	sehr schlimm	Anzahl	46	234	280
		% von Geschlecht	55,4%	49,7%	50,5%
gesamt		Anzahl	83	471	554
		% von Geschlecht	100,0%	100,0%	100,0%

Tabelle 32: Gefühl von Isolation (nach Geschlecht)

			Geschlecht		gesamt
			weiblich	männlich	
Trifft Belastung durch Verhalten der Mitgefangenen zu? Wenn ja, wie schlimm war das?	gar nicht schlimm	Anzahl	18	115	133
		% von Geschlecht	26,9%	28,8%	28,5%
	ein wenig	Anzahl	7	62	69
		% von Geschlecht	10,4%	15,5%	14,8%
	teilweise	Anzahl	23	131	154
		% von Geschlecht	34,3%	32,8%	33,0%
	schlimm	Anzahl	6	48	54
		% von Geschlecht	9,0%	12,0%	11,6%
	sehr schlimm	Anzahl	13	44	57
		% von Geschlecht	19,4%	11,0%	12,2%
gesamt		Anzahl	67	400	467
		% von Geschlecht	100,0%	100,0%	100,0%

Tabelle 33: Belastet durch das Verhalten von Mitgefangenen (nach Geschlecht)

			Geschlecht		gesamt
			weiblich	männlich	
Trifft Bedrohung der Familie zu? Wenn ja, wie schlimm war das?	gar nicht schlimm	Anzahl	8	71	79
		% von Geschlecht	14,5%	23,4%	22,0%
	ein wenig	Anzahl	11	51	62
		% von Geschlecht	20,0%	16,8%	17,3%
	teilweise	Anzahl	6	53	59
		% von Geschlecht	10,9%	17,4%	16,4%
	schlimm	Anzahl	11	53	64
		% von Geschlecht	20,0%	17,4%	17,8%
	sehr schlimm	Anzahl	19	76	95
		% von Geschlecht	34,5%	25,0%	26,5%
gesamt		Anzahl	55	304	359
		% von Geschlecht	100,0%	100,0%	100,0%

Tabelle 34: Bedrohtsein der Familie (nach Geschlecht)

Männer als *sehr schlimm*. Als *schlimm* empfanden sie immer noch 21,7% der Frauen und 23,8% der Männer. Als *gar nicht schlimm* erlebten die Isolation 3,6% der Frauen und 6,2% der Männer (vgl. Tabelle 32).

Das Verhalten ihrer Mitgefangenen erlebten 19,4% der inhaftierten Frauen als *sehr schlimm*, während es unter den Männern nur 11% waren. Als *gar nicht schlimm* erlebten dies insgesamt 28,5% aller Gefangenen.

Die Bedrohung der eigenen Familie traf die Frauen besonders. 34,5% befanden diese Art der Repression als *sehr schlimm*. Bei den Männern waren es 25%. Auch bei denen, die diese Bedrohung als *schlimm* einstuften, dominieren immer noch die Frauen mit 20% gegenüber 17,4% der Männer. Unter *gar nicht schlimm* rangierten Drohungen gegen die Familie bei 14,5% der Frauen und 23,4% der Männer.

				Geschlecht		gesamt
				weiblich	männlich	
Trifft Benachteiligung der Kinder zu?	Wenn ja, wie schlimm war das?	gar nicht schlimm	Anzahl	5	59	64
			% von Geschlecht	13,5%	30,7%	27,9%
		ein wenig	Anzahl	2	23	25
			% von Geschlecht	5,4%	12,0%	10,9%
		teilweise	Anzahl	4	23	27
			% von Geschlecht	10,8%	12,0%	11,8%
		schlimm	Anzahl	5	25	30
			% von Geschlecht	13,5%	13,0%	13,1%
		sehr schlimm	Anzahl	21	62	83
			% von Geschlecht	56,8%	32,3%	36,2%
gesamt			Anzahl	37	192	229
			% von Geschlecht	100,0%	100,0%	100,0%

Tabelle 35: Benachteiligung der Kinder (nach Geschlecht)

Die Mütter unter den politischen Häftlingen der DDR reagierten sehr stark auf die Bedrohung ihrer Kinder. Bei Männern ist das etwas weniger der Fall. 56,8% der Frauen haben es als *besonders schlimm* erlebt, dass ihre Kinder benachteiligt wurden. Bei den Männern waren es 32,3%. Als *schlimm* haben beide Geschlechter das zu rund 13% erlebt. Als *gar nicht schlimm* empfanden die Männer die Bedrohung ihrer Kinder zu 30,7% und die Frauen zu 13,5%.

Die Bespitzelung empfanden beide Geschlechter ähnlich. 48,4% aller politischen Häftlinge stuften sie als *sehr schlimm* ein, als *gar nicht schlimm* nur 4,3%.

			Geschlecht		gesamt
			weiblich	männlich	
Trifft weitere Bespitzelung zu? Wenn ja, wie schlimm war das?	gar nicht schlimm	Anzahl	1	19	20
		% von Geschlecht	1,6%	4,8%	4,3%
	ein wenig	Anzahl	4	20	24
		% von Geschlecht	6,3%	5,0%	5,2%
	teilweise	Anzahl	15	74	89
		% von Geschlecht	23,4%	18,5%	19,2%
	schlimm	Anzahl	12	94	106
		% von Geschlecht	18,8%	23,6%	22,9%
	sehr schlimm	Anzahl	32	192	224
		% von Geschlecht	50,0%	48,1%	48,4%
gesamt		Anzahl	64	399	463
		% von Geschlecht	100,0%	100,0%	100,0%

Tabelle 36: Andauernde Bespitzelung (nach Geschlecht)

			Geschlecht		gesamt
			weiblich	männlich	
Trifft Berufsverbot zu? Wenn ja, wie schlimm war das?	gar nicht schlimm	Anzahl	6	53	59
		% von Geschlecht	14,6%	22,4%	21,2%
	ein wenig	Anzahl	5	13	18
		% von Geschlecht	12,2%	5,5%	6,5%
	teilweise	Anzahl	4	42	46
		% von Geschlecht	9,8%	17,7%	16,5%
	schlimm	Anzahl	4	41	45
		% von Geschlecht	9,8%	17,3%	16,2%
	sehr schlimm	Anzahl	22	88	110
		% von Geschlecht	53,7%	37,1%	39,6%
gesamt		Anzahl	41	237	278
		% von Geschlecht	100,0%	100,0%	100,0%

Tabelle 37: Berufsverbot nach der Haft (nach Geschlecht)

Manche Abweichungen in Abhängigkeit vom Geschlecht erstaunen. Ein Berufsverbot als Folge der Haft empfanden 53,7% der weiblichen Häftlinge als *sehr schlimm*, während es bei den Männern nur 37,1% waren. Als *gar nicht schlimm* empfanden das Berufsverbot 14,6% der Frauen und 22,4% der Männer.

Körperliche Folgen der Haft

Für die gesundheitlichen Folgen sind das Alter und die Länge der Haft von Bedeutung. Schaut man auf das Alter der politischen Häftlinge, sieht man, dass gerade die heute Ältesten ein sehr hohes Strafmaß hatten. Unter denen, die vier bis fünf Jahre im Gefängnis saßen, sind 80,3% heute über 70 Jahre oder sogar über 80 Jahre. In der Gruppe der Häftlinge, die sechs bis zehn Jahre saßen, befinden sich 81,3% dieser Altersgruppe. Und unter denen, die mehr als zehn Jahre lang saßen, sind sogar 80% über 70. Und mehr als zwei Drittel der über 70-jährigen Befragten haben drei bis vier Jahre im Gefängnis gesessen.

Die unter 50-Jährigen, die weniger als sechs Monate in Haft waren, machten einen Anteil von 28,0% aus. Zwischen sechs Monaten und einem Jahr im Gefängnis waren 15,4% unter 50. Über drei Jahre Haft hinaus gab es kaum noch jemanden in dieser Altersgruppe.

Die Haft konnte eine Reihe von Krankheitssymptomen auslösen. Die ehemaligen Häftlinge kreuzten in der schriftlichen Befragung in einer Liste an, unter welchen Beschwerden sie bis heute leiden – Symptome also, die möglicherweise durch die Haftzeit ausgelöst wurden. Und sie sollten angeben, ob und wie häufig sie unter den jeweiligen Beschwerden zu leiden hätten.[114]

Kopfschmerzen hatten *immer* 8,6% der befragten Häftlinge und *oft* 30,4%. Frauen litten häufiger als Männer unter Kopfschmerzen. 15,9% der Frauen gaben an, dass sie *immer* unter Kopfschmerzen litten, 39,9% gaben *oft* an. Bei Männern waren es in der Kategorie *immer* nur 7,3% bzw. *oft* 28,6%. *Nie* mit Kopfschmerzen zu tun hatten 19,3% der Männer, aber nur 9,8% der Frauen (vgl. Tabelle 39).

Unter Bluthochdruck litten *immer* 41,6% aller Häftlinge und davon 49,3% der Frauen. Bei den Männern waren es 40,5%. 21% aller Häftlinge hatten *nie* mit Bluthochdruck zu tun. Diese Zahl ist bei beiden Geschlechtern nahezu identisch (vgl. Tabelle 40).

Das Rückgrat war eine notwendige Stütze während der Haft und all den Vernehmungen. Entsprechend häufig entstanden bei den Inhaftierten Schädigungen am Rücken. So hatten 36% aller Befragten *immer* Rückenprobleme,

114 Ein Vergleich der Beschwerden der politischen Häftlinge mit den Erkrankungen der Gesamtbevölkerung wäre nur in einer umfassenden vergleichenden Studie möglich, in der Mediziner die Diagnosen stellten. Allein das Symptom Kopfschmerzen kann Unterschiedliches bedeuten. Ein Statistiker der Krankenkassen sagte mir, dass selbst dort eine große Vielfalt bei den Diagnosen möglich wäre. Bei den vorliegenden Daten geht es um die gesundheitliche Selbsteinschätzung der ehemaligen politischen Häftlinge. Oft genug basiert die auf einer Diagnose von Ärzten.

			Alter (in Jahren)						gesamt
			≤ 40	41–50	51–60	61–70	71–80	> 80	
Haftdauer (in Jahren)	< ½	Anzahl	2	10	4	17	6	4	43
		% von Haftd.	4,7%	23,3%	9,3%	39,5%	14,0%	9,3%	100,0%
	½–1	Anzahl	1	15	38	44	6	0	104
		% von Haftd.	1%	14,4%	36,5%	42,3%	5,8%	0%	100,0%
	1–2	Anzahl	1	23	53	69	28	3	177
		% von Haftd.	0,6%	13,0%	29,9%	39,0%	15,8%	1,7%	100,0%
	2–3	Anzahl	0	5	20	37	35	4	101
		% von Haftd.	0%	5,0%	19,8%	36,6%	34,7%	4,0%	100,0%
	3–4	Anzahl	0	0	11	17	53	7	88
		% von Haftd.	0%	0%	12,5%	19,3%	60,2%	8,0%	100,0%
	4–5	Anzahl	0	1	4	10	51	10	76
		% von Haftd.	0%	1,3%	5,3%	13,2%	67,1%	13,2%	100,0%
	5–6	Anzahl	0	2	7	5	32	10	56
		% von Haftd.	0%	3,6%	12,5%	8,9%	57,1%	17,9%	100,0%
	6–10	Anzahl	0	1	7	10	54	24	96
		% von Haftd.	0%	1,0%	7,3%	10,4%	56,3%	25,0%	100,0%
	> 10	Anzahl	0	0	2	2	6	10	20
		% von Haftd.	0%	0%	10,0%	10,0%	30,0%	50,0%	100,0%
gesamt		Anzahl	4	57	146	211	271	72	761
		% von Haftd.	0,5%	7,5%	19,2%	27,7%	35,6%	9,5%	100,0%

Tabelle 38: Haftdauer (nach Alter)

31% litten oft darunter. Bei den Frauen waren es 51,2%, die damit *immer* zu tun hatten, während es bei den Männern immer noch 33,5% waren. *Oft* litten darunter 22,1% der Frauen und 32,5% der Männer. *Nie* damit zu tun hatten 13,8% der Männer und nur 9,3% der Frauen.

			Geschlecht		gesamt
			weiblich	männlich	
Kopfschmerzen	nie	Anzahl	8	88	96
		% von Geschlecht	9,8%	19,3%	17,9%
	selten	Anzahl	9	101	110
		% von Geschlecht	11,0%	22,2%	20,5%
	hin und wieder	Anzahl	20	102	122
		% von Geschlecht	24,4%	22,4%	22,7%
	oft	Anzahl	32	131	163
		% von Geschlecht	39,0%	28,8%	30,4%
	immer	Anzahl	13	33	46
		% von Geschlecht	15,9%	7,3%	8,6%
gesamt		Anzahl	82	455	537
		% von Geschlecht	100,0%	100,0%	100,0%

Tabelle 39: Kopfschmerz als gesundheitliche Haftfolge (nach Geschlecht)

Das Herz stand im somatischen Bereich für Liebe, aber auch für enttäuschte Liebe. Kein Wunder, wenn ein Teil der Häftlinge schlecht damit zurechtkam, wenn ein Angehöriger gegen ihn bzw. sie aussagte oder sich aufgrund der Haft und des Drucks der Stasi von ihm bzw. von ihr trennte. So gehören Herzprobleme zu den Krankheiten, unter denen ehemalige politische Häftlinge zu 27,7% *immer* litten. Lediglich der Anteil derer, die *nie* damit zu tun hatten, lag bei Männern mit 22,7% gegenüber 16,9% bei Frauen etwas höher. *Hin und wieder* haben 27,3% der Frauen und 18,7% der Männer Herzprobleme (vgl. Tabelle 42).

Haft ging an die Nieren. Immerhin hatten 50,2% der Häftlinge *nie* mit Nierenproblemen zu tun. Bei den Frauen lag der Anteil derer, die nie Nierenprobleme hatten, mit 41,9% etwas niedriger. *Oft* hatten 17,7% der Frauen gegenüber 9,2% der Männer mit der Niere Probleme. *Immer* kämpften damit 12,9% der Frauen. Bei den Männern waren es mit 10,8% etwas weniger. Die Gruppe derer, die *hin und wieder* Probleme mit der Niere hatten, lag bei 13,9% (vgl. Tabelle 43).

			Geschlecht		gesamt
			weiblich	männlich	
Bluthochdruck	nie	Anzahl	15	103	118
		% von Geschlecht	20,5%	21,1%	21,0%
	selten	Anzahl	6	43	49
		% von Geschlecht	8,2%	8,8%	8,7%
	hin und wieder	Anzahl	8	46	54
		% von Geschlecht	11,0%	9,4%	9,6%
	oft	Anzahl	8	99	107
		% von Geschlecht	11,0%	20,2%	19,0%
	immer	Anzahl	36	198	234
		% von Geschlecht	49,3%	40,5%	41,6%
gesamt		Anzahl	73	489	562
		% von Geschlecht	100,0%	100,0%	100,0%

Tabelle 40: Bluthochdruck als gesundheitliche Haftfolge (nach Geschlecht)

			Geschlecht		gesamt
			weiblich	männlich	
Rückenprobleme	nie	Anzahl	8	69	77
		% von Geschlecht	9,3%	13,8%	13,1%
	selten	Anzahl	6	29	35
		% von Geschlecht	7,0%	5,8%	6,0%
	hin und wieder	Anzahl	9	72	81
		% von Geschlecht	10,5%	14,4%	13,8%
	oft	Anzahl	19	163	182
		% von Geschlecht	22,1%	32,5%	31,0%
	immer	Anzahl	44	168	212
		% von Geschlecht	51,2%	33,5%	36,1%
gesamt		Anzahl	86	501	587
		% von Geschlecht	100,0%	100,0%	100,0%

Tabelle 41: Rückenprobleme als gesundheitliche Haftfolge (nach Geschlecht)

Gewichtsprobleme nannten 21,1% der ehemaligen Häftlinge als ein Dauerproblem. Bei den Frauen lag der Anteil mit 32,98% deutlich höher. Männer

			Geschlecht		gesamt
			weiblich	männlich	
Herzprobleme	nie	Anzahl	13	108	121
		% von Geschlecht	16,9%	22,7%	21,9%
	selten	Anzahl	10	56	66
		% von Geschlecht	13,0%	11,8%	11,9%
	hin und wieder	Anzahl	21	89	110
		% von Geschlecht	27,3%	18,7%	19,9%
	oft	Anzahl	13	90	103
		% von Geschlecht	16,9%	18,9%	18,6%
	immer	Anzahl	20	133	153
		% von Geschlecht	26,0%	27,9%	27,7%
gesamt		Anzahl	77	476	553
		% von Geschlecht	100,0%	100,0%	100,0%

Tabelle 42: Herzprobleme als gesundheitliche Haftfolge (nach Geschlecht)

kämpften zu 19,3% *immer* mit ihrem Gewicht, *oft* 13,8%. *Nie* mit ihrem Gewicht Probleme hatten 37,5% der Männer. Bei Frauen war es ein Viertel. Hin und wieder hatten 13,8% aller Häftlinge mit Gewichtsproblemen zu tun.

Auf den Magen schlug die Gefängniszeit bei einer ganzen Reihe von Häftlingen. 16,3% der Befragten hatten *immer* Probleme mit dem Magen. Bei den Frauen lag der Anteil mit 21,4% höher als bei den Männern, die zu 15,4% *immer* damit zu tun hatten. *Oft* hatten 29,5% aller Häftlinge damit zu tun. Hier gab es keine allzu großen Abweichungen nach Geschlecht. Die traten erst wieder auf, wenn man fragte, wer überhaupt *nie* damit zu tun hatte. Das waren nur 10,7% der weiblichen Häftlinge und 20,4% der Männer (vgl. Tabelle 45).

Als eine typische Folge der Haft gelten Schlafstörungen. 47,2% der befragten weiblichen Häftlinge litten darunter, bei Männern waren es mit 26,6% nur gut halb so viele. Fasst man die Kategorien *immer* und *oft* zusammen, so zeigt sich, dass mehr als zwei Drittel aller Häftlinge mit dem Schlafen Probleme hatten. *Nie* oder selten hatten damit 16,2% zu tun. Dabei waren Männer, die *nie* Probleme mit dem Schlaf hatten, mit 8,3% etwas in der Überzahl gegenüber 6,7% der weiblichen Häftlinge (vgl. Tabelle 46).

			Geschlecht		gesamt
			weiblich	männlich	
Nierenprobleme	nie	Anzahl	26	201	227
		% von Geschlecht	41,9%	51,5%	50,2%
	selten	Anzahl	9	56	65
		% von Geschlecht	14,5%	14,4%	14,4%
	hin und wieder	Anzahl	8	55	63
		% von Geschlecht	12,9%	14,1%	13,9%
	oft	Anzahl	11	36	47
		% von Geschlecht	17,7%	9,2%	10,4%
	immer	Anzahl	8	42	50
		% von Geschlecht	12,9%	10,8%	11,1%
gesamt		Anzahl	62	390	452
		% von Geschlecht	100,0%	100,0%	100,0%

Tabelle 43: Nierenprobleme als gesundheitliche Haftfolge (nach Geschlecht)

			Geschlecht		gesamt
			weiblich	männlich	
Gewichtsprobleme	nie	Anzahl	16	150	166
		% von Geschlecht	25,0%	37,5%	35,8%
	selten	Anzahl	9	63	72
		% von Geschlecht	14,1%	15,8%	15,5%
	hin und wieder	Anzahl	9	55	64
		% von Geschlecht	14,1%	13,8%	13,8%
	oft	Anzahl	9	55	64
		% von Geschlecht	14,1%	13,8%	13,8%
	immer	Anzahl	21	77	98
		% von Geschlecht	32,8%	19,3%	21,1%
gesamt		Anzahl	64	400	464
		% von Geschlecht	100,0%	100,0%	100,0%

Tabelle 44: Gewichtsprobleme als gesundheitliche Haftfolge (nach Geschlecht)

			Geschlecht		gesamt
			weiblich	männlich	
Magenbeschwerden	nie	Anzahl	9	99	108
		% von Geschlecht	10,7%	20,4%	18,9%
	selten	Anzahl	12	65	77
		% von Geschlecht	14,3%	13,4%	13,5%
	hin und wieder	Anzahl	19	105	124
		% von Geschlecht	22,6%	21,6%	21,8%
	oft	Anzahl	26	142	168
		% von Geschlecht	31,0%	29,2%	29,5%
	immer	Anzahl	18	75	93
		% von Geschlecht	21,4%	15,4%	16,3%
gesamt		Anzahl	84	486	570
		% von Geschlecht	100,0%	100,0%	100,0%

Tabelle 45: Magenbeschwerden als gesundheitliche Haftfolge (nach Geschlecht)

			Geschlecht		gesamt
			weiblich	männlich	
Schlafstörungen	nie	Anzahl	6	44	50
		% von Geschlecht	6,7%	8,3%	8,1%
	selten	Anzahl	5	45	50
		% von Geschlecht	5,6%	8,5%	8,1%
	hin und wieder	Anzahl	9	95	104
		% von Geschlecht	10,1%	18,0%	16,9%
	oft	Anzahl	27	203	230
		% von Geschlecht	30,3%	38,5%	37,3%
	immer	Anzahl	42	140	182
		% von Geschlecht	47,2%	26,6%	29,5%
gesamt		Anzahl	89	527	616
		% von Geschlecht	100,0%	100,0%	100,0%

Tabelle 46: Schlafstörungen als gesundheitliche Haftfolge (nach Geschlecht)

Psychische Folgen der Haft

Neben den körperlichen Störungen als Folge der Haft kennt die Psychotraumatologie eine Reihe von Symptomen, die auf eine dauerhafte Belastung durch die Hafterfahrungen hinweisen. Albträume, Desorientiertheit, Platzangst gehören dazu. In den Protokollen berichtete eine ganze Reihe von ehemaligen politischen Häftlingen davon. Sie berichteten zum Beispiel von den Albträumen, die sie vollends in ihre damalige Haftsituation zurückkatapultieren konnten. Auch in den Fragebögen wurde nach Albträumen gefragt. *Immer* hatten demnach 20,9% aller Häftlinge solch anstrengende Träume. Bei den Frauen lag der Anteil mit 27,4% höher als der Durchschnitt. 41,8% der befragten Häftlinge gaben an, *oft* mit Albträumen zu tun zu haben. In dem Fall lag der Anteil der Frauen mit 46,4% nur leicht höher als der der Männer mit 41,1%. *Nie* Albträume hatten nur 4,8% der Frauen und 8,4% der Männer.

			Geschlecht		gesamt
			weiblich	männlich	
Albträume	nie	Anzahl	4	43	47
		% von Geschlecht	4,8%	8,4%	7,9%
	selten	Anzahl	6	41	47
		% von Geschlecht	7,1%	8,0%	7,9%
	hin und wieder	Anzahl	12	117	129
		% von Geschlecht	14,3%	22,8%	21,6%
	oft	Anzahl	39	211	250
		% von Geschlecht	46,4%	41,1%	41,8%
	immer	Anzahl	23	102	125
		% von Geschlecht	27,4%	19,8%	20,9%
gesamt		Anzahl	84	514	598
		% von Geschlecht	100,0%	100,0%	100,0%

Tabelle 47: Albträume als psychische Haftfolge (nach Geschlecht)

Über eine *immer* vorhandene Mutlosigkeit klagten 23,5% der Frauen und 17,2% der Männer. In der Kategorie *oft* stieg der Anteil: 42,4% der Frauen und 29,7% der Männer berichteten davon. *Nie* mit Mutlosigkeit konfrontiert

			Geschlecht		gesamt
			weiblich	männlich	
Mutlosigkeit	nie	Anzahl	4	73	77
		% von Geschlecht	4,7%	15,7%	14,0%
	selten	Anzahl	4	56	60
		% von Geschlecht	4,7%	12,1%	10,9%
	hin und wieder	Anzahl	21	117	138
		% von Geschlecht	24,7%	25,2%	25,1%
	oft	Anzahl	36	138	174
		% von Geschlecht	42,4%	29,7%	31,7%
	immer	Anzahl	20	80	100
		% von Geschlecht	23,5%	17,2%	18,2%
gesamt		Anzahl	85	464	549
		% von Geschlecht	100,0%	100,0%	100,0%

Tabelle 48: Mutlosigkeit als psychische Haftfolge (nach Geschlecht)

			Geschlecht		gesamt
			weiblich	männlich	
allgemeine Angst	nie	Anzahl	5	96	101
		% von Geschlecht	6,0%	21,5%	19,1%
	selten	Anzahl	6	74	80
		% von Geschlecht	7,2%	16,6%	15,1%
	hin und wieder	Anzahl	18	89	107
		% von Geschlecht	21,7%	20,0%	20,2%
	oft	Anzahl	31	106	137
		% von Geschlecht	37,3%	23,8%	25,9%
	immer	Anzahl	23	81	104
		% von Geschlecht	27,7%	18,2%	19,7%
gesamt		Anzahl	83	446	529
		% von Geschlecht	100,0%	100,0%	100,0%

Tabelle 49: Allgemeine Angst als psychische Haftfolge (nach Geschlecht)

waren nur 4,7% der Frauen, aber immerhin 15,7% der befragten Männer. Auch hier war der Anteil der Häftlinge, die sich hin und wieder damit herumschlagen mussten, mit 25,1% hoch.

Mit allgemeinen Ängsten schlugen sich *oft* bzw. sogar *immer* 45,6% der politischen Häftlinge herum. Auch hier überwogen die Frauen. Bei ihnen waren es in beiden Gruppen mehr als 65%, bei den Männern dagegen etwas mehr als 42%. *Nie* mit Ängsten zu tun hatten nach der Haft überhaupt nur 6% der Frauen, aber erstaunliche 21,5% der Männer.

Eine Reihe von Häftlingen hatte nach der Haft mit innerer Unruhe zu kämpfen. Das waren *immer* bei den Frauen 29,5% und bei den Männern 19,6%. *Oft* hatten 44,3% der Frauen damit Probleme und 36,1% der Männer. *Nie* mit der inneren Unruhe Probleme hatten nur 4,5% der Frauen und 11% der Männer.

			Geschlecht		gesamt
			weiblich	männlich	
Unruhe	nie	Anzahl	4	54	58
		% von Geschlecht	4,5%	11,0%	10,0%
	selten	Anzahl	4	47	51
		% von Geschlecht	4,5%	9,6%	8,8%
	hin und wieder	Anzahl	15	116	131
		% von Geschlecht	17,0%	23,7%	22,7%
	oft	Anzahl	39	177	216
		% von Geschlecht	44,3%	36,1%	37,4%
	immer	Anzahl	26	96	122
		% von Geschlecht	29,5%	19,6%	21,1%
gesamt		Anzahl	88	490	578
		% von Geschlecht	100,0%	100,0%	100,0%

Tabelle 50: Unruhe als psychische Haftfolge (nach Geschlecht)

Von Schweißausbrüchen während oder nach den Vernehmungen hatten einige Häftlinge in den Protokollen als unmittelbare Reaktion auf den Stress berichtet. Bei einigen blieb diese Angstreaktion dauerhaft erhalten. Bei Frauen waren es 20,3%, die *immer* damit zu tun hatten, bei den Männern 13,5%. Dass sie *oft* damit zu tun hätten, berichteten 23,6% aller Gefangenen. *Gar keine Probleme* damit hatten dagegen nur 11,6% der Frauen gegenüber 27,4% der Männer.

			Geschlecht		gesamt
			weiblich	männlich	
Schweißausbrüche	nie	Anzahl	8	118	126
		% von Geschlecht	11,6%	27,4%	25,2%
	selten	Anzahl	13	66	79
		% von Geschlecht	18,8%	15,3%	15,8%
	hin und wieder	Anzahl	16	89	105
		% von Geschlecht	23,2%	20,6%	21,0%
	oft	Anzahl	18	100	118
		% von Geschlecht	26,1%	23,2%	23,6%
	immer	Anzahl	14	58	72
		% von Geschlecht	20,3%	13,5%	14,4%
gesamt		Anzahl	69	431	500
		% von Geschlecht	100,0%	100,0%	100,0%

Tabelle 51: Schweißausbrüche als psychische Haftfolge (nach Geschlecht)

			Geschlecht		gesamt
			weiblich	männlich	
Misstrauen	nie	Anzahl	4	47	51
		% von Geschlecht	4,6%	9,6%	8,9%
	selten	Anzahl	6	41	47
		% von Geschlecht	6,9%	8,4%	8,2%
	hin und wieder	Anzahl	13	84	97
		% von Geschlecht	14,9%	17,2%	16,8%
	oft	Anzahl	26	142	168
		% von Geschlecht	29,9%	29,0%	29,2%
	immer	Anzahl	38	175	213
		% von Geschlecht	43,7%	35,8%	37,0%
gesamt		Anzahl	87	489	576
		% von Geschlecht	100,0%	100,0%	100,0%

Tabelle 52: Misstrauen als psychische Haftfolge (nach Geschlecht)

Wer von Menschen an die Stasi ausgeliefert wurde und deshalb ins Gefängnis wanderte, hat Probleme, anderen Menschen wieder zu trauen. Mit Misstrauen zu kämpfen hatten *oft* oder *immer* zwei Drittel aller ehemaligen politischen Häftlinge. Frauen hatten zu 43,7% *immer* damit zu tun, Männer immerhin zu 35,8%. *Oft* mit Misstrauen zu kämpfen hatten weitere 29% aller Häftlinge. *Nie* Probleme damit hatten nur 4,6% der Frauen gegenüber 9,6% der Männer.

Kontaktprobleme waren dagegen im Vergleich zum Misstrauen etwas weniger stark ausgeprägt. Der Anteil derer, bei denen sich die Behandlung während der Haft in Kontaktproblemen niedergeschlagen hat, betrug etwa 34%. Beim Misstrauen lag diese Gruppe über 60%. Deutlich blieb aber der Unterschied zwischen den Geschlechtern. *Gar keine* Kontaktprobleme hatten weniger Frauen als Männer. Und *immer* Probleme hatten mit 21,3% die Frauen deutlich mehr als die Männer mit 11,5%. Auch hier ergab sich eine deutliche Abweichung zum Thema Misstrauen. 43,7% der Frauen waren *immer* misstrauisch, 29,9% *oft*.

			Geschlecht		gesamt
			weiblich	männlich	
Kontaktprobleme	nie	Anzahl	14	110	124
		% von Geschlecht	18,7%	25,2%	24,3%
	selten	Anzahl	15	96	111
		% von Geschlecht	20,0%	22,0%	21,7%
	hin und wieder	Anzahl	9	90	99
		% von Geschlecht	12,0%	20,6%	19,4%
	oft	Anzahl	21	90	111
		% von Geschlecht	28,0%	20,6%	21,7%
	immer	Anzahl	16	50	66
		% von Geschlecht	21,3%	11,5%	12,9%
gesamt		Anzahl	75	436	511
		% von Geschlecht	100,0%	100,0%	100,0%

Tabelle 53: Kontaktprobleme als psychische Haftfolge (nach Geschlecht)

44,8% der befragten Häftlinge waren *immer* oder *oft* durch Konzentrationsschwäche belastet. In der Kategorie derer, die *immer* damit zu tun hatten, waren die Frauen etwas häufiger vertreten (19,3%), während in der Gruppe, die *nie* damit Probleme hatten, sich die Männer als etwas robuster herausstellten (16,1% gegenüber 12,3%). Nimmt man noch die Kategorie *selten* hinzu, hatten Männer zu 31,9% damit wenig oder keine Probleme, während Frauen nur zu 21,1% relativ unbelastet davon leben konnten.

			Geschlecht		gesamt
			weiblich	männlich	
Konzentrationsschwäche	nie	Anzahl	7	58	65
		% von Geschlecht	12,3%	16,1%	15,6%
	selten	Anzahl	5	57	62
		% von Geschlecht	8,8%	15,8%	14,9%
	hin und wieder	Anzahl	16	88	104
		% von Geschlecht	28,1%	24,4%	24,9%
	oft	Anzahl	18	108	126
		% von Geschlecht	31,6%	30,0%	30,2%
	immer	Anzahl	11	49	60
		% von Geschlecht	19,3%	13,6%	14,4%
gesamt		Anzahl	57	360	417
		% von Geschlecht	100,0%	100,0%	100,0%

Tabelle 54: Konzentrationsschwäche als psychische Haftfolge (nach Geschlecht)

Während der Haft mussten die Häftlinge ihre extremen Gefühle unterdrücken. Sie durften sich nicht zur Wehr setzen, mussten Erniedrigungen und Beleidigungen wegstecken. Hätten sie sich einfach gewehrt, wären sie in Gefahr geraten, vielleicht sogar in Lebensgefahr. Aus der Zeit der Haft sind viele Wutgefühle angestaut worden, die monate- oder jahrelang nicht herausgelassen werden durften. Aus diesem Grund lebte eine ganze Reihe von Häftlingen mit einer gereizten Grundstimmung. Einige ließen die Gereiztheit sofort raus, andere verbargen dieses heftige Gefühl weiter in sich, in den verinnerlichten und mitwachsenden Gefängnismauern.

Probleme mit ihrer Gereiztheit hatten *oft* oder *immer* 33% aller ehemaligen Häftlinge, *nie* oder *selten* 41,1%. Hier gab es nur relativ leichte Schwankungen in Bezug auf die Geschlechter.

			Geschlecht		gesamt
			weiblich	männlich	
Gereiztheit	nie	Anzahl	6	57	63
		% von Geschlecht	8,8%	12,3%	11,8%
	selten	Anzahl	12	75	87
		% von Geschlecht	17,6%	16,2%	16,4%
	hin und wieder	Anzahl	16	132	148
		% von Geschlecht	23,5%	28,4%	27,8%
	oft	Anzahl	25	144	169
		% von Geschlecht	36,8%	31,0%	31,8%
	immer	Anzahl	9	56	65
		% von Geschlecht	13,2%	12,1%	12,2%
gesamt		Anzahl	68	464	532
		% von Geschlecht	100,0%	100,0%	100,0%

Tabelle 55: Gereiztheit als psychische Haftfolge (nach Geschlecht)

Eine Tendenz zur Selbstvernichtung oder Selbstschädigung kann entstehen, wenn die aggressiven Gefühle nicht auf ein Gegenüber treffen dürfen. Auch da spielt die Unterdrückung solcher Gefühle während der Haft eine Rolle. Selbstmordgedanken quälten *immer* 6,3% der Frauen und 4,5% der Männer. Dabei gab es eine Schere zwischen den Geschlechtern. *Oft* verspürten den Drang, das eigene Leben zu beenden, 15,6% der Frauen und 8,9% der Männer. In der Gruppe *hin und wieder* waren es 18,8% der Frauen und 12,2% der Männer. Dass sie solch ein Gefühl, sich umbringen zu wollen, *nie* verspürten, gaben 37,5% der Frauen, aber 57,7% der Männer an (vgl. Tabelle 56).

Auch in den Protokollen sprachen einige von ihren Suizidversuchen bzw. der Tendenz dazu. Einer ließ sich immer wieder freiwillig in eine Klinik einliefern, um sein Leben zu retten. Ein anderer weigerte sich, überhaupt über dieses Thema zu sprechen, weil, wie er sagte, Suizid möglicherweise für ihn irgendwann der letzte Ausweg sein könnte (vgl. Tabelle 57).

			Geschlecht		gesamt
			weiblich	männlich	
Selbstmordgedanken	nie	Anzahl	24	241	265
		% von Geschlecht	37,5%	57,7%	55,0%
	selten	Anzahl	14	66	80
		% von Geschlecht	21,9%	15,8%	16,6%
	hin und wieder	Anzahl	12	55	67
		% von Geschlecht	18,8%	13,2%	13,9%
	oft	Anzahl	10	37	47
		% von Geschlecht	15,6%	8,9%	9,8%
	immer	Anzahl	4	19	23
		% von Geschlecht	6,3%	4,5%	4,8%
gesamt		Anzahl	64	418	482
		% von Geschlecht	100,0%	100,0%	100,0%

Tabelle 56: Selbstmordgedanken als psychische Haftfolge (nach Geschlecht)

			Geschlecht		gesamt
			weiblich	männlich	
Aggressivität	nie	Anzahl	21	139	160
		% von Geschlecht	30,0%	32,6%	32,2%
	selten	Anzahl	13	95	108
		% von Geschlecht	18,6%	22,2%	21,7%
	hin und wieder	Anzahl	19	103	122
		% von Geschlecht	27,1%	24,1%	24,5%
	oft	Anzahl	10	67	77
		% von Geschlecht	14,3%	15,7%	15,5%
	immer	Anzahl	7	23	30
		% von Geschlecht	10,0%	5,4%	6,0%
gesamt		Anzahl	70	427	497
		% von Geschlecht	100,0%	100,0%	100,0%

Tabelle 57: Aggressivität als psychische Haftfolge (nach Geschlecht)

Aggression wandelt sich in Lebensenergie. Viele der Häftlinge hatten zu wenig davon, sie war aufgebraucht oder selbstzerstörerisch gegen das eigene Ich umgeleitet. Entsprechend gering war in der Erhebung die Zahl derer, die *nie* Aggressivität spürten. Hier waren die Anteile bei Frauen und Männern ähnlich. Nur 10% der Frauen und überhaupt nur 5,4% der Männer spürten ihre Aggressivität *immer*. Immerhin erstaunlich, dass die Frauen hier die Männer übertrafen. So schwierig der Umgang mit aggressiven Häftlingen auch sein mag – wirklich gefährdet sind die depressiven.

Mattigkeit, Energielosigkeit, Mutlosigkeit – alles Zeichen der fehlenden, lebensstiftenden Aggression. *Immer matt* fühlten sich 20% der Frauen, aber nur 10,1% der Männer. Und *nie matt* fühlten sich 18,3% der männlichen Gefangenen gegenüber 8,0% der weiblichen.

			Geschlecht		gesamt
			weiblich	männlich	
Mattigkeit	nie	Anzahl	6	76	82
		% von Geschlecht	8,0%	18,3%	16,7%
	selten	Anzahl	13	73	86
		% von Geschlecht	17,3%	17,5%	17,5%
	hin und wieder	Anzahl	19	117	136
		% von Geschlecht	25,3%	28,1%	27,7%
	oft	Anzahl	22	108	130
		% von Geschlecht	29,3%	26,0%	26,5%
	immer	Anzahl	15	42	57
		% von Geschlecht	20,0%	10,1%	11,6%
gesamt		Anzahl	75	416	491
		% von Geschlecht	100,0%	100,0%	100,0%

Tabelle 58: Mattigkeit als psychische Haftfolge (nach Geschlecht)

Unter Platzangst zu leiden ist eine echte Behinderung. Sie bedeutet, einen Ort nicht mehr allein verlassen oder erreichen zu können. In den Protokollen sprachen einige der ehemaligen politischen Häftlinge davon, dass sie keine Bahn, keinen Fahrstuhl, keine Menschenmenge ertragen konnten und sich sogar aus einem Kaufhaus hinausbegleiten lassen mussten, weil ohne Tageslicht die Orientierung vollständig verloren ging.

Sehr deutlich sind die Unterschiede zwischen den Geschlechtern bei der

Platzangst. Dass sie *immer* Platzangst hatten, gaben 35,4% der Frauen an, aber nur 15,9% der Männer. Entsprechend hatten 35,8% der Männer, aber nur 19,0% der Frauen *nie* Platzangst

			Geschlecht		gesamt
			weiblich	männlich	
Platzangst	nie	Anzahl	15	157	172
		% von Geschlecht	19,0%	35,8%	33,2%
	selten	Anzahl	3	66	69
		% von Geschlecht	3,8%	15,0%	13,3%
	hin und wieder	Anzahl	13	70	83
		% von Geschlecht	16,5%	15,9%	16,0%
	oft	Anzahl	20	76	96
		% von Geschlecht	25,3%	17,3%	18,5%
	immer	Anzahl	28	70	98
		% von Geschlecht	35,4%	15,9%	18,9%
gesamt		Anzahl	79	439	518
		% von Geschlecht	100,0%	100,0%	100,0%

Tabelle 59: Platzangst als psychische Haftfolge (nach Geschlecht)

In Panik die Orientierung zu verlieren heißt, nicht mehr zu wissen, wo man ist oder wie man wieder nach Hause kommt. *Immer* damit zu tun hatten 9,8% der weiblichen Häftlinge, aber nur 3,8% der Männer. *Hin und wieder* litten darunter 14,8% der Frauen, aber nur 5,8% der Männer. Immerhin gaben 43,6% der Frauen an, *nie* damit zu tun zu haben. Bei den Männern waren es 57% (vgl. Tabelle 60).

Angst, allein zu sein, spürten 25,7% der weiblichen Häftlinge *immer*. Bei den Männern waren das nur 13,5%. *Nie* verspürten diese Angst ähnlich viele, zumindest bei den Frauen. Da waren es 21,6%, während bei den Männern dieser Anteil 38,1% betrug (vgl. Tabelle 61).

Die Verlustangst, vielleicht weil einst eine Beziehung durch die Haft verloren ging, begleitete 26,7% der Frauen *immer*. Bei den Männern waren es 11,2%. *Nie* eine Angst, die eigene Beziehung zu verlieren, verspürten 26,7% der Frauen. Bei den Männern waren es 38,8% (vgl. Tabelle 62).

			Geschlecht		gesamt
			weiblich	männlich	
Orientierungsverlust	nie	Anzahl	26	227	253
		% von Geschlecht	42,6%	57,0%	55,1%
	selten	Anzahl	10	75	85
		% von Geschlecht	16,4%	18,8%	18,5%
	hin und wieder	Anzahl	10	58	68
		% von Geschlecht	16,4%	14,6%	14,8%
	oft	Anzahl	9	23	32
		% von Geschlecht	14,8%	5,8%	7,0%
	immer	Anzahl	6	15	21
		% von Geschlecht	9,8%	3,8%	4,6%
gesamt		Anzahl	61	398	459
		% von Geschlecht	100,0%	100,0%	100,0%

Tabelle 60: Orientierungsverlust als psychische Haftfolge (nach Geschlecht)

			Geschlecht		gesamt
			weiblich	männlich	
Angst, allein zu sein	nie	Anzahl	16	164	180
		% von Geschlecht	21,6%	38,1%	35,7%
	selten	Anzahl	14	68	82
		% von Geschlecht	18,9%	15,8%	16,3%
	hin und wieder	Anzahl	15	69	84
		% von Geschlecht	20,3%	16,0%	16,7%
	oft	Anzahl	10	71	81
		% von Geschlecht	13,5%	16,5%	16,1%
	immer	Anzahl	19	58	77
		% von Geschlecht	25,7%	13,5%	15,3%
gesamt		Anzahl	74	430	504
		% von Geschlecht	100,0%	100,0%	100,0%

Tabelle 61: Angst, allein zu sein, als psychische Haftfolge (nach Geschlecht)

			Geschlecht		gesamt
			weiblich	männlich	
Verlustangst in Beziehungen	nie	Anzahl	20	160	180
		% von Geschlecht	26,7%	38,8%	37,0%
	selten	Anzahl	6	71	77
		% von Geschlecht	8,0%	17,2%	15,8%
	hin und wieder	Anzahl	18	71	89
		% von Geschlecht	24,0%	17,2%	18,3%
	oft	Anzahl	11	64	75
		% von Geschlecht	14,7%	15,5%	15,4%
	immer	Anzahl	20	46	66
		% von Geschlecht	26,7%	11,2%	13,6%
gesamt		Anzahl	75	412	487
		% von Geschlecht	100,0%	100,0%	100,0%

Tabelle 62: Verlustangst in Beziehungen als psychische Haftfolge (nach Geschlecht)

			Geschlecht		gesamt
			weiblich	männlich	
ärztliche Behandlung	ja	Anzahl	86	476	562
		% von Geschlecht	79,6%	71,3%	72,4%
	nein	Anzahl	22	192	214
		% von Geschlecht	20,4%	28,7%	27,6%
gesamt		Anzahl	108	668	776
		% von Geschlecht	100,0%	100,0%	100,0%

Tabelle 63: Ärztliche Behandlung als Haftfolge (nach Geschlecht)

Obwohl 72% aller politischen Häftlinge in der Befragung angegeben hatten, dass sie sich im normalen Leben wieder zurechtfinden könnten, zahlten sie mit ihren Krankheiten einen hohen Preis für die Haft. 72,4% waren zum Zeitpunkt der Befragung in ärztlicher Behandlung. Nur ein gutes Viertel der politischen Häftlinge brauchte die Arztbesuche nicht. Der Anteil der Frauen, die einen Arzt aufsuchten, lag höher als der der Männer.

56% der Befragten nahmen regelmäßig Medikamente, wobei der Anteil von Männern und Frauen relativ gleich verteilt ist. Nie oder selten griffen etwa 30% zur Medizin.

			Geschlecht		gesamt
			weiblich	männlich	
Medikamenteneinnahme	nie	Anzahl	13	108	121
		% von Geschlecht	11,6%	16,3%	15,6%
	selten	Anzahl	11	102	113
		% von Geschlecht	9,8%	15,4%	14,6%
	oft	Anzahl	24	80	104
		% von Geschlecht	21,4%	12,1%	13,4%
	immer	Anzahl	64	373	437
		% von Geschlecht	57,1%	56,3%	56,4%
gesamt		Anzahl	112	663	775
		% von Geschlecht	100,0%	100,0%	100,0%

Tabelle 64: Medikamenteneinnahme als Haftfolge (nach Geschlecht)

Gesundheitsstörungen und Zeiten der Haft

Werden die Gesundheitsstörungen zu den Zeiten in Beziehung gesetzt, in denen die Häftlinge im Gefängnis waren, zeigen sich die gesundheitlichen Langzeitwirkungen deutlich. Die Störungen klangen nur sehr, sehr langsam ab. So hatten von denen, die vor 1950 in Haft waren, 25,2% aller Häftlinge noch *immer* Schlafstörungen. Bei den Gefangenen aus der Zeit vor 1960 waren es mit 28,1% etwas mehr. Vor 1970 betrug diese Zahl noch 30,9%, und vor 1980 und 1989 waren es in beiden Haftjahrzehnten 32,4%. Das heißt, 30 oder 20 Jahre nach der Haft – gefragt wurde im Jahr 2007 – litt noch ein Drittel unter diesen Störungen. 60 Jahre nach der Haft war es immer noch ein Viertel.

Nimmt man hier die Zahl derer hinzu, die *oft* Schlafprobleme haben, kommen noch einmal 35,6% der Häftlinge hinzu. Aber *oft* haben 37,0% auch Störungen. Der Anteil derer, die im Schlaf *oft* gestört wurden, wuchs vor 1970 an auf 37,6% und vor 1980 sogar auf 38,1%. Auch die Gefangenen unmittelbar vor der Wende hatten zu 37% damit Probleme. In der Häufigkeitsgruppe *oft* reduzierten sich die Schlafstörungen insgesamt von knapp 40% nach 20 Jahren Abstand zur Haft auf gerade mal ein Viertel bei den über 60-Jährigen.

Umgekehrt hatten gerade einmal 11,9% derer, die vor 1950 inhaftiert waren, *nie* Schlafstörungen. Nach 1950 sank der Anteil derer, die *nie* Schlafprobleme hatten, sogar noch ab, und zwar auf etwa 6%. Lediglich bei den Häftlingen, die kurz vor der Wende im Gefängnis saßen, blieb der Anteil derjenigen, die *nie* unter Schlafstörungen, bei 11,1%.

Mit Albträumen hatten von denjenigen, die vor 1950 saßen, 8,4% *immer* zu tun und in der Kategorie *oft* waren es sogar 41,2%. Vor 1960 betrug der Anteil derer, die angaben, dass sie *immer* damit zu tun hätten, 45,8%. Und *oft* litten immer noch 21,4% darunter. In der Häftlingsgruppe, die vor 1970 gesessen hat, plagten sich 24% *immer* mit Albträumen, *oft* hatten damit sogar 40,9% Probleme. Ähnliche Daten ergaben sich bei denen, die vor 1980 inhaftiert waren: 19,5% hatten *immer* damit zu tun, das heißt, der Anteil war leicht gesunken. Der Anteil derer, die *oft* unter schrecklichen Träumen litten, stieg aber noch einmal an auf 41,4%. Bei den Häftlingen vor 1989 lag der Anteil derer, die *immer* unter Albträumen litten, mit 20,9% sogar noch etwas höher. *Oft* hatten damit 37,3% Probleme. Auch hier war also eine Steigerung der Störungen in Verbindung mit den Haftjahrzehnten zu erkennen. *Nie* von Albträumen geplagt waren die Häftlinge aus der Zeit vor 1950 zu 8,4%, bei denen vor

1960 nur 5,3%. Die Zahl derer, die *immer* ohne Albträume schlafen konnten, betrug 7,8% bei den Häftlingen vor 1980 und stieg sogar auf 16,4% vor 1989. Möglicherweise ist das auf veränderte Haftbedingungen zurückzuführen.

Unter allgemeinen Ängsten litten 17,4% der Häftlinge, die vor 1950 in Haft waren. *Oft* litten darunter immer noch 24,8%. Vor 1960 waren es *immer* 15,5% und *oft* 23,6%. Vor 1970 stieg die Zahl derer, die *immer* unter Ängsten litten, auf 19,6%; in der Kategorie *oft* sind es mit 29,7% ebenfalls mehr. Die Zahl derer, die *immer* unter Ängsten litt, wuchs auch in der Gruppe der Gefangenen vor 1980 weiter an. Die Zahl derjenigen, die *oft* darunter litten, blieb mit 29% in mehreren Jahrzehnten in etwa gleich. Erst bei der Gruppe der letzten Gefangenen, also der vor 1989 inhaftierten, sanken die Ängste etwas ab, auf 20,2%. *Oft* hatten mit 24% ebenfalls etwas weniger Gefangene damit zu tun.

Keine Probleme mit allgemeinen Ängsten hatten in der Gruppe derjenigen, die vor 1950 in Haft waren, 26,6% der Gefangenen. In der Gruppe der Gefangenen, die vor 1960 in Haft waren, betrug die Zahl der Gefangenen, die nie Angst hatten, 20,9%, vor 1970 waren es nur noch 18,4% und vor 1980 sogar nur noch 10,5%. Erst vor 1989 stieg der Anteil der Häftlinge, die nie allgemeine Ängste hatten, auf 18,3%.

Umgekehrt betrug der Anteil derer, die oft oder immer unter allgemeinen Ängsten litten, bei denen, die vor 1950 in Haft waren, 42,7% der Befragten. Vor 1960 waren es 39,1%, vor 1970 49,3%, vor 1980 50% und vor 1989 nur 44,2%.

Misstrauen gehört, wie wir schon gesehen haben, zu den häufigen und lang andauernden Folgen der Haft. Bei den Häftlingen, die vor 1950 gesessen haben, gaben immer noch 22,8% an, *immer* unter Misstrauen zu leiden, und 31,6% sagten, dass ihnen das *oft* zu schaffen mache. Bei den Häftlingen vor 1960 stieg der Anteil derer, die *immer* darunter litten, auf 28,2%, während etwas weniger angaben, dass sie *oft* unter Misstrauen litten.

Ein ungewöhnlich massiver Anstieg des Misstrauens war für die Zeit vor 1970 zu verzeichnen. Da gaben plötzlich 46,9% der Häftlinge an, unter Misstrauen zu leiden. Der Anteil derer, die *oft* damit zu tun hatten, blieb dagegen mit 29,9% in etwa gleich. Möglicherweise war dies auch ein Reflex auf veränderte Haftbedingungen. Denn auch vor 1980 lag der Anteil derjenigen, die angaben, dass Misstrauen ihnen als Haftfolge zu schaffen mache, ebenfalls hoch. Die Befragten gaben nämlich zu 43,9% an, dass sie unter Misstrauen litten. Und der Anteil derer, die *oft* darunter litten, machte zusätzlich noch einmal 25% aus. In der Gruppe der vor 1989 Inhaftierten dominierte ebenfalls das Misstrauen. *Immer* hatten darunter 43,6% zu leiden, und *oft* waren es noch 27,3%.

Gar *kein* Misstrauen verspürten 19,3% der Häftlinge aus der Zeit vor 1950.

Vor 1960 waren es nur 9,4%, die *nie* ein Problem mit Misstrauen hatten. Vor 1970 lag der Anteil derer, die dauerhaft ohne Misstrauen lebten, nur bei 5,1%. Vor 1980 waren es 6,8% und vor 1989 7,3%, die *nie* Misstrauen verspürte.

Agoraphobie ist eine dauerhafte Lebenslast für alle, die davon betroffen sind. Davon war schon die Rede. Dass sie *immer* unter Platzangst litten, gaben aus der Gruppe der vor 1950 Inhaftierten 16,2% an. 14,3% gaben an, dass die Platzangst sie *oft* belaste. Es handelt sich also auch hier nicht um eine Störung, die mit der Zeit aufhörte, die Menschen zu belasten. In der Gruppe der Häftlinge vor 1960 gaben mit 16,3% ähnlich viele an, dass sie davon betroffen wären. Unter denen, die *oft* darunter litten, fanden sich mit 20,2% aber etwas mehr. Vor 1970 stieg der Anteil derer, die *immer* von Platzangst betroffen waren, auf 20,4% an. Die, die oft darunter litten, machten 20,4% aus. Auch vor 1980 war der Anteil unter denen, die *immer* darunter litten, mit 22,5% noch einmal etwas höher. *Oft* waren es in diesem Jahrzehnt 19,2%. Lediglich vor 1989 sank der Anteil der Gefangenen, die *immer* davon betroffen waren, minimal auf 17,5% der Inhaftieren dieses Jahrgangs, und die Zahl derjenigen, die oft darunter litten, auf 19,4%.

Nie mit Platzangst kämpfen mussten in der Gruppe der vor 1950 Inhaftierten 44,8%. Vor 1960 sind es 39,4%, vor 1970 28,0%, vor 1980 25,8% und vor 1989 33,0%. Das heißt, je kürzer die Haftzeit zurücklag, desto mehr politische Gefangene der DDR leiden heute unter Platzangst.

Mit Selbsttötungsgedanken plagte sich eine ganze Reihe von Häftlingen. 265 der ehemaligen politischen Häftlinge gaben darüber Auskunft. Von denen, die vor 1950 im Gefängnis saßen, waren es 1,1%, die *ständig* daran dachten. 4,4% plagten sich *oft* mit Gedanken an eine Selbsttötung. Unter den Gefangenen, die vor 1960 eingesessen hatten, stieg der Anteil derer, für die das *immer* ein Problem war, auf 3,2% an. *Oft* war es sogar für 10,5% ein Thema. In der Gruppe der Häftlinge vor 1970 blieb der Anteil derer, die sich *immer* mit Suizid beschäftigten, mit 3,3% relativ gleich. Aber in der Gruppe derer, die sich *oft* damit herumschlagen mussten, stieg der Anteil sogar auf 12,5% an. Vor 1980 stieg der Anteil der *immer* Suizidgefährdeten rapide auf 7,6% an. Auch dies könnte wieder ein Indikator für veränderte Haftmethoden sein, denn auch die Zahl derer, für die das Thema Suizid *oft* ein Problem darstellte, stieg weiter an auf 16%. Eine immense Zahl, wenn man überlegt, dass 23,6% der Häftlinge aus dieser Haftzeit *immer* oder *oft* gefährdet sind. Auch in der Gruppe derer, die vor 1989 in Haft waren, betrug der Anteil der Suizidgefährdeten 8,5%. *Oft* betroffen davon waren weitere 6,4%.

Von denen, die vor 1950 in Haft waren, hatten 80,2% *nie* Selbstmordgedanken; von denen, die vor 1960 inhaftiert waren, litten plötzlich nur noch 62,1% darunter. Vor 1970 waren es sogar nur noch 47,4% derer, die in dieser

			Haftzeit vor 1950		gesamt
			trifft zu	trifft nicht zu	
Selbstmordgedanken	nie	Anzahl	73	192	265
		% von Haftz. vor 1950	80,2%	49,5%	55,3%
	selten	Anzahl	6	72	78
		% von Haftz. vor 1950	6,6%	18,6%	16,3%
	hin und wieder	Anzahl	7	60	67
		% von Haftz. vor 1950	7,7%	15,5%	14,0%
	oft	Anzahl	4	42	46
		% von Haftz. vor 1950	4,4%	10,8%	9,6%
	immer	Anzahl	1	22	23
		% von Haftz. vor 1950	1,1%	5,7%	4,8%
gesamt		Anzahl	91	388	479
		% von Haftz vor 1950	100,0%	100,0%	100,0%

Tabelle 65: Selbstmordgedanken aufgrund einer Haftzeit vor 1950

			Haftzeit vor 1989		gesamt
			trifft zu	trifft nicht zu	
Selbstmordgedanken	nie	Anzahl	46	219	265
		% von Haftz. vor 1989	48,9%	56,9%	55,3%
	selten	Anzahl	14	64	78
		% von Haftz. vor 1989	14,9%	16,6%	16,3%
	hin und wieder	Anzahl	20	47	67
		% von Haftz. vor 1989	21,3%	12,2%	14,0%
	oft	Anzahl	6	40	46
		% von Haftz. vor 1989	6,4%	10,4%	9,6%
	immer	Anzahl	8	15	23
		% von Haftz. vor 1989	8,5%	3,9%	4,8%
gesamt		Anzahl	94	385	479
		% von Haftz. vor 1989	100,0%	100,0%	100,0%

Tabelle 66: Selbstmordgedanken aufgrund einer Haftzeit zwischen 1980 und 1989

Zeit im Gefängnis waren. Vor 1980 sank dieser Anteil minimal auf 43,7%, um vor 1989 noch einmal auf 48,9% anzusteigen.

Um es klar und drastisch auszudrücken: Von den Gefangenen aus der Zeit vor 1950 hatten 19,2% Selbstmordprobleme, aus der Zeit vor 1989 waren es 51,1%. Die Belastung durch solche Gedanken war unterschiedlich häufig, aber bekanntlich kann hier ein einziges Mal ausreichen.

Körperliche Störungen

Anders als die psychischen Symptome ließen sich die körperlichen Schädigungen durch die Häftlinge schlechter einer bestimmten Gefängniszeit zuordnen. Auffallend war, dass der Anteil der Erkrankten sehr hoch war und dass die somatischen Erkrankungen – im Gegensatz zu den psychischen Erkrankungen – hinsichtlich der Haftzeiten vor 1950 und vor 1989 nicht entsprechend variierten.

So nannten rund 8% aller Gefangenen Kopfschmerzen als ein *immer* vorhandenes Problem, *oft* litten darunter 29 bis 33%.

Auch der Anteil der Magenleidenden war sehr hoch. So hatten zwischen 16,8% (bis 1950) und 22,6% (bis 1989) *immer* Magenprobleme, während zwischen 29,8% (vor 1950) und 32,5% (vor 1970) *oft* darunter litten. Lediglich vor 1989 sank die Zahl derer, die *immer* Magenprobleme hatten, auf 17,9%. Das bedeutete entweder, dass sich die körperlichen Symptome als Langzeitfolgen erst nach und nach aufbauten, oder aber es spricht dafür, dass die Nähe zur Wende es nicht zu den Langzeitfolgen in derselben Höhe hat kommen lassen.

Es war also nicht einfach, jedes somatische Problem, das möglicherweise durch die Haft ausgelöst worden ist, statistisch mit dem Zeitpunkt der Auslösung des Traumas zu verknüpfen. Dies würde eine medizinhistorische Untersuchung des Einzelfalls erfordern.

Deutlicher waren dagegen wieder die Herzprobleme. Das Herz als Ort der Emotionen – wie verhielt es sich dort mit den Beschwerden in Bezug auf die Haft? Es gab ja viele Häftlinge, die über Herzprobleme klagten. In der Zeit vor 1950 klagten 38,8%, dass sie *immer* Herzprobleme hätten. Bei 20,1% kamen sie *oft* vor. Vor 1960 betrug die Zahl derer, die *immer* mit dem Herzen Probleme hatten, 41,7%. *Oft* hatten damit weitere 21,7% zu tun. Vor 1970 sank der Anteil derjenigen, die *immer* damit zu tun hatten, auf 23,9%, während 18,7% – auch etwas weniger – *oft* über Beschwerden klagten. Vor 1980 sank sogar der Anteil derer, die *immer* Herzbeschwerden hatten, und der Anteil derjenigen, die *oft* darunter zu leiden hatten, stieg etwas an, auf 25,4%. Vor 1989 hatten mit 19% vergleichsweise etwas weniger Häftlinge *immer* mit Herzproblemen zu tun. Und der Anteil derer, die *oft* damit zu tun hatten, sank sogar auf 9%.

Umgekehrt sagten aber 11,2% der Häftlinge vor 1950, dass sie *nie* Herzprobleme hatten. Möglicherweise ist diese Zahl aussagekräftiger. Denn vor 1960 stieg der Anteil derer, die nie Herzprobleme hatten, auf 16,5%; vor 1970 auf 27,7%, vor 1980 auf 23,0% und vor 1989 auf 36,0%. Hier zeigte sich, dass doch ein statistischer Zusammenhang zwischen Haftzeit und Herzproblemen bestand, allerdings nur hinsichtlich der Frage, ob man *überhaupt* Herzprobleme hatte oder *gar nicht*.

Hieraus lässt sich der Gedanke ableiten, dass in Zeiten, in denen körperlich gefoltert wurde, auch eher körperliche Symptome entstanden sind, die auch anhielten. Die Chronifizierung der körperlichen Leiden erfolgte langsam.

Die Nieren, Organe der Entgiftung, bezeichneten viele der ehemaligen politischen Gefangenen als beschädigt. Hier fiel ihnen die Zuordnung zum Gefängnis leicht. Sie hatten die ersten Koliken während des Gefängnisaufenthalts gehabt, als sie ohne Strohsäcke oder Matratzen auf dem kalten Boden schlafen oder aber im kalten Wasser stehen mussten (vgl. Protokolle). So sagten 17,2% der politischen Häftlinge, die vor 1950 ins Gefängnis kamen, dass sie *immer* Probleme mit den Nieren hätten. In den Jahrzehnten danach war diese Zahl etwas niedriger. So waren es zum Beispiel vor 1970 9,9%, die *immer*, und 12,8%, die *oft* damit zu tun hatten.

Als aussagefähig erwiesen sich vor allem die Werte, ob jemand überhaupt mit Nierenproblemen zu tun hatte oder nicht. So sagten 37,2% der Gefangenen aus der Zeit vor 1950, dass sie *nie* mit Nierenproblemen zu tun hatten. In der Zeit vor 1989 waren es dagegen 62,5%, die damit *nie* Probleme hatten. Das heißt, vor allem in den frühen 50er Jahren oder auch 1960 lag der Anteil der an Nierenbeschwerden erkrankten politischen Häftlinge hoch und ging sehr wahrscheinlich auf die Unterbringung und die Behandlung während der Haft zurück.

Während es für einen Teil der körperlichen Schäden durch die Haft in der DDR gewiss Heilungsmöglichkeiten gab, war der hohe und wachsende Anteil der psychischen Erkrankungen auch darauf zurückzuführen, dass Psychotherapien nicht zugänglich waren oder aber darauf, dass sich vonseiten der Häftlinge kein Vertrauensverhältnis zu den Therapeuten entwickeln konnte.

Nach der Haft

Vor dem Bau der Mauer ging ein Großteil der Häftlinge in den Westen. Unter den heute über 80-Jährigen betrug dieser Anteil immerhin 52,9%. Bei den unter 70-Jährigen sank dieser Anteil auf 35,6%. Durch die Freikaufpraxis stieg der Anteil derer, die nach der Haft in die Bundesrepublik gingen, in den 70er Jahren wieder auf 44 bis 46% an. Immerhin blieb mehr als die Hälfte der politischen Häftlinge jeder Altersgruppe in der DDR. Insgesamt betrug der Anteil derer, die in der DDR blieben, 56%, während 44% weggingen. Das Ausland spielte dabei mit 1,1% fast keine Rolle.

			Wohnort nach der Haft			gesamt
			DDR	West-deutsch-land	Ausland	
Alter	≤ 40 Jahre	Anzahl	2	2	0	4
		% von Alter	50,0%	50,0%	0,0%	100,0%
	41–50 Jahre	Anzahl	29	26	1	56
		% von Alter	51,8%	46,4%	1,8%	100,0%
	51–60 Jahre	Anzahl	81	66	1	148
		% von Alter	54,7%	44,6%	0,7%	100,0%
	61–70 Jahre	Anzahl	130	73	2	205
		% von Alter	63,4%	35,6%	1,0%	100,0%
	71–80 Jahre	Anzahl	149	121	3	273
		% von Alter	54,6%	44,3%	1,1%	100,0%
	> 80 Jahre	Anzahl	32	37	1	70
		% von Alter	45,7%	52,9%	1,4%	100,0%
gesamt		Anzahl	423	325	8	756
		% von Alter	56,0%	43,0%	1,1%	100,0%

Tabelle 67: Wohnort nach der Haft (nach Alter)

Nach der Wende wechselten viele politische Häftlinge noch einmal ihr Lebensumfeld. So stieg der Anteil derer, die aus dem alten Gebiet der DDR in die alten Länder der Bundesrepublik wechselten, in mehreren Altersgrup-

			Geschlecht		gesamt
			weiblich	männlich	
Nach meiner Haft konnte ich mit meinem Partner weiter leben	trifft zu	Anzahl	28	201	229
		% von Geschlecht	54,9%	53,0%	53,3%
	trifft nicht zu	Anzahl	23	178	201
		% von Geschlecht	45,1%	47,0%	46,7%
gesamt		Anzahl	51	379	430
		% von Geschlecht	100,0%	100,0%	100,0%

Tabelle 68: Nach meiner Haft konnte ich mit meinem Partner weiter leben (nach Geschlecht)

			Geschlecht		gesamt
			weiblich	männlich	
Nach meiner Haft hatte sich mein Partner völlig verändert	trifft zu	Anzahl	21	90	111
		% von Geschlecht	51,2%	28,5%	31,1%
	trifft nicht zu	Anzahl	20	226	246
		% von Geschlecht	48,8%	71,5%	68,9%
gesamt		Anzahl	41	316	357
		% von Geschlecht	100,0%	100,0%	100,0%

Tabelle 69: Nach meiner Haft hatte sich mein Partner völlig verändert (nach Geschlecht)

pen noch einmal an. Auch in den Protokollen berichteten mehrere ehemalige politische Häftlinge davon, dass sie mit der Öffnung der Mauer in den Westen gingen. Bei den unter 50-Jährigen stieg der Anteil auf 48,9% und bei den unter 60-Jährigen auf 51,8%. Bei den unter 70-Jährigen erhöhte sich der Anteil derer, die in den alten Bundesländern lebten, auf 44%.

Nach der Haft hatten es die Gefangenen nicht immer leicht, sich wieder in den beruflichen und familiären Alltag einzugliedern. Schon die Tatsache, dass die Partnerschaft weiterging, war nicht selbstverständlich. Die Partnerschaften und Ehen der politischen Häftlinge überstanden die politische Haft nur zu etwas mehr als 50%.

Fast ein Drittel der Gefangenen meinte, der eigene Partner habe sich nach der Haft völlig verändert. Zu fast 30% gaben das die Inhaftierten an. Die vordem inhaftierten Frauen sagten das über ihre Partner sogar zu 51%. Bei den Männern waren es 28%.[115]

72% der Häftlinge fanden sich nach der Haft im normalen Leben wieder zurecht. Bei den Frauen war dieser Anteil deutlich geringer. Gut 45% gaben an, dass sie nach dem Gefängnis nicht mehr gut klarkamen. Bei den Männern hatte nur ein Viertel der ehemaligen Häftlinge dieses Problem.

			Geschlecht		gesamt
			weiblich	männlich	
Nach der Haft konnte ich mich im normalen Leben wieder zurechtfinden	trifft zu	Anzahl	41	402	443
		% von Geschlecht	54,7%	74,6%	72,1%
	trifft nicht zu	Anzahl	34	137	171
		% von Geschlecht	45,3%	25,4%	27,9%
gesamt		Anzahl	75	539	614
		% von Geschlecht	100,0%	100,0%	100,0%

Tabelle 70: Nach meiner Haft konnte ich mich im normalen Leben wieder zurechtfinden (nach Geschlecht)

In dem Beruf, den sie schon vor der Haft ausübten, konnten nur 55% aller Häftlinge wieder unterkommen. Bei fast 57% der Frauen und bei 43% der Männer war das nicht der Fall (vgl. Tabelle 71).

Ob jemand in der DDR im alten Betrieb weiterarbeiten durfte, lag sicherlich an der Aufmerksamkeit, die die Stasi ihr oder ihm weiterhin widmete. 34% der politischen Häftlinge gaben an, dass sie nach der Zeit im Gefängnis im Betrieb isoliert waren. Der Anteil der Frauen, die sich isoliert fühlten, lag mit 45,3% sehr viel höher als bei den Männern mit 32,9%. Es gab auch Fälle, in denen diejenigen, die in den

115 Möglicherweise wurden die nicht inhaftierten PartnerInnen auch zu selbstständig (vgl. Protokolle der Angehörigen).

			Geschlecht		gesamt
			weiblich	männlich	
Nach der Haft konnte ich wieder in meinem Beruf arbeiten	trifft zu	Anzahl	32	287	319
		% von Geschlecht	43,2%	56,7%	55,0%
	trifft nicht zu	Anzahl	42	219	261
		% von Geschlecht	56,8%	43,3%	45,0%
gesamt		Anzahl	74	506	580
		% von Geschlecht	100,0%	100,0%	100,0%

Tabelle 71: Nach der Haft konnte ich wieder in meinem Beruf arbeiten (nach Geschlecht)

Betrieb zurückkamen, dort wie Helden gefeiert wurden. Oft genug war genau das der Auftakt für die nächste Runde der politischen Repression (vgl. Protokolle).

Dass sie nach der Haft weiterhin bespitzelt wurden, gaben zwei Drittel der Befragten an. Bei den Frauen lag der Anteil mit 72,1% höher als bei den Männern mit 65,2%.

			Geschlecht		gesamt
			weiblich	männlich	
Nach der Haft war ich im Betrieb wegen meiner Haft isoliert	trifft zu	Anzahl	25	138	163
		% von Geschlecht	46,3%	32,9%	34,4%
	trifft nicht zu	Anzahl	29	282	311
		% von Geschlecht	53,7%	67,1%	65,6%
gesamt		Anzahl	54	420	474
		% von Geschlecht	100,0%	100,0%	100,0%

Tabelle 72: Nach der Haft war ich im Betrieb wegen meiner Haft isoliert (nach Geschlecht)

Nach der Haft dauerte die Verfolgung der Kinder durch die Behörden an. 22,4% der politischen Häftlinge klagten darüber. Bei den Frauen, die davon berichteten, lag der Anteil mit 31,4% deutlich höher als bei den Männern (21,3%).

			Geschlecht		gesamt
			weiblich	männlich	
Nach der Haft wurde ich bespitzelt und verfolgt	trifft zu	Anzahl	44	301	345
		% von Geschlecht	72,1%	65,2%	66,0%
	trifft nicht zu	Anzahl	17	161	178
		% von Geschlecht	27,9%	34,8%	34,0%
gesamt		Anzahl	61	462	523
		% von Geschlecht	100,0%	100,0%	100,0%

Tabelle 73: Nach der Haft wurde ich bespitzelt und verfolgt (nach Geschlecht)

			Geschlecht		gesamt
			weiblich	männlich	
Nach der Haft sind meine Kinder weiter verfolgt worden	trifft zu	Anzahl	11	63	74
		% von Geschlecht	31,4%	21,3%	22,4%
	trifft nicht zu	Anzahl	24	233	257
		% von Geschlecht	68,6%	78,7%	77,6%
gesamt		Anzahl	35	296	331
		% von Geschlecht	100,0%	100,0%	100,0%

Tabelle 74: Nach der Haft sind meine Kinder weiter verfolgt worden (nach Geschlecht)

Soziale Lage und Geschlecht

Zu den Langzeitfolgen der Haft gehört für viele der ehemaligen politischen Häftlinge ein niedriger sozialer Status. Das hat die Essener Studie gezeigt. 799 der 802 ehemaligen politischen Gefangenen der DDR, die den Fragebogen beantwortet hatten, gaben Auskunft über ihre aktuelle soziale Lage. Von den Befragten befanden sich gerade mal 7,5% noch im Beruf. Freiberuflich arbeiteten weitere 3,3%.

Die zweitgrößte Gruppe waren mit 13,1% die Bezieher von Leistungen nach Hartz IV. Hier war die Gruppe der Frauen mit 16,7% relativ größer als die der Männer mit 12,6%. In Umschulungsmaßnahmen des Arbeitsamtes oder in Arbeitsbeschaffungsmaßnahmen in den neuen Bundesländern steckten nur 0,5% der Häftlinge.

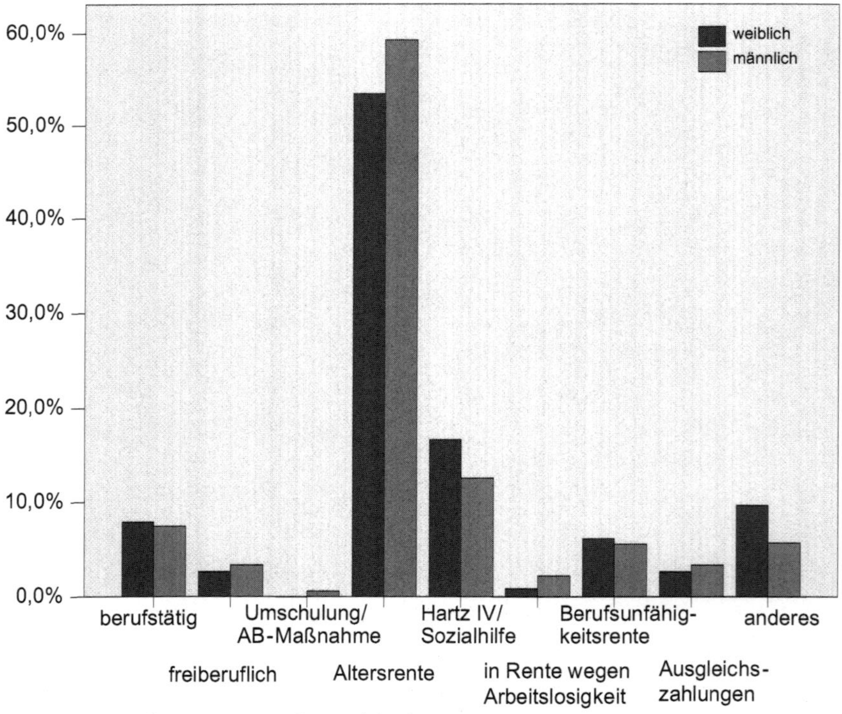

Grafik 21: Sozialer Status und Geschlecht

Die größte Gruppe bildeten mit 58,4% die Rentner. Bei der Altersrente lagen die Männer vorn mit 59,3%. Die Frauen bezogen zu 53,5% Altersrente. Vorzeitig in Rente gegangen wegen Arbeitslosigkeit waren 2,0% aller Befragten, 5,6% bezogen eine Berufsunfähigkeitsrente. Der relative Anteil der Frauen lag hier mit 6,1% etwas höher als der Anteil der Männer.

Das Haushaltsnettoeinkommen war bei einem Großteil der politischen Gefangenen sehr niedrig. Vor allem Frauen waren in den niedrigen Einkommensgruppen konzentriert. Zwischen 251 und 500 Euro im Monat hatten 8% der ehemaligen politischen Häftlinge zur Verfügung. 13,5% betrug hier der Anteil bei den Frauen, 7,1% waren es bei den Männern. Das heißt, besonders bei den niedrigen Einkommen – und auch bei den hohen – ging die Geschlechterschere auseinander.

Bis 750 Euro erhielten 14,9% aller Gefangenen. In der Gruppe der Frauen waren es 21,2% und 13,8% in der Gruppe der Männer. 14,1% verfügten insgesamt über ein Haushaltseinkommen bis 1.000 Euro. Auch hier führten die Frauen noch mit 18,3%. Bei den Männern waren es 13,4%.

In der nächsten Gruppe der Haushaltseinkommen von 1.001 bis 1.500 Euro befanden sich insgesamt 24,0% der Häftlinge. Hier überflügelten die Männer mit 25,2% erstmals die Frauen. Der Anteil der Frauen betrug nur noch 16,3%.

Zwischen 1.501 und 2.000 Euro bekamen 15,9% der Häftlinge. Zu 16,6% bezogen dieses Haushaltseinkommen Männer und nur zu 11,5% Frauen. Ein Einkommen von mehr als 2.000 Euro stand den Frauen zu 14,4% zur Verfügung, den Männern zu 20,8%.

Die soziale Not war am größten bei denen, die unter 500 Euro oder sogar unter 250 Euro im Monat verdienten. Von allen Häftlingen waren das 11,3%. Bei den Frauen war der Anteil der sozial Bedürftigen am höchsten. Er betrug 18,3% aller weiblichen politischen Häftlinge. Unter 250 Euro monatlich erhielten 4,8% Frauen und 3,1% Männer.

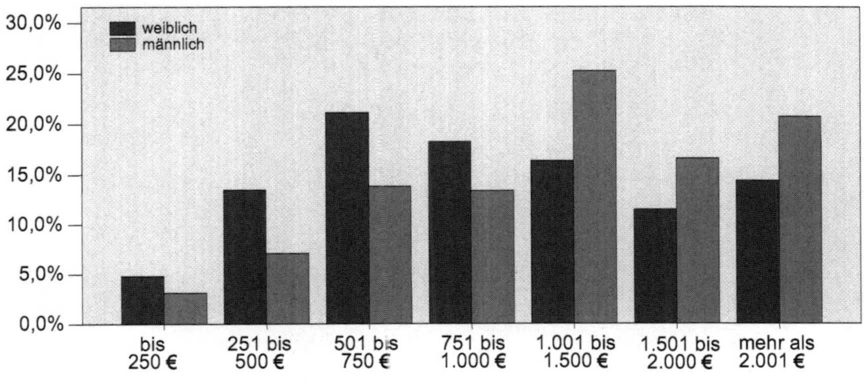

Grafik 22: Haushaltsnettoeinkommen (nach Geschlecht)

Wie viel vom Haushaltseinkommen wird von den jeweiligen Häftlingen selbst erwirtschaftet, lautete die nächste Frage.

Selbst erhielten danach bis 250 Euro monatlich 4% der ehemaligen politischen Gefangenen. Davon waren 11,4% der Befragten weibliche Häftlinge, aber nur 3,1% Männer.

Bis 500 Euro an eigenem Einkommen erzielten 8% der Gefangenen. Auch hier überwogen wie bei allen niedrigen Einkommen mit 11,4% die Frauen. Der Anteil der Männer betrug 7,6%.

In der Gruppe der Einzeleinkommen bis 750 Euro befand sich mit 34,1% der größte Anteil der weiblichen Gefangenen. Die Männer waren in dieser Einkommensgruppe dagegen nur zu 9,3% vertreten. Insgesamt umfasste diese Einkommensgruppe einen Anteil von 12% aller politischen Gefangenen.

Das heißt, in den unteren drei Einkommensgruppen, der fast ein Viertel aller Gefangenen angehörten, befanden sich 56,9% der Frauen, aber nur 20% der Männer.

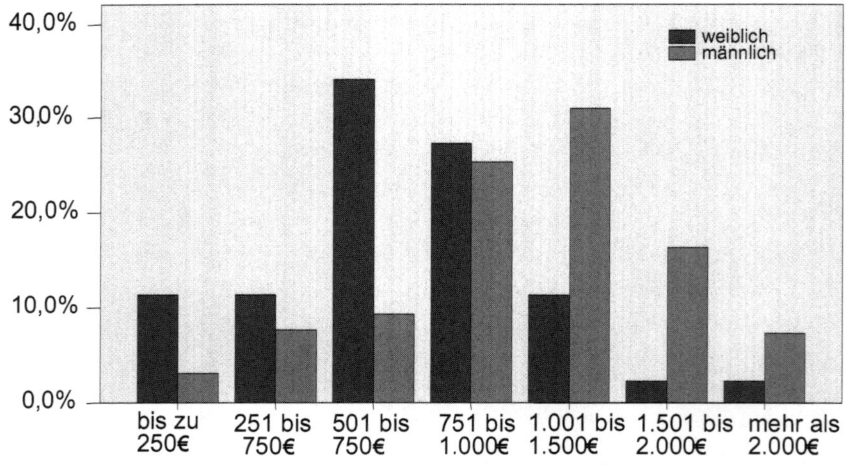

Grafik 23: Eigenes Einkommen (nach Geschlecht)

In der Einkommensgruppe zwischen 1.001 und 1.500 Euro war der Großteil der Männer angesiedelt. 31,1% erhielten ein Einkommen in dieser Höhe. Im Verhältnis zur Vorgruppe sank hier der Anteil der Frauen auf nur 11,4%.

In allen Einkommensgruppen über 1.500 Euro (inkl. der Gruppe mit einem Einkommen von mehr als 2.000 Euro) befanden sich 21,6% aller Häftlinge, davon nur noch 4,6% der weiblichen Häftlinge. Dem standen 23,6% der Männer gegenüber.

Ihre Miete zahlten 69,6% der Häftlinge selbst. Von den Frauen waren es

61,5% und von den Männern 71%. Die ARGE kam bei 14,2% aller Häftlinge für die Miete auf. Beim Rest waren es andere Personen, zum Beispiel der Partner bzw. die Partnerin. Bei den Frauen kam es häufiger vor, dass andere für die Miete aufkamen, nämlich bei 23,1%. Bei Männern waren es aber auch 15,1%.

Entsprechend gering fiel natürlich auch die Einkommenszufriedenheit aus. 33,7% der Häftlinge waren mit ihrem Einkommen *überhaupt nicht zufrieden*. Bei den Frauen lag dieser Anteil der Unzufriedenen erwartungsgemäß deutlich höher: Er betrug 40,4%. Aber mit 32,6% lag der Anteil der sehr unzufriedenen Männer ebenfalls bei fast einem Drittel der Befragten.

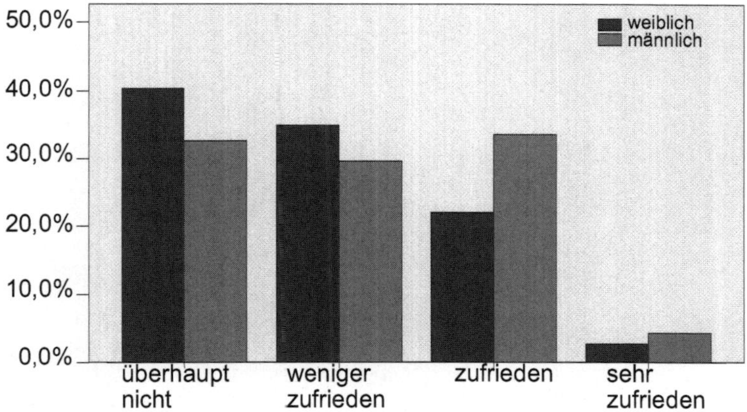

Grafik 24: Einkommenszufriedenheit (nach Geschlecht)

Dass sie *weniger zufrieden* wären, gaben weitere 30,3% aller Häftlinge an. Auch hier lag der Anteil der Frauen mit 34,9% höher, bei den Männern waren es 29,6%. Fasst man beide Gruppen der Unzufriedenen zusammen, so ergibt sich, dass knapp zwei Drittel (63,7%) aller Häftlinge heute mit ihrem Einkommen unzufrieden sind. Unter den Frauen waren es sogar mehr als drei Viertel.

Dass sie *zufrieden* oder *sehr zufrieden* seien, gaben 36% aller Häftlinge an. Unter den Männern waren es knapp 38%. Dem stand nur knapp ein Viertel der weiblichen Häftlinge gegenüber.

Entschädigungen

Die Praxis der Versorgungsämter wird von Betroffenen wie auch von Experten häufig kritisiert. Unter den ehemaligen politischen Häftlingen wurde nur bei gut einem Viertel der Befragten ein Haftschaden anerkannt. Bei 28,9% der weiblichen Häftlinge und bei 26,3% der Männer war dies der Fall. Das hat die Essener Studie ergeben.

			Geschlecht		gesamt
			weiblich	männlich	
Haftfolgeschaden	ja	Anzahl	26	159	185
		% von Geschlecht	28,9%	26,3%	26,6%
	nein	Anzahl	64	446	510
		% von Geschlecht	71,1%	73,7%	73,4%
gesamt		Anzahl	90	605	695
		% von Geschlecht	100,0%	100,0%	100,0%

Tabelle 75: Anerkennung von Haftfolgeschäden (nach Geschlecht)

Bei den Gesundheitsschäden, die anerkannt wurden, lag die Rate bei 69,7% am höchsten. Eine Abweichung der Geschlechter gibt es hier kaum.

Die Anerkennung von Berufsschäden lag noch mehr im Argen. Statistisch ließ sich das eindrücklich nachweisen. Unter den befragten Frauen gab es keine Einzige, bei der ein Berufsschaden anerkannt worden ist. Bei den Männern waren es auch nur 4,2%. Bei gut einem Drittel war das Verfahren zum Zeitpunkt der Befragung noch nicht abgeschlossen.

Eine weitere Frage lautete, zu welch einem Prozentsatz die Gesundheitsschäden von den Versorgungsämtern anerkannt worden sind. Ab 30 Prozent erhalten die Betroffenen eine minimale Zusatzrente. In dieser Eingangshöhe wurden 24,7% der ehemaligen politischen Häftlinge beiderlei Geschlechts anerkannt. Männer und Frauen lagen hier fast gleich auf. Bei 40 Prozent Schädigungen lag der Anteil der Frauen bei 23,1%, der der Männer bei nur 11,8%. Eine Erwerbsminderung von 50 Prozent aus gesundheitlichen Gründen wurde bei den Frauen zu 7,7% und bei den Männern zu 11,8% anerkannt. Eine Minderung von 60 Prozent wurde bei 11,5% der Frauen und bei 8,3% der Männer anerkannt.

			Geschlecht		gesamt
			weiblich	männlich	
Welcher Haftfolgeschaden wurde anerkannt?	gesundheitlich	Anzahl	16	83	99
		% von Geschlecht	69,6%	69,7%	69,7%
	beruflich	Anzahl	0	5	5
		% von Geschlecht	0%	4,2%	3,5%
	Verfahren läuft noch	Anzahl	7	31	38
		% von Geschlecht	30,4%	26,1%	26,8%
gesamt		Anzahl	23	119	142
		% von Geschlecht	100,0%	100,0%	100,0%

Tabelle 76: Welcher Haftfolgeschaden wurde anerkannt (nach Geschlecht)

Dass die Haftschadensrenten sehr niedrig ausfallen, davon war bereits die Rede. Nach Angaben der ehemaligen politischen Häftlinge wurden 2,9% der Häftlinge für eine Rente bis zu 100 Euro eingestuft. Bis zu 200 Euro erhielt bereits mehr als die Hälfte, nämlich 62,1%. Bis zu 300 Euro erhielten weitere 25,2%. Höhere Summen bekamen nur noch einzelne Häftlinge. 75% der Frauen wurden bis zu 200 Euro Haftschadensrente ausgezahlt, während der Anteil der Männer bei 59,8% lag. Bis zu 300 Euro erhielten 6,3% der Frauen, aber 28,7% der Männer. Eine Haftschadensrente von über 300 Euro bekamen Frauen nur noch in Einzelfällen (vgl. Tabelle 77).

Die Anerkennung der Haftschadensrenten hat immer wieder zu Auseinandersetzungen mit den Versorgungsämtern geführt. So haben 60,8% der befragten Häftlinge, bei denen die Haftschadensrente nicht anerkannt wurde, gegen den Bescheid des Versorgungsamts Widerspruch eingelegt. 39,2% haben deshalb sogar einen Prozess gegen ein Versorgungsamt geführt. Die Werte von Männern und Frauen lagen in diesem Fall dicht beieinander (vgl. Tabelle 78).

Dass sie Erfolg bei Gericht hatten, gaben 11,4% an. 67,4% mussten vor dem Richter eine Niederlage einstecken. Bei 18,5% derer, die angaben, einen Prozess angestrengt zu haben, lief das Verfahren noch (vgl. Tabelle 79).

Eine Entschädigung aufgrund ihrer Haft erhielten 94,1% der Befragten. Bei den Frauen waren es 90,2%, bei den Männern 94,7%. Dabei handelte es sich in der Regel um eine Einmalzahlung (vgl. Tabelle 80).

Faktisch haben 27,3% der Befragten eine Entschädigung für ihre Haft von

			Geschlecht		gesamt
			weiblich	männlich	
Haftschadensrente	bis 100 €	Anzahl	0	3	3
		% von Geschlecht	0%	3,4%	2,9%
	bis 200 €	Anzahl	12	52	64
		% von Geschlecht	75,0%	59,8%	62,1%
	bis 300 €	Anzahl	1	25	26
		% von Geschlecht	6,3%	28,7%	25,2%
	bis 400 €	Anzahl	1	3	4
		% von Geschlecht	6,3%	3,4%	3,9%
	bis 500 €	Anzahl	1	1	2
		% von Geschlecht	6,3%	1,1%	1,9%
	bis 600 €	Anzahl	1	0	1
		% von Geschlecht	6,3%	0%	1,0%
	bis 800 €	Anzahl	0	2	2
		% von Geschlecht	0%	2,3%	1,9%
	bis 900 €	Anzahl	0	1	1
		% von Geschlecht	0%	1,1%	1,0%
gesamt		Anzahl	16	87	103
		% von Geschlecht	100,0%	100,0%	100,0%

Tabelle 77: Haftschadensrente (nach Geschlecht)

unter 5.000 D-Mark[116] erhalten. In diese Kategorie gehörten 44,4% der weiblichen Häftlinge. Unter 10.000 D-Mark bekamen 24,4%. 13,5% erhielten bis zu 15.000 D-Mark. Der Anteil derer, denen mehr zugesprochen wurde, lag bei 7,1% (bis 20.000 D-Mark); ebenfalls bei 7,1% lag der Anteil derjenigen, die bis zu 25.000 D-Mark als Haftentschädigung bekommen haben (vgl. Tabelle 81).

Die weiblichen Häftlinge erhielten weniger an Entschädigung als die Männer. Ihre Haftzeiten waren allerdings im Schnitt entsprechend kürzer. Frauen wurden mehrheitlich zu Strafen unter zwei Jahren oder bis zu drei Jahren verurteilt. Die Männer dagegen lagen in den Urteilen ab einer Haftstrafe von drei Jahren vorn. Entsprechend bekamen die Männer höhere Haftentschädigungen.

116 Die Beträge der Entschädigungen sind in der Mehrzahl in D-Mark angegeben, da sie vor der Umstellung auf den Euro ausgezahlt wurden.

			Geschlecht		gesamt
			weiblich	männlich	
Nach der Nichtanerkennung	Widerspruch eingelegt	Anzahl	10	83	93
		% von Geschlecht	66,7%	60,1%	60,8%
	einen Prozess geführt	Anzahl	5	55	60
		% von Geschlecht	33,3%	39,9%	39,2%
gesamt		Anzahl	15	138	153
		% von Geschlecht	100,0%	100,0%	100,0%

Tabelle 78: Nach der Nichtanerkennung einer Haftschadensrente (nach Geschlecht)

			Geschlecht		gesamt
			weiblich	männlich	
Prozesserfolg	ja	Anzahl	3	18	21
		% von Geschlecht	15,8%	10,9%	11,4%
	nein	Anzahl	13	111	124
		% von Geschlecht	68,4%	67,3%	67,4%
	teilweise	Anzahl	0	5	5
		% von Geschlecht	0%	3,0%	2,7%
	Verfahren läuft noch	Anzahl	3	31	34
		% von Geschlecht	15,8%	18,8%	18,5%
gesamt		Anzahl	19	165	184
		% von Geschlecht	100,0%	100,0%	100,0%

Tabelle 79: Prozesserfolg (nach Geschlecht)

			Geschlecht		gesamt
			weiblich	männlich	
Haben Sie eine Kapital-entschädigung erhalten?	ja	Anzahl	92	612	704
		% von Geschlecht	90,2%	94,7%	94,1%
	nein	Anzahl	10	34	44
		% von Geschlecht	9,8%	5,3%	5,9%
gesamt		Anzahl	102	646	748
		% von Geschlecht	100,0%	100,0%	100,0%

Tabelle 80: Kapitalentschädigung erhalten (nach Geschlecht)

			Geschlecht		gesamt
			weiblich	männlich	
Wie hoch war die Kapitalentschädigung?	bis 5.000 DM	Anzahl	32	103	135
		% von Geschlecht	44,4%	24,3%	27,3%
	bis 10.000 DM	Anzahl	18	103	121
		% von Geschlecht	25,0%	24,3%	24,4%
	bis 15.000 DM	Anzahl	7	60	67
		% von Geschlecht	9,7%	14,2%	13,5%
	bis 20.000 DM	Anzahl	3	32	35
		% von Geschlecht	4,2%	7,6%	7,1%
	bis 25.000 DM	Anzahl	3	32	35
		% von Geschlecht	4,2%	7,6%	7,1%
	bis 30.000 DM	Anzahl	2	42	44
		% von Geschlecht	2,8%	9,9%	8,9%
	bis 35.000 DM	Anzahl	1	15	16
		% von Geschlecht	1,4%	3,5%	3,2%
	bis 40.000 DM	Anzahl	1	11	12
		% von Geschlecht	1,4%	2,6%	2,4%
	bis 45.000 DM	Anzahl	2	7	9
		% von Geschlecht	2,8%	1,7%	1,8%
	bis 50.000 DM	Anzahl	0	3	3
		% von Geschlecht	0%	0,7%	0,6%
	bis 55.000 DM	Anzahl	2	5	7
		% von Geschlecht	2,8%	1,2%	1,4%
	bis 60.000 DM	Anzahl	0	7	7
		% von Geschlecht	0%	1,7%	1,4%
	mehr als 60.000 DM	Anzahl	1	3	4
		% von Geschlecht	1,4%	0,7%	0,8%
gesamt		Anzahl	72	423	495
		% von Geschlecht	100,0%	100,0%	100,0%

Tabelle 81: Höhe der Kapitalentschädigung (nach Geschlecht)

Teil VI

Nach der Wende

Ansichten zur Einheit

Wie schätzten diejenigen, die die Wende und Einheit beider Deutschlands erhofft, dafür gekämpft und mit viel Lebenszeit bezahlt hatten, das Ergebnis der Vereinigung ein? Die Haft hat sie all die Jahre belastet. Wenn sie im Westen lebten, fühlten sie sich relativ sicher, im Osten blieb die Bedrohung stets vor Augen.

Dennoch bewirkte die Wende allein noch nicht, dass alle politischen Häftlinge nach 1989 mit ihrer Haft abschließen konnten. Dass sie es vermochten, gaben etwas mehr als 30% an. Bei knapp 70% der Häftlinge war das aber nicht der Fall. Für viele begann die Beschäftigung mit der Haft sogar erst, als die Mauer bereits gefallen war.

	Anzahl	gültige Prozente	kumulierte Prozente
trifft zu	131	30,3%	30,3%
trifft nicht zu	301	69,7%	100,0%
gesamt	432	100,0%	
keine Antwort	370		
gesamt	802		

Tabelle 82: Nach 1989 konnte ich mit der Haft abschließen (alle Befragten)

Von den Frauen gaben nur 21,1% an, dass sie mit der Haft abschließen konnten, bei den Männern waren es mit 31,7% deutlich mehr. 69,7% aller Häftlinge hatten mit der Haft weiterhin Probleme.

Für die ehemaligen Häftlinge war die Frage des Neuanfangs nach 1989 von Bedeutung. 469 Häftlinge haben diese Frage beantwortet.[117] 41,6% gaben an, dass sie mit dem Ende der DDR neu beginnen konnten. Weitaus mehr aber, nämlich 58,4%, meinten, dass ihnen keine Chance gegeben wurde.

Nach Geschlechtern aufgeteilt gaben nur 38,2% der Frauen an, dass sie nach der Wende neu beginnen konnten. Bei den Männern waren es mit 42% etwas mehr (vgl. Tabelle 85).

117 Bei den Listen, in denen die Häftlinge mehre Themen ankreuzen mussten, hat bei den Kranken möglicherweise die Konzentration nachgelassen. Das heißt, in Wirklichkeit könnten die Zahlen alle noch höher liegen. Die Aussagen über die Haft sind daher als Mindestangaben zu verstehen.

			Geschlecht		gesamt
			weiblich	männlich	
Nach 1989 konnte ich mit der Haft abschließen	trifft zu	Anzahl	12	119	131
		% von Geschlecht	21,1%	31,7%	30,3%
	trifft nicht zu	Anzahl	45	256	301
		% von Geschlecht	78,9%	68,3%	69,7%
gesamt		Anzahl	57	375	432
		% von Geschlecht	100,0%	100,0%	100,0%

Tabelle 83: Nach 1989 konnte ich mit der Haft abschließen (nach Geschlecht)

	Anzahl	gültige Prozente	kumulierte Prozente
trifft zu	195	41,6%	41,6%
trifft nicht zu	274	58,4%	100,0%
gesamt	469	100,0%	
keine Antwort	333		
gesamt	802		

Tabelle 84: Nach 1989 konnte ich ganz neu beginnen (alle Befragten)

Dass sie nicht mit dem Westen zurechtkamen, galt für eine Minderheit von 14,7% der Häftlinge. 85,3% meinten, dass sie mit dem Westen zurechtkamen. Von den Frauen kamen mit 86,5% im Westen ähnlich viele zurecht wie bei den Männern mit 85,1% (vgl. Tabelle 86).

Von denen, die angaben, dass sie nach 1989 nicht zurechtkamen, lebten 16% nach ihrer Haft in der DDR. Von denen, die in der Bundesrepublik lebten, kamen 12,7% nach 1989 nicht zurecht. 84% derer, die in der DDR lebten, kamen aber nach 1989 durchaus zurecht. 87,3% derer, die nach der Haft zurechtkamen, hatten nach ihrer Haft in Westdeutschland gelebt.

Die Fähigkeit, nach der Einheit zurechtzukommen, war offenbar relativ unabhängig davon, ob die ehemaligen politischen Gefangenen nach ihrer Haft

			Geschlecht		gesamt
			weiblich	männlich	
Nach 1989 konnte ich ganz neu beginnen	trifft zu	Anzahl	21	174	195
		% von Geschlecht	38,2%	42,0%	41,6%
	trifft nicht zu	Anzahl	34	240	274
		% von Geschlecht	61,8%	58,0%	58,4%
gesamt		Anzahl	55	414	469
		% von Geschlecht	100,0%	100,0%	100,0%

Tabelle 85: Nach 1989 konnte ich ganz neu beginnen (nach Geschlecht)

	Anzahl	gültige Prozente
trifft zu	61	14,7%
trifft nicht zu	354	85,3%
gesamt	415	100,0%

Tabelle 86: Nach 1989 kam ich im Westen nicht zurecht (alle Befragten)

im Westen bzw. im Osten lebten. Es gab einen leicht erhöhten Anteil unter denen, die in der DDR gelebt hatten und nach 1989 nicht zurechtkamen.

Nach der Einheit wurde im Westen die Angst wieder aktualisiert, dass MfSler nun auch im Westen Fuß fassen könnten. Zugleich gab es durch die Berichterstattung in den Medien bei vielen Häftlingen Flashbacks.[118]

Nur knapp mehr als die Hälfte der ehemaligen politischen Häftlinge, nämlich 52% der Befragten, gaben an, sie hätten sich die politische und gesellschaftliche Entwicklung auch so vorgestellt, wie sie sich nach 1989 tatsächlich entwickelte. Eine knappe Minderheit der Befragten (48%) stimmte dagegen der Aussage zu, dass sie sich die Entwicklung nach 1989 anders vorgestellt hätten.

118 Eine Expertin erzählte, dass zur Zeit der Wende im Westen lebende Häftlinge und Häftlingsfunktionäre solche Ängste entwickelten.

			Nach 1989 kam ich im Westen nicht zurecht		gesamt
			trifft zu	trifft nicht zu	
Wohnort nach der Haft	DDR	Anzahl	38	199	237
		% von Wohnort	16,0%	84,0%	100,0%
	West-deutsch-land	Anzahl	20	138	158
		% von Wohnort	12,7%	87,3%	100,0%
	Ausland	Anzahl	1	2	3
		% von Wohnort	33,3%	66,7%	100,0%
gesamt		Anzahl	59	339	398
		% von Wohnort	14,8%	85,2%	100,0%
		gesamt	100,0%	100,0%	100,0%

Tabelle 87: Nach 1989 kam ich im Westen nicht zurecht (nach Wohnort)

	Anzahl	gültige Prozente	kumulierte Prozente
trifft zu	221	48,0%	48,0%
trifft nicht zu	239	52,0%	100,0%
gesamt	460	100,0%	
keine Antwort	342		
gesamt	802		

Tabelle 88: Nach 1989 hatte ich es mir anders vorgestellt (alle Befragten)

Nach 1989 wurde ein erstaunlich hoher Anteil von ehemaligen Häftlingen erst einmal krank. 45,5% gaben das an. Mit einem Anteil von 50% erkrankten Frauen nach 1989 häufiger als Männer, die es aber auch zu 44,9% betraf. Es war, als ob die Kraft, die die politischen Häftlinge gebraucht hatten, um mit der Erfahrung der Inhaftierung weiterzuleben, zusammenbrach, als die DDR aufhörte zu existieren. Die Enttäuschung über die Entwicklung wird das Ihre getan haben (vgl. Tabelle 89).

70,8% der ehemaligen politischen Häftlinge gaben an, dass sie auch nach der Haft durch die Erlebnisse während der Haftzeit weiter belastet waren.

	Anzahl	gültige Prozente	kumulierte Prozente
trifft zu	197	45,5%	45,5%
trifft nicht zu	236	54,5%	100,0%
gesamt	433	100,0%	
keine Antwort	369		
gesamt	802		

Tabelle 89: Nach 1989 wurde ich krank (alle Befragten)

Nur 29,2% äußerten, sie hätten nichts dergleichen gespürt. Der Unterschied zwischen den Geschlechtern war hier gravierend. Die weiblichen Häftlinge gaben diese Belastung zu 87% an, bei den Männern waren es nur 68,3%.

			Geschlecht		gesamt
			weiblich	männlich	
Nach 1989 hat mich die Haft weiter belastet	trifft zu	Anzahl	67	329	396
		% von Geschlecht	87,0%	68,3%	70,8%
	trifft nicht zu	Anzahl	10	153	163
		% von Geschlecht	13,0%	31,7%	29,2%
gesamt		Anzahl	77	482	559
		% von Geschlecht	100,0%	100,0%	100,0%

Tabelle 90: Nach 1989 hat mich die Haft weiterhin belastet (nach Geschlecht)

Ein Problem bildete die Existenz der alten Seilschaften. 39% der Befragten gaben in der quantitativen Befragung an, dass sie von diesen Seilschaften auch nach der Wende noch behindert worden seien. 61% meinten dagegen, dass dies nicht der Fall gewesen sei. Frauen fühlten sich zu 44,1% etwas häufiger durch alte Seilschaften behindert als Männer (38,2%).

	Anzahl	gültige Prozente	kumulierte Prozente
trifft zu	172	39,0%	39,0%
trifft nicht zu	269	61,0%	100,0%
gesamt	441	100,0%	
keine Antwort	361		
gesamt	802		

Tabelle 91: Nach 1989 wurde ich durch alte Seilschaften behindert (alle Befragten)

Das Gefühl, neu zu beginnen, beinhaltete auch, dass die Häftlinge nun das Recht hatten, die Hintergründe ihrer Haft zu kennen. Das hieß, dass sie Zugang zu ihren Stasiakten bekamen. Tatsächlich haben 69,1% ihre Stasiakte eingesehen, und weitere 9,3% haben diese Einsicht beantragt. Nur ein Fünftel (21,6%) hat von dieser Möglichkeit keinen Gebrauch gemacht.

Ihre Stasiakte gelesen haben 54,4% der weiblichen Häftlinge und 69,8% der Männer. Bei insgesamt 7% der Häftlinge war der Antrag noch in Arbeit.

Von denen, die Akteneinsicht genommen oder beantragt hatten, wurde eine Reihe anschließend aktiv.

			Geschlecht		gesamt
			weiblich	männlich	
Nach 1989 habe ich Spitzel zur Rede gestellt	trifft zu	Anzahl	22	144	166
		% von Geschlecht	35,5%	33,5%	33,7%
	trifft nicht zu	Anzahl	40	286	326
		% von Geschlecht	64,5%	66,5%	66,3%
gesamt		Anzahl	62	430	492
		% von Geschlecht	100,0%	100,0%	100,0%

Tabelle 92: Nach 1989 habe ich Spitzel zur Rede gestellt (nach Geschlecht)

Ein Drittel der befragten politischen Häftlinge hat nach 1989 Spitzel zur Rede gestellt. Zwei Drittel haben das nicht getan. Von denen, die einen oder mehre IM zur Rede gestellt haben, haben 82,9% auch ihre Akten eingesehen. 66,2%, die ihre Akten eingesehen haben, haben darauf verzichtet, den oder die IM zur Rede zu stellen. Der Anteil der Frauen, die ihre IM zur Rede gestellt haben, lag mit 35,5% höher als der der Männer (33,5%).

Zum Wohlbefinden nach 1989 hätte eine positive soziale Situation gehört. Und die war und ist trotz aller Entschädigungsleistungen für viele der ehemaligen Häftlinge miserabel. Traumatisierte Menschen müssen sich aktiv ausleben, sie dürfen nicht ausschließlich der Beschäftigung mit ihrem Trauma ausgeliefert sein. Aus diesem Grunde war es für die ehemaligen politischen Häftlinge katastrophal, dass 46,3% von ihnen erst einmal arbeitslos wurden. Nicht arbeitslos wurde etwas mehr als die Hälfte (53,7%). Von der Arbeitslosigkeit betroffen waren anteilig etwas weniger Frauen (43,5%) als Männer (46,7%).

			Geschlecht		gesamt
			weiblich	männlich	
Nach 1989 wurde ich arbeitslos	trifft zu	Anzahl	27	178	205
		% von Geschlecht	43,5%	46,7%	46,3%
	trifft nicht zu	Anzahl	35	203	238
		% von Geschlecht	56,5%	53,3%	53,7%
gesamt		Anzahl	62	381	443
		% von Geschlecht	100,0%	100,0%	100,0%

Tabelle 93: Nach 1989 wurde ich arbeitslos (nach Geschlecht)

Auch für eine berufliche Karriere war es für viele politische Häftlinge altersbedingt bereits zu spät. Die gelang nach 1989 überhaupt nur noch 13,4%. Davon waren 15,7% der Frauen und 13,1% der Männer. 84,3% der Frauen und 86,9% der Männer gaben an, dass ihnen dies nicht mehr möglich gewesen sei. Aufgrund von Alter, Krankheit und Arbeitslosigkeit hatten mehr als vier Fünftel keine Chance und wohl auch keine Kraft mehr, sich nach der Wende beruflich zu entfalten.

			Geschlecht		gesamt
			weiblich	männlich	
Nach 1989 konnte ich Karriere machen	trifft zu	Anzahl	8	50	58
		% von Geschlecht	15,7%	13,1%	13,4%
	trifft nicht zu	Anzahl	43	332	375
		% von Geschlecht	84,3%	86,9%	86,6%
gesamt		Anzahl	51	382	433
		% von Geschlecht	100,0%	100,0%	100,0%

Tabelle 94: Nach 1989 konnte ich Karriere machen (nach Geschlecht)

Geschlecht und Wende

In der DDR haben nach der Haft bis 1989 56,5% der Frauen und 56,0% der Männer gelebt. In den Westen gingen insgesamt 42,9% aller ehemaligen politischen Häftlinge. Davon betrug der Anteil der Frauen 41,7%, der Anteil der Männer 43,1%. Insgesamt ging nur 1% ins Ausland. Der Anteil derer, die ins Ausland gingen, verschob sich erst nach 1990 etwas, blieb aber mit insgesamt 1,7% relativ gering. Nur dass nun die Männer mit 1,8% etwas zahlreicher waren als die Frauen mit 1,3%.

Insgesamt haben nach der Wende 51,4% der Häftlinge die neuen Bundesländer als Wohnort gewählt. Das ist die Mehrheit, aber es sind weniger als zu DDR-Zeiten. Was also von einigen der ehemaligen politischen Häftlinge in den Protokollen berichtet wurde, dass sie nämlich in den Westen zogen, sobald die Mauer aufging, war durchaus messbar. In den alten Bundesländern stieg der Anteil der ehemaligen politischen Häftlinge der DDR auf 46,9% alle Häftlinge. Unter den Frauen wuchs der Anteil nunmehr sogar auf 49,4%, bei den Männern auf 46,5%.

Überraschend war, wie unterschiedlich die ehemaligen politischen Häftlinge das Jahr 1989/90 einschätzten. Der Aussage »1989 war wichtig für mich« stimmten rund zwei Drittel in der Weise zu, dass dies *vollkommen* zutreffe. Während die Männer der Aussage zu 69,9% beipflichteten, gaben dies nur 64,4% der Frauen an. Nahm man die Kategorie *trifft zu* noch hinzu, kamen insgesamt 83,6% aller politischen Häftlinge zusammen, die bekundeten, dass die Wende für sie wichtig war. Unentschieden blieben 9,1%, und etwa 5% aller Häftlinge meinten sogar, die Änderungen der Jahre 1989 und 1990 seien für sie nicht wichtig gewesen.

Wichtig für die politischen Häftlinge war als Folge der 1989/90 die Meinungsfreiheit. »Endlich kann ich laut sagen, was ich will«, hielten 74,4% der Frauen und 72,0% der Männer für *zutreffend* bzw. für *vollkommen zutreffend*. Dass das *nicht* bzw. *überhaupt nicht* zutreffe, meinten dagegen 13,5% aller Häftlinge (in den Kategorien: *trifft vollkommen zu* und *trifft zu*).

Der Ansicht, dass es durch die Wende und die Einheit viele Verbesserungen gegeben habe, stimmten 65,8% der weiblichen Häftlinge und 67,1% der Männer zu (in den Kategorien *trifft vollkommen zu* und *trifft zu*). Unentschieden blieben 24,7%. 8,4% der ehemaligen Häftlinge lehnten diese Ansicht sogar ab (vgl. Tabelle 97).

Nun, da es das Recht auf freie Wahl des Wohnorts und der freien Reise gab, löste die Realität nicht nur eitel Freude aus. Bemängelt wurde von den ehemaligen politischen Häftlingen die materielle Seite der Freizügigkeit. Der Ansicht, »zwar dürfte ich jetzt reisen, habe aber nicht das Geld dazu«, stimm-

			Geschlecht		gesamt
			weiblich	männlich	
1989/90 war für mich wichtig	trifft überhaupt nicht zu	Anzahl	5	19	24
		% von Geschlecht	5,7%	3,1%	3,5%
	trifft nicht zu	Anzahl	1	12	13
		% von Geschlecht	1,1%	2,0%	1,9%
	teils/teils	Anzahl	9	54	63
		% von Geschlecht	10,3%	8,9%	9,1%
	trifft zu	Anzahl	16	103	119
		% von Geschlecht	18,4%	17,0%	17,2%
	trifft vollkommen zu	Anzahl	56	417	473
		% von Geschlecht	64,4%	68,9%	68,4%
gesamt		Anzahl	87	605	692
		% von Geschlecht	100,0%	100,0%	100,0%

Tabelle 95: 1989/90 war mir wichtig (nach Geschlecht)

			Geschlecht		gesamt
			weiblich	männlich	
Endlich kann ich laut sagen, was ich will	trifft überhaupt nicht zu	Anzahl	5	40	45
		% von Geschlecht	6,4%	7,6%	7,5%
	trifft nicht zu	Anzahl	3	33	36
		% von Geschlecht	3,8%	6,3%	6,0%
	teils/teils	Anzahl	12	69	81
		% von Geschlecht	15,4%	13,1%	13,4%
	trifft zu	Anzahl	18	96	114
		% von Geschlecht	23,1%	18,3%	18,9%
	trifft vollkommen zu	Anzahl	40	287	327
		% von Geschlecht	51,3%	54,7%	54,2%
gesamt		Anzahl	78	525	603
		% von Geschlecht	100,0%	100,0%	100,0%

Tabelle 96: Endlich kann ich laut sagen, was ich will (nach Geschlecht)

			Geschlecht		gesamt
			weiblich	männlich	
Es hat viele Verbesserungen gegeben	trifft überhaupt nicht zu	Anzahl	3	25	28
		% von Geschlecht	4,1%	4,8%	4,7%
	trifft nicht zu	Anzahl	4	18	22
		% von Geschlecht	5,5%	3,4%	3,7%
	teils/teils	Anzahl	18	129	147
		% von Geschlecht	24,7%	24,7%	24,7%
	trifft zu	Anzahl	21	143	164
		% von Geschlecht	28,8%	27,4%	27,6%
	trifft vollkommen zu	Anzahl	27	207	234
		% von Geschlecht	37,0%	39,7%	39,3%
gesamt		Anzahl	73	522	595
		% von Geschlecht	100,0%	100,0%	100,0%

Tabelle 97: Es hat viele Verbesserungen gegeben (nach Geschlecht)

			Geschlecht		gesamt
			weiblich	männlich	
Ich darf jetzt zwar reisen, habe aber nicht das Geld dazu	trifft überhaupt nicht zu	Anzahl	7	77	84
		% von Geschlecht	9,2%	15,9%	15,0%
	trifft nicht zu	Anzahl	7	66	73
		% von Geschlecht	9,2%	13,6%	13,0%
	teils/teils	Anzahl	15	84	99
		% von Geschlecht	19,7%	17,4%	17,7%
	trifft zu	Anzahl	17	91	108
		% von Geschlecht	22,4%	18,8%	19,3%
	trifft vollkommen zu	Anzahl	30	166	196
		% von Geschlecht	39,5%	34,3%	35,0%
gesamt		Anzahl	76	484	560
		% von Geschlecht	100,0%	100,0%	100,0%

Tabelle 98: Ich darf jetzt zwar reisen, habe aber nicht das Geld dazu (nach Geschlecht)

ten 39,5% der weiblichen Häftlinge und 34,3% der Männer *vollkommen zu* Dass dies *zutrifft*, sagten weitere 22,4% der Frauen und 18,8% der Männer. Die Freizügigkeit ausreichend nutzen konnten nur 28% aller Gefangenen (für die Kategorien *trifft vollkommen zu* und *trifft zu*). Davon waren nur 18,4% Frauen, aber 29,5% Männer. Unentschieden blieben 17,7% aller politischen Häftlinge.

Anders fiel die Antwort aus auf die Aussage: »Jetzt gibt es zwar Autos, aber ich habe kein Geld für den Führerschein.« Diese Aussage lehnten mit *trifft überhaupt nicht zu* 28,8% der Frauen ab und sogar 48,6% der Männer. Weitere 39,5% der Frauen und 29,9% der Männer kreuzten an, diese Ansicht *treffe nicht zu*. Das heißt, 76,1% aller ehemaligen politischen Häftlinge begrüßten die Mobilität. Nicht genug Geld für einen Führerschein zu haben, meinten immerhin ein Fünftel (20,3%) aller politischen Häftlinge. Unter ihnen waren die Frauen mit 37,3% deutlich in der Mehrzahl. Männer teilten nur zu 17,6% diese Ansicht.

			Geschlecht		gesamt
			weiblich	männlich	
Jetzt gibt es zwar Autos, aber ich habe kein Geld für den Führerschein	trifft überhaupt nicht zu	Anzahl	17	197	214
		% von Geschlecht	28,8%	48,6%	46,1%
	trifft nicht zu	Anzahl	18	121	139
		% von Geschlecht	30,5%	29,9%	30,0%
	teils/teils	Anzahl	2	15	17
		% von Geschlecht	3,4%	3,7%	3,7%
	trifft zu	Anzahl	7	17	24
		% von Geschlecht	11,9%	4,2%	5,2%
	trifft vollkommen zu	Anzahl	15	55	70
		% von Geschlecht	25,4%	13,6%	15,1%
gesamt		Anzahl	59	405	464
		% von Geschlecht	100,0%	100,0%	100,0%

Tabelle 99: Jetzt gibt es zwar Autos, aber ich habe kein Geld für den Führerschein (nach Geschlecht)

Die Aussage, dass es ihnen sozial in der DDR besser gegangen sei, lehnten 63,4% der politischen Häftlinge ab (56,9% Frauen, 64,3% Männer). Dass

			Geschlecht		gesamt
			weiblich	männlich	
Sozial erging es mir in der DDR besser	trifft überhaupt nicht zu	Anzahl	24	207	231
		% von Geschlecht	33,3%	42,9%	41,7%
	trifft nicht zu	Anzahl	17	103	120
		% von Geschlecht	23,6%	21,4%	21,7%
	teils/teils	Anzahl	16	90	106
		% von Geschlecht	22,2%	18,7%	19,1%
	trifft zu	Anzahl	7	48	55
		% von Geschlecht	9,7%	10,0%	9,9%
	trifft vollkommen zu	Anzahl	8	34	42
		% von Geschlecht	11,1%	7,1%	7,6%
gesamt		Anzahl	72	482	554
		% von Geschlecht	100,0%	100,0%	100,0%

Tabelle 100: Sozial erging es mir in der DDR besser (nach Geschlecht)

			Geschlecht		gesamt
			weiblich	männlich	
Ich möchte die DDR auf keinen Fall zurück	trifft überhaupt nicht zu	Anzahl	5	32	37
		% von Geschlecht	5,6%	5,5%	5,5%
	trifft nicht zu	Anzahl	1	10	11
		% von Geschlecht	1,1%	1,7%	1,6%
	teils/teils	Anzahl	10	28	38
		% von Geschlecht	11,1%	4,8%	5,6%
	trifft zu	Anzahl	10	56	66
		% von Geschlecht	11,1%	9,5%	9,7%
	trifft vollkommen zu	Anzahl	64	461	525
		% von Geschlecht	71,1%	78,5%	77,5%
gesamt		Anzahl	90	587	677
		% von Geschlecht	100,0%	100,0%	100,0%

Tabelle 101: Ich möchte die DDR auf keinen Fall zurück (nach Geschlecht)

dem sehr wohl so sei, meinten dagegen ein Fünftel der Frauen (20,8%) und mehr als ein Viertel (17,1%) der Männer. Unentschieden blieben immerhin 19,1% aller Befragten.

Die DDR zurück wünschten sich auf keinen Fall 87,2% aller Häftlinge. Bei den Frauen waren es nur 82,2%, bei den Männern sogar 88,0%. 7,1% aller Häftlinge konnten sich durchaus vorstellen, dass die DDR noch einmal zurückkäme. Unentschieden waren an dieser Stelle verhältnismäßig wenige, nämlich nur 5,6% der Befragten.

Die sogenannte Opferrente

Während des Zeitraums, in den diese Untersuchung fiel, ist die Häftlingsrente gesetzlich beschlossen worden. Diese Rente bekommen alle politischen Häftlinge, die rehabilitiert wurden und mindestens ein halbes Jahr lang in einem Gefängnis der DDR in Haft waren, unabhängig davon, ob sie einen beruflichen oder gesundheitlichen Haftschaden davongetragen haben.

Streit entzündete sich schon beim Namen der neuen Rente. Viele der ehemaligen politischen Häftlinge mochten und mögen den Begriff Opferrente nicht. Sie plädierten dafür, diese Rente als Ehrenrente zu bezeichnen. Tatsächlich bürgerte sich diese Bezeichnung unter den Häftlingsorganisationen nach und nach ein. Offiziell hieß es in einer Antwort der Bundesregierung durchaus passend »die sogenannte Opferrente«.

Annegret Stephan, die Leiterin der ersten Magdeburger Gedenkstätte: »Wenn ich ein Beispiel dafür suchte, wie man etwas völlig falsch machen kann, würde ich diese Rente nennen. Wie kann man sagen, dass es für Verfolgung, Widerstand, Mut eine materielle Anerkennung geben soll und dann eine finanzielle Bedürftigkeit zur Grundlage machen? Das bedeutet ja, der Betroffene wird automatisch in die Rolle eines Bittstellers und Sozialhilfeempfängers gedrängt. Mit Ehrung und mit Würdigung hat das nichts zu tun. Das ist vollkommen danebengegangen.«

Stephan hat in den Häftlingsgruppen mitverfolgt, wie viel sich die Betroffenen von dieser Form der Anerkennung versprochen hatten. Immerhin hatten die Häftlingsverbände sieben oder acht Jahre lang intensiv um die neue Rente gekämpft. Stephan hält es für peinlich, dass die Bundesregierung im Bundestag erklärte, für die Opfer würde man alles tun. »Und dann hat man so lange gebraucht, um überhaupt zu einer Lösung zu kommen, und die hat man dann auch noch mit solch einer Halbherzigkeit umgesetzt!«

Die Gutachterin Ruth Ebbinghaus hielt es ebenfalls von Anfang an für falsch, die Häftlingsrente Opferrente zu nennen. »Es gibt Länder wie zum Beispiel Estland, Litauen usw., da nennen sie das Heldenrente. Das halte ich für besser. Ehrenrente, der Name ginge auch noch. Dadurch würde man zum Ausdruck bringen, dass es nicht um Opfer geht und darum, immer Opfer zu sein, sondern um eine Anerkennung für den Widerstand, den man geleistet hat. Es wäre ein Lob dafür, dass man etwas riskiert hat.« Sie meint, Politiker sollten viel häufiger öffentliche Ehrungen durchführen, bei denen ein Bundesverdienstkreuz übergeben wird, über die man dann auch spricht und die vom Fernsehen übertragen werden. Für die Häftlinge selber muss es spürbarer werden, dass die Politik sie nicht vergessen hat. Und dass man ihnen für das Risiko, das sie auf sich genommen haben, Anerkennung zollt.«

Stephan sieht den Grund für die Ungleichbehandlung zwischen Opfern und Tätern darin, dass die Opfer der kommunistischen Diktatur immer noch in der Gesellschaft eine zu geringe Wertschätzung finden. »Selbst die klügsten Leute schreien heute auf, man dürfe die beiden Diktaturen nicht vergleichen. Ich halte dem entgegen: Nur durch den Vergleich kann erreicht werden, dass das, was jeweils geschehen ist, nicht gleichgesetzt wird. Aber gleich behandelt werden sollten die Häftlinge.«

Aus der Opferperspektive hält Stephan den gesamten Historikerstreit für überflüssig. »Wir haben einmal einen Buchenwald-Häftling gehabt. Der hatte beide Zeiten in Buchenwald verbracht. Er hatte unter dem Nationalsozialismus 60 Zentimeter Lebensraum auf der Pritsche und auch dann nach 1945 wieder 60 Zentimeter – bis zur Auflösung des Lagers im Jahr 1950. Der hat das so ausgedrückt: ›Dem Opfer ist es eigentlich egal, unter welcher Macht er leidet.‹ In einem Streit über Haftfolgeschäden habe ich es einmal so formuliert: Der erkannten Blinddarmentzündung, die nicht behandelt wird, ist es völlig egal, ob sie von den NS-Leuten oder von den Kommunisten nicht behandelt wird.«

Selbst manche Mitarbeiter der Versorgungsämter scheinen zu glauben, sie müssten in ihrem Verwaltungsakt den Historikerstreit entscheiden, nicht aber den Einzelfall eines Häftlings lösen. »Dann kommen von dort Formulierungen wie diese: ›Frau Stephan, ich kann Sie ja verstehen, Sie arbeiten ja in der Gedenkstätte. Aber Sie dürfen auch nicht vergessen, es ist ein Unterschied, ob es Gaskammern gegeben hat oder nicht‹.«

Annegret Stephan fragt da zurück: »Soll ich dem, der erkrankt ist und der so viele Menschen hat sterben sehen, etwa sagen: ›Sei doch froh, dass es nur die Kommunisten waren und nicht die Nazis, die dir das angetan haben?‹ Glaubt denn wirklich jemand, das würde die eigenen Leiden verringern, wenn man versucht, sie zu relativieren?«

Wie stellen sich die ehemaligen politischen Häftlinge zu ihrer sogenannten Rente?

Auf die Frage: »Die neue Rente für Opfer der SED-Diktatur: Halten Sie die geplante Höhe von 250 Euro für angemessen?« gaben 53,0% der befragten ehemaligen politischen Häftlinge an, dass sie die Höhe für zu niedrig hielten. Zustimmung (*stimme vollkommen zu* und *stimme zu*) gab es nur von knapp einem Viertel der Befragten. Unentschieden waren mit 23,9% fast ebenso viele.

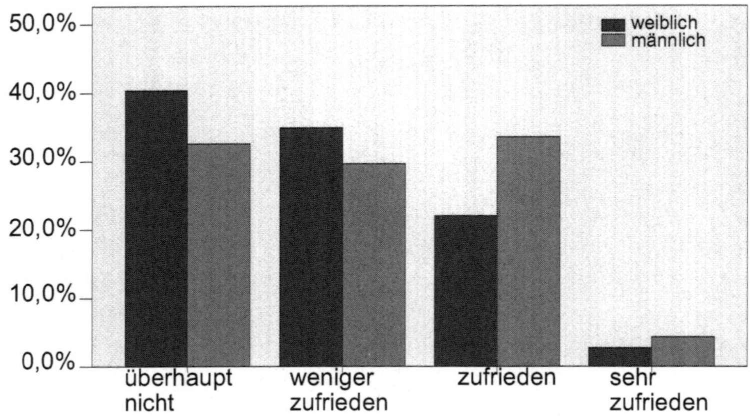

Grafik 25: Ansichten über die Ehren-/Opferrente (in Prozent)

Gestaffelt nach dem Alter meinten vor allem die Jüngeren, dass die sogenannte Opferrente nicht hoch genug sei. Unter den 41- bis 50-Jährigen waren es 47,3%, die überhaupt nicht einverstanden waren. Und bei den 51- bis 60-Jährigen machte dieser Teil 43,7% aus. Insgesamt stimmten der Rentenhöhe gerade mal 18,5% *vollkommen* oder *weitgehend* zu.

Die Geschlechter lagen in der Einschätzung der Höhe der neuen Rente in etwa gleich. Mit 37,6% war der Anteil der Frauen, die der Höhe der neuen Rente überhaupt nicht zustimmten, sogar höher als der der Männer, die sie zu 35,3% kritisierten. Mit knapp 12% waren es mehrheitlich aber auch Frauen, die der Rente zustimmten. Bei Männern waren das nur knapp 9%.

Neben der Höhe der Rente, die natürlich mit anderen Ehrenrenten verglichen wurde, zum Beispiel mit der für ehemalige Offiziere, für Politiker oder Feuerwehrleute, haben die Häftlinge auch Parallelen zu andern Opfergruppen gezogen. Die Häftlinge der DDR fühlten sich gegenüber den Opfern des Nationalsozialismus ungleich behandelt. Aus diesem Grunde wurde den Häftlingen die Frage vorgelegt: »Einige Häftlingsverbände sind der Ansicht, dass ehemalige Häftlinge der NS-Zeit und politische Häftlinge der SBZ bzw. der DDR finanziell gleichgestellt werden sollten. Was ist Ihre Ansicht?« Angekreuzt werden konnten fünf Kategorien in Merkmalsausprägungen von *stimme überhaupt nicht zu* bis *stimme vollkommen zu*.

Danach stimmten 59,9% der befragten politischen Häftlinge dem Verlangen, die Gefangenen beider Diktaturen finanziell gleich abzusichern, *vollkommen zu*. Weitere 23,8% *stimmten dem zu*. Nur 3,7% *stimmten dem nicht zu* (bzw. weitere 3% stimmten *überhaupt nicht zu*).

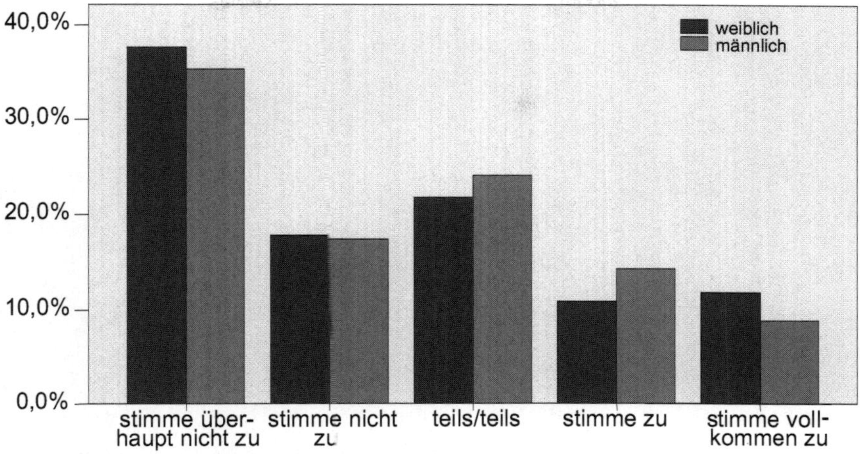

Grafik 26: Ansichten über die Ehren-/Opferrente (nach Geschlecht)

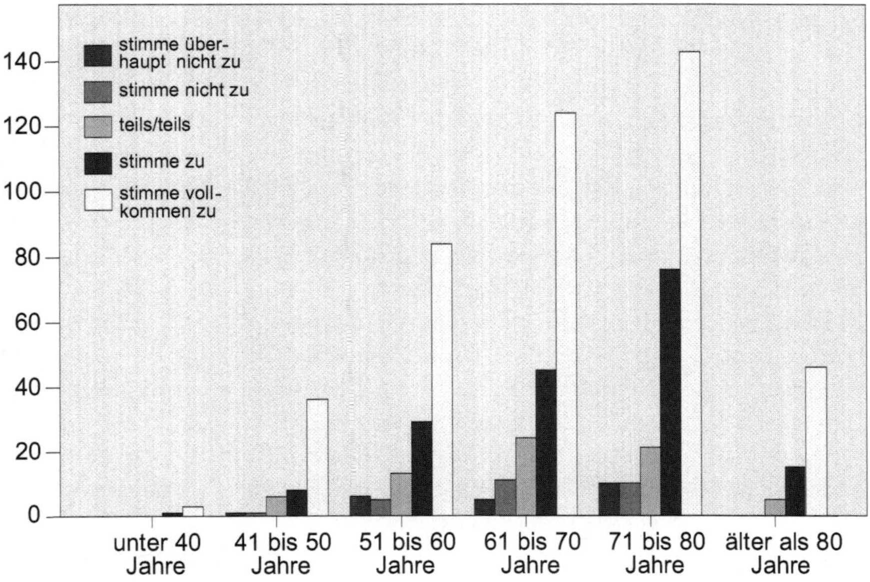

Grafik 27: Zur finanziellen Gleichstellung der Häftlinge beider Diktaturen (nach Alter)

Die Männer vertraten die Forderung nach ihrer finanziellen Gleichstellung etwas entschiedener. Sie stimmten der finanziellen Gleichstellung beider Opfergruppen aus beiden deutschen Diktaturen mit 62,2% zu. Bei den weiblichen Gefangenen waren es nur 45,4%. Bei den Frauen waren 16,5% in dieser Frage unentschieden. Bei Männern waren es nur 8,5%, die sich für *teils-teils* entschieden.

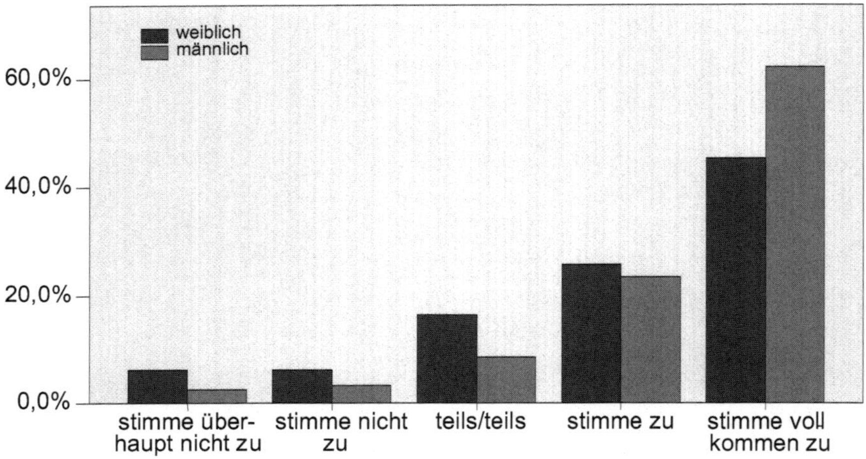

Grafik 28: Ansichten über die finanzielle Gleichstellung (nach Geschlecht)

Von den Häftlingen, die sich zur Frage der finanziellen Gleichstellung der Opfergruppen äußerten, gehörten 60,6% Häftlingsgruppen an. 39,4% waren dort nicht organisiert. Von den Frauen gehörten 40,4% den Verbänden an, von den Männern waren 63,3% organisiert.

Die Häftlinge, die persönlich in Interviews befragt wurden, äußerten sich weniger negativ über die sogenannte Opferrente. Sie seien froh, sagten sie, dass sie etwas zu ihrer Rente oder zu Hartz IV hinzubekommen würden, einen Betrag, mit dem sie jeden Monat fest rechnen könnten.

Für ein Manko der Ehrenrente hält Gutachterin Ruth Ebbinghaus auch, dass sie diejenigen nicht bekommen, die weniger als 180 Tage in Haft waren. »Davon gibt es ja auch etliche. In Gutachten habe ich festgestellt, dass auch diejenigen unter erheblichen psychischen Folgeschäden leiden, die politischen Verfolgungs- und Zersetzungsmaßnahmen ohne Haft, kürzeren Haftzeiten oder Zwangsumsiedlungen ausgesetzt waren.« Es können also sogar diejenigen Schäden haben, die gar nicht in Haft waren.

Die Gutachterin fordert mehr Beratungen, auch und vor allem in den alten Bundesländern. »In der ehemaligen DDR gibt es inzwischen viele solcher Einrichtungen wie Bürgerbüros und die Landesbeauftragten für das Stasi-Unterlagen-Gesetz. Die machen sehr viel. Dagegen fehlen solche Stellen in den alten Bundesländern vollkommen, wo von dem Thema auch fast niemand etwas versteht.« Immerhin lebt fast die Hälfte der politischen Häftlinge in den alten Bundesländern. Viele von ihnen sind dort vollkommen isoliert und es gibt weder Selbsthilfegruppen noch eine Gesprächskultur zum Thema Haft und Folter.

Zum Beispiel bekommen ja die Opfer des Faschismus (OdF)[119] auch eine Ehrenrente. Das geschieht auf der Grundlage eines DDR-Gesetzes aus dem Jahr 1978, das nach der Einheit sofort in Bundesrecht überführt worden ist. Das Gesetz besagt, dass die Opfer des Faschismus (OdF) 750 Euro monatlich bekommen, ohne dass eine Einzelfallprüfung erfolgt. Stephan weiß, dass in der DDR auch einige Opfer des Faschismus »gebacken« worden sind. »Das ist halt so in einer Mangelgesellschaft. Da hat Funktionär Otto mal schnell seine Mutter als Opfer des Faschismus anerkennen lassen, damit sie in ein Pflegeheim für SED-Kader kam. Demgegenüber mussten die Opfer der DDR-Justiz sich nach der Einheit nackt ausziehen und sich sowohl finanziell wie auch seelisch überprüfen lassen.«

119 Das bezieht sich nur auf die Opfer des Faschismus aus der DDR.

Neue Lösungen

»Wenn man einmal aufrechnete, was die juristische Aufarbeitung und die Kämpfe um eine Anerkennung der Haftfolgeschäden gekostet hat, könnte sich zeigen, dass es vielleicht besser gewesen wäre, allen ehemaligen politischen Häftlingen von Anfang an eine angemessene Entschädigung zu zahlen. Auch bei den Holocaust-Opfern ist die ja viel zu spät erfolgt. Dieser erhebliche bürokratische Aufwand, diese politische Halbherzigkeit hat viel Geld gekostet. Aus der Angst, eine angemessene Entschädigung könnte zu teuer werden, sind Halbregelungen getroffen worden, die am Ende wahrscheinlich viel teurer gekommen sind«, meint Ruth Ebbinghaus.

Man müsse umdenken. Die Gutachterin schlägt ein Modell vor, wie mit Gesundheitsschäden finanziell umgegangen werden sollte. »Man sollte sagen: Bei wem ein wirklich ausreichend hoher Gesundheitsschaden festgestellt wird, der bekommt einen dauerhaften finanziellen Ausgleich, weil ihm ja viele Jahre verloren gegangen sind. Sollte es ihm in fünf Jahren wieder besser gehen, so ist das zu begrüßen.« Das ist nämlich im Augenblick der Fall. »Ein Hauptproblem ist, dass die Opfer oft gar keine Therapie wollen. Denn, wenn sie wieder gesund, das heißt, erfolgreich therapiert würden, würden sie die mühsam erkämpften Entschädigungsansprüche wieder verlieren. Das ist paradox und steht einem Therapieerfolg entgegen. Abgesehen davon gibt es nicht genug spezifische Therapieangebote für Traumafolgestörungen, besonders in den neuen Ländern. Die neue Ehrenrente stellt eine Entschädigung für das erlebte Leid dar. Die Gesundheitsschäden sind davon unabhängig. Die Ehrenrente würden sie nicht verlieren, wohl aber die Entschädigung für ihre Gesundheitsschäden.«

Nach dem HHG [Häftlingshilfegesetz] und dem StRehaG [Strafrechtliches Rehabilitierungsgesetz] bzw. nach dem SED-Unrechtsbereinigungsgesetz (BerRehaG) ist es so, dass man, wie auch bei den Nazi-Opfern, die Gesundheitsstörung gesondert entschädigt. Ebbinghaus: »Alle die mindestens 180 Tage in Haft waren, bekommen die Ehrenrente. Wenn nur ein paar Tage fehlen, verlieren sie den Anspruch. Man sagt, alle sollen eine Rente bekommen. Aber die, die krank sind, sollen zusätzlich etwas mehr bekommen. Aber das wird ihnen wieder weggenommen, wenn es ihnen durch eine Therapie besser gehen sollte. Wenn ich als Therapeutin Klienten empfehle, in Therapie zu gehen, empfehle ich das, weil ich annehme, dass es ihnen danach besser geht. Aber dann wird ihnen die Entschädigungszahlung wieder weggenommen. Natürlich wollen die Wenigsten ihre Gesundheitsentschädigung wieder aufgeben, das heißt, dass der drohende Entzug von Entschädigungszahlen sehr kontratherapeutisch wirkt.«

Eigentlich müsste der Wille, gesund zu werden, belohnt werden, meint Ebbinghaus. Und dafür sollten mehr Therapieangebote gemacht werden. Und um mit den täglich präsenten Haftfolgesymptomen klarzukommen, müsste es mehr qualifizierte Angebote zur Hilfe geben. Sie fordert mehr Beratungen. »In der ehemaligen DDR gibt es inzwischen viele solcher Einrichtungen wie die Bürgerbüros und die Landesbeauftragten für das Stasiunterlagengesetz. Die tun sehr viel. Solche Einrichtungen fehlen dagegen in ausreichendem Umfang in den alten Bundesländern, in denen nur wenige etwas von dem Thema verstehen.«

»Unser Ziel war eine Zentralisierung«, berichtet Stephan ihrerseits über die Suche nach einer neuen Lösung, die sie gemeinsam mit Bundestagsabgeordneten versucht hat. »Wir wollten eine Kommission bilden, die es den Opfern abnimmt, den ganzen belastenden ›Rattenschwanz‹ durchzumachen. Es sollten befähigte Gutachter für verschiedene Gesundheitsstörungen beauftragt und eine Rechtshilfe installiert werden, sodass sich der Betroffene sicherer sein kann, dass ihm nicht neues Unrecht geschieht und er Vertrauen in den Rechtsstaat aufbauen kann.« Die Kommission sollte die Macht haben, Fehlentscheidungen der Versorgungsämter zu korrigieren. »Uns war klar, dass wir kein neues Gesetz hinbekommen. Aber wir wollten den Verfahrensweg ändern. Dann könnten alle, die gescheitert sind, neue Anträge stellen.« Die Verordnung ist bis heute noch nicht in den Bahnen, in die sie hineingehört.

Die Häftlingshilfestiftung

Die Stiftung für ehemalige politische Häftlinge wurde im Jahr 1955 nach langwierigen Bundestagsdebatten ins Leben gerufen und am 1. August 1969 errichtet. Ihre Tätigkeit hat sie am 1. Juli 1970 aufgenommen. Sie war zunächst mit einem Kapital von 10 Millionen D-Mark ausgestattet, um die ärgsten Schäden der politischen Haft in der DDR und in Osteuropa zu lindern (Lehmann 2004, S. 94f.).

Bald zeigte sich, wie sehr die Stiftung gebraucht wurde. »Angesichts der Masse an eingehenden Anträgen auf finanzielle Hilfe und der dahinterstehenden individuellen Schicksale musste sich die Stiftung in ihren Möglichkeiten bald überfordert sehen« (ebd., S. 95f.), schrieb der ehemalige Vorstandsvorsitzende der Häftlingshilfestiftung Heinz Lehmann in einem Rückblick.

Hannelore Siegel-Mackensen ist bis Ende Oktober 2008 Geschäftsführerin der Stiftung für ehemalige politische Häftlinge gewesen. Sie hat, ehe sie im Jahr 1993 zunächst als Sachbearbeiterin ihre Tätigkeit bei der Stiftung in Bonn aufnahm, den letzten Fonds verwaltet, den der Hohe Flüchtlingskommissar der Vereinten Nationen für NS-Verfolgte, sogenannte Nationalgeschädigte (der Sitz war Bonn), aufgelegt hatte. Die von der Bundesregierung bereitgestellten Mittel sollten der abschließenden Förderung dieser Opfergruppe dienen. Als der Fonds auslief, bot sich für Siegel-Mackensen die Möglichkeit, nach der sozialen Aufarbeitung der ersten deutschen Diktatur auch für die der zweiten tätig zu werden. »In meiner Arbeit haben sich die Vorzeichen geändert, aber im Wesentlichen ist sie die gleiche geblieben.« Ein großer Unterschied: Im Rahmen der UN konnte auf die Verwaltung einer großen Organisation zurückgegriffen werden, die zum Beispiel mit modernster PC-Ausstattung ausgerüstet war. »Wenn wir hier Probleme oder Fragen hatten, konnten wir uns direkt mit dem help desk der Zentrale in Genf in Verbindung setzen und bekamen dann die Antworten.«

Demgegenüber war die Häftlingshilfestiftung in Bonn eher bescheiden ausgestattet und in zwei Etagen eines kleinen Wohnhauses untergebracht. Ein PC-System wurde erst 1998 installiert. »Wir sind als Stiftung des öffentlichen Rechts der Aufsicht des Innenministeriums unterstellt. Die Verwaltung müssen wir in Eigenregie machen.«

Vor der Wende hat die Stiftung ihre Erfahrungen im Umgang mit großen Mengen von Antragstellenden in den 70er Jahren sammeln können. Das war im Zuge der Freikaufaktionen, als die Transporte organisiert ankamen und die Flüchtlinge und die ehemaligen politischen Häftlinge in den Übergangslagern automatisch erfasst worden sind. Elsa Stewen hat damals für die

HHG-Stiftung gearbeitet: »Immer, wenn ein großer Transport im Auffanglager Friedland ankam, sind Stiftungsangehörige hingefahren. Wir hatten für die Ankommenden alles parat, Informationen, wo sie sich hinwenden mussten, auf welche Weise sie eine Wohnung kriegten usw. Alle lebten ja zunächst im Lager. Wir vermittelten ihnen das Wissen über die ersten Schritte, die sie dann selbstständig machen mussten.«

Die Flüchtlinge hatten in den Durchgangslagern Marienfelde und Friedland unmittelbar nach ihrer Ankunft eine ganze Hilfebürokratie zu absolvieren. Die Häftlinge, die schon länger da waren, rieten den Neuankömmlingen, wie sie mit der neuen Freiheit umgehen sollten. Sie verfassten einen Ratgeber, den *Kompass für den ehemaligen politischen Häftling* (Stiftung für ehemalige politische Häftlinge 1989), ein blaues Heftchen, das die MitarbeiterInnen der Häftlingshilfestiftung verteilten. In dem waren alle notwendigen Schritte zusammengefasst. Im *Kompass* stand: »Sie müssen hinterher sein, Sie müssen fragen, Sie müssen sich informieren. Die vielen Ämter und Organisationen können nur anbieten« (ebd., S. 3). Und in einem Ton, wie er bei ehemaligen Gefangenen durchaus üblich sein konnte, hieß es dort: »Da Sie die Haft überstanden haben, werden Sie auch diese Aufbauzeit durchstehen« (ebd.).

Bis zum Ende der 80er Jahre wuchs die Zahl der Transporte und der Freigekauften enorm an. »Die DDR hatte ein ausgesprochen wirtschaftliches Interesse an den Freikäufen, nehme ich an«, meinte Siegel-Mackensen.

Diesen Teil der Stiftungsgeschichte kennt Hanna Siegel-Mackensen aus Berichten von Beteiligten: »Es ist Personal der Stiftung dafür abgestellt worden. Vor Ort wurden die neu Angekommenen über das Wichtigste informiert. Sozialamt, Arbeitsamt, Wohnungsamt usw. Die ehemaligen Häftlinge erfuhren, welche Rechte sie hatten und auch welche Pflichten. Es wurden Informationsseminare durchgeführt. Die Stiftung hatte Listen mit den Namen der Ankommenden, um ihnen gleich bei allen Fragen des Aufbaus einer Existenz hier in der Bundesrepublik helfen zu können. Wahrscheinlich waren die meisten von der Fülle der Informationen erst einmal erschlagen. Dennoch war es wohl hilfreich, denn noch heute sagen mir manche Häftlinge, sie wären froh gewesen, überhaupt von irgendjemandem zu hören, wie es weiterginge.«

Im *Kompass für den ehemaligen politischen Häftling* hieß es: »Diese Schrift [...] soll den Gang durch die Behörden erleichtern, Erläuterungen geben, aber auch Hinweise und Ratschläge für das allgemeine Einleben in der Bundesrepublik Deutschland bieten.« Und es wurde auch geraten, die Broschüre aufzuheben, »weil wahrscheinlich öfter nachgeschlagen werden muss. In Ruhe lesen. Gründlich lesen.« Es hieß auch: »In diesem Kompass wird aber auch Unbequemes gesagt, weil Illusionen Ihnen nicht helfen, Ihre Probleme zu meistern« (S. 1). Es wurde empfohlen, das Werbefernsehen zu vergessen und nicht auf die gebratenen Tauben zu warten, die einem ins Maul fliegen. Im Westen gebe es nichts geschenkt.

Das schien die Grundlektion dieser Jahre gewesen zu sein, dass man nichts geschenkt bekam. Niemand drängte seine Hilfe auf, Behörden schon gar nicht. Dennoch, es gab Hilfen, und man konnte sie einfordern.

Viele Häftlinge blieben zunächst im Übergangswohnheim wohnen. Sie brauchten einen Ausweis, mussten sich anmelden. Und sie brauchten Geld, bis eine Arbeit gefunden war. Bis dahin kamen das Arbeitsamt, das Sozialamt oder die Krankenkasse für die Häftlinge auf. Für letztere brauchte es auch eine Krankschreibung durch den Arzt. Viele Institutionen und viel Bürokratie auf einmal, die einen Exhäftling zunächst überfordern konnten.

Siegel-Mackensen: »In den 80er Jahren gab es die sogenannte Soforthilfe. 1.000 D-Mark haben die politischen Häftlinge in der Regel durch die Stiftung bekommen, manchmal noch ehe ihr Anerkennungsverfahren als politischer Häftling abgeschlossen war.«

Alle Unterstützungen konnten dennoch nicht verhindern, dass einzelne Häftlinge in Not gerieten. Elsa Stewen, Mitarbeiterin in der Stiftung in den 80er Jahren, erinnerte sich: »Irgendwann morgens komme ich um sieben Uhr in die Stiftung. Und da steht ein wankender Mann mit Lumpen an den Füßen. Also elend bis zum Gehtnichtmehr. Der hatte sich zu Fuß von München durchgeschlagen bis nach Godesberg. Mit keinem Pfennig Geld in der Tasche. Der war ein Akademiker, der in der DDR in der Wissenschaft gearbeitet hatte. Wir hatten ihn zwei Jahre zuvor betreut, als er mit einer Frau hier angekommen war. Das war eine tragische Geschichte. Der Mann war drüben einfach eingebuchtet worden, weil irgendeiner ihn angeschwärzt hatte. Das fand ich verletzend und so schrecklich an diesem ganzen System.« Dieser Mann war kein Einzelfall.

14 Personen sind heute in der Häftlingshilfestiftung beschäftigt und bearbeiten die Anträge der Häftlinge, die auf dem Gebiet der ehemaligen DDR und außerhalb der DDR in Osteuropa in politischer Haft waren, ebenso wie die Anträge von Hinterbliebenen dieser Häftlinge. Siegel-Mackensen: »Wir betreuen alle, die zu dem Berechtigtenkreis nach dem Strafrechtlichen Rehabilitierungsgesetz oder nach dem Häftlingshilfegesetz gehören. Voraussetzung ist die Bescheinigung[120] nach dem Häftlingshilfegesetz oder ein Rehabilitierungsbeschluss nach dem Strafrechtlichen Rehabilitierungsgesetz.«

In beiden Gesetzen sind auch die Hinterbliebenen als Berechtigte genannt.

120 Gemeint ist die Bescheinigung nach §10 Abs. 4 HHG, die häufig kurz als »10,4-Bescheinigung« bezeichnet wird.

Antragsberechtigt sind seit 2005 auch die nächsten Angehörigen von »Personen, die aus Anlass der Niederschlagung des Aufstandes vom 17. Juni 1953 im Beitrittsgebiet ihr Leben verloren haben und über eine Entscheidung nach §12 des Verwaltungsrechtlichen Rehabilitierungsgesetzes verfügen.«

Auch in unserer Befragung zeigte sich, wie viele der ehemaligen politischen Häftlinge von der HHG-Stiftung profitiert hatten. Danach haben 23,4% aller Befragten einmal einen Antrag gestellt. Zweimal oder häufiger haben dies sogar 41,6% getan. Noch nie an die Häftlingshilfestiftung haben sich 35,1% gewandt. Während der Anteil von Männern und Frauen bei den Erstanträgen relativ gleich ist, fällt der Anteil der Frauen in der Gruppe derjenigen, die aus sozialer Not mehrfach Anträge stellen mussten, höher aus.

			Geschlecht		gesamt
			weiblich	männlich	
Antrag gestellt	einmal	Anzahl	26	155	181
		% von Geschlecht	23,9%	23,3%	23,4%
	zweimal	Anzahl	10	85	95
		% von Geschlecht	9,2%	12,8%	12,3%
	häufiger	Anzahl	33	194	227
		% von Geschlecht	30,3%	29,1%	29,3%
	noch nie	Anzahl	40	232	272
		% von Geschlecht	36,7%	34,8%	35,1%
gesamt		Anzahl	109	666	775
		% von Geschlecht	100,0%	100,0%	100,0%

Tabelle 102: Antrag bei der HHG-Stiftung (nach Geschlecht)

Wie hoch die Summe war, die die Häftlingshilfestiftung zur Verfügung stellte, fiel in den einzelnen Jahren unterschiedlich aus. Über die Höhe der Förderung der Häftlinge heißt es im Gesetz: »Nach Maßgabe der vorhandenen Mittel.«

»Das ist natürlich eine schwierige Aufgabe«, meinte Siegel-Mackensen. »Man weiß nie genau, wie viele Antragsteller sich nun wirklich melden werden. Aber die Mittel müssen reichen. Wir sind gehalten, nach Maßgabe der vorhandenen Mittel die Unterstützung entsprechend der Richtlinien festzulegen. Und die besagen, dass maximal 8.000 D-Mark, zurzeit 4.050 Euro, ausgezahlt werden dürfen.[121] Es liegt im Ermessen der Stiftung, im Rahmen der zur Verfügung gestellten Mittel interne, mit den zuständigen Stiftungsgremien und den beteiligten Ministerien abgestimmte Arbeitsanweisungen für die Berechnung der Höhe der Unterstützungsleistungen zu erarbeiten.

Die Änderung der internen Arbeitsanweisung ist ein Grund für unterschiedlich hohe Bewilligungssummen in den einzelnen Jahren. Außerdem sind bei Wiederholungsanträgen Reduzierungen gegenüber zum Beispiel dem Erstantrag vorgesehen. Bis 2005 hatten wir mit 25% immer noch unverhältnismäßig viele Erstanträge. 2006 waren es mit etwa 20% immer noch überraschend viele.«

Nach Auskunft von Michael Schumny, dem heutigen Geschäftsführer der HHG-Stiftung, wurden im Jahr 2006 im Bereich HHG 1.500.950,00 Euro vergeben, im StrRehaG waren es 11.800.050,00 Euro. 2006 war das letzte Jahr vor der Einführung der Häftlings- bzw. Ehrenrente. Zum Jahresende 2008 ergaben sich im Bereich HHG Gesamtausgaben für Unterstützungen in Höhe von 1.694.900 Euro im StrRehaG von 9.187.400 Euro.

Schumny merkt an, »dass der Betrag der Förderung aufgrund der Einführung der Opferrente in Zukunft noch weiter absinken wird. Die Auswirkungen sind bis zum Ende 2008 noch nicht voll durchgeschlagen, da hier noch Altfälle bearbeitet wurden.« Altfälle meint, dass die Anträge bei der HHG-Stiftung eingingen, ehe die Häftlingsrente rechtskräftig wurde.

Die wirtschaftliche Entwicklung eines ehemaligen politischen Häftlings hing von vielen Faktoren ab. Laut Siegel-Mackensen zählten dazu zum Beispiel die körperliche und psychische Verfassung nach der Haftentlassung, das Alter, aber auch der Zeitpunkt der Haftentlassung und die Situation auf dem Arbeitsmarkt. In der Phase des Aufbaus der Bundesrepublik bis zur ersten Erdölkrise war in der Regel ein berufliches Weiterkommen in der BRD möglich, natürlich immer in Abhängigkeit davon, wie beeinträchtigt der politische Häftling von den Folgen der Haft war. »Bis in die 70er Jahre hinein gab es auf alle Fälle Arbeitsplätze. Es gab Leute, die stärker verdrängen konnten, die leichter mit dem, was sie an Beeinträchtigungen erfahren hatten, fertig werden konnten. Und es gab empfindsamere, die schwer angeschlagen waren. Und entsprechend sah auch die berufliche Weiterentwicklung dieser Menschen aus.«

In der Geschlechterfrage gilt für die ehemaligen politischen Häftlinge dasselbe, was sonst auch für die Gesellschaft gilt. Siegel-Mackensen ist den weiblichen politischen Häftlingen, die in der DDR geblieben waren, naturgemäß erst zu einem Zeitpunkt begegnet, als sie sich nach der Wende an die Stiftung wandten. »Sicherlich haben sie sich in der DDR in den Jahren bis

121 Die Richtlinien sind noch nicht auf den Eurobetrag umgeändert worden.

zur Wende durchschlagen können. Sie haben in der Regel Arbeit gehabt und konnten ihre Kinder unterbringen. Letzteres konnten die vor der Wende in den Westen gekommenen weiblichen ehemaligen politischen Häftlinge vielleicht nicht in dem Maße.«

Im Westen hat Siegel-Mackensen mit den weiblichen ehemaligen politischen Häftlingen folgende Erfahrung gemacht: »Eine alleinerziehende Frau mit einem Kind ist nach meiner Meinung in der Regel gehandicapt. Das wissen wir Frauen sowieso. Bei denen, die in Haft gewesen sind, kommt nun die persönliche Verfassung hinzu. Auch hier stellt sich die Frage: Wie ist ihre Situation auf dem Arbeitsmarkt? Gegenüber den »normalen« Alleinerziehenden in unserer Gesellschaft sind diese alleinerziehenden ehemaligen Häftlinge schwerer betroffen. Auch gegenüber den männlichen ehemaligen Häftlingen.«

Viel an der Verfassung der ehemaligen Häftlinge muss in Abhängigkeit von den Haftbedingungen gesehen werden. »Diejenigen, die in den frühen Jahren nach dem Krieg von den Russen oder dann von der DDR verurteilt worden waren, hatten lange Haftstrafen hinter sich. Damals gab es in der DDR noch das Strafergänzungsgesetz[122], das für politische Tatbestände besonders harte Strafen vorsah. Diese ›Langzeitstrafler‹ waren von den Russen zu 25 Jahren verurteilt worden. 25 Jahre waren die Regel – wer bekam schon zehn Jahre? Sie sind in der Masse in die UdSSR abtransportiert worden und erst sehr spät zurückgekommen. Auch in den frühen Jahren der DDR waren hohe Strafen üblich. Nicht zu vergessen ist außerdem, dass es in der DDR – mit Unterbrechungen – die Todesstrafe noch gab, die auch verhängt und vollstreckt wurde. Für die in der Sowjetunion Gefangengehaltenen galt, dass sie, wenn sie nach der Haft in die DDR zurückkamen, über das Erlebte nicht reden durften. Die Sowjetunion war der sozialistische Bruder, der nicht negativ dargestellt werden durfte.«

Erst die KSZE, die Konferenz für Sicherheit und Zusammenarbeit in Europa, in der 1975 Vereinbarungen über Menschenrechte getroffen wurden, hat in diesem Bereich einen Einschnitt gebracht und den Widerstand entfacht. Allerdings mit der Folge, dass dieser viele Widerständler auch ins Gefängnis brachte.

Die Hinterbliebenen der verstorbenen Häftlinge, das heißt ihre Ehefrauen, Kinder und Eltern, bildeten eine andere Gruppe, die von der HHG-Stiftung gefördert wird. Siegel-Mackensen: »Bezogen auf die frühen Nachkriegsjahre überwiegen hier die Anträge von Kindern, deren Väter in der Haft umgekommenen waren bzw. in den frühen Jahren der DDR starben.«

---

122 Das war ein Strafzuschlag über das normale Strafmaß hinaus für bestimmte politische Paragrafen.

»Die Frauen der verstorbenen Häftlinge bekamen immer etwas mehr Geld als die Kinder«, erzählte eine der interviewten Häftlinge (vgl. Protokolle der Angehörigen), die wie ihre Tochter von der HHG-Stiftung unterstützt worden ist. Für die Angehörigen von lebenden Häftlingen zahlt die Stiftung keine Unterstützung, es sei denn, sie waren selbst in Haft (heute nur noch bei einer Haftdauer vorn unter sechs Monaten). Siegel-Mackensen: »Im Regelfall werden bei einer Unterstützung die mit den ehemaligen politischen Häftlingen lebenden Partner und gegebenenfalls die im Haushalt lebenden Kinder berücksichtigt. Da gibt es Zuschläge, je nachdem, wie viele Personen in dem Haushalt leben. Die geschiedene Ehefrau eines Häftlings hat in der Regel keinen Anspruch auf eine Unterstützung.«

Annegret Stephan ergänzt: »Die Hinterbliebenen von aus politischen Gründen Hingerichteten wurden in der Rente nur wie Kriegerwitwen behandelt. Eine junge Mitarbeiterin eines Sozialministeriums formulierte mir gegenüber einmal, als es um die Witwe von Ernst Jennrich ging, der anlässlich des 17. Juni hingerichtet worden war: ›Damit ist doch der Tod ihres Mannes abgegolten.‹ Allein durch die Stiftung bekamen die Witwe und die Kinder eine Anerkennung und Unterstützung, was für sie sehr, sehr wichtig war!«

Auch wenn die Lebenspartner von ehemaligen politischen Häftlingen nach dem Gesetz keinen eigenen Anspruch auf Unterstützung haben – im Unterstützungsantrag wird danach zur Berechnung des Familienzuschlages gefragt. Nach jahrelangem Kontakt mit immer denselben Häftlingen hatte man dort den Eindruck, dass die Häftlinge »einer psychischen Beeinträchtigung unterlagen, selbst wenn die nicht zu einem anerkannten Haftschaden geführt hat. Sie scheinen schwerer bindungsfähig zu sein, es hat den Anschein, als würde der Partner häufiger gewechselt werden als beim Rest der Gesellschaft. Das legt die Vermutung nahe, dass es da Probleme gibt, die durch die Haft entstanden sind.«

Natürlich gibt es auch Frauen, die in der frühen Nachkriegszeit von den Russen verurteilt und nach Sibirien verschleppt wurden oder in den Gefängnissen der DDR in Haft waren. Das sind *die Mädchen*, liebevoll so genannt von ehemaligen politischen Häftlingen, mit denen diese Frauen in den Häftlingsverbänden oder Lagergemeinschaften zusammenkommen. *Die Mädchen* sind in der Minderheit, aber es hat sie gegeben.

Die Männer berichteten immer wieder, dass die Frauen ein schwereres Schicksal gehabt hätten als sie selbst, wobei sie in erster Linie an die Vergewaltigungen der Frauen durch die Russen denken. »Von Vergewaltigungen in DDR-Gefängnissen ist mir durch die Antragstellerinnen bisher nichts bekannt geworden«, sagt Siegel-Mackensen.

Andere Gewaltformen sind ihr durchaus bekannt. »Von Antragstellerinnen habe ich von Zwangsabtreibungen in DDR-Gefängnissen erfahren. Das sind Einzelfälle, aber sie sind vorgekommen. In einem mir bekannt gewordenen Fall ist die darauf zurückzuführende Traumatisierung als Haftschaden anerkannt worden.«

Wenn Hannelore Siegel-Mackensen erzählt, geht es ihr wie allen anderen, die mit den Häftlingen arbeiten: Sie ist voller Geschichten, die diese Menschen erlebt haben. Tragisch sind Familiengeschichten, in denen die Eltern in Haft waren und sich die Wut der Eltern auf die Kinder übertrug. »Die Kinder hatten in der Regel eine verständliche und berechtigte Abneigung gegen den DDR-Staat, weil er dafür gesorgt hatte, dass der Vater oder die Mutter, manchmal sogar beide, in Haft waren. Bei ihnen ist es zum Beispiel häufig zu Fluchtversuchen gekommen, sodass sie, wenn er misslang und sie festgenommen wurden, letztendlich wegen der Haft ihrer Eltern auch ins Gefängnis kamen. Ich hatte auch den Fall einer jungen Frau, die sechs, sieben Jahre von den Russen eingesperrt gewesen war. Ihr Sohn lebte in der Zeit bei der Großmutter. Als sie zurückkam, erkannten sich Mutter und Sohn zunächst nicht mehr. Für beide war es sehr schwer, wieder miteinander als Mutter und Kind zu leben. Später hat es mit diesem Sohn Probleme gegeben. Als Gymnasiast hat er, offensichtlich war er in Chemie sehr gut, auf einem öffentlichen Platz eine selbst gebastelte Stinkbombe hochgehen lassen. Er konnte als 15- oder 16-jähriger die Folgen gar nicht abschätzen. Er hat es aus Protest getan, er war immer protestgeladen. Daraufhin kam er in einen Jugendwerkhof.[123] Heute ist er als politischer Häftling anerkannt. Durch diese Haft ist er für sein ganzes Leben gezeichnet. Er hat sich beruflich, obwohl er ein sehr intelligenter Mensch ist, nie mehr eingliedern können. Das Schicksal hat Mutter und Sohn zusammengeschweißt, sie haben bis zum Tod der Mutter zusammengelebt.«

Manchmal ist es durch die politische Haft eines Elternteils auch zu politisch gegenläufigen Entwicklungen gekommen. Das Kind tat das genaue Gegenteil der Eltern. Und das, sagt Siegel-Mackensen, sei nicht weniger tragisch für die betroffene Familie gewesen. »Vater und Mutter kamen ins Gefängnis. Sie hatten zwei Kinder. Die Tochter wollte mit dem DDR-System nichts zu tun haben und stand aufseiten der Eltern. Der Sohn wurde in der Schule isoliert. Und weil er nicht immer der Benachteiligte sein wollte, hat er sich bewusst bei der Volkspolizei gemeldet und versucht, eine staatskonforme Karriere einzuschlagen.«

Aus ihrer Arbeit mit den Opfern des Nationalsozialismus sind Siegel-Mackensen solche Entwicklungen bekannt. »Das erinnert mich an ähnliche Geschichten aus der Nazizeit. Wie solch eine Diktatur in die Familien eingreift,

123 Jugendwerkhöfe waren geschlossene Umerziehungsanstalt für Jugendliche ab 16 Jahren.

das ist beängstigend. Deshalb muss über die Erfahrungen der Betroffenen berichtet werden. Wir dürfen nicht vergessen.«

Auf Unterschiede zwischen den Opfergruppen der NS-Verfolgten und der DDR-Häftlinge angesprochen, führt Siegel-Mackensen einen ihr bei ihrer Arbeit als gravierend aufgefallenen Umstand an. »In meinen Kontakten mit den Häftlingen hatte ich den Eindruck, dass die Zahl der psychischen Beeinträchtigungen bei den Häftlingen der DDR größer war als bei denen des NS-Regimes. Dies mag zum Teil auf den größeren Zeitabstand zu der Verfolgung bei den NS-Opfern zurückzuführen sein. Ich hatte aber den Eindruck, als habe die DDR die psychische Bearbeitung der Häftlinge gleichsam weiterentwickelt und verfeinert gegenüber dem Vorgehen der Nazis.«

Die Stiftung und die Wende

Mit der Wende hat sich in der Arbeit der Häftlingshilfestiftung etliches verändert. Der Ansturm von Antragstellern war von der kleinen Stiftung zunächst kaum zu bewältigen, zumal die Stiftung mit dem Vorstand und dem damaligen Geschäftsführer Bayer auch beratend in die Entwicklung des Strafrechtlichen Rehabilitierungsgesetzes und anderer gesetzlicher Regelungen unmittelbar nach der Wende einbezogen war. Dennoch haben alle versucht, den Andrang so gut wie möglich zu schultern.

In der Stiftung selbst musste alles neu strukturiert werden. Kaum eine Information stimmte noch. Diejenigen, die nach der Wende kamen, waren keine Flüchtlinge mehr. »Bis zur Wende hatten alle den C-Ausweis, das heißt den Flüchtlingsausweis, bekommen. Nach der Wende mussten wir alles neu erarbeiten.«

Die Stiftung wusste zunächst nicht, was durch die Wende auf sie zukommen würde. Siegel-Mackensen: »Die damaligen Verantwortlichen der Stiftung wussten nur, dass die Zahl der ehemaligen Häftlinge höher sein würde. Und dann hat man voller Erstaunen gesehen, wie viele politische Häftlinge nicht in die BRD gekommen, sondern in der DDR geblieben waren. Für sie ist dann das Strafrechtliche Rehabilitierungsgesetz StRehaG geschaffen worden.«

Nach der Wende gab es auch die intensive Informationstätigkeit für die Häftlinge nicht mehr. Die Erreichbarkeit der Häftlinge war nicht mehr so einfach gegeben. Wie erfuhren die Häftlinge aus den neuen Ländern aber von der Stiftung? »Das müssen Sie eher die politischen Häftlinge fragen, die uns gefunden haben.« Für eine breite Streuung von Inseraten in Zeitungen hatte die Stiftung kein Geld. Zugleich waren aber der Vorstand und die Bewilligungsausschüsse überwiegend mit ehemaligen Häftlingen besetzt, die meistens mit den Häftlingsverbänden und anderen Opfergruppen gut vernetzt waren. Im Stiftungsrat waren Vertreter der politischen Parteien vertreten, vorzugsweise selbst ehemalige politische Häftlinge. Siegel-Mackensen ist sich also sicher, dass damals unternommen wurde, was menschenmöglich war. »Die Zeitungen schrieben darüber. Die Häftlingsverbände informierten. Das Fernsehen brachte Beiträge. Pressekonferenzen wurden veranstaltet. Und das Strafrechtliche Rehabilitierungsgesetz, in welchem die Hilfeleistungen der Stiftung fixiert sind, wurde natürlich wie jedes Gesetz im *Bundesanzeiger* veröffentlicht.«

Örtlich kam die HHG-Stiftung den Häftlingen in den neuen Bundesländern durchaus entgegen. »Im Einigungsvertrag war die Einrichtung einer Nebenstelle der Stiftung in Berlin vorgesehen. Sie sollte bis zur Errichtung eigener

HHG-Behörden in den neuen Bundesländern die Anerkennungsverfahren nach dem HHG für alle politischen Häftlinge aus den neuen Bundesländern durchführen und die sogenannte Eingliederungshilfe auszahlen. Nach Inkrafttreten des Strafrechtlichen Rehabilitierungsgesetzes zahlte sie auch an die von ihr anerkannten politischen Häftlinge die Kapitalentschädigung aus. Die Nebenstelle Berlin wurde nach fünf Jahren wieder aufgehoben. Außer in Berlin waren zur Bewältigung der unerwartet großen Antragszahlen noch Dienststellen in Nürnberg, Düsseldorf, Köln und Münster eingerichtet worden, die ein weiteres Jahr arbeiteten, um möglichst viele Anträge erledigen und vor allem auch die Kapitalentschädigung auszahlen zu können. Danach übernahmen die zwischenzeitlich in den neuen Bundesländern eingerichteten eigenen Behörden die Aufgaben.«

Den größten Einschnitt in der Geschichte der Häftlingshilfestiftung stellte die Einführung der sogenannten »besonderen Zuwendung«, wie sie im Gesetz heißt, bzw. der Opfer- oder Ehrenrente dar. »Mit der Änderung des StrRehaG durch Einführung des §17a im Jahr 2007 ist für alle anerkannten politischen Häftlinge, die bestimmte Einkommensgrenzen nicht überschreiten und mindestens sechs Monate unrechtmäßigen Gewahrsam auf dem Gebiet der ehemaligen DDR erlitten haben, eine monatliche Rente von 250 Euro vorgesehen. Unterstützungsleistungen von der Stiftung können nur noch anerkannte politische Häftlinge erhalten, die unter sechs Monate auf dem Gebiet der ehemaligen DDR in Haft waren, sowie die Hinterbliebenen aller DDR-Häftlinge. Nach wie vor antragsberechtigt sind natürlich die anerkannten politischen Häftlinge, die jenseits von Oder und Neiße in Haft waren.«

Als größten Vorteil für die Rentenbezieher sieht auch Siegel-Mackensen: »Die Rente muss man in der Regel nur ein einziges Mal beantragen. Das ist dann eine feste Größe, mit der die Häftlinge rechnen können. Sie wissen nun, sie haben jeden Monat 250 Euro mehr.«

Dass im Jahr 2007 noch so viele ehemalige politische Häftlinge neu den Weg zur Häftlingshilfestiftung gefunden haben, führt Siegel-Mackensen auf die intensive Beratungstätigkeit der Stiftung und auf die öffentliche Diskussion zurück, die wegen der Einführung der Opfer- bzw. Ehrenrente geführt wurde.

Nachdem die Rente im Jahr 2007 eingeführt worden war, saß Frau Siegel-Mackensen ein ehemaliger politischer Häftling gegenüber. »Ein Brandenburger, Anfang 60, 100 Prozent schwerbehindert. Er hat zweieinhalb Jahre gesessen und bekommt bis zum Beginn seiner Altersrente eine EU-Rente.[124] Er sagte mir: ›Sehen Sie mal, ich bekomme 600 Euro monatlich. Das liegt knapp über dem Regelsatz,

124 Erwerbsunfähigkeitsrente

sodass ich kein Wohngeld erhalte. Das heißt, ich muss von den 600 Euro meine Miete bezahlen. Da ich mit meinen kaputten Knochen nicht mehr arbeiten kann, muss ich mich beschäftigen. Also habe ich mir den Luxus geleistet, mir einen PC zu kaufen. Nun bin ich immer am PC und im Internet. Das kostet 70 Euro im Monat. Die 70 Euro muss ich irgendwo wieder einsparen. Also spare ich die beim Essen ein. Die 250 Euro Opferrente, die sind für mich Leben, die sind für mich Lebensqualität. Das ist für mich ein Luxus.‹« In den Protokollen äußern sich viele der ehemaligen politischen Häftlinge ähnlich, auch wenn das Ergebnis der Ehrenrente von der Mehrzahl der in dieser Studie Befragten als ungenügend eingeschätzt wurde (vgl. das Kap.: »Die sogenannte Ehrenrente«).

Seit der Einführung der Opferrente haben sich in der Häftlingshilfestiftung die Antragszahlen drastisch verändert. Der größere Teil der Antragsteller hatte sich mehr als sechs Monate in Haft befunden. Diese Antragsteller sind nun spürbar weggebrochen. Andererseits sind durch die breite Diskussion über die Opferrente in den Medien neue Personen zum ersten Mal als Antragsteller zur Stiftung gekommen: Hinterbliebene, die erst jetzt durch die Diskussion darauf aufmerksam wurden, dass sie ein Antragsrecht bei der Stiftung haben. »Es melden sich vermehrt auch ehemalige politische Häftlinge, die bis zu dieser Diskussion in den Medien keine Anträge gestellt hatten, weil sie *nur* drei oder vier Monate Haftzeit hatten.«

Immer wieder kommen aber auch Menschen, vorzugsweise Männer, die eine Unterstützung beantragen wollen, weil sie »auch mal bei den Russen gesessen« hätten. Bei genauerem Hinsehen handelt es sich um einen Häftling, der zu den sogenannten »Werwölfen«[125] gehörte und sich erst jetzt meldet. Diese seinerzeit als Werwolf in Gewahrsam genommenen Jugendlichen können für ihre Haftzeit Kapitalentschädigung bekommen. Die Stiftung rät ihnen, sich unverzüglich als ehemaliger politischer Häftling nach dem HHG anerkennen zu lassen und zugleich die Kapitalentschädigung zu beantragen. Siegel-Mackensen: »Da die als Werwölfe in Gewahrsam Genommenen in der Regel länger als sechs Monate eingesperrt waren, rät ihnen die Stiftung, sofern ihre Gefangennahme zunächst auf dem Gebiet der ehemaligen DDR erfolgte, die Opferrente ebenfalls sofort zu beantragen. Hat der Gewahrsam in Einzelfällen weniger als sechs Monate gedauert, kann dieser Personenkreis nach

125 In der DDR wurden Jugendliche aufgegriffen, weil vermutet wurde, dass die Nationalsozialisten sie als sogenannte Werwölfe zu Partisanentätigkeit ausgebildet hätten. Laut *Wikipedia* hat Heinrich Himmler die Werwölfe 1944 ins Leben gerufen. Nach Hitlers Tod untersagte Karl Dönitz allerdings am 5. Mai 1945 die Werwolf-Aktionen als illegale Kampftätigkeit (http://de.wikipedia.org/wiki/Werwolf_(Freisch%C3%A4rlerbewegung); Stand: 20.03.2009).

dem erfolgreichen HHG-Anerkennungsverfahren natürlich Unterstützung bei der Stiftung beantragen.«

Fälle, in denen Häftlinge zu IM wurden, werden der Stiftung bekannt, weil sie ihr durch einzelne Entschädigungsbehörden mitgeteilt werden oder weil die Antragsteller den Nachweis über den Erhalt der Kapitalentschädigung und die Nachzahlung der Kapitalentschädigung nicht vorlegen können. Die zuständigen Behörden müssen vor Auszahlung der Kapitalentschädigung oder der Nachzahlung überprüfen, ob sogenannte Ausschließungsgründe vorliegen. Zu den Ausschließungsgründen zählen Verstöße gegen die Menschlichkeit oder die Tatsache, dass ein ehemaliger politischer Häftling dem System der DDR oder dem NS-System Vorschub geleistet hat. In solchen Fällen darf die Stiftung keine Unterstützungsleistungen gewähren.

In der Vergangenheit ist es in Einzelfällen vorgekommen, dass Unterstützungsleistungen gezahlt worden sind, ehe die Ausschlussgründe bekannt wurden. »Bis nach der Wende hatten ja die westdeutschen Stellen keine Akteneinsicht. Das ist erst peu à peu nach der Wende angelaufen.«

Kurz nach der Wende gab es auch noch nicht die Möglichkeit der Regelanfrage bei der Stasi-Unterlagenbehörde, die erst einmal eingerichtet werden musste. Auch viele Archive waren noch nicht offen. Deshalb stellte sich in einigen Fällen erst beim zweiten oder dritten Unterstützungsantrag heraus, dass Ausschließungsgründe vorlagen. Dann flossen natürlich keine weiteren Mittel.

Immer wieder musste Hannelore Siegel-Mackensen bei ihrer Arbeit feststellen, dass ein ehemaliger politischer Häftling, dessen Akten sie gerade las, weitere Fördermöglichkeiten hätte in Anspruch nehmen können. »Gemessen an der Zahl der Häftlinge sind nur in relativ wenigen Fällen Haftschäden anerkannt worden. Ein größerer Teil der Häftlinge hat gar nicht erst Anträge auf Anerkennung gestellt, andere sind mit den Anträgen nicht durchgekommen. Viele Häftlinge sind entweder nicht beraten worden oder wussten nicht, was sie hätten machen sollen. Oder sie wollten all das nicht.«

Annegret Stephan wusste um diesen Missstand: »Dass die Ablehnungen zum Teil in einer verletzenden Form erfolgten und dabei die Wunden wieder aufrissen, hat viele Häftlinge dazu gebracht, trotz einer Beratung keinen Antrag zu stellen. Ich kann das sehr gut nachvollziehen. Die Betroffenen haben sich einer schmerzhaften Prozedur entzogen, um nicht am Ende als Simulant oder Lügner dazustehen.«

Auch Siegel-Mackensen hält die Anerkennung von gesundheitlichen Haftschäden für »ein Feld, wo einiges verbesserungsbedürftig ist.«

Bei der Rentenberechnung werden die Haftzeiten als Ausfallzeiten anerkannt. Siegel-Mackensen: »Im Jahr 2000 gab es Verbesserungen des Berechnungsverfahrens, aber die Mehrzahl der politischen Häftlinge ist der Ansicht, dass sie sich für ihre Rente kaum bemerkbar machten.« Für die Berechnung der Haftzeiten als Ausfallzeiten waren der vor Beginn der Haft innegehabte Beruf und das damit erzielte Einkommen maßgebend.

Ehemalige politische Häftlinge, die vor Beginn der Haft Schüler oder Student waren, kamen damit gar nicht in den Genuss der erwähnten Verbesserung.

Es gibt jedoch auch Fälle, in denen durch Beantragung der sogenannten beruflichen Rehabilitierung nach dem Beruflichen Rehabilitierungsgesetz eine entsprechende Rente erzielt werden kann.

Siegel-Mackensen: »Ich habe kürzlich wieder einmal von einem positiv entschiedenen Fall erfahren. Das ist aber die Ausnahme. Ein ehemaliger politischer Häftling erhielt die Rehabilitierung nach dem Beruflichen Rehabilitierungsgesetz. Danach wurde anerkannt, dass dem seinerzeitigen angehenden Studenten aus politischen Gründen der Zugang zur Hochschule verweigert worden war. Da ihm das angestrebte Studium verwehrt worden war, wurde seine Rente auf der Annahme neu berechnet, er hätte das gewünschte Studium erfolgreich absolviert und eine normale Durchschnittskarriere in dem angestrebten Beruf durchlaufen. 15 Jahre hat die gerichtliche Auseinandersetzung gedauert, bis der ehemalige politische Häftling die für ihn positive Entscheidung und die ihm zustehende Nachzahlung einschließlich der entsprechenden zukünftigen Rente durchgesetzt hatte. Für diesen Weg muss man aber die Kraft haben. Warum eine berufliche Rehabilitierung so schwer durchzusetzen ist, vermag ich nicht zu sagen. Es ist gewiss schwer, im Nachhinein nachzuweisen, dass bestimmte Verweigerungen einer beruflichen Position oder Entwicklung aus politischen Gründen erfolgten. Die Verantwortlichen, die seinerzeit eine Einstellung verweigerten oder sonst wie verhinderten, haben in die Unterlagen – soweit sie überhaupt noch vorliegen – möglicherweise nicht hineingeschrieben, dass die Stelle oder Position wegen politischer Unzuverlässigkeit verweigert wurde. Wenn das in Einzelfällen aber doch geschehen ist, ist das heute ein Plus für den Antragsteller auf berufliche Rehabilitierung.«

Aber gibt es denn diese Unterlagen, all das nachzuweisen, überhaupt noch? Die Stasi hatte ja noch viele der Kaderakten vernichtet, vor allem diejenigen, die wichtig waren. 20 Jahre nach der Wiedervereinigung ist es immer schwerer geworden, noch an betriebliche Unterlagen heranzukommen. »Man weiß ja zum Teil gar nicht, wo diese Unterlagen, auch die Arbeitsnachweise, abgeblieben sind. Kurz nach der Wende wusste man noch, wo Arbeitspapiere zentral aufbewahrt wurden. Aber mit den Abwicklungen der Betriebe ist das schwierig geworden.«

Siegel-Mackensen, die die Häftlinge in dieser Frage beraten hat, stellt fest, dass die rechtliche Lage für den einzelnen politischen Häftling immer unüberschaubarer geworden ist.

Gleiches gilt für die Frage nach der zuständigen HHG-Behörde, die vom Wohnort abhängig ist. In den einzelnen Bundesländern gibt es unterschiedliche Regelungen, die für die Betroffenen unübersichtlich sind. In den neuen Bundesländern ist es in der Regel eine zentrale Einrichtung. In den Altbundesländern gibt es aber in jedem Bundesland unterschiedliche Regelungen. Rheinland-Pfalz zum Beispiel hat inzwischen auch eine zentrale Behörde. Die Bayern haben vier oder fünf Behörden, die Hessen haben ihre Regierungspräsidien. In Niedersachsen und in Baden-Württemberg hat praktisch jede größere Stadt eine eigene HHG-Behörde.« Ehemalige politische Häftlinge, die eine Anerkennung nach dem HHG haben, müssen die Kapitalentschädigung bei der für sie zuständigen HHG-Behörde beantragen. Nur wenn sie über einen Rehabilitierungsbeschluss verfügen, können sie die Kapitalentschädigung bei den zentralen Entschädigungsbehörden in den neuen Ländern beantragen.«

Unklarheiten bei der Ehrenrente

Die Einkommensregelungen für die Bezieher der Ehrenpension wirken sich für Alleinerziehende negativ aus, da ein oder mehrere im Haushalt mit lebende abhängige Kinder die Einkommensgrenze nicht erhöhen. Alleinerziehende ehemalige politische Häftlinge dürfen nicht mehr verdienen als ein allein lebender politischer Häftling.

Bei der Stiftung erhöht jede im gemeinsamen Haushalt mit dem politischen Häftling lebende Person die Einkommensgrenze, bis zu der eine Unterstützung möglich ist. Alleinerziehende mit mehr als sechs Monaten Gewahrsamszeit könnten wegen eines zu hohen, weil die Kinder nicht berücksichtigenden Einkommens also die Opferrente nicht erhalten. Bei der Stiftung würden sie möglicherweise unter der Einkommensgrenze liegen, weil die Kinder berücksichtigt werden. Eine Unterstützung dürfte ihnen jedoch nicht gewährt werden, weil die Stiftung politische Häftlinge, die zu mehr als 180 Tagen Haft verurteilt wurden, nicht mehr unterstützen darf.[126]

Das StrRehaG enthält zwar eine Härtefallregelung, die bezieht sich aber nur auf die Kapitalentschädigung. Sie wurde bei Einführung der Opferrente nicht auch auf Härtefälle im Zusammenhang mit der Gewährung der Opferrente ausgedehnt. Durchlässig wäre es gewesen, wenn man gesagt hätte, ein Härtefall ist auch möglich bei Bezug der Opferrente. Das hätte man in das Gesetz einbauen können, damit eine gewisse Durchlässigkeit für Problemfälle geschaffen worden wäre.

In jüngster Zeit traten vermehrt Leute an die Stiftung heran und meinten, die »Verschleppten« hätten doch jetzt auch einen Anspruch auf Leistungen. »›Verschleppte‹ kennt das Gesetz nicht. Da muss man schon ganz genau hinschauen, wer das sein könnte. Bei den jenseits von Oder und Neiße Verschleppten handelt es sich um sogenannte Zivildeportierte und -internierte, die Leistungen von der Stiftung erhalten können, wenn sie als politische Häftlinge anerkannt worden sind. Das Gesetz spricht nur von politischen Häftlingen.«

Dann hatte es geheißen, die Verschleppten könnten Leistungen vom Bundesverwaltungsamt nach dem Heimkehrerstiftungsaufhebungsgesetz, die Heimkehrer-Entschädigung-Ost erhalten. Tatsächlich erhalten diese Leistung ehemalige Kriegsgefangene und sogenannte »Geltungskriegsgefangene«. Damit man dieses schreckliche Wort »Geltungskriegsgefangene« überhaupt verstehen

126 In dem ursprünglichen Gesetz war von sechs Monaten die Rede. Als diese zu Unklarheiten führte, wurde die Bestimmung in einer Neufassung präzisiert auf 180 Tage (vgl. Bundestagsdrucksache 17/1215 vom 24.03.2010.

könne, erklärte Siegel-Mackensen, wie sie diese Bezeichnung lernen konnte. »Geltungskriegsgefangene sind zivile Gefangene, die wie Kriegsgefangene gelten, weil sie ein den Kriegsgefangenen gleiches Schicksal erlitten.« Das waren in der Regel Frauen, aber auch minderjährige Jungen oder Mädchen, die teilweise sogar in denselben Lagern wie die Kriegsgefangenen festgehalten wurden.

Zivilinternierte und -deportierte, die ihrem Schicksal nach als ehemalige politische Häftlinge anerkannt werden bzw. bereits anerkannt sind, können sich wegen Leistungen an die Stiftung wenden. Die der Stiftung für diesen Personenkreis bereitgestellten Mittel sind im Heimkehrerstiftungsaufhebungsgesetz noch einmal aufgestockt worden.

Im Augenblick ist der Anteil dieser Häftlingsgruppe nach dem HHG, die jenseits von Oder und Neiße in Gewahrsam gehalten wurden, sehr viel geringer als die Zahl der Antragsteller nach dem StrRehaG, die auf dem Gebiet der ehemaligen DDR in Gewahrsam genommen oder dort gehalten wurden. Es ist möglich, dass in der nahen Zukunft die Gruppe der jenseits von Oder und Neiße Inhaftierten zahlenmäßig an die Zahl der Antragsteller nach dem StRehaG heranreichen wird.«

In Bezug auf die Opferrente »gibt es auch einen kleineren, doch sichtbaren Personenkreis, der folgendermaßen argumentiert: ›Die 250 Euro Opferrente sind gut und schön, aber ich habe immer noch zu wenig Geld. Ich liege trotz der 250 Euro Opferrente unter den Einkommensrichtwerten der Stiftung für eine Unterstützung. Mir geht es nicht gut, ich müsste eigentlich weiterhin Unterstützung bekommen.‹ Eine solche Unterstützung leisten kann die Stiftung nach der derzeitigen Gesetzeslage natürlich nicht, weil – wie weiter oben schon gesagt – das Gesetz Unterstützungen nur für den Personenkreis vorsieht, der weniger als sechs Monate unrechtmäßige Haft erlitten hat und die Opferrente nicht erhalten kann.«

Zu der mit voller Heftigkeit entbrannten Diskussion um die Frage der Gleichstellung von Opfern des Nationalsozialismus und der politischen Häftlinge der DDR hat Hannelore Siegel-Mackensen eine vollkommen andere Position als alle, die hier bisher zu Wort gekommen sind. Für sie sind diese Argumente nicht neu, sie kennt sie. »Ich hatte immer den Eindruck, dass die NS-Opfer insgesamt weniger Leistungen erhielten als die ehemaligen politischen Häftlinge der DDR.« Vielleicht sehe es so aus, als bekämen die Opfer des Nationalsozialismus mehr. Faktisch gilt die 750 Euro-Rente aber nur für die Opfer des Faschismus aus der ehemaligen DDR. Sie gelte nicht für das Gros aller NS-Verfolgten, die gemäß Bundesentschädigungsgesetz Leistungen beziehen und in Westdeutschland gelebt haben. Durch die Vielzahl verschiedener Leistungen erhalten die Opfer der DDR möglicherweise sogar mehr. »Und dass die Opfer des Nationalsozialismus der DDR in der Rente bessergestellt sind, liegt an einer Bestimmung im Einigungsvertrag, wonach die Renten der Opfer des Faschismus aus der DDR-Zeit auch im Westen weitergezahlt werden müssen.«

Zur Frage der Vergleichbarkeit sagte Siegel-Mackensen, die mit beiden Häftlingsgruppen in Kontakt war: »Als ich für den UNHCR-Härtefonds für national-geschädigte NS-Opfer tätig war, haben mir viele Antragsteller geschrieben. Das waren vor allem diejenigen, die nach 1945 ausgewandert sind nach Kanada, in die USA, Australien, Argentinien. Das Schlimmste wäre für sie, die sie überlebt hatten, gewesen, dass ihnen im Lager die Würde genommen werden sollte. Dass man sie zerbrechen wollte. Gleiches berichten die DDR-Häftlinge.«

Insgesamt begrüßt Siegel-Mackensen die Ehrenrente. »Diese Rente ist durchaus eine akzeptable Lösung. In der Regel nur einmal müssen die Antragsteller ihre Einkommensverhältnisse offenlegen. Die ehemaligen Häftlinge müssen nicht jedes Jahr einen neuen Antrag stellen. Sie wissen, mit wie viel Geld sie rechnen können. Aber die Rente haben nach meiner privaten Auffassung auch die Häftlinge verdient, die unter sechs Monaten inhaftiert waren.«

Hans Marquardt, Vorsitzender des Bundes Demokratischer Widerstandskämpfer und Verfolgter (BDWV), schrieb im Jahr 2004: »Die Stiftung in Bonn bringt keine Lösung. Sie kann nur vorübergehend spezielle Not lindern. Dauerbedürftige müssen durch Dauerzuwendungen unterstützt werden.«[127] Aus den betroffenen Kreisen gab es immer wieder Stimmen, die sagten, es könne doch nicht jeder dasselbe bekommen. Der eine hätte drei Monate gesessen und bekäme 250 Euro. Und jemand, der acht Jahre gesessen hätte, bekäme ebenfalls nur 250 Euro. Siegel-Mackensen: »Deswegen hatten die Vorstandsmitglieder der Stiftung sich im Rahmen der öffentlichen Diskussion vor der Einführung der Opferrente für gestaffelte Beträge in der Rente ausgesprochen. Aber so ist es dann nicht gekommen.«

Siegel-Mackensen befürwortet eine künftige Opferrente auch für politische Häftlinge, die unter sechs Monaten in Haft waren. »Mein Ziel wäre – und ich denke, dass es auch das der Verbände ist – eine Gleichstellung der politischen Häftlinge. Wieso soll jemand, der einen Tag weniger als sechs Monate inhaftiert war, die Rente nicht bekommen?«

Der Gesetzgeber hat bei der Einführung der Opferrente die Antragsfristen für Rehabilitierungen bis zum Jahr 2015 festgeschrieben. Bis zu diesem Datum kann man sich als politischer Häftling noch rehabilitieren lassen. Entsprechend lange müssten auch Leistungen gewährt werden, die Kapitalentschädigung mit

127 Hans Marquardt, Mitglied der SPD-Fraktion, stimmte gegen Opferpension (Graffius/Hennig 2004, S. 100).

Sicherheit. Siegel-Mackensen rechnet damit, dass die Stiftung ebenfalls noch eine Weile erhalten bleiben wird.

Annegret Stephan fügt hinzu: »Ich habe die unendliche Freude erlebt, wenn das Geld von der Stiftung bei den Betroffenen ankam. Es waren ja keine so hohen Beträge, die alle finanziellen Probleme für immer lösten. Aber nicht selten waren sie einer Rettung aus der Not oder die Chance, »endlich mal renovieren zu können« oder Wünsche wie eine Kur zu erfüllen. Die meisten Antragsteller waren auch froh nach persönlichem oder telefonischem Kontakt zu Mitarbeitern der Stiftung: ›Die verstehen uns und tun etwas für uns!‹ Die Stiftung hat das geschafft, was woanders ausblieb: Die ehemaligen politischen Häftlinge der SBZ/DDR fühlten sich angenommen.«

Zusammenfassung: Ergebnisse der Essener Studie

Die Studie über die soziale Lage von politischen Häftlingen wurde an der Universität Essen durchgeführt. In einem quantitativen Teil haben 802 ehemalige politische Häftlinge einen Fragebogen ausgefüllt. 24 ehemalige politische Häftlinge und drei Hinterbliebene sind darüber hinaus intensiv befragt worden. Weiter gaben drei Expertinnen Auskunft. Unter den Befragten lag der Anteil der Frauen bei 14,34%, der der Männer bei 85,54%. Insgesamt geht man von insgesamt etwa 200.000 politischen Häftlingen in der DDR zwischen 1949 und 1989 aus.

51% der ehemaligen Häftlinge sind nach ihrer Haft in der DDR geblieben.

Ihre Haft hat dort zu einem sozialen Abstieg geführt. Viele arbeiteten während der Haft als Hilfsarbeiter und Hilfsarbeiterinnen. Die meisten blieben auch nach der Haft in niedriger qualifizierten Berufen. Erst nach langen Jahren und zum Teil erst nach der Wende konnten diese Benachteiligungen in Einzelfällen wieder aufgehoben werden. 20 Jahre nach der Einheit sind die Häftlinge noch nicht zur Ruhe gekommen.

Die ehemaligen Häftlinge haben eine positive Einstellung zur Einheit, aber sozial haben sie davon nicht profitiert. Sie fühlen sich für das hohe Risiko, das sie auf sich genommen haben, nicht ausreichend anerkannt.

Heute verdienen 49% der ehemaligen Häftlinge weniger als 1.000 Euro im Monat. Bei den Frauen sind es sogar 56,9%. Entsprechend ist die Einkommenszufriedenheit der ehemaligen Häftlinge gering. Überproportional viele ehemalige politische DDR-Häftlinge leben unterhalb der Sozialhilfegrenze. 13,1% sind Bezieher von Hartz IV. 5,6% erhielten eine EU-Rente. Weitere 58,4% sind Altersrentner.

Mehr als 60% der Häftlinge lebten nach der Haft in neuen Partnerschaften. Viele berichteten, dass ihre PartnerInnen gezwungen wurden, sich von ihnen zu trennen. Die Repression traf auch die Familie. Der/die PartnerIn durfte den Beruf nicht ausüben (21.4%) oder die Ausbildung nicht beenden (9,3%). Die weiblichen Häftlinge geben zu drei Vierteln an, dass ihr Partner auch in Haft kam. Bei den Männern waren es nur 26,0%, die das über ihre Partnerin sagten.

Die Haftmethoden haben langfristige Schäden hinterlassen. Vor allem die lange Einzelhaft, die 63,3% erlebt haben, die Unterbringung in Dunkelzellen (19,4%) und in Nasszellen (6,6%) haben bleibende körperliche und seelische

Schäden hinterlassen. In Lebensgefahr gewesen zu sein gaben 21,6% der Häftlinge an, davon 23,1% Frauen. Fast 62% der befragten Häftlinge haben regelmäßig Albträume, fast 50% fühlen sich mutlos, und unter allgemeinen Ängsten leiden fast 45%. Fast immer treten die psychischen Schäden bei Frauen häufiger auf. Unter Misstrauen leiden oft oder immer 83%, während es auf 65% der Männer zutrifft. Unter Selbstmordgedanken leiden 35% der Frauen regelmäßig oder oft, bei den Männern sind es 22%. Und Platzangst als Folge der Haft nennen 61% der Frauen und 33% der Männer.

Die Gesundheitsstörungen variieren mit den Zeiten der Haft. So haben Häftlinge aus den 50er Jahren fast nie Suizidgedanken, während Häftlinge mit einer Haftzeit vor 1989 zu 14% darunter leiden. Hin und wieder tun das weitere 14%. Dies weist auf mögliche Veränderungen in den Haftmethoden hin. Aus den 50er Jahren, den Zeiten der körperlichen Folter, des Schlafens auf dem nackten Fußboden oder des Stehens im kalten Wasser, erkrankten 37,2% an Nierensteinen. Von denen, die in den 80er Jahren in Haft waren, gaben 62,5% an, dass sie damit nie Probleme hatten. Auch bei den Herzkrankheiten als Folge der Haft nahmen die Erkrankungen seit den 60er Jahren ab. 36% gaben vor 1989 an, dass sie nie Probleme mit dem Herzen hatten. Vor 1950 waren das nur 11%.

Während die ehemaligen politischen Häftlinge bei der Rehabilitierung vor den Gerichten gute Erfahrungen machten, verliefen die Anerkennungen von Haftschäden wenig positiv. Expertinnen stellen fest, dass die ehemaligen politischen Häftlinge sowohl bei den Haftschäden als auch bei den beruflichen Schäden mit Gutachtern zu tun haben, die nicht auf dem aktuellen wissenschaftlichen Stand der Traumaforschung sind. Das hat zur Folge, dass ehemalige Häftlinge, die sich auf den Weg durch die Institutionen begeben, durch Flashbacks gesundheitlich gefährdet werden.

Zum Wohlbefinden im Westen hätte ein Arbeitsplatz gehört, möglicherweise eine spezielle Arbeitsbeschaffungsmaßnahme für ehemalige Häftlinge. So aber wurden 46,3% erst einmal arbeitslos und waren damit ihren Erinnerungen ausgesetzt.

33% haben Spitzel zur Rede gestellt. Der Anteil der Frauen, die das getan haben, war mit 35,5% etwas höher als bei den Männern (33,5%). 45,5% wurden nach der Wende erst einmal krank. 70,8% fühlten sich durch die Haft weiterhin belastet.

58,4% der ehemaligen politischen Häftlinge gaben an, dass sie nach 1989 nicht neu beginnen konnten. 69,7% konnten auch mit der Haft nicht abschließen (78,9% Frauen, 68,3% Männer). Mit dem Westen nicht zurecht kamen 14,7%. Von denen, die in der DDR gelebt haben, kamen 16% nicht mit dem Westen zurecht. Und von denen, die schon im Westen gelebt haben, waren es 12,7%.

Dennoch war für 87% der ehemaligen politischen Häftlinge 1989 wichtig. Für etwa 5% trifft das nicht zu. Die Meinungsfreiheit schätzen 73% der Befragten. Und 55% sind der Ansicht, dass man heute zwar reisen könne, aber nun das Geld nicht dafür habe. Dennoch lehnen 63% die Ansicht ab, dass es ihnen in der DDR sozial besser gegangen wäre.

Die neue Opferrente stieß bei den ehemaligen politischen Häftlingen durchgehend auf Kritik. Vor allem ihre Anbindung an die soziale Lage wurde bemängelt. Auch mit der Höhe haderten die ehemaligen politischen Häftlinge. Nur knapp 12% der Frauen stimmten der Rente in der bestehenden Form zu, bei Männern waren es sogar nur 9%.

Obwohl also 48% sich den Neubeginn nach 1989 anders vorgestellt hätten und sich 39% der Häftlinge durch alte Seilschaften behindert fühlen – die DDR zurückhaben wollen die ehemaligen politischen Häftlinge zu 87,2% nicht.

Verzeichnis der Abkürzungen

DDR – Deutsche Demokratische Republik
DP – Displaced Persons: Menschen, die nach 1945 aus den KZs kamen oder Zwangsarbeiter, die in ihre Heimatländer zurückkehrten.
EKfG – Essener Kolleg für Geschlechterforschung
HHG – Häftlingshilfegesetz
HHG-Stiftung – Stiftung für ehemalige politische Häftlinge
HNO-Bereich – Erkrankungen im Hals-Nasen-Ohren-Bereich
ICD – International Statistical Classification of Diseases and Related Health Problems
JVA – Justizvollzugsanstalt
MfS – Ministerium für Staatssicherheit
Reha-Gesetze – Gesetze zur Rehabilitierung
SBZ – Sowjetische Besatzungszone
SED – Sozialistische Einheitspartei Deutschlands
SMT – Sowjetische Militärtribunale
Stiftung HHG – siehe HHG-Stiftung
UOKG – Union der Opferverbände Kommunistischer Gewaltherrschaft

Verzeichnis der Statistiken

Grafiken

Tabellen

Literatur

Von Betroffenen wurden mir viele Bücher und Haftberichte zugesandt. Manches waren die Erfahrungen derer, die die Bücher schickten, oder es sollte unterstreichen, was ihnen als politischen Häftlingen wichtig war. Insofern ist diese Literaturliste nicht nur eine über die verwendeten Texte, sondern auch eine Dokumentation der Bücher, die den Häftlingen wichtig waren.

Agger, Inger (1992/94): The Blue Room. Trauma and Testimony among Refugee Women. A Psycho-Social Exploration. London (Zed Books).

Arbeitskreis Verfassung des frauenpolitischen Runden Tisches Berlin (Hg): Macht – Verfassung – Demokratie. Rechtsforderungen von Frauen in der Diskussion um eine Verfassung. Berlin 1992 (Autorinnen: Baer, Susanne; Barbe, Angelika; Berghahn, Sabine; Böhm, Tatjana et al.).

Aretz, Jürgen & Stock, Wolfgang (Hg.) (1997): Die vergessenen Opfer der DDR. 13 erschütternde Berichte mit Original-Stasi-Akten. Bergisch Gladbach (Bastei-Verlag).

Arnold, Georg & Hadzic, Senad (1986): Das Bundesentschädigungsgesetz. Tribüne. Zeitschrift zum Verständnis des Judentums 26(9), 88–105.

Bahrmann, Hannes & Links, Christoph (1999): Chronik der Wende. Die Ereignisse in der DDR zwischen 7. Oktober 1989 und 18. März 1990. Berlin (Ch. Links).

Barm, Werner (1990): Achtung Sperrgebiet. Insider-Report. Remagen (Immanuel-Kant-Verlag).

Bechler, Margret (2001): Warten auf Antwort. Ein deutsches Schicksal. 22. Auflage. München (Ullstein Verlag).

Becker, David (1992): Ohne Hass keine Versöhnung. Das Trauma der Verfolgten. Freiburg i.Br. (Kore).

Becker, Gavin de (1999): Mut zur Angst – Wie Intuition uns vor Gewalt schützt. Frankfurt/M. (Krüger).

Behnke, Klaus & Fuchs, Jürgen (Hg.) (1995): Zersetzung der Seele. Psychologie und Psychiatrie im Dienste der Stasi. Hamburg (Rotbuch-Verlag).

Bertram, Andreas; Planer-Friedrich, Jens & Sarstedt, Regine (2003): Wein mit zu viel Wermut. Die soziale, individuelle und wirtschaftliche Situation der ehemaligen Antragsteller auf Ausreise aus der DDR und die Frage ihrer Identität. Bürgerbüro – Verein zur Aufarbeitung von Folgeschäden der SED Diktatur, Berlin.

Best, Heinrich & Hofmann, Michael (2008): Zur sozialen Lage der Opfer des SED-Regimes in Thüringen. Forschungsbericht, hrsg. vom Thüringer Ministerium für Soziales, Familie und Gesundheit, Jena.

Boetzel, Claus-Eberhard (2004): Zur unterschiedlichen Behandlung von Verfolgten des Nationalsozialismus und des Stalinismus/Kommunismus – Eine Erwiderung auf die Kritik der Bundesregierung. In: Graffius & Hennig (Hg.) (2004), S. 108–109.

Bohlken, Amanda (2007): Die dritte Dimension der Tränen – DDR Flucht, Haft und Trauma, Heilungswege. Leipzig (Forum Verlag Leipzig).

Böthig, Peter & Michael, Klaus (Hg.) (1993): Machtspiele – Literatur und Staatssicherheit im Fokus Prenzlauer Berg. Leipzig (Reclam).

Brodesser, Hermann-Josef et al. (2000): Wiedergutmachung und Kriegsfolgenliquidation. Geschichte, Regelungen, Zahlungen. München (C. H. Beck).

Buber-Neumann, Margarete (1978): Als Gefangene bei Hitler und Stalin. Stuttgart (Seewald).
Buchstab, Günter (Hg.) (2004): Repression und Haft in der SED Diktatur und die gekaufte Freiheit. Dokumentation des 14. Buchenwald-Gesprächs vom 22. bis 23. November 2004 in Berlin zum Thema »Häftlingsfreikauf«. Sankt Augustin (Wiss. Dienste, Archiv für Christlich-Demokratische Politik der Konrad-Adenauer-Stiftung).
Bundesministerium der Finanzen in Zusammenarbeit mit Schwarz, Walter (Hg.) (1973ff.): Die Wiedergutmachung national-sozialistischen Unrechts durch die Bundesrepublik Deutschland. 6 Bde. München (C.H. Beck).
Burkowski, Ursula (1992a): Weinen in der Dunkelheit. Bergisch Gladbach (Lübbe).
Burkowski, Ursula (1992b): Draußen! Bergisch Gladbach (Lübbe)
Burkowski, Ursula (1993): Es gibt kein Zurück. Bergisch Gladbach (Lübbe).
Courtois, Stephane et al. (2002): Schwarzbuch des Kommunismus. I und II. München (Piper).
Denis, Doris (2004a): Die Angst fährt immer mit. Wie Lokführer traumatisierende Schienenunfälle bewältigen. Heidelberg (Asanger Verlag).
Denis, Doris (2004b): Posttraumatische Störungen nach politischer Haft in der DDR. In: Graffius & Hennig (Hg.) (2004), S. 149–166.
Denis, Doris, (1998): Posttraumatische Störungen nach politischer Inhaftierung in der DDR. In: Müller & Stefan (1998), S. 197–214.
Dowe, Dieter (Hg.) (1993): Von der Bürgerbewegung zur Partei. Die Gründung der Sozialdemokratie in der DDR. Bonn (Friedrich-Ebert-Stiftung: Historisches Forschungszentrum).
Ebbinghaus, Ruth (2005): Die Begutachtung psychisch reaktiver Traumafolgen nach politischer Verfolgung in der ehemaligen SBZ/DDR. Vortrag, Dresden.
Ferencz, Benjamin (1986): Lohn des Grauens. Die Entschädigung jüdischer Zwangsarbeiter – ein offenes Kapitel deutscher Nachkriegsgeschichte. Frankfurt/M. (Campus).
Finn, Gerhard (Hg.) (o.J. – ca. 1994/95): Die Frauen von Hoheneck. Protokoll einer Anhörung. Bad Münstereifel (Westkreuz-Verlag Berlin/Bonn).
Fricke, Karl Wilhelm (1996): Akten-Einsicht. Berlin (Ch. Links).
Fricke, Karl Wilhelm (2001): Der Wahrheit verpflichtet. Texte aus fünf Jahrzehnten zur Geschichte der DDR. Berlin (Ch. Links).
Fuchs, Jürgen (1998): Magdalena. Berlin (Rowohlt Berlin).
Gauck, Joachim (1991): Die Stasi-Akten. Reinbek bei Hamburg (Rowohlt).
Gill, David & Schörter Ulrich (1993): Das Ministerium für Staatssicherheit. Anatomie des Mielke-Imperiums. Reinbek bei Hamburg (Rowohlt)
Gollwitzer, Helmut (1954): Und führen, wohin du nicht willst. Frankfurt/M. (Fischer Bücherei)
Goschler, Constantin & Herbst, Ludolf (Hg.) (1989): Wiedergutmachung in der Bundesrepublik Deutschland. (Schriftenreihe der Vierteljahreshefte für Zeitgeschichte). München (Oldenbourg).
Goschler, Constantin (1992): Wiedergutmachung, Westdeutschland und die Verfolgten des Nationalsozialismus (1945–1954). (Quellen und Darstellung zur Zeitgeschichte, Band 34). München, Wien (Oldenbourg).
Graessner, Sepp; Gurris, Norbert & Pross, Christian (Hg.) (1996): Folter – An der Seite der Überlebenden. Unterstützung und Therapien. München (C.H. Beck).
Graffius, Klaus-Peter & Hennig, Horst (Hg.) (2004): Zwischen Bautzen und Workuta. Totalitäre Gewaltherrschaft und Haftfolgen. Leipzig (Leipziger Universitätsverlag).
Hagen, Eva Maria (1999): Eva und der Wolf. München (Econ & List TB-Verlag).
Hardegen, Wolfgang (2004): Mangelhafte Begutachtungspraxis – Feststellungen und Forderungen des Ärztlichen Beirats der Union der Opferverbände Kommunistischer Gewaltherrschaft (UOKG). In: Graffius & Hennig (Hg.) (2004), S. 116–119.

Harich, Wolfgang (1971): Zur Kritik der revolutionären Ungeduld. Basel (Edition Etcetera).
Havemann, Florian (2007): Havemann. Frankfurt/M. (Suhrkamp).
Hecht, Marco & Praschl, Gerald (2002): Ich habe Nein gesagt – Zivilcourage in der DDR. Berlin (Homilius).
Hedeler, Wladislaw & Hennig, Horst (Hg.) (2007): Schwarze Pyramiden, rote Sklaven. Der Streik in Workuta im Sommer 1953. Leipzig (Leipziger Universitäts-Verlag).
Heinrich-Böll-Stiftung (Hg.) (1991): Die Kontinuität des Wegsehens und Mitmachens. Stasi-Akten oder die schwierige Bewältigung der DDR-Vergangenheit. Köln (Heinrich-Böll-Stiftung).
Heinrich-Böll-Stiftung (1994): Abschlussbericht de Stolpe-Untersuchungsausschusses. Köln.
Hennig, Horst (1998): Erfahrungen aus den Diktaturen. Folgerungen für die Gegenwart und Zukunft. Lager Workuta/Gulag. Union der Opferverbände UOKG. Köln.
Hennig, Horst (2004): Folter in politischer Haft 1946–1956 – Sprachlosigkeit führt zu Missverständnissen. In: Graffius & Hennig (Hg.) (2004), S. 131–148.
Herman, Judith Lewis (1994): Die Narben der Gewalt. Traumatische Erfahrungen verstehen und überwinden. München (Kindler).
Heyne, Claudia (1993): Täterinnen. Offene und versteckte Aggressionen von Frauen. Zürich (Kreuz-Verlag).
Hildebrandt, Rainer (1993): Von Gandhi bis Walesa – Gewaltfreier Kampf für Menschenrechte. Verlag Haus am Checkpoint Charlie. Berlin (Verlag Haus am Checkpoint Charlie).
Hinck, Gunnar (2007): Eliten in Ostdeutschland. Warum den Managern der Aufbruch nicht gelingt. Berlin (Ch. Links)
Huber, Michaela (2003a): Trauma und Traumabehandlung, Bd. 1: Trauma und die Folgen. Paderborn (Junfermann).
Huber, Michaela (2003b): Trauma und Traumabehandlung, Bd. 2: Wege der Traumabehandlung. Paderborn (Junfermann).
Hugler, Klaus (1994): Missbrauchtes Vertrauen. Christliche Jugendarbeit unter den Augen der Stasi. Neukirchen-Vluyn (Aussaat-Verlag).
Jürß, Walter (2004): Vogelsang vor den Gittern. Von den Leibhusaren ins »Gelbe Elend« nach Bautzen. Norderstedt (Books on Demand)
Kaminsky, Anne (Hg) (2007): Orte des Erinnerns, Gedenkzeichen, Gedenkstätten und Museen zur Diktatur in SBZ und DDR. Berlin (Ch. Links).
Kaminsky, Anne; Roginskij, Arsenij & Drauschke, Frank (Hg.) (2008): »Erschossen in Moskau ...« – Die deutschen Opfer des Stalinismus auf dem Moskauer Friedhof Donskoje 1950–1953. Berlin (Metropol).
Keller, Gustav (1981): Die Psychologie der Folter. Amnesty international. Frankfurt/M. (Fischer).
Kilian, Achim (2000): Einzuweisen zur völligen Isolierung. NKWD Speziallager Mühlberg/Elbe 1945 bis 48. Mit einem Vorwort von Hermann Weber. Leipzig (Forum Verlag Leipzig).
Kilian, Achim (2001): Mühlberg 1939–1948. Ein Gefangenenlager mitten in Deutschland. Wien, Köln, Weimar (Böhlau).
Klewin, Silke & Wenzel, Kirsten (1998): Wege nach Bautzen II. Biographische und autobiographische Porträts. Dresden (Stiftung Sächsische Gedenkstätten).
Klier, Freya. (ca. 1990): DDR-Identitäten. Die Frau zwischen Kombi und Kreißsaal. Zur Geschichte der DDR Frauen. Selbstverlag, ohne Ort.
Klump, Brigitte (1993): Das rote Kloster. Als Zögling in der Kaderschmiede des Stasi. Frankfurt/M., Berlin (Ullstein).
Knabe, Hubertus (2001): Der diskrete Charme der DDR. Stasi und Westmedien. Berlin, München (Propyläen).

Koestler, Arthur (1948): Sonnenfinsternis. Stuttgart (Behrendt).

Konsalik, Heinz G. (1969/72): Bluthochzeit in Prag. Köln (Sonderausgabe Lingen, Hestia).

Kowalczuk, Ilko-Sascha (2006): Die Niederschlagung der Opposition an der Veterinärmedizinischen Fakultät der Humboldt-Universität zu Berlin. (Schriftenreihe des Berliner Landesbeauftragten für die Unterlagen der Staatssicherhit der ehemaligen DDR). Berlin (Der Berliner Landesbeauftragte für die Unterlagen des Staatssicherheitsdienstes der Ehem. DDR).

Kratschmer, Edwin (Hg) (1995): Dem Erinnern eine Chance. Jenaer Poetikvorlesungen. Köln (Heinrich Boell Stiftung).

Krone, Tina; Kukutz, Irena & Leide, Henry (1992): Wenn wir unsere Akten lesen. Handbuch. Berlin (Basisdruck).

Kukutz, Irina & Havemann, Katja (1990): Geschützte Quelle. Gespräche mit Monika H. alias Karin Lenz. Berlin (Basisdruck).

Küster, Otto (1983): Wiedergutmachung und Rehabilitierung. In: Tagung vom 25. bis 27. November in der Evangelischen Akademie Bad Boll. Protokolldienst 14/84, Bad Doll 1984, S. 86–89.

Latotzky, Alexander (Hg.) (2004): Kindheit hinter Stacheldraht. Mütter mit Kindern in sowjetischen Speziallagern und DDR-Haft. Leipzig (Forum Verlag Leipzig).

Lauer, Martin (Hg.) (2002): Mein Buch Sehnsucht. Gedichte aus dem Archipel Gulag 1950–1954. Erfurt (Landesbeauftragter des Freistaates Thüringen für die Unterlagen des Staatssicherheitsdienstes der Ehemaligen DDR)

Lehmann, Heinz (2004): Kurzer gesetzlicher Überblick. In: Graffius & Hennig (Hg.) (2004), S. 93.

Leonhard, Susanne (1983): Fahrt ins Verhängnis. Als Sozialistin in Stalins Gulag. Freiburg i. Br., Basel, Wien (Herder).

Lichtenstein, Heiner (1984): Das Unverständnis der Bevölkerung gegenüber den Opfern. Die Unfähigkeit zu trauern. In: Die Bundesrepublik Deutschland und die Opfer des Nationalsozialismus. Tagung vom 25.–27.11.1983 in der Evangelischen Akademie Bad Boll. Protokolldienst 14/84, Bad Boll.

Lie, B. (2002): A 3-years follow-up study of psychosocial functioning and general symptoms in settled refugees. Acta Psychiatrica Scandinavia 106(6), 415–425.

Liebermann, Doris; Fuchs, Jürgen & Wallat, Vlasta (Hg.) (1998): Dissidenten, Präsidenten und Gemüsehändler. Tschechische und ostdeutsche Dissidenten 1968–1998. Essen (Klartext-Verlag).

Lilienthal, Nina (2005): Arbeitslosigkeit und Beschäftigung bei traumatisierten Flüchtlingen. Zeitschrift für Psychotraumatologie und Psychologische Medizin 3(4), S. 77–88.

Loest, Erich (1993): Der Zorn des Schafes – Aus meinem Tagewerk. München (dtv).

Löwenthal, Gerhard; Kamphausen, Helmut & Clausen, Claus P. (1994): Feindzentrale. Hilferufe von drüben. Lippstadt (Hilferufe von drüben e. V.).

Marquardt, Hans (2004): SPD-Bundestagsfraktion stimmt gegen Opferpension. In: Graffius & Hennig (Hg.) (2004), S. 99–101.

Medica Mondiale e. V.; Froese, Marlies W.; Volpp-Teuscher, Ina (Hg.) (1999): Krieg, Geschlecht und Traumatisierung. Erfahrungen und Reflexionen in der Arbeit mit traumatisierten Frauen in Kriegs- und Krisengebieten. Frankfurt/M. (IOK-Verlag).

Möller, Horst (Hg.) (1999): Der rote Holocaust und die Deutschen. Die Debatte um das Schwarzbuch des Kommunismus. München, Zürich (Piper).

Moser, Sigrid (1993): Bald nach Hause – skoro domoi. Das Leben der Eva-Maria Stege. Berlin (Aufbau-Taschenbuch-Verlag).

Mothes, Jörn; Fienborg, Gundula; Pahnke, Rudi; Ellmenreich, Renate & Stognienko, Michael (Hg.) (1996): Beschädigte Seelen. DDR-Jugend und Staatssicherheit. Bremen (Ed. Temmen).

Müller, Klaus-Dieter & Stephan, Annegret (1998): Die Vergangenheit lässt uns nicht los. Haftbedingungen politischer Gefangener in der SBZ/DDR und deren gesundheitliche Folgen. Fachtagung in Hamburg 1997. Berlin (Arno Spitz/Berlin Verlag).
Neubert, Erhart (2000): Geschichte der Opposition in der DDR 1949–1989. Berlin (Ch. Links).
Niederland, William G. (1980): Folgen der Verfolgung. Das Überlebenden-Syndrom. Frankfurt/M. (Suhrkamp).
Offner, Hannelore & Schröder, Klaus (2000): Eingegrenzt und ausgegrenzt. Bildenden Kunst und Parteiherrschaft in der DDR, 1961–89. Berlin (Akademie Verlag).
Otto, Wilfriede (2006): Zwangsarbeit in Workuta. Deutsche Häftlinge über Stalinismus und Repression. Pankower Vorträge 83.
Pingel-Schliemann, Sandra (2004): Zersetzen. Strategie einer Diktatur. Eine Studie. Berlin (Robert-Havemann-Gesellschaft).
Pleitgen, Fritz (Hg.) (2001): Wolf Biermann und andere Autoren. Die Ausbürgerung. Anfang vom Ende der DDR. Berlin (Ullstein).
Plogstedt, Sibylle & Sklorcz, Richard [unter den Pseudonymen Max Borin, Vera Plogen] (1970): Management und Selbstverwaltung in der ČSSR. Bürokratie und Widerstand. Berlin (Wagenbach).
Plogstedt, Sibylle (1972): Am Beispiel ČSSR. Kursbuch 30, S. 51–84
Plogstedt, Sibylle (1980): Arbeitskämpfe in der sowjetischen Industrie (1917–1933), Frankfurt/M., New York (Campus).
Plogstedt, Sibylle (2001): Im Netz der Gedichte – als 68erin gefangen in Prag. Berlin (Ch. Links).
Plogstedtová, Sibylle (2002): V Síti Dějin. Zatčena v Praze po Roce 1968. Brno (Doplněk).
Richter, Horst-Eberhard (1976): Flüchten oder Standhalten. Reinbek bei Hamburg (Rowohlt).
Rudolph, Jörg; Drauschke, Frank & Sachse, Alexander (2007): Hingerichtet in Moskau. Opfer des Stalinismus aus Berlin 1950–53. Berlin (Der Berliner Landesbeauftragte für die Unterlagen des Staatssicherheitsdienstes der Ehem. DDR).
Schacht, Ulrich (Hg.) (2004): Hohenecker Protokolle. Aussagen zur Geschichte der politischen Verfolgung von Frauen in der DDR. Leipzig (Forum Verlag Leipzig).
Schädlich, Hans-Joachim (Hg.) (1993): Aktenkundig. Reinbek bei Hamburg (Rowohlt).
Scheer, Udo (1999): Vision und Wirklichkeit. Die Opposition in Jena in den siebziger und achtziger Jahren. Berlin (Ch. Links).
Schlicke, Birgit (2001): Knast-Tagebuch. Erinnerungen einer politischen Gefangenen an Stasi-Haft und das Frauenzuchthaus Hoheneck. Norderstedt (Books on Demand).
Schnell, Gabriele (2005): Das »Lindenhotel«. Berichte aus dem Potsdamer Geheimdienstgefängnis. Berlin (Ch. Links).
Scholz, Erhard (ca. 1995): OV Maxim oder die Stadt der kranken Gehirne. Melle (Books on Demand).
Schröder, Wilhelm Heinz & Wilke, Jürgen (1998): Politische Strafgefangene in der DDR. Historical Social Research 213(4), 3–78.
Seidler, Christoph & Froese, Michael J. (Hg.) (2006): Traumatisierungen in (Ost-)Deutschland. Gießen (Psychosozial-Verlag).
Simon, Annette & Faktor, Jan (2000): Fremd im eigenen Land? Gießen (Psychosozial-Verlag).
Sofsky, Wolfgang (1996): Traktat über die Gewalt. Frankfurt/M. (S. Fischer).
Steinbach, Peter (1986): Mit der Vergangenheit konfrontiert. Vom Erkennen der NS-Verbrechen zur »Wiedergutmachung«. Tribüne, Zeitschrift zum Verständnis des Judentums 25(97), 88–105.
Stiftung für ehemalige politische Häftlinge (Hg.) (1989): Kompass für den ehemaligen politischen Häftling. 7. Auflage. Bonn.
Stötzer, Gabriele (2002): Bröckelnde Festung. München (P. Kirchheim Verlag).

Sühl, Klaus (Hg.) (1994): Vergangenheitsbewältigung 1945 und 1989 – ein unmöglicher Vergleich? Berlin (Volk & Welt).

Süß, Sonja (2000): Politisch mißbraucht? Psychiatrie und Staatssicherheit in der DDR. Berlin (Ch. Links).

Thiemann, Ellen (1990): Stell dich mit den Schergen gut. Meine Wiederbegegnung mit dem Zuchthaus Hoheneck. Erinnerungen an die DDR. München, Berlin (Herbig).

Trobisch-Lütge, Stefan (2004): Das späte Gift. Folgen politischer Traumatisierung in der DDR und ihre Behandlung. Gießen (Psychosozial-Verlag).

Veith, Ines (1988): Wo ist Dirk. Ich klage an. Entführt von der Stasi. Eine Frau kämpft um ihr Recht. Hemmingen (Eigen).

Vinke, Hermann (Hg) (1993): Akteneinsicht Christa Wolf. Zerrspiegel und Dialog. Hamburg (Luchterhand).

Wagner, Armin & Uhl, Mathias (2007): BND contra Sowjetarmee. Westdeutsche Militärspionage in der DDR. Berlin (Ch. Links).

Werkentin, Falko (1998): Zur Dimension politischer Inhaftierungen in der DDR 1949–1989. In: Müller & Stephan (Hg.) (1998), S. 139–152

Westernhagen, Dörte von(1991): Die Kinder der Täter. Das Dritte Reich und die Generation danach. München (dtv).

Wilke, Manfred (2006): Der SED Staat. Geschichte und Nachwirkungen. Köln, Weimar, Wien (Böhlau).

Wolle, Stefan (1999): Die heile Welt der Diktatur. Alltag und Herrschaft in der DDR 1971–1989. Bonn (BpB).

Wolle, Stefan (2008): Der Traum von der Revolte. Die DDR 1968. Berlin (Ch. Links).

Zschorsch, Gerald (1984): Glaubt bloß nicht, dass ich traurig bin. Frankfurt/M. (Suhrkamp).

Zulind, Berthe (1993): Deckname »Sonnenblume« – Das unverwechselbare Leben einer Rollstuhlfahrerin in der DDR. Berlin (Frieling).

ANLAGEN

Brief an die Häftlinge

UNIVERSITÄT DUISBURG ESSEN

ESSENER KOLLEG FÜR GESCHLECHTERFORSCHUNG

Prof. Dr. Doris Janshen

Universität Duisburg-Essen • 45117 Essen

Ihr Zeichen
Ihre Nachricht vom
Mein Zeichen Politische Häftlinge
Meine Nachricht vom

An Sie als
ehemaliger politischer Häftling in der DDR
oder als Angehörige

Name	Prof. Dr Janshen/Dr Plogstedt
Telefon	(02 01) 1 83 - 3521
Telefon	**(0228) 352447 (Plogstedt)**
Fax	(02 01) 1 83 - 3571
E-Mail	aplogstedt@t-online.de

Datum März 2007

Betr. Ehemalige Häftlinge des DDR-Regimes und ihre Angehörigen
Interview zur sozialen Situation

Sehr geehrte Damen und Herren,

heute wende ich mich an Sie mithilfe der Stiftung für ehemalige politische Häftlinge. Seit Beginn des Jahres 2007 führe ich ein Forschungsprojekt durch zum Thema: Die soziale Situation von ehemaligen politischen Häftlingen in der DDR. Das Projekt wird betreut von der Universität Essen und finanziell unterstützt von der Stiftung Aufarbeitung und der Hans-Böckler-Stiftung. Das Projekt läuft zwei Jahre lang, d.h. bis Ende 2008.

In dieser Studie geht es mir darum herauszufinden, in welcher sozialen Situation diejenigen heute leben, die zu DDR-Zeiten Widerstand geleistet haben und dafür ins Gefängnis gekommen sind. Oder: wie es diejenigen getroffen hat, die zum Beispiel als Ehefrau oder nahe Verwandte von den Auswirkungen der Haft eines Angehörigen betroffen waren.

Wir befragen in dieser Studie gezielt Männer und Frauen, die einen Antrag bei der Stiftung für ehemalige politische Häftlinge gestellt haben. Letztendlich geht es mir in der Studie darum, herauszufinden, welche Unterstützung Sie als ehemaliger Häftling oder als Angehörige tatsächlich brauchen und ob die bestehenden Hilfeleistungen ausreichend sind. Ich bitte Sie, mir bei diesem Projekt mit Ihren Erfahrungen behilflich zu sein. Ich würde Sie gern in nächster Zeit zu einem ein- bis zweistündigen Gespräch aufsuchen. Das Gespräch möchte ich mit dem Tonband aufzeichnen. Die Stiftung Aufarbeitung ist sehr interessiert an solchen Dokumenten.

Die Stiftung für ehemalige politische Häftlinge hat sich bereit erklärt, unter Wahrung des Schutzes Ihrer Daten, diesen Brief an Sie weiter zu leiten. Das heißt, ich kenne weder Ihren Namen noch Ihre Adresse. Wenn Sie also bereit sind, mich in dieser Studie zu unterstützen, bitte ich Sie um Ihre Antwort. Bitte senden Sie mir Ihre Adresse und Telefonnummer, eventuell auch die Mailadresse, Fax und Handy an die Adresse:

Universität Essen, Prof. Doris Janshen „Projekt politische Häftlinge", 45117 Essen

Ich freue mich auf die Zusammenarbeit mit Ihnen
Mit freundlichem Gruß

Dr. Sibylle Plogstedt

- -

Frau Prof. Doris Janshen, Universität Essen, Projekt politische Häftlinge, 45117 Essen

Name	Straße	Ort (mit PLZ)	Tel.	Handy	Mail

Qualitativer Fragebogen für Häftlinge

Die Fragen wurden entsprechend dem Gesprächsverlauf, also nicht notwendigerweise der Reihenfolge nach gestellt.

Sozialdaten

Wie alt sind Sie?
Wie ist Ihr Familienstand? (Ledig, verheiratet, geschieden, verwitwet, in Partnerschaft?)
Haben Sie Kinder? *Wenn ja:* Wie viele?
Ihre Haft war von … bis …?
Ihre Ausbildungszeit, wann lag die?
Welchen Beruf haben Sie?
Lag Ihre Haftzeit vor der Ausbildung oder nach der Ausbildung?
Waren Sie in der DDR berufstätig? Welchen Beruf haben Sie ausgeübt? Und wie lange?

Soziale Lage/Rente

Wie würden Sie Ihre soziale Lage selbst einschätzen?
Falls Einkommen: Wie hoch ist Ihr Einkommen?
Werden Sie gemäß BSHG 2 (Bundessozialhilfegesetz) oder ALG II unterstützt? *Falls ARGE:* Wie viel Unterstützung bekommen Sie?
Falls Rente: Wie hoch ist Ihre Rente?
Haben Sie einen eigenständigen Rentenanspruch erworben?
Erhalten Sie zusätzlich eine Witwer-/Witwenrente?
Bekommen Sie andere Renten oder Pensionen?
Falls Kinder: Unterstützen die Kinder Sie?
Erhalten Sie eine Zusatzrente von den Versorgungsämtern?
Wie hoch ist die?
Sind Sie nach dem Häftlingshilfegesetz (HHG) oder nach dem STREHAG als politischer Häftling anerkannt?

Gab es einen Rehabilitierungsbeschluss oder eine Kassation?

Haben Sie eine Kapitalentschädigung erhalten? Wie hoch war die?
Ist bei Ihnen ein Haftschaden anerkannt worden?
Haben Sie einen Antrag gestellt?
Wie wurde Ihr Antrag behandelt?

Ist bei Ihnen ein Gesundheitsschaden anerkannt?
Falls ja: Wie hoch ist Ihre Behinderung?
Gab es bei Ihnen eine berufliche Rehabilitierung?
Falls nein: Haben Sie Widerspruch eingelegt?
Falls ja: Welchen Erfolg hatten Sie dabei?
Erhalten Sie Leistungen vom Lastenausgleichsamt?

Wohnen

Wie hoch ist Ihre Miete?
Wie hoch sind die Nebenkosten?
Erhalten Sie Wohngeld für Ihre Miete?
Wird die Miete ganz oder in Teilen vom Amt für Grundversorgung/Sozialamt oder der ARGE gezahlt?
Haben Sie Wohneigentum erworben? Bekommen Sie einen Zuschuss für die Unterhaltskosten bzw. die Abzahlung?

Haft

Was war der Grund für Ihre Haft?
Wie hoch war Ihr Urteil?
Wie lange waren Sie in Haft?

Waren Sie im Strafvollzug bzw. im Arbeitslager (oder im Jugendwerkhof)?
Was für eine Arbeit bekamen Sie dort?

In welchem Gefängnis waren Sie?
Konnten sie während der Haft Kontakt zu Ihrer Familie aufnehmen? (Besuche, Pakete, Kosten?)
Haben Sie im Gefängnis etwas erlebt, das Sie im Nachhinein als physische Folter bezeichnen würden?
Haben Sie etwas erlebt, das Sie im Nachhinein als psychische Folter bezeichnen würden?

Haben Sie sich während der Haft in Lebensgefahr befunden?

Familie

Waren Sie verheiratet zum Zeitpunkt Ihrer Haft? (Von wann bis wann?)
Falls Kinder da sind: Hatten Sie damals schon Kinder?

Im Nachhinein: Was hat die Inhaftierung für Sie und die Familie bedeutet?
Welche sozialen Folgen hatte die Inhaftierung für Sie?
Wie haben Sie sich durch diesen Schicksalsschlag verändert?

Welche Beschwerden hatten Sie? (Bitte kreuzen Sie an oder erzählen Sie, ob die Beschwerden vor, während und/oder nach der Haft eintraten und ob Sie auch heute noch darunter leiden.)

	vor der Haft	während der Haft	nach der Haft	heute
Kopfschmerzen				
Bluthochdruck				
Rückenprobleme				
Herzprobleme				
Nierenprobleme				
Gewichtsprobleme				
Magenbeschwerden				
Schlafstörungen				
Depressive Verstimmung				
Allgemeine Angst				
Allgemeine Nervosität				
Innere Unruhe				
Misstrauen				
Albträume				
Konzentrationsprobleme				
Gereiztheit				
Kontaktprobleme				
Selbstmordgedanken				
Aggressivität				
Mattigkeit				
Platzangst				
Orientierungsverlust				
Angst, allein zu sein				
Beziehungsverlustangst				

Haben Ihre Angehörigen durch Ihre Haft Störungen erlitten?

Nach der Entlassung

Welche Veränderungen haben andere an Ihnen nach der Haft wahrgenommen? Welche haben Sie an sich und an den anderen bemerkt?
Wie haben Sie sich mit Ihrer Frau/Ihrer Familie nach der Haft verstanden?
Haben Sie das Gefühl, vom Leben ungerecht behandelt worden zu sein?

Beruf

Sind Sie in die DDR entlassen worden oder in die BRD?
Haben Sie in Ihrem alten Beruf wieder arbeiten können?
Falls in die DDR entlassen: Sind Sie diskriminiert worden von Vorgesetzten, Mitarbeitern, Nachbarn, Ärzten …?
Haben Sie nach Ihrer Haft mit IM zu tun gehabt?

Flucht/Ausreise aus der DDR

Falls ausgereist aus der DDR: Wann war das?
Unter welchen Bedingungen geschah das?
War es eine legale Übersiedlung?
War die Übersiedlung verbunden mit Haft, das heißt, war es ein ›Freikauf‹?

Bundesrepublik

Wie gestaltete sich der Neubeginn für Sie im Westen?
Trafen Sie eher auf Verständnis oder Unverständnis?
Waren Sie wieder berufstätig?
Welchen Beruf haben Sie im Westen ausgeübt?
Konnten Sie Rentenbeiträge einzahlen?
Haben Sie noch einmal geheiratet?
Gab es einen Spionage-Anwerbeversuch im Westen?

Nach der Wende

Wie hat sich Ihre Situation nach der Wende verändert?
Haben Sie nach der Wiedervereinigung im Westen oder im Osten gelebt?

Qualitativer Fragebogen für Angehörige

Sozialdaten

Wie ist Ihr Alter?
Wie ist Ihr Familienstand?
Haben Sie Kinder? (Wie viele?)

Soziale Lage/Rente

Wie würden Sie Ihre soziale Lage selbst einschätzen?
Falls berufstätig: Wie hoch ist Ihr Einkommen?
Falls arbeitslos: Werden Sie gemäß BSHG 2 (Bundessozialhilfegesetz) oder ALG II unterstützt?
Falls Rente: Wie viel Rente erhalten Sie?

Haben Sie einen eigenständigen Rentenanspruch erworben?
Erhalten Sie eine Witwenrente?
Beziehen Sie noch weitere Renten oder Pensionen?

Waren Sie in der DDR berufstätig? Welchen Beruf haben Sie ausgeübt?
Falls Kinder: Unterstützen die Sie?

Erhalten Sie eine Zusatzrente von den Versorgungsämtern?
Wie hoch ist die?
War Ihr Mann/Vater nach dem Häftlingshilfegesetz (HHG) oder nach dem STREHAG als politischer Häftling anerkannt?
Gab es einen Rehabilitierungsbeschluss oder eine Kassation?
Hat Ihr Mann/Vater eine Kapitalentschädigung erhalten? Wie hoch war die?
War bei ihm ein Haftschaden anerkannt?
Hat er einen Gesundheitsschaden erlitten? Wurde der anerkannt?
Wie hoch ist/war die Behinderung?
Gab es eine berufliche Rehabilitierung?

Wohnen

Wie hoch ist Ihre Miete?
Wie hoch sind die Nebenkosten? (Werden die vom Amt für Grundversorgung/Sozialamt gezahlt?)
Haben Sie Wohneigentum erworben?

Haft

Waren Sie verheiratet zum Zeitpunkt der Inhaftierung Ihres Mannes?
Von wann bis wann?
Kennen Sie die Gründe, weshalb er verhaftet wurde? (Gab es Gründe?)
Was hat die Inhaftierung für Sie und die Familie bedeutet?
Welche sozialen Folgen hatte sie?
Konnten Sie Kontakt zu Ihrem Mann aufnehmen? (Besuche, Pakete, Kosten?)
Wie haben Sie sich durch diesen Schicksalsschlag verändert?
Belastungssymptome: Konzentrationsstörungen etc.?
Trifft das auch auf Ihre Kinder zu?
Kommt bei Ihnen eine eigene Haftzeit dazu?
Haben Sie das Gefühl, vom Leben ungerecht behandelt worden zu sein?

Nach der Haft

Wie ist Ihr Mann zurückgekommen?
Wie haben Sie sich danach verstanden?
Welche Veränderungen haben Sie an ihm wahrgenommen?

Falls zutreffend: Flucht/Ausreise aus der DDR

Wann war die Flucht bzw. Ausreise?
Unter welchen Bedingungen erfolgte sie?
Gab es dabei Probleme?
Handelte es sich um eine legale Übersiedlung?
Handelte es sich um einen ›Freikauf‹ aus der Haft?

Bundesrepublik

Wie war der Neubeginn im Westen?
Trafen Sie auf Verständnis oder auf Unverständnis?
Waren Sie wieder berufstätig?
Welchen Beruf haben Sie ausgeübt?
Haben Sie noch einmal geheiratet?

Anderes

Gab es einen Spionage-Anwerbeversuch?
Welche Beschwerden hatte Ihr Partner aufgrund der Haft? (Fragebogen siehe qualitativer Fragebogen für Häftlinge).

Quantitativer Fragebogen

1

UNIVERSITÄT DUISBURG ESSEN

ESSENER KOLLEG FÜR GESCHLECHTERFORSCHUNG

EKfG, Universität Duisburg-Essen • 4511⁷ Essen

Prof. Dr. Doris Janshen

FRAGEBOGEN ZUR SOZIALEN SITUATION EHEMALIGER POLITISCHER HÄFTLINGE

Sehr geehrte Damen und Herren,

im Rahmen eines Forschungsprojektes, das von der „Hans Böckler Stiftung" und der „Stiftung zur Aufarbeitung der SED-Diktatur" gefördert wird, beschäftigen wir uns mit der sozialen Situation von ehemaligen politischen Häftlingen der DDR und ihren Angehörigen. Diese Untersuchung ist von großer Bedeutung angesichts der Beschlüsse des Bundestags zur SED-Opferrente. Der folgende Fragebogen soll u.a. dazu beitragen, herauszufinden wie groß die Notlage von ehemaligen politischen Häftlingen aus der DDR-Zeit tatsächlich ist. Daher sind wir auf Ihre Hilfe angewiesen. Wir bitten Sie, durch das Ausfüllen des vorliegenden Fragebogens zu unserer Untersuchung beizutragen.

Wir garantieren Ihnen die *Anonymität* Ihrer Angaben. Die Auswertung des Fragebogens lässt keinerlei Aussagen über Ihre Person zu: Die Ergebnisse lassen keine Rückschlüsse auf einzelne Personen zu. Die Bestimmungen des Datenschutzgesetzes werden eingehalten. Bitte nehmen Sie sich die notwendige Zeit für Ihre Antworten. Sollten Sie Fragen haben, wenden Sie sich bitte direkt an Frau Dr. Plogstedt: 0228-352447.

Für Ihre Mitarbeit und Hilfe möchten wir uns schon vorab herzlich bei Ihnen bedanken.

Prof. Dr. Doris Janshen Dr. Sibylle Plogstedt

Allgemeine Fragen zur Person

1. Sie sind

☐ weiblich

☐ männlich

2. Wie alt sind Sie? ________ Jahre

3. Welchen Schulabschluß haben Sie?

☐ Politechnische Oberschule ohne Abschluss/Hauptschule

☐ Politechnische Oberschule mit Abschluss/Mittlere Reife

☐ Abitur

☐ Fachschulabschluss/Fachhochschulabschluss

☐ Hochschulabschluss (Diplom/Doktor)

4. Haben Sie Kinder?

☐ ja, ich habe ______ Kinder ☐ nein

5. Ihr heutiger Familienstand?

☐ Verheiratet	☐ Ledig, alleinlebend
☐ Geschieden	☐ Lebe in einer Partnerschaft
☐ Verwitwet	☐ Lebe mit Angehörigen zusammen

2

6. Mit Ihrer Ehefrau/-mann bzw. Partner/in leben Sie zusammen seit der Zeit ......?

☐ vor der Haft ☐ nach der Haft ☐ erst nach der Wende

Berufliche Situation

7. Haben Sie eine abgeschlossene Berufsausbildung?

☐ ja, und zwar als ______________________
(☞ **wenn ja, bitte weiter mit Frage Nr. 9**)
☐ nein

8.Warum haben Sie Ihre Ausbildung nicht abgeschlossen? (☞hiernach bitte weiter mit Frage 10)

☐ Ich habe meine Ausbildung wegen der Haft nicht abschließen dürfen

☐ Ich habe meine Ausbildung aus anderen Gründen nicht abgeschlossen

9. Wann haben Sie die Ausbildung abgeschlossen?

☐ vor der Haft ☐ nach der Haft
☐ während der Haft ☐ nach der Wende

10. Im folgenden sehen Sie einige Aussagen, die sich auf Ihre damalige berufliche Situation beziehen.
Zutreffendes bitte ankreuzen! (Mehrfachnennungen sind möglich)

Ich habe gearbeitet ..... ☐ vor der Haft als ______________________

☐ während der Haft als ______________________

☐ nach der Haft als ______________________

☐ nach der Wende als ______________________

☐ ich habe gar nicht gearbeitet

11. Fall Sie zur Zeit Ihrer Verhaftung in einer Partnerschaft gelebt haben: Welche Probleme bekam ihr Partner/Ihre Partnerin aufgrund Ihrer Haft? (☞falls Sie ohne Partner/Partnerin lebten, bitte weiter mit Frage 12)
Zutreffendes bitte ankreuzen!

	trifft zu	trifft nicht zu
Mein Partner/Partnerin durfte die Ausbildung nicht beenden		
Mein Partner/Partnerin durfte den Beruf nicht ausüben		
Mein Partner/Partnerin musste gegen mich aussagen		
Mein Partner/Partnerin kam auch in Haft		
Andere, und zwar ______________________		

12. Falls Sie Kinder haben: Welche Probleme hatten Ihre Kinder aufgrund Ihrer Haft?
(☞**falls Sie keine Kinder haben, bitte weiter mit Frage 13**) Zutreffendes bitte ankreuzen!

	trifft zu	trifft nicht zu
Mein Kind/Kinder durfte(n) die Ausbildung nicht beenden		
Mein Kind/Kinder durfte(n) den Beruf nicht ausüben		
Mein Kind/Kinder musste(n) gegen mich aussagen		
Mein Kind/Kinder kam(en) auch in Haft		
Andere und zwar ______________________		

3

Zur Haftzeit

13. Zu welcher Zeit(en) waren Sie in Haft? Zutreffendes bitte ankreuzen! (Mehrfachnennungen sind möglich)

☐ vor 1950 ☐ vor 1960 ☐ vor 1970 ☐ vor 1980 ☐ vor 1989

14. Wie oft und wie lange waren Sie insgesamt in Haft?
Ich war _______ mal in Haft und zwar **insgesamt für** ___ Wochen ☐
___ Monate ☐
___ Jahre ☐

15. Warum waren Sie in Haft?

____

16. Wie lautete das Urteil?

____

17. Wo waren Sie in Haft? Bitte geben Sie den Namen und den Ort an!

____
____

18. Welche der folgenden Aspekte trifft auf ihre Haftzeit zu?
Zutreffendes bitte ankreuzen (Mehrfachnennungen sind möglich)

☐ Schlechte Unterbringung und Versorgung	☐ Kontaktsperre und Zensur
☐ Einzelhaft	☐ Zellenüberwachung und Bespitzelung
☐ Dunkelzelle	☐ Drohung mit Repressalien
☐ Wasserzelle	☐ Gewaltanwendungen von Mithäftlingen
☐ Psychische Folter	☐ Sexuelle Übergriffe
☐ Physische Mißhandlungen	☐ Vergewaltigung
☐ Schikanen von Wärtern	☐ Bedrohung der Familie
☐ Rechtsverstöße während der Haft	☐ War in Lebensgefahr, weil ……………. …………………………………………. ………………………………………….

19. Nachstehend sind einige Punkte aufgeführt, die sich durch die Haft ergeben können. Bitte sagen Sie uns, ob diese Punkte zutreffen und wie schlimm das für Sie war.

	gar nicht schlimm	ein wenig	teilweise	schlimm	sehr schlimm
Scham					
Trauer					
Wut					
Rechtlosigkeit					
Hilflosigkeit					
Isolation					
Verhalten der Mitgefangenen					
Bedrohung der Familie					
Benachteiligung der Kinder					
Weitere Bespitzelung					
Berufsverbot					
Anderes, und zwar …………					
………………………………					

20. Im folgenden lesen Sie einige Aussagen, die sich auf die Zeit nach der Haft beziehen. Bitte sagen Sie uns jedesmal, ob diese Aussage für Sie zutrifft oder nicht.

Nach der Haft, …..	trifft zu	trifft nicht zu
konnte ich mit meinem Partner weiter leben		
hatte sich mein Partner völlig verändert		
konnte ich mich im normalen Leben wieder zurecht finden		
konnte ich wieder in meinem Beruf arbeiten		
war ich isoliert im Betrieb wegen meiner Haft		
wurde ich bespitzelt und verfolgt		
sind meine Kinder weiter verfolgt worden		
ging meine Ehe/Partnerschaft in die Brüche		

4

Gesundheitliche Veränderung durch die Haftzeit

21. Nachfolgend sehen Sie eine Liste von verschiedenen Beschwerden, die durch die Haftzeit enstanden sein können. Bitte tragen Sie in die Tabelle ein ob und wie häufig Sie die jeweiligen Beschwerden haben.

	nie	selten	hin& wieder	oft	immer
Kopfschmerzen					
Bluthochdruck					
Rückenprobleme					
Herzprobleme					
Nierenprobleme					
Gewichtsprobleme					
Magenbeschwerden /Magenschmerzen					
Schlafstörungen (Einschlafstörungen/					
Alpträume/Aufwachen					
Mutlosigkeit / Traurigkeit / Bedrückung					
Allgemeine Angst					
Innere Unruhe / Nervosität / Herzklopfen					
Schweißausbrüche/ Händezittern					
Misstrauen					
Konzentrationsschwäche / Vorzeitige					
Ermüdungserscheinungen					
Gereiztheit					
Kontaktprobleme					
Selbstmordgedanken					
Aggresivität					
Mattigkeit					
Platzangst					
Orientierungsverlust					
Angst, allein zu sein					
Beziehungsverlustangst					

22. Waren Sie in den letzten 12 Monaten wegen einer oder mehrerer der oben genannten Beschwerden in ärztlicher Behandlung?

☐ ja ☐ nein

23. Nehmen Sie gelegentlich Medikamente gegen eine oder mehrerer der oben genannten Beschwerden?

☐ immer ☐ oft ☐ selten ☐ nie

24. Wurde bei Ihnen ein Haftschaden anerkannt?

☐ nein ☛ **wenn nein, bitte weiter mit Frage 26**

☐ ja und zwar ☛ **hiernach bitte weiter mit Frage 25**

☐ gesundheitlich zu _________ Prozent

☐ Beruflich nach dem BerRehaG zu _______ Prozent

☐ Verfahren läuft noch

25. Erhalten Sie eine Haftschadensrente? ☛ **hiernach bitte weiter mit Frage 28**

☐ ja, sie beträgt _____ Euro ☐ nein

26. Im Fall einer Nichtanerkennung: Haben Sie ….

☐ Widerspruch eingelegt ☐ Einen Prozess geführt

27. Haben Sie mit dem Prozeß bzw. Widerspruch Erfolg gehabt?

☐ ja ☐ nein ☐ teilweise ☐ Verfahren läuft noch

28. Sind Sie nach dem verwaltungsrechtlichem Rehabilitierungsgesetz - VwRehaG - rehabilitiert worden?

☐ ja ☐ nein

29. Haben Sie eine Kapitalentschädigung erhalten?

☐ ja ☛ **wenn ja, bitte weiter mit Frage 30**

☐ nein ☛ **wenn nein, bitte weiter mit Frage 31**

30. Wie hoch war die Kapitalentschädigung?

☐ Sie betrug ……DM/Euro

☐ weiß nicht mehr

5

Zu Ihrer Lebenssituation

31. Wie ist ihr sozialer Status heute? Zutreffendes bitte ankreuzen!

☐ Ich bin berufstätig	☐ Ich bin in Rente wegen Arbeitslosigkeit
☐ Ich arbeite freiberuflich	☐ Ich beziehe Berufsunfähigkeitsrente
☐ Ich bin in einer Umschulung/AB-Maßnahme	☐ Ich erhalte Ausgleichszahlungen nach BerRehaG
☐ Ich bin in Altersrente	
☐ Ich lebe von Hartz IV/Sozialhilfe	☐ anders, und zwar ________________

32. Wie zufrieden sind Sie mit Ihren berufliche Erfolgen?

☐ sehr zufrieden ☐ zufrieden ☐ weniger zufrieden ☐ überhaupt nicht zufrieden

33. Wie zufrieden sind Sie mit Ihrem Einkommen?

☐ sehr zufrieden ☐ zufrieden ☐ weniger zufrieden ☐ überhaupt nicht zufrieden

34. Für statistische Zwecke würden wir gerne wissen, in welchem Rahmen sich Ihr montliches Haushaltsnetto-einkommen bewegt. Wir meinen damit das Einkommen, dass Ihnen nach Abzug von Steuern und Sozialversicherung zur Verfügung steht. Bitte rechnen Sie dabei Einkünfte wie etwa Kindergeld, Wohngeld und die Einkünfte Ihrer Haushaltsmitglieder hinzu.

☐ bis zu 250€ ☐ 251€ bis 500€ ☐ 501€ bis 750€ ☐ 751€ bis 1000€

☐ 1001€ bis 1500€ ☐ 1501€ bis 2000€ ☐ mehr als 2001€

35. Wieviel verdienen Sie davon selbst? ________ €

36. Miete inkl. Nebenkosten in Höhe von ....€

☐ Zahle ich alleine

☐ Zahlt ganz oder teilweise die ARGE

☐ andere, und zwar ________________________________

37. Haben Sie weitere regelmäßige Kosten?

☐ Unterhalt (Kinder, Ehepartner/In) in Höhe von ____________________ €

☐ Versicherungen in Höhe von __________________________ €

☐ Zinsen für Wohneigentum in Höhe von ____________________ €

38. Haben Sie schon mal einen Antrag bei der Stiftung für ehemalige politische Häftlinge gestellt?

☐ Ja, einmal ☐ Zweimal ☐ Häufiger ☐ Nein, noch nie

39. Nach meiner Haft habe ich gelebt .....

a bis 1990) ☐ in der DDR ☐ in Westdeutschland ☐ im Ausland

b nach 1990) ☐ in den neuen Bundesländern ☐ in Westdeutschland ☐ im Ausland

40. Wie ist Ihre persönliche Einstellung zur Wende? Bitte wählen Sie auf der folgenden Skala welcher Wert für Sie am zutreffendsten ist.

	1 Trifft überhaupt nicht zu	2 Trifft nicht zu	3 Teils/ Teils	4 Trifft zu	5 Trifft vollkommen zu
Der Wandel 1989/90 war für mich wichtig					
Endlich kann ich laut sagen, was ich will					
Es hat viele Verbesserungen gegeben					
Ich darf jetzt zwar reisen, habe aber nicht					
das Geld dazu					
Jetzt gibt es zwar Autos, aber ich habe kein					
Geld für den Führerschein					
Sozial erging es mir in der DDR besser					
Ich möchte die DDR auf keinen Fall zurück					

41. Wie hat sich Ihre Lebenssituation nach dem Ende der DDR verändert?
Zutreffendes bitte ankreuzen! (Mehrfachnennungen sind möglich)

Nach 1989 …..	Trifft zu	Trifft nicht zu
konnte ich ganz neu beginnen		
konnte ich Karriere machen		
konnte ich die Haft abschließen		
kam ich im Westen nicht zurecht		
hatte es mir anders vorgestellt		
wurde ich arbeitslos		
wurde ich krank		

Nach 1989 …..	Trifft zu	Trifft nicht zu
hat micht die Haft weiter		
belastet		
habe ich Spitzel zur Rede		
gestellt		
alte Seilschaften		
behinderten mich		
konnte ich innerlich die		
Haft abschließen		

42. Haben Sie Ihre Stasi-Akten eingesehen?
☐ ja ☐ nein ☐ habe ich beantragt

43. Gehören Sie einer Gruppe ehemaliger Häftlinge an?
☐ ja ☐ nein

Wenn ja: Welche Bedeutung hat die Gruppe für Sie?______________________________

____

Wenn nein: Warum nicht____

____

44. Einige Häftlingsorganisationen sind der Ansicht, dass ehemalige Häftlinge der NS-Zeit und politische Häftlinge der SBZ bzw. der DDR finanziell gleich gestellt werden sollten. Was ist Ihre Ansicht?
Bitte wählen Sie auf der folgenden Skala welcher Wert für Sie am zutreffendsten ist.

1 stimme überhaupt nicht zu	2 stimme nicht zu	3 teils/ teils	4 stimme zu	5 stimme vollkommen zu

45. Die neue Rente für Opfer der SED-Diktatur: Halten Sie die geplante Höhe von 250 € für angemessen?
Bitte wählen Sie auf der folgenden Skala welcher Wert für Sie am zutreffendsten ist.

1 stimme überhaupt nicht zu	2 stimme nicht zu	3 teils/ teils	4 stimme zu	5 stimme vollkommen zu

Bitte senden Sie den ausgefüllten Fragebogen zurück an:
Essener Kolleg für Geschlechterforschung, Projekt "Politische Häftlinge"
Universität Duisburg-Essen
45117 Essen